KB024397

# 사회의 사회학

# 사회의 사회학

한국적 사회학 이론을 위한 해석학적 오디세이

김덕영 지음

도서출판 길

# 사회의 사회학

### 한국적 사회학 이론을 위한 해석학적 오디세이

2016년 10월 25일 제1판 제1쇄 펴냄
2017년  7월 25일 제1판 제2쇄 펴냄
2021년  1월 15일 제1판 제3쇄 펴냄

2024년  9월 20일 제1판 제4쇄 찍음
2024년  9월 30일 제1판 제4쇄 펴냄

지은이 | 김덕영
펴낸이 | 박우정

기획 | 이승우
편집 | 천정은
전산 | 한향림

펴낸곳 | 도서출판 길
주소 | 06032 서울 강남구 도산대로25길 16 우리빌딩 201호
전화 | 02)595-3153  팩스 | 02)595-3165
등록 | 1997년 6월 17일 제113호

ⓒ 김덕영, 2016. Printed in Seoul, Korea
ISBN 978-89-6445-135-9 93340

선민選民에게

사회에는 주소가 없다.
Die Gesellschaft hat keine Adresse.

— 니클라스 루만

## 이 책이 나오기까지

　이 책의 연원은 2001년까지 거슬러 올라간다. 당시 나는 '사회'라는 주제로 사회학 이론의 전반적인 흐름을 정리하는 작업을 시작했다. 그러나 공부가 턱없이 부족했고 다른 여러 일이 겹치면서 시작 단계를 겨우 벗어난 수준에서 손을 놓을 수밖에 없었다. 그 후 몇 번 다시 시도했지만 매번 큰 진척 없이 중단하고 말았다.

　그러다가 2013년 12월부터 만사 제치고 이 책을 완성해야겠다는 각오로 다시 작업을 시작했다. 2014년이 막스 베버(1864~1920) 탄생 150주년이었기 때문이다. 나는 베버 전공자로서 이를 기념하기 위해 두 권의 저서를 준비했다. 그 하나가 이 책이며, 다른 하나는『환원근대: 한국 근대화와 근대성의 사회학적 보편사를 위하여』이다. 그러나『환원근대』만 계획대로 2014년 4월에 출간되었을 뿐 이 책은 2년이나 지난 이제야 겨우 햇빛을 보게 되었다. 그 이유는 만사를 제쳐두겠다는 처음의 각오에도 불구하고, '게오르그 짐멜의 모더니티 단편들' 제1권『돈이란 무엇인가』와 '게오르그 짐멜 선집' 제4권『개인법칙: 새로운 윤리학 원리를 찾아서』라는 번역서 두 권을 출간하고『사상의 고향을 찾아서: 독일 지성 기행』이라는 저서를 탈고하는 일에 적지 않은 시간을 빼앗겼기 때문이다.

　아무튼 이런저런 일로 이 시대의 진정 큰 정신인 베버의 '생일상'을 반쪽으로 차릴 수밖에 없었다. 2016년에 나온 책으로 2014년을 기념할 수는 없는 노릇이니까! 그나마 차린 반쪽 생일상인『환원근대』에마저도 헌사는 넣지 않았다. 모든 것이 나의 불찰이었다. 이제 나에게 주어진 대안은 베버 서거 100주년인 2020년을 준비하는 일이다. 그러므로 이 책의 의미는 개인적인 곳에서 찾고(이 글의 마지막에 언급했다) 다른 책으로 2020년을 준비하려한다.

이 책이 나오기까지 음으로 양으로 여러 사람의 도움을 받았다. 민문홍 선배는 프랑스어 자료를 빌려주셨다. 권오헌 박사와 정수남 박사 그리고 김채연 학생은 자료 수집에 도움을 주었다. 작은딸 정민이도 자료 수집에 일조했다. 양승현 학생은 도표를 그려주었고 자료를 챙겨주었다. 김정환 학생은 중요한 원고를 읽고 좋은 의견을 주었다. 도서출판 길 박우정 대표는 여느 때처럼 완성된 원고를 꼼꼼히 읽고 여러 좋은 지적을 해주셨다. 그리고 이승우 기획실장과는 이 책의 편제에 대해 심도 있는 토론을 했다. 나는 원래 사회 없는 사회학을 추구한다는 의미에서 "사회?"라는 제목을 생각하고 있었는데, 이승우 실장이 "사회의 사회학"이 더 좋다는 견해를 제시했다. 천정은 편집차장은 이번에도 수고를 아끼지 않고 원고를 깔끔하게 정리해 산뜻한 책으로 만들어주었다. 이들 모두에게 심심한 감사의 말을 전하는 바이다.

또한 독일 카셀(Kassel) 대학 사회학과 석사과정 학생들과 나의 하빌리타치온 지도교수인 요하네스 바이스(Johannes Weiss) 선생님을 언급하고자 한다. 오랜 시간 지지부진하던 이 책 집필의 돌파구가 마련된 것은 2012/13년 겨울학기이다. 당시 나는 사회학과 석사과정 학생들을 위해 "사회 없는 사회학"이라는 세미나를 열었는데, 이 수업에서 우리는 열네 명의 사회학 거장에 관해 읽고 토론했다. 그 가운데 조지 허버트 미드와 제임스 콜먼을 제외한 열두 명이 이 책의 논의 대상이다. 콜먼의 사회학은 사회학적 패러다임으로 보기 어렵지만 미드의 사회학은 그렇게 볼 수 있다. 그럼에도 이 책에서 미드가 빠진 것은 나의 공부가 짧기 때문이다. 후일 반드시 보충할 것이다. 아무튼 그때 학생들의 발제와 토론을 통해 이 책의 본격적인 저술을 시작할 마음의 준비와 전반적인 논의의 뼈대가 마련되었다. 당시 세미나에 참석했던 학생들의 이름을 일일이 거론할 수는 없어도 그들 모두에게 진심으로 감사하는 마음을 전한다. 그리고 바이스 선생님과는 평소 넓게는 사회학

이론 및 사회학에 대해 그리고 좁게는 이 책의 주제에 대해 자주 그리고 광범위하게 토론을 했으며, 초고를 다 쓴 직후인 2014/15년 겨울학기에도 다시 한 번 함께 전반적인 검토를 했다. 바이스 선생님께 제자의 감사하고 존경하는 마음을 전하는 바이다.

그리고 큰딸 선민이를 언급하고자 한다. 선민이는 늘 아빠의 저술 및 번역 작업에 크고 작은 도움을 주었다. 특히 여러 언어를 구사하는 선민이는 사회학 이론과 지성사를 연구하는 아빠에게 좋은 토론 상대자가 되어주었다. 이런 선민이가 얼마 전 결혼을 했다. 이 책을 큰딸의 결혼 선물로 헌정하는 바이다.

끝으로 이 책이 사회학 이론과 그 흐름을 이해하고 한국적 사회학 이론을 모색하는 데 작은 길잡이가 되기를 바라 마지않는다.

선민아!

막스 베버의 이름을 자장가처럼 듣고 자란 네가 벌써 이렇게 장성하여 결혼을 했구나! 작지만 그래도 아빠의 서른 번째 책이자 지적 작업의 제1단계를 마무리하고 제2단계로 넘어가는 이 책으로 네 결혼을 축하할 수 있고 너에 대한 아빠의 사랑을 표시할 수 있어서 무척 기쁘단다. 이 책은 아빠가 "사회학은 생명이다!"(Soziologie ist Leben!)라는 좌우명을 가슴에 깊이 새기고 "나는 쓴다, 고로 존재한다"를 실천하는, 그리고 "연구에 기반하는 번역과 번역에 기반하는 연구를 추구하는" 지식인으로서 살아온 삶의 한 단편이자 중간결산이란다. 선민아, 결혼을 진심으로 축하한다, 그리고 사랑한다!

2016년 10월
김덕영

# 제4장 사회적인 것의 중범위이론 2

# 제5장 사회적인 것의 보편이론 2

## 논의를 시작하면서

이 책의 서론 격인 이 부분에서는 두 가지를 다루는바, 그 하나는 한국적 사회학 이론을 위한 해석학적 오디세이가 무엇인가, 달리 말해 서구에서 한국적 사회학 이론을 찾는다는 것이 무엇인가 하는 문제이다. 그리고 다른 하나는 사회학 이론을 어떻게 유형화할 수 있는가 하는 문제로서 이 책의 전반적인 분석틀이 된다. 논의의 중점은 전자에 있다.


### 서구에서 한국적 사회학 이론을 찾는다?

이 책의 제목을 보면 의아하다는 생각이 들 것이다. '사회의 사회학' — 이는 동어반복이 아닌가? 사회학은 '사회'의 '학', 즉 '사회'+'학'이니까 '사회의 사회학'은 하나 마나 한 소리가 아닌가? 그러나 내가 이 책에서 논증하고자 하는 바는 사회학이 사회의 학에서 출발했지만 그 발전 과정에서 사회가 해체되었거나 아예 사회 없는 사회학이 되었다는 사실이다. 사회의 사회학 — 이 문제는 이 책의 본론에서 자세히 다룰 것이다.

여기서는, 한국적 사회학 이론을 위한 해석학적 오디세이, 다시 말해 콩트와 스펜서에서 하버마스와 루만에 이르는 서구 사회학의 바다를 항해함으로써 한국적 사회학 이론을 찾는다는 것이 무엇을 의미하는가에 대해 간략히 살펴보기로 한다.

15

서구 이론과 그 발전 과정에 대한 성찰을 통해 한국적 사회학 이론과 사회학사를 찾는다니, 서구중심주의적 사고가 아닌가? 아니, 서구중심주의적 사고의 절정이 아닌가? 그건 식민주의적 발상이 아닌가? 아니, 식민주의적 발상의 절정이 아닌가? 그러나 내가 이 책에서 논증하고자 하는 바는 이른바 한국 사회학 이론은 없다는 사실이다. 한국 사회학 이론은 허구에 지나지 않는다는 것을 논증하는 것이 이 서론의 중요한 과제이다. 이 책의 부제 "한국적 사회학 이론을 위한 해석학적 오디세이"에서 "한국적 사회학 이론"은 사실 역설적 표현이다.

　한국의 사회(과)학자들은 ― 아니 한국의 학자들은 ― 서구 이론의 중요성에 대해 이야기하는 사람을 두고 '지식 수입상', '식민주의자', '사대주의자', '문화제국주의자'라고들 하며 지극히 부정적인 반응을 보인다. 그러고는 우리 실정에 맞는 탈식민지적 이론, 탈서구적 이론, 한국적 이론 또는 토착적 이론을 만들어야 한다고 역설한다. 비유적으로 말하자면 이제는 우리 몸에 맞지 않는 옷을 벗어던지고 새로 옷을 만들어 입어야 한다고 역설한다. 사실 이런 식으로 주장하는 지식인들은 자신들이 자기모순에 빠진다는 사실을 모르고 있다. 왜냐하면 근대과학 자체가 서구에서 발생하여 지구 전역으로 전파됨으로써 일정한 보편성을 획득했으며, 따라서 과학적 인식과 사유를 추구하는 경우 좋든 싫든 서구적 틀에 준거할 수밖에 없기 때문이다.

　물론 이와 정반대의 견해도 볼 수 있다. 최근에 이른바 글로벌 지식장(知識場)에 적극적으로 뛰어들어서 서구학자들과 부딪치고 논쟁하는 것만이 탈서구적-탈식민지적 한국 사회과학을 구축할 수 있는 유일한 가능성이라는 주장이 제기되어 꽤 뜨거운 논쟁을 불러일으킨 적이 있다.[1] 그리고 서구의 일정한 보편성을 인정하면서도 동시에 한국적인 것 또는 아시아적인 것을 통해 그 부정적이고 병리적인 측면을 극복해야 한다는, 그러니까 이 두 극단적인 입장 사이의 중간 지점에 자리매김하는 견해도 있다.

　이 세 가지 입장은 한결같이 서구 대 한국/아시아라는 이분법적 사고에

---

1　김경만, 『글로벌 지식장과 상징폭력: 한국 사회과학에 대한 비판적 성찰』, 문학동네 2015.

근거한다는 점에서 공통점을 보인다. 그리고 이처럼 세계를 아(我)와 피아 (彼我)로 구분하는 데에 결정적인 문제점이 있다.

그런데 한 가지 무척 흥미로운 것은, 이 서구-한국의 이분법적 잣대를 이론에는 가혹하리만치 엄격하게 들이대면서도 이론이 생산되고 소비되고 전수되는 문화적 제도이자 공간인 대학에 대해서는 전혀 그러지 않는다는 사실이다. 대학이라는 것 자체가 우리의 것이 아니라 서구의 것이다. 한국의 대학은 고려나 조선에서 만들어져 발전해온 것이 아니라 서구의 중세부터 발전한 것을 우리가 받아들인 것이다(이 수용 과정이 구체적으로 어떠했는가 에 대한 논의는 이 책의 범위를 넘어선다). 그리고 대학의 구조나 체제도 서구 적이다. 한국의 대학은 머리부터 발끝까지 온통 서구의 것으로 도배를 한 상태이다. 이 모든 엄연한 사실에도 불구하고 서구의 대학을 넘어서는 한국적 대학이나 토착적 대학을 만들어야 한다는 주장은 그 어디에서도 찾아볼 수 없다. 오히려 한국의 대학들은 서구의 대학처럼 되지 못해서 안달을 한다(아니, 나중에 다시 언급하겠지만, 미국의 식민지가 되지 못해서 안달이다).

여기에서 잠시 대학 밖으로, 예컨대 정치와 경제의 영역으로 눈을 돌려보자. 누군가 국민주권, 삼권분립, 보통선거, 의회제도 등에 기반하는 민주주의는 서구에서 이식된 정치체제이니 과감히 버리고 우리의 전통적인 정치체제인 군주정으로 돌아가야 한다고 주장한다면, 그는 필시 미친 사람 취급을 받을 것이다. 그 구체적인 실현 방식에 대해서는 의견이 분분할 수 있지만, 민주주의를 부정하는 한국인은 없다. 그리고 누군가 자유노동, 계약, 기업, 시장 등에 기반하는 자본주의는 서구에서 이식된 경제체제이니 과감히 버리고 우리의 전통적인 경제체제인 자연주의 경제로 돌아가야 한다고 주장한다면, 그 역시 필시 미친 사람 취급을 받을 것이다(자본주의라는 말이 거슬리면 시장경제라는 말을 떠올리면 될 것이다). 자본주의의 구체적인 작동 방식을 비판할 수 있지만—그리고 자본주의 그 자체를 비판하는 지식인들도 있지만—, 자본주의적 생산양식에 기반하는 경제 성장은 한국인들에게도 중요한 가치이다.

이처럼 민주주의와 자본주의 또는 시장경제가 우리의 전통과는 아무런 상관이 없음에도 불구하고 그것들을 버리고 전통적인 정치체제와 경제체제로 돌아가야 한다고 생각하지 않는다는, 아니 더 나아가 그것들이 한국 사회의 주요 가치가 되었다는 사실이 함의하는 바는 무엇일까? 그것은 민주주의와 자본주의 또는 시장경제가 근대적 삶의 조건과 틀이라는, 그리하여 이것들을 떠나서는 합리적인 정치적-경제적 삶이 불가능하다는 사실을 함의한다. 이는 교육체제에도 그대로 적용된다. 대학은 우리의 전통과는 무관한 근대적 문화와 교육의 장이다. 근대 또는 현대를 살아가는 우리에게 더 의미가 큰 것은 전통적인 교육체제가 아니라 근대적인 교육체제이다. 삶의 어떤 영역에서든 이 전통-근대의 논리를 역전시키려 한다면 그것은 한낱 천진한 낭만주의에 지나지 않는다.

이 짧은 논의를 통해서 우리는 서구-한국의 이분법을 근대-전통이라는 틀로 대체할 수 있었다. 마찬가지로 서구 이론-한국 이론의 이분법도 이 근대-전통의 틀로 대체되어야 한다. 다시 말해 서구의 이론이라는 것이 한국의 이론과 대치되는 것이 아니고 근대적 인식과 사유의 틀이며, 따라서 서구의 이론이 따로 있고 한국의 이론이 따로 있는 것이 아니라는 것이다. 만일 정말로 따로따로 이론이 있다면, 한국 이론, 러시아 이론, 일본 이론, 중국 이론, 북한 이론, 카자흐스탄 이론, 브라질 이론, 카메룬 이론…… 수없이 많은 이론이 성립할 것이다. 물론 전통-근대도 이분법이 아니냐는 반론이 제기될 수 있다. 그러나 곧 다시 논하게 되는 바와 같이, 전통은 근대와 대비되는 개념이 아니라 근대에 의해서 해석되고 재창조되는, 그러니까 근대화된 전통이다.

한국의 지식인들이 이른바 한국의 토착적 이론과 대비하곤 하는 서구의 이론이라는 것이 근대적 인식과 사유의 틀이라는 사실은, '서구'라는 말의 정확한 의미를 알면 보다 명확하게 드러날 것이다. 이 서구는 그리 오래된 서구가 아니다. 그것은 ─ 아주 도식적으로 표현하자면 ─ 중세 이후의 서구이다. 그러니까 우리가 일반적으로 말하는 서구의 이론은 근대에 들어와서 발전한 것이다. 그것은 근대화의 산물이다. 예컨대 베버의 이론과 토마스 아퀴나스의 이론은 서로 의사소통이 불가능하다. 그러나 한국의 사회학자는 베버의 이론과 의사소통을 할 수 있다. 왜냐하면 한국 사회도 근대의 물결을 타고 있기 때문이다. 만약 아직도 전통의 물결 속에서 공자, 퇴계, 다산 등의 이론에 기반하여 인식과 사유를 하고 있다면, 한국의 지식인들과 베버의 의사소통은 불가능할 것이다. 서구의 이론은—그것이 철학이든 사회학이든 경제학이든—근대의 체험과 구조를 그 선험적 전제조건으로 한다. 서구의 이론은 근대의 자기성찰이자 자기기술이다.

이렇게 보면 한국의 지식인들이 툭하면 부르짖는 이른바 탈서구적-탈식민지적 이론 또는 한국적-토착적 이론은 그들이 만들어낸 허구임을 알 수 있다. 실제로 이 허구성은 이미 경험적으로 증명되었다.

> 첫째, 이들은 지난 수십 년간 한국적 이론의 '가능성'만 계속 반복해 외쳐왔을 뿐, 어느 누구도 실제로 한국적 이론이 어떤 것이며, 만일 있다면 그 이론이 어떤 면에서 서구 이론을 극복했는지 구체적으로 제시하지 못했기 때문이다. 둘째, 더 결정적인 증거는 이들이 아무리 한국적 이론이나 탈식민지 이론을 외쳐도 재생산 고리를 끊는 데 결정적 역할을 해야 할 젊은 학생들은 전혀 반응하지 않고, 오히려 예전보다 더 많이 유학을 가고, 그 결과 종속성이 강화되고 있다는 사실이다. 만일 한국적 사회과학을 부르짖었던 기성 사회과학자들이 그들 약속대로 서구 이론을 극복했다고 할 만한 성과를 냈다면, 왜 우리 사회과학의 종속성은 지금도 재생산될 뿐만 아니라 그 추세가 점점 더 강화되는 것일까?[2]

이 인용구절에는 이른바 탈서구적-한국적 이론을 외쳐대는 한국 지식인들의 초상이 한 치도 틀리지 않게 그려져 있다. 그들은 자신들이 만들어낸 허구를 가지고 주장을 위한 주장을 해왔던 것이다. 그러면서 안팎으로 자아정체성을 과시하며 이를 통해서 자신들의 문화적-사회적 위상과 역할을 확인하고 공고히 해왔다. 그런데 이 허구성은 단지 경험적으로만 증명된 것이

---

2 김경만, 앞의 책(2015), 12쪽.

아니다. 그것은 이미 경험 이전에, 그러니까 선험적으로 결정된 것이다. 왜 냐하면 서구의 이론이 따로 있고 한국의 이론이 따로 있는 것이 아니라 이 모두가 근대적 인식과 사유의 체계에 속하기 때문이다. 다만 이 체계의 한국 적 버전이 있을 수 있다(이에 대해서는 뒤에서 다시 논의할 것이다).

이 모든 것으로부터 근대와 근대화가 무엇인가를 한번 살펴보아야 할 필 요성이 제기된다. 여기서는 지난 2014년에 출간된 나의 책 『환원근대』에서 제시한 내용을 축약한 형태로 정리하고자 한다.[3] 그 이유는 내가 이 책을 그 책의 후속작으로 보기 때문이다. 그 책은 한국의 근대화와 근대성에 대해 내 가 장기적으로 추진해나갈 연구의 총론 격으로 쓴 것이다. 그리고 이 책은 한국의 문화적 근대화와 문화적 근대에 대한 연구서, 즉 일종의 각론이다.

근대화는 서구화와 동일한 것이 아니다. 다시 말해 단수의 근대(화)가 아 니라 복수의 근대(화)가, 단수의 근대성이 아니라 복수의 근대성이 존재한 다. 슈무엘 아이젠슈타트(1923~2010)는 이를 다중적 근대성이라는 개념으 로 담아낸다. 아이젠슈타트에 따르면,

'다중적 근대성'이라는 용어의 가장 중요한 함의 중 하나는 근대성과 서구 화는 동일하지 않다는 점이다. 서구적 유형의 근대성은 역사적 전례를 가졌으 며 다른 국가에 기본적 참조점이 되기는 하지만 유일한 '진정한' 근대성은 아 니다.[4]

다중적 근대성은 말 그대로 단 하나의 근대성이 유일한 방식으로 존재하 는 것이 아니라 여러 개의 근대성이 각각 나름대로의 방식으로 존재함을 가 리킨다. 서구의 근대성도 그 가운데 하나일 따름이다. 이 근대성들은 서로

---

3  김덕영, 『환원근대: 한국 근대화와 근대성의 사회학적 보편사를 위하여』, 도서출판 길 2014, 37~44, 61~62쪽.
4  슈무엘 아이젠슈타트, 임현진·최종철·이정환·고성호 옮김, 『다중적 근대성의 탐구: 비교 문명적 관점』(원제는 *Collection of Essays on Multiple Modernities*), 나남 2009, 93쪽.

경쟁하며 갈등할 수도 있다. 아이젠슈타트에 따르면 다중적 근대성의 주안점은 "근대성의 역사를 다면적이고 변화하는, 그리고 종종 경쟁적이며 갈등하는 근대성의 지속적 형성·구성·재구성·발전의 이야기로 보는 것"이다.[5]

물론 그렇다고 해서 지구상의 모든 사회에서 자체적으로 근대성이 형성되었다는 말은 아니다. 근대성은 처음에 서구에서 발생한 서구의 독특한 역사적 산물이다. 비서구 사회의 근대화는 바로 이 서구의 근대성을 받아들이면서 시작된 것인데, 이 과정에서 서구의 근대성은 출발점, 준거점 또는 참조점이 되었다. 그러나 이것은 본래의 서구적 근대성을 그대로 받아들였다는 것을 의미하지 않는다. 이러한 수용은 오히려 "그러한 〔서구적〕 전제에 대한 끊임없는 선택·재해석·재규정을 수반하였으며, 이는 근대성에 대한 새로운 문명과 정치적 프로그램의 계속된 결정화와 새로운 제도적 유형의 지속적 재구축을 낳았다. 모든 사회에서 다양한 근대적인 이념적·제도적 형태들이 결정화되었다. 사회에서 지속적으로 발전한 문화적 및 제도적 프로그램은 근대성에 대한 문화적 및 정치적 프로그램의 상이한 구성요소들과 이에 따른 상이한 긴장과 대립에 대한 서로 다른 강조를 수반하였다."[6]

요컨대 서구 이외의 사회들이 서구의 근대성에 반응하는 과정에서, 즉 서구의 근대성을 나름대로 선택하고 재해석하고 재규정하면서 수용하는 과정에서 본래 서구적인 것인 근대성의 다양한 변이가 나타났던 것이다. 이 변이의 성격과 범위는 선험적인 것이 아니라 경험적인 것이다. 다시 말해 그것은 어떤 사회가 어떤 시기에 근대성의 어떤 측면을 강조하고 수용했는가, 이 사회가 어떤 문화적 배경을 갖고 어떤 역사적 경험을 했는가, 근대성 수용의 주체 세력은 누구였는가, 그 수용 과정에서 전통과 근대가 어떤 방식으로 결합되었는가 등의 다양한 측면이 복합적으로 (상호)작용함으로써 결정되는 것이다. 이렇게 결정되는 변이는 정상적인 것으로부터 일탈하는 병리적인 것이 아니라 근대화하는 사회의 독특한 역사적 산물이자 근대성의 한 특수

---

5  같은 책, 50쪽.
6  같은 책, 37~38쪽.

한 유형이다. 그것은 근대화하는 사회의 개인들과 집단들이 직·간접적으로 창출한 것이다.

비서구 사회들은 서구 사회에서 전파된 본래적 근대성을 수용하는 데에 그치지 않고 나름대로의 논리와 동력 및 역사적-문화적 자원을 바탕으로 그것을 넘어서는 근대성을 발전시킨다. 이렇게 비서구 사회에서 형성되는 새로운 근대성은 거꾸로 원래 근대성이 발생한 서구 사회에 의해 다시 수용될 수도 있다. 이 점은 서구의 근대성 역시 일회적이고 고정된 것이 아니라 지금까지 지속적으로 변화해왔으며 앞으로도 지속적으로 변화할 것임을 시사한다.

근대를 논하면서 빼놓을 수 없는 것이 전통과의 관계이다. 흔히 근대는 전통으로부터 단절되고 전통과 양립할 수 없다고 생각한다. 그러나 근대화는 단순히 전통을 극복하는 과정이 아니라 "전통에 대한 성찰적 비판"을 수반하는 과정이다.[7] 전통과 근대는 단선적이고 이분법적인 관계가 아니라 복합적이고 상호적인 관계에 있다. 전통은 근대에도 존속하며 근대가 형성되고 발전하는 데 일정한 기여를 한다. 가장 근대화된 사회에서도 전통은 살아 있고 나름대로의 의미를 갖고 나름대로의 기능을 수행한다. 물론 이때 전통은 근대에 의해 재해석되고 인정됨으로써 근대에 통합된 전통이다. 근대는 자신의 관점에 따라 전통에서 취할 것은 취하고 버릴 것은 버림으로써 새로운 '이미지'를 구성하여 자신의 일부분으로 통합한다. 그러므로 모든 전통은 근대에 의해 '발명된' 전통이다. 이처럼 근대의 성찰적 비판에 의해 '재창조된' 전통은 근대를 구성하는 중요한 요소가 되고 근대화의 중요한 동력이 된다.[8] 물론 이 경우 전통은 근대화 과정에서 극단적 근본주의처럼 부정

---

7 Andreas Langenohl, *Tradition und Gesellschaftskritik. Eine Rekonstruktion der Modernisierungstheorie*, Frankfurt am Main/New York: Campus 2007, 106쪽 이하.

8 앤서니 기든스, 이윤희 옮김, 『포스트모더니티』(원제는 *The Consequences of Modernity*), 민영사 1991; 앤서니 기든스·울리히 벡·스콧 래쉬, 임현진·정일준 옮김, 『성찰적 근대화』(원제는 *Reflexive Modernization. Politics, Tradition and Aesthetics in the Modern Social Order*), 한울아카데미 1998, 140쪽 이하.

적이고 파괴적이며 야만적인 방식으로 작용할 수 있다. 그러나 중요한 것은 이 또한 엄연히 근대의 일부분이라는 사실이다. 그러므로 전통을 도외시하고는 근대화 또는 근대성에 대한 온전한 담론을 기대할 수 없을 것이다.

근대화는 다양한 구조적, 문화적, 심리적, 물리적 요소들이 그리고 자연에 대한 인간의 이해와 태도가 서로 연결되어 변화해온 복합적인 과정으로서 인간 삶의 전 영역을 포괄한다. 시기적으로 보면 근대화는 중세 후기인 대략 1500년대부터 시작되어 아직도 진행되고 있는 장기적인 역사 과정이다.[9] 그러므로 이 시기 이후에 전개된 인간, 사회, 문화, 역사 및 인간과 자연의 관계에 대한 철학적-과학적 인식과 사유는 어떻게 보면 모두 근대, 근대화, 근대성에 대한 논의라고 볼 수 있다. 예컨대 칸트의 철학은 분화와 개인(주의)에 대한 이론이라고 할 수 있다.

그런데 근대화에 대한—그리고 근대와 근대성에 대한—담론은 무엇보다도 사회학에서 찾아볼 수 있다. 사회학은 근대화의 전형적인 산물이다. 사회학은 근대화에 대한 반응으로서 형성된, 근대화의 자기기술이자 자기비판이다. 그러므로 사회학은 근대화를 빼고는 생각할 수 없다.[10] 말하자면 사회학은 "근대의 자식"이자 "근대성의 프로젝트"이다.[11]

사실 이 점은 책을 몇 권은 써야 할 정도로 상세한 논의를 필요로 한다. 그러니 이에 대한 논의는 다음 기회로 미루기로 하고 여기서는 위르겐 하버마스를 인용하는 선에서 만족하기로 한다. 그는 주저 『의사소통행위이론』에서 이렇게 주장한다. 사회학의 주제는

9　Hans van der Loo & Willem van Reijen, *Modernisierung. Projekt und Paradox*, München: Deutscher Taschenbuch Verlag 1992; Nina Degele & Christian Dries, *Modernisierungstheorie. Eine Einführung*, München: Wilhelm Fink 2005.

10　Nina Degele & Christian Dries, 앞의 책(2005), 10쪽 이하.

11　Armin Nassehi, *Der soziologische Diskurs der Moderne*, Frankfurt am Main: Suhrkamp 2006, 64쪽; Anthony Giddens, *Social Theory and Modern Sociology*, Cambridge: Polity Press 1987, 26쪽.

구유럽적 구조를 갖는 사회들에서 근대 국가체계가 형성되고 시장의 조절 기능에 힘입어 경제체계가 분화되면서 나타나는 사회 통합의 변화이다. 사회학은 전통적 사회체계의 해체와 근대적 사회체계의 형성에 수반되는 아노미적 측면을 다루는 전형적인 위기과학이 된다.[12]

하버마스는 같은 책에서 다음과 같이 주장하고 있다.

사회학은 부르주아 사회의 이론으로 생겨났다. 사회학에 주어진 소임은 부르주아 사회 이전의 사회들이 자본주의적 근대화를 거치는 과정과 거기에서 발생하는 아노미 현상의 형태들을 설명하는 것이다. 객관적인 역사적 상황으로부터 제기되는 이러한 문제는 사회학이 자신의 기초와 관련된 문제들을 다룰 때에도 준거점이 된다. **메타이론적 차원**에서 사회학은 근대적 생활세계의 합리성 증가에 초점을 맞춘 기본 개념들을 선택한다. 사회학의 고전적 사상가들은 그들의 행위이론을 구축할 때 거의 예외 없이 그 범주들이 '공동사회'에서 '이익사회'로 이행하는 과정에서 나타나는 가장 중요한 측면들을 포착할 수 있도록 한다. 그리고 **방법론적 차원**에서는 상징적 대상들로 이루어진 객체 영역에 의미 이해의 방식으로 접근하는 문제가 다루어진다. 그리고 합리적인 행위 지향을 이해하는 것이 모든 행위 지향을 이해하는 준거점이 된다.[13]

자명한 일이지만 지구상의 모든 사회에서 자체적으로 사회학이 형성된 것은 아니다. 사회학은 서구에서 발생하여 비서구로 퍼져나간 근대의 일부분, 다시 말해 문화적 근대이며, 이 문화적 근대를 수용하는 과정에서 사회에 따라 나름대로의 선택, 규정, 해석이 나타날 수 있으며, 따라서 사회학의

---

12  Jürgen Habermas, *Theorie des kommunikativen Handelns*, *Bd. 1*: *Handlungsrationalität und gesellschaftliche Rationalisierung*, Frankfurt am Main: Suhrkamp 1985a (3., durchgesehene Auflage; 1. Auflage, 1981), 19쪽.

13  같은 책, 21쪽.

다양한 '버전'이 나타날 수 있다. 그러나 어떤 경우에도 서구의 사회학이 출발점, 준거점 또는 참조점이 된다. 요컨대 사회학에도 다중적 근대성의 원리가 그대로 적용된다.

이로부터 서구에서 발생한 사회학과, 근대화 과정에서 이 서구 이론을 수용한 한국 사회의 관계가 도출된다. 진정한 한국적 또는 토착적 사회학을 정립하는 길은 맹목적으로 서구 이론을 배척하는 데에 있는 것이 아니라 사회학적 인식과 사유의 토대가 된 서구 이론을 넓고 깊게 이해하는 데에 있다. 이러한 이해는 서구 이론을 비판하려는 사람들에게도 마찬가지로 요구된다. 비판도 뭘 알아야 제대로 할 수 있으니까! 이 책은 사회학 이론의 큰 줄기 열두 개 — 이는 달리 패러다임이라고 말해도 무방할 것이다 — 를 검토하면서 한국적 사회학 이론의 가능성을 모색하는 데에 그 목적이 있다. 그것은 해석학적 오디세이이다. 한국적 사회학 이론을 찾아 나서는 해석학적 오디세이!

이 해석학적 오디세이에 대해 본격적으로 논하기 전에 잠시 전통과 근대의 문제로 돌아가보기로 하자. 우리의 전통 사상 위에다가 이른바 탈서구적-탈식민지적 이론 또는 한국적-토착적 이론을 세울 수 있을까? 결론부터 말하자면, 그것은 불가능한 일이다.

예컨대 퇴계의 성리학이나 다산의 실학으로부터는 사회학적 개념이나 이론을 끄집어낼 수 없다. 그 이유는 성리학이나 실학이 서구에서 발생한 사회학보다 열등해서도 아니고 퇴계나 다산이 사회학의 창시자들이나 거장들보다 열등해서도 아니다. 그보다는 퇴계와 다산의 인식 및 사유체계가 오늘날 우리가 알고 있는 사회학과 완전히 다른 세계에 준거하고 완전히 다른 세계를 지향한다는 사실에서 그 이유를 찾을 수 있다. 아주 간단히 말해 행위, 상호작용, 조직, 구조, 체계, 계급 및 계층 등과 같은 사회학적 기본 개념을 퇴계나 다산으로부터는 도출해낼 수 없다. 이 모든 것은 근대 세계를 (지식사회학적) 배경으로 해서 발전한 개념이다.

우리가 넓게는 근대의 물결을 그리고 좁게는 사회학이라는 문화적 근대의 물결을 탄 이상, 좀 상징적으로 표현하자면 전근대라는 '에덴동산'을 나와서 근대로 들어선 이상, 그 전근대의 입구는 "두루 도는 불칼"이 지키고 있어[14] 다시는 퇴계나 다산으로 돌아갈 수 없다. 물론 퇴계나 다산은 중요한 연구 대상이다. 사실 한국의 사회학자들은 거의 직무유기에 가까울 정도로 퇴계를 다산을, 아니 더 나아가 한국의 정신사와 지성사에 대한 연구를 소홀히 해왔기에 더더욱 그렇다. 그런데 중요한 것은 사회학적 관점에서 퇴계나 다산을 (재)해석해야지 퇴계나 다산으로부터 사회학의 토대를 이끌어낼 수는 없다는 점이다. 짐멜과 더불어 이야기하자면 사회학자에게 퇴계나 다산은 인식의 '내용'이 되고 사회학은 인식의 '형식'이 된다.

근대와 전통의 이러한 관계는 — 이미 앞에서 베버와 아퀴나스를 예로 들어 언급한 것처럼 — 서구의 경우에서도 관찰된다. 서구의 사회학이라는 것은 고대의 플라톤과 아리스토텔레스로부터 중세를 거쳐서 면면이 이어져 내려오는 문화적 유산이 결코 아니다. 거기에는 분명히 지적 불연속성이 존재한다. 사회학은 근대의 구조와 체험을 바탕으로 하는 근대의 자기성찰이자 자기비판이다. 우리가 행위와 상호작용을 이야기하고 구조와 체계를 이야기하고 계급과 계층을 이야기할 때, 이 모두는 근대적 인식과 사유의 결과물이다. 물론 이것들을 가지고 중세와 고대를 논할 수는 있다. 왜냐하면 개념이라는 것은 그 출생지를 넘어서 보편성을 획득할 수 있기 때문이다. 마찬가지로 한국 사회와 같은 비서구 사회에도 역시 얼마든지 적용될 수 있다. 바로 이런 연유로 퇴계의 성리학이나 다산의 실학보다 근대 서구인들에 의해 구축된 사회학이 한국 사회학에 대해 더 큰 의미와 함의를 갖는 것이다.

꽤 많은 한국 지식인들이 전통 사상인 유교를 재해석하고 재전유함으로써 서구 의존성을 극복하고 진정한 한국적 사회(과)학을 구축할 수 있다고 생각한다.[15] 그러나 유교의 사회(과)학적 재해석과 재전유 자체가 서구적 관점, 개념, 이론, 방법론 등에서 출발할 수밖에 없다. 거기에서 출발하지 않는 유교의 사회(과)학적 재해석과 재전유는 한국적 사회학의 정립으로 이어지

---

14  『구약성서』「창세기」제3장 제24절.
15  그 대표적인 예로 다음을 꼽을 수 있다. 강정인, 『서구중심주의를 넘어서』, 아카넷 2004.

지 않고 단지 유교에 사회학의 외피를 입히고서 그것을 한국적 사회학이라고 부르는 것밖에 안 될 것이다. 그것은 사회학이라는 어법으로 표현된 유교의 부활에 지나지 않는다. 그것은 전통의 근대화가 아니라 근대의 전통화라는 지극히 모순적이고 반동적인 생각이 아닐 수 없다. 아이러니하게 들릴지 모르지만, 진정으로 한국적인 사회학을 구축하려면 그 대안을 유교라는 지적 전통이 아니라 서구 이론이라는 지적 전통에서 찾아야 한다. 이는 유교가 아니라 서구 이론이 한국 사회학의 전통이라는 뜻이다. 그 이유는 아주 간단하다. 근대의 토대는 근대이며, 따라서 문화적 근대인 사회학의 토대는 전통 위에 구축된 유교가 아니라 근대 위에 구축된 서구 이론이기 때문이다.

그러니 한국 사회학의 전통을 유교에서 찾고 한국 사회학의 토대를 유교에서 찾으려는 시도는 근대화라는 세계사적 과정과 근대와 근대성이라는 세계사적 체험을 간과한 채 서구-한국 또는 서구-비서구/아시아라는 이분법적 도식을 고수하려는 발상에 지나지 않으며, 근대를 전통으로 회귀시키려는 순진한 낭만주의의 발로가 아닐 수 없다. 이 불합리한 자기모순을 벗어나려면 다중적 근대성의 관점에 따라서 한국 사회학을 근대 사회학의 한 특수한 '버전'으로 보아야 할 것이다. 유교는 이 한국적 사회학의 중요한 논의와 연구 대상이 될 수 있다. 그러나 그 출발점이나 준거점은 될 수 없다.

유교가 아니라 서구 이론이 한국 사회학의 전통이라면, 유교를 변형하고 비판하는 것이 아니라 서구 이론을 변형하고 비판하는 것이야말로 한국적이고 토착적인 사회학 이론을 구축하는 단 하나의 길이다. 그리고 — 하버마스의 말대로 — 이 전통을 변형하고 비판하려면 스스로 그 전통 위에 서 있어야만 한다.[16]

기왕 다산을 끌어들였으니 조금만 더 그에 대한 논의를 하자. 꽤 많은 한국 지식인들이 다산을 근대인으로 본다. 그들은 다산의 저작에서 '근대적으로' 해석할 수 있는 여러 측면을 들추어내면서 다산의 실학이 근대적인 이론적-실천적 운동이라고 주장한다. 그러나 그런 식의 주장은 아주 간단하

---

16  이에 대한 자세한 논의는 제5장 제1절을 참고할 것.

게 논박할 수 있다. 거창한 이론을 들이댈 것도 없이, 다산의 저작에 반근대
적이고 중세적인 측면이 얼마나 많은가를 보이면 된다. 이른바 근대적인 것
보다 반근대적이고 중세적인 것이 압도적으로 많을 것이다. 왜 그럴까? 그
이유는 다산이 근대를 산 근대인이 아니라 중세의 끝자락을 산 중세인, 마지
막 중세인이며 철두철미한 중세인이기 때문이다. 한 가지 예를 들어보자. 다
산이 제시한 토지제도인 여전제(閭田制)는 마을이 생산과 분배의 주체가 되
는 경제체제로서 개인들이 경제적 행위의 주체가 되는 근대적 경제체제와
정면으로 배치된다. 물론 부분적으로 여전제와 같은 집단주의적 경제를 실
현할 수도 있겠지만 한 국가의 경제 전체를 그런 식으로 유지할 수는 없다.
왜 그럴까? 그 이유는 다산의 실학이 궁극적으로 추구한 바가 지배계급의
무능과 부패로 와해되어가는 유교적 왕도정치의 재건이었으며, 여전제는
그것의 경제적 하부구조였기 때문이다. 그의 지적 세계는 유교적 중세의 치
열한 자기성찰과 자기비판으로 가득 차 있다. 그의 지평에서 근대는 떠오르
지 않은 세계이다. 근대는 그가 살던 곳과는 다른 곳에서 떠올라 그가 살던
시기보다 후대에 전파된 세계이다. 다산의 지적 세계에는 근대가 존재하지
않는다. 아니, 존재할 수 없다.

근대와 전통의 관계에 대해서는 이 정도에서 그치고 다시 해석학적 오디
세이의 문제로 돌아가자. 이 책에서는 총 열두 명의 사회학자들과 씨름하면
서 한국적 사회학 이론의 가능성을 모색한다. 그들의 이름은 다음과 같다.


1. 오귀스트 콩트
2. 허버트 스펜서
3. 카를 마르크스
4. 에밀 뒤르케임
5. 게오르그 짐멜
6. 막스 베버
7. 알프레트 슈츠
8. 탤컷 파슨스

9. 노르베르트 엘리아스
10. 피에르 부르디외
11. 위르겐 하버마스
12. 니클라스 루만


사실 해석학적 오디세이는 비단 사회학뿐만 아니라 인문사회과학이, 아니 과학 일반이 발전하는 기본적인 원리이다. 왜냐하면 새로운 이론은 아무런 지적 배경도 없이 하늘에서 떨어지거나 땅에서 솟아오를 수 없기 때문이다. 어떤 이론이든 이전의 또는 당대의 다양한 이론을 비판적으로 종합하면서 형성되고 발전한다. 이 점에서 "나는 거인들의 어깨 위에 서서 바라보았기 때문에 남들보다 좀 더 멀리 볼 수 있었다"라는 아이작 뉴턴의 말은 시사하는 바가 크다. 뉴턴은 갈릴레이, 케플러, 코페르니쿠스 등과 같은 거인들의 어깨 위에 서서 바라보았기 때문에 근대 과학혁명을 완성하여 그 이후의 세계관과 자연관을 결정적으로 각인할 수 있었다.

모든 이론은 "창조적 절충주의"의 산물이라고 말해도 지나치지 않다. 아니, 인간의 모든 지적 생산물이 창조적 절충주의의 산물이라고 말해도 지나치지 않을 것이다. 이 점에서 괴테가 세상을 떠나기 한 달 전에 『파우스트』와 관련하여 가진 대화에서 한 다음과 같은 말은 시사하는 바가 매우 크다. "내가 보고 듣고 관찰한 모든 것을 나는 모아두었고 이용했다. 내 작품들은 무수히 많은 다양한 개인들에게서 영양을 섭취했으며 (…) 나는 자주 다른 사람들이 뿌린 씨를 그저 거둬들이기만 했다. **나의 작품은 괴테라는 이름을 가진 한 집단의 작품이다.**"[17]

방금 언급한 열두 명의 사회학자들도 모두 나름대로의 해석학적 오디세이를 통하여, 다시 말해 사회학, 철학, 경제학, 심리학, 역사학, 자연과학, 문

---

17 Karl August Hugo Burkhardt (Hrsg.), *Goethes Unterhaltungen mit Friedrich Soret*, Weimar: Böhlau Nachf. 1905, 146쪽, 여기서는 김수용, 『괴테·파우스트·휴머니즘: 신이 떠난 자리에 인간이 서다』, 책세상 2004, 14~15쪽에서 재인용.

학 등 다양한 지적 조류 및 전통과의 치열한 대결을 통하여 이른바 사회학의 비조가 될 수 있었다. 그들의 이론이 사회학사에 길이 남고 사회학의 발전을 결정적으로 각인할 수 있었던 것은 그만큼 그들의 지적 '산통', 아니 해석학적 '진통'이 컸기 때문이다. 그 실례로는 파슨스와 하버마스를 들 수 있을 것이다. 그리고 특히 엘리아스를 언급할 가치가 있다.

먼저 1937년 파슨스의 저서 『사회적 행위의 구조: 특별히 최근 유럽 사상가들에 준거하는 사회이론 연구』가 출간되는데, 이 책에서 최초로 그의 독자적인 사회학 이론이 제시된다. 거기에서 파슨스는 기존의 유럽 사회과학 이론에서 출발하여 사회적 행위에 대한 보편이론을 구축하고자 시도한다. 그 사상가들은 구체적으로 앨프리드 마셜, 빌프레도 파레토, 뒤르케임 그리고 특히 베버이다.[18] 또한 하버마스의 이론이 체계적으로 제시된 『의사소통행위이론』(1981)은 파슨스의 『사회적 행위의 구조』를 하나의 전범으로 삼아 해석학적 오디세이를 감행하는바, 그것은 한편으로 칸트에서 마르크스에 이르는 철학적 유산을 그리고 다른 한편으로 베버에서 파슨스에 이르는 사회학적 유산을 포괄한다.[19]

엘리아스는 자신의 사회학이 과학적 전통보다는 구체적인 역사적 경험으로부터 비롯되었다고 말한다. 이 말대로 그의 저작들에서는 다른 사회학자들의 저작들에 비해 기존의 과학적 전통이나 조류에 대한 논의나 비판이 드물게 나타난다.[20] 그런데 여기에서 중요한 점은, 그렇다고 해서 엘리아스의 지적 세계가 '무연고'로 탄생하지는 않았다는 사실이다. 그의 사회학적 인

---

18  파슨스에 대한 자세한 논의는 이 책의 제3장 제2절을 참고할 것.
19  하버마스에 대한 자세한 논의는 이 책의 제5장 제1절을 참고할 것.
20  물론 엘리아스는 그의 주저 『문명화 과정: 사회발생적 및 심리발생적 연구』의 1969년판 서문에서 파슨스를 비판하고 있는가 하면, 1970년에 출간된 『사회학이란 무엇인가?』에서는 콩트, 마르크스, 파슨스, 베버, 뒤르케임 등을 논의하고 있다. 그러나 이 두 저작은 엘리아스의 사회학적 인식체계가 형성되는 과정에서가 아니라 확고히 구축되고 난 이후의 시점에 나왔는데, 거기에서 엘리아스가 여러 사회학자들을 다루는 이유는 자신의 지적 배경을 밝히고자 해서가 아니라 이들과의 비교를 통해서 자신의 사회학의 본질과 특징을 보다 확실히 드러내고자 해서이다.

식관심은 일차적으로 과학 외적 요소에 의해 촉발되었지만 이렇게 촉발된 인식관심을 충족시키기 위해서는 특정한 과학적 조류나 전통과 씨름할 수밖에 없었다. 사실 과학적 문제는 과학 내적 요인에 의해서도 과학 외적 요인에 의해서도 제기될 수 있지만, 그것이 과학인 한 결국 과학 내적 논리에 의해 접근해야 하며, 바로 이 과정에서 기존의 과학적 조류나 전통에 접목할 수밖에 없게 된다. 이것이 과학이 발전하는 기본 원리이다. 실제로 그의 저작에는 비록 지성사적 또는 이론사적 논의가 드물게 나타난다 하더라도 그 심층에는 많은 이론적 또는 방법론적 논의가 담겨 있다.[21]

요컨대 엘리아스도 파슨스나 하버마스와 마찬가지로, 아니 다른 모든 사회학자들과 마찬가지로 나름대로의 해석학적 오디세이를 통하여 자신의 패러다임인 결합태사회학 또는 과정사회학을 발전시킬 수 있었던 것이다. 이 해석학적 오디세이에서 중요한 지분을 갖는 사상가로는 네덜란드의 역사학자 요한 하위징아, 정신분석학의 창시자 지그문트 프로이트 그리고 사회학

---

21  엘리아스에게서 지성사적 또는 이론사적 논의가 아주 드물게 나타나는 것은 그러한 논의 자체를 무시하기 때문이 아니라 순수한 지성사나 이념사를 부정적으로 보기 때문이다. 순수한 지성사 또는 이념사는 정신적 조류들의 사회발생적 측면을 등한시하고 사고와 지식의 발전을 개인이 개인에게 또는 책이 책에게 고립적으로 영향을 미친 결과로 파악한다. Johan Goudsblom, "Zum Hintergrund der Zivilisationstheorie von Norbert Elias: Ihr Verhältnis zu Huizinga, Weber und Freud", in: Peter Gleichmann, Johan Goudsblom & Hermann Korte (Hrsg.), *Macht und Zivilisation. Materialien zu Norbert Elias' Zivilisationstheorie 2*, Frankfurt am Main: Suhrkamp 1984, 129~47쪽, 여기서는 129쪽. 엘리아스는 1984년 한 네덜란드 사회학 저널에 영어로 발표한 논문 「사회학의 사회발생에 대하여」에서 사회학의 사회발생적 측면을 논하고 있다. 그에 따르면 사회학은 18세기 말부터 19세기 초에 형성되었는데, 그 과학 외적 배경, 그러니까 사회발생적 측면은 다음과 같다. 이 시기에 시장과 같은 '사회'의 영역이 국가의 통제를 벗어나 자율적으로 작동하게 되었다. 이에 지식인들은 "사회의 '법칙들'"을 발견하려고 했는데, 이 법칙들은 "입법자들에 의해 제정되고 국가가 지명한 관청에 의해 집행된 '법칙들'이 아니라 인간에 의해 만들어진 모든 법칙들의 토대가 되는 법칙들"이었다. 그것들은 "마치 자연법칙들이 자연에 내재하듯이 사회에 내재하는 법칙들"이었다. 이렇게 하여 사회학이 발생하게 되었던 것이다. Norbert Elias, "Zur Soziogenese der Soziologie", in: *Norbert Elias Gesammelte Schriften, Bd. 15: Aufsätze und andere Schriften II*, Frankfurt am Main: Suhrkamp 2006c, 451~500쪽, 직접 인용은 482쪽.

자 베버를 꼽을 수 있다. 그 밖에 콩트, 마르크스, 뒤르케임, 짐멜의 이름도 거론할 수 있다.[22]

이 책에서 다루는 열두 명의 사회학자들은 사회학 이론의 흐름에서 가장 큰 줄기를 형성한다. 이들은 사회학 이론의 본류와도 같아서 그들로부터 수많은 지류가 생겨났으며 앞으로도 생겨날 수 있다. 그들은 사회학 이론의 발전에서 ―긍정적이든 부정적이든― 가장 큰 함의를 가지며, 따라서 그들의 사회학적 인식체계 하나하나를 패러다임이라고 불러도 무방할 것이다. 아니, 패러다임이라고 부르는 것이 타당할 것이다(이에 대해서는 제1장에서 상세하게 논할 것이다). 솔직히 말해서 이 열두 명의 사회학자들이 만들어낸 흐름을 대상으로 하는 연구는 이미 수십 권의 책으로, 그리고 그 각각의 사회학자를 대상으로 하는 연구는 수백 권의 책으로 결실을 맺었어야 한다. 만약 그랬더라면 식민지적-서구적 사회학을 벗어나 진정한 한국적-토착적 사회학을 정립해야 한다느니, 그 가능성은 우리의 전통 사상인 유교에서 찾아야 한다느니 따위의 지극히 소모적이고 비생산적인 논쟁에 휘말리지 않고 적어도 지금쯤은 이론적 토대를 구축할 수 있었을 것이다. 그러나 어쩌랴, 그처럼 필수적이고도 근본적인 노력은 하지 않은 채 서구-한국 또는 서구-비서구/아시아라는 이분법적 사고에 갇힌 채 네 것 내 것을 따지느라 여념이 없었던 것을?!

이 책은 한국 사회학계에서 사회학 이론의 중요한 흐름을 나름대로 정리해보려는 첫 번째 시도로서 한국적 사회학 이론을 위한 해석학적 오디세이의 총론에 해당한다. 이 총론을 기점으로 나는 앞으로 크고 작은 이론적 연구서와 사회학 고전 번역서를 낼 것이다. 그리하여 한국 사회학의 이론적 토대를 구축할 것이다. 만약 이러한 생각이 식민주의적, 사대주의적, 제국주의적 또는 매판사회학적 발상이라고 비난한다면, 나는 기꺼이 그 비난을 감수할 것이다.

실제로 한국의 지식인 사회에서는 나처럼 이론에 천착하는, 그러니까 이

---

22 엘리아스에 대한 자세한 논의는 이 책의 제4장 제1절을 참고할 것.

론에 '유식한' 사람이 종종 그런 식으로 매도되곤 한다. 예컨대 한 사회학자는——정확히 말하자면 한 문화인류학자는——모 대학 사회학과 학부 3~4학년 학생들을 위해 개설한 '문화이론'이라는 강의의 교안에서 다음과 같이 말하고 있다. "이 강좌를 통해 학생들이 이론적으로 유식해지는 것을 교수는 바라지 않는다. 현재 상황에서 이론적 유식함이 얼마나 공허한 것인가를 우리는 이 강좌를 통해 토론하게 될 것이다. 일반적으로 이론의 유식함이 식민주의적·사대주의적 틀을 고수함으로써 가능한 현 상황에서 학생들은 기존의 틀을 깨고 스스로 의미를 만들어갈 자세로 교실에 들어오길 바란다."[23] 물론 얼마든지 이런 식으로 이야기할 수 있다. 다만 그런 식으로 이론을, 정확히는 '서구 이론'을 "식민주의적·사대주의적"이라고 매도할 수 있으려면 적어도 한 가지는 보여주어야 하는바, 이른바 탈식민주의적이고 탈사대주의적인, 그러니까 서구의 이론으로부터 완전히 벗어난 한국적이고 토착적인 사회학 이론이 무엇인가를 구체적으로 제시해야 하며, 또한 거기에 기반하여 한국 사회에 대한 경험연구와 역사연구를 수행해야 하고, 가능하다면 한국 사회를 다른 사회들과 비교연구해야 한다. 그러려면 속된 말로 서구 이론으로부터 완전히 '담을 쌓은' 채 '개발에 땀이 나도록' 우리의 고전을——그것이 유교든 불교든 도교든 상관없이——들쑤시고 우리의 역사를 들추어보며 우리의 다양한 현재적 삶을 파헤치고 다녀야 한다. 비유적으로 표현하자면, 서구중심주의를 극복하고 한국적 이론을 정립하려면 '갈라파고스 원리'를 실천해야 한다. 다른 생물세계로부터 고립되었기 때문에 아주 독특한 진화적 풍경을 연출하며, 그로 인해 다윈의 진화론이라는 혁명적 사고가 형성되는 과정에서 결정적인 역할을 한 갈라파고스 제도! 서구중심주의적인 식민주의적·사대주의적 사회학을 극복하고 토착적이고 자생적인 사회학을 진정으로 한국 사회에 정착시키려고 한다면 한국 사회를 '사회학적 갈라파고스 제도'로 만들어야 한다.

그런데 나는 과문한 탓인지 이론에 '유식한' 사람을 두고 식민주의적·사

---

23 조한혜정, 『탈식민지 시대 지식인의 글 읽기와 삶 읽기 1』, 또하나의문화 1992, 28쪽.

대주의적 사상에 사로잡혔다고 비난하는 사람이 이와 같은 노력을 한다는 말을 들어본 적이 없다. 도리어 교수 임용에서 미국 박사학위 소지자를 선호한다고 하며, 또한 교수들은 안식년을 주로 미국을 위시한 서구의 대학에서 보낸다고 한다. 그 결과 오늘날 한국의 대학은 서구중심주의를 넘어서 미국 중심주의에 경도된 나머지 아예 미국의 식민지로 전락해버렸다. 이는 자기 모순이 아닌가?!

설령 한국 사회학계에서 식민주의적이고 사대주의적이며 매판사회학적 인 틀을 깨려는 학자들에 의해 실제로 갈라파고스 원리가 실천된다고 치자. 그렇다고 해도 서구의 사회학과 완전히 무관한 한국의 사회학이 형성될 수는 없는 노릇이다. 마치 갈라파고스에서 관찰되는 거북이가 여타 지역에서 발견되는 거북이들과 다른 모습이기는 하지만 생물학적-유전학적으로 구별되는 것이 아니라 외부로부터 고립된 그곳의 환경에 적응하는 과정에서 독특한 진화론적 인상을 획득하게 된 것처럼!

이 비유가 함의하는 바는 이론적 '유식함'은 공허한 것도 아니고 식민주의적·사대주의적 틀을 고수함으로써 얻은 것도 아니며 진정한 한국적 사회학의 정립을 위한 토대를 모색하는 과정에서 획득하고 축적한 문화자본이라는 사실이다. 매우 아이러니하게도 그리고 매우 서글프게도 한국적 사회학의 선험적 전제조건은 서구 이론이다. 서구 사회학과 구별되는 한국 사회학이 따로 있는 것이 아니라 사회학이라는 근대적 인식과 사유체계의 한 '버전'으로서 한국 사회학이 있는 것이다. 한국적 사회학의 선험적 전제조건이 되는 서구의 사회학 이론은 수백 년에 걸쳐 다양한 철학, 정신과학, 문화과학, 사회과학이 복합적인 방식으로 상호작용한 결과로 형성되고 발전해온 문화적 유산이다. 나의 이론적 '유식함'은 이 방대하기 이를 데 없는 문화자본을 체화하기 위해 나름대로 발버둥친 결과일 뿐 공허한 것도 아니고 식민주의적, 사대주의적, 매판사회학적 태도와 행위의 발로도 아니다.

방금 인용한 '문화이론' 강의교안을 보면 학부 3~4학년 학생들에게 "기존의 틀을 깨고 스스로 의미를 만들어갈 자세"를 주문하는 구절이 나온다. 솔직히 말해 그런 자세는 나같이 30년을 사회학 이론 연구에 쏟아부은 전문

가도 감히 꿈꿀 수 없는 것이다. 만약 이 주문대로 대학생들이 기존의 틀을 깨고 스스로 의미를 만들어갈 수 있다면, 그야말로 이론은 현기증이 날 정도로 눈부시게 발전할 것이다. 아마 내일 아침에 일어나면 밤사이 새로 나온 이론들부터 챙겨 봐야 할 것이다. 이런 주문을 아무렇지도 않게 하는 교수를 가상하다고 해야 할지, 순진무구하다고 해야 할지 모르겠다. 딱하다는 말이 가장 적합한 표현일 것이다.

그런데 이런 식의 생각은 사실 꽤 많은 한국 지식인들에게서 발견할 수 있고, 그리 낯선 것이 아니다. 그들은 책 한 권을 쓰고도 서구를 극복하기 위해 썼다고 말한다. 아니면 작은 연구소 하나 만들고서 서구를 극복하기 위해 만들었다고 말한다. 서구가 책 한 권으로 또는 연구소 한 개로 극복될 정도로 만만하다고 생각하는가 보다. 마치 씨름 경기에서 들배지기 한판으로 상대방을 모래판에 메어꽂듯이 서구를 넘어뜨릴 수 있다고 생각하는가 보다. 서구 역사는 그토록 허무하게 넘어갈 정도로 일천하지 않다. 역으로 비서구/아시아의 역사도 서구의 누군가가 쓴 책 한 권에 의해 또는 서구의 어느 대학이 만든 연구소 하나에 의해 넘어갈 정도로 일천하지 않다. 아니, 이 지구상에 그럴 수 있는 문화권이나 사회는 단 하나도 없다.

내가 한 가지 꼭 묻고 싶은 것은, 꼭 서구와 대결해야 하고 서구를 극복해야 하는가, 그리고 이것이 꼭 지식인들의 존재이유가 되어야 하고 자아정체성이 되어야 하는가이다. 남의 것이 어디 있고, 내 것이 어디 있는가? 좋은 것이면 내 것이고 필요하면 빌려다가 쓰거나 받아다가 쓰면 되는 것이 아닌가? 그리고 남에게도 내 것을 주면 되지 않는가? 인류의 역사가 원래 그런 것이 아닌가? 아무리 오래된 문화권들과 사회들도 서로 교류를 하지 않았는가? 유교도 불교도 도교도 기독교도 원래 우리의 것이 아니다. 한 가지 무척 흥미로운 점은, 한국의 지식인들이 서구에서 유래한 산업자본주의의 전개에 따른 경제성장을 발전이라고 생각하면서도 문화, 그 가운데에서도 특히 철학과 사회과학에 관해서는 자꾸 '신토불이'를 이야기한다는 사실이다. 나는 이를 경제적 근대주의와 문화적 전통주의의 결합이라고 부른다.[24] 우리가 진정으로 추구해야 할 바는 경제적 근대주의와 문화적 전통주의의 결합도 경제적 전통주의와 문화적 근대주의의 결합도 아니다. 경제적 근대주의와 문화적 근대주의야말로 우리가 진정으로 추구해야 할 바이다. 그리고 이러한 바탕 위에서 전통을 해석하고 전유함으로써 전통의 근대화를 추구해야 한다.

한국적 사회학을 위한 해석학적 오디세이에는 사회학 이론을 연구하는 일과 더불어 이 이론이 담겨 있는 고전을 번역하는 일도 속한다. 내가 보기에 연구와 번역을 병행하는 지식인, 달리 말해 번역에 기반하는 연구와 연구에 기반하는 번역을 추구하는 지식인이야말로 오늘날 우리 한국 사회의 전반적인 문화적·정신적 수준이 요구하는 지식인이다. 진정으로 한국적이고 토착적인 (사회학) 이론은 바로 이러한 지식인에 의해 정립될 수 있는 것이지, 이론을 백안시하는 지식인들에 의해서는 정립될 수 없다고 나는 확신해 마지않는다.

누구나 잘 알고 있듯이, 번역은 외국에서 발전한 문화를 수용하고 체화함으로써 우리의 정신세계를 풍요롭게 하는 매우 중요한 작업이다. 이런 거창한 진리를 차치하더라도 번역은 실제적인 연구에도 절대적으로 필요한 일이다. 나같이 독일어로 먹고사는 사람도 독일어 원서를 읽기보다는 번역서로 읽는 편이 훨씬 빨리 그리고 훨씬 더 많이 책을 이해하고 기억해 연구에 응용할 수 있다. 만약 우리의 앞 세대들이 이웃 나라 일본처럼 올바른 번역 문화를 정착시키고 중요한 사회과학 고전을 제대로 번역해주었다면 나는 지금보다 훨씬 더 많은 연구 성과를 낼 수 있었을 것이다.

이 엄연한 사실에도 불구하고 오늘날 한국의 번역은 말 그대로 거대한 혼돈 상태에 빠져 있다. 어쩌면 이 혼돈은 한국 사회 전체의 혼돈을 반영하고 있는 것인지도 모른다. 아니 짐멜식으로 표현하자면, 번역의 혼돈은 한국 사회의 혼돈에 의해 담지되고 한국 사회의 혼돈을 담지하고 있는지도 모른다. 그 전형적인 예가 기본적인 지적 훈련도 안 된 대학원생이 얄팍한 영어 실력에 기대어 자신의 전공도 아닌 분야의 책을 중역하는 것이다. 마땅히 대

---

24 이에 대한 자세한 논의는 다음을 참고할 것. 김덕영, 앞의 책(2014), 293쪽 이하.

학과 지식인 사회 그리고 출판계가 스스로 자정의 노력을 해야 하고, 언론이 비판을 해야 하며 사회 전체가 견제를 해야 한다. 이것이 바로 문화적 근대화를 이루는 길이다.

나는 번역이 과학의 수준에 이르러야 한다고 본다. 아니, 번역은 과학이다. 요컨대 번역은 번역 그 이상이 되어야 한다. 왜냐하면 번역은 한 사회의 지식 생산을 위한 필수 불가결한 토대이면서 그 사회의 문화적·정신적 수준을 가늠하는 중요한 척도이기 때문이다. 바로 이런 연유로 번역은 고전 중의 고전을 전문가 중의 전문가가 완벽히 한글화해내는 일련의 정신적·지적 행위이자 과정이다. 전문가란 번역하는 책뿐만 아니라 원저자의 지적 세계 전반 및 그 사회경제적 배경 그리고 그와 다른 사상가들의 관계에 대해 넓고 깊게 이해하고 있는 지식인을 가리킨다. 그리고 '완벽한 한글화'는 원어와 우리말의 — 구조적, 문화적, 역사적 — 특성과 차이점을 고려하면서 원문에 담긴 모든 것을 우리말로 옮김으로써 거기에 퇴적된 문화자본을 한글화하고 토착화함을 뜻한다.

사실 한국에도 번역서는 많다. 그러나 전문가 중의 전문가에 의한 고전 중의 고전의 완벽한 한글화를 추구하는 번역은 그리 쉽게 찾아볼 수 없다. 비전문가에 의한 중역과 이차자료의 번역이 더 많다. 더더욱 난감한 일은 이런 작업을 여러 사람이 나누어서 하는 경우이다. 영어판을 중역해서 거둘 수확은 이론의 영어화뿐이다. 그리고 제대로 문화자본을 축적하려면 남이 쓴 이차자료를 옮기기보다 죽이 되든 밥이 되든 꾸준히 자신의 힘으로 써야 한다. 물론 이차자료의 경우에 연구사에 획을 긋는 것은 번역을 고려할 가치가 충분히 있다.

아무튼 — 다시 한 번 강조하자면 — 이론에 대한 연구와 이 이론이 담겨 있는 고전의 번역은 한국적 사회학을 찾아 나서는, 아니 한 걸음 더 나아가 한국적 인문사회과학을 찾아 나서는 해석학적 오디세이의 두 축이다. 그럼에도 불구하고 자꾸 서구 이론을 우리 것이 아니라고 비난하면서, 자꾸 식민지적·사대주의적 사고방식이라고 배척하면서 이론을 제대로 연구하지도 않고 고전을 제대로 번역하지도 않은 채 수십 년, 아니 거의 백 년의 세월을 보내왔다. 오늘날 한국 대학의 정신적 빈곤은 바로 여기에서 오는 것이다.

그런데 다른 한편으로 지극히 모순적인 풍경이 연출되고 있음을 목격할 수 있다. 한국 대학에서의 강의는 온갖 서구 이론으로, 그것도 주로 미국을 통해서 수입한 이론으로 '도배'되어 있다.[25] 한국적 인식과 사유, 그러니까 이른바 탈식민지화된 인식과 사유를 해야 한다고 외쳐대는 지식인들과 미국의 관계를 보면 때로 씁쓸함을 지나 안쓰러운 마음마저 든다. 한국의 대학은 점점 미국화되어가고 영어 상용구역이 되지 못해 안달이다. 그럴 바에야 — 마르틴 루터를 패러디하자면 — 차라리 미국과 "신비적 합일"을 이루는 것이 백배 낫지 않을까? 아름다운〔美〕나라〔國〕와의 신비적 합일!

이처럼 한국의 대학은 서구에서 생산된 이론의 토대 위에 존립하고 있는데도 그 이론에 대한 논의와 강의는 지극히 피상적이고 천박한 수준에 머물러 있다. 무수한 정보의 파편이 되어 밀려오는 이론의 홍수 속에서 학생들은 진정한 의미에서의 지적인 인식과 사유를 추구할 수 없다. 간혹 학생들이 어떤 강의에 소개되는 이론이나 이론가를 보다 깊이 알고자 해도 그러한 욕구를 충족시켜주기가 쉽지 않다. 그런데 다음 학기 강의에서도 다음다음 학기 강의에서도 또 그저 피상적인 소개만 반복될 뿐이다. 예컨대 베버가 등장하고 마르크스가 등장하고 하버마스가 등장하고 부르디외가 등장한다. 그렇게 등장만 한다.

이처럼 지극히 모순적이고 이율배반적인 풍경이 전개되는 가장 중요한 이유들 가운데 한 가지는, 아니 어쩌면 가장 중요한 이유는 대학 구성원들의 지적 훈련 과정에서 찾을 수 있을 것이다. 한국인들이 외국에 유학 가서 쓰는 박사학위 논문의 주제들은 거개가 한국에 관한 것이다. 한국에 대한 거의 모든 것이 외국 대학의 박사학위 논문으로 나온다고 해도 결코 지나친 말은 아닐 것이다. 아마 서양 철학이나 독문학 같은 외국 문학 그리고 서양사 등의 외국 역사 분야 정도가 예외일 것이다.

---

25  이 단락과 아래 네 단락은 다음을 약간 줄인 것이다. 김덕영, 『막스 베버: 통합과학적 인식의 패러다임을 찾아서』, 도서출판 길 2012, 33~35쪽.

38

이런 식의 지적 훈련 과정은 무엇보다도 두 가지 측면에서 심각한 문제를 안고 있다. 첫째, 외국 이론에 의존해 한국의 인간, 역사, 사회, 문화 등을 분석하고 설명하는 것은 남의 옷을 몸에 걸치는 격이다. 굳이 시비를 걸자면 그런 작업이야말로 식민주의적이고 사대주의적인 것이 아닐까? 나같이 이론, 그것도 사회학사의 흐름을 결정지은 이론으로 지적 훈련을 하고 지성사적 모더니티 담론을 통해 근대적 인문사회과학의 틀 전체를 '훔치려는' 사람은 서구의 작은 이론들을 가지고 한국에 적용하는 것에는 결코 연연하지 않는다. 내가 추구하는 인식관심은 근대성, 합리성, 비판성, 주체성 등의 큰 틀에 입각해 이론적-역사적 관점과 비교적 관점에서 한국을 분석하고 설명하는 것이다.

둘째, 외국 대학에서 한국에 대한 주제로 박사학위 논문을 쓰는 경우 수준 높은 이론적 훈련을 기대하기가 거의 불가능하다. 이런 논문들은 대개 한국의 인간이나 역사 또는 사회나 문화를 '포장'할 수 있는 정도면 통과가 가능하다. 그쪽에서 원하는 것은 한국에 대한 상세한 정보이지 이론이 아니다. 이론은 적용할 수 있을 만큼만 정리하면 족하다. 그래서 심지어 "조선은 1392년 이성계에 의해 건국된 왕조로서 ……"와 같은 구절도 어렵지 않게 찾아볼 수 있다. 한국인에게는 상식 중의 상식에 속하는 사실이 외국 대학에서 작성되는 학위논문 안에서는 무언가 새로운 것이 될 수 있기 때문이다. 그러나 이런 논문으로부터는 수준 높은 이론적 훈련도 깊이 있는 경험적 분석이나 역사적 접근도 기대하기 힘들다.

이런 식의 지적 훈련을 통해서는 진정으로 '글로벌한' 지식인들이 태어날 수 없음이 불을 보듯 뻔하다. 고작해야 이쪽의 정보를 저쪽에 소개하고 그쪽의 이론을 이쪽에 소개하면서 '구전을 먹는' 이른바 "트랜스내셔널 미들맨 지식인들"이나 태어날 수 있을 뿐이다. 이 트랜스내셔널 미들맨 지식인들 중에서도 특히 미국 유학파들이 한국의 대학에서 헤게모니를 장악한다. 이들은 한국 대학의 지배자이다. 그러나 동시에 미국 대학의 지배를 받는 자이다. 그들은 미국과 한국 사이에 낀 중간적 존재, 아니 중개인이자 중간상인이다.[26] 이 중개인이자 중간상인들이 학생들에게 미국에서 피상적으로 배운

서구 이론을 가르친다. 그리고 바로 그 이론에 입각하여 연구 활동을 하면서
그 결과를 A4 용지 10장 정도의 논문으로 포장한다. 한국의 대학은 한마디
로 말해 '미국의 식민지에 건립된 A4-10 논문 공장'이다. 이 식민지적 논문
공장을 관리하고 경영하는 집단인 '미국산' 트랜스내셔널 미들맨 지식인들
은 다음과 같이 스산한 초상을 보여준다.

> 미국에서 교육받은 한국 지식인들은 귀국하거나 미국에 정착한다. 트랜스
> 내셔널 이동의 상황에서 한국으로 돌아오는 지식인들은 미국에서 생산된 지
> 식을 한국으로 수입하는 역할을 하며, 이를 한국 실정에 맞게 변형, 적용시킨
> 다. 이들의 한국에서의 지식 생산은 일반적으로 미국의 연구 중심 대학보다 독
> 창성, 중요성, 파급력이 떨어지는데, 이는 연구 자원의 부족, 연구 인력의 전문
> 성 부족, 연구 인정 체제의 파편화, 연구 집중 강도의 약화, 연구 문화의 파벌화
> 와 정치화, 한국 과학 공동체의 천민성으로부터 기인한다. 따라서 트랜스내셔
> 널 미들맨 지식인들의 주요 생존 전략은 미국에서 생산된 지식을 빨리 받아들
> 여 한국의 로컬 지식인들에게 판매하는 것이다. 미국에서 훈련받은 한국 지식
> 인들은 영문 저널 투고, 국내외 특허 출원, 연구의 글로벌 네트워킹에 참여하여
> 세계적인 지식 생산에 기여함에도 불구하고 중요하고 독창적인 연구 성과를
> 내지 못하고 세계 지식체계의 주변에 머무는 경향이 있다.[27]

이 맥락에서 누가 서구중심주의적인 식민주의자이자 사대주의자이며 매
판(사회)학자인가 하는 저 지루하고 비생산적인 논쟁을 다시 한 번 상기해
보자. 다중적 근대성의 원리에 입각하여 해석학적 오디세이를 통해 한국적
사회학을 찾으려는, 또는 달리 말하자면 한국 학계에서 사회학의 이론적 토
대를 구축하려는 지식인과, 이런 지식인을 비난하면서도 정작 자신은 피상
적으로 배운 서구 이론에 어정쩡하게 기대어서 가르침으로써 자신과 대학

---

26  김종영, 『지배받는 지배자: 미국 유학과 한국 엘리트의 탄생』, 돌베개 2015.
27  같은 책, 25~26쪽. 원문의 '학문'이라는 단어를 '과학'으로 고쳐 썼음을 일러둔다.

그리고 학생들을 미국에 종속시키는 중개인이자 중간상인인 트랜스내셔널 미들맨 지식인 중에 과연 누가 서구중심주의적인 식민주의자이자 사대주의자이며 매판(사회)학자인가?

쌔나 길어진 논의를 요약하자면, 이른바 한국적이고 토착적인 사회과학의 가능성은 한국의 토착적 문화와 무관한 서구에서 형성되고 발전한 이론을 온몸으로 껴안고 고민하는 데에서 찾을 수 있다. 그런데 여기에서 한 걸음 더 나아가 다음과 같이 주장하는 사회학자도 있다. 독자적인 한국적 사회이론을 만들 수 있는 가능성은 이른바 글로벌 지식장에 적극적으로 참여하여 서구 이론에 정면으로 도전하고 서구 지식인들과 비판적으로 투쟁하는 데에 있다는 것이다. 이 사회학자는 부르디외가 글로벌 지식장을 지배하고 있던 미국 사회학을 극복하고 독자적이고 영향력 있는 지적 세계를 구축한 전략을 소개하면서 자신의 주장이 타당함을 입증하려고 한다.

첫째, 부르디외는 미국 사회학에 대항해서 글로벌 지식장을 바꾸기 위해 프랑스의 지적 자원(…)에만 매달리지 않았고, 둘째, 미국의 이론적 전통(…)과 통계 방법을 비판적으로 수용하여 변증법적으로 종합한 결과, '발생론적 구조주의'라는 새로운 이론체계를 정립하고 그 당시 이미 현대의 고전이랄 수 있는 수많은 경험연구를 양산했다. 셋째, 따라서 1970년대 글로벌 지식장에서는 영향력이 미미했던 부르디외가 결국 장을 지배하는 이론을 발전시킬 수 있었던 원동력은 그가 — 한국적 사회과학을 부르짖는 국내학자들과 달리 — 미국 사회학과 단절했기 때문이 아니라 미국 사회학에 대한 정밀한 분석과 비판에 기초한 자신의 이론을 가지고 장의 지형을 바꾸려는 지속적이고 고통스러운 노력을 경주했기 때문이다. 이상의 세 가지가 시사하는 바는 무엇인가? 독자적인 한국적 사회이론을 만들어낸다는 것은 결국 글로벌 지식장에 적극적으로 참여해야 한다는 것을 의미한다. 또한 이것은 우회해서도 피해서도 안 되는 정면 돌파의 길밖에 없다는 것을 의미한다.[28]

---

28  김경만, 앞의 책(2015), 249~50쪽.

그리고 이 사회학자는 이른바 자기민속지의 방법을 통해서 "자신이 어떻게 글로벌 지식장에서 투쟁해왔는가를"—시시콜콜하다 할 정도로—아주 상세하게 서술하고 있다. 그는 "글로벌 지식장에 입문해서 평야와 구릉을 넘나들고 봉우리를 향해 숨 가쁘게 내달린 지 25년, 되돌아보니 나름대로 투쟁의 지적 궤적을 남기게 되었다."[29] 요컨대 그는 자신이 글로벌 지식장에서 남긴 투쟁의 지적 궤적을 통해서 진정한 한국적 사회학의 가능성을 예증하고자 하는 것이다. 그리고 이 지적 궤적이 담긴 책을 "가까운 미래에 한국에서 출현할 글로벌 지식장의 지배자들에게" 헌정한다고 밝히고 있다.[30] 그는 이 지배자들을 상징적으로 "미래 한국의 피에르 하버마스들"이라고 표현하고 있다.[31] 여기에서 피에르와 하버마스는 각각 피에르 부르디외와 위르겐 하버마스의 이름에서 가져온 것이다.

그런데 내가 보기에 부르디외와 이 사회학자 사이에는 세 가지 결정적인 차이점이 있다(물론 여기서는 글로벌 지식장을 지배하는 전자와 거기에 적극적으로 참여하여 투쟁하는 후자의 차이가 전혀 문제되지 않는다). 첫째, 주로 서구 이론에 매달리는 이 사회학자와 달리 부르디외는 프랑스 안팎에서 발전한 다양한 지적 전통을 비판적으로 종합하는 동시에 자신이 살아가는 프랑스 사회에 대하여 지속적으로 경험연구를 수행함으로써 새로운 사회학적 인식의 패러다임이라 할 수 있는 사회실천학을 구축할 수 있었다. 부르디외의 주저 『구별짓기: 판단력의 사회적 비판』은 프랑스 사회에 대한 경험적-이론적 연구라는 의미에서 프랑스의 인류학-사회학이라고 할 수 있다. 둘째, 이 사회학자가 글로벌 지식장에서 투쟁하는 것이 영어 저널에 논문을 기고하는 것을 의미하는 반면, 부르디외는 자신의 연구 결과를 영어가 아니라 모국어인 프랑스어로 담아내면서 글로벌 지식장에서 투쟁했으며, 그의 저작이 영어를 비롯한 다양한 언어로 번역되었으며 지금도 번역되고 있다. 셋째,

---

29  같은 책, 139쪽.
30  같은 책, 253쪽.
31  같은 책, 9쪽 이하.

미국과 독일 그리고 프랑스의 지적 전통을 영어로밖에 읽지 못하는 이 사회학자와 달리 부르디외는 그 모든 지적 전통을 원어로 흡수할 수 있었다.[32]

이 세 가지 사실이 함의하는 바는 무엇인가? 그것은 부르디외가 프랑스에 굳게 뿌리를 내리면서 글로벌 지식장에서 참여하고 투쟁했음을 함의한다. 다시 말해 부르디외에게서는 과학적 인식의 특수성과 보편성이 조화롭게 결합되어 있다.

내가 보기에는 바로 이 보편성과 특수성의 결합으로부터 한국의 사회학이 진정으로 추구해야 할 바가 도출된다. 첫째, 한국의 사회학은 서구 이론에 대한 광범위하고 심층적인 연구를 해야 한다. 기성 사회학자가 이른바 미래 한국의 피에르 하버마스들에게 줄 수 있는 것은 글로벌 지식장에서의 지적 궤적과 그 결과물인 몇 편의 영어 논문이 아니라 한국어로 된 수십 권의 크고 작은 연구서이다. 심지어 베버처럼 중요한 사회학자에 대한 제대로 된 한국어 연구서조차 없는 상황에서는 미래의 피에르 하버마스는커녕 가장 기본적인 사회학 이론의 훈련도 기대할 수 없다. 둘째, 한국의 사회학은 사회학의 고전을 번역함으로써 중요한 사회학적 문화자본을 한국화하고 토착화해야 한다. 그러나 유감스럽게도 번역서의 사정도 연구서의 사정과 별반 다르지 않다. 심지어 베버의 저작조차 제대로 번역된 것이 거의 없을 정도이다. 셋째, 한국의 사회학은 이른바 미래 한국의 피에르 하버마스들이 영어의 '포로'가 되지 않고 지적 시야를 넓힐 수 있도록 피에르를 직접 프랑스어로 읽고 하버마스를 직접 독일어로 읽을 수 있도록 훈련을 시켜야 한다.

물론 이렇게 한다고 해서 곧바로 한국적-토착적 사회학이 정립된다는 이야기는 결코 아니다. 그것은 어디까지나 기본 토대의 구축에 불과하다. 근대적 인식과 사유체계로서의 사회학의 이론적 토대! 이 이론적 토대가 바로 보편성이다.

그리고 특수성은 한국 사회에 대한 구체적인 이론적, 경험적, 역사적 연구 그리고 다른 사회들과의 비교연구에서 찾을 수 있다. 이 구체적인 연구 과정

---

32  부르디외에 대한 자세한 논의는 이 책의 제4장 제2절을 참고할 것.

에서 보편성과 특수성의 변증법적 결합이 가능해진다. 다시 말해 한국 사회의 인간, 문화, 역사, 자연 등을 분석하고 설명하는 과정에서 사회학 이론을 풍부하게 하거나 보충하거나 수정할 수 있고 그리고 상황에 따라서 사회학 이론에 새로운 방향을 제시할 수 있을 것이다. 물론 한국 사회의 어떤 요소나 측면이 어떤 방식으로 작용하여 사회학 이론을 어떤 방향으로 재정향할 수 있는가는 선험적으로 재단할 수 없는 노릇이다. 그러나 중요한 것은 어디까지나 다중적 근대성의 원리에 입각한 사회학적 인식의 보편성과 특수성을 결합하는 것이야말로 한국 사회학에 주어진 유일한 대안이라는 사실이다.

마지막으로, 한국 대학의 영어화 문제를 다시 한 번 짚어보기로 한다. 한국의 대학은 미국 학위 소지자들에 의해 점령되었을뿐더러 — 아니 바로 그런 연유 때문인지 몰라도 — 영어 강의와 영어 논문에 목을 맨다. 미국화와 영어화를 세계화와 동일시하면서! 그러나 그것은 미국의 식민지에 건립된 A4-10 논문공장인 한국 대학의 씁쓸한 초상일 뿐이다. 식민지화, 그것도 남에 의해 강요된 식민지화가 아니라 자발적인 식민지화를 세계화와 동일시하고 있는 것이다.

사실 모국어가 아닌 언어로 사고하고 그 결과를 논문이나 책으로 쓰거나 모국어가 아닌 언어로 강의를 하는 일은 너무나도 비효율적이고 비생산적이다. 이는 미국에서 유학한 후 그곳에 정착하는 한국 지식인들의 경우를 보면 단적으로 드러난다. 그들은 미국의 대학과 기업에서 지식 생산에 참여하게 되는데, "영어가 완벽하지 못하기 때문에 지식 생산의 과정에서 커뮤니케이션 장벽에 부딪히게 되고, 이로 인해 지식 생산의 리더십을 제대로 발휘하지 못한다." 이들도 유학 후 귀국한 이들과 다를 바 없이 "미국 지식 생산 체계의 상층부를 차지하기 힘들기 때문에 중간자적 역할을 하는 데 그친다. 이들이 차지하는 위치에 따라 중간자적 역할은 달라진다. 예컨대 대학에서는 과학적 리더들과 추종자들 사이, 기업에서는 상층부 요직과 하층부 생산직 사이의 중간에 위치하게 된다."[33] 그리고 어떤 불문학자는 다음과 같이

33 김종영, 앞의 책(2015), 26쪽. 원문의 '학문'이라는 단어를 '과학'으로 고쳐 썼음을 일러둔다.

주장하는데, 이 또한 귀 기울여 들을 만하다. 인문학(인문사회과학) 분야에서
는 그 첨단적 사고가

　　제 나라 말로 강의하고 제 나라 말로 글을 쓰는 과정에서만 돌출될 수 있다
는 것이 내 생각이다. 인간의 깊이란 의식적인 말이건 무의식적인 말이건 결국
말의 깊이인데, 한 인간이 가장 자유롭게 사용할 수 있으면서도, 그 존재의 가
장 내밀한 자리와 연결된 말에서만 그 깊이를 기대할 수 있다고 보기 때문이다.
게다가 과학이, 특히 인문학이 제 나라 말을 풍요롭게 하기 위한 것이 아니라면
무슨 소용이 있겠는가. 어떤 언어로 표현된 생각은, 그 생각이 어떤 것이건, 그
언어의 질을 바꾸고, 마침내는 그 언어를 일상어로 사용하는 세상을 바꾼다. 정
의라는 말이 없다면 우리의 인간관계와 제도가 달라졌을 터인데, 정의를 '저스
티스'라고 한다고 해서 그 내용이 훼손되는 것은 물론 아니다. 그러나 우리가
'의'를 세상에 실현하기 위해 쏟아 부은 온갖 역사적 노력과 그 말을 연결시키
기는 어려울 것이다. 과학에서 제 나라 말을 소외시킨다는 것은 제 삶과 역사를
소외시키는 것과 같다.[34]

이 인용구절의 앞 두 문장 — 즉 "제 나라 말로 강의하고 〔…〕 그 깊이를

---

34　황현산, 「밤이 선생이다: 인문학의 어제와 오늘」, 『경향신문』(2014.11.08). 원문의 '학문'
　　이라는 단어를 '과학'으로 고쳐 썼다. 나는 『사상의 고향을 찾아서: 독일 지성 기행』에서 이
　　와 똑같은 생각을 하이데거를 인용하면서 약간 풍자적으로 표현한 적이 있다. "하이데거
　　는 언어를 '존재의 집'이라고 규정한다. 이 명제는 한국에도 잘 알려져 있으며 곧잘 인용되
　　거나 회자된다. 하이데거에 따르면 언어란 단지 타인들과 의사소통을 하는 수단이거나 개
　　인의 내면적인 정서를 표현하는 수단이 아니라 존재가 머물고 존재가 세계 및 사물과 만나
　　는 곳이다. 그러니까 언어는 존재의 근원이자 바탕이 된다. 여기에서 존재란 단순히 인간을
　　가리키는 것이 아니라 우주의 삼라만상을 가리키는 것이다. 〔…〕 오늘날 한국 사회는 우리
　　말도 제대로 못하는 어린아이들에게 영어를 가르치거나 무분별하게 외국어를 남용하는 등
　　언어 생활에 심각한 혼란을 겪고 있다. 세계화를 영어화와 혼동하며 심지어 영어 공용화를
　　부르짖는 사람들도 있다. 이처럼 내 존재의 집을 버리고 다른 존재의 집에 존재하려는 이
　　존재자들의 존재론적 양태를 보았다면 기초존재론 철학자 하이데거는 무어라고 했을까?
　　내가 너무 심하게 하이데거 흉내를 냈나?" 김덕영, 『사상의 고향을 찾아서: 독일 지성 기
　　행』, 도서출판 길 2015, 398쪽.

기대할 수 있다고 보기 때문이다" — 이 주는 메시지는 다음과 같은 예를 들어보면 더욱더 확실하게 와 닿을 것이다. 만약 글로벌 지식장에 참여하여 투쟁하는, 그러니까 영어 저널에 논문을 발표하는 한국의 사회학자와 한국어로 저술하고 번역하는 한국의 사회학자가 똑같이 30년 동안 각자의 길을 걸어왔다고 치자. 그렇다면 그 업적에는 엄청난 차이가 있을 것이다. 전자의 경우에는 20편 안팎의 논문이 그 생산물일 것이고 후자의 경우에는 40권 가량의 크고 작은 저서와 번역서가 그 생산물일 것이다. 그 이유는 무엇보다도 언어 차이에서 오는 것이다. 모국어가 아닌 언어로 글을 쓰는 경우에는 논문이나 에세이로 승부할 수밖에 없다. 물론 논문도 에세이도 모두 중요하다. 그러나 그것들만으로는 호흡이 긴 인문사회과학적 인식과 사유를 담아낼 수 없다. 이러한 인식과 사유는 단행본 연구서, 그것도 대서사시와 같이 방대한 단행본 연구서에 담아낼 수밖에 없다.

물론 짐멜을 예로 들어 이러한 주장을 논박할 수도 있을 것이다. 짐멜은 수많은 에세이식의 짧은 글을 남겼으니까! 그러나 그 작은 글들이 한국의 지식인들이 신문에 쓰는 칼럼 정도 수준의 글이라고 생각한다면 큰 오산이다. 거기에는 인간, 사회, 문화, 역사 등에 대한 심오한 철학적, 사회학적, 심리학적, 미학적 통찰과 해석이 담겨 있는데, 이것은 그의 모국어인 독일어로 쓰지 않았다면 그토록 섬세하게 표현되기 힘들었을 것이다. 그리고 짐멜은 『돈의 철학』 및 『사회학: 사회화 형식 연구』를 비롯하여 『도덕과학 서설: 윤리학 기본 개념 비판』, 『렘브란트: 예술철학적 시론』, 『괴테』, 『칸트』 등과 같이 매우 탁월한 저서들도 남겼다.[35]

기왕[36] 짐멜의 이름이 나왔으니 그의 일화 한 가지만 언급하고자 한다. 짐멜의 아들이 회고하는 바에 따르면, 짐멜은 1890년대 언젠가 미국의 한 대

---

35  이에 대한 자세한 논의는 다음을 참고할 것. 김덕영, 『게오르그 짐멜의 모더니티 풍경 11가지』, 도서출판 길 2007, 65쪽 이하.

36  이 단락과 아래 두 단락은 다음을 약간 축약·변경한 것이다. 김덕영, 「돈과 영혼: 인간 삶과 문화의 심층에 철학적 측연을 던지다」, 게오르그 짐멜, 김덕영 옮김, 『돈의 철학』, 도서출판 길 2013a, 921～1045쪽, 여기서는 933～34쪽.

학으로부터 교수로 초빙을 받았다고 한다. 그러나 짐멜은 그 초빙을 거절했는데, 이는 무엇보다도 그의 섬세하고 정치한 철학적 사고를 독일어가 아닌 다른 언어로 표현하기가 힘들다고 생각했기 때문이라고 한다.[37] 사실 짐멜은 언어에 상당히 탁월한 재능을 갖고 있었다. 그는 대학에서 역사학, 민족심리학, 철학, 예술사, 고대 이탈리아어를 공부했는데, 이를 위해서는 상당한 수준의 언어적 배경이 요구되었다. 그리고 그는 미국과 프랑스에서 책을 펴내고 논문을 발표했으며 토론에도 참석했다.[38] 그럼에도 불구하고 짐멜은 모국어가 아닌 언어로 사고하고 표현하는 것이 얼마나 어렵고 한계가 있는 것인가를 잘 통찰하고 있었던 것이다.[39]

내가 보기에 한국의 대학이 과학과 지식의 발전에 이바지할 수 있는 진정한 길은 한국어 강의와 한국어 논문에 있다. 예컨대 한국 대학의 영어영문학과가 영어로 강의한다는 것은 고작해야 미국을 흉내 내는 미국의 아류가 되는 것에 불과할 것이다. 그러나 영어영문학을 한국어로 강의함으로써 한국어로 영어영문학을 토론하고 연구하는 방법을 가르친다면, 그리하여 '한국적인' 방식으로 영어영문학을 해석하고 연구하는 문화와 풍토가 조성되고 이 해석과 연구의 결과를 한국어 논문과 책으로 담아낸다면 한국의 대학에는 한국에만 독특한 영어영문학의 학풍이 확립될 것이다. 그리고 필요하다

---

37  Hans Simmel, "Auszüge aus den Lebenserinnerungen", in: Hannes Böhringer & Karlfried Gründer (Hrsg.), *Ästhetik und Soziologie um die Jahrhundertwende: Georg Simmel*, Frankfurt am Main: Klostermann 1976, 247~68쪽, 여기서는 252쪽.

38  이는 『게오르그 짐멜 전집』 제18권과 제19권을 보면 확연히 드러난다. 전자는 1893년과 1910년 사이의 영어 출간물에 할애되어 있고, 후자는 프랑스어 및 이탈리아어 출간물에 할애되어 있다. Georg Simmel, *Englischsprachige Veröffentlichungen 1893~1910: Georg Simmel Gesamtausgabe 18*, Frankfurt am Main: Suhrkamp 2008; Georg Simmel, *Französisch- und italienischsprachige Veröffentlichungen. Mélanges de philosophie relativiste: Contribution à la culture philosophique: Georg Simmel Gesamtausgabe 19*, Frankfurt am Main: Suhrkamp 2009.

39  짐멜에 대한 자세한 논의는 이 책의 제2장 제2절을 참고할 것. 내가 개인적으로 잘 아는 독일의 탁월한 이론사회학자 한 사람도 미국 대학에서 교수직을 제안받은 적이 있다. 그런데 그 또한 이 제안을 거절했는데, 연로한 아버지를 혼자 두고 외국으로 나갈 수 없다는 것도 이유였지만, 짐멜처럼 영어로 독일의 지적 유산을 담아내는 것이 어렵다고 판단한 것이 중요한 다른 이유였다.

면 그 결과를 영어로 번역할 수 있다. 바로 이것이야말로 한국의 대학이 영어영문학의 발전에 기여할 수 있는 첩경이자 왕도이다.

물론 한국어는 글로벌 지식장에서 소수언어이기 때문에 한국인들 외에는 접근할 수 없으며, 이 점에서 프랑스어로 쓴 부르디외와는 사정이 완전히 다르다고 말할 수 있다. 하지만 한국어로 쓰인 훌륭한 연구 결과물은 전문 번역자가 번역하여 외국 저널에 실을 수도 있고 외국 출판사에서 책으로 펴내도 된다. 그리하면 한국의 지식인들은 한국어로 독창적이고 깊이 있는 사고를 할 수 있어서 좋고 또 그 결과가 국제화 또는 세계화될 수 있어서 좋다. 그리고 걸출한 논문이나 책이라면 서구의 지식인이나 출판사가 당연히 먼저 번역하겠다고 나설 것이라고 나는 확신해 마지않는다. 중요한 것은 연구 결과를 영어로 썼느냐가 아니라 그 수준이 얼마나 높은가이다.

## 사회학 이론은 그 대상과 범위에 따라 유형화할 수 있다

이미 앞 절에서 언급한 바와 같이, 이 책은 콩트·스펜서에서 하버마스·루만에 이르기까지 열두 명의 사회학자들과 씨름하면서 한국적 사회학 이론의 가능성을 모색함을 그 목적으로 한다. 이렇게 보면 이 책은 사회학사(社會學史)에 속하는 연구라고 할 수 있다.

이 열두 명의 사회학자들이 사회학사적 논의와 연구의 일차적인 대상이 되는 이유는, 그들이 다른 사회학자들보다 큰 인식과 사유의 틀을 제공했기 때문이다. 이 틀들은 사회학적 패러다임이라고 불러도 무방할 것이다. 아니 패러다임이라고 부르는 것이 합당할 것이다. 그 패러다임들은 구체적으로 다음과 같다.

1. 오귀스트 콩트: 실증주의적 사회학
2. 허버트 스펜서: 진화론적 사회학
3. 카를 마르크스: 유물론적 사회학

4. 에밀 뒤르케임: 사회학적 칸트주의

5. 게오르그 짐멜: 형식사회학

6. 막스 베버: 이해사회학

7. 알프레트 슈츠: 현상학적 사회학

8. 텔컷 파슨스: 구조기능론

9. 노르베르트 엘리아스: 결합태사회학

10. 피에르 부르디외: 사회실천학

11. 위르겐 하버마스: 의사소통행위이론

12. 니클라스 루만: 체계이론

사실 이 순서에 따라서 사회학 이론을 논하고 사회학사를 정리하는 것은 그리 새삼스러운 일이 아니다. 그것만으로는 나만의 해석학적 오디세이, 그 것도 한국적 사회학 이론을 위한 해석학적 오디세이를 수행할 수 없음이 자 명하다. 이를 위해서는 나 나름대로의 관점에 입각하여 이 패러다임들을 분 류하고 배열할 수 있어야 한다. 그렇게 하면 역사적 차원과 체계적 차원이 결합될 수 있다. 이 책은 사회학 이론에 대한 역사적-체계적 접근이다.

내가 보기에 사회학의 이 큰 줄기들은 한편으로 그 이론화의 대상을 '사 회'와 '사회적인 것'으로 유형화할 수 있으며, 다른 한편으로 그 이론화의 범위를 '보편'과 '중범위'로 유형화할 수 있다.

첫째, 사회와 사회적인 것의 관계는 다음과 같다. 원래 사회학은 말 그대 로 '사회'의 '학'('사회'+'학')에서 출발했다. 이때 사회학은 사회가 개인들을 초월하는 실체라는 가정에서 출발해 이 초월적 실체 전체와 그 구성요소들 의 구조 및 변동의 법칙을 그 인식대상으로 한다. 그리하여 사회학적 인식은 실체론적이고 총체론적인 성격을 띠게 된다. 콩트의 실증주의적 사회학과 스펜서의 진화론적 사회학 그리고 마르크스의 유물론적 사회학이 이 범주 에 속한다.

그러나 개인화와 (사회적) 분화가 진행되면서 콩트, 스펜서, 마르크스 이 후의 사회학에서는 실체로서의 사회가 사회학적 지평에서 사라지고 그 대신에 사회적인 것, 예컨대 사회적 사실, 사회적 행위, 사회적 상호작용, 주관적-상호주관적 작용 관계, 의사소통행위, 사회적 체계, 사회적 실천, 결합태 (개인들의 상호관계와 의존의 그물망) 등이 논의의 대상이 된다. 이 사회적인 것에 의해 — 그것이 무엇이든 간에 — 실체로서의 사회가 해체된다. 또는 달리 말하자면 사회의 실체화가 극복된다. 그러나 여기에서 중요한 점은 그렇다고 해서 — 흔히 사회와 대척되는 관계에 있다고 상정되곤 하는 — 개인이 사회를 대신하여 실체화되는 것은 아니라는 사실이다. 사회적인 것은 개인들의 행위, (상호)작용, 결합 등의 조건이 된다. 철학적으로 표현하자면, 사회적인 것은 인간 존재의 사회적 조건이 된다. 물론 루만의 경우에는 개인(들)이 사회적 체계로부터 배제된다. 그러나 그에게서도 사회는 실체론적 존재가 아니다. 그것은 어디까지나 상호작용 및 조직과 더불어 사회적인 것, 다시 말해 사회적 체계에 속한다. 루만에게 사회적 체계는 곧 커뮤니케이션이다.

그렇다면 이 책의 제목 "사회의 사회학"은 적합하지 않다고 이의를 제기할 수 있을 것이다. "사회와 사회적인 것의 사회학" 또는 "사회(적인 것)의 사회학"이라고 해야 옳다고 말할 수 있을 것이다. 아니면 "사회적인 것의 사회학"이라는 제목도 생각해볼 수 있다.

"사회의 사회학" — 이 제목은 역설적이다. 방금 언급한 대로 사회학에서 더 이상 실체로서의 사회가 존재하지 않는다면, 이제는 — 적어도 이 책에서는 — 사회라는 말을 쓰지 말고 그것을 대체한 사회적인 것이라는 말을 쓰는 것이 타당할 것이다. 사실 오늘날에는 과학적 논의와 연구의 차원에서든 일상적인 삶의 차원에서든 사회에 대해 이야기하지 않을 수 없다. 그러나 중요한 점은 이 경우에 사회는 실체론적 존재인 사회가 아니라 사회적인 것을 뜻한다는 사실이다. 이때 사회적인 것이 사회적 사실, 사회적 행위, 사회적 상호작용, 주관적-상호주관적 작용 관계, 의사소통행위, 사회적 체계, 사회적 실천, 결합태 등에서 구체적으로 무엇을 가리키는가는 전혀 중요치 않다. 사회가 자신을 대체한 개념인 사회적인 것을 표현한다는 점에서 "사회의 사회학"은 역설적이다. 엄밀히 말해 "사회의 사회학"은 "사회 없는 사회학"이다. "사회의 사회학"에는 '사회'라 쓰고 '사회'라 읽지 않는다는 메시지가 담겨 있다.

둘째, 사회학 이론은 그 범위에 따라 보편이론과 중범위이론으로 나누어 볼 수 있다. 전자는 사회적 현실의 모든 영역을 포괄하는 이론이다. 그러므로 구체적인 경험적 현상에 의해 그 타당성이 검증되거나 반증되지 않는다. 이에 반해 중범위이론은 모든 것을 포괄하는 통일적인 거대이론과 경험적인 연구 사이에 위치하는 이론이다. 중범위이론은 보편이론과 달리 충분히 추상적이면서 동시에 충분히 경험적이다.[40] 오늘날 사회학 이론은 사회의 보편이론에서 사회적인 것의 보편이론이나 사회적인 것의 중범위이론으로 이행했으며, 이 두 범주에 속하는 몇몇의 패러다임이 사회학적 헤게모니를 둘러싸고 투쟁하고 있는 형국이다.

사회학 이론의 대상을 구성하는 두 범주, 즉 사회 및 사회적인 것을 사회학 이론의 범위를 구성하는 두 범주, 즉 보편이론 및 중범위이론과 조합하면 다음과 같은 유형들이 도출된다.[41]


1. 사회의 보편이론
2. 사회의 중범위이론

---

40  나는 여기에서 로버트 머튼(1910~2003)의 중범위이론 개념에 접목해 논의를 전개하고 있다. 머튼에 의하면 중범위이론은 "작지만 필요한 작업가설"과 "모든 것을 포괄하는 통일적 이론을 발전시키려는 체계적 노력" 사이에 위치한다. 전자는 "나날의 연구를 통해 풍부하게 발전하는" 반면, 후자는 "사회적 행위, 사회 조직 및 사회 변동에서 한결같이 관찰되는 모든 것을 설명하고자 한다." 머튼은 주장하기를, "중범위이론은 사회학에서 원칙적으로 경험연구를 인도하기 위해 사용된다." 중범위이론은 ─ 그는 계속해서 주장하기를 ─ "특정한 유형의 사회적 행위, 사회 조직 및 사회 변동과 너무 동떨어져 있기 때문에 실제로 관찰되는 것을 설명할 수 없는 사회체계의 보편이론과 전혀 일반화될 수 없는 특정한 현상들에 대한 규칙에 의거한 상세한 서술 사이에 자리한다. 물론 중범위이론은 추상화를 포함한다. 그러나 그것은 관찰된 자료에 충분히 가깝기 때문에 경험적 테스트가 가능한 명제들에 통합된다." Robert K. Merton, *Social Theory and Social Structure*, New York: The Free Press 1968 (Enlarged Edition), 39쪽.

41  이 책에서 다루지 않는 상징적 상호작용론(미드)은 사회적인 것의 보편이론으로 분류될 수 있다. 하버마스에 대해 논하는 제5장 제2절에서 미드에 대해 간략하게 언급하고 있으니 참고할 것.

3. 사회적인 것의 보편이론

4. 사회적인 것의 중범위이론

그리고 이 네 가지 유형을 앞에서 열거한 열두 개의 사회학적 패러다임에 적용하면 다음과 같은 도표를 얻는다(이에 대한 근거를 제시하는 일은 많은 지면을 요하기 때문에 서론 격인 이 부분에서 하기보다 본론에서 각각의 패러다임을 논하면서 하고자 한다).[42]

도표 1  이론화의 대상과 범위에 따른 사회학 이론의 유형

| 대상<br>범위 | 사회 | 사회적인 것 |
|---|---|---|
| 보편이론 | 콩트 · 스펜서<br>마르크스 | 슈츠 · 파슨스 |
| | | 하버마스 · 루만 |
| 중범위이론 | —— | 뒤르케임 · 짐멜 · 베버 |
| | | 엘리아스 · 부르디외 |

그런데 이 도표에서 드러나듯이 사회의 중범위이론은 존재하지 않는다. 그 이유는 콩트, 스펜서, 마르크스 이후의 사회학에서는 실체로서의 사회 또는 사회 자체가 더 이상 사회학적 인식관심 대상이 아니기 때문이다. 사회라는 말을 사용하는 경우에도 그 함의하는 바는 어디까지나 사회적인 것이다. 예컨대 짐멜은 사회의 사회학자는 아니지만 지속적으로 사회에 대해 이야기하는데, 이때 그가 말하는 사회는 사회적 상호작용의 총합을 가리킨다.

이 책은 다시금 사회적인 것의 보편이론과 사회적인 것의 중범위이론을 각각 두 부분으로 나누어서 다룬다. 그 이유는 사회학 이론의 역사적 차원 때문이다. 슈츠와 파슨스 그리고 하버마스와 루만은 체계적 측면에서는 동일한 사회학 이론의 유형에 속하지만, 전자와 후자 사이에는 상당한 시간적 간격이 존재한다. 뒤르케임, 짐멜, 베버 그리고 엘리아스, 부르디외 사이에도 같은 기준이 적용된다. 아무튼 사회적인 것의 보편이론을 1과 2로 나누

---

42  나는 이미 다음에서 이 도표를 제시한 적이 있다. 김덕영, 앞의 책(2012), 895쪽.

고 사회적인 것의 중범위이론을 1과 2로 나누어서 사회학의 큰 이론적 줄기들에 접근하면 체계적 측면과 역사적 측면을 조화롭게 추구할 수 있다. 이 책은 구체적으로 다음과 같은 순서에 따라 논의를 전개한다.

1. 사회의 보편이론 (콩트·스펜서·마르크스)
2. 사회적인 것의 중범위이론 1 (뒤르케임·짐멜·베버)
3. 사회적인 것의 보편이론 1 (슈츠·파슨스)
4. 사회적인 것의 중범위이론 2 (엘리아스·부르디외)
5. 사회적인 것의 보편이론 2 (하버마스·루만)

나는 이 책을 쓰면서 새삼스럽지 않은 사실을 새삼스럽게 알게 되었다. 그것도 이차자료를 보다가 우연히 알게 되었다.[43] 그 사실이란 엘리아스의 주저『문명화 과정』이 파슨스의 첫 번째 주저『사회적 행위의 구조』와 같은 시기에 출간되었다는 사실이다. 이미 앞의 각주 20번에서 언급한 바와 같이, 그리고 제4장 제1절에서 다시 보게 되는 바와 같이, 1937년에 독일의 출판사에서『문명화 과정』의 제1권이 출간되었고, 1939년에는 스위스의 출판사에서 제1권과 그사이 완성된 제2권이 함께 출간되었다.『사회적 행위의 구조』가 출간된 해가 바로 1937년이다. 말하자면 동년배라 할 수 있는 두 사회학자에 의해서 — 엘리아스는 1897년생이고 파슨스는 1902년생임 — 같은 해에 사회적인 것의 중범위이론과 사회적인 것의 보편이론이라는 서로 다른 사회학적 패러다임이 탄생했다는 사실은 단순한 흥미거리를 넘어서 대단히 중요한 연구의 대상이 된다.

이처럼 새삼스럽지 않은 사실을 새삼스럽게 알게 되면서 나는 이 책과 관

---

43  Johan Goudsblom, "Aufnahme und Kritik der Arbeiten von Norbert Elias in England, Deutschland, den Niederlanden und Frankreich", in: Peter Gleichmann, Johan Goudsblom & Hermann Korte (Hrsg.), *Materialien zu Norbert Elias' Zivilisationstheorie*, Frankfurt am Main: Suhrkamp 1977, 17~100쪽, 여기서는 71쪽.

련된 한 가지 고민을 해결할 수 있었다. 그 고민이란 '사회적인 것의 중범위 이론 2'와 '사회적인 것의 보편이론 2' 가운데 어느 것을 앞에 어느 것을 뒤에 배치할까 하는, 그러니까 사회학사적인 문제였다. 본론을 보면 명백히 드러나듯이, 부르디외는 하버마스 및 루만과 같은 세대에 속하며 이 세 사회학자의 지적 세계가 형성되고 발전하는 시기에도 큰 차이가 없다. 그러나 엘리아스는 이들보다 한 세대 앞서고 이미 1937년에 결합태사회학의 원리에 입각한 문명화 과정 연구를 내놨음을 감안한다면, 그리고 거기에 더해 엘리아스가 부르디외에게 결정적인 영향을 끼쳤음을 감안한다면, '사회적인 것의 중범위이론 2'와 '사회적인 것의 보편이론 2'의 ─중요도가 아닌 시간적 기준에 따른─ 선후관계는 명백해진다.

이 책은 한 연구자가 열두 명의 사회학자를 다루고 있기 때문에 어떤 통일적인 서술방식에 따라 쓰였으리라 기대할 수도 있을 것이다. 다시 말해 이들 모두를 똑같은 주제들로 나누어서 다루고 있으리라 기대할 수도 있을 것이다. 예컨대 한국어로도 오래전에 번역된 루이스 코저(1913~2003)의 『사회사상사』는 열두 명의 사회학자를 '사상', '개인적 배경', '지적 배경', '사회적 배경', '요약'으로 나누어서 통일적으로 서술하고 있다.[44] 그러나 이 책에서는 그런 식의 통일적인 형식을 취하지 않는다. 그보다 처음의 콩트부터 마지막의 루만까지 모두 제각각의 방식으로 서술하고 있다.

물론 이 책에도 통일성이 있기는 하다. 그것도 두 가지나 된다. 그 하나는 각각의 사회학자에 대한 서술을 네 부분으로 나눈, 그러니까 형식적인 통일성이다. 그 다른 하나는 모든 경우에 반드시 지적 배경을 다루고 있는, 그러니까 내용적인 통일성이다. 그것도 때로는 지나치게 큰 비중을 주었다는 인상을 줄 정도로 지적 배경에 무게를 두고 있으며 때로는 그저 사적인 것으로 보일 수도 있는 에피소드까지 언급하고 있다. 사실 사회학 이론과 그 역

---

44 Lewis A. Coser, *Masters of Sociological Thought. Ideas in Historical and Social Context*, New York et al.: Harcourt Brace Joanovich 1971. 그 한국어 번역본은 다음과 같다. 루이스 코저, 신용하·박명규 옮김, 『사회사상사』, 일지사 1978.

사를 논할 때 가장 어려운 문제가 바로 이 지적 배경에 관한 것이다. 누가 어떤 측면에서 누구의 사회학을 어느 정도로 각인했는가, 그리고 여러 사상가가 영향을 끼친 경우에 그 각각의 지분이 얼마인가를 밝히기가 만만치 않다. 그럼에도 불구하고 이처럼 지적 배경을 중시하는 이유는 그렇게 해야만 사회학 이론과 그 발전 과정을 보다 입체적으로 이해할 수 있기 때문이다.

나는 원래 이 책의 절반 정도의 분량으로 간략하게 테제만 던지는 식의 저작을 구상하고 이에 따라 작업을 했다. 그런데 초고가 거의 끝나갈 무렵에 그런 종류의 저작은 이미 수많은 연구서와 번역서가 축적된 상황에서만 가능하고 의미가 있다는 사실에, 그리고 이 책이 한국인의 손으로 쓴 최초의 사회학 이론 통사일 만큼 한국 사회학계의 풍경이 황량하고 황폐하기 이를 데 없다는 사실에 생각이 미쳤다. 그리하여 이 책의 수준을 일반 개론서와 전문 연구서 사이에 설정하고 분량도 그에 적합하게 두 배로 늘려 잡은 다음 다시 작업을 했다. 이 과정에서 적지 않은 시간을 잃어버렸다. 이 책에는 많은 도표가 나오는데, 이는 새로운 구상에 따라 작업을 하면서 독자들의 이해를 돕기 위해 넣은 것이다. 도표들 가운데에는 해당 사회학자의 저작 원서에서 따온 것도 있고 내가 직접 그린 것도 있다. 그리고 연구서에 있는 것으로서 독자들의 이해를 도울 수 있다고 판단되는 경우에도 그것을 기꺼이 인용했는데, 이 점에서 보면 이 책은 연구서라기보다 개론서이다.

솔직히 말해 이 책을 쓰면서 때때로 그리고 곳곳에서 나의 부족한 역량을 절감했다. 특히 헤겔에 대한 공부가 짧았는데, 그 대가는 참으로 혹독했다. 헤겔이 마르크스에게 끼친 영향에 대한 부분은 거의 이차자료를 요약하는 수준에 그치고 말았기 때문이다. 이에 대해서는 그 어떤 비판이나 질책도 달게 받을 것이다. 그리고 앞으로 마르크스에 대한 단행본 연구서를 낼 때 반드시 만회할 수 있도록 하겠다.

마지막으로 노파심에서 한마디!

혹시 내가 이 작은 책 한 권으로 한국적 사회학 정립을 위한 토대를 다 닦으려 했다고 생각한다면 큰 오산이다. 이 책은 그저 앞으로 수십 번, 아니 수백 번 거듭해 떠나야 할 해석학적 오디세이의 첫 번째 항해일 뿐이다. 이 지적 모험에서 얻고자 하는 것은 사회학이 무엇을 그 이론화의 대상으로 삼으며 그 이론화의 범위는 어느 정도인가를 한번 검토해보는 일이다. 다시 말해 사회학 이론의 큰 흐름을 통해 사회학의 근본 문제를 따져보는 일이 이 첫 번째 모험에 주어진 임무이다. 집 짓는 일에 비유하자면, 이 책은 완성된 집이 아니다. 이 책은 저 멀리 어딘가에 집을 짓기 좋은 터가 있다는 말을 듣고 그것을 찾아 나서는 단계에 비유할 수 있다. 이 첫 단계의 임무가 완수되면 집터를 닦는 일부터 시작하여 수없이 많은 단계의 공사가 기다리고 있음은 자명한 일이다. 이렇게 말한다고 해서 이 책에 대해 변명하자는 것은 물론 아니다. 나는 다만 과학적 작업의 본질을 이야기하고자 할 뿐이다.

# 제1장

# 사회의 보편이론

오귀스트 콩트(Auguste Comte, 1798~1857), 허버트 스펜서(Herbert Spencer, 1820~1903), 카를 마르크스(Karl Marx, 1818~83)는 사회의 보편이론을 제시했다는 점에서 하나로 묶을 수 있다. 이들의 사회학은 각각 실증주의적 사회학, 진화론적 사회학, 유물론적 사회학으로 명명된다. 또는 달리 사회학적 뉴턴주의, 사회학적 다윈주의, 사회학적 헤겔주의로 표현할 수도 있을 것이다.

콩트, 스펜서, 마르크스에게는 사회가 공히 실체적 존재였다. 그들의 사회는 구체적으로 말해 인간 사회 또는 인류였다. 그리고 그들의 사회학은 이 실체적 존재에 대한 보편이론이었다. 그들이 사회학적으로 추구한 바는 실체적 존재로서의 사회의 구조와 발전에 대한 보편적인 법칙이었다. 그러니까 인류 또는 인간 사회 전체의 구조적—발전적 법칙이었다. 그것도 자연과학적 타당성을 갖는 법칙이었다. 말하자면 그들은 인간 사회 또는 인류 전체의 자연과학적 법칙론을 추구했던 것이다. 콩트, 스펜서, 마르크스의 사회학은 엄밀한 경험과학이 아니라 과학적 사회이론으로 포장된 형이상학, 즉 사회형이상학이었다. 그것은 사회학의 어법으로 표현된 역사철학적 형이상학이었다. 이런 점에서 콩트, 스펜서, 마르크스는 진정한 의미에서의 사회학의 창시자가 아니었다. 그들은 사회학의 선구자였을 따름이다.

참고로 이 책에서 스펜서의 사회학을 사회학적 다윈주의라고 명명한 것은 그가 단순히 다윈으로부터 진화론을 수용한 다윈주의자라는 뜻이 결코 아니다. 스펜서에 대한 부분에서 다시 논하게 되는 바와 같이, 그는 다윈보다 먼저 진화론을 제시했으며 다윈과 스펜서의 관계는 어느 한쪽은 영향을 주고 다른 한쪽은 영향을 받은 일방적인 관계가 아니라 서로 영향을 주고받은 상보적인 관계였다. 그럼에도 불구하고 스펜서의 사회학을 사회학적 다윈주의라고 명명한 것은 어디까지나, 한편으로는 다윈이 진화론을 상징하기 때문에 그의 이름을 빌어 스펜서의 진화론적 사회학 또는 사회학적 진화주의를 보다 가시적이고 명백하게 표현하기 위함이며, 다른 한편으로는 콩트의 사회학적 뉴턴주의—스펜서의 사회학적 다윈주의—마르크스의 사회학적 헤겔주의라는 개념고리를 통해 19세기의 사회학적 담론의 판도를 일목요연하게 드러내기 위함이다.

# 실증주의적 사회학

오귀스트 콩트

사회학이라는 용어를 만든 사람이 바로 콩트이다. 잘 알려져 있듯이 콩트 사회학의 직접적인 배경과 계기는 프랑스 대혁명이었다. 이 미증유의 역사적 대사건은 인간 삶과 행위의 구질서를 전복해버렸다. 그러나 시민계층이 주도하는 자본주의적 산업사회는 아직도 전래의 중세적 봉건질서를 완전히 대체하지 못하고 있었다. 바로 이러한 역사적 상황에서 콩트는 인간 삶과 행위의 새로운 질서와 그에 기반하는 진보를 밝힐 수 있는 새로운 과학적 인식의 범주와 형식의 필요성을 절감하게 되었다.

콩트가 사회학이라는 새로운 과학의 인식대상으로 염두에 두고 있던 사회는 구체적이고 특수한 사회가 아니라 포괄적이며 추상적인 인간 사회 또는 인류이다. 인류는 개인들과 그들의 관계를 초월하며 필연적인 자연법칙에 따라 질서를 이루고 진보한다. 그리고 콩트는 개인을 사회의 기본적인 단위로 보지 않는다. 그가 보기에 사회학에서는 생물학에서처럼 전체가 부분들에 앞선다. 또한 인류가 신학적 단계와 형이상학적 단계를 지나 실증적 단계에 이르면 보편성의 시대가 펼쳐진다. 그리하여 보편적인 것이 개별적인 것을 지배하게 된다.

콩트에 따르면 사회학은 사회에 대한 보편이론을 추구한다. 다시 말해 사회학은 사회의 질서와 진보를 결정하는 법칙들, 그러니까 사회정학(靜學)의 법칙들과 사회동학(動學)의 법칙들을 찾아내어 체계화해야 한다. 전자가 인간 사회의 자연적 질서에 대한 보편적 법칙들을 가리킨다면, 후자는 인류의 자연적 발전에 대한 보편적 법칙들을 가리킨다. 이 가능성을 콩트는 다름 아닌 실증철학에서 찾는다. 그에게 사회학은 실증철학의 일부분이다. 그것도 실증철학의 마지막 발전 단계를 장식하며, 따라서 실증철학의 위계에서 맨 꼭대기 자리를 차지하는 실증철학의 '여왕'이다. 콩트가 말하는 실증철학이란 구체적으로 자연과학, 그 가운데에서도 특히 아이작 뉴턴(1643~1727)의 물리학을 가리킨다. 사회학보다는 원래 그가 선호한 사회물리학이라는 용어가 콩트의 의도를 보다 잘 반영한다.


### (1) 프랑스 대혁명과 콩트의 지적 세계: 사회의 재조직화를 위하여

콩트의 지적 세계를 결정적으로 각인한 역사적-사회적 배경은 프랑스 대혁명이었다. 그의 사회학은 바로 이 대사건을 '지식사회학적' 토양으로 해서 형성되고 발전했다. 아니, 더 나아가 콩트는 자신의 사회학의 상위 범주인 실증주의 또는 실증철학이 프랑스 대혁명의 와중에 태동했다고 본다.[1] 콩트에 따르면 "프랑스 대혁명은 지난 5세기 동안 점진적으로 진행되어왔던 결정적인 변화의 최후의 결과로서 〔『실증주의 서설』이 나오기〕 60여 년 전부터 인류의 엘리트 계급을 심각하게 흔들어놓았다."[2] 말하자면 프랑스 대

---

1 오귀스트 콩트, 김점석 옮김, 『실증주의 서설』(원제는 *Discours Préliminaire l'Ensemble du Positivisme*), 한길사 2001, 95쪽.

혁명으로 인해 인류의 엘리트 계급, 보다 정확하게 말하자면 서구의 지식인 집단은 심각한 위기의식을 느끼게 되었으며, 콩트의 사회학도 바로 이 위기 의식의 산물이었다.[3]

이러한 근본적인 위기는 두 개의 중요한 단계로 이루어져 있다. 하나는 본래 부정적인 것으로 지금까지 이루어져왔던 것이며, 과거 체계를 결정적으로 소멸하면서도 새로운 사회상태에 대한 고정적이고도 분명한 개념을 지시해주지 않는다. 다른 하나는 긍정적인 것으로 이제 막 시작된 것이며, 바로 여기에서 출발하여 새로운 체계의 기본적인 발전이 이루어지게 된다. 건전한 철학은 첫 번째 단계의 마지막 산물이었으며, 지금부터 두 번째 단계를 주도할 것이다.[4]

이 인용구절에 나오는 "건전한 철학"은 실증철학을 가리킨다. 그리고 이 두 번째 단계는 낡은 사회적 체계를 대체할 새로운 사회적 체계가 형성되고 발전하는 단계, 그러니까 사회적 재조직화의 시기이며, 실증철학이 이 시기를 주도한다는 것이다(이에 대해서는 곧 자세하게 논의할 것이다). 콩트가 지향하고 추구하는 궁극적인 실천적 목표는 사회의 재조직화에 있었다. 낡은 체계가 해체되고 새로운 체계가 재조직되는 이른바 공존의 시대에 "사회를 새로운 체계의 길로 계속 끌고 갈 힘들을 활성화하는 것"이 자신의 진정한 실천적 목표라고 콩트는 선언하고 있다.[5]

그런데 사회의 재조직화는 정신의 재조직화를 그 전제로 한다. 실천적 재

---

2 같은 책, 92쪽.

3 콩트 사회학과 위기의식의 관계에 대해서는 예컨대 다음을 참고할 것. Roger Repplinger, *Auguste Comte und die Entstehung der Soziologie aus dem Geist der Krise*, Frankfurt am Main/ New York: Campus 1999.

4 오귀스트 콩트, 앞의 책(2001), 92쪽.

5 Auguste Comte, *Plan der wissenschaftlichen Arbeiten, die für eine Reform der Gesellschaft notwendig sind*, München: Carl Hanser 1973, 36쪽.

조직화는 이론적 재조직화를 필요로 한다. 말하자면 콩트는 이중적 재조직화를 추구한 것이다. 이처럼 사회적-실천적 재조직화를 가능케 하는 정신적-이론적 재조직화가 다름 아닌 실증주의 또는 실증철학이다.


### (2) 실증철학과 사회학: 정신의 재조직화를 위하여

콩트는 사회학자이지만 철학자이기도 하다. 보다 정확히 말하자면 그는 철학자이면서 사회학자라고 보아야 할 것이다. 그에게 사회학은 철학의 일부분을 구성한다. 콩트를 사회학자로 보건, 철학자로 보건, 아니면 사회학자이자 철학자로 보건, 철학자이자 사회학자로 보건, 그의 이름은 언제나 실증주의, 실증철학 또는 실증정신과 밀접하게 연결되어 있다. 이는 다음과 같이 '실증…'이라는 제목이 들어간 일련의 저작만 언급해도 명백히 드러날 것이다. 『실증철학강의』(총 6권; 1830~42), 『실증정신론』(1844), 『실증주의론』(1848), 『실증주의 달력』(1849), 『실증정치체계』(총 4권; 1851~54), 『실증철학 교리문답』(1852). 그리고 콩트는 1848년 2월 "전(全)서구 민중의 실증주의 교육을 위한 자유협회"를 창설하는데, 이 단체는 3월에 "실증주의 협회"로 이름을 바꾼다.

이 간단한 사실만 보아도 콩트라는 이름이 실증주의, 실증철학 또는 실증정신과 떼려야 뗄 수 없는 관계에 있음을 알 수 있다. 콩트에게 이것은 "진정한 철학", "새로운 철학", "새로운 학설", "새로운 교의", "최종적인 철학", "진정한 철학정신", "건전한 철학(의 본질적인 명칭)", "진정한 인간지혜"이다. 그리고 이러한 실증주의, 실증철학 또는 실증정신은 단순히 이론적 사유 세계에만 한정되는 것이 아니라 감정과 행위의 영역을 포괄하고 예술적 능력을 내포한다. 아무튼 콩트가 보기에 '실증적'이라는 단어는 "최고의 지적 속성들을 모두 함축하며 궁극적으로는 도덕적인 함의를 갖는다."[6] 콩트의

---

6  오귀스트 콩트, 앞의 책(2001), 35, 43, 82, 88~89, 92쪽 등.

지적 세계에서는 사회학이(도) 바로 이러한 정신의 하위 범주에 속한다. 사회학은 실증주의에 의한 정신적-이론적 재조직화의 마지막 단계이다. 말하자면 정신 또는 이론의 실증주의적 조직화의 완성 단계가 바로 사회학인 것이다. 그러므로 콩트의 사회학은 어디까지나 실증주의적 사회학이다.

이처럼 실증철학-사회학이라는 연계고리에 의해 표현되는 콩트의 지적 세계를 제대로 파악하려면, 일단 간략하게나마 이 연계고리에 이르게 되는 배경과 도정을 살펴볼 필요가 있을 것이다. 사회학이라는 용어를 만든 사람이 콩트라는 사실을 감안한다면, 그의 지적 배경이 사회학이 아닌 다른 곳에 있었음은 새삼 언급할 필요가 없을 것이다. 그것은 자연과학에 있었다. 콩트는 1798년 프랑스 남부의 몽펠리에에서 태어나 그곳에서 국립 중·고등학교인 리세를 졸업하고 1814년 에콜 폴리테크니크에 우수한 성적으로 입학했다. 에콜 폴리테크니크는 프랑스 대혁명이 한창이던 1794년 중·고등학교 및 대학의 교원 양성을 위한 엘리트 대학인 고등사범학교와 더불어 국민공회에 의해 창설된 이공계통의 엘리트 대학으로서 학생들에게 실증적이고 과학적인 정신을 불어넣어주고 수학과 자연과학 및 공학을 교육했다. 그러나 콩트는 대학 3학년이 되던 해인 1816년 공화주의적 사상을 가진 학생들의 시위에 적극 가담했다가 다른 학생들과 함께 퇴학 처분을 당했다. 그리고 에콜 폴리테크니크는 공화주의자들의 온상으로 간주되어 폐교되었다. 이때 콩트는 4개월 동안 고향인 몽펠리에에 머물면서 몽펠리에 대학의 의과대학에서 몇몇 강의를 들었다. 1817년 에콜 폴리테크니크가 다시 문을 열고 퇴학 처분된 학생들의 복교가 허용되었지만 콩트는 학교로 돌아가지 않았다.

같은 해 콩트는 당대의 저명한 철학자이자 사회주의 이론가인 앙리 드 생시몽(1760~1825)의 비서이자 편집인으로 채용되었다가 1819년부터는 공동 연구자의 관계를 유지하게 되었다. 동시에 이 둘은 스승과 제자의 관계에 있었다. 이 시기에 콩트는 다양한 저널에 기고하면서 저널리스트로서의 경력을 쌓아나갔다. 그러나 7년 뒤인 1824년 콩트는 생시몽과 결별하고 재야 학자이자 작가로서의 고단한 삶을 살기 시작했다. 대학교수가 되려는 모든 노력이 수포로 돌아갔다. 그가 얻은 자리라고는 입학시험관이나 복습교사

등과 같이 초라하기 짝이 없는 것이었다. 실증철학의 체계를 제시한 강의조차 대학이 아니라 그의 아파트에서 사적으로 모여 진행할 수밖에 없었다. 그의 주저 『실증철학강의』는 바로 이 강의의 결과를 정리하여 책으로 펴낸 것이다.

이처럼 콩트는 프랑스 지식인 사회의 주변인, 아니 어쩌면 이방인이었다. 그런 그가 어떻게 실증철학의 대변자가 되었으며 그 정신에 입각하는 사회학을 구축할 수 있었을까?

먼저 에콜 폴리테크니크가 콩트의 지적 세계의 형성 발전에 대해 갖는 의미를 꼽을 수 있을 것이다. 여기에서 콩트는 공화주의와 계몽사상 및 과학주의의 세례를 받았다. 계몽사상의 경우 특히 샤를 드 몽테스키외(1689~1755), 자크 튀르고(1727~81) 및 마르키 드 콩도르세(1743~94)가 콩트에게 커다란 영향을 끼쳤다. 또한 콩트는 이미 대학 시절부터 과학 발전이 인류 문명의 추동력이라는 과학주의적 사상을 갖게 되었다. 그리고 더 나아가 생시몽의 비서 시절부터 애덤 스미스(1723~90)의 고전학파 자유주의 경제학과 이것을 프랑스에 수용하고 확산시킨 장바티스트 세이(1767~1832)의 영향을 받아 산업적 단계, 산업사회, 산업가(기업가) 등 ─ 이는 곧 다시 논하게 되는 바와 같이 실증적 단계를 규정하는 중요한 구조적 특징이다 ─ 의 역할을 통찰하게 되었다. 그런데 한 가지 매우 흥미로운 점은 콩트가 루이 드 보날(1754~1840)이나 조제프 드 메스트르(1753~1821)처럼 프랑스 대혁명에 저항하고 계몽주의 사상을 비판하는 보수주의자들의 견해도 실증주의적으로 검토하여 자신의 지적 세계에 통합하고 있다는 사실이다. 그 이유는 이들이 가족, 사회, 국가 등 초개인적 사회체의 의미를 부각했기 때문이다. 콩트는 개인의 자유를 옹호했지만 그것이 궁극적으로는 사회질서에 종속되기를 갈망했다(콩트는 개인을 진정한 사회적 단위로 간주하지 않는다). 말하자면 콩트는 자유주의적 사상과 보수주의적 사상을 '창조적으로' 절충했던 것이다.[7]

─────

7 이에 대해서는 다음을 참고할 것. 신용하, 『사회학의 성립과 역사사회학: 오귀스트 콩트

콩트의 지적 세계가 형성되고 발전하는 과정에서 가장 중요한 영향을 끼친 사상가는 그 누구도 아닌 바로 생시몽이라고 할 수 있다. 사실 콩트의 주요한 사상 가운데 대부분이 생시몽과 같이 작업한 1817~24년에 형성되었다고 해도 과언은 아닐 것이다. 무엇보다도 이 기간에 콩트는 생시몽으로부터 실증주의의 세례를 흠뻑 받게 되었다. 여기에서 간략하게나마 생시몽의 지적 세계를 살펴볼 필요가 있을 것이다.

생시몽의 사상은 크게 두 가지로 요약할 수 있을 것인바, 그것은 실증주의와 산업사회이론이다. 첫째, 생시몽은 당시의 사회적 혼란과 위기를 극복할 새로운 지적 체계를 추구했는바, 다름 아닌 실증주의였다.[8] 실증주의는 사변적인 형이상학과 달리 관찰에 근거하며, 특정한 분야의 과학적 인식에 한정되는 것이 아니라 자연세계와 사회세계의 인식 전체를 포괄하는 통일적인 체계이다. 다시 말해 실증주의는 자연과학적 원리에 따라 다양한 과학을 통합하는 것을 의미한다. 생시몽은 실증주의를 18세기 계몽주의자들에 의해 편찬된 백과전서에 비유하면서, 아니 그보다는 자신의 실증주의를 18세기 계몽주의와 구별하려는 의도에서 "19세기의 백과전서"라고 명명한다. 생시몽에 따르면 사물의 질서에는 자연적 질서와 사회적 질서의 두 가지가 있는 것이 아니라 단 한 가지 질서밖에 없는바, 그것은 다름 아닌 물리적 질서이다. 그리고 이 물리적 질서를 보편적으로 설명할 수 있는 원리는 뉴턴에 의해 발견된 중력이다. 이 세계의 모든 현상은, 그것이 물리적 현상이든 또는 도덕적(사회적) 현상이든, 중력의 결과이다. 그런데 생시몽이 보기에 뉴턴은 중력과 도덕적 현상의 관계를 통찰하지 못했으며, 따라서 보편적 중력 법칙의 발견자로 남을 수밖에 없었다. 그리고 이것을 통찰한 자신이야말로

---

의 사회학 창설』, 지식산업사 2012, 23쪽 이하; Jonathan H. Turner, Leonard Beeghley & Charles H. Powers, *The Emergence of Sociological Theory*, Belmont: Wadsworth Publishing Company 1995 (3. Edition), 16쪽 이하.

8 에밀 뒤르케임은 "19세기 철학사에서 가장 인상적인 사건은 실증철학의 창설"에 있다고 보면서, "생시몽한테서 실증철학의 관념, 용어 그리고 심지어 개요가 모두 발견된다"고 주장한다. Emile Durkheim, *Socialism and Saint-Simon*, London: Routeledge & Kegan 1958, 104쪽.

진정 보편적 세계 법칙의 발견자라는 것이 생시몽의 생각이다.[9] 아무튼 실증주의는 자연주의적 세계관이자 지적 체계로서 모든 과학적 인식을 포괄하는 통일과학이라고 그 성격을 규정지을 수 있다.

둘째, 생시몽의 실천적 관심은 봉건사회를 극복하고 산업사회를 조직하는 데에 있었는데, 이는 1816년에 출간된 『산업』(총 4권: 1816~18) 제1권의 모토가 "모든 것은 산업을 통해서, 모든 것은 산업을 위해서"라는 사실만 보아도 단적으로 드러난다. 산업사회를 조직한다는 것은 ─ 1814년에 출간된 『유럽 사회의 재조직에 대하여』라는 책의 제목에서 엿볼 수 있듯이 ─ 한마디로 사회적 질서를 재조직하는 것을 의미한다. 그리고 봉건사회의 지적 체계인 사변적 형이상학을 대체하는 실증주의와 그에 기반하는 보편적 사회이론은 바로 이러한 사회적 재조직을 가능케 하는 정신의 재조직이었다. 생시몽은 흔히 산업시대의 예언자로 간주되는데, 그가 이해하는 산업은 오늘날 우리가 이해하는 의미에서의 산업이 아니다. 그것은 보다 광범위하게 인간과 사회에 유용하고 생산적인 노동을 가리킨다. 그러므로 생시몽이 말하는 산업에는 비단 자본가, 기업가, 노동자의 활동만 속하는 것이 아니라 과학자와 문학가 및 예술가의 활동도 속한다. 과학자의 지적 생산물은 사회적으로 유용한 재화의 생산에 적용될 수 있으며 문학과 예술은 사회적 감정을 환기할 수 있다. 생시몽에게 산업시대의 모든 인간은 노동할 의무가 있으며, 바로 이 노동의 의무를 통해 산업사회는 봉건사회로부터 결정적으로 구별된다. 요컨대 산업시대에는 사회 전체가 곧 작업장이다.[10]

이러한 생시몽으로부터 콩트는 무엇보다도 실증주의를 배웠다. 다시 말해 정신적 또는 이론적 재조직화를 배웠던 것이다. 그리고 봉건사회를 극복하고 산업사회를 조직하는 것을 배웠다. 다시 말해 사회적 또는 실천적 재조

---

9  R. Martinus Emge, *Saint-Simon. Einführung in ein Leben und Werk, eine Schule, Sekte und Wirkungsgeschichte*, München/Wien: R. Oldenbourg 1987, 100쪽 이하.

10  같은 책, 113쪽 이하. 다음은 생시몽에게 사회는 곧 작업장을 의미한다는 것을 자세하게 논의하고 있으니 참고할 것. Thomas Petermann, *Claude-Henri de Saint-Simon. Die Gesellschaft als Werkstatt*, Berlin: Duncker & Humblot 1979.

직화를 배웠던 것이다. 요컨대 콩트는 생시몽으로부터 이중적 재조직화를 배웠던 것이다.

콩트의 이러한 실증주의적 '수업시대'[11]는 1822년 『사회의 재조직화를 위하여 필요한 과학적 작업 계획』이라는 소책자에서 그 결실을 맺었다. 거기에서 콩트는 생시몽처럼 사회적 재조직화 및 과학적 재조직화, 그러니까 이중적 재조직화를 추구했다. 이 책은 실증주의의 창시자 생시몽과 그 수제자 콩트가 공유하는 철학 체계의 전반적인 개요를 제시하고 있다. 그런데 바로 이 소책자로 인해 콩트는 생시몽과 결별하게 된다. 원래 이 책은 생시몽의 저작 『산업체계에 관하여』(총 3권; 1820~22)의 제3권에 수록되었는데, 1824년 생시몽이 이 작품을 무단으로 자신의 저작 『산업가들의 교리문답』(총 3호; 1823~24)의 제3호로 편입시켰다. 결국 이 일로 스승과 제자의 관계는 파탄 지경에 이르렀다. 물론 이 사건은 여러 가지 측면에서 해석할 수 있다. 그러나 동기와 과정 그리고 결과가 어떠했든 간에 그것은 콩트가 생시몽이라는 지적 어머니로부터 탯줄을 자르는 과정이라고 할 수 있다. 그것은 끝이면서 시작이었다. 콩트는 『사회의 재조직화를 위하여 필요한 과학적 작업 계획』을 자신의 "기본적인 소책자"라고 불렀으며 그때까지 나온 글들을 "예비연구"로 간주했다.[12] 사실 그 이후에 전개되는 콩트의 실증주의적 사고체계는 어떻게 보면 이 기본적인 소책자에서 제시한 것을 확장하고 심화하는 과정이라고 해도 지나친 말은 아닐 것이다.

그렇다면 콩트가 말하는 실증주의란 과연 무엇인가? 존 스튜어트 밀 (1806~73)이 『오귀스트 콩트와 실증주의』(1865)에서 다음과 같이 그 핵심을 정리하고 있다.

우리는 현상들에 관한 것 이외에는 그 어떠한 지식도 갖고 있지 않다. 그리고 현상들에 관한 우리의 지식은 상대적인 것이지 절대적인 것이 아니다. 우리

---

11 "수업시대"라는 말은 괴테의 교양소설 『빌헬름 마이스터의 수업시대』에서 따온 것이다.
12 R. Martinus Emge, 앞의 책(1987), 118쪽 이하.

는 어떤 사실의 내면적인 본질도 모르고 이것이 발생하는 진정한 방식도 모른다. 우리는 다만 그 사실이 연속성이나 유사성의 형식을 통해 다른 사실들과 맺는 관계를 알 뿐이다. 이러한 관계는 항상적인 것이다. 다시 말해 동일한 상황에서는 언제나 동일하게 나타난다. 현상들을 결합하는 항상적 유사성과 현상들을 선행요인과 결과로 서로 연결하는 항상적 연속성을 우리는 현상의 법칙이라고 부른다. 바로 이 현상의 법칙들이 우리가 현상으로부터 알고 있는 모든 것이다. 현상의 본질성 그리고 작용원인이든 목적원인이든 간에 궁극적 원인은 우리에게 알려져 있지도 않고 규명될 수도 없다.[13]

요약컨대 실증주의는 현상성, 관계성, 법칙성 및 상대성을 그 본질적인 특징으로 한다. 그리하여 그 이전의 신학적 사유체계나 형이상학적 사유체계가 추구한 사실의 내면적 본질과 궁극적 원인을 단호히 거부한다. 콩트는 원인들에 대한 인식에서 법칙들에 대한 인식으로, 다시 말하자면 '무엇 때문에'에 대한 인식에서 '어떻게'에 대한 인식으로 관심을 전환하고 있는 것이다.[14] 이 모든 것은 관찰을 통해 가능해진다. 생시몽에게처럼 콩트에게도 실증주의는 한마디로 관찰과학이다. 그러므로 실증주의적 법칙은 사변적이고 연역적으로 구성되는 것이 아니라 현상들 사이에 존재하는 법칙으로서 현상들의 직접적인 관찰을 통해 구성된다. 이렇게 보면 콩트는 엄밀한 경험과학으로서의 사회(과)학을 선취했다고 말할 수 있을 것이다. 게다가 콩트가 사회학의 연구 방법으로 관찰, 실험, 분류, 비교연구, 역사적 분석을 제시했다는 사실을 감안하면 더욱더 그러하다.

그러나 결론부터 말하자면 콩트의 실증주의적 사회학은 우리가 오늘날 이해하는 경험과학적 사회(과)학이 아니다. 아니, 이 둘은 완전히 이질적이기 때문에 결코 양립할 수 없다. 왜냐하면 콩트가 주창한 실증주의적 사회

13  John Stuart Mill, *Auguste Comte und der Positivismus*, Aalen: Scientia Verlag 1968 (Neudruck der Ausgabe Leipzig 1874), 4쪽.
14  오귀스트 콩트, 앞의 책(2001), 78쪽.

학은 다양한 사회적 현상과 과정에 대한 엄밀한 경험과학적 인식을 추구하는 것이 아니라 궁극적으로 사회의 자연적 질서 또는 사회에 내재하면서 인간의 삶을 지배하는 불변의 자연법칙을 규명하려고 하기 때문이다. 콩트에 따르면 모든 사회현상은 모든 자연현상과 마찬가지로 불변적인 자연법칙의 필연적 결과이다. 사회물리학, 그러니까 사회학은 "인류의 집단적 발전을 규정하는 자연법칙을 규명하거나 확인하는 것"을 그 인식목표로 한다.[15] "사회물리학, 즉 인류의 집단적 발전에 대한 연구는 사실상 생리학, 즉 인간을 그 전체적인 범위에서 연구하는 과학의 한 분과이다. 다시 말해 **문화사**는 인간의 **자연사**의 결과이자 필연적인 보충에 다름 아니다."[16] 결국 실증주의의 틀에서 보면 사회에 대한 과학(철학)은 자연에 대한 과학(철학)의 연장이자 그 일부분이다.

콩트는 — 곧 자세하게 논의되는 바와 같이 — 인간 정신의 3단계 발전 법칙을 제시하는바, 이에 따르면 인간 정신은 신학적 단계에서 형이상학적 단계로 이행하고 다시 실증적 단계로 이행한다. 그런데 중요한 것은 이 3단계 발전 법칙이 구체적인 역사와 사회에 대한 경험적 관찰로부터 도출된 것이 아니라 이른바 인간 정신의 본성으로부터 도출된 것이라는 점이다. 콩트에 따르면 모든 인간 정신은 그 본성상 필연적으로 이 세 단계를 거치게 된다. 이렇게 보면 콩트가 말하는 3단계 발전 법칙은 인간 정신의 불변적이고 필연적인 자연법칙을 의미하며, 따라서 경험적 또는 귀납적 타당성이 아니라 연역적 또는 선험적 타당성을 갖는다는 것을 알 수 있다. 그리고 콩트가 사회학의 연구 방법으로 제시한 관찰, 실험, 분류, 비교연구, 역사적 분석은 일견 엄밀한 경험과학적 색채를 보이지만, 궁극적으로 인류의 집단적 발전의 과정과 그 법칙의 규명과 확인이라는 대전제에 예속된다. 말하자면 귀납이 연역에 예속된다. 결국 콩트의 사회학적 연구 방법은 경험과학성을 상실하고 만다.

---

15  Auguste Comte, 앞의 책(1973), 147쪽.
16  같은 책, 139쪽.

사실 이처럼 자연과 사회의 불변적이고 필연적인 자연법칙을 전제하고 그것을 규명하고 확인하려고 하는 것이야말로 전형적인 형이상학이라 할 수 있다. 말하자면 콩트는 자신이 추방한 형이상학의 자리에 현상의 관찰에 기반하는 경험과학이 아니라 또 다른 형이상학을 앉혔던 것이다. 그가 앞문으로 내다버린 형이상학이 슬그머니 뒷문으로 들어온 것이다. 콩트의 형이상학은 자연과 사회를 연속성의 관계에서 총체적으로 파악하려고 하는 자연주의적 형이상학이다. 그리고 콩트의 사회학, 보다 엄밀히 말하자면 사회물리학은 사회에 대한 자연주의적 형이상학이다.

요컨대 콩트의 실증주의는 관찰과학, 즉 현상들과 그 관계의 관찰에 기반하는 엄밀한 경험과학을 표방하면서도 궁극적으로 이 경험적 관찰과학을 자연주의적 형이상학에 예속시킨다는 내적 모순을 안고 있다. 경험적으로 관찰되는 현상은 불변적이고 필연적인 법칙에 수렴하는 경우에만 의미를 갖는다. 이러한 내적 모순은 예컨대 콩트가 『사회의 재조직화를 위하여 필요한 과학적 작업 계획』에서 정치에 대한 과학을 예로 들어 실증적인 것이 무엇인가를 설명하는 다음과 같은 대목에서 단적으로 드러난다.

정치의 과학을 실증적인 것으로 만들려면 우선 다른 과학들에서와 마찬가지로 여기에서도 관찰이 환상보다 우위를 점해야 한다. 두 번째로 이러한 기본조건이 충족되기 위해서는 한편으로 사회 조직이 문화적 발전 상태와 밀접하게 연결된 것으로 그리고 이 발전 상태에 의해 규정되는 것으로 간주되어야 한다. 그리고 다른 한편으로 문화의 발전 과정이 사물의 본성에 근거하는 불변적 법칙에 예속되는 것으로 고찰되어야 한다. 이 두 가지 조건이 충족되지 않는한, 정치는 실증적인 것이 될 수 없거나, 또는 같은 말이지만 정치에서 관찰은 환상을 극복할 수 없다. 그러나 다른 한편으로 이 조건들이 충족되고 정치이론이 전적으로 그와 같은 정신에서 창출된다면 환상이 사실들에 의하여 관찰 자체에 예속되는 것은 분명하다. 그리하여 정치는 실증적인 것이 된다.[17]

---

17  Auguste Comte, 앞의 책(1973), 86쪽.

이 인용구절에서 명백하게 드러나듯이, 콩트가 제시하는 실증성의 두 가지 조건은 사실들에 대한 관찰과 사물의 본성에 근거하는 불변의 법칙이다. 이 가운데 첫 번째 조건은 오늘날 우리가 이해하는 실증성과 완전히 합치한다. 사회 조직을 문화적 발전 상태와의 밀접한 관계 속에서 고찰하는 것은 전형적인 실증적 방법이다. 그러나 두 번째 조건은 오늘날 우리가 이해하는 실증성과 완전히 배치한다. 진정한 실증정신의 소유자라면 사물의 본성에 근거하는 불변의 법칙에 대해 이야기하지 않을 것인바, 그 이유는 이러한 법칙을 관찰이라는 실증적 방법으로 확인하거나 검증할 수 없기 때문이다. 게다가 문화의 발전 과정을 사물의 본성에 근거하는 불변적 법칙에 예속되는 것으로 고찰함으로써 콩트는 사회적 현상을 자연법칙으로 소급하는 자연주의적 오류를 범하고 있다.

이처럼 콩트가 실증주의를 자연주의적으로 이해하며, 그 결과 사회학도 사회의 경험과학이 아니라 사회의 자연주의적 형이상학으로 만들어버린 이유는 무엇보다도 그가 생시몽처럼 실증철학의 전범을 자연과학, 그 가운데에서도 특히 뉴턴의 물리학에서 찾기 때문이다.

실증철학의 첫 번째 특징은 모든 현상이 불변의 자연적 **법칙들**에 근거한다고 보는 것이다. 우리의 과제는——이른바 제일의 또는 최종의 **원인들**이라고 불리는 것을 탐구하는 일이 얼마나 헛된가를 볼 때——이 법칙들을 엄밀하게 밝혀내어 가능한 한 가장 적은 숫자로 줄이는 데에 있다. 무엇이 원인인가 사변하는 방식으로는 원인과 목적에 대한 어려움을 해결할 수 없을 것이다. 우리의 진정한 과제는 현상의 상황들을 엄밀하게 분석하고 그것들을 연속성과 유사성이라는 자연적 관계에 연결하는 것이다. 이에 대한 가장 좋은 실례는 중력에 대한 학설의 경우에서 볼 수 있다. 우리가 우주의 일반적인 현상이 중력의 학설에 의해 **설명된다**고 말하는 것은, 이 학설이 단 하나의 원리하에 어마어마하게 다양한 천문학적 사실들 전체를 연결하기 때문이다. 다시 말해 천체들 사이에 존재하는 항구적인 특징, 즉 그 관계가 질량에 비례하고 거리의 제곱에 반비례해 결정된다는 것을 논증하기 때문이다.[18]

18  Auguste Comte, *The Positive Philosophy* (With a New Introduction by Abraham S. Blumberg),
New York: AMS Press 1974b, 28쪽. 여기에서 잠시 뉴턴의 자연과학에 대해 살펴보는 것이
콩트의 지적 세계를 그리고 스펜서의 지적 세계를 이해하는 데에 도움이 될 것이다. 1687
년 뉴턴은 16~17세기의 과학혁명을 총결산한—라틴어로 된—불후의 명저 『자연철학
의 수학적 원리』를 출간한다. 이 책은 흔히 줄여서 '원리'라는 의미의 『프린키피아』라고 불
린다. 여기에서 자연철학은 자연과학, 보다 정확히 말하자면 물리학 또는 역학을 가리키는
말이다. 당시에는 과학을 철학이라고 불렀다. 그러니까 뉴턴은 『프린키피아』에서 자연과학
의 수학적 원리를 추구하고 있다. 자연에 대한 실험적 연구인 물리학을 수학적 원리와 결
합하고 있는 것이다. 이로써 자연과학은 자연에 대한 실험적이고 수학적인 인식으로 고양
된다. 이 책에서 뉴턴은 다양한 자연현상을 보편적인 원리에 의해 통일적으로 설명해야 하
며, 또한 설명할 수 있다는 원칙을 제시한다. 『프린키피아』 제3권에는 철학적 원인 분석의
규칙 네 가지가 나오는데, 그 가운데 앞의 세 가지는 자연과학에서의 보편성과 통일성의
원칙을 명백하게 표현하고 있다.
규칙 I: "자연사물의 원인으로서는 그 현상을 진정하고 충분히 설명하는 것 외의 것을 인정해서는
안 된다."
뉴턴은 설명하기를, "자연은 무엇이건 간에 경솔하게 행해지지 않는다. 그리고 적어도 될
때보다 많은 것은 낭비이다. 왜냐하면 자연은 단순한 것을 좋아하고 쓸데없는 원인으로 장
식하는 것을 싫어하기 때문이다."
규칙 II: "따라서 같은 자연의 결과에 대해서는 가능한 한 같은 원인을 부여해야만 한다."
예컨대 "인간들의 호흡과 동물들의 호흡, 유럽에서의 돌의 낙하와 미국에서의 돌의 낙하,
부엌의 불빛과 태양의 빛, 지구가 빛을 반사하는 경우나 행성들이 빛을 반사하는 경우와
같이 말이다."
규칙 III: "물체의 여러 성질 가운데서 증가되는 것도 경감되는 것도 허용되지 않으며, 우리의 실험
범위 내에서 모든 물체에 속하고 있다는 것이 알려진 것은 이 세상 모든 물체의 보편적인 성질로
보아야 한다."
다시 말해 "물체의 성질은 실험에 의해서만이 우리한테 알려지는 것이니까 실험과 모든 면
에서 일치하는 것은 모두가 보편적인 것으로 생각하지 않으면 안 된다." 아이작 뉴턴, 조
경철 옮김, 『프린키피아』(원제는 *Philosophiae Naturalis Principia Mathematica*), 서해문집
1999, 799~800쪽.
뉴턴은 자연에서 관찰되는 모든 운동의 현상을 보편적이고 통일적으로 설명할 수 있는 가
능성을 만유인력(중력)의 법칙과 세 가지 운동의 법칙에서 찾는다. 첫째, 두 물체 사이에는
서로 당기는 힘, 즉 인력이 작용한다. 인력의 크기는 두 개의 먼지 입자와 같은 미시적인
세계에서 우주를 운행하는 행성들과 같이 거시적인 세계에 이르기까지 예외 없이 존재한
다. 그리고 죽은 자연의 세계뿐만이 아니라 살아 있는 인간들의 세계에서도 작용한다. 인력
은 어디서나 보편적으로 존재한다. 그리하여 인력은 곧 만유(萬有)인력이다. 둘째, 뉴턴은
관성의 법칙, 가속도의 법칙, 작용과 반작용의 법칙이라는 세 가지 운동의 법칙을 제시한
다. 이 법칙들 역시 우주만물의 운동 현상에 보편적이고 통일적으로 적용된다. 만유인력의
법칙과 세 가지 운동의 법칙에 입각해 자연세계의 무수한 운동 현상을 엄밀한 과학적 방법
으로 설명하고 증명하는 도구가 바로 수학적 원리인 것이다.

콩트의 실증주의 사상은 1830년부터 1842년까지 총 여섯 권으로 출간된 그의 주저『실증철학강의』에 가장 포괄적이고 체계적으로 정리되어 있다. 이것을 콩트는 자신의 "기본 저술"이라고 칭했다. 앞서 말했듯, 원래 이 저작은 동일한 제목의 강의를 정리하여 책으로 펴낸 것이다. 콩트는 1년에 걸쳐 총 72회의 강의를 계획하고 1826년 4월 1일 자신의 아파트에서 첫 강의를 시작했다. 그러나 제2회와 제3회 강의를 마치고는 과로와 신경쇠약으로 쓰러져 병원에 실려 가면서 더 이상 계속할 수 없게 되었다. 그 후 3년 가까이 지난 1829년이 되어서야 강의를 재개하여 무려 12년이나 지속했다. 그리고 그 결과를 총 여섯 권의 책으로 펴냈던 것이다. 무려 4,000쪽이 넘는 이 방대한 저작은 실증주의의 원리하에 수학·천문학·물리학·화학·생물학과 사회물리학(사회학)을 포괄하고 있다.[19]

　이처럼 실증주의는 콩트에게 철학이나 과학의 한 특정한 분야를 가리키는 말이 결코 아니다. 콩트에게 실증주의는 오히려 인간 정신, 보다 정확히 말하자면 관찰에 기반하는, 그러니까 실증적 인간 정신 전반을 포괄하는 보편적 인식의 체계이다. 실제로 콩트는 자신의 실증주의 철학을 하나의 체계로 이해하고 있었다. 이는 그가『실증철학강의』와 관련하여『실증주의 서설』에서 한 말을 보면 단적으로 드러난다. 거기에서 콩트는 이 책이 단순한 강의가 아니라 하나의 체계임을 강조하고 있다. "이 커다란 원칙〔현실 전체에 대한 우리의 다양한 사유를 연결해주는 논리적이면서도 과학적인 유일한 원칙〕을 확립하는 것이 나의『실증철학체계』의 가장 중요한 결과이다. 여섯 권으로 된 이 책은 1830년부터 1842년 사이에『실증철학강의』(이 기본 저술은 1826년과 1829년에 있었던 강의에서 이미 준비되었다)라는 이름으로 모두 출간되었지만, 그때 이후로 나는 항상 그 진정한 성격을 더 잘 나타내기 위해 이 책을『실증철학체계』라고 불러왔다. 나는 제2판이 나와서 수정할 수 있을 때까지 이러한 예외적인 견해가 이 문제에 대한 온갖 오해를 불식할 수 있었으면 한다."[20]

---

19　신용하, 앞의 책(2012), 59쪽 이하.

이처럼 콩트가 인간 정신 전반을 포괄하는 보편적 인식체계로 제시한 『실증철학강의』는 총 60강으로 되어 있으며 그 각각의 권은 다음과 같은 주제에 할애되어 있다(주제 다음 괄호 안의 숫자는 강의 수를 가리킴).

제1권(1830년): 일반적 예비 고찰과 수학(18강)

제2권(1835년): 천문학과 물리학(16강)

제3권(1838년): 화학과 생물학(11강)

제4권(1839년): 사회물리학의 교의적 부분(6강)

제5권(1841년): 사회철학의 역사적 분야, 특히 신학적 단계와 형이상학적 단계에 대하여(4강)

제6권(1842년): 사회철학의 역사적 분야 보충 및 일반적 결론(5강)[21]

이 제목들만 보아도 콩트가 실증철학이라는 이름으로 자연철학과 사회철학 전반을 아우르려고 한다는 것을 알 수 있다. 이 가운데 제4~6권이 사회학에 관한 것이다. 콩트에게 사회학은 곧 사회의 물리학이면서 사회의 철학이다. 콩트의 사회학은 실증주의적 인식체계의 한 부분을 이루고 있다. 그것은 실증주의적 사회학이다.


## (3) 사회정학과 사회동학:
## 사회학은 사회적 질서와 진보의 법칙을 추구한다

이미 앞에서 언급한 바와 같이, 콩트는 사회의 재조직화를 주장하며 그 전제조건으로 정신의 재조직화가 필수적이라고 역설한다. 콩트는 사회적-실

---

20  오귀스트 콩트, 앞의 책(2001), 29쪽(각주).

21  다음에는 각 권에 수록된 내용이 자세하게 나와 있으니 참고할 것. 신용하, 앞의 책(2012), 64쪽 이하.

천적 재조직화와 정신적-이론적 재조직화, 즉 이중적 재조직화를 추구한다. 이 가운데 정신적-이론적 재조직화는 새로운 사회체계의 목적과 의미를 설정하고 사회관계를 조직하는 새로운 원리를 제시하는 것을 의미한다. 그리고 사회적-실천적 재조직화는 이 연구에 근거하여 전반적인 사회적 제도와 조직을 규정하고 설립하며 사회적 권력을 분배하는 것 등을 의미한다.[22]

이 정신적-이론적 재조직화의 가능성을 콩트는 다름 아닌 실증주의, 실증철학 또는 실증정신에서 찾는다. 말하자면 정신과 이론의 실증(주의)화가 그 유일한 대안인 것이다. 실증주의는 여섯 개 분야의 추상적 철학을 포함하는바, 그것은 수학, 천문학, 물리학, 화학, 생물학(생리학), 사회학이다. 그러니까 실증주의는 자연철학과 사회철학 전반을 포괄하는 백과전서적 인식체계인 셈이다.

이 여섯 가지 실증철학의 분야는 보편성과 복잡성이라는 기준에 의해 배열된다. 수학은 보편성이 가장 크지만 복잡성이 가장 작다. 반면 사회학은 보편성이 가장 작지만 복잡성이 가장 크다. 실증철학적 위계질서에서 아래로부터 위로 수학, 천문학, 물리학, 화학, 생물학(생리학), 사회학이 자리하고 있다. 이 여섯 가지 인식 분야는 "각각 그 중심부에서는 이웃한 두 개의 분야와 서로 뚜렷하게 구분되지만, 시작 지점에서는 앞선 분야와 그리고 끝나는 지점에서는 다음에 오는 분야와 아주 비슷한 양상을 보여준다." 그리하여 "비록 각각의 부분이 다른 것과는 분명히 구분되는 독자적인 귀납법을 요구하지만, 그것은 각각 앞선 단계로부터 연역적인 영향을 받는다. 이러한 영향은 역사적인 도약에도 필수적이지만, 그 학설의 형성에도 없어서는 안 될 것이다. 이렇게 해서 모든 예비적인 연구들이 최종적인 과학을 준비하게 된다. 그런데 이 최종적인 과학은 앞으로 끊임없이 체계적인 배양에 영향을 끼칠 것이며, 결국 진정한 의미의 사회적인 감정과 관련된 진정한 전체 정신의 우위를 항상 보장해줄 것이다."[23]

---

22  Auguste Comte, 앞의 책(1973), 54~55쪽.
23  오귀스트 콩트, 앞의 책(2001), 74~75쪽.

콩트는 모든 분야의 인간 정신은 반드시 3단계 발전 법칙에 따라 신학적 단계에서 형이상학적 단계를 거쳐 실증적 단계에 이른다고 주장한다(3단계 발전 법칙에 대해서는 곧 다시 자세한 논의가 있을 것임). 그러나 각 분야는 그 고유의 내적인 성격과 논리를 따르기 때문에 그 발전 속도도 제각각이다. 이와 관련해 콩트는 『실증철학강의』에서 다음과 같이 말하고 있다.

> 서로 다른 종류의 지식들이 서로 다른 속도로 진보의 3단계를 거쳐왔으며, 따라서 동시에 도달하지는 못한다는 것을 염두에 두어야 한다. 진보의 속도는 문제가 되는 지식의 성격에 달렸으며, (…) 이러한 생각은 진보의 근본적 법칙에 대한 부속품을 구성한다. 어떤 종류의 지식도 그 일반성, 단순성, 그리고 다른 부분에 대한 의존성에 비례하여 실증적 단계에 도달하게 마련이다.[24]

콩트에 따르면 그 성격상 가장 단순한 비유기적 물리세계에 대한 지식(천문학, 물리학, 화학)이 가장 먼저 실증적 단계에 도달했으며, 또한 이를 전제조건으로 그보다 복잡한 유기적 생물세계에 대한 지식(생물학 또는 생리학)이 실증적 단계에 도달했다. 그리고 생물학 또는 생리학의 실증(주의)화와 더불어 가장 복잡한 — 스펜서의 표현을 빌자면 초유기적 — 사회세계에 대한 지식이 형이상학적 단계를 극복하고 실증적 단계로 이행할 정신사적 토대가 마련되었다. 그러나 중요한 것은 실증주의적 위계질서에서 낮은 수준의 인식 분야가 실증적 단계에 도달했다고 해서 자동적으로 그다음 수준의 인식 분야가 실증적 단계에 도달하는 것이 아니라는 점이다. 후자는 — 방금 언급한 바와 같이 — 전자로부터 연역적인 영향을 받는 것이 분명하지만, 다른 한편 전자와 구별된 독자적인 귀납법을 필요로 한다. 어느 한 수준의 인식 분야를 그 앞 수준의 단순한 결과나 보완으로 간주하는 것을 콩트는 유물론이라고 한다. 예컨대 생물학 또는 생리학을 화학의 단순한 결과나 보완으로 간주하거나 사회학을 생물학 또는 생리학의 단순한 결과나

---

24 Auguste Comte, 앞의 책(1974b), 29쪽.

보완으로 간주하는 것은 전형적인 유물론적 관점이라는 것이다. 콩트가 보기에 유물론은 낮은 수준의 과학이 높은 수준의 과학을 침식함으로써 생겨난다.[25]

콩트는 19세기에 이르러 사회세계에 대한 지식이 실증(주의)화될 정신사적 토대는 갖추어졌지만 아직 실증(주의)화되지 못하고 있다고 본다. 모든 예비적인 정신들이 최종적인 과학을 준비하고 있지만 그 최종적인 과학은 아직 실증적 단계로 이행하지 못하고 있다는 것이 콩트의 확신이다. "차츰차츰 과거 체계를 뛰어넘은 모든 예비적인 연구를 거친 새로운 철학원칙은 ─ 콩트는 『실증주의 서설』에서 이렇게 말하고 있다 ─ 이제 사회현상에 대한 연구로 범위를 넓힘으로써 스스로를 일반화하는 일만이 남아 있다."[26] 달리 말하자면, 이미 하늘의 물리학(천문학), 땅의 물리학(역학과 화학), 식물세계의 물리학과 동물세계의 물리학(생물학 또는 생리학)이 존재하며, 따라서 이제 마지막 물리학, 즉 사회의 물리학만 갖추어지면 인간의 인식체계 전체가 실증철학의 원리에 의해 완성된다는 것이다. 콩트는 그 누구도 아닌 자기 자신에게 사회의 물리학, 즉 사회학을 정립하여 인간 정신의 실증주의적 발전의 마지막 고리를 연결하는 지성사적 과업을 부과했다. 그는 자연세계의 물리학을 구축한 뉴턴처럼 사회세계의 물리학을 구축하고자 했다. 콩트는 사회세계의 뉴턴이 되고자 했다. 그리하여 기존의 다양한 과학을 단일한 원리로 종합하고 통합하려고 했다.

콩트는 사회세계에 대한 과학인 사회학이 정립되면 실증주의에 의한 정신적-이론적 재조직화가 완결된다고 보았다. 그것은 실증주의에 의한 정신과 과학의 전체적인 조직화와 체계화, 또는 달리 말하자면 실증주의에 의한 정신과 과학의 종합이다. 이 실증주의적 종합에서 사회의 과학인 사회물리학 또는 사회학은 인간 정신 발전의 정점을 이룬다.

그렇다면 콩트에게 사회학의 인식대상인 사회는 도대체 무엇이란 말인

---

25  오귀스트 콩트, 앞의 책(2001), 81쪽 이하.
26  같은 책, 39~40쪽.

가? 그것은 한마디로 인류 또는 인간 사회이다. 그리고 콩트의 사회학은 인류의 집단적 발전을 지배하는 자연법칙의 규명을 그 궁극적인 인식목표로 한다. 콩트에게 인류는 실체적 존재이다. 다시 말해 인류는 개인들과 그들의 상호관계 및 상호작용을 초월하는 사회체(社會體)로서 그 자체적인 법칙을 따른다.[27] 그리고 인류를 지배하는 사회법칙은 자연법칙의 연장이다. 바로 이런 연유로 — 곧 다시 논하게 되는 바와 같이 — 콩트의 사회학에서는 개인이 사회의 기본적인 단위로 설정되지 않는다.(개인이 아니라 가족이 기본단위이다.) 콩트는 실증주의가 모든 과학을 "인류 전체에 연결함으로써 그것을 최대한 인정하고 그것에다 풍요로운 자극을 준다"고 주장한다. 또는 달리 말해 실증주의의 모든 과학은 "직접적으로 인류를 자신의 본질에 부합하는 개인적이거나 집단적인 유일한 체제로 나아가게 한다"고 주장한다.[28] 이렇듯 콩트에게는 인류가 유일한 체제이기 때문에 모든 과학은 "인류과학"이라는 "유일과학"으로 수렴한다.[29] 그러므로 사회학에 의한, 그리고 더 나아가 사회학 이외에도 수학, 천문학, 물리학, 화학 및 생물학(생리학)을 포괄하는 실증주의에 의한 정신의 조직화 또는 체계화 또는 종합의 본질적인 핵심은 "개인적인 것이건 집단적인 것이건 인간 발전에 관한 진정한 이론"을 발견하는 것이다.[30]

이처럼 인류 전체 또는 인간 사회를 그 인식대상으로 하는 콩트의 사회학은 이 사회세계의 근본적인 원리와 속성을 밝혀내고자 한다. 사회를 실체적 존재로 상정하고 이 실체적 존재의 자연적 질서와 자연적 진보를 지배하는 법칙을 규명해내는 것 — 바로 이것이 콩트의 사회학이 궁극적으로 추구하는 바이다. 그것은 사회의 보편이론이다.

---

27  Jürgen von Kempski, "Einleitung", in: Auguste Comte, *Die Soziologie. Die positive Philosophie im Auszug* (Herausgegeben von Friedrich Blaschke), Stuttgart: Alfred Kröner 1974 (2. Auflage), IX~XXXVII쪽, 여기서는 XXII~XXIII쪽.

28  오귀스트 콩트, 앞의 책(2001), 68쪽.

29  같은 책, 72쪽.

30  같은 책, 63쪽.

그런데 콩트가 말하는 인류 또는 인간 사회는 궁극적으로 '한 사회 모델'에 입각하고 있는바, 그 모델은 다름 아닌 시민계층이 주도하는 근대 자본주의적 산업사회이다. 모든 사회는 자연적 발전 법칙을 따라 신학적 단계, 형이상학적 단계, 실증적 단계를 거쳐 발전하기 때문에 근대 자본주의적 산업사회 이외의 사회들도 모두 과학과 산업이 지배하는 이 사회를 지향하고 도달해야 한다는 것이 콩트의 견해이다. 콩트에게 시민사회는 사회 그 자체이다. 바로 그런 까닭에 콩트는 사회를 "인간 종(種) 전체로, 그리고 주로 백인종 전체"로 본다.[31] 뒤에서 보다 자세히 논하게 되는 바와 같이, 이 점에서 콩트는 스펜서와 일치한다.

이 맥락에서 간략하게나마 콩트와 근대 통계학의 아버지라 불리는 벨기에의 천문학자이자 통계학자 아돌프 케틀레(1796~1874)의 관계를 살펴볼 필요가 있다. 콩트에 대한 논의에서 케틀레는 흔히 사회학이라는 용어의 도입과 관련해서 언급되곤 한다. 원래 콩트는 사회에 대한 과학을 가리키는 말로 '사회학'이 아니라—그것도 이미 1822년부터— '사회물리학'을 사용했다. 그런데 케틀레가 1835년 『인간과 인간 능력의 발전에 대하여, 또는 사회물리학 에세이』라는 저서를 출간하면서 사회물리학을 사회통계학의 개념으로 사용했다. 이에 콩트는 1839년에 출간된 『실증철학강의』 제4권에서 처음으로 '사회학'(Sociologie)이라는 명칭을 사용하기 시작했는데, 이는 라틴어 'socius'와 그리스어 'logos'를 합성하여 만든 것이었다.[32]

그런데 이 에피소드는 단순히 '저작권'을 침해당한 한 지식인의 감정적인 반응 정도로 해석할 수 있는 가벼운 성격의 것이 결코 아니다. 거기에서 문제가 되는 것은 단지 용어만이 아니다. 그 에피소드는 사회의 과학에 대한 콩트의 표상을 적나라하게 보여주는 중차대한 사건이다. 콩트와 케틀레의 사회물리학은 다음과 같이 공통점과 차이점을 보여준다. 콩트와 마찬가지로 케틀레도 자연세계에 대한 과학에 접목하여 사회세계에 대한 과학을

---

31  Auguste Comte, 앞의 책(1974b), 498쪽.
32  신용하, 앞의 책(2012), 67~68쪽.

발전시켰다. 그의 사회통계학은 천문학과 물리학에서 발전한 수리통계학을 인구와 범죄와 같은 사회현상에 적용한 것이다. 그리하여 사회통계학을 사회물리학으로 이해했던 것이다. 이 점에서 콩트와 케틀레는 일치한다.

그러나 다른 한편 사회에 대한 과학으로서의 사회물리학이 궁극적으로 추구하는 인식관심이 무엇인가에 대해서 콩트와 케틀레는 아주 상반된 견해를 갖고 있었다. 케틀레는 경험적으로 관찰된 수많은 경우를 확률론과 같은 수학적 이론을 적용해 양화함으로써 사회현상을 지배하는 규칙성을 밝혀내려고 했다. 이 수학적 양화, 그의 표현대로 "숫자의 언어"야말로 통계학이 기존의 사변적-환상적 성격을 탈피하고 진정한 경험과학의 지위를 획득할 수 있는 유일한 대안이라고 케틀레는 확신했다. 그리하여 그는 자신이 사회물리학을 주창한 『인간과 인간 능력의 발전에 대하여, 또는 사회물리학 에세이』를 통계로 가득 채우고 있다.[33] 거기에서 — 그 당시의 어느 독일 통계학자의 표현을 빌자면 — 케틀레가 숫자로 하여금 어찌나 시끄럽게 떠들도록 만들었던지 곧바로 그 시대의 과학세계 전체가 그 저서에 주목하게 되었다고 한다. 케틀레의 이러한 사회물리학은 오늘날 우리가 이해하는바 엄밀한 귀납적-경험적 과학으로서 그 이후의 경험적 사회조사연구, 보다 정확히 말하자면 양적 사회조사연구의 발전에 중요한 기여를 했다. 이에 반해 콩트의 사회물리학은 뉴턴이 물리세계 전체를 지배하는 법칙을 발견했듯이 사회세계 전체를 지배하는 보편적이고 필연적인 법칙을 발견하고자 했다. 게다가 이 법칙은 자연법칙의 연장이자 그 일부분이다. 자연세계의 물리학자 뉴턴이 발견한 만유인력법칙과 같은 것을 사회세계의 물리학자 콩트는 발견하고자 했던 것이다.[34] 콩트의 사회물리학은 케틀레의 사회물리학과 달

---

33 Adolphe Quetelet, *A Treatise on Man and the Development of his Faculties*, in: Hawkins, Francis Bisset & Adolphe Quetelet, *Comparative Statistics in the 19th Century*, Farnborough: Gregg 1973.

34 생시몽도 콩트와 비슷하게 '사회생리학' 또는 '사회중력체계'라는 개념을 사용했다. René König, *Emile Durkheim zur Diskussion. Jenseits von Dogmatismus und Skepsis*, München/Wien: Carl Hanser 1978, 45쪽.

리 구체적인 사회현상에 대한 귀납적 경험과학이 아니라 인류 전체의 발전에 대한 추상적 역사철학이다.[35]

이런 콩트의 눈에 케틀레의 '귀납주의적-경험주의적' 사회물리학은 연역적 방법과 귀납적 방법이 결합된 — 자신이 보기에 — 진정한 의미의 사회물리학을 호도할 것으로 비칠 수밖에 없었다. 콩트는 케틀레에게 중요한 의미를 지니는 확률론을 사회세계에 적용하는 것을 단호하게 거부했다. 그리하여 콩트는 비록 사회학보다 사회물리학이라는 명칭을 선호했음에도 불구하고 굳이 후자를 전자로 대체하게 되었던 것이다. 케틀레적 의미에서의 사회물리학과 콩트적 의미에서의 사회학의 분립은 '반(反)이론적'으로 구체적인 자료에 집착하는 경험적 사회조사연구와 '반(反)경험적'으로 역사철학적 사변을 고수하는 사회학이 분열되는 출발점이 되었다.[36]

사실 콩트는 사회학의 필요성, 정당성, 의미를 역설하느라 정작 구체적인 사회학 이론을 발전시키지 못했다. 콩트 사회학의 이론적 핵심은 사회정학과 사회동학의 구분 그리고 인간 정신 발전의 3단계 법칙이라고 할 수 있다. 먼저 사회정학은 사회의 자연적 질서의 법칙에 대한 보편이론을 그리고 사회동학은 인류의 자연적 진보에 대한 보편이론을 추구한다. "사회동학은 시간적 연속의 법칙들을 연구하는 반면, 사회정학은 동시적 존재의 법칙들을 탐구한다." 콩트는 "**현재는 미래를 품는다**는 라이프니츠의 공리에 입각해 연속하는 사회적 상태들의 각각을 앞선 상태의 결과로 그리고 뒤따르는 상태

---

35 Horst Kern, *Empirische Sozialforschung. Ursprünge, Ansätze, Entwicklungslinien*, München: C. H. Beck 1982, 37쪽 이하.

36 같은 책, 47쪽. 콩트가 사회물리학이라는 용어 대신에 사회학이라는 용어를 사용하게 된 중요한 이유를 다음에서 찾는 경우도 있다. 원래 콩트는 에콜 폴리테크니크 시절부터 프랑스의 천문학자이자 수학자인 피에르 시몽 라플라스(1749~1827)로부터 커다란 영향을 받았지만, 그 이전에 생시몽이 그랬던 것처럼 점점 더 사회과학에서 수학이 차지하는 주도적 역할을 거부하기 시작했다. 사회물리학이라는 용어를 사회학이라는 용어로 대체함으로써 콩트는 자연과학적 방법을 — 이미 그 이전에 발전시킨 — 역사적 방법으로 대체했으며, 또한 그럼으로써 에콜 폴리테크니크에서 받은 지적 영향과 최종적으로 결별했다. René König, 앞의 책(1978), 45쪽.

의 원인으로 파악한다."[37] 말하자면 콩트의 사회학에서 근본적으로 문제가 되는 것은 사회의 자연적 질서와 사회의 자연적 진보 사이, 그러니까 사회적 구조의 법칙성과 사회적 변동의 법칙성 사이의 긴장관계이다. 사회가 이상 적으로 발전하는 경우에는 질서와 진보 또는 구조와 변동이 균형 상태를 이룬다. 그러므로 이러한 균형이 깨지면 그것을 회복하고 촉진하는 데에도 사회학의 중요한 과제가 있다.[38] 사회정학의 대상으로는 개인, 가족, 사회, 정부와 국가 등이 속한다.[39]

그런데 콩트가 보다 많은 관심을 가진 것은 사회정학이 아니라 사회동학 이다. 그 이유는 사회동학이 사회정학보다 흥미로울뿐더러 사회학이 생물 학(생리학)을 그 정신사적 출발점으로 하지만 바로 동학적 관점, 즉 진보와 발전이라는 측면에서 생물학과 결정적으로 구별되는 자신만의 독특한 모습을 보여준다는 콩트의 확신 때문이다. 사회동학적 관점은 "지속적인 진보 또는 보다 정확히 말하자면 인류의 점진적인 발전이라는 지배적 사상에 의해 생물학과 확실히 구별되기 때문에 (사회정학적 관점보다) 더 뚜렷한 철학적 특성을 지니고" 있다는 것이다.[40] 이러한 사회동학이 체계적으로 정립된 것이 바로 저 유명한 인간 정신의 3단계 법칙이다. 사실 발전 법칙에 대한 논의는 콩트에게 '저작권'이 있지 않다. 19세기는 급격한 사회 변동의 시대 였으며 이에 대해 반응하고 성찰한 지식인들이 다양한 역사철학적 발전 법칙을 내놓은 시대이기도 했다. 튀르고가 그랬고 콩도르세가 그랬다. 그리고 이들로부터 영향을 받은 생시몽은 다음과 같이 3단계 발전 법칙을 제시했 다. ① 신학적 단계(ⓐ물신 숭배, ⓑ다신교, ⓒ일신교), ② 부정적 단계, ③ 실

---

37 Auguste Comte, 앞의 책(1974b), 464쪽.

38 Christian Lahusen & Carsten Stark, *Modernisierung. Einführung in die Lektüre klassisch- soziologischer Texte*, München/Wien: R. Oldenbourg 2000, 16~17쪽.

39 Auguste Comte, 앞의 책(1974b), 498쪽 이하.

40 같은 책, 463쪽. 콩트에게 사회과학의 동학적 측면은 "가장 흥미롭고, 가장 이해하기 쉬우 며 (사회적 부분들과 요소들의) 상호연결 법칙들을 밝히는 데에 가장 적합하다." 같은 책, 498쪽.

증적 단계.[41]

사실 이것은 콩트의 것과 상당히 유사하다. 아니, 어떻게 보면 동일하다고 말할 수도 있을 것이다. 그리하여 3단계 발전 법칙에서는 생시몽이 콩트보다 우선권을 갖는다고 말할 수도 있을 것이다. 물론 그렇다고 해서 콩트가 생시몽의 아류라는 식으로 해석해서는 안 될 것이다. 생시몽의 경우 '부정적'이라는 말과 '실증적'이라는 말에서 짐작할 수 있듯이, 두 번째 단계와 세 번째 단계의 구분이 아주 모호하며 양자는 미분리된 채 혼동되곤 한다.[42] 여기에서 부정적이라 함은 17~18세기의 형이상학을 가리킨다고 볼 수 있다. 생시몽에 따르면 이 단계의 정신은 과거의 것을 비판하고 파괴했지만 새로운 것을 창출하지 못했다. 다시 말해 비판적이었지만, 건설적이라는 의미에서 긍정적이지는 못했다. 이러한 생시몽에 비해 콩트는 체계적이고 논리적이다. 생시몽이 막연하게 부정적 단계라고 표현한 것을 콩트는 형이상학적 단계라고 표현함으로써 보다 큰 개념적 엄밀성을 얻을 수 있었으며, 그에 따라 세 단계의 구분이 보다 명확해지고 각 단계의 역사적-이론적 설명력이 커졌다. 콩트는 형이상학적 단계에 머물러 있던 17~18세기의 철학을 "비판철학"이라고 규정하는데, 그 이유는 이것이 "과거를 **연구**하는 대신에 **질책**했기" 때문이다. 그 결과 이 시기의 철학적 작업은 "장황하고 권태로운 미사여구밖에 되지 않았으며, 따라서 그로부터 그 어떤 종류의 실증적 가르침도 이끌어낼 수 없었다."[43] 그리고 더 나아가 콩트는 인간 정신의 3단계 발전 법칙을 사회학적 발전 법칙 또는 사회동학적 법칙, 즉 인류의 자연적 진보에 대한 보편이론으로 격상함으로써 새로운 개념적-이론적 위상을 부여할 수 있었다.

아무튼 콩트는 이미 자신의 실증주의 철학의 '출생신고서'라고 할 수 있는 『사회의 재조직화를 위하여 필요한 과학적 작업 계획』(1822)에서 이 발

---

41 René König, 앞의 책(1978), 30쪽.
42 같은 곳.
43 Auguste Comte, 앞의 책(1973), 125쪽.

전 법칙을 제시하고 있으며, 특히 그의 주저 『실증철학강의』에서는 사회철학의 역사적 부분을 바로 이 문제에 할애하고 있다. 이 법칙은 예컨대 『실증주의 서설』에 나오는 다음과 같은 구절에 잘 요약되어 있다.

처음은 신학의 단계로서, 이 단계에서는 어떠한 증거도 지니고 있지 못한 즉각적인 허구들만이 공공연하게 지배한다. 다음은 형이상학의 단계로서, 의인화된 추상이나 본체들의 통상적인 우위가 그 성격을 규정짓고 있다. 마지막으로 실증의 단계가 있는데, 이는 항상 외부 현실에 대한 정확한 평가에 기초하고 있다. 잠정적인 것이기는 하지만 첫 번째 체제는 도처에서 우리의 출발점 역할을 수행하고 있으며, 세 번째 체제만이 유일하게 최종적인 것으로 우리의 정상생활을 나타내주고 있다. 두 번째 단계는 변화시키거나 차라리 약화시키는 영향력만을 지닌다. 이러한 영향력으로 해서 이 단계는 하나의 제도에서 다른 제도로의 이동만을 주도해나갈 수 있다. 사실 모든 것은 신학적인 발상에서 시작하여 형이상학적인 논의 과정을 거쳐 실증적인 증명에 이르게 된다. 이렇게 해서 지금부터는 유일한 일반법칙이 우리로 하여금 인류의 과거, 현재, 미래를 동시에 포용할 수 있도록 해줄 것이다.[44]

이 인용구절만 보면 콩트가 인류 역사를 정신의 발전 과정과 동일시하는 유심론자가 아닌지 의구심이 들 것이다. 실제로 콩트는 정신적 지도자의 역할을 강조한다. 신학적 단계에서의 성직자, 형이상학적 단계에서의 철학자 및 법률가, 실증적 단계에서의 과학자가 바로 그것이다. 그러나 콩트는 단순히 정신적 발전 과정에만 관심을 갖는 것이 아니라 그에 상응하는 사회적 관계의 발전 과정에도 시선을 돌려 군사적 단계, 법률적 단계, 산업적 단계가 각각 신학적 단계, 형이상학적 단계, 실증적 단계와 조합을 이룬다는 결론에 도달한다. 그 밖에도 각 단계에 상응하는 문제 해결의 궁극적 힘, 사회 활동의 목적, 산업, 생산 담당자와 제도, 사회적 통합의 기초, 사회단위 등을

---

44 오귀스트 콩트, 앞의 책(2001), 64쪽.

제시하고 있다. 콩트의 3단계 발전 법칙은 그 자체로 보면 다양한 사회적 요소를 망라하는 아주 세밀한 사회학적 이론이다. 그것은 '정신적' 차원과 더불어 '세속적' 차원까지 고찰하기 때문에 유심론이냐 유물론이냐 하는 이분법을 초월해 사회 전체를 포괄하는 전(全)사회적 차원의 이론이라고 할 수 있다. 정신은 비록 중요하지만 어디까지나 다양한 사회적 요소들 가운데 하나일 따름이다. 콩트의 3단계 발전 법칙의 다차원성을 다음과 같이 도표로 나타내 보면 전체적인 조망을 얻을 수 있을 것이다.[45]

**도표 2  콩트의 인류 역사 3단계 발전 법칙**

| 기준 | 제1단계<br>신학적 또는 허구적/<br>군사적 단계 | 제2단계<br>형이상학적 또는 추상적/<br>법률적 단계 | 제3단계<br>실증적 또는 과학적/<br>산업적 단계 |
|---|---|---|---|
| 이론적<br>개념과<br>관념 | 신학적, 초자연적, 신비주의적.<br>상상이 관찰을 지배 | 형이상학적, 사변적, 과도적.<br>사변적 상상이 관찰을 지배 | 실증적, 과학적.<br>관찰이 상상을 대체 |
| 문제해결의<br>궁극적 힘 | 기도 | 비판과 주장 | 과학적 지식과 산업 |
| 정신적<br>지도자 | 성직자 집단, 교회 | 형이상학적 철학자,<br>법률가 | 과학자 집단 |
| 사회관계 | 군사적 관계 | 군사적 관계에서<br>산업적 관계로 이행하는<br>과도기적 단계 | 산업적 단계.<br>군사적 관계는 사라지고<br>평등한 계약관계가 등장 |
| 사회활동의<br>목적 | 정복이 유일한 목적 | 정복과 생산이 나란히<br>발전 | 생산이 유일하고 항상적인<br>목적 |
| 산업 | 성원의 생존 유지 정도 | 산업이 군사적 자원으로<br>간주되다가 나중에는 군사<br>활동이 산업을 지원 | 산업 활동이 사회 전체로<br>확대 |
| 생산<br>담당자와<br>제도 | 노예·노예제도 | 전반기에는 노예가 약간의<br>권리를 가진 농노로 되었<br>다가 후반기에는 농노제도<br>폐지 | 모든 사회성원이 각종 생<br>산 활동에 참가. 산업사회<br>발전 |

45  이는 다음을 참조하여 만든 것이다. 신용하, 앞의 책(2012), 188쪽; Auguste Comte, 앞의 책(1973), 74쪽 이하, 122쪽 이하; Jonathan H. Turner, Leonard Beeghley & Charles H. Powers, 앞의 책(1995), 41쪽.

| 통합의 기초 | 소집단과 종교적 정신의 유착, 군사 무장과 군주의 결합 | 국가와 법률제도 | 국내와 세계의 산업 조직 |
|---|---|---|---|
| 사회단위 | 가족 | 민족과 국가 | 인류 또는 인간 사회 자체 |
| 시대 | 고대 신정(神政)과 봉건시대 | 계몽(비판)주의 시대 | 실증주의의 시대 |

콩트는 모든 사회가 필연적으로 신학적, 형이상학적, 실증적 단계의 3단계를 거쳐야 하며 각 단계는 다음 단계를 위한 전제조건이 된다고 주장한다. 3단계 발전 법칙은 인류의 발전에 내재한 자연법칙이기 때문이라는 것이다. 그러나 이 법칙은 다양한 사회를 경험적으로 비교해서 얻은 귀납적 법칙이 아니라 서구의 특수한 발전 과정이 인류사 전체에 보편적으로 적용된다고 가정함으로써 얻은 연역적 법칙일 뿐이다. 내가 보기에 이것은 '서구의 인류화'에 다름 아닌데, 콩트는 바로 이 서구의 인류화를 통해 사회동학적 '조감도'를 얻을 수 있었다. 다시 말해 인류의 자연적 발전에 대한 보편법칙을 일목요연하게 보여줄 수 있었다. 그 조감도는 엄밀한 의미의 비교사회학적 조감도가 아니라 역사철학적 조감도이다. 그것은 하나의 거대한 형이상학적 조감도이다.[46]

그런데 이 대목에서 간과해서는 안 될 점이 한 가지 있으니, 그것은 콩트의 3단계 법칙을 인간 정신의 합리화 과정에 대한 이론으로 볼 수 있다는 사실이다.[47] 아니, 그것은 정신적 합리화 과정을 하나의 요소로 포괄하는 사회적 근대화 과정에 대한 이론이라고 할 수 있다. 왜냐하면 콩트가 근대 자본주의적 산업사회의 발전 과정과 그 일부분인 정신의 과학화 과정을 동시에 추적하고 있기 때문이다. 다만 이 합리화 이론과 근대화 이론에 엄밀한 역사

---

46 여기에서 '조감도'는 뒤르케임이 스펜서의 사회학을 비판하면서 사용한 것인데, 내가 콩트 사회학의 해석에 전용한 것이다. 뒤르케임의 스펜서 비판은 다음 절과, 제3장의 제1절을 참고할 것.

47 Christian Lahusen & Carsten Stark, 앞의 책(2000), 16쪽.

적 경험과학의 방식이 아니라 목적론적인 역사철학적-사회철학적 관점에서, 다시 말해 모든 사회가 필연적으로 실증주의의 시대인 근대 자본주의적 산업사회로 발전한다는 관점에서 접근했다는 데에 문제가 있다.

콩트의 주장에 따르면, 신학적 단계와 형이상학적 단계를 거쳐 발전한 실증주의, 실증철학 또는 실증정신은 허구적인 신학이나 추상적인 형이상학과 달리 건강한 인간 정신에 부합하며, 또한 현실성, 유용성, 확실성, 정확성, 유기성 및 상대성을 그 주요한 특징으로 한다.[48] 먼저 실증주의는 현실적이고 유용하며 또한 확실하고 정확하다. "모든 서구 언어에서 실증적이라는 단어와 그 파생어들은 현실성과 유용성이라는 두 가지 속성을 동시에 가리킨다. 사실 이 두 가지 속성만으로도 일반화되고 체계화된 양식(良識)으로 드러나는 진정한 철학정신을 충분히 정의할 수 있을 것이다. 이 용어는 또한 서구 사회 전체에 걸쳐 '확실성'과 '정확성'이라는 특징을 상기시켜주는데, 이러한 특징에 의해 현대 이성은 고대 이성과 근본적으로 구분된다. 마지막으로 지적해야 할 보편적인 말뜻은 실증정신이 갖는 직접적으로 '유기적인' 성격을 규정짓고 있다. 그렇게 함으로써 예비적인 결합관계에도 불구하고 실증정신은 비판적일 수밖에 없는 단순한 형이상학과 구별된다. 이렇게 해서 실증주의의 사회적인 목표가 뚜렷하게 드러나는데, 그것은 인류의 정신적인 지체에서 신학을 대신하게 될 것이다." 그리고 실증철학의 다섯 번째 특징인 유기성은 "자연스럽게도 새로운 지적 체계가 갖는 항상 '상대적인' 성격으로 이어진다. 그런데 현대 이성이 과거에 대해 갖게 되는 비판적인 태도를 버리는 것도 온갖 절대적인 원칙을 거부함으로써 가능하다. 서구 민중은 이러한 마지막 관계가 비록 더 감추어져 있기는 하지만 이전 것들 못지않게 현실적이라는 사실을 깨닫게 될 것이다. 그리하여 '실증적'이라는 단어는 오늘날 도처에서 '유기적', '정확한', '확실한', '유용한', '현실적'이라는 단어와 구분되지 않는 것과 마찬가지로 '상대적'이라는 단어와도 분리될

---

48 Auguste Comte, *Rede über den Geist des Positivismus. Französisch-Deutsch* (Übersetzt, eingeleitet und herausgegeben von Iring Fetscher), Hamburg: Felix Meiner 1956, 83쪽 이하.

수 없다."[49]

　마지막으로 사회학적 연구 방법에 대해 언급할 필요가 있다. 콩트는 사회
학이라는 새로운 과학의 연구 방법으로 관찰, 실험, 분류, 비교연구, 역사적
비교의 다섯 가지를 제시한다.[50] 이미 앞에서 언급한 바와 같이, 콩트의 실증
철학적 체계에서는 생물학 또는 생리학이 사회학의 출발점이 된다. 생물학
또는 생리학의 실증(주의)화가 그다음 단계인 사회과학의 실증(주의)화를
위한 전제조건이 되기 때문이다. 그러나 다른 한편 사회학은 "인류 종족의
생리학"이다. 사회학과 생리학은 "전체 생리학의 두 중요한 부분"이다.[51] 그
러므로 사회학은 생리학과 마찬가지로 관찰, 실험 및 비교연구의 방법을 구
사한다. 여기에서 말하는 실험은 자연과학에서 사용하는 직접적 실험이 아
니라 어디까지나 간접적 실험이다. 그러나 다른 한편 "인류의 집단적 현상"
을 다루는 사회학과 "개인적 현상"을 다루는 생물학 또는 생리학 사이에는
근본적인 차이점이 존재하며,[52] 따라서 전자가 완전히 후자의 일부분이 될
수는 없다. 만약 낮은 수준의 과학인 생물학 또는 생리학이 높은 수준의 과
학인 사회학을 침식한다면, 사회학은 유물론으로 전락하고 말 것이다. 방법
론적 차원에서 실증철학적 과학의 정상에 위치하는 사회학을 그보다 낮은
과학들과 구별해주는 것은 다름 아닌 역사적 비교이다.

　이 맥락에서 잠시 콩트의 "백과전서적 법칙"에 대해 언급할 필요가 있다.
콩트에 따르면 새로이 형성되는 모든 과학은 이미 존재하는 연구 방법들의
'재고'에 또 다른 연구 방법을 추가함으로써 인식의 지평을 확장한다. 실증
주의적 과학의 위계에서 맨 아래 단계에 위치하는 수학은 논리의 방법을 구
사하는데, 그다음 단계의 천문학은 관찰의 방법을 추가하고, 그다음 단계의
물리학은 실험의 방법을 추가하며, 그다음 단계의 화학은 분류의 방법을 추

---

49　오귀스트 콩트, 앞의 책(2001), 88~89쪽.
50　Auguste Comte, 앞의 책(1974b), 474쪽 이하.
51　Auguste Comte, 앞의 책(1973), 142, 145쪽.
52　같은 책, 145쪽.

가하고, 그다음 단계의 생물학 또는 생리학은 비교의 방법을 추가하며, 마지막으로 사회학은 역사적 비교를 추가한다. 그리하여 사회학은 가장 복잡하고 가장 발전된 실증주의적 과학이 된다. 이러한 백과전서적 법칙을 다음과 같이 도표로 나타내면 그 논리가 보다 가시적으로 와 닿을 것이다(+는 추가된다는 뜻임).[53]

**도표 3 실증과학의 종류와 위계**

| 실증과학 | 방법 |
| --- | --- |
| 사회학 | + 역사적 비교 |
| 생물학 | + 비교 |
| 화학 | + 분류 |
| 물리학 | + 실험 |
| 천문학 | + 관찰 |
| 수학 | 논리 |

아무튼 콩트는 관찰, 실험, 분류, 비교연구, 역사적 비교의 방법에 기반하는 사회학을 통해 "과학적 역사이론", 즉 실증과학의 토대 위에 구축된 역사이론을 추구했다. 사실 이처럼 다차원적인 연구 방법은 인간 사회에 대한 상당히 입체적인 접근을 가능케 할 것이다. 아니, 오늘날의 사회학에도 이 이상의 인식 방법을 기대하기 어려울 것이다. 그러나 여기에서 중요한 것은 콩트의 진정한 또는 일차적인 의도가 어디에 있었는지를 따져보는 일이다. 그것은 역사철학에 있었다. 다른 모든 위대한 역사철학자들과 마찬가지로 콩트도 "역사 발전의 **의미**를 해석하고 현재의 위치를 결정하며 미래로의 길을 가리키거나 예측하려고 한다."[54] 바로 이런 연유로 콩트가 관심을 가진 것

---

53 Ditmar Brock, Matthias Junge & Uwe Krähnke, *Soziologische Theorien von Auguste Comte bis Talcott Parsons. Einführung*, München/Wien: Oldenbourg 2012 (3., aktualisierte Auflage), 47쪽. 원문에는 수학이 맨 위에 있고 사회학이 맨 아래에 있는 것을 내가 그 반대로 바꾸었다.

54 Iring Fetscher, "Einleitung", in: Auguste Comte, 앞의 책(1956), XV~XLV쪽, 여기서는 XXIII쪽.

은 "개별적인 역사적 사건"이 아니라 오히려 "역사의 법칙성, 즉 사회적 상태들의 계기(繼起)의 법칙성"이었다. 그의 관심은 바꾸어 말하자면 "천문학, 물리학, 화학 및 생물학에서 찾아낸 보편적인 것을 역사에서 찾아내는"데에 있다.[55] 그러므로 콩트에게 관찰, 실험, 분류, 비교연구, 역사적 비교의 사회학적 방법은 사회 발전을 지배하는 필연적 자연법칙에 예속됨으로써 그리고 이 법칙을 예시함으로써 궁극적인 가치와 의미를 얻는다. 이렇게 해서 다시 콩트의 사회학은 엄밀한 의미에서의 실증적인 연구 방법에 기반해 인과관계를 추구하는 경험과학이 아니라 인간 사회를 지배하는 법칙을 추구하는 사변적이고 형이상학적인 역사철학이 된다. 엄밀히 말하자면 그것은 사회학적 어법으로 표현된 목적론적 역사철학이다. 바로 이런 연유로 콩트는 일반적으로 사회학의 창시자라기보다 선구자라고 간주된다. 이는 스펜서나 마르크스에게도 그대로 적용되는 논리이다. 오늘날 우리가 이해하는 사회학은 그 후 1890년대를 전후해 활동하게 되는, 콩트와 스펜서 그리고 마르크스의 사회학을 극복하려 한 뒤르케임, 짐멜, 베버에게서 그 진정한 창시자를 만나게 된다.

## (4) 개인, 가족, 사회

콩트의 실증철학적 과학의 위계를 보면 한 가지 눈에 띄는 점이 있으니, 그것은 심리학이 포함되지 않는다는 사실이다. 그러니까 물리적 세계, 생물적(유기적) 세계, 사회적 세계를 인식대상으로 하는 과학은 존재하지만 개인적 차원을 다루는 심리학은 존재하지 않는다. 콩트가 보기에 심리학은 생물학의 일부분일 뿐이다.

이처럼 심리학이 아무런 자리를 차지하지 못하는 일차적인 이유는 방법론적 측면에 있다. 콩트가 보기에 인간 심리에 대한 내성적(內省的) 연구 방

---

55  Jürgen von Kempski, 앞의 책(1974), XXIII쪽.

법은 관찰이 불가능하기 때문에 심리학은 진정한 의미의 과학이 될 수 없다. 그런데 우리의 논의에 보다 중요한 것은, 콩트가 심리학에 하등의 과학적 가치나 의미를 인정하지 않는 이유가 그가 개인에 대해 생각하는 것과 밀접한 관계가 있다는 사실이다. 콩트 사회학은 인간 사회 전체, 즉 인류를 인식대상으로 한다. 콩트에게 인류는 실체적 존재이자 개인들을 초월하는 사회체(社會體)이며, 따라서 개인들 사이에서 맺어지는 관계들의 합으로 볼 수 없다. 물론 콩트가 역사적 발전 과정에서 개인들이 하는 역할을 간과하는 것은 아니다. 그러나 개인들은 어디까지나 사회의 자연적 법칙에 따라 진행되는 변화를 담아내는 그릇일 뿐이라는 것이 그의 확신이다.[56]

콩트에게 가장 기본적인 사회적 단위이며 다른 단위들의 토대가 되는 것은 가족이다. 콩트는 『실증철학강의』에서 가족에 대한 사회학적 논의를 다음과 같은 문장과 더불어 시작하고 있다.

> 모든 체계는 자신과 동일한 속성을 가진 요소들로 구성될 수밖에 없기 때문에, 과학적 정신은 우리로 하여금 사회가 개인들로 구성된 것으로 보지 않게 한다.[57]

말하자면 콩트는 개인이 사회와 속성이 다르기 때문에 사회를 개인으로 환원할 수 없다는 입장을 견지했던 것이다. 개인이 사회와 속성이 다르다 함은 개인이 생물학적 속성을 갖는다는 뜻이다. 개인들의 사회적 삶은 생물학적 유기체인 개인들에게 본능으로 주어지는 것이다. 이러한 관점 때문에 콩트는 개인의 문제를 다루는 심리학을 생물학의 일부분으로 간주하며, 따라서 실증철학에서 심리학이 차지할 자리는 없다. 이 점에서 콩트는 스펜서와 좋은 대조를 이룬다. 다음 절에서 보게 되는 바와 같이, 스펜서에게서는 심리학이 독립적인 개별 과학으로서 다른 개별 과학들과 더불어 종합철학을

---

56  같은 곳.
57  Auguste Comte, 앞의 책(1974b), 502쪽.

구성한다.

이는 어떻게 보면 사회학을 심리학 위에 구축하려는 심리학주의를 극복하려는 시도로 해석할 수도 있을 것이다. 그러나 사회학이 개인을 다룬다는 것 그 자체는 심리학주의와 아무런 관계가 없다. 심리학주의는 사회적 현상과 과정을 개인의 심리적 차원으로 소급하거나 그로부터 도출하는 것을 의미할 뿐이다. 그럼에도 불구하고 콩트는 개인 그 자체를 사회적 단위로 설정하지 않음으로써 개인들의 사회적 행위, 상호작용, 사회적 관계 등과 같이 중요한 사회적 사실을 사회학적 인식의 지평으로부터 추방해버리는 결정적인 과오를 범했다.

이 모든 것은 다시금 전체를 부분들보다 앞서는 것으로 그리고 보편성을 개별성을 지배하는 것으로 보는 콩트의 관점을 시사하는 것이다. 콩트에 따르면 사회학에서는 생물학에서처럼 전체가 부분들에 앞선다. 그리고 인류가 신학적 단계와 형이상학적 단계를 지나 실증적 단계에 이르면 보편성의 시대가 펼쳐진다. 그 결과로 보편적인 것이 개별적인 것을 지배하게 된다.[58] 이 점에서 콩트는 스펜서와 결정적으로 다른 모습을 보여준다. 다음 절에서 보게 되는 바와 같이, 스펜서는 사회를 진화하는 유기체로 인정하면서도 개인주의, 그것도 극단적인 개인주의를 옹호한다.

아무튼 콩트가 보기에 "가족 정신"은 "사회 정신"의 토대이며 또한 언제나 그럴 것이다.[59] 이와 관련하여 콩트는 다음과 같이 주장한다.

진정한 사회적 단위는 확실히 가족인데 — 이 단위는 필요하다면 가족의 토대를 이루는 최소단위인 부부로 환원된다. 이러한 사고는 가족들이 부족들이 되고 부족들이 국가들이 된다는 생리학적 진리 이상을 함의한다. 그리하여, 만약 지역적 다양성이 이렇게 가정하는 것을 불허하지 않는다면, 전(全)인류를 단 하나의 가족이 점진적으로 발전한 것으로 상상할 수 있을 것이다. 우리는 정

---

58  같은 책, 739쪽 이하.
59  같은 책, 503쪽.

치적 관점에서도 가족을 고려해야 한다. 왜냐하면 가족은 사회적 유기체가 보여주는 다양한 특성들의 진정한 배아가 되기 때문이다. 그것은 개인과 인간 종 (種), 즉 사회 사이의 중간물이다. 〔…〕 바로 이 길을 통해서 인간은 자신의 단순한 인성으로부터 벗어나 그의 아주 강력한 본능을 따르면서도 다른 것들 안에서 사는 것을 배운다.[60]

물론 콩트가 말하는 가족은 오늘날의 경험과학적 사회학에서 말하는 가족과는 완전히 다른 것이다. 그의 '가족사회학'은 오늘날의 가족사회학과 아무런 관련이 없다.[61] 그것은 구체적이고 특수한 사회에서의 가족에 대한 진술이 아니라 포괄적이며 추상적인 인류 또는 인간 사회의 토대이자 일부분인 가족에 대한 진술에 지나지 않는다. 바로 이런 연유로 콩트는 가족에 대한 구체적인 경험적 연구 방법이나 명제 또는 가설이나 이론을 제시하지 않고 단지 사회가 개인들이 아니라 가족들로 구성된다는 지극히 원론적인 차원의 진술에 머물고 있다. 콩트에게서 가족은 자신의 자연과학적으로 지향된 목적론적 역사철학을 구성하는 실증철학적 '건축자재'일 뿐이며 이 목적론적 역사철학을 논증하는 실증철학적 증거자료일 뿐이다.

---

60  같은 책, 502쪽.
61  콩트가 "사회학에서 최초의 가족사회학 이론의 창시자라고 말할 수 있다"라는 신용하의 주장은 전혀 설득력이 없다.(신용하, 앞의 책(2012), 150쪽) 콩트가 이른바 사회학자로서 최초로 가족을 언급했다고 해서 그의 사회학 전반의 성격과 이 사회학의 틀 안에서 가족이 갖는 위치와 의미를 고려하지 않은 채 그를 가족사회학의 창시자로 규정하는 것은 논리성의 심각한 결여가 아닐 수 없다. 이런 식으로 본다면, 예컨대 콩트는 산업사회, 국가, 종교 등에 대해서도 언급했으므로 산업사회학, 국가사회학, 종교사회학 등의 창시자로도 보아야 할 것이다! 실제로 다음의 인용문을 보면 신용하는 그와 같은 입장을 고수하고 있다는 인상을 줄 것이다. "그의〔콩트의〕 사회적 개인·가족·공동체·결사체·세대·집단·조합·계급 연구나 사회정학 강의는 특수 연구를 중시하여 체계화하고 있으며, 그의 '분과사회학'의 개척을 잘 증명해주고 있다."(같은 책, 136쪽) 이 장의 맨 뒤에 나오는 「중간고찰」에서 다시 보게 되는 바와 같이, 신용하의 저작은 곳곳에서 그와 같은 논리성의 근본적인 결여를 드러내고 있다.

# 02
## 진화론적 사회학

허버트 스펜서

스펜서의 사회학도 콩트의 사회학과 마찬가지로 사회의 보편이론을 추구한다. 스펜서에게 사회는 실체적인 유기체적 존재이다. 이러한 유기체론적 사회 개념은 새로운 것이다. 왜냐하면 콩트는 사회를 물리학적 메커니즘처럼 생각한 반면, 스펜서는 사회를 부분들의 단순한 합 이상의 그 무엇으로 간주하고 이 부분들 사이의 지속적인 관계에 사회학적 인식관심을 돌렸기 때문이다.[1]

그런데 스펜서는 사회세계가 생물세계뿐 아니라 물리세계와도 동일하다는 대전제에서 출발한다. 그 이유는 이 영역들 모두가 법칙들에 의해 지배되기 때문이다. 이 점에서 스펜서는 콩트와 마찬가지로 뉴턴적 관점에 서 있다. 다시 말해 그는 현실세계의 현상들이 작동하는 방식을 설명할 수 있는

---

1 Volker Kruse, *Geschichte der Soziologie*, Konstanz: UVK Verlagsgesellschaft 2008, 41~42쪽.

보편적 법칙들이 존재한다는 입장을 견지한다. 그리고 더 나아가 각각의 영역은 자신의 독특한 법칙들에 의해 지배를 받지만 가장 추상적인 수준에서는 소수의 또는 제일의 원리들이 모든 영역을 지배한다고 강조한다. 스펜서에 따르면 사회학은 초(超)유기체인 사회의 유형학과 생리학으로 구성되는데, 전자는 사회의 구조와 기능을 그리고 후자는 사회의 발전을 그 인식대상으로 한다. 이는 인간 유기체를 인식대상으로 하는 생물학이 이 유기체의 구조와 기능을 다루는 유형학과 그 발전을 다루는 생리학으로 구분되는 것과 같은 논리이다.[2]

스펜서는 사회의 발전에 대한 진화론적 논의를 전개한다. 다시 말해 유기체인 사회가 성장하고 기능적으로 분화되며 통합되는, 그리하여 환경에 대한 적응력이 높아지는 과정에 대한 보편적인 발전 모델을 제시한다. 이 모델은 사회 유기체를 구성하는 다양한 하부 체계 ─ 정치, 경제, 예술, 교육, 법률, 가족, 도시, 군사 등 ─ 의 진화 과정을 포괄한다. 이 하부 체계들은 인간 유기체에 비유하자면 심장, 신장, 폐 등의 기관에 해당한다.

스펜서의 사회학은 콩트의 사회학과 마찬가지로 인류 또는 인간 사회 전반을 지향하고 있다. 물론 스펜서의 사회학은 ─ 예컨대 1874년부터 1896년에 총 3권으로 나온 방대한 저서 『사회학 원리』에서 ─ 다양한 사회에 대한 광범위한 경험연구를 담고 있다. 그러나 중요한 것은 스펜서가 "비현실적인 '한 사회 모델'"에 기반하고 있기 때문에, 다시 말하자면 인류 또는 인간 사회의 발전에는 기본적인 도식과 과정이 있다는 기본 전제에서 출발하기 때문에 다양한 사회를 각각의 역사적 상황에 입각해 인과적으로 분석하지 않고 단 한 사회의 변이들, 또는 "한 유(類)의 실례들"로 파악한다는 점이다.[3] 이처럼 스펜서의 사회학 역시 콩트의 사회학과 마찬가지로 역사에 경

2  Herbert Spencer, *The Study of Sociology* (Introduction by Talcott Parsons), Michigan: The University of Michigan Press 1961 (1. Edition 1873), 52~53쪽.

3  Gerhard Wagner, *Eine Geschichte der Soziologie*, Konstanz: UVK Verlagsgesellschaft 2007, 169~70쪽. 이 단락에 등장하는 "한 유(類)의 실례들"과 "비현실적인 '한 사회 모델'"이라는 표현은 각각 다음에서 인용한 것이다. Friedrich H. Tenbruck, *Perspektiven der*

험과학적 관점에서 접근하지 않고 역사철학적 관점, 보다 정확히 말하자면 사회학적 어법으로 표현된 역사철학의 관점에서 접근한다.

바로 이런 연유로 스펜서의 사회학도 콩트의 사회학과 마찬가지로 다양한 경험적 현실이 "역사적으로 다른 모습이 아닌 바로 현재와 같은 모습을 취하게 된 과정"(막스 베버)을 인식할 수 없다. 다시 말해 현실과학적 인식의 가능성을 제공할 수 없다(이에 대해서는 곧 다시 논의가 있을 것이다). 오히려 스펜서는 콩트와 마찬가지로 다양한 경험적 현실을 자신의 세계관에 따라 만들어낸 사회 모델의 이상에 맞추어 고찰하고 있다. 그 모델은 다름 아닌 시민계층이 주도하는 자본주의적 산업사회이다. 콩트에게도 스펜서에게도 시민사회는 사회 그 자체이다. 그 나머지 사회들은 모두 시민사회를 지향하고 시민사회의 발전 수준에 도달해야 한다. 결국 스펜서의 사회학은 콩트의 사회학과 마찬가지로 사회학적 어법으로 표현된 목적론적 역사철학이라고 규정할 수 있다.[4]

---

*Kultursoziologie. Gesammelte Aufsätze* (Herausgegeben von Clemens Albrecht, Wilfried Dreyer und Harald Homann), Opladen: Westdeutscher Verlag 1996, 75, 81쪽. 이와 유사한 논의를 다음에서도 볼 수 있다. Friedrich H. Tenbruck, "Was war der Kulturvergleich, ehe es den Kulturvergleich gab?", in: Joachim Matthes (Hrsg.), *Zwischen den Kulturen? Die Sozialwissenschaften vor dem Problem des Kulturvergleichs*(= *Soziale Welt*, *Sonderband 8*), Göttingen: Schwarz 1992, 13~35쪽.
4 여기까지 논의한 콩트와 스펜서의 사회학은 다음과 같이 아주 함축적으로 요약할 수 있다. "콩트와 스펜서에 의해 실증과학으로 탄생한 '전통적' 사회학은 개인에 대한 사회의 자율성과 우위를 강조하는 사회 개념에서 출발했다. 그 자체적으로 보면 적절한 관찰에 입각하고 독자적인 과학을 창시할 목적으로 강조된 사회적 제도들의 상호주관성은 사회구조라는 초개인적 존재로 실체화되었다. 그리하여 이 초개인적 존재의 특유한 발전 법칙을 밝히거나―그 존재가 유기적 통일체라는 전제하에―그것을 유지하거나 그것이 적응하는 데 필요한 기능을 연구했다. 그 결과 발전하며 모든 것을 포괄하는 전체로서의 사회가 논의의 중심에 서게 되었으며, 개인의 사회적 행위라는 기제는 시야에서 사라지게 되었다. 이렇게 해서 콩트가 각인한 사회학은 보편과학으로 이해되었다. 다시 말해 이 사회학은 인간적 현실의 모든 영역을 사회적 기능의 관점에서 결합하고 바로 그 관점에 입각해 분석하고자 했다. 이로써 현실을 영락시킨다고 비난받는 사회학주의가 기획되었다. 자연과학이 이 사회학의 방법론적 전범(典範)이 되었다. 다시 말해 이 사회학은 자연과학처럼 법칙성을 도출하는 방식을 확립하고자 했으며, 또한 이를 위해 다양한 기능과 하부 기관을 갖춘 유기체의 상

## (1) 종합철학과 사회학

스펜서를 사회학자로 보는 것은 옳다. 그는 진화론적 사회학 또는 유기체론적 사회학의 대표자이다. 그러나 스펜서를 단순히 사회학자하고만 동일시하는 것은 옳지 않다. 그는 사회학자이면서 철학자, 생물학자, 심리학자, 정치학자, 경제학자, 인류학자, 교육학자, 윤리학자이다. 아니 스펜서는 철학자, 생물학자, 심리학자, 정치학자, 경제학자, 인류학자, 교육학자, 윤리학자이면서 사회학자이기도 하다고 말하는 것이 보다 타당할지도 모른다. 스펜서가 궁극적으로 추구한 바는 자연과학과 사회과학 그리고 윤리학 및 정치철학의 통합, 즉 종합철학의 구축에 있었다. 스펜서의 사회학은(도) 바로 이 종합철학의 일부분으로서 바로 이 종합철학의 틀 위에 구축되어 있다. 그리고 유기체론적-진화론적 종합철학자 스펜서는 실천적 측면에서 자유주의적-개인주의적 윤리를 지향하고 있었으며, 이 윤리가 인류에게 행복을 가져다줄 것이라고 확신하고 있었다.[5]

이 모든 것은 스펜서의 사회학을 제대로 이해하려면 다음의 세 가지를 살펴보아야 함을 암시한다. ① 사회학과 종합철학의 관계를 논함으로써 스펜서 사회학의 철학적 토대를 알아보아야 한다. ② 사회는 진화하는 유기체라는 명제에 입각한 스펜서의 사회학, 그러니까 유기체론적-진화론적 사회학을 알아보아야 한다. ③ 스펜서에게서 개인주의와 유기체론적-진화론적 철학 및 사회학이 갖는 관계를 알아보아야 한다. 그런데 스펜서의 저작 『기술사회학』(記述社會學)은 18세기 후반과 20세기 초의 사회학자들, 심지어 베버까지도 능가하는 비교사회학이라는 주장이 있다. 확실히 이러한 주장은 한

---

(像)에 입각해 사유했다. 그리하여 다윈의 진화론에 준거하게 되었다." Ilja Srubar, *Kosmion. Die Genese der pragmatischen Lebenswelttheorie von Alfred Schütz und ihr anthropologischer Hintergrund*, Frankfurt am Main: Suhrkamp 1988, 13쪽.

5  Paul Kellermann, "Herbert Spencer", in: Dirk Kaesler (Hrsg.), *Klassiker des soziologischen Denkens, Bd. 1: Von Comte bis Durkheim*, München: C. H. Beck 1976, 159~200쪽, 여기서는 159쪽.

번 검토해볼 만한 가치와 매력이 있는바, 스펜서의 종합철학과 사회학을 논한 다음 짚어보기로 한다. 그러고 나서 개인주의 문제로 넘어갈 것이지만, 당장은 이 모든 것의 논의에 앞서 간략하게나마 그의 지적 이력을 살펴보자.

스펜서는 1820년 영국 중부의 도시 더비에서 교사의 아들로 태어나 평생 독신으로 살다가 1903년 영국 남부의 도시 브라이튼에서 세상을 떠났다(참고로 그는 런던의 유명한 '하이게이트 공동묘지'에서 카를 마르크스와 가까운 곳에 잠들어 있다). 그는 생전에 영국의 가장 영향력 있는 사상가들 가운데 한 명으로 간주되었는데 이러한 명성에 걸맞지 않게 대학 교육을 받지 않았다. 그뿐 아니라 건강상의 이유로 초등학교도 3년밖에 못 다녔으니, 이것이 그가 받은 정규 교육의 전부였다. 대신 교사인 아버지가 집에서 그를 가르쳤다. 13세가 되던 해 아버지는 그가 목사이자 교사인 숙부의 집에 머물면서 개인교습을 받도록 했다. 스펜서는 비국교도이며 급진적 사회개혁가였던 아버지와 삼촌으로부터 수학과 자연과학에 대한 탄탄한 교육을 받았다. 그러나 공식적인 교육을 받지 않은 자신에게 대학생활은 맞지 않는다고 생각한 스펜서는 케임브리지 대학에서 공부하라는 권유를 뿌리치고 1837년부터 1841년까지 철도회사의 엔지니어로 근무하며 그동안 축적한 수학 및 자연과학적 지식을 활용했다.[6]

그러다가 1842년 급진적 신문 『비국교도』에 편지 형식으로 12편의 논문을 발표함으로써 저술가이자 학자로서의 삶을 시작했다. 그다음 해인 1843년에는 이 논문들을 모아서 『정부의 적정 영역에 대하여』라는 제목으로 41쪽짜리 아주 작은 책을 출간했는데, 이것이 그의 첫 번째 저서였다. 거기에서 스펜서는 정부의 활동 영역이 사회적 삶의 자연스러운 과정을 보조하는 데에 한정되어야 한다는 정치철학적 견해를 피력했다. 또한 1851년 영국과 미국에서 발간되는 『현대평론』과 미국에서 발간되는 『월간대중과학』에 실

---

6  스펜서의 생애에 대해서는 무엇보다도 그의 사후에 출간된 자서전을 참고할 것. Herbert Spencer, *An Autobiography*, *Vol. 1~2*, Osnabrück: Otto Zeller 1966d/1966e (Reprint of the edition 1904).

었던 일련의 논문을 모아서 『사회정학』(社會靜學)을 펴내었다.[7] 이 책의 핵심은 경제적 및 사회적 자유방임주의를 적극적으로 옹호하는 데에 있었다. 자유방임주의는 — 이 저작의 부제 "또는 인간 행복을 위한 필수적 조건들을 제시하며 그 첫 번째 조건을 상론함"이 암시하듯이 — 인간의 행복을 위한 첫 번째 조건이라는 것이 스펜서의 확신이었다. 그리고 1855년, 1860년, 1861년에는 각각 『심리학 원리』와 『사회 유기체』 그리고 『교육론』이 나왔는데, 이 가운데 두 번째 책은 스펜서의 본격적인 사회학 저술이라고 할 수 있다. 또 다른 중요한 저작으로는 『인간 대 국가』(1884) 그리고 『종교의 본질과 실재』(1885) 등을 꼽을 수 있을 것이다.

1860년 스펜서는 자연과학 및 사회과학 그리고 윤리학을 통합하려는 야심을 갖고 총 10권으로 된 『종합철학체계』의 저술을 예고했으며, 실제로 1862년부터 1896년까지 무려 30년 이상에 걸쳐 이 웅대한 기획을 실현했다. 그 구체적인 목록을 보면 다음과 같다.(이 가운데 『심리학 원리』는 이미 1855년에 출간된 것을 확대, 개편한 것이다.)

제1권 『제일원리』(1862)
제2~3권 『생물학 원리』(1864~67)
제4~5권 『심리학 원리』(1870~72)
제6~8권 『사회학 원리』(1874~96)
제9~10권 『윤리학 원리』(1892~93)

---

7 스펜서의 많은 저작은 정기 간행물, 그것도 주로 전문 학술지가 아닌 대중적 성격을 띠는 정기 간행물에 기고한 글들을 묶은 것이었다. 본문에서 언급한 것 이외에도 다음과 같은 것을 언급할 수 있다. 『격주 리뷰』(런던), 『타임스』(런던), 『19세기: 월간 리뷰』(런던), 『네이처』(런던). 그리고 스펜서는 저널리스트로도 활동했다. 예컨대 1844년에는 "여성 참정권 운동"의 기관지인 『파일럿』(버밍엄)의 부편집장이 되었으며, 1848~53년에는 『이코노미스트』(런던)의 부편집장을 지냈다. 이 모든 것은 스펜서가 평생을 제도권 학자가 아니라 재야 학자로 활동했음을 보여주는 대목이다.

이처럼 자연과학 및 사회과학 그리고 윤리학을 통합하여 이른바 종합철학체계를 구축하려는 스펜서의 기획을 제대로 이해하려면, 그가 지식, (개별) 과학, 철학을 구별한다는 사실을 염두에 두어야 할 것이다. 스펜서에 따르면 지식은 어떤 대상에 대한 개별적이고 특수한 인식이거나 통일되지 않은 모든 인식의 총합을 가리킨다. 또한 (개별) 과학은 부분적으로 통일된, 다시 말해 특정한 그룹이나 법칙으로 종합된 인식을 가리킨다. 그리고 철학은 단 하나의 원리에 의해 완전히 통일된 인식을 가리킨다. 이 원리는 한편으로 인식할 수 없는 절대적인 것과 직접적으로 맞닿아 있다. 그리고 다른 한편으로 지식이나 (개별) 과학은 이 원리에 비하면 상대적이다. 스펜서에 따르면 모든 인간의 지식과 모든 (개별) 과학적 인식은 궁극적으로 이 단 하나의 원리에 준거한다.[8]

원래 스펜서는 『종합철학체계』에 성운 생성론과 지구 생성론을 포함시켜 그 각각의 주제에 대해서도 한 권씩 책을 쓸 생각이었다고 한다. 만약 정말 그리되었다면 이 저작은 철학(제일원리), 비유기적 과학(성운 생성론과 지구 생성론), 유기적 과학(생물학과 심리학), 사회학 및 윤리학을 포괄하게 되었을 것이다. 게다가 이미 앞에서 언급한 교육학, 종교학, 정치철학 등도 있으니, 그의 지적 세계는 그야말로 자연과학 및 사회과학 그리고 윤리학과 정치철학을 결합한 거대한 종합적 사유체계라고 할 수 있을 것이다.

이처럼 스펜서가 실로 방대한 분야에 걸쳐 사고하고 저술할 수 있었던 중요한 이유 가운데 한 가지는, 그가 정규 학교 교육을 받지 않았다는 사실에서 찾을 수 있을 것이다. "스펜서가 공식적인 교육을 받고 그의 아버지처럼 정규 대학의 학위를 받았다면, 그의 사상은 훨씬 더 한 분야에 집중되고 제한되었을 것이다. 오늘날의 기준으로 보면, 지난 세기의 우수한 대학들은 문학과 과학 분야에서 아주 광범위한 교육을 하였지만, 그 당시의 기준으로 보더라도 스펜서는 결국 몇 가지의 일반원리로는 만물을 설명할 수 없다는 전

---

8 Herbert Spencer, *First Principles*, New York: A. L. Burt Publishers 1880 (1. Edition 1862), 107쪽 이하.

통과 기존 양식에 강요당할 수밖에 없었을 것이다. 공식적인 교육은 시야를 제한하고 협소한 문제에 집중케 하는 경향이 있다. 그런데 스펜서는 그의 청년 시기와 생애 전반을 통해 학계와 직접적인 관계를 맺지 않았기 때문에 그런 학풍의 규율에 얽매이지 않았던 것이다."[9]

그렇다면 스펜서의 지적 세계가 형성되고 발전하는 과정에서 누가 어떤 영향을 미쳤는가? 그는 존 스튜어트 밀, 찰스 다윈(1809~82), 토머스 헉슬리(1825~95) 등 당대를 풍미하던 지식인들과 교류하면서 다양한 분야의 방대한 지식을 습득할 수 있었는데, 그 가운데에서도 특히 물리학, 경제학, 생물학 그리고 콩트의 사회학을 꼽을 수 있다.

첫째, 앞에서 언급한 바와 같이, 스펜서는 콩트와 마찬가지로 뉴턴적 관점에서 현실세계의 현상들이 작동하는 방식을 설명할 수 있는 보편적 법칙들이 존재한다는, 그리고 각각의 영역은 자신의 독특한 법칙들에 의해 지배를 받지만 가장 추상적인 수준에서는 소수의 또는 제일의 원리들이 모든 영역을 지배한다는 관점에서 출발한다. 콩트처럼 스펜서 역시—물론 다른 방식으로!—사회세계의 뉴턴이 되고자 했다. 그의 종합철학은 바로 이 뉴턴의 정신에서 태어났다고 보아도 무리는 아닐 것이다. 그리고 곧 보게 되는 바와 같이, 스펜서의 진화론은 물리학(역학)에 지향된 기계론적 성격의 것이었다.

둘째, 경제학의 경우에는 애덤 스미스와 토머스 맬서스(1766~1834)의 영향을 꼽을 수 있다. 먼저 스미스의 경제학은 스펜서의 자유주의적 개인주의 사상이 형성되는 데 영향을 미쳤으며(이 사상에 대해서는 이 절의 마지막 부분에서 다시 논의가 있을 것이다), 또한 스펜서는 그의 노동 분업 이론을 받아들였다. 그리고 스펜서는 맬서스의 인구론에 주목했는데, 그 비관론적 이론을 그대로 받아들인 것이 아니라 거꾸로 뒤집어서 자신의 진화론적 사고체계로 통합했다. 스펜서에 따르면 인구 증가로 인한 갈등과 투쟁은 개인들로 하여금 보다 합리적이고 효율적으로 행위하도록 만들기 때문에 궁극적으로

---

9 Jonathan H. Turner, Leonard Beeghley & Charles H. Powers, 앞의 책(1995), 48쪽.

인간 사회의 발전과 완성에 기여한다. 그것은 진화의 자기교정 메커니즘이라는 것이 스펜서의 맬서스 해석이다.[10]

셋째, 생물학의 영역에서 스펜서의 지적 세계 형성 과정의 '지분'을 갖는 학자로는 프랑스의 식물학자이자 동물학자인 장 바티스트 라마르크(1744~1829), 에스토니아 출신의 독일 발생학자이자 동물학자 카를 에른스트 폰 베어(1792~1876) 그리고 다윈을 언급할 수 있다. 먼저 라마르크는 1809년에 출간한 『동물철학』에서 생물이 주변 환경에 적응하는 과정에서 획득한 형질은 유전된다는 학설을 주창함으로써 최초로 체계적인 진화론을 제시했는데, 이는 다윈의 기념비적 저작 『종의 기원』(1859)보다 50년이나 앞선 것이었다. 스펜서는 인간이 사회적 환경에 적응하는 과정에서 새로운 특성이 형성되며 이 특성은 유전됨으로써 인간 종의 생물학적 본성에 통합된다고 강조하는데, 이는 바로 라마르크의 진화론을 자신의 사회이론에 적용한 것이다.[11] 또한 생물의 형태가 가장 일반적인 것으로부터 보다 특수한 것으로 발전한다는 베어의 발생학적 이론은 진화가 동질적인 것에서 이질적인 것으로 발전해가는 과정이라는 스펜서의 이론으로 이어진다.[12]

그리고 다윈과 스펜서는 전자가 후자에게 일방적으로 영향을 준 관계가 아니라 서로 영향을 주고받은 상보적인 관계에 있었다. 진화론은 일반적으로 다윈의 이름과 연결되기 때문에 마치 스펜서의 진화론이 생물세계와 관련된 다윈의 이론을 단순히 인간 사회에 적용한 것처럼 생각하기가 쉽다. 그러나 스펜서는 『종의 기원』이 나오기 7년 전인 1852년에 「발전가설」이라는 논문에서 이미 진화에 대한 자신의 견해를 피력했다. 그러다가 1859년

---

10  Tina Roth, *Darwin und Spencer: Begründer des Sozialdarwinismus? Untersuchung zu den Ursprüngen des Sozialdarwinismus anhand der Werke der viktorianischen Theoretiker Charles Darwin und Herbert Spencer*, Tönning: Der Andere Verlag 2009, 93쪽.

11  Peter J. Bowler, "Herbert Spencers Idee der Evolution und ihre Rezeption", in: Eve-Marie Engels (Hrsg.), *Die Rezeption von Evolutionstheorien im 19. Jahrhundert*, Frankfurt am Main: Suhrkamp 1995, 309~25쪽, 여기서는 314쪽.

12  같은 글, 314~15쪽.

에 『종의 기원』이 출간되자 라마르크의 획득형질유전 이론 이외에도 다윈의 자연선택 이론을 받아들여서 이 둘을 진화의 "쌍둥이 메커니즘"으로 보게 된다.[13] 그리고 다윈의 진화론이 갖는 절대적인 과학적 권위로 인해 스펜서의 진화론은 한층 부각되고 정당성을 획득할 수 있었다. 스펜서는 의식적으로 다윈의 과학적 권위를 이용했다. 이후 1864년 스펜서는 『생물학 원리』 제1권 — 이것은 『종합철학체계』의 제2권을 구성한다 — 에서 적자생존 이론을 최초로 제시했고, 다윈이 경쟁과 투쟁에 기반하는 이 적자생존을 자연선택의 메커니즘으로 받아들였다.

넷째, 콩트가 스펜서에게 미친 영향은 지금까지 제대로 밝혀지지 않고 있는데, 그 이유는 무엇보다도 사회학 이론과 사회학사 연구에서 이 두 거장이 다른 거장들에 비해 변방에 머물고 있다는 사실에서 찾을 수 있다.[14] 내가 보기에 콩트가 스펜서의 사회학이 형성되고 발전하는 과정에 끼친 영향은 다음의 두 측면에서 찾을 수 있다. 먼저 스펜서는 콩트로부터 사회학이라는 용어를 받아들였다. 그리하여 초유기체로서의 사회에 관한 과학, 즉 '사회+학'이 가능하다는 것을 알게 되었다. 그리고 콩트의 실증철학-사회학과 스펜서의 종합철학-사회학의 틀에서 콩트가 스펜서에 대해 갖는 지성사적 의미를 읽어낼 수 있다. 스펜서는 사회학을 (일종의 종합철학이라고 할 수 있는) 실증철학의 일부분으로 편제하는 콩트로부터 사회학을 종합철학의 일부분으로 편제하는 방식을 배웠을 것이다. 물론 그는 콩트와 달리 종합철학과 사회학의 논리적 매개물을 실증주의가 아니라 진화론에서 찾았다.

아무튼 스펜서의 사회학은 그의 방대한 종합철학을 구성하는 한 중요한 요소로 이해할 수 있으며, 또한 그렇게 이해해야 한다. 그의 종합철학적 사회학이 구현된 저작으로는 『사회학 원리』 이외에도 — 앞서 언급한 『사회

---

13  같은 글, 316쪽.
14  실제로 콩트와 스펜서의 관계에 대한 연구는 거의 찾아볼 수 없다. 다음에서 아주 간략한 언급을 볼 수 있다. Lewis A. Coser, *Masters of Sociological Thought. Ideas in Historical and Social Context*, New York et al.: Harcourt Brace Joanovich 1971, 109쪽. 한국어판에서는 다음과 같다. 루이스 코저, 신용하·박명규 옮김, 『사회사상사』, 일지사 1978, 171쪽.

유기체』와 더불어 —『사회학 연구』및『기술사회학』을 꼽을 수 있다. 이 가운데『사회학 연구』는『현대평론』과『월간대중과학』에 기고했던 논문들을 모아서 책으로 펴낸 것이다. 1873년에 출간된 이 저작은 총 16장으로 구성되어 있으며, 사회학을 대중화하려는 스펜서의 의지를 반영하는 동시에 당시 집필 중이던『사회학 원리』의 서론이랄 수 있는 성격을 띠었다.[15] 그리고『기술사회학』은 1873년에 시작해 그의 사후인 1934년에 총 17권으로 완성된 대작이었다(이에 대해서는 곧 상세한 논의가 있을 것이다).[16]

## (2) 사회는 진화하는 유기체이다

스펜서의 사회학을 관통하는 두 핵심 개념은 유기체와 진화이다. 그에게 사회는 진화하는 유기체, 보다 정확히 말하자면 진화하는 초유기체이며, 사회학은 진화하는 초유기체로서의 사회와 이 전체를 구성하는 요소들의 상호관계와 상호작용에 대한 보편이론이다. 그러므로 스펜서의 사회학은 유기체론적-진화론적 사회학이라고 그 성격을 규정할 수 있을 것이다.

먼저 스펜서 사회학의 유기체론적 성격을 살펴보기로 한다. 스펜서는 비유기체의 세계와 유기체의 세계를 구분하며 사회를 유기체로 간주한다. 사회는 유기체로서 비유기체와 달리

지속적으로 성장한다. 사회가 성장함에 따라 그 부분들은 달라진다. 다시 말해 사회는 구조의 증가를 보인다.[17]

---

15  Jonathan H. Turner, Leonard Beeghley & Charles H. Powers, 앞의 책(1995), 66~67쪽.

16  스펜서의 주요 저서에 대해서는 다음이 간략하게 소개하고 있으니 참고할 것. 양영진, 「허버트 스펜서의 사회학: 분업 이론을 중심으로」,『한국 사회학』35(5)/2001, 1~33쪽, 여기서는 11쪽 이하.

17  Herbert Spencer, *The Principles of Sociology*, Vol. 1, Osnabrück: Otto Zeller 1966a (Reprint of the edition 1904), 450쪽.

이는 스펜서가 사회세계를 생물세계와 유사하게 파악함을 암시하는 대목이다. 사회를 생물처럼 유기체로 간주하는 것은 스펜서에 따르면 "단순한 은유"가 아니라 양자 사이에 "동일한 구조원리들에 의해 매개된 **실재적인 유사성**"이 존재하기 때문이다.[18] 이러한 관점에 입각하여 스펜서는 생물적 유기체와 사회적 유기체 사이의 유사점을 다음과 같이 열거하고 있다.

1. 유기체와 초유기체는 크기가 확대됨에 따라 구조가 증가한다. 다시 말해 그것들은 점점 더 복잡해지고 분화된다.
2. 구조의 분화는 기능의 분화를 동반한다. 각각의 분화된 구조는 체계 전체가 "생명력"을 유지할 수 있도록 나름대로의 독특한 기능을 수행한다.
3. 분화된 구조들과 기능들은 유기체와 초유기체 모두에서 상호의존함으로써 통합된다. 각각의 구조는 다른 구조들에 의존하여 필요한 요소들을 얻어야만 생명력을 유지할 수 있다.
4. 각각의 분화된 구조는 유기체와 초유기체 모두에서 그 자체가 어느 정도로 전체적인 체계가 된다(다시 말해 기관은 세포들로 구성되고 사회는 개인들의 집단들로 구성된다). 그러므로 보다 큰 전체는 언제나 그 구성부분들의 체계적 과정에 의해 영향을 받는다.
5. 유기체와 초유기체의 구조들은 체계 전체가 소멸되고 난 다음에도 잠시 동안 "존속"할 수 있다.[19]

그런데 한 가지 오해하지 말아야 할 점은 스펜서가 생물 유기체와 사회 유기체를 유사한 것으로 보지만 결코 동일한 것으로 보지는 않는다는 사실이

---

18 Jürgen Ritsert, "Organismusanalogie und politische Ökonomie. Zum Gesellschaftsbegriff bei Herbert Spencer", in: *Soziale Welt 17*/1966, 55~65쪽, 여기서는 56쪽.

19 Herbert Spencer, 앞의 책(1966a), 437~44쪽. 여기서는 다음을 참조해서 정리했다. Jonathan H. Turner, *The Structure of Sociological Theory*, Belmont, California: Wadsworth 1991 (5. Edition), 38쪽.

다. 그는 양자 사이에 본질적인 차이점이 존재한다는 사실을 인정하면서 그것을 다음과 같이 열거하고 있다.

1. 유기체와 초유기체에서 부분들 또는 각 구조들이 연결되는 정도는 상당히 다르다. 초유기체에서는 유기체에서보다 부분들의 물리적 접촉이 덜 직접적이고 덜 지속적이며 더 분산되어 있다.
2. 유기적 체계와 초유기적 체계에서 부분들이 상호 접촉하는 방식에는 차이가 있다. 초유기체에서의 접촉은 유기체에서의 접촉보다 훨씬 더 상징에 의존한다.
3. 유기체와 초유기체에서 부분들이 의식을 갖고 자발적으로 행동하는 수준에는 차이가 있다. 사회에서는 모든 단위들이 의식적이고 목표 추구적이며 성찰적인 반면, 유기체에서는 오직 하나의 단위만이 잠재적으로 그러할 수 있다.[20]

이 모든 것은 스펜서가 엄격한 의미의 유기체론자는 아니라는 사실을 의미한다. 그는 유기체론자이지만 유기체주의자는 아니며, 유기체론적 사회학을 추구하지만 유기체주의적 사회학을 추구하지는 않는다. 다시 말해 스펜서는 사회적 구조와 발전의 법칙성을 순수하게 생물학적 원리나 요인으로 환원하거나 그로부터 도출하지 않는다. 그는 단지 사회를 생물 유기체와 유사하게 볼 뿐이며, 사회가 모든 다른 생물 유기체와 유사하게 구조적 요소와 기능적 요소로 구성되어 있다는 견해를 갖고 있을 뿐이다. 말하자면 스펜서는 생물학으로부터 인식의 모델과 방법을 빌려 왔을 뿐 생물학적 사회학을 추구하지는 않는다. 이처럼 스펜서가 생물학에 접목하여 ─ 그렇지만 생물학에 예속되지는 않는 ─ 사회학을 구축하려는 이유는, 사회와 그것을 구성하는 개인들에게서도 생물체와 같은 유기체적 특성이 나타나며, 따라서

---

20  Herbert Spencer, 앞의 책(1966a), 445~50쪽. 여기서는 다음을 참조해서 정리했다. Jonathan H. Turner, 앞의 책(1991), 38~39쪽.

이미 독립적인 개별 과학으로 정착되어 생물 유기체의 구조와 기능에 대하여 상당한 지식을 축적한 생물학으로부터 새로운 과학적 인식체계인 사회학의 길잡이를 얻을 수 있다는 그의 견해에서 찾을 수 있다.[21]

우리는 여기에서 —방금 생물 유기체와 사회 유기체 사이의 차이점을 논하면서 드러난 바와 같이— 스펜서가 사회를 단순한 유기체가 아니라 초유기체로 파악한다는 사실에 주목할 필요가 있다. 스펜서는 사회가 유기체적 생명세계와 결정적인 구조원리들을 공유하기 때문에 사회를 비유기체적 세계와 구별되는 유기체적 세계에 속하는 것으로 보는 동시에 사회를 단순히 유기체적인 것과 구별되는, 보다 정확히 말하자면 단순히 유기체적인 것을 넘어서는, 그러니까 초유기체적인 것이라는 또 다른 범주로 다루고 있다. 이처럼 스펜서가 사회를 단순한 유기체가 아니라 초유기체로 파악하는 첫 번째 근거는 사회 유기체가 생물 유기체보다 그 구조나 기능이 복잡하고 지속적으로 분화한다는 사실에서 찾을 수 있다.

그다음으로 전체와 부분의 관계에서 유기체와 초유기체를 구별하는 두 번째 근거를 찾을 수 있는데, 어쩌면 이 두 번째가 첫 번째보다 중요한지도 모른다. 스펜서에 따르면 생물 유기체의 경우에는 그것을 구성하는 부분들이 전체에 완전히 통합되는 데 반해, 사회 유기체의 경우에는 그것을 구성하는 부분들인 개인들이 그 자체로서 자유롭고 독립적인 존재들이다. 개인들과 그들이 수행하는 기능이 사회의 유기적 요소임은 분명하지만 그렇다고 개인들이 사회 유기체에 완전히 수렴될 수는 없다. 바로 이런 연유로 사회 유기체는 단순한 유기체가 아니라 초유기체가 되는 것이다.[22] 전자의 경우에는 개별적인 부분들이 유착되어 있는 반면, 후자의 경우에는 개별적인 부분들이 기능적인 상호의존관계에 있지만 서로 분리되어 그 자체로서 하나의 전체를 이루고 있다. 바로 이런 연유로 사회 유기체에는 생물 유기체와 달리 그 어떤 감각중추도 존재하지 않는다.

---

21  박영은, 『사회학 고전연구: 실증주의의 형성과 비판』, 백의 1995, 153쪽.
22  같은 책, 142쪽.

이 모든 것은 스펜서가 유기체론자인 동시에 개인주의자라는 사실과 밀접한 관계가 있다. "스펜서가 개인주의자였다는 사실을 망각해서는 안 된다. 콩트의 경우에는 사회 전체가 개인보다 앞서며 개인이 사회의 독립적인 세포가 아니라면, 스펜서의 경우에는 역으로 사회가 개인들의 집합체일 뿐이다. 스펜서는 개인을 사회 유기체로 해체해서는 안 된다고 본다. 바로 이로부터 사회가 단순히 유기체가 아니라 '초유기체'라는 스펜서의 견해가 정확히 드러난다."[23]

바로 이러한 초유기체적 존재인 사회에 대한 진화론적 보편이론이 스펜서의 사회학이 궁극적으로 추구한 것이다.『사회학 연구』의 결론 부분에서 스펜서는 사회학을 이렇게 정의하고 있다 — 사회학적 연구는 "가장 복잡한 형태의 진화에 대한 연구"이다.[24] 그런데 스펜서가 염두에 두고 있는 진화가 무엇인지 제대로 이해하려면 다시 종합철학과 제일원리로 눈을 돌려야 한다. 앞에서 언급한 바와 같이, 스펜서는 인간의 모든 지식과 모든 (개별) 과학적 인식이 궁극적으로 단 하나의 통일적인 원리에 준거한다는 견해를 고수한다. 이 원리는 다름 아닌 진화이다. 진화는 다시금 힘에서 도출된다. 힘은 인간이 세계와 대상을 파악하는 마지막 개념으로서 지속성을 그 일차적인 속성으로 하며, 또한 물질과 운동을 그 내용으로 시간과 공간을 그 형식으로 갖는다. 이를 달리 표현하자면, 힘의 지속성 원리 — 오늘날의 관점에서 보면 '에너지 보존의 법칙'으로 표현하는 것이 좋을 듯하다 — 는 시간과 공간의 형식에서 이루어지는 물질의 통합과 운동의 소산에서 구체화된다.[25] 바로 이 통합과 소산이 진화이다. 스펜서는『제일원리』에서 진화를 다음과 같이 정의하고 있다.

**진화는 물질의 통합과 그에 수반되는 운동의 소산인데, 이 과정에서 물질은 비교**

23  I. S. Kon, *Der Positivismus in der Soziologie. Geschichtlicher Abriss*, Berlin: das europäische buch 1973, 29~30쪽.

24  Herbert Spencer, 앞의 책(1961), 350쪽.

25  Herbert Spencer, 앞의 책(1880), 134쪽 이하.

적 (범위와 경계가) 불명확하고 비응집적인 동질성에서 비교적 명확하고 응집적인 이질성으로 이행한다. 이 경우 저지된 운동도 그에 상응하는 변화를 겪게 된다.[26]

이처럼 힘(의 지속성), 물질, 운동, 시간, 공간 등의 범주에 기초하는 스펜서의 진화론은 기계론적 진화론으로 규정할 수 있다. 실제로 그의 진화론은 물리학(역학)에 지향되어 있다.[27] 이 점에서 스펜서는 다윈과 결정적으로 구별된다. 왜냐하면 스펜서의 진화론과 달리 다윈의 진화론은 지질학자들과 생물학자들로부터 영향을 받았기 때문이다.[28] 아무튼 스펜서는 기계론적 진화론이 비유기체적 세계에만 한정되는 것이 아니라 유기체적 세계와 초유기체적 세계에도 적용된다고 주장한다. 그에게 (기계론적) 진화는 태양계, 지구, 식물, 동물, 인간의 심리 상태 및 인간 사회에서 관찰되는 보편적인 현상이자 과정이다. 진화는 만물에 적용되는 원리, 즉 제일원리이다. 진화는 신의 존재를 제외한 세계의 모든 것을 설명할 수 있다는 것이 그의 확고한 신념이다.[29] 아니 — 탤컷 파슨스가 아주 설득력 있게 표현하듯이 — 진화는 바로 그의 신이었다. "스펜서는 비록 이러한 신앙을 가진 유일한 사람이 결코 아니었지만 이 신에의 헌신에서 가장 큰 소리로 외치는 사람들 가운데 한 명이다."[30] 아무튼 스펜서는 "평생 동안 세계 전체, 즉 비유기체적 세계, 유기체적 세계 그리고 초유기체적 세계를 철저히 공리화(公理化)된 질서정연한 체계에 끼워 맞추려는 욕구에 사로잡혀 있었다."[31] 이 모든 것은 스펜

---

26  Herbert Spencer, 앞의 책(1880), 343쪽. 이 구절은 원문에 전체가 이탤릭체로 되어 있는데, 그 이유는 스펜서가 이 구절로서 진화에 대한 상세한 논의의 결론을 내리고 있기 때문이다.

27  Paul Kellermann, *Kritik einer Soziologie der Ordnung. Organismus und System bei Comte, Spencer und Parsons*, Freiburg: Rombach 1967, 59쪽.

28  Tina Roth, 앞의 책(2009), 93쪽.

29  Michael Kunczik, "Herbert Spencer (1820~1903)", in: Dirk Kaesler (Hrsg.), *Klassiker der Soziologie, Bd. 1: Von Auguste Comte bis Alfred Schütz*, München: C. H. Beck (Zweite, durchgesehene Auflage) 2000, 74~93쪽, 여기서는 79쪽.

30  Talcott Parsons, *The Structure of Social Action. A Study in Social Theory with Special Reference to a Group of Recent European Writers, Vol. 1: Marshall, Pareto, Durkheim*, New York: The Free Press 1968a, 4쪽.

서가 진화와 더불어 염두에 두고 있는 것이 경험적 세계에 대한 엄밀한 귀납적 연구를 위한 과학적 틀이나 수단이 아니라 자연세계와 사회세계 모두에 적용되는 보편적이고 거대한 연역적 사유체계라는 사실을 함의하는 것이다.

스펜서에 따르면 생물학, 심리학, 사회학, 윤리학 등의 개별 과학적 인식범주는 모두 만물에 적용되는 원리, 즉 제일원리인 진화의 토대 위에 구축된다. 그 각각은 자신의 영역에서 종합철학체계를 구현하며, 또한 그럼으로써 과학으로서의 의미와 가치를 획득한다. 그런데 이 각각의 개별 과학은 나름대로 귀납적 논증을 해야 한다. 만약 그러지 않으면 우주 진화에 대한 일반적이고 추상적인 공식의 은유적 적용에 그치고 말 것이며, 따라서 생물학, 심리학, 사회학, 윤리학 등의 개별 과학적 인식체계는 확보될 수 없을 것이다. 사회학적 영역에서의 귀납적 논증으로는 다음과 같은 경우를 언급할 수 있을 것이다. "우리는 통합이 동일한 기능을 수행하는 인접한 부분들이 성장한 결과로 발생하는 것이라고 본다. 예컨대 맨체스터가 방적업에 종사하는 교외 도시들과 합쳐진 것이 그러하다. 그 밖에도 특정한 종류의 상품을 생산하는 여러 지역들 가운데 하나가 사업의 점점 더 많은 부분을 차지하게 되고 장인들과 노동자들을 끌어들임으로써 다른 지역들을 쇠퇴시키는 경우에 형성되는 통합도 있다. 이에 대한 실례로는 요크셔의 직조업이 서부 영국의 직조업을 희생시킨 결과로 성장한 사실이나 도자기 매뉴팩처가 스태퍼드셔에 의해 흡수되고 그 결과로 더비와 다른 지역들의 사업이 몰락하게 된 사실을 들 수 있다."[32]

스펜서의 사회학은 비유기체적 세계와 유기체적 세계 그리고 초유기체적 세계를 포괄하는 제일원리인 진화에서 출발해 나름대로의 방법론에 입각해 보다 구체적으로 초유기체적 세계로서의 사회가 진화하는 법칙을 규명해내

---

31  Abram Kardiner & Edward Preble, *Wegbereiter der modernen Anthropologie*, Frankfurt am Main: Suhrkamp 1974, 35쪽.

32  Herbert Spencer, 앞의 책(1880), 275쪽.

며 이에 기반해 사회제도가 진화하는 과정을 설명하고자 한다. 이러한 사회
학적 인식과제는 무엇보다도 『사회학 연구』와 『사회학 원리』에서 수행되고
있다. 전자가 "주로 사회학적 문제들에 대한 방법론적 서술"인 반면, 후자는
"진화와 해체의 추상적 원리를 발전시킴과 동시에 사회제도들 간의 복잡한
상호작용을 기술하는 실제적인 작업"이다.[33]

그러나 스펜서의 진화론적 사유체계에서 중요한 것은 귀납적 논증이 언
제나 연역적 체계에 입각해서 이루어져야 한다는 사실이다. 그러므로 그의
연역은 전(前)귀납적 또는 전(前)경험적 타당성을 갖는다. 그것은 경험적이
고 역사적인 타당성이 아니라 형이상학적이고 역사철학적인 타당성이다.
사회의 진화와 관련해 스펜서는 『사회학 원리』에서 다음과 같이 말하고
있다.

> 신중히 검토한 많은 사실들을 종합해보면 사회 진화가 전체적인 진화의
> 일부를 이룬다는 것을 입증할 수 있다. 일반적인 집합체의 진화와 같이 사회는
> 대중이 단순히 수적으로 증가하여, 그리고 그들이 연합하고 재(再)연합하여 **통
> 합**을 이룩한다.[34]

이러한 진화론적 관점에 입각하여 스펜서는 사회의 진화를 머리 또는 리더
십 없는 단순사회, 머리 또는 리더십 있는 단순사회, 복합사회, 이중복합사
회, 삼중복합사회의 다섯 단계로 구분한다. 이 단계들은 사회적 규모가 증대
하면서 규제 기능, 작동 기능 또는 유지 기능 그리고 분배 기능이 점점 복잡
해지고 정교해진 결과로 나타난다.[35] 이 가운데 규제 기능에서는 "외부 환경
과의 관계 및 체계 내적 요소들 간의 관계를 안정시키는 각각의 구조를 관
찰할 수 있다." 또한 작동 또는 유지 기능에서는 "체계의 내적 욕구를 충족

---

33 Jonathan H. Turner, Leonard Beeghley & Charles H. Powers, 앞의 책(1995), 66~67쪽.
34 Herbert Spencer, 앞의 책(1966a), 584쪽.
35 같은 책, 537쪽 이하.

시키는 특정 구조가 명백히 드러난다." 그리고 분배 기능에서는 "분화된 체계의 부분들 사이에 활력소와 정보를 전달하는 특정 구조를 관찰할 수 있다."[36] 이처럼 세 가지 체계적 기능과 다섯 단계의 사회적 복합성이라는 축에 의해 구성되는 스펜서의 사회 진화 모델은 오른쪽 도표 4와 같은 도식으로 나타낼 수 있다.[37]

어떤 사회학자에게서도 이만큼 정교한 사회 진화 모델을 접하기는 쉽지 않을 것이다. 그러나 중요한 것은 — 뒤르케임이 적확하게 지적하고 비판하듯이 — 스펜서의 진화론적 사회학이 궁극적으로 추구하는 바가 사회들을 조감도처럼 한눈에 볼 수 있는 가능성을 얻는 데에 있다는 점이다. 그리고 이 '사회 진화 조감도' 또는 '사회학적 조감도'는 다시금 만물에 적용되는 보편적 원리, 그러니까 우주 진화를 초유기체적 세계인 인간 사회에서 구현했다는 것을 명백하게 드러낸다(스펜서에 대한 뒤르케임의 비판은 제2장 제1절에서 보다 상세하게 언급될 것이다).


## (3) 스펜서는 비교사회학의 선구자인가?

스펜서가 여러 학자들과 공동으로 펴낸 총서 『기술사회학』은 『사회학 원리』에 대한 기본 자료를 제공하고 사회학적 연구를 심화하기 위한 것으로서 그 부제가 "또는 사회학적 사실 총서"이다. 스펜서에게 『기술사회학』은 『사회학 원리』의 데이터베이스와 같은 것이었다. 이 총서는 총 3부 — 제1부 미개사회, 제2부 절멸한 문명사회, 제3부 현존하는 문명사회 — 로 구성되어 있으며, 수많은 미개사회와 문명사회 그리고 과거와 현재의 다양한 사회제

---

36  Jonathan H. Turner, Leonard Beeghley & Charles H. Powers, 앞의 책(1995), 78쪽.

37  같은 책, 80쪽. 이 도표의 번역은 다음을 참조했다. 조나단 터너·레오나드 비글리·찰스 파워스, 김문조 외 8인 옮김, 『사회학 이론의 형성』(원제는 *The Emergence of Sociological Theory*), 일신사 1997, 108쪽.

**도표 4 스펜서의 사회 진화 모델**

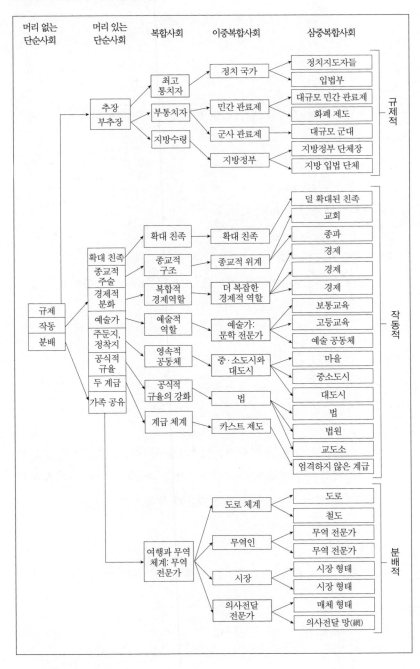

도에 대한 매우 풍부한 정보를 담고 있다. 『기술사회학』은 1874년에 출간이 시작되었으나 자료가 부족해 1881년에 중단되었다. 그 구체적인 목록을 보면 다음과 같다.[38]

제1부 미개사회
1. 가장 원시적인 종족들, 니그리토 종족들, 말레이-폴리네시아 종족들 (1874; 제3권)
2. 아프리카 종족들(1875; 제4권)
3. 아시아 종족들(1876; 제5권)
4. 아메리카 종족들(1878; 제6권)

제2부 절멸한 문명사회
1. 고대 멕시코, 중앙아메리카, 치브칸, 고대 페루(1874; 제2권)
2. 히브리와 페니키아(1880; 제7권)

제3부 현존하는 문명사회
1. 영국(1873; 제1권)
2. 프랑스(1881; 제8권)

그리고 스펜서의 사후 몇몇 학자들이 『기술사회학』 시리즈의 완성을 바라던 그의 마지막 뜻을 받들어 1910년에 작업을 재개하여 1934년까지 출간을 계속했다. 그 구체적인 목록을 보면 다음과 같다.

제1부 미개사회
1. 가장 원시적인 종족들, 니그리토 종족들, 말레이-폴리네시아 종족들

---

38  이 목록은 다음을 참조하여 만들었다. http://agso.uni-graz.at/lexikon/klassiker/spencer/ 44bib.htm; 양영진, 앞의 글(2001), 17, 19쪽.

(1925, 개정증보판)

2. 아프리카 종족들(1930, 전면개정판)

3. 솔로몬의 유산: 고대 팔레스타인 사회학의 역사적 서언(1934; 통권번호 없음)

제2부 절멸한 문명사회

1. 고대 그리스(1910; 제10권)

2. 고대 이집트(1925; 제11권)

3. 고대 그리스(1928, 개정증보판, 제12권)

4. 메소포타미아(1929; 제13권)

5. 고대 로마(1934; 제15권)

제3부 현존하는 문명사회

1. 중국(1910; 제9권)

2. 이슬람(1933, 제1권: 1931, 제2권: 1933; 통권번호 없음)

이처럼 『기술사회학』은 60여 년에 걸쳐 (스펜서 생전에 여덟 권, 사후에 아홉 권이 출간됨으로써) 총 17권으로 완성된 사회학적 — 그리고 인류학적 — 저작으로서 그 범위나 분량에서 유례를 찾아볼 수 없을 정도로 포괄적이고 방대하다(책의 크기도 가로 31.5센티미터, 세로 48.5센티미터인 데다가 그 안에 들어 있는 무수한 도표는 그야말로 깨알 같은 글씨로 쓰여 있다!). 여기에서 스펜서는 '사회학적 사실들'을 다음과 같은 범주에 따라 분류한다. 비유기적 환경, 유기적 환경, 사회학적 환경, 신체적 특성, 정서적 특성, 지적 특성. 그리고 이에 입각해 세부 항목에 따라 해당 사회에 대한 도표를 제시하고 또한 서술하고 있다. 그 가운데 한 도표를 예시하면 다음과 같다.

**도표 5 사회적 사실들의 분류 예시**

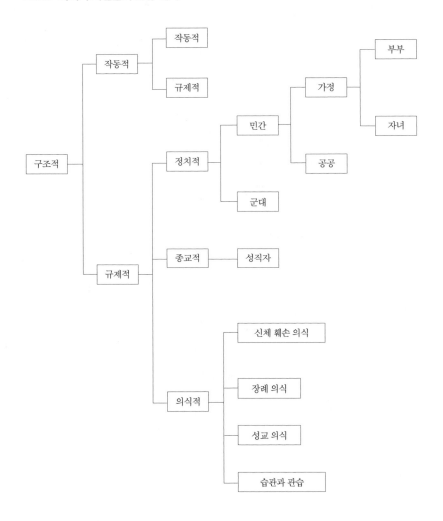

　스펜서에 따르면 "어느 시기의 도표를 가로로 읽으면 그 시기의 사회에서 나타나는 모든 질서의 특성에 대한 지식을 얻을 수 있는 반면, 각각의 열을 세로로 읽으면 각각의 구조적 또는 기능적 특성이 잇따르는 시기들에서 어떻게 변했는가에 대한 지식을 얻을 수 있다."[39] 이는 스펜서의 『기술사회학』을 통해 특정한 사회의 모든 질서를 읽을 수 있을 뿐만 아니라 인류 역사에

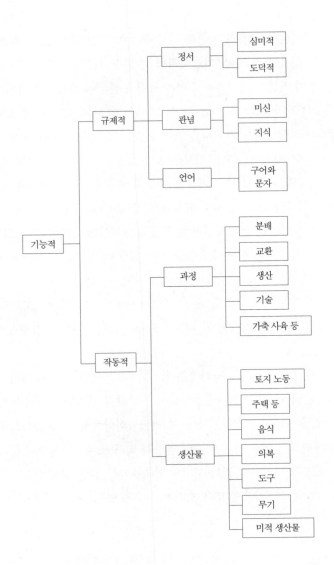

서 명멸한 무수한 사회의 질서를 동시에 그리고 비교적 차원에서 읽을 수 있다는 논리이다.

---

39 Herbert Spencer, *Descriptive Sociology; or, Groups of Sociological Facts, Division I, Part I-A: Types of Lowest Races, Negritto Races, and Melayo-Polynesian Races*, London/Edinburgh:

이렇게 보면 『기술사회학』과 관련해 다음과 같이 주장하는 것은 충분히 일리가 있다. "크고 방대한 양의 『기술사회학』은 환상적인 읽을거리이다. 의심할 여지 없이 이 책들은 이제까지의 인간 사회에 관하여 가장 포괄적이며 자세하게 기술한 저작들을, 19세기 후반과 20세기 초 베버나 다른 어떤 비교사회과학자의 저서까지도 확실히 능가한다. 그 기술들은 자료의 출처(역사적 설명과 여행자들의 출판 보고서)에서 결점이 있기는 하지만, 스펜서의 방법론은 믿을 만하다. 그리고 그가 자료를 수집하기 위해 전문 학자들을 고용했기 때문에 이 책들은 그 당시로서는 가장 상세하였다. 『기술사회학』의 각 권들이 조금 더 명료하고 정확한 설명으로 보충되었더라면 현대 사회과학은 비교사회학적 분석과 이론적 활동을 위한 훨씬 더 확실한 자료를 가질 수 있었을 것이다."[40]

그렇다면 스펜서의 『기술사회학』은 그야말로 탁월한 사회학적 비교연구가 아닌가? 그것은 비교사회학 중의 비교사회학이요 비교사회학의 백미이자 금자탑이 아닌가?

결론부터 말하자면 스펜서의 사회학은 엄밀한 의미에서의 비교사회학으로 볼 수 없는데, 그 이유는 이미 앞에서 살펴본 연역적 체계와 귀납적 논증의 관계에서 찾을 수 있다. 스펜서가 그의 기술사회학에서 궁극적으로 추구하는 바가 개별적인 인간 사회가 가진 역사적 및 구조적 특(수)성과 합리성을 규명해내고 그 다양한 요소들 사이의 인과관계를 설명하는 것이 아니기 때문이다. 스펜서의 '비교방법'은 오히려 수많은 인간 사회에서 얻은 다

---

Williams and Norgate 1874, i쪽. 이 도표는 원문의 표 모양과 방향을 반대로 바꾸어 그렸기 때문에 가로와 세로를 바꾸어 읽어야 한다.

40  Jonathan H. Turner, Leonard Beeghley & Charles H. Powers, 앞의 책(1995), 98쪽. 이 인용 구절에 나오는 "비교사회과학자"(cmmparative social scientist)는 (다양한 사회나 문화를) 비교연구하는 사회과학자를 의미한다. 그리고 스펜서가 전문 학자들을 고용했다는 내용은 다음을 가리킨다. 스펜서는 1867년부터 데이비드 던컨(1839~1923)을 비서로 고용했는데, 던컨이 1870년 교사직을 위해 인도로 떠나자 제임스 콜리어(1846~1925)를 새 비서로 채용했으며 그 이듬해인 1871년에는 독일 출신의 리하르트 셰피히(1845~1903)를 추가로 채용했다.

양한 경험적 자료를 자신의 사회학적 이론과 법칙을 예증하기 위한 '보고'
(寶庫)로 사용하는 데에 그 요체가 있는 것이다. 그러므로 스펜서는 경험적
자료 가운데 자신의 가설을 뒷받침하는 것들을 선별해 기술하고자 할 뿐 그
구조와 과정에 대한 인과적 분석을 하려고 하지는 않는다.[41] 그에게 사회학
은 — 베버의 틀을 빌어 이야기하자면 — 현실과학이 아니라 법칙과학이 된
다. 전자에서는 개별적 경우가 자체적인 의미를 갖는 역사적 개체가 되는 반
면, 후자에서는 보편적인 개념의 한 예가 된다.[42]

 스펜서는 『기술사회학』 제1권의 「잠정적 서문」에서 밝히기를,

---

41 Paul Kellermann, 앞의 글(1976), 166, 184쪽.
42 베버에 따르면 현실과학은 "우리를 둘러싸고 있는 삶의 현실을 **그 특성의 관점에서** 이해하
고자 한다 — 다시 말하자면, 한편으로는 이 현실의 현재 모습을 구성하고 있는 개별 현
상들 사이의 연관관계와 그것이 지니는 문화**의의**를 이해하며, 다른 한편으로는 이 현실이
역사적으로 다른 모습이 아닌 바로 현재와 같은 모습을 취하게 된 과정을 이해하고자 한
다." Max Weber, *Gesammelte Aufsätze zur Wissenschaftslehre*, Tübingen: J. C. B. Mohr (Paul
Siebeck) 1973 (4. Auflage; 1. Auflage 1922), 170~71쪽. 이처럼 경험적 현실을 그 문화의
의와 인과적 관계에서 인식하고자 하는 현실과학은 역사적 개체에서 출발한다. 그러니까
현실과학의 출발점은 "우리를 둘러싸고 있는 사회적인 문화적 삶의 **실재적인**, 다시 말해 개
별적인 형상이다. 그것도 두 가지 점에서 그렇다. 즉, 이 문화적 삶이 보편적인, 그렇다고
해서 물론 조금도 덜 개별적이지 않은 현상이라는 점에서, 그리고 이 문화적 삶이 다른 사
회적 문화조건들로부터 — 이것들 역시 물론 개별적인 성격을 가진다 — 형성되어온 점에
서 그렇다." 같은 책, 172~73쪽. 베버는 현실과학을 법칙과학에 상반되는 인식유형으로
이해한다. 이 두 인식유형은 다음과 같이 여러 가지로 대비된다. 첫째, 현실과학이 개별적
인 것의 본질과 특성을 인식하는 것을 이상으로 추구한다면, 법칙과학이 추구하는 이상은
보편타당한 개념과 법칙의 체계를 수립하는 것이다. 둘째, 현실과학이 보다 많은 내용과
따라서 보다 작은 범위를 가진 개념을 그 수단으로 이용한다면, 법칙과학이 사용하는 수단
은 보다 큰 범위의 따라서 보다 적은 내용을 가진 개념이다. 셋째, 현실과학이 보편적 의의
를 갖는 사물 개념을 인식의 결과물로 가져온다면, 법칙과학이 가져오는 인식의 결과물은
일반적 타당성을 갖는 관계 개념이다. 전자의 경우에는 개별적 경우가 역사적 개체가 되
는 반면, 후자의 경우에는 개념의 한 예가 된다. 넷째, 현실과학의 영역이 역사과학이라면,
법칙과학의 영역은 자연과학이다. Wolfgang Schluchter, *Grundlegungen der Soziologie. Eine
Theoriegeschichte in systematischer Absicht, Bd. 1*, Tübingen: Mohr Siebeck 2006, 217쪽. 현실
과학과 법칙과학에 대한 베버의 자세한 논의는 다음을 참고할 것. 김덕영, 앞의 책(2012),
382쪽 이하.

『사회학 원리』를 준비할 때 귀납을 위한 토대로서 많은 자료의 축적과 적절하게 정리된 비교가 필요했기 때문에 나는 1867년 10월에 과거와 현재의 다양한 유형의 사회들에서 관찰되는 사실들을 대리인들을 시켜서 수집하고 정리했다. 다행히도 그들은 내가 원하는 방식으로 과제를 수행할 만큼 유능했다. 이렇게 분류되고 편찬된 자료들은 원래 전적으로 나의 작업을 위한 것이었다. 〔…〕 그러나 나는 누구든지 그 사실들을 쉽게 참조할 수 있고 그 사실들의 관계에 대한 연구를 편리하게 할 수 있도록, 그리고 모든 사회과학도들이 가설과 관계없이 자신들이 내린 결론을 검증할 때 또는 다른 결론을 끌어낼 때 도움을 받을 수 있도록 수집된 자료들을 정리하여 출판하기로 했다.[43]

그런데 여기에서 스펜서가 말하는 귀납이란 흔히 표상하는 바와 같이 경험적으로 관찰하고 비교하며 유형을 구성하고 인과적 설명을 하며 — 그리고 상황에 따라서 법칙론적 설명을 하며 — 일반적인 명제나 원리를 도출하는 것이 아니라, 보편적 법칙들의 연역적 체계를 예증하는 것이다. 그는 사회학의 연역적 체계를 『사회학 원리』에서 제시하고 있다. 그러니까 스펜서의 두 중요한 사회학 저작인 『사회학 원리』와 『기술사회학』의 관계는 사회학의 보편적 연역과 이 연역에 준거하며 이 연역을 역사적으로 검증하는 사회학의 경험적 귀납이라고 규정할 수 있을 것이다. 이는 근본적으로 다양한 유형의 사회적 사실들을 기술하고 분류하는 수준에 머물고 있으며, 따라서 오늘날 표상하는 의미에서의 귀납적 방법으로 볼 수 없다.

물론 스펜서는 귀납적 추론이 일반화에 도달할 수 있는 가능성, 즉 이론적 귀납의 가능성을 인정한다. 그러나 중요한 것은 이 경우에도 귀납적 추론은 연역적 체계의 필요성을 논증하는 데에 그 의미가 있다는 점이다. 이와 관련해 스펜서는 『사회학 원리』에서 다음과 같이 주장하고 있다.

귀납추리에 따른 결론은 〔…〕 사회현상에 공존과 연속의 일반적인 질서가

---

43  Herbert Spencer, 앞의 책(1874), i쪽.

있다는 것을 보여주기에 이르렀다. 그러므로 사회현상은 어느 정도 연역적인 형태로 환원할 수 있는 과학의 주제를 형성한다.[44]

그런데 이러한 해석은 모순적으로 보인다. 왜냐하면 『사회학 원리』 제1권 제2부의 제목이 "사회학의 귀납"이기 때문이다. 그러나 스펜서가 거기에서 진정으로 추구하는 바는 진화의 법칙에 입각해 그리고 생물 유기체와의 비교와 유추를 통해 사회학의 인식대상인 사회의 개념을 정의하고 사회적 성장, 구조 및 기능 그리고 사회적 삶의 다양한 체계와 기관을 분석하는 것이다. 다시 말해 스펜서는 『제일원리』에서 제시한 기본 원리들을 — 비유기체적 세계, 유기체적 세계 및 초유기체적 세계에 보편적으로 적용되는 원리들을 — 대전제로 해서 초유기체인 사회에 대한 좀 더 구체적인 원리들을 도출하고 있다. 그러므로 스펜서가 염두에 두고 있는 사회학의 귀납은 보다 정확히 말하자면 귀납이 아니라 연역, 즉 사회학의 연역으로 볼 수 있다. 사실 스펜서는 엄밀한 의미에서의 귀납적 방법을 구사한 적이 없다.

그럼에도 불구하고 스펜서가 자신의 접근 방법을 "사회학적 귀납"이라고 명명한 것은, 아마도 바로 그 앞부분, 즉 『사회학 원리』 제1권 제1부의 주제가 "사회학의 사실들"이기 때문일 것이다. 거기에서 스펜서는 — 이론적 논의에 할애된 맨 앞의 4개 장(章)과 마지막 27장을 제외하고는 — 매우 다양하게 원시인들의 삶을 재구성하고 있다. 사실 『사회학 원리』 제1권의 경우 그 제1부와 제2부의 순서가 바뀌었다면, 그리하여 "사회학의 귀납"에서 보편적인 사회학적 법칙들을 제시한 후 "사회학의 사실들"을 다양한 사회제도 — 즉 가족 제도(제1권 제3부), 의례 제도, 정치 제도(제2권 제4~5부), 교회 제도, 직업 제도, 산업 제도(제3권 6~8부) — 와 더불어 논했더라면 더 체계적이고 논리적이며 스펜서의 전체적인 인식체계에도 더 잘 부합했을 것이다.

이처럼 스펜서의 사회학을 그 광범위하고 방대한 경험적-역사적 자료에

---

44 Herbert Spencer, 앞의 책(1966a), 585쪽.

도 불구하고 비교사회학이나 귀납적 사회학으로 볼 수 없는 이유는, 그의 종합철학적 이념과 프로그램, 즉 모든 과학의 토대가 되는 통일적 철학을 수립하고 이 철학을 다양한 과학적 인식영역에서 관철하려는 그의 지적 기획에서 찾을 수 있다. 스펜서는 종합철학의 제일원리로부터 사회학의 보편적 법칙들을 연역해내고 이 법칙들을 과거와 현재의 수많은 미개사회와 문명사회에서 관찰되는 다양한 사회제도에 대한 기술을 통해 경험적으로 뒷받침하고자 한다. 스펜서의 이러한 사회학적 작업은 — 뒤르케임이 적확하게 비판하듯이 — 콩트의 사회학적 작업과 마찬가지로 사회학자의 작업이라기보다 철학자의 작업이다. 스펜서의 저작에서 볼 수 있는 것은 사회과학들의 철학이지 결코 사회학이 아니라는 것이 뒤르케임의 비판이다.

물론 우리는 스펜서의 저작에서 사회적 현상과 과정에 대한 아주 풍부하고 흥미로운 서술과 분석을 얻을 수 있고 사회체계의 구조와 기능 및 발전에 대한 매우 탁월한 통찰을 얻을 수 있다. 다시 말해 내용의 측면에서 보면 스펜서의 사회학은 여전히 읽을 가치가 있다. 내용적으로 보면 스펜서의 사회학은 살아 있다. 그러나 제일원리, 종합철학체계, (초)유기체, 보편적 법칙, 연역 등에 기초하는 사회학적 인식은 받아들일 수 없다. 다시 말해 형식의 측면에서 보면 스펜서의 사회학은 더 이상 읽을 가치가 없다. 형식적으로 보면 스펜서의 사회학은 죽었다.[45] 그의 사회학은 종합철학의 일부분이지

---

45  파슨스는 그의 기념비적 저작 『사회적 행위의 구조』(1937) 서두에서 "스펜서는 죽었다"고 단언한다. 그러나 각주에서 이 '도발적인' 주장에 일정한 제한을 가하고 있다. "물론 그의 사상에서 아무것도 존속하지 못하리라는 것은 아니다. 죽은 것은 전체 구조로서의 그의 사회이론이다." Talcott Parsons, 앞의 책(1968a), 3쪽. 스펜서의 사회학을 그 내용과 형식으로 구분해서 보면 파슨스의 견해는 충분한 타당성을 갖는다. 그의 사회학적 인식형식은 죽었지만 그의 사회학적 인식내용은 — 물론 모두는 아니지만 — 살아 있다고 할 수 있다. 이렇게 보면 스펜서에 대한 다음과 같은 평가는 전혀 설득력이 없다. "대부분의 일반인들은 진화라는 개념을 찰스 다윈과 연관지어 생각한다. 하지만 다윈은 그것을 생물계에 국한해 적용한 학자이고, 다윈보다 7년 앞서서 진화의 원리를 우주 만물에 적용되는 제일원리로 파악해낸 사람은 스펜서이다. 이러한 기본 개념으로 무장한 스펜서는 모든 차원의 현상들이 진화라는 보편적 과정이 적용된 결과로 나타난다는 것을 입증하기 위해 노력하였다. 그는 방대한 자료를 수집하고 하나하나의 분과학문들을 섭렵한 후 자신의 타고난 남다른 '종합

자체적인 인식대상과 인식방법에 기반하는 독립적인 개별 과학으로서의 사회학이 아니다. 새로운 과학적 형식으로서의 사회학의 구축은 그다음 세대인 뒤르케임과 짐멜 그리고 베버의 몫이었다. 이들은 실체로서의 사회를 사회적인 것으로 대체한다는 점에서도 스펜서와 — 그리고 콩트와도 — 달랐다.

## (4) 유기체론적 진화론자 스펜서는 자유주의적 개인주의자이다

실천적 측면에서 스펜서는 자유주의적 개인주의의 옹호자였다. 아니, 극단적인 개인주의자였다. 이는 콩트와 좋은 대조를 이룬다. 앞에서 자세하게 살펴본 바와 같이, 콩트에게는 개인이 아니라 가족이 사회의 진정한 기본 단위를 구성하며 전체가 부분보다 그리고 보편성이 개별성보다 앞선다. 콩트의 이러한 관점은 심리학에 대한 그의 태도에도 반영된다. 심리학이 독립적인 개별 과학이며 다른 개별 과학들과 더불어 종합철학을 구성한다는 스펜서와 달리 콩트는 개인의 문제를 다루는 심리학을 생물학의 일부분으로 간주한다.

아무튼 스펜서는 『사회학 원리』에서 내세우는 다음의 명제에서 명백히

---

화'와 '일반화' 능력을 이용하여 그 모든 것들을 하나의 통합된 구조로 종합해내었다. 스펜서 이전 또는 스펜서 이후의 그 어떤 사상가도 그만큼 자기가 살던 시대의 모든 과학적 지식에 정통하거나 그것들을 하나의 체계로 묶어내려고 노력한 사례가 없다. 오늘날 우리가 살고 있는 새 천 년을 맞이한 이 사회는 100여 년 전 스펜서가 파악했던 것과 크게 다른 원리에 따라 움직인다고 자신 있게 주장할 수 있을까? 우리는 그가 전개하였던 과학적 사고들이 비록 그 뿌리가 스펜서라는 점이 희미해지긴 했지만 여러 측면에서 여전히 현재까지 이어져오고 있고, 때로는 전혀 다른 방식으로 재발견되고 있다는 것도 확인할 수 있었다. 그래서 이 글을 맺으며 필자는 스펜서의 죽음을 수사학적으로 언도하였던 파슨스에게 똑같은 수사로 되묻고 싶다: '스펜서가 죽어 묻혀버렸다는 것은 정말 확실한가?'" 양영진, 앞의 글(2001), 28쪽. 이러한 주장보다는 다음과 같은 주장이 타당해 보인다. "스펜서를 읽는 것은 풍요한 결과를 가져올 수 있을 것이다. 그러나 그렇다고 해서 곧바로 그의 부활을 선전할 필요는 없을 것이다." Jürgen Ritsert, 앞의 글(1966), 65쪽.

볼 수 있듯이 극단적인 개인주의자였다.

　　사회의 구성원들이 사회의 이익을 위해 존재하는 것이 아니라 사회가 그
　　구성원들의 이익을 위해 존재하는 것이다.[46]

　이 사실은 다름 아닌 유기체론과 진화론이 그의 사상을 떠받치는 핵심적
인 축이라는 사실과 양립할 수 없어 보인다. 아니, 완전히 모순되어 보인다.
왜냐하면 유기체론과 진화론은 전체주의로, 때로는 극단적인 전체주의로
보이기 십상이기 때문이다. 먼저 유기체론은 일반적으로 전체를 강조하고
부분들을 그것들이 전체와 맺는 관계와 전체의 유지 및 발전을 위해 수행하
는 기능의 관점에서 고찰하기 때문이다. 그리고 진화론은 일반적으로 개인
이 아니라 전체 사회와 그 부분적 체계들의 발전 법칙을 논의의 대상으로
하기 때문이다. 그런데도 스펜서라는 한 사상가에게서 유기체론과 진화론
이 개인주의와, 그것도 극단적인 개인주의와 결합되어 있다. 이는 자기모순
이 아닌가? 결론부터 말하자면 스펜서의 개인주의는 그의 유기체론과 진화
론에 전적으로 부합하며, 또한 바로 이 틀과 관련지어 고찰해야만 제대로 파
악할 수 있다.

　스펜서에 따르면 개인은 자유롭게 자신의 이해관계와 행복을 추구할 수
있어야 한다. 그런데 중요한 점은 개인의 이러한 자유가 무제한적이고 절대
적인 것이 아니라 다른 개인들과의 관계 속에서 제한되는 상대적인 것이라
는 사실이다. 스펜서는 이를 '동등자유(同等自由)의 원칙'으로 개념화한다.
동등자유의 원칙이란 간단히 말해 "모든 사람이 만일 그가 다른 어떤 사람
의 동등한 자유를 침해하지 않는다면, 그가 원하는 모든 것을 할 자유가 있
다"는 법칙이다.[47] 스펜서에 따르면 이 원칙이야말로 인간으로 하여금 최대

46　Herbert Spencer, 앞의 책(1966a), 449쪽.
47　이상률, 「해설: 저주받은 사상가를 다시 읽는다」, 허버트 스펜서, 이상률 옮김, 『개인 대 국
　　가: 국가가 해야 할 일은 무엇인가?』, 이책 2014, 4~43쪽, 여기서는 15, 26쪽에서 재인용.

의 행복—스펜서에게 삶의 목적은 행복에 있다—을 누릴 수 있도록 하는 사회적 삶의 기본 원칙이다. 왜냐하면 행복은 각자 개인이 자신의 능력을 발휘하는 것에 달려 있는데, 이를 위해서는 모든 개인에게 행위의 자유가 주어져야 하기 때문이다. 아무튼 스펜서는 동등자유의 원칙에 입각하여 생명권, 신체자유권, 토지사용권, 물질 및 정신의 재산권, 자유언론의 권리, 여성의 권리, 국가를 무시할 권리, 선거권 등을 내세웠다. 그리고 무역 규제, 세금으로 교회를 보조하는 것, 해외 식민지 개척, 중앙은행 제도, 복지제도, 정부의 우편 제도 독점 등의 폐지를 역설했다.[48]

그런데 여기에서 절대 오해해서는 안 될 것이 한 가지 있으니, 그것은 스펜서가 극단적인 개인주의자라고 해서 유기체적 실체로서의 사회를 부정하거나 해체하는 것은 아니라는 사실이다. 만약 그렇다면 그의 유기체적 사회학은 인식대상을 잃어버리고 말 것이다. 스펜서에게 사회는 스스로 규제하는 체계로서 지속적으로 성장하고 발전한다. 이렇듯 개인적 행위의 자유를 주창하고 유기체론적 관점에서 사회학적 인식을 수행하기 때문에 스펜서는 다음과 같이 "역설적 행위주의"라고 표현할 수 있는 관점을 취하게 된다. 이미 자세히 살펴본 바와 같이, 유기체적 실체로서의 사회가 성장하고 발전하는 과정은 우주만물에 적용되는 제일원리이자 보편법칙인 진화에 의해 지배된다. 그런데 이 과정은 너무나 복잡하기 때문에 인위적이고 계획적인 간섭을 하게 되면 그 결과를 전혀 예측할 수 없다. 게다가 사회적 체계는 그 내적 구성요소들 사이의 고도로 복잡한 상호의존 및 상호작용 관계로 인해—미국의 체계이론가 제이 포레스터(1918~ )의 표현을 빌자면—"반직관적 행동"을 보인다. 결국 스펜서는 개인주의자인 동시에 유기체론적 사회 개념을 고수하는 사회학자답게 개인적 행위의 자유와 사회적 체계의 자기 규제적 성장과 발전이 양립하는 것으로 보는 것이다. 이러한 상황에서 사회학이 할 수 있는 것은 너무 서두르거나 무반성적으로 이루어지는 행위를 경고하는 것뿐이다.[49]

---

48 같은 곳.

파슨스는 스펜서에 대해 다음과 같은 견해를 피력하고 있는데, 이 견해는 일반적으로 상호모순적인 것으로 보이는 개인주의와 유기체론적 사회 개념이 스펜서의 지적 세계에서는 내적인 조화를 이루고 있음을 단적으로 표현한다. "스펜서는 극단적인 개인주의자였다. 그러나 그의 극단주의는 다음과 같은 뿌리 깊은 신념의 과장일 뿐이었다. 거칠게 이야기하자면, 우리는 적어도 사회적 삶의 현저한 경제적 단계에서는 스스로 규제하는 자동적 메커니즘을 누리게 되는데, 이 메커니즘은 각자 개인이 그 자신의 이익과 사적 목적을 추구하는 것이 모두의 욕구를 가능한 한 크게 만족시키는 방식으로 작동한다. 필요한 모든 것은 이러한 메커니즘의 작동에 장애가 되는 것을 제거하는 것이었는바, 이것의 성공은 오로지 사적 이익의 합리적인 추구라는 개념에 내포된 조건들에 달려 있었다."[50]

이 맥락에서 국가의 역할에 대한 스펜서의 입장을 간단히 언급할 필요가 있다. 흔히 스펜서는 국가의 역할을 철저히 부정한 자유방임주의자로 간주되곤 하는데, 이는 그가 극단적인 개인주의자라는 사실과 잘 부합하는 것처럼 보인다. 그러나 스펜서는 국가의 역할을 부정한 적이 단 한 번도 없었다. 이는 무엇보다도 그의 첫 번째 저서를 보면 명백히 드러날 것이다. 이미 앞에서 언급한 바와 같이, 스펜서는 1842년 급진적 신문 『비국교도』에 편지 형식으로 발표한 여러 편의 논문을 모아서 그 이듬해 『정부의 적정 영역에 대하여』라는 제목으로 그의 첫 번째 책을 펴냈다. 제목이 암시하듯이 스펜서는 정부의 역할을 배제하는 것이 아니라 정부의 적정한 역할을 설정하고 있는바, 그것은 사회적 삶의 자연스러운 과정을 보조하는 것이다.[51] 이는 제한국가론이다. 스펜서가 거부한 것은 국가의 지나친 간섭이지 국가의 간섭 그 자체는 아니다. 국가는 정의의 실현을 위하여 소극적인 활동뿐만 아니라

---

49  Michael Kunczik, 앞의 책(2000), 82쪽.

50  Talcott Parsons, 앞의 책(1968a), 4쪽.

51  Herbert Spencer, *The Proper Sphere of Government: A Reprint of a Series of Letters, Originally Published in "The Nonconformist"*, London: W. Brittain 1843.

126  제1장 **사회의 보편이론**

적극적인 활동도 해야 한다는 전제하에 스펜서는 국가가 해야 할 일과 하지 말아야 할 일을 상세하게 제시하고 있다.[52]

이처럼 스펜서가 개인의 자유와 사회 유기체의 자기규제적 성장 및 발전 그리고 국가의 제한된 역할을 결합하는 것은 진화의 원리에서 그 궁극적인 근거를 찾을 수 있다. 스펜서에 따르면 진화는 우주만물의 제일원리로서 자연스럽고 점진적이며 필연적인 현상이자 과정이다. 사회는 진화하면서 적응 능력이 향상되고 구조적으로 분화되고 통합된다. 이것이 사회의 성장과 발전이다. 그리고 각 개인은 이 분화되고 통합된 사회체계 내에서 자신에게 부과된 기능을 수행한다. 다시 말해 사회적 행위를 한다. 이것이 개인의 자유인바, 각 개인은 이 자유를 통해 자신의 이해관계와 행복을 추구할 수 있다. 요컨대 개인의 자유도 사회적 진화의 결과인 것이다. 그리고 국가는 자연스럽고 점진적이며 필연적인 사회 진화에 개입해서는 안 되고 다만 이 진화를 저해하는 행위나 요소를 제거해야 한다.

---

52  이에 대해서는 다음을 참고할 것. 허버트 스펜서, 이상률 옮김, 『개인 대 국가: 국가가 해야 할 일은 무엇인가?』(원제는 *The Man Versus The State*), 이책 2014. 그리고 다음은 간략하지만 국가가 해야 할 일과 하지 말아야 할 일에 대한 조망을 주고 있으니 참고할 것. 이상률, 앞의 글(2014).

# 03
## 유물론적 사회학

카를 마르크스

마르크스는 여러모로 콩트나 스펜서와 대비된다. 첫째, 마르크스는 콩트나 스펜서와 달리 사회학자가 아니었다. 그는 단 한 번도 사회학자로서의 정체성을 가진 적이 없었다. 아니, 심지어 사회학과 씨름한 적도 없었다. 둘째, 마르크스는 사회학자가 아님에도 불구하고 사회학사에서 매우 중요한 위치를 차지하고 있다. 콩트나 스펜서가 '사회학사 박물관'에나 전시될 인물 정도로 취급되는 데 반해 마르크스는 흔히 베버 및 뒤르케임과 더불어 '고전 사회학'의 창시자로 자리매김된다. 그뿐이 아니다. 마르크스는 베버와 더불어 가장 중요한 사회학자로 간주되며, 그러한 가정하에 설정되는 '베버냐 마르크스냐'는 사회학의 발전을 추동하는 가장 중요한 비교축이다. 셋째, 자연과학에 기반하여 사회학을 구축한 콩트나 스펜서와 달리 마르크스는 주로 철학을 비판적으로 수용하여 근대 자본주의 사회에 대한 경제학을 구축한다. 구체적으로 말해 프리드리히 헤겔(1770~1831)의 사변적 관념론과 루트비히 포이어바흐(1804~72)의 인간학적 유물론의 비판적 수용이 마르크스의 사유가 형성되고 발전하는 데에 결정적인 역할을 한다. 마르크스의 사유는 이 두 철학자에 기대면서도 이들을 넘어선 결과라고 말해도 과장은 아닐 것이다. 그 가운데에서도 특히 헤겔의 변증법적 사고가 근저를 이루고 있다. 어떤 의미에서 마르크스는 헤겔의 제자이면서 비판자라고 할 수 있다. 그리고 애덤 스미스의 고전경제학과 씨름한 것 역시 꼽을 수 있다.

이렇게 구축된 마르크스의 경제학에는 인간 사회와 역사에 대한 탁월한 사회학적 인식의 틀이 내포되어 있으며, 바로 이런 연유로 마르크스를 사회학자로, 그것도 베버와 어깨를 견줄 수 있는 유일한 사회학자로 간주하는 것이다. 콩트를 사회학적 뉴턴주의자, 스펜서를 사회학적 다윈주의자라고 한다면 마르크스는 경제학적 또는 사회학적 헤겔주의자라고 할 수 있다.

그러나 사회학사적 관점에서 보면 콩트, 스펜서, 마르크스에게 공통점이 한 가지 있으니, 그것은 이 거장들이 사회학의 선구자일 뿐 창시자는 아니라는 점이다. 그 이유는 이 세 거장이 사회의 보편이론을 추구했기 때문이다. 마르크스에게서 사회는 콩트와 스펜서에게서와 마찬가지로 실체적 존재이다. 그것은 인간 사회 또는 사회화된(사회적) 인류이다. 마르크스의 이론은 콩트나 스펜서의 것과 마찬가지로 사회의 보편이론 또는 보편적 사회이론이다. 그리고 콩트나 스펜서의 이론과 마찬가지로 목적론적 역사철학이다.

물론 마르크스의 기본 개념인 노동은 베버의 사회적 행위에 비견할 수도 있을 것이다. 왜냐하면 그에게 노동은 사회화된 개인들의 — 또는 개인들이 사회 속에서 사회를 매개로 해서 하는 — 의식적이고 자유로운 생산활동이기 때문이다. 게다가 마르크스는 개인들의 행위가 생산양식, 즉 생산력과 생산관계라는 구조적 측면에 의해 규정된다고 파악한다. 이렇게 보면 마르크스에게서 개인주의적-구조주의적 사회학의 가능성을 찾을 수 있을 것이다. 그러나 이러한 구조론적 사고는 개인들의 행위를 규정하는 다양한 사회적 측면을 포괄하는 것이 아니라 경제적 구조에 국한되는 것이다. 그리고 마르크스가 경제학적 연구에 집중하게 됨에 따라서 개인주의적 또는 행위론적 사고는 그의 지평에서 사라지며, 그 결과 구조론적 사고도 구조결정론적이고 법칙결정론적인 사고로 변질된다.

### (1) 헤겔, 포이어바흐, 애덤 스미스: 마르크스의 지적 배경

마르크스의 가장 중요한 지적 배경과 토대가 자연과학이 아니라 — 그리고 사회과학이 아니라 — 철학, 그것도 일차적으로 헤겔 철학에 있었다는 사실을 제대로 이해하려면 무엇보다도 그의 성장 과정을 살펴보아야 할 것이다. 마르크스는 1818년 독일 남서부의 도시 트리어에서 유대인 변호사의 아들로 태어났는데, 그의 아버지는 변호사가 되기 위해 기독교로 개종했다.(마르크스의 조상들은 17세기까지 랍비였으며 할아버지 대까지 성씨가 '모르데카이'였다.) 마르크스는 1835년 본 대학에 입학해 법학을 공부하다가 그 이듬해인 1836년 베를린 대학으로 옮겨 1841년까지 법학과 철학을 공부했다. 이미 1837년에 마르크스는 헤겔좌파인 청년헤겔파의 서클인 '박사 클럽'에 가입하여 헤겔 철학의 세례를 흠뻑 받았다.

1841년 예나 대학에서 「데모크리토스와 에피쿠로스 자연철학의 차이」라는 논문으로 박사학위를 취득한 마르크스는 그의 친구이자 스승이며 청년헤겔파의 지도자인 브루노 바우어(1809~82)의 지도로 하빌리타치온(독일 대학교수 자격 취득)을 하려고 본 대학으로 돌아왔으나 허용되지 않았다. 청년헤겔파의 영향을 받아 급진적이고 무신론적인 자유주의자가 되었기 때문이다. 그리고 바우어가 대학에서 해직되는 것을 보고는 대학교수의 꿈을 접고 1842년부터 1843년까지 쾰른에서 『라인 신문』의 편집을 담당했다. 1843년 10월 파리로 이주한 이후 마르크스는 1845년 브뤼셀을 거쳐 1849년 런던에 정착하였다. 3월 혁명기인 1848~49년에 잠시 쾰른으로 돌아와 『신(新) 라인 신문』을 발행한 시기를 제외하고 마르크스는 무국적자로 런던에서 신산한 삶을 살다가 1883년 세상을 떠나 그곳에서 영면하고 있다.

이처럼 마르크스는 이미 대학 시절부터 헤겔 철학과 정면으로 마주하게 되었는데, 그 결과는 「헤겔 국법론 비판」과 「헤겔 법철학 비판 서문」이라는 두 글로 나타났다. 전자는 1843년 3월에서 8월 사이에 쓴 것으로 보이는데 마르크스는 이것을 출간하지 않고 그냥 서랍에 넣어두었다. 아마 본격적인 연구라기보다 이해를 위한 공부였기 때문일 것이다. 이 글 가운데 전해지는 부분이 1927년 『마르크스-엥겔스 전집』에 「헤겔 법철학 비판」이라는 제목으로 실렸는데, 이 부분은 마르크스가 1821년에 출간된 헤겔의 저서 『법철학』의 §261 ~ §313과 씨름한 결과를 담고 있다(헤겔은 이 책의 §260 ~ §329에서 국내법의 문제를 다루고 있다). 그 나머지 부분은 사라진 것으로 보인다. 그리고 후자는 1843년 말에서 1844년 1월 사이에 써서 1844년 『독일-프랑스 연보』에 발표했다.

그런데 마르크스가 헤겔에 대해 보인 관심은 좁게 헤겔의 법철학에 머물지 않고 넓게 헤겔의 변증법과 철학 일반에 이른다. 이는 무엇보다도 『경제학-철학 수고』를 보면 단적으로 드러난다. 1844년 4월에서 8월 사이에 쓴 것으로 보이는 이 저작 역시 마르크스는 출간하지 않았는데, 아마도 「헤겔 국법론 비판」처럼 공부에 그 주된 목적이 있었기 때문일 것이다. 단편으로 남아 있는 수고의 일부분이 1920년대 말에 발견되어서 1932년에 『마르크스-엥겔스 전집』에 수록되었다. 아무튼 마르크스는 이 『경제학-철학 수고』의 「세 번째 수고」 마지막 절을 헤겔의 변증법과 철학 일반에 대한 비판에 할애하고 있다. 그는 거기에서 헤겔의 철학적 체계의 첫 번째 부분을 구성하면서 헤겔 철학 전반의 서문 또는 도입부와 같은 역할을 하는 — 또는 마르크스 자신의 말대로 "헤겔 철학의 진정한 탄생지요 비밀"[1]인 — 『정신현상학』(1807)을 비판적으로 고찰하고 있다.

자명한 일이지만, 우리는 여기에서 마르크스와 헤겔의 관계를 모두 다룰 수 없다.[2] 그러니 마르크스의 지적 세계가 발전하는 과정에서 헤겔 철학이

---

1 Karl Marx, *Ökonomisch-philosophische Manuskripte*, in: *Karl Marx-Friedrich Engels-Werke* (*MEW*) *40*, Berlin: Dietz 1968, 465 ~ 588쪽, 여기서는 571쪽.
2 마르크스와 헤겔의 관계에 대한 자세한 논의는 다음을 참고할 것. K. 베커, 황태연 옮김, 『헤

갖는 핵심적인 의미에 논의의 초점을 맞추기로 한다. 그것은 다름 아닌 변증법에서 찾을 수 있다. 마르크스의 사유체계는 헤겔의 변증법이라는 토대 위에 구축되었다. 이 점에서 마르크스는 스스로를 헤겔의 제자라고 천명한다. 그러므로 「헤겔 법철학 비판」이 아니라 『경제학-철학 수고』가 우리의 논의 대상이 된다.

헤겔의 변증법이 갖는 의미가 어느 정도인가는, 무엇보다도 마르크스의 주저인 『자본: 정치경제학 비판』 제1권의 제2판(1873) 「후기」를 보면 짐작할 수 있을 것이다. 그는 거기에서 다음과 같이 말하고 있다.

> 헤겔 변증법의 신비적인 측면에 대해서 나는 약 30년 전, 그것이 아직 유행하고 있을 당시에 이미 비판한 적이 있다. 그러나 내가 『자본』 제1권을 집필하고 있는 바로 지금은 독일의 식자층 사이에서 큰소리깨나 치는 돼먹지 않게 시건방지고 별 볼 일 없는 인간들이 헤겔을 마치 "죽은 개"처럼 (…) 다루어도 된다는 생각을 하고 있다. 그래서 오히려 나는 공개적으로 이 위대한 사상가의 제자라고 천명하고 가치론에 대한 장에서는 고의적으로 여러 곳에서 그의 고유한 표현 방식을 따라 사용하기도 하였다. 변증법은 헤겔에게서 비록 신화화되긴 했지만 그렇다고 해서 그런 신비화 때문에 헤겔이 변증법의 일반적 운동 형태를 포괄적이고 의식적인 방식으로 서술하는 데 실패한 것은 전혀 아니었다. 변증법은 단지 그에게서 거꾸로 서 있을 뿐이었다. 우리가 그의 변증법에서 신비화된 외피 속에 감추어진 합리적인 핵심을 찾아내려면 우리는 그것을 도로 뒤집어야만 한다.
>
> 독일에서는 이 신비화된 형태의 변증법이 유행했는데 이는 그것이 현존하는 것들을 이상적인 것처럼 보이게 만들기 때문이었다. 합리적인 형태의 변증법은 부르주아들과 그들의 교의를 대변하는 자들에게 분노와 공포를 불러일으켰다. 왜냐하면 그 변증법은 현존하는 것들에 대한 긍정적인 이해 속에 그것의

---

겔과 마르크스』(원제는 *Marx' philosophische Entwicklung, sein Verhältnis zu Hegel*), 중원문화 2012.

부정과 그것의 필연적인 몰락에 대한 이해를 함께 간직하고 있을 뿐만 아니라 생성하는 모든 형태를 운동의 흐름으로 파악하며, 따라서 언제나 그것들을 일시적인 것으로만 파악하기 때문이다. 또한 이런 변증법은 어떤 것에 의해서도 감화를 받지 않고 본질적으로 비판적이며 혁명적이기 때문이다.[3]

요컨대 마르크스는 자신이 신비화된 채로 거꾸로 서 있던 헤겔의 변증법을 합리화된 변증법으로 똑바로 세웠다고 주장하고 있는 것이다. 그 결과 — 마르크스는 이렇게 확신하고 있다 — 그의 변증법적 방법은 "근본적으로 헤겔의 변증법적 방법과는 다를 뿐만 아니라 오히려 그것과 정반대이다."[4]

헤겔에게서 사유 과정은 그가 붙인 이념이라는 이름 아래 하나의 독립된 주체로 전화했을 뿐만 아니라 곧바로 현실적인 것들의 조물주이기도 하다. 그래서 현실적인 것들은 이 사유 과정이 겉으로 드러난 외적인 현상에 지나지 않는다. 그러나 거꾸로 나에게서 관념적인 것은 단지 인간의 머릿속에서 전환되고 번역된 물질적인 것에 지나지 않는다.[5]

그러니까 이념적인 것과 관념적인 것에 의해 신비화된 헤겔 변증법을 현실적인 것과 물질적인 것으로 대체한 것이 마르크스의 변증법인 것이다. 다시 말해 마르크스의 변증법은 헤겔의 유심론적 변증법이 유물론화된 결과이다. 이 변증법의 유물론화 과정에서 결정적인 역할을 한 철학자가 있었으니, 다름 아닌 포이어바흐였다. 마르크스의 변증법적 사고와 방법은 헤겔의 변증법과 포이어바흐의 유물론을 비판적으로 수용하고 종합한 결과라고 할

---

3  카를 마르크스, 강신준 옮김, 『자본: 경제학 비판 I』(원제는 *Das Kapital. Kritik der Politischen Ökonomie*), 도서출판 길 2008, 60~61쪽.
4  같은 책, 60쪽.
5  같은 곳.

수 있다.

헤겔은 1807년 8월 28일 예나에서 발행되는 한 신문에 게재한 자기광고에서 **"생성하는 지(知)"**를 『정신현상학』의 논의 대상으로 규정하고 있다. 거기에서 헤겔은 말하기를 — 이 책은 **"정신**이 거쳐 가는 상이한 **형태**의 도정을 중간단계로 삼아서 이를 자체 내에 흡수하는바, 이 길을 따라서 정신은 순수한 지 또는 절대정신이 된다." 그 중간단계는 구체적으로 "의식〔감각적 확신, 지각, 힘과 오성〕, 자기의식, 관찰하고 행위하는 이성, 정신 그 자체, 즉 인륜적·교양적·도덕적 정신으로서의 정신, 마지막으로 종교적 정신으로서의 정신"이다. 이 단계들이 그 각각의 형태 속에서 고찰되면 "언뜻 혼란스러워 보이기까지 하는 정신의 풍만한 모습이 과학적으로 질서지어지고, 이 질서가 정신의 갖가지 현상을 그것의 필연성에 따라서 제시하는 가운데 불완전한 것은 해소되면서 마침내 이것들은 가장 비근한 진리를 초탈하는 더욱 고차원적인 단계로 이행한다."[6]

헤겔의 철학은 한마디로 정신의 철학이라고 할 수 있다. 그는 철학을 비롯한 과학을 "정신 그 스스로가 현실성을 띤 가운데 자기의 고유한 터전 위에 쌓아올린 정신의 왕국"으로 본다.[7] 그리고 이 정신의 왕국인 과학의 본질을 이루는 것은 다름 아닌 순수한 정신의 운동이다. 왜냐하면 "정신은 한시도 쉬지 않고 끊임없는 전진 운동을 전개"하기 때문이다.[8] 운동이란 "목적이 전개되어 현실의 존재로 나아가는 것"이다.[9] 그런데 여기에서 중요한 것은 헤겔이 정신적 운동의 근원을 어떤 외적 요인에서 찾지 않고 내적으로 규정되는 과정으로 파악한다는 사실이다. 그것은 정신의 자기운동이다.

---

6  임석진, 「절대적 자기인식과 근대 서양 합리주의의 완성」, 프리드리히 헤겔, 임석진 옮김, 『정신현상학 1』, 한길사 2005a, 15~31쪽, 여기서는 20쪽에서 재인용. 이 책에서는 헤겔의 『정신현상학』을 우리말 번역본으로 인용하면서 다음의 원본을 참조해 필요에 따라 수정했다. Georg Wilhelm Friedrich Hegel, *Phänomenologie des Geistes: Werke in zwanzig Bänden*, Bd. 3, Frankfurt am Main: Suhrkamp 1970a.

7  프리드리히 헤겔, 앞의 책(2005a), 63쪽.

8  같은 책, 44쪽.

9  같은 책, 58쪽.

혜겔은 정신이 운동하는 근원 또는 원인을 정신에 내재하는 대립과 모순 그리고 이로부터 필연적으로 요청되는 부정(성)에서 찾는다. 다시 말해 "대립은 모든 것의 본질에 속하기에 모든 것은 모순 속에 있고 부정성을 포함하며, 따라서 운동 속에 있다."[10] 여기에서 말하는 부정(성)은 이중적 과정이다. 그것은 "한편으로는 스스로가 자기의 타자화를 통하여 자기내재적인 내용이 되는 것이고, 다른 한편으로는 타자화된 자기존재를 다시금 자체 내로 되돌려옴으로써 온갖 **요소**를 통일하여 단순한 내용을 얻어내려는 것이기도 하다."[11] 이는 부정의 부정, 그러니까 이중 부정이다. 그리하여 정신의 운동은 긍정-부정-부정의 부정 또는 즉자-대자-즉자대자라는 도식으로 표현할 수 있다. 혜겔은 『정신현상학』에서 다음과 같이 말하고 있다.

생동하는 실체야말로 참으로 **주체적인**, 다시 말하면 참으로 현실적인 존재이다. 그것은 실체가 자기 자신을 정립하는 운동이며 나아가서는 스스로 자기를 타자화하는 가운데 자기와의 매개를 행하기 때문이다. 실체가 곧 주체라고 하는 것은 바로 이 실체에 순수하고도 **단순한 부정성**이 작용하면서 바로 이로 인하여 단일한 것이 분열됨을 뜻한다. 그러나 이렇듯 분열되는 데서 오는 대립은 이중화됨으로써 분열된 양자가 서로 아무런 관계도 없이 차이와 대립을 빚는 그런 상태는 부정된다. 이렇게 해서 **회복된** 동일성, 다시 말하면 밖으로 향하면서 곧 다시 자기 자체 내로 반성·복귀하는 움직임 — 즉 **최초에 있던 직접적인** 통일과는 다른 — 이 두 번째의 동일성이 바로 진리이다. 진리는 자체적으로 생성되는 것으로서, 이는 자기의 종착점을 사전에 목적으로 설정하고 이 지점을 출발점으로 하여 중간의 전개 과정을 거쳐 종착점에 다다를 때라야 비로소 현실적인 것이 되는 원환(圓環)과 같은 것이다.[12]

---

10  찰스 테일러, 정대성 옮김, 『헤겔』(원제는 *Hegel*), 그린비 2014, 208~9쪽.
11  프리드리히 헤겔, 앞의 책(2005a), 90쪽.
12  같은 책, 52~53쪽.

헤겔은 이러한 운동의 원리 또는 법칙을 변증법이라고 부르며, 바로 이 변증법적 방법에 입각하여 『정신현상학』에서 정신이 감각적 확신에서 출발하여 다양한 단계의 형태를 거쳐서 절대지에 이르는 과정, 그러니까 정신의 운동 과정을 서술하고 있다. 정신의 변증법적 운동이 헤겔의 『정신현상학』이 규명하고자 하는 바이다. 정신은 변증법적 운동을 통하여, 다시 말해 대립과 모순 그리고 부정과 부정의 부정을 통하여 우리의 일상적 의식에서 출발하여 점점 더 높은 지와 진리로 이행하며 최종적으로 절대지에 도달한다. 그것은 한마디로 정신의 상승 운동이다. 그러므로 헤겔이 말하는 정신의 변증법은 상승 변증법이 되는 셈이다.[13]

마르크스가 보기에 이처럼 운동에 입각하여 철학적 사유를 전개한다는 점에 헤겔의 위대함이 있다. 그는 헤겔의 철학을 이론적 혁명으로 본다. 『경제학-철학 수고』에서 마르크스는 헤겔을 다음과 같이 평가하고 있다.

> 헤겔의 『정신현상학』과 그 최종 결과 —즉 운동하고 산출하는 원리로서의 부정성의 변증법 — 의 위대함은 먼저, 헤겔이 인간의 자기산출을 하나의 과정으로 파악하며, 대상화를 탈대상화로, 외화로 그리고 이 외화의 지양으로 파악한다는 데에서 찾을 수 있다. 또한 그리하여 그가 **노동**의 본질을 파악하며, 대상적 인간, 즉 현실적인 따라서 참된 인간을 그의 **고유한** 노동의 결과로 이해한다는 데에서 찾을 수 있다. 인간이 유적 존재인 자신에 대해 **현실적이고 활동적인** 태도를 취하는 것, 또는 인간이 현실적인 유적 존재로서, 다시 말해 인간적 존재로서 활동하는 것은 오직 그가 실제로 자신의 모든 **유적 힘들** —이는 다시금 인간들 전체의 작용을 통해서만, 즉 역사의 결과로서만 가능하다— 을 분출하고 이렇게 분출된 유적 힘들을 대상으로서 다룸으로써만 가능한데, 이는 다시금 처음에는 소외의 형식에서만 가능하다.[14]

---

13  찰스 테일러, 앞의 책(2014), 185, 202, 244, 400, 600, 646쪽.
14  Karl Marx, 앞의 책(1968), 574쪽.

그리고 마르크스는 바로 이 헤겔의 변증법에서 인간의 역사와 사회를 운동과 발전의 관점에서 고찰할 수 있는 가능성을 발견한다. 그런데 다른 한편 마르크스는 헤겔의 변증법을 액면 그대로 받아들이지 않는다. 그가 보기에 헤겔의 변증법은 부정성과 그에 근거하는 운동 및 산출의 원리를 제시하고 있지만 다른 한편으로 인간의 자기산출 과정을 정신에만 국한했다는 결정적인 한계를 안고 있기 때문이다. 헤겔에게는 "**정신**만이 인간의 **진정한** 본질이며, 정신의 진정한 형식은 사유하는 정신, 즉 논리적이고 사변적인 정신이다. 자연의 그리고 역사에 의해 산출된 자연, 즉 인간의 산물들의 **인간적 성격**은 그것들이 추상적 정신의 **산물들**이며 그런 한에서 **정신적** 계기들, 즉 사유적 존재들이라는 사실에서 나타난다."[15] 이에 상응하여 헤겔은 "노동을 인간의 **본질**로, 다시 말해 자기를 확증하는 인간의 본질로" 파악하면서도 대상적·육체적 노동은 간과한 채 "**추상적·정신적** 노동"만을 알고 인정한다.[16] 이 모든 논의에 근거하여 마르크스는『정신현상학』이 "은폐된 그리고 자기 자신에 여전히 불명료하고 신비적인 비판"이라는 결론에 도달한다.[17]

　그럼에도 불구하고 마르크스가 보기에 이 저작에는 "비판의 **모든** 요소들이 숨어 있으며 때로는 이미 헤겔의 관점을 훨씬 넘어서는 방식으로 **준비되고 마무리되어** 있다."[18] 마르크스는 바로 이 숨어 있는 비판의 요소들을 비판적으로 수용함으로써 자신의 지적 토대를 구축하고자 한다. 앞에서 인용한 내용을 다시 한 번 끌어들여 표현하자면, 마르크스가 보기에 헤겔의 변증법은 운동과 산출의 원리를 제시한 점에서는 위대하지만 다만 거꾸로 서 있다는 점에서는 문제가 있다. 그는 이를 똑바로 세우고자 한다. 또는 헤겔식으로 표현하자면, 헤겔의 변증법을 지양하고자 한다. 이처럼 마르크스가 거꾸로 서 있는 헤겔의 변증법을 똑바로 세우는, 또는 헤겔의 변증법을 지양하는

---

15　같은 책, 573쪽.
16　같은 책, 574쪽.
17　같은 책, 573쪽.
18　같은 곳.

과정에서 포이어바흐의 철학이 결정적인 역할을 한다.

프리드리히 엥겔스(1820~95)에 따르면 포이어바흐의 유물론 철학은 청년헤겔파를 갈팡질팡하도록 만든 헤겔의 관념론과 영국 및 프랑스 유물론 사이의 모순을 일거에 해결한 일종의 철학적 혁명이자 해방이었다(전자는 이념을 절대적인 것으로 보는 반면, 후자는 자연을 유일하게 현실적인 것으로 본다).[19] 1888년 출간된 『루트비히 포이어바흐와 독일 고전철학의 종말』에서 엥겔스는 다음과 같이 말하고 있다.

그때 포이어바흐의 『기독교의 본질』이 나왔다. 그것은 단도직입적으로 유물론을 다시금 왕좌에 올려놓음으로써 모순을 단숨에 날려버렸다. 자연은 모든 철학으로부터 독립적으로 존재한다. 자연은 그 자체가 자연의 산물인 우리 인간이 자라난 토대이다. 자연과 인간 외에는 아무것도 존재하지 않으며, 우리의 종교적 환상이 만들어낸 보다 높은 존재들은 우리 자신의 본질이 환상적으로 반영된 것일 뿐이다. 마력은 타파되었다. "체계"는 파괴되어 제거되었으며, 모순은 오직 상상력 속에서만 존재한다는 것이 드러남으로써 해결되었다. 이 책이 갖는 해방적 효과는 그것을 몸소 체험한 사람이 아니고서는 상상할 수 없을 것이다. 누구나 다 열광했다. 우리 모두는 즉각적으로 포이어바흐주의자가 되었다. 마르크스가 얼마나 열렬하게 이 새로운 견해를 환영하였으며, 또한 그가 — 모든 비판적인 유보에도 불구하고 — 이 새로운 견해로부터 얼마나 많은

---

19 Friedrich Engels, *Ludwig Feuerbach und der Ausgang der klassischen deutschen Philosophie*, in: *Karl Marx-Friedrich Engels-Werke* (*MEW*) *21*, Berlin: Dietz 1962, 259~307쪽, 여기서는 272쪽. 엥겔스가 말하는 영국과 프랑스의 유물론은 기계론적 유물론을 가리킨다. 기계론적 유물론은 인간을 "자연의 작품" 또는 순수한 물리적 존재로 간주하며 물질과 그것의 법칙적 운동에서 출발하여 인간으로 넘어간다. 이에 반해 포이어바흐의 유물론은 자연과 인간이라는 두 단어로 요약된다. Alfred Schmidt, "Anthropologischer Materialismus", in: Josef Speck (Hrsg.), *Grundprobleme der grossen Philosophen. Philosophie der Neuzeit II*, Göttingen: Vandenhoeck & Ruprecht 1988 (3., durchgesehene Auflage), 184~219쪽, 여기서는 189쪽. 기계론적 유물론에 대해서는 다음을 참고할 것. Friedrich Engels, 앞의 책 (1962), 278쪽 이하.

영향을 받았는가는 『신성가족』(神聖家族)을 읽으면 알 수 있다.[20]

　포이어바흐는 일찍이 헤겔 철학에 빠져들었다. 그리하여 아버지의 완강한 반대에도 불구하고 신학에서 철학으로 전공을 바꾸었다. 그러나 곧 헤겔철학에 회의를 품게 된다. 포이어바흐에 따르면 정신에서 출발하는 헤겔의 사변적 관념론은 주어와 술어를 전도시킨다. 다시 말해 사유가 주어가 되고 존재가 술어가 된다. 이에 반해 포이어바흐는, 사유가 존재를 결정하는 것이 아니라 존재가 사유를 결정하기 때문에 존재가 주어가 되고 사유가 술어가 된다는 견해를 내세운다. 그리고 술어가 아닌 주어가 되는 바로 이 존재에서, 보다 정확히 말하자면 인간의 실존과 경험적 현실에서 출발하는 유물론적 철학을 구축한다. 포이어바흐의 지적 세계가 발전하는 과정은 한 사람의 헤겔주의자가 유물론에 이르는 과정인데, 이 발전 과정의 "한 특정한 단계에서 포이어바흐는 선행자(헤겔)의 관념론적 체계와 완전히 단절하게 된다."[21]

　그런데 포이어바흐는 비단 헤겔 철학뿐만 아니라 신에서 출발하는 기존의 신학과 정신·의식·주체·이성 등에서 출발하는 기존의 철학을 넘어서려고 한다. 그의 철학이 근본 원리로 삼는 것은 ― 포이어바흐는 『기독교의 본질』 제2판(1843; 제1판은 1841년)에서 이렇게 주장한다 ― "스피노자의 실체, 칸트나 피히테의 자아, 셸링의 절대적 동일성, 헤겔의 절대정신 등"과 같이 "단지 사유된 또는 상상된 추상적인 본질"이 아니다. 그것은 오히려 "**현**

20　Friedrich Engels, 앞의 책(1962), 272쪽. 이 인용구절의 마지막 부분에 언급된 『신성가족』은 마르크스와 엥겔스의 맨 처음 공동저작으로서 1845년 초에 출간되었는바, 그 원래 제목은 『신성가족, 또는 비판적 비판에 대한 비판: 브루노 바우어와 그 일파에 반대하여』이다. 이 책에서 마르크스와 엥겔스는 청년헤겔파의 지도자인 바우어와 그 일파를 아기예수, 마리아, 요셉의 신성가족에 빗대면서 비판하고 있다. 바우어 일파는 현실에 대해 비판을 가하지만 그들의 비판은 실천적 측면을 결여한 관조에 지나지 않는다는 것이 마르크스와 엥겔스의 비판이다. 이 공동저작에서 이들은 포이어바흐의 유물론을 극찬하는 동시에 기계론적 유물론을 철저히 비판하고 있다.

21　Friedrich Engels, 앞의 책(1962), 277쪽.

**실적인** 또는 가장 현실적인 본질인 인간이라는 실재존재를, 그러므로 가장 적극적인 실재원리"를 그 근본 원칙으로 삼는다.[22] 포이어바흐의 철학은

> 추상적 이성의 대상과 같은 사물이 아니라 **현실적·전체적 인간**의 대상이 되는, 따라서 그 자체로 전체적·**현실적**인 사물을 참된 사물로서 인정하는 철학이다. 이 철학은 고립된 오성, 곧 누구의 것인지 알 수 없는 절대적이고 이름 없는 오성에서가 아니라 인간 ── 물론 사변철학이나 기독교가 생각해낸 인간이 아닌 ── 의 오성에서 근거를 구하기 때문에 **본질이나 이름 없는** 언어가 아니라 **인간적인** 언어로 말하는 철학이다. 이 철학은 사실과 언어에 따라 철학의 **본질**을 **철학의 부정** 속에서 찾는다. 곧 이 철학은 피와 살이 된 철학, 인간이 된 철학만을 참된 철학이라고 선언한다. 그 때문에 이 철학은 철학의 **가상** 속에 철학의 **본질**을 설정하는 모든 조야하고 어긋난 머리통들에게 이 철학이 전혀 철학으로 보이지 않는다는 사실 속에서 최고의 승리를 구가한다.[23]

피와 살이 되고 인간이 된 이 철학, 또는 "인간의 **참된, 현실적인, 전체적인** 본질에 상응하는" 철학이 바로 유물론, 보다 정확히 말하자면 인간학적 유물론이다. 포이어바흐의 유물론은 기존의 모든 "초인간적·반인간적·반자연적인 종교나 사변"과는 근본적으로 구분되는 완전히 새로운 철학적 원리이다. 그것은 철학의 개혁이자 혁명이다. 포이어바흐는 마르틴 루터에 비견될 수 있을 것이다. 철학의 루터 포이어바흐![24]

철학의 루터 포이어바흐는 새로운 철학적 원리인 유물론, 인간학적 유물론에 입각하여 종교를 고찰한다. 포이어바흐에 따르면 종교에서 신은 주체가 아니라 대상일 뿐이다. 주체는 어디까지나 인간이다. 이와 관련하여 『기

---

22  루트비히 포이어바흐, 강대석 옮김, 『기독교의 본질』(원제는 *Das Wesen des Christentums*), 한길사 2008, 44쪽.

23  같은 곳.

24  Wolfgang Schluchter, 앞의 책(2006), 53쪽.

독교의 본질』에서 다음과 같이 과감한 주장을 한다. "**인간은 기독교의 신이고 인간학은 기독교 신학의 비밀이다.**"[25] 포이어바흐는 신이 인간의 대상화된 자아라는 견해를 내세운다. 인간은 이 대상화된 자아에서 자기 자신을 의식한다. 그러므로 신에 대한 의식은 인간의 자기의식이다. "종교는 인간이 **자기**의 본질, 곧 유한하고 제한된 본질이 아니라 **무한한** 본질에 대해 갖고 있는 의식에 불과하다."[26] 여기에서 말하는 인간은 유적 존재이다. 포이어바흐에 따르면 개별적 존재로서의 인간은 유한하지만 유적 존재로서의 인간은 무한하다는 것이다. 이 무한한 인간의 본질은 이성, 의지, 마음(감정)으로 구성된다. 그러므로 인간은 총체적인 존재이다. 그리고 인간은 자연 및 다른 인간들과 통일성을 이룬다. 그러므로 인간은 자연적 존재이자 사회적 존재이다.

마르크스가 보기에 이처럼 인간주의적-자연주의적 원리에 입각하여 철학적 사유를 전개한다는 점에 포이어바흐의 위대함이 있다. 그는 — 헤겔의 철학과 더불어 — 포이어바흐의 철학을 이론적 혁명으로 본다. 『경제학-철학 수고』에서 마르크스는 포이어바흐를 다음과 같이 평가하고 있다.

> 포이어바흐에서 비로소 **실증적인** 인간주의적-자연주의적 비판이 시작되었다. 포이어바흐의 저작들은 조용하면 할수록 그 영향력이 더욱더 확실해지고, 더욱더 깊어지고, 더욱더 광범위해지며 더욱더 지속적이 된다. 그것들은 헤겔의 『정신현상학』과 『논리학』 이래 진정한 이론적 혁명을 내포한 유일한 저작들이다.[27]

그리고 마르크스는 바로 이 포이어바흐의 유물론에서 거꾸로 서 있는 헤겔의 관념론적 변증법을 똑바로 세울 수 있는 가능성을 발견한다. 그런데 다

---

25  루트비히 포이어바흐, 앞의 책(2008), 537쪽.
26  같은 책, 62쪽.
27  Karl Marx, 앞의 책(1968), 468쪽.

른 한편 마르크스는 포이어바흐의 유물론 역시 액면 그대로 받아들이지 않는다. 그가 보기에 포이어바흐의 유물론은 그 개혁적-혁명적 성격에도 불구하고 관조적이고 비사회적이며 비역사적인 차원에 머물렀다는 결정적인 한계를 안고 있기 때문이다. 이는 마르크스가 1845년에 11개의 테제로 제시한 「포이어바흐에 관한 테제」를 보면 확연하게 드러난다.

먼저 마르크스는 '테제1'에서 포이어바흐의 유물론이 갖는 관조적 성격을 비판한다. 포이어바흐의 유물론을 포함하여 지금까지의 모든 유물론의 주요 결점은 "대상, 현실, 감성이 단지 **객체** 또는 **관조**의 형식에서만 파악될 뿐 **인간의 감성적 활동, 실천**으로, 즉 주체적인 것으로 파악되지 않는다"는 데에 있다. 포이어바흐는 "사유 객체와 진정으로 구별되는 객체를 원하지만 인간 활동 자체를 **대상적** 활동으로 파악하지 못한다." 마르크스에 따르면 **"활동적 측면"**은 유물론과 대척적인 관계에 있는 관념론에 의해서 논의되어 왔다. 그러나 이 또한 "단지 추상적일 뿐인데", 그 이유는 관념론이 "현실적이고 감성적인 활동 자체를 알지 못하기" 때문이다.[28] 요컨대 유물론과 관념론 모두 대상적 활동을 알지 못한다는 것이다. 여기에서 마르크스가 말하는 인간의 활동적 측면에 대한 관념론적 논의는 구체적으로 헤겔이 『정신현상학』에서 논한 노동의 개념이다. 이미 앞에서 살펴본 바와 같이, 마르크스는 한편으로 헤겔이 노동을 인간의 본질로 파악한 점은 높이 평가하면서 다른 한편으로 헤겔이 대상적-육체적 노동은 간과한 채 추상적-정신적 노동만을 알고 인정한다고 비판한다.

마르크스에 따르면 포이어바흐의 **"관조적 유물론"** ── '테제9'에서 그는 이 유물론을 이렇게 표현하고 있다[29] ── 은 인간의 활동 또는 실천을 모르기 때문에 사회적 차원과 역사적 차원을 결여하고 있다. 이는 '테제6'을 보면 잘 드러난다. "포이어바흐는 종교의 본질을 **인간**의 본질로 해체한다. 그러나

---

28  Karl Marx, "Thesen über Feuerbach", in: *Karl Marx-Friedrich Engels-Werke* (*MEW*) *3*, Berlin: Dietz 1958, 533~35쪽, 여기서는 533쪽.
29  같은 글, 535쪽.

인간의 본질은 개별 인간에 내재하는 추상물이 아니다. 이 본질은 그 현실성에서 사회적 관계들의 앙상블이다. 포이어바흐는 이러한 현실적 본질의 비판으로 나아가지 못하며, 따라서 ① 역사적 과정을 도외시하고 종교적 심성을 그 자체로서 고착시키며 하나의 추상적인 ─ **고립된** ─ 인간적 개인을 전제할 수밖에 없으며, ② 따라서 그에게서 인간의 본질은 단지 '유'(類)로만, 즉 많은 개인들을 단순히 **자연적으로** 결합하는 내적이고 침묵하는 보편성으로만 파악될 수밖에 없다."[30] 마르크스는 인간적 삶의 사회성과 역사성을 헤겔의 노동 개념과 변증법에서 찾는다(헤겔 노동 개념이 갖는 사회성에 대해서는 다음 절에서 논의할 것임).

여기까지의 논의를 요약하자면, 마르크스는 헤겔의 관념론 철학과 포이어바흐의 유물론 철학을 결합하여 변증법적 유물론을 얻을 수 있었다. 그것은 양자에 대한 이중적 비판을 통하여, 또는 양자의 지양을 통하여 얻은 철학의 원리로서 사회적-역사적 차원의 유물론이었다.[31] 그러나 헤겔과 포이어바흐의 지양을 통해서는 대상적 활동 또는 실천의 측면을 얻을 수 없었다.


### (2) 노동, 주체, 인간

마르크스가 대상적 활동 또는 실천을 얻어서 새로운 유물론 ─ 이는 일반적으로 사적(史的) 유물론이라 불린다 ─ 을 구축하는 과정에서 결정적인 역할을 한 것은 경제학 또는 정치경제학 비판이었다. 그런데 이렇게 말한다고해서 마치 마르크스가 철학과 씨름하고 난 다음에 경제학과 씨름했다는 식으로 생각해서는 안 된다. 그는 오히려 거의 같은 시기에 철학과 경제학을 비판적으로 고찰하기 시작했다.[32] 이는 무엇보다도 『경제학-철학 수고』의

---

30  같은 글, 534쪽.

31  마르크스는 "포이어바흐와 더불어 헤겔을 **비판하면서** 동시에 헤겔과 더불어 포이어바흐를 **정정한다.**" Wolfgang Schluchter, 앞의 책(2006), 60쪽.

제목만 보아도 단적으로 드러난다. 이 초기 저작은 경제학 비판과 철학(헤겔 및 포이어바흐) 비판을 결합하려는 시도라 할 수 있다. 이러한 시도는 1847년에 프랑스 사회주의자 피에르 조제프 프루동(1809~65)의 『빈곤의 철학』을 겨냥하여 쓴 『철학의 빈곤』에서도 나타난다. 그리고 1857~58년에 쓴 『정치경제학 비판 개요』(1857~58)와 『정치경제학 비판을 위하여』(1859)가 그 뒤를 잇는다. 이 모든 '예비작업'의 결과로 1867년에 『자본』 제1권이 출간되고 1883년 마르크스가 세상을 떠난 후 엥겔스의 편집으로 1885년에 제2권이 1894년에 제3권이 나온다.[33] 마르크스의 주저로 간주되는 이 저작의 부제가 바로 "정치경제학 비판"이다!

방금 언급한 네 저작들의 제목이나 부제를 보면, 그 하나에는 '경제학'이라는 말이 들어 있고 나머지 셋에는 '정치경제학'이라는 말이 들어 있다. 그리고 『경제학-철학 수고』의 본문에서는 '국민경제학'이라는 용어를 사용하고 있다. 이는 언뜻 모순적으로 보인다. 그러나 이 세 가지 용어는 같은 것을 가리키는바, 구체적으로 17세기 이후에 발전한 이른바 '부르주아 경제학'을 가리킨다. 여기서는 오늘날의 관점에 입각하여 '경제학'이라는 용어를 사용하기로 한다.[34]

---

32  경제학에 대한 마르크스의 관심은 이미 1843년 3월부터 8월 사이에 「헤겔 법철학 비판」을 쓰는 과정에서 형성되었다. 마르크스는 1859년에 출간된 『정치경제학 비판을 위하여』에서 이렇게 말하고 있다. "내 연구는 법률 관계와 국가 형태는 그 자체로부터도 인간 정신의 소위 보편적 발전으로부터도 파악될 수 없으며, 오히려 헤겔이 18세기의 영국인들과 프랑스인들의 선례에 따라 '부르주아 사회'라는 이름 아래 그 전체를 요약한 바 있는 물질적 삶의 관계들에 근거한다는, 그리고 부르주아 사회의 해부학은 경제학에서 찾아야 한다는 결론에 도달했다." Karl Marx, *Zur Kritik der Politischen Ökonomie*, in: *Karl Marx-Friedrich Engels-Werke (MEW) 13*, Berlin: Dietz 1961, 3~160쪽, 여기서는 8쪽. 이러한 결론에 입각하여 마르크스는 1843년 10월 말 파리로 이주한 직후부터 본격적으로 경제학을 연구하기 시작하였으며, 그 첫 번째 결과가 바로 『경제학-철학 수고』이다.
33  마르크스는 『자본: 정치경제학 비판』을 1859년에 출간한 『정치경제학 비판을 위하여』의 속편으로 간주한다. 카를 마르크스, 앞의 책(2008), 43쪽.
34  다음의 한국어판이 그 부제를 '정치경제학'이 아니라 '경제학'이라고 한 것도 이 점을 반영한 결과로 보인다. 카를 마르크스, 강신준 옮김, 『자본: 경제학 비판』(전 5권)(원제는 *Das Kapital. Kritik der Politischen Ökonomie*), 도서출판 길 2008~10.

이 일련의 저작에서 마르크스는 부르주아 경제학자들이 발전시킨 기본 범주들, 즉 노동, 상품, 가치, 화폐, 자본, 이윤, 지대, 사유재산, 생산, 분배, 교환, 소비, 분업 등을 비판적으로 고찰하고 있다. 부르주아 경제학자들 가운데 특히 마르크스의 관심을 끄는 인물은 애덤 스미스이다. 엥겔스와 마찬가지로 마르크스는 스미스를 "**경제학의 루터**"라고 부른다. 그 이유는 루터가 "종교성을 인간의 **내적** 본질로 만듦으로써 **외적** 종교성을 폐기한 것"과 마찬가지로, 스미스에 이르러 "인간의 외부에 존재하고 인간으로부터 독립적인 — 그리하여 단지 외적인 방식으로만 유지되고 주장될 수 있는 — 부(富)가 폐기되었기" 때문이다. 다시 말해 스미스에 의해 "사유재산이 인간 자신과 통합되고 인간이 자신을 사유재산의 본질로 인식하게 됨으로써 부의 **외적이고 무사고적인 대상성**이 폐기되었던" 것이다.[35] 이처럼 스미스가 부 또는 사유재산과 인간을 내적으로 결합함으로써 경제학의 루터가 될 수 있었던 이유는, 그가 "사유재산의 **주체적 본질**, 즉 대자적으로 존재하는 활동으로서의, **주체**로서의, **인격**으로서의 사유재산은 **노동임**"을 인식했기 때문이다.[36]

그런데 스미스는 한 걸음 더 나아가 "**노동**을 "경제학의 **유일한** 원리로 고양했으며", 이에 따라 "**노동**을 **부의 유일한 본질**"로 삼았다.[37] 그가 경제학에서 이룩한 엄청난 진보는 — 마르크스는 『정치경제학 비판 개요』에서 이렇게 평가하고 있다 — 매뉴팩처 노동, 상업 노동, 농업 노동 등과 같이 부를 산출하는 활동의 모든 규정성을 폐기하고 이것이기도 하고 저것이기도 한, 즉 노동 일반을 부의 산출 원리로 제시한 점에, 그리고 부를 창출하는 활동의 추상적 보편성과 더불어 부로 규정된 대상의 추상적 보편성을, 즉 노동 일반과 더불어 대상 일반을 인식한 점에 있다.[38]

---

35  Karl Marx, 앞의 책(1968), 530쪽. 엥겔스는 다음에서 스미스를 "**경제학의 루터**"라고 부르고 있다. Friedrich Engels, "Umrisse zu einer Kritik der Nationalökonomie", in: *Karl Marx-Friedrich Engels-Werke (MEW) 1*, Berlin: Dietz 1956, 499~524쪽, 여기서는 503쪽.

36  Karl Marx, 앞의 책(1968), 530쪽.

37  같은 책, 524, 531쪽.

38  Karl Marx, *Grundrisse der Kritik der politischen Ökonomie: Karl Marx-Friedrich Engels-Werke*

그러나 다른 한편 마르크스는 스미스가 이 모든 것에도 불구하고 "**노동자 (노동)와 생산 사이의 직접적인 관계를 고찰하지 않음으로써 노동의 본질에 내재하는 소외를 은폐한다**"고 비판한다. 마르크스에 따르면 "노동은 부유한 자들을 위해서는 경이로운 작품을 생산하지만 노동자를 위해서는 결핍을 생산한다. 그것은 궁궐을 생산하지만 노동자를 위해서는 오두막을 생산한다. 그것은 아름다움을 생산하지만 노동자를 위해서는 불구를 생산한다. 그것은 노동을 기계로 대치하지만 노동자의 일부분을 야만적인 노동에 빠뜨리며 다른 일부분을 기계로 만든다. 그것은 정신을 생산하지만 노동자를 위해서는 정신박약과 백치를 생산한다."[39] 그러므로 사유재산은 단순히 노동의 산물이 아니라 노동과 자본 그리고 이 둘의 관계에 다름 아니다. 그럼에도 불구하고 스미스는 노동의 사회적 관계 또는 사회성을 간과한 채 노동을 "추상적으로 하나의 사물로 간주하며" 노동자를 "노동동물로만, 즉 아주 엄격한 의미에서의 육체적 욕구로 환원된 동물로만 알고 있다." 그 결과 "생산의 진정한 영혼인 노동에서 출발함에도 불구하고 노동에게는 아무것도 주지 않고 사유재산에게 모든 것을 주어버리는" 자기모순에 빠지고 만다.[40]

이 맥락에서 마르크스는 헤겔에 접목한다. 앞에서 언급한 바와 같이, 마르크스는 헤겔이 『정신현상학』에서 인간의 자기산출을 하나의 과정으로 파악하며, 그리하여 노동의 본질을 파악한 점을 높이 평가하고 있다. 거기에서 헤겔은 정신의 변증법적 운동의 두 번째 단계인 자기의식을 논하면서 그의 노동 이론을 전개한다. 헤겔에 따르면 자기의식은 그 전단계인 의식과 달리 "**나가 우리이고 우리가 나**"라는 것을 경험하는 정신적 세계이다.[41] 다시 말해 하나의 자기의식이 또 다른 자기의식과 관계를 맺으며 양자가 상대방을 인정하는 세계이다. "자기의식은 또 하나의 자기의식에 대하여 즉자적이고 대

---

(*MEW*) *42*, Berlin: Dietz 1983, 38쪽.

39  Karl Marx, 앞의 책(1968), 513쪽.
40  같은 책, 478, 481, 520쪽.
41  프리드리히 헤겔, 앞의 책(2005a), 220쪽.

자적으로 존재함으로써 그리고 존재하기 때문에 **즉자적**이고 **대자적**으로 존재한다. 다시 말해 자기의식은 오직 인정된 것으로서만 존재한다."[42] 그런데 처음에는 한 자기의식과 다른 자기의식이 부등한 관계에 있다. 왜냐하면 그 가운데 하나는 상대방으로부터 인정을 받고 다른 하나는 상대방을 인정하기 때문이다. 헤겔은 전자와 후자를 각각 주인과 노예라고 부른다. 주인이 "독자성을 본질로 하는 자립적인 의식"인 반면, 노예는 "타자에 대한 존재를 본질로 하는 비자립적인 의식"이다.[43]

헤겔에 따르면 주인은 노예를 지배하고 노예는 주인에게 예속된다. 그리고 노예는 주인을 위하여 노동을 해야 한다. 사물을 가공하고 변형해야 한다. 이에 반해 주인은 노예가 가공하고 변형한 사물을 향유한다. 이러한 노동과 향유의 관계를 통하여 노예는 주인을 인정하고 주인은 노예로부터 인정을 받는다. 이는 물론 일방적이고 강요된 인정의 관계이다. 그러나 다른 한편 주인의 욕망하고 향유하는 의식은 비본질적인 것이다. 왜냐하면 그의 욕망과 향유는 노예에 의해 매개된 비자립적인 사물에 의해 충족되며, 따라서 대상과의 관계가 단절되어 있기 때문이다. 다시 말해 대상이 전적으로 부정되는 것이다. 그 결과 그의 의식은 자기에게로 돌아올 수 없다. 이에 반해 노예의 노동은 자립적인 사물을 부정하면서 그것을 가공하고 변형하는 행위이다. 그 결과 그의 의식은 자기에게로 돌아온다. "결국 의식이 자기에게로 되돌아오는 데는 노동이 개재해야만 하는 것이다."[44] 달리 표현하자면, 노예는 사물을 형성하면서 자기를 형성하는 것이다. 노동을 하지 않는 주인에게는 이 자기형성의 가능성이 주어지지 않는다.

주인의 의식에서 욕망에 해당하는 것이 노예의 의식에서는 노동이 되는 셈인데, 어쨌든 노동에서 사물의 자립성이 유지되는 이상 노예는 사물에 대해

---

42  같은 곳.
43  같은 책, 228쪽.
44  같은 책, 231쪽.

서 종속적인 위치에 있는 듯이 보인다. 욕망이라는 것은 대상을 전적으로 부정하며, 그럼으로써 티 없는 자기감정을 확보하는 것이다. 하지만 그러니만큼 또 거기서 얻어지는 만족감은 그대로 소멸될 수밖에 없다. 왜냐하면 이때 욕망에는 **대상의 존립**이라는 측면이 결여되어 있기 때문이다. 이에 반하여 노동의 경우는 욕망을 **억제함으로써** 사물이 탕진되고 소멸되는 데까지 **밀어붙이지 않고** 사물의 **형성으로** 나아간다. 여기에서 대상에 대한 부정적인 관계란 대상의 **형식을** 다듬어가며 그의 존재를 **보존하는** 쪽으로 나아간다. 왜냐하면 노동하는 노예에게 대상은 어디까지나 자립성을 띤 것이기 때문이다. 사물을 **부정하는** 가운데 형식을 다듬어가는 **행위**라는 이 매개적인 중심은 동시에 의식의 **개별성** 또는 순수한 독자성이 발현되는 장(場)이기도 한데, 결국 의식은 노동하는 가운데 자기 외부에 있는 지속적인 터전으로 나아가는 것이다. 이렇게 해서 노동하는 의식은 사물의 자립성을 곧 **자기 자신의** 자립성으로 직관하기에 이른다.[45]

이처럼 주인과 노예의 관계라는 두 자기의식의 관계 속에서 노동을 고찰하는 헤겔에게서 마르크스는 자본가와 노동자라는 두 사회계급의 관계 속에서 노동에 접근할 수 있는 가능성을 발견한다. 그런데 헤겔이 염두에 두고 있는 노동은 대상적-육체적 노동, 즉 물질적 생산이 아니라 추상적-정신적 노동이다. 마르크스는 대상적-육체적 노동의 개념을 애덤 스미스에게서 발견한다. 이렇게 보면 마르크스의 노동 개념은 헤겔의 철학과 스미스의 경제학을 비판적으로 종합한 것이라고 할 수 있다. 그것은 양자의 지양이다.[46]

---

45  같은 책, 231~32쪽.
46  마르크스 노동 개념과 헤겔의 노동 개념 사이의 차이를 다음과 같이 정리할 수 있을 것이다. "마르크스에게는 자연에서 이루어지는 실제적 변화와 그 결과로서 인간에 의해 만들어진 환경이 결정적으로 중요한 데 반해, 헤겔에게는 노동과 그 산물의 역할이 주로 인간 안에 보편적 의식을 만들고 유지하는 데 있다는 점에서 양자는 큰 차이가 있다." 이러한 차이는 한편으로 "마르크스에게는 산업혁명이 인간 역사의 주된 사실이었던 데 반해 헤겔의 사유는 여전히 산업화 이전에 있었던 것과 주로 관계한다는 사실을 반영하고 있다." 그러나 다른 한편 그것은 "인간의 본질이 무엇인지에 대한 두 사상가의 상이한 통찰을 반영하는 것이기도 하다." 찰스 테일러, 앞의 책(2014), 227쪽. 인간의 본질이라는 측면에서 보면,

그렇다면 마르크스에게 노동하는 인간은 어떠한 존재인가? 이에 대한 답변은 마르크스가 노동을 사유재산의 주체적 본질 또는 주체적-인격적 측면으로 간주한다는 사실만 보아도 어렵지 않게 찾을 수 있을 것이다. 그에게 노동하는 인간은 한마디로 말해 주체적 존재이다. 왜냐하면 노동은 인간이 자유롭고 의식적으로 대상을 가공하고 변형함으로써 자연을 전유하는 행위이기 때문이다. 마르크스에 따르면 인간은 노동을 통해서 자신을 대상화하고 외화하며 자아를 형성하고 실현한다. 그리고 인간은 노동을 매개로 하여 비로소 자연, 사회, 자기 자신과 관계를 맺으며 인간 종족 또는 인류 전체와 관계를 맺음으로써 유적 존재가 된다.

이처럼 인간을 자유롭고 의식적인 주체적 존재로 보는 점에서 마르크스는 베버와 유사점을 보여준다고 할 수 있다. 베버 역시 — 다음 장에서 상세히 논의되는 바와 같이 — 주관적 의미에서 출발하기 때문이다. 그리고 또 다른 점에서도 유사점이 발견되는바, 그것은 인간 행위의 사회적 차원에서이다. 베버는 사회적 행위, 다시 말해 타자(들)에 지향된 유의미한 행위를 사회학적 인식의 대상으로 삼는다. 이와 유사하게 마르크스는 사회 속에서 노동하는 개인들, 다시 말해 사회적 개인들의 노동을 인식의 대상으로 삼는다. 그리고 이 점에서 그는 고립된 개별자의 관점에서 경제적 현상에 접근하는 고전경제학과 결정적으로 구별된다. 스미스와 데이비드 리카도(1772~1823)가 말하는 개별적이고 고립된 사냥꾼과 어부는 마르크스의 눈에는 "18세기의 상상력 없는 공상"에 지나지 않는다. 인간은 말 그대로 "정치적 동물", 즉 "군거 동물일 뿐만 아니라 사회 안에서만 개별화될 수 있는 동물이다." 그러므로 사회 밖에서 고립된 개인의 노동은 "함께 살아가고 함께 말

---

노동하는 인간이 헤겔에게는 비대상적인 유심론적 존재인 반면 마르크스에게는 대상적인 유물론적 존재이다. 헤겔과 달리, 그리고 마르크스와 같이 애덤 스미스는 바로 산업혁명 이후의 산업화된 세계를 경제학적 인식의 대상으로 하고 있다. 그리하여 노동하는 인간은 스미스에게도 — 마르크스의 표현을 빌리자면 — 대상적인 유물론적 존재이다. 그러나 다른 한편 이 존재는 헤겔에게서와 그리고 마르크스에게서와 달리 사회성과 역사성을 결여하고 있다.

하는 개인들이 없는 언어의 발전만큼이나 난센스이다."[47] 이러한 비판은 ─
앞에서 살펴본 바와 같이 ─ 포이어바흐에게도 그대로 적용된다.

그러나 다른 한편 마르크스와 베버 사이에는 간과할 수 없는 근본적인 차
이점이 존재한다. 왜냐하면 베버에게서 사회적 행위가 유적 존재의 행위가
아니라 개인(들)의 행위를 뜻하는 반면, 마르크스에게서는 노동하는 인간이
개인적인 존재가 아니라 유적 존재를 뜻하기 때문이다. 마르크스에 따르면,

> 인간은 하나의 유적 존재인바, 이는 그가 실천적으로나 이론적으로 유를,
> 그것도 자기 자신의 유와 그 밖의 다른 사물들의 유를 자신의 대상으로 삼는다
> 는 점에서뿐만 아니라, 또한 ─ 그리고 이것은 같은 사태의 다른 표현에 지나지
> 않지만 ─ 현재 활동하고 있는 유인 자기 자신과, 다시 말해 **보편적인**, 따라서
> 자유로운 존재인 자기 자신과 관계한다는 점에서도 그러하다.[48]

그리고 노동, 즉 **"대상적 세계**의 실천적 산출", 또는 "비유기적 자연의 **가
공**"은 "인간이 의식적인 유적 존재라는 것, 다시 말해 자기 자신의 본질인
유와 또는 유적 존재인 자신과 관계를 맺는 존재라는 것을 확증한다."[49] 이
를 보다 구체적으로 표현하자면, 인간은 노동, 그러니까 대상적 세계인 비유
기적 자연의 실천적 형성과 변형에서

> 비로소 진정한 **유적 존재**로 확증된다. 이 생산은 인간의 활동적인 유적 삶
> 이다. 그것을 통하여 자연이 **인간의** 작품과 인간의 현실로 나타난다. 그러므로
> **노동은 인간의 유적 삶의 대상화**이다. 왜냐하면 인간이 의식에서 그런 것처럼 단
> 지 지적으로만 이중화하는 것이 아니라 그와 더불어 현실적으로도, 다시 말해
> 활동적으로도 이중화하며, 따라서 자기 자신에 의해 창조된 세계 속에서 자기

---

47  Karl Marx, 앞의 책(1983), 19~20쪽.
48  Karl Marx, 앞의 책(1968), 515쪽.
49  같은 책, 516~17쪽.

자신을 바라보기 때문이다.[50]

이처럼 인간을 개인적 존재가 아니라 유적 존재로 간주하는 관점에 입각해서 보면, 유적 차원이 아니라 개인적 차원에 머무는 노동은 인간의 본질에 부합하는 진정한 노동이 아니다. 그것은 어디까지나 소외된 노동이다. 마르크스에 따르면 소외된 노동은 인간의 의식적이고 자유로운 자기활동을 개인의 단순한 육체적 생존의 수단으로 전락시키며, 인간의 유적 존재를 개인적 존재에 종속시킨다. 그리하여 소외된 노동은 "인간에게서 ① 자연을 소외시키고, ② 자기 자신, 그의 고유한 활동적 기능, 그의 삶의 활동을 소외시킴으로써 인간에게서 유를 소외시킨다. 소외된 노동은 인간에게 **유적 삶**을 개인적 삶의 수단으로 만든다. 첫 번째로 소외된 노동은 유적 삶과 개인적 삶을 소외시키고, 두 번째로 추상적인 후자를 그것과 마찬가지로 추상적이고 소외된 형식을 띠는 전자의 목적으로 만든다."[51]

바로 이 점에서 마르크스는 베버와 근본적으로 구별된다. 왜냐하면 유적 존재로서의 인간이 아니라 개인(들)에서 출발하는 베버가 보기에는 개인(들)의 사회적 행위가 유적 존재를 지향하거나 거기에 준거하는 것 자체가 소외일 것이기 때문이다. 그리고 이 점에서 마르크스는 뒤르케임 및 짐멜과도 근본적으로 구별된다. 아니, 이 책에서 다루어지는 그 이후의 모든 사회학자들과 근본적으로 구별된다. 왜냐하면 이들 가운데 어느 누구도 인간 종족 또는 인류 전체를 사회학적 인식의 대상으로 삼지 않기 때문이다.

### (3) 근대 자본주의 사회의 경제적 해부학을 찾아서

노동은 마르크스의 지적 세계에서 "핵심적인 지위"를 차지하며, 그의 전

---

50  같은 책, 517쪽.
51  같은 책, 516쪽.

(소)저작을 "해독(解讀)하는 기능"을 수행한다. 노동은 마르크스가 모든 사회적 행위와 관계를 밝히는 데 "의미의 배경"이 된다.[52] 요컨대 노동은 마르크스의 기본 개념이다. 그리하여 마르크스의 노동은 뒤르케임의 사회적 사실, 짐멜의 상호작용, 베버의 사회적 행위와 비견될 수 있다. 그리고 더 나아가 루만의 커뮤니케이션, 하버마스의 의사소통행위, 엘리아스의 결합태, 부르디외의 아비투스 등에 비견될 수 있다.

마르크스에 따르면 노동은 역사적 시기에 따라서 다른 모습을 띠게 된다. 그럼에도 불구하고 애덤 스미스를 위시한 부르주아 경제학자들은 이러한 노동의 역사성을 간과한 채 근대 자본주의 사회에서의 노동을 보편타당하고 절대적인 것으로 간주한다. 이에 반하여 마르크스는 노동이 "역사와 무관한 영원한 자연법칙들의 틀에 박힌 것"이 아니고 언제나 특정한 사회적 발전 단계에서 개인들이 하는 생산적 활동이라는 견해를 내세운다. 모든 노동은 "하나의 특정한 사회형태 내에서 이 사회형태를 매개로 개인들이 자연을 점유하는 것이다."[53] 그러므로 근대 자본주의 사회에서의 노동은 역사적으로 등장한 다양한 노동들 가운데 하나일 뿐이다. 이것은 ─ 베버식으로 표현하자면 ─ 역사적 개체, 그것도 어디까지나 하나의 역사적 개체일 뿐이다.

노동이 역사적 시기에 따라서 다른 모습을 띠게 되는 이유는 그것이 자연적-사회적 조건과 환경에 의존하기 때문이다. 다시 말해 노동은 인간의 의식적이고 자유로운 생산활동이라는 주관적-실천적 측면과 이 측면의 자연적-사회적 환경과 조건이 되는 객관적-물질적 측면으로 구분된다. 노동의 이러한 이중적 특성으로 인해 개인들이 노동을 하는 방식은 역사적 시대에 따라 달라질 수밖에 없다. 이를 마르크스는 생산양식이라는 개념으로 담아내며 달리 사회구성체 ─ 엄밀히 말하자면 경제적 사회구성체 ─ 라는 개념으로도

---

52  Helmut Klages, *Technischer Humanismus. Philosophie und Soziologie der Arbeit bei Karl Marx*, Stuttgart: Ferdinand Enke 1964, 11, 109쪽.
53  Karl Marx, 앞의 책(1983), 20, 22~23쪽.

표현한다. 생산양식은 노동의 두 측면에 따라서 생산력과 생산관계로 구분
되며, 생산력과 생산관계는 다시금 노동의 두 측면에 따라서 각각 노동력과
생산수단으로 그리고 노동 분업과 소유 분배로 구분된다. 또한 모든 사회형
태에서는 상이한 이해관계에 따라서 상이한 계급이 형성되는데, 이 역시 노
동의 주관적-실천적 측면과 객관적-물질적 측면에 따라서 생산과정에서의
위치와 생산수단의 처분권으로 구분된다. 그리고 (부르주아 사회에서) 노동
은 상품에 대상화되거나 물질화되는데, 이 상품의 가치는 사용가치와 교환
가치로 구분된다. 마지막으로 마르크스(주의)는 실천적 측면에서 인간 해방
을 추구하며 그 이론적 근거를 물질적 관계에 의해서 결정되는 인류 역사의
필연적 발전 법칙에서 찾는다.[54] 이를 도표로 나타내 보면 다음과 같다.[55]

**도표 6  마르크스의 이중적 개념 규정**

| 개념 | 실천의 측면 | 물질적 관계의 측면 |
|---|---|---|
| 인간 | 노동 | 삶의 상황 |
| 노동 | 의식 | 존재 |
| 생산양식 | 생산력 | 생산관계 |
| 생산관계 | 노동 분업 | 소유 분배 |
| 생산력 | 노동력 | 생산수단 |
| 생산수단 | 기술 | 자연 |
| 계급 | 생산과정에서의 위치 | 생산수단의 처분권 |
| 상품 | 사용가치 | 교환가치 |
| 마르크스주의 이론 | 해방 | 필연성 |

　마르크스에 따르면 인류 역사는 생산양식 또는 경제적 사회구성체의 변
화에 따라서 원시 공산주의 사회, 고대 노예제 사회, 중세 봉건제 사회, 근대
자본주의 사회와 사회주의 사회 및 공산주의 사회의 여섯 단계를 거쳐서 발

---

54　Hubertus Niedermaier, "Marxistische Theorie", in: Georg Kneer & Markus Schreor (Hrsg.),
　　*Handbuch Soziologische Theorien*, Wiesbaden: Verlag für Sozialwissenschaften 2009, 221~36
　　쪽, 여기서는 221쪽 이하.
55　같은 책, 223쪽.

전한다. 여기서는 지면 관계상 이에 대한 상세한 논의는 다음 기회로 미루고 이 사회구성체들의 구조적 특성을 다음과 같이 생산양식, 생산수단, 노동 분업, 소유 형태, 기술, 교환 형태, 계급관계의 측면에서 도표로 나타내는 것으로 만족하기로 한다.[56]

**도표 7 사회구성체들의 특성**

| 역사적 시기 | 생산 양식 | 주요 생산수단 | 노동 분업 | 소유 형태 | 기술 | 교환 형태 | 계급관계 |
|---|---|---|---|---|---|---|---|
| 원시 공산 사회 | 협동 | 자연환경 | 성별·연령에 따른 자연적 분업 | 부족 소유 | 도구 제작기술 제1차 기술혁명: 농업기술 요업과 야금기술 대(大) 건축기술 | 물물교환 | 무계급 |
| 고대 노예제 사회 | 노예 노동 | 노예 | 정치적·경제적으로 조건지어진 분업 농업, 소규모 산업, 수공업, 상업 | 공동체적 사유재산 | | 물물교환과 화폐교환 | 자유인/ 노예 |
| 중세 봉건제 사회 | 농노 노동 | 토지 | 정치적·경제적으로 조건지어진 분업 농업, 수공업, 산업 (매뉴팩처), 상업 | 토지 소유 | | 물물교환과 화폐교환 | 봉건 영주/ 농노 |
| 근대 자본주의 사회 | 임금 노동 | 자본 | 일차적으로 기술적으로 조건지어진 분업 농업, 대공업(공장), 상업, 운송 | 사유재산 | 제2차 기술혁명: 기계기술 화학기술 전기기술 | 순수한 화폐교환 | 부르주아 / 프롤레타리아 |
| 공산주의 사회 | 연합 | 자본? | 노동 분업의 폐기 | 공동체적 또는 사회적 소유 | 제3차 기술혁명 ? | 시장경제의 극복 | 무계급 |

자명한 일이지만 한편으로 이 역사적 개체들 각각의 자연적–사회적 특성을 분석하며 다른 한편으로 한 단계의 역사적 개체에서 그다음 단계의 역사적 개체로 이행하는 과정을 추적해야만 인류 역사의 발전 과정을 제대로 파악할 수 있다. 그러나 마르크스의 주된 관심은 근대 자본주의적 생산양식의

---

56  이는 다음을 참조하여 작성한 것이다. Wolfgang Schluchter, 앞의 책(2006), 94~ 95쪽; Hubertus Niedermaier, 앞의 책(2009), 227쪽.

서술과 분석, 그러니까 부르주아 사회의 경제적 해부학에 있는바, 그 이유는 부르주아 사회가 사회적 생산관계의 마지막 모순이자 적대적 형태인, 따라서 인간 사회의 전사(前史)가 종결되는 사회구성체이기 때문이다. 마르크스가 근대의 경제적 해부학과 더불어 무엇을 염두에 두고 있는가는 『정치경제학 비판 개요』의 서설에서 경제학의 방법에 할애된 부분을 보면 알 수 있다. 거기에서 마르크스는 주장하기를, 부르주아 사회의 경제적 해부학은 노동, 생산, 분배, 교환 등 "많든 적든 모든 사회구성체에서 볼 수 있는 〔…〕 보편적인 추상적 규정들"에 대한 일반적인 논의에서 출발하여 다음과 같이 부르주아 사회의 중요한 측면들을 포괄해야 한다. "① 부르주아 사회의 내부 구조를 결정하고 핵심 계급들의 근거가 되는 범주들. 자본. 임노동. 토지 소유. 이 계급들의 상호관계. 도시와 농촌. 세 주요 사회계급. 이 계급들 사이의 교환. 유통. 신용제도(민간). ② 국가 형태로 통합된 부르주아 사회. 양자의 관계에 대한 고찰. '비생산적인' 계급들. 조세. 국채. 공적 신용. 인구. 식민지. 해외 이주. ③ 생산의 국제적 관계. 국제 분업. 국제 교역. 수출입. 환율. ④ 세계시장과 공황." [57] 그리고 이러한 관점에 입각하여 마르크스는 그의 주저 『자본』에서 "근대 사회의 경제적 운동 법칙"을 밝혀내려고 한다. 다시 말해 "자본주의적 생산양식과 그 양식에 상응하는 생산관계 그리고 교환관계"가 이 책의 연구 대상이다.[58]

이러한 인식목표를 추구하는 『자본』은 노동이라는 개념적 토대에서 출발한다. 노동은 마르크스의 지적 세계에서 기본 개념이자 개념적 세포가 된다. 그런데 시장 지향적 상품 생산에 기반하는 근대 부르주아 사회에서는 "노동 생산물의 상품 형태 또는 가치 형태가 그 경제적인 세포 형태에 해당한다."[59]

마르크스에 따르면 근대의 부르주아적 생산양식에서는 가치의 실체인 노

---

57  Karl Marx, 앞의 책(1983), 42쪽.
58  카를 마르크스, 앞의 책(2008), 45, 47쪽.
59  같은 책, 44쪽.

동이 상품에 대상화되거나 물질화되며,[60] 어느 한 상품이 갖는 가치의 크기는 그것의 생산에 필요한 노동의 양, 즉 시간이나 일수와 같이 객관적인 기준에 따라서 측정할 수 있는 사회적 평균 노동시간에 달려 있다(이를 가리켜 객관주의적 가치론이라고 한다). 그리하여 어느 한 상품이 지니는 가치와 다른 한 상품이 지니는 가치 사이의 관계는 전자의 생산에 투여된 사회적 노동시간과 후자의 생산에 투여된 사회적 노동시간의 관계에 의해서 결정된다. 이러한 부르주아 사회에서는 자본가 계급이 자본과 생산수단을 프롤레타리아트 계급의 노동과 조합하여 상품 생산에 투여한다. 노동자는 노동력의 재생산에 필요한 가치보다 더 많은 가치, 즉 잉여가치를 생산한다. 바로 이 잉여가치를 둘러싸고 자본가 계급과 노동자 계급 사이에 벌어지는 계급 투쟁이라는 사회적 실천행위가 자본주의 사회를 움직이는 운동 법칙의 기저를 이룬다. 국가와 법률 또는 문화와 같은 상부구조는 자본가 계급이 노동자 계급을 억압하고 착취하는 수단이 된다.

그러나 마르크스가 보기에 자본주의적 사회구성체는 그 이전의 사회구성체들과 마찬가지로 내재적 모순에 의하여 필연적으로 붕괴되고 공산주의 사회가 도래하게 되어 있다. 이윤율의 점진적 저하, 자본의 집중과 독점, 대다수 인구의 프롤레타리아트화 등이 그 모순이다. 자본주의 사회의 소외된 노동과 달리 공산주의 사회의 노동에서는 인간과 자연, 존재와 본질, 대상화와 자아 행위, 자유와 필연 그리고 개인적 존재와 유적 존재가 일치하게 된다고 그는 확신한다.

---

60 마르크스는 육체적 노동의 개념을 대표하는 이론가이다. 그에 따르면 노동이란 육체적 에너지의 소모이며, 따라서 모든 정신노동은 예외 없이 육체노동으로 환원될 수 있고 많고 적음의 척도에 따라 양적으로 측정할 수 있다. 이에 반해 짐멜은 노동을 — 그것이 육체노동이든 정신노동이든 상관없이 — 영혼의 행위로 간주하며, 따라서 육체노동도 마르크스가 주장하는 바와 달리 거기에 내포된 심리적-정신적 요소로 귀착될 수밖에 없다는 견해를 피력한다. 짐멜의 노동 개념과 그에 입각한 마르크스 노동 개념에 대한 비판은 다음을 참고할 것. 김덕영, 앞의 책(2007), 577쪽 이하.

## (4) 행위, 구조, 법칙: 마르크스의 이론은 인류 사회의 보편이론이다

앞에서 언급한 바와 같이, 마르크스의 노동 개념은 베버가 말하는 사회적 행위로 해석할 수도 있다. 왜냐하면 노동은 사회화된 또는 사회적으로 규정된 개인들, 그러니까 사회적 개인들의 의식적이고 주체적이며 자유로운 행위이기 때문이다. 마르크스에게서는 노동 이외에도 다양한 인간 행위의 차원과 요소를 찾아볼 수 있다.[61] 예컨대 생산, 소비, 분배, 교환은 전형적인 경제적 행위요, 계급 투쟁은 전형적인 정치적 행위이다. 이러한 경제적 행위와 정치적 행위는 사회적 개인들의 행위, 즉 사회적 행위이다. 이런 한에서 마르크스주의 사회학에 대해 이야기할 수 있다. 이 사회학의 인식대상은 구체적으로 "물질적 삶과 여타 삶의 조건들을 생산하기 위해서 행위하는 개인들의 사회적 실천과 이 실천이 구현되는 형식들"에 있다.[62] 여기에서 개인들의 사회적 실천 또는 행위가 구현되는 형식들은 생산양식, 생산관계, 생산수단, 교환관계 등의 물적 토대와 이 토대에 의해 결정되는 국가, 법, 문화, 이데올로기 등의 상부구조를 가리킨다. 이는 달리 사회적 관계의 앙상블이라고 표현할 수 있으며, 오늘날의 개념으로는 사회구조가 된다. 이렇게 보면 마르크스는 개인적인 것에서 출발하여 구조적인 것으로 나아간다고 볼 수도 있을 것이며, 따라서 마르크스를 베버와 마찬가지로 방법론적 개인주의자로 볼 수도 있을 것이다.[63]

그러나 여기에서 말하는 인간의 행위는 전적으로 집합주의적인 성격을 지닌다는 사실을 간과해서는 안 될 것이다. 왜냐하면 개인들은 궁극적으로 계급개인들을 지칭하고, 행위들은 궁극적으로 계급행위들을 지칭하기 때문

---

61 이 아래의 논의는 다음을 수정·보완한 것임. 김덕영, 앞의 책(2012), 627~29쪽.

62 Michael Neumann, *Zur Methode der Klassenanalyse. Insbesondere bei Friedrich Engels. Untersuchungen zu einem Problem der marxistischen Soziologie*, Göttingen (Dissertation) 1975, 62~63쪽.

63 예컨대 다음은 마르크스를 방법론적 개인주의에 속하는 이론가로 간주하고 있다. John Elster, *Making Sense of Marx*, Cambridge: Cambridge University Press 1985.

이다.[64] 마르크스에게서는 계급이 개인에 대해서 실체화되고 실재화되기 때문에 행위하는 개인들의 주관적 의미로부터 출발하지 않는다. 개별 인간들, 그들의 행위 그리고 그들의 사회적 관계는 오히려 특정한 시대의 생산력과 생산관계에 의해서 조건지어지고 결정되는 계급상황으로 간주된다. 바로 이런 이유로 행위의 주체는 개별적인 인간이 아니라 집합적인 계급이다.

그리고 한 걸음 더 나아가 마르크스는 계급개인들과 그들의 행위가 어떠한 경우에도 사적 유물론의 운동 법칙에 입각해서 해명될 수 있다고 주장한다. 이 법칙은 "인간 사회들의 형성, 발전, 해체 및 재구성에 대한, 그리고 특정한 사회구성체들 내부의 근본적인 관계와 과정에 대한" 보편적인 이론을 의미한다.[65] 개인들과 그들의 행위는 그들이 속한 계급과 계급행위에 의해서 매개된다. 달리 표현하자면, 개인들은 어디까지나 "경제적 범주들의 인격체"이며, 어디까지나 "특정한 계급관계와 계급이해의 담당자"로 행위한다.[66] 개인들은 주관적으로 행위하는 것이 아니라 자본가 또는 노동자라는 "경제적 분장"을 하고서 행위한다.[67] 그리고 다른 한편 계급과 계급행위는 사적 유물론의 운동 법칙에 의해서 매개된다. 그리하여 계급과 계급행위는 법칙적으로 진행하는 역사적-사회적 과정의 담지자 또는 대리자로 기능한다.[68] 그러나 베버의 경우에는 정반대의 논리가 성립한다. 왜냐하면 베버는

---

64  Michael Neumann, 앞의 책(1975), 64, 102쪽.
65  같은 책, 50~51쪽. 보편적인 마르크스주의 법칙과 이론은 구체적으로 다음과 같은 공식을 통해서 표현된다. 사회적 생산, 필연적 관계들, 물적 생산력, 생산관계들의 총합, 경제구조, 토대, 상부구조, 모순, 발전 형식 그리고 전복 또는 혁명 등. 같은 책, 51쪽.
66  카를 마르크스, 앞의 책(2008), 47쪽.
67  같은 책, 778쪽.
68  마르크스에게서 다음과 같이 다양한 행위론적 개념을 발견할 수 있다고 주장하는 경우가 있는데, 사실 이러한 주장에는 전적으로 동의할 수 있다. 노동, 노동생산물, 교환, 교환가치, 가치, 생산, 순환, 소비, 생산력, 생산관계, 자본, 이윤, 등가물 등과 같은 개념. 그러나 그에 이어지는 주장, 즉 이 개념들을 근거로 마르크스에게서도 베버에게서와 같은 행위론적 연구 프로그램을 확증할 수 있다는 주장에는 전혀 동의할 수 없다. 이러한 주장은 다음에 제시되어 있다. Rainer Prewo, "Max Webers handlungsbegriffliche Soziologie. Kann sie Marx' Methodologie verständlicher machen?", in: Stefan Böckler & Johannes Weiss (Hrsg.), *Marx oder Weber? Zur Aktualisierung einer Kontroverse*, Opladen: Westdeutscher Verlag 1987,

계급, 아니 초개인적이고 집합적인 것은 개인과 그의 행위를 통해서 매개된다고 보기 때문이다. 이것은 개인들이 유의미한 사회적 행위 또는 사회적 상호작용을 하기 위한 기회 또는 수단으로 이해된다. 요컨대 베버에게서는 행위가 개념과 이론을 "구성하는 요소"인 반면, 마르크스에게서는 "사라져가는 요소"일 따름이다.[69]

마르크스가 근거하는 사적 유물론의 운동 법칙은 사회과학에서 말하는 여느 법칙이 아니라 "철칙처럼 필연적으로 작용하면서 관철되어나가는 경향"이다. 그것은 마르크스에게 일종의 "자연법칙"이요 "자연사적 과정"이다. 그러므로 "한 사회가 설사 자신의 운동에 대한 자연법칙을 발견했다 하더라도 그 사회는 자연적인 발전 단계를 생략하고 건너뛸 수 없으며 또한 그것을 법령으로 제거할 수도 없다. 단지 그 사회가 할 수 있는 것이라곤 자신의 산고(產苦)를 단축하고 완화하는 것뿐이다."[70] 이처럼 인류 사회의 발

---

29~47쪽, 특히 34~35쪽. 왜냐하면 마르크스가 어떠한 과학유형 또는 어떠한 인식형식을 발전시켰는가를 판단하는 결정적인 기준은, 그의 저술 속에 행위론적 차원과 요소가 내포되어 있느냐 또는 아니냐 하는 문제가 아니다. 결정적인 것은 그보다 어떠한 관점으로부터 이들 사회적 및 역사적 사실들을 관찰하고 논증하느냐 하는, 이른바 "이론적 기본직관"의 문제이다. 방금 언급한 연구는 마르크스가 전적으로 행위론적인 차원과 요소들을 계급의 물적-경제적 관계로 그리고 궁극적으로는 보편적이고 필연적인 역사와 사회의 발전 법칙으로 소급한다는 사실을 간과하고 있다. 마르크스와는 정반대로 베버에게서는 개별 인간이야말로 "유의미한 자아행태의 한계이자 유일한 담지자"이다. 이런 이론적 기본직관은 사회학에 모든 사회구조물을 "'이해할 수 있는' 행위, 다시 말해 단 하나의 예외도 없이 관련된 개별 인간들의 행위로 환원하는" 과제를 부여하게 된다. Max Weber, 앞의 책 (1973), 439쪽. 다음의 연구는 사회적 행위와 물적 관계가 각각 베버와 마르크스주의자들에게서 이론적 기본직관을 구성하는 논리를 자세히 설명하고 있다. Johannes Weiss, *Das Werk Max Webers in der marxistischen Rezeption und Kritik*, Opladen: Westdeutscher Verlag 1981a, 99쪽 이하. 그리고 마르크스의 인식방법을 행위론적 추상화 절차로 간주하며, 변증법과 이념형적 방법은 "아마도 (상이한 규칙을 지닌) 두 개의 상이한 메타이론적 '언어놀이'라기보다는 단지 [경험적인 과정에서 구체적으로 나타나는] 상이한 언술놀이"라고 주장하는 경우가 있다. Rainer Prewo, 앞의 글(1987), 41쪽. 그러나 이러한 주장과 정반대로 마르크스의 방법은 실체주의적이고 본질주의적인 성격을 띠고 있는 반면에 베버의 방법은 관점주의적인 지향성을 지닌다는 사실을 염두에 둘 필요가 있다.

69  Erich Hahn, *Theoretische Probleme der marxistischen Soziologie*, Köln: Pahl-Rugenstein 1974, 63쪽.

전 과정은 필연적이고 보편타당한 자연사적 철칙에 의해 지배되기 때문에 개인들은 사라져갈 수밖에 없다. 이와 관련하여 마르크스는 『자본』의 서문에서 다음과 같이 주장하고 있다.

> 나는 자본가와 토지소유자를 결코 장밋빛으로 묘사하지는 않을 것이다. 그러나 여기에서 이 사람들을 문제로 삼는 것은 단지 그들이 갖가지 경제적 범주들의 인격체라는 점에서만, 즉 특정한 계급관계와 계급이해의 담당자라는 점에서만 그렇다. 나는 다른 누구보다도 경제적 사회구성체의 발전을 하나의 자연사적 과정으로 파악하고 있으며, 각 개인은 그들이 설사 주관적으로는 사회적 관계에서 벗어나 있다고 할지라도 사회적으로는 사회적 관계의 피조물이라고 간주하기 때문에 사회적 관계에 대한 이들 개인의 책임은 적다고 생각하는 입장이다.[71]

요컨대 개인들과 그들의 행위는 사회구성체 또는 사회적 관계에 의해 결정된다. 이는 구조결정론적 사고이다. 그리고 사회구성체 또는 사회적 관계는 다시금 자연사적 법칙에 의해 결정된다. 이는 법칙결정론적 관점이다. 자명한 일이지만 구조와 법칙에 의한 이 이중적 결정론의 틀 안에는 개인과 그의 행위가 자리할 여지가 없다. 그런데 이러한 결정적론 사고는 『자본』의 전편에 해당하는 『정치경제학 비판을 위하여』에서 이미 완성된 형태로 구축되었다고 할 수 있다. 그 책의 서문에서 마르크스는 파리 시절(1843~45)에 시작해 브뤼셀 시절(1845~48)까지 계속한 경제학 연구의 전반적 결과이면서 그 이후 연구의 길잡이가 된 것을 다음과 같이 간략하게 정리하고 있는데, 이미 여기에 사적 유물론의 핵심이 아주 명증하게 제시되어 있다.

> 인간들은 그들 삶의 사회적 생산에서 그들의 의지와 무관한 특정하고 필

---

70 카를 마르크스, 앞의 책(2008), 45, 47쪽.
71 카를 마르크스, 앞의 책(2008), 47쪽.

연적인 관계, 즉 그들의 물적 생산력의 특정한 발전 단계에 상응하는 생산관계를 맺는다. 이 생산관계의 전체가 사회의 경제적 구조, 즉 현실적 토대를 이루며, 이 토대 위에 법적이고 정치적인 상부구조가 세워지고 이 토대에 특정한 형태의 사회적 의식이 상응한다. 물적 삶의 생산양식이 사회적, 정치적 및 정신적 삶의 과정 일반을 조건짓는다. 인간들의 의식이 그들의 존재를 규정하는 것이 아니라 역으로 그들의 사회적 존재가 그들의 의식을 규정하는 것이다. 사회의 물적 생산력은 일정한 발전 단계에 이르면 자신이 그때까지 그 안에서 움직이던 기존의 생산관계, 또는 단지 이것의 법률적 표현일 뿐인 소유관계와 모순에 빠진다. 이 관계는 생산력의 발전 형태로부터 질곡으로 전환된다. 그리되면 사회적 혁명의 시기가 도래한다. 경제적 기초의 변화와 더불어 거대한 상부구조 전체가 조만간 전복된다. 그와 같은 전복을 고찰함에 있어서는 경제적 생산 조건의 자연과학적으로 엄정하게 확인될 수 있는 물적 전복과 인간들이 그 안에서 이 갈등을 의식하게 되고 그것을 싸움으로 해결하게 되는 법률적, 정치적, 종교적, 예술적 또는 철학적, 간단히 말해 이데올로기적 전복을 항상 구분해야 한다. 한 개인이 어떤 사람인가를 그 자신이 생각하는 것에 의해서 판단하지 않듯이, 그와 같은 전복의 시기를 그 시기의 의식으로부터 판단할 수 없으며 이 의식을 물적 삶의 모순으로부터, 즉 사회적 생산력과 생산관계의 갈등으로부터 설명해야 한다. 한 사회구성체는 모든 생산력이 그 사회구성체 안에서 더 이상 발전의 여지가 없을 정도로 발전하기 전에는 결코 붕괴되지 않으며, 새로운 보다 높은 생산관계는 그것이 존재하는 데 필요한 물적 조건이 낡은 사회 자체의 품에서 부화되기 전에는 결코 등장하지 않는다. 그러므로 인류는 언제나 스스로 해결할 수 있는 과업만을 자신에게 부과한다. 왜냐하면 보다 자세히 고찰해보면 과업 자체는 언제나 그 해결의 물적 조건이 이미 주어져 있거나 또는 적어도 생성 과정에 처해 있는 경우에만 출현하기 때문이다. 경제적 사회구성체의 발전 단계들로는 대체적으로 아시아적 생산양식, 고대적 생산양식, 봉건적 생산양식, 근대적 부르주아적 생산양식을 들 수 있다. 부르주아적 생산관계는 사회적 생산과정의 마지막 적대적 형태이다. 물론 개인적 적대관계의 의미에서가 아니라 개인들의 사회적 삶의 조건으로부터 발생하는 적대관계의 의미에서 적대적이라고 하는 것이나, 부르주아 사회의 품에서 발전하는 생산력은 동시에 이 적대관계를 해결하기 위한 물적 조건을 창출한다. 그러므로 이 사회구성체와 더불어 인간 사회의 전사(前史)가 종결된다.[72]

마르크스의 사적 유물론에서는 (현실적) 토대인 생산양식과 ― 즉 생산력 및 생산관계와 ― 상부구조가 그 개념적 핵심을 이룬다.[73] 이것들 사이의 자연법칙적 관계와 상호작용이 인간 사회 또는 인류 역사를 발전시키는 원동력이다. 앞에서 살펴본 바와 같이, 마르크스의 핵심 개념들은 인간의 의식적이고 자유로운 생산행위인 노동에서 도출된다. 노동은 마르크스의 지적 세계의 기본 개념이다. 그런데 앞의 인용구절에서 명백히 드러나듯이, 인간들의 의식이 그들의 존재를 규정하는 것이 아니라 인간들의 사회적 존재가 그들의 의식을 규정한다. 그러므로 의식을 생산력과 생산관계의 모순으로부터 설명해야 한다. 결국 마르크스의 사적 유물론에서 노동은 구조와 ― 보다 정확히 말하자면 경제적 구조와 ― 법칙에 자리를 내주고 사라져간다.[74]

---

72  Karl Marx, 앞의 책(1961), 8~9쪽.

73  이렇게 보면 마르크스에게서 사회는 생산력, 생산관계 그리고 상부구조로 구성되는 체계를 의미한다고 할 수 있을 것이다. Marco Iorio, *Karl Marx: Geschichte, Gesellschaft, Politik. Eine Ein- und Weiterführung*, Berlin/New York: Walter de Gruyter 2003, 184쪽 이하.

74  물론 마르크스의 초기 저작에서는 인간과 개인의 행위를 강조하는 개인주의적 또는 행위론적 진술을 어렵지 않게 찾아볼 수 있다. 예컨대 1845년 초에 엥겔스와 공동으로 펴낸 『신성가족』에서 마르크스는 다음과 같이 말하고 있다. "**역사는 아무것도 하지 않는다**. 그것은 '거대한 부를 소유하지 **않는다**.' 그것은 '**투쟁하지 않는다**!' 모든 것을 하고 소유하며 투쟁하는 것은 오히려 **인간**, 그것도 현실적이고 활동적인 인간이다. '역사'가 **자신의** ― 마치 그것이 특별한 인격인 것처럼 ― 목적을 완성하기 위해 인간을 자신의 수단으로 필요로 하는 것이 결코 아니라 역사는 자신의 목적을 추구하는 인간의 활동 이외에는 **아무것도 아니다**." Karl Marx & Friedrich Engels, *Die heilige Familie, oder Kritik der kritischen Kritik. Gegen Bruno Bauer und Konsorten*, in: *Karl Marx-Friedrich Engels-Werke* (*MEW*) 2, Berlin: Dietz 1957, 3~223쪽, 여기서는 98쪽. 또한 1845~45년에 엥겔스와 같이 쓴 『독일 이데올로기』에서는 다음과 같이 말하고 있다. "존재하는 관계들을 창출했고 날마다 새로이 창출하는 것은 다름 아닌 개인들의 인격적이고 개체적인 행위와 그들이 개인들로서 서로서로 하는 행위이다." Karl Marx & Friedrich Engels, *Die deutsche Ideologie. Kritik der neuesten deutschen Philosophie in ihren Repräsentanten Feuerbach, B. Bauer und Stirner und des deutschen*

마르크스가 보편타당한 자연사적 법칙을 강조하는 이유는 먼저 그가 필연적이고 내재적인 운동과 발전을 강조하는 헤겔의 관점을 고수했다는 점에서 찾을 수 있다. 그는 변증법적 유물론자였던 것이다. 그리고 실천적 의도를 들 수 있다. 지배와 억압과 착취의 자본주의는 새로운 사회에 의해서 대체될 것인가, 그렇다면 그 사회는 어떠한 모습이며 어떠한 방식으로 도래할 것인가를 설파하려면 보편타당한 법칙에 기반하는 것이 불가피하다. 만약 엄밀한 경험과학적 분석과 설명에 머문다면, 실천적 측면에서 자본주의적 모순의 개선이나 수정은 가능하겠지만 자본주의의 몰락과 그다음 단계의 역사 발전에 대해서는 입을 다물어야 한다. 이렇게 실천적 의도가 개입하게 되면서 마르크스는 예언자가 되고 그의 지적 세계는 목적론적 역사철학이 된다.

　　그런데 마르크스의 실천적 의도는 후기에 이르러 비로소 형성된 것이 아니라 이미 초창기 저작인 「헤겔 법철학 비판 서문」에서도 관찰할 수 있다. 이 글에서 마르크스는 철학을 인간 해방의 관점에서 이해하고 있다. 거기에

------

*Sozialismus in seinen verschiedenen Propheten*, in: *Karl Marx-Friedrich Engels-Werke* (*MEW*) *3*, Berlin: Dietz 1958, 9~530쪽, 여기서는 423쪽. 그리고 1846년 12월 28일 러시아의 문학비평가이자 저널리스트인 파벨 안넨코프(1813~87)에게 보낸 편지에서 마르크스는 다음과 같이 말하고 있다. "사회란 (…) 무엇인가? 그것은 상호 행위하는 인간들의 산물이다." Karl Marx, "Brief an Pawel Wassiljewitsch Annenkow", in: *Karl Marx-Friedrich Engels-Werke* (*MEW*) *27*, Berlin: Dietz 1963b, 451~63쪽, 여기서는 452쪽. 그리고 또 한 가지 주목할 만한 점은 마르크스의 초기 저작에서는 개인주의적 또는 행위론적 사고에 구조론적 사고가 수반된다는 사실이다. 예컨대 방금 인용한 『독일 이데올로기』의 구절과 같은 맥락에서 마르크스는 다음과 같이 말하고 있다. 개인들은 "순수한 자아로서가 아니라 그들의 생산력과 욕구의 한 특정한 발전 단계에 처한 개인들로서 교류하며, 또한 이 교류 자체는 다시금 생산과 욕구를 규정한다." Karl Marx & Friedrich Engels, 앞의 책(1958), 423쪽. 이는 마르크스에게서 개인주의적-구조주의적 사회학의 가능성을 찾을 수 있음을 암시하는 대목이다. 그러나 중요한 점은 이러한 구조론적 사고가 개인들의 행위를 규정하는 다양한 사회적 측면을 포괄하는 것이 아니라 경제적 구조에 국한되는 것이라는 사실이다. 그리고 또 한 가지 중요한 점은 마르크스가 경제학 연구에 집중함에 따라서 개인주의적 또는 행위론적 사고는 그의 지적 세계에서 사라지게 되며, 그 결과 구조론적 사고도 구조결정론적이고 법칙결정론적인 사고로 변질된다는 점이다.

서 그는 다음과 같이 단언한다. "이 해방의 **머리**는 **철학**이고 그것의 **심장**은 **프롤레타리아트**이다. 프롤레타리아트가 폐기되지 않으면 철학이 실현될 수 없고 철학이 실현되지 않으면 프롤레타리아트가 폐기될 수 없다." 그리고 다음과 같이 단언한다. "철학이 프롤레타리아트에게서 자신의 **물질적** 무기를 발견하듯이 프롤레타리아트는 철학에서 자신의 **정신적** 무기를 발견한다."[75]

결론적으로 말해 마르크스의 궁극적인 인식관심은 개인들이나 계급들에 있었던 것도 아니고 그들의 행위에 있었던 것도 아니다. 그것은 오히려 유적 존재로서의 인간, 즉 인간 종족 또는 인류 전체에 있었다. 달리 말하자면 인간 사회 또는 인류 사회에 있었다. 마르크스는 "**인간** 사회 또는 사회화된 인류"의 보편타당한 발전 법칙을 논구하고자 했으며,[76] 바로 이 발전 법칙에 근거하여 모든 사회적 대립과 모순이 극복되고 계급이 소멸됨으로써 인간이 해방되는 사회를 예언하고자 했다. 이 해방된 사회는 "인간과 자연의 완전한 본질통일이고, 자연의 진정한 부활이며, 인간의 관철된 자연주의이고 자연의 관철된 인간주의이다."[77] 이렇게 보면 마르크스의 이론은 콩트나 스펜서의 이론과 마찬가지로 사회의 보편이론 또는 보편적 사회이론이 된다. 그리고 콩트나 스펜서의 이론과 마찬가지로 목적론적 역사철학이 된다.

---

75  Karl Marx, 1956b, 391쪽.
76  Karl Marx, 앞의 책(1958), 535쪽.
77  Karl Marx, 앞의 책(1968), 538쪽.

# 중간고찰

## 콩트, 스펜서, 마르크스는 사회학의 선구자일 뿐 창시자는 아니다

우리는 지금까지 콩트의 실증주의적 사회학, 스펜서의 진화론적 사회학, 마르크스의 유물론적 사회학을 살펴보았는데, 이 세 가지 사회학적 패러다임 사이에는 다음과 같은 공통점이 존재한다.[1]

첫째, 실체론적 사회 개념을 갖고 있다. 그들에게 사회는 개인들을 초월하는 실체적 존재인 인간 사회 또는 인류이다.

둘째, 방법론적 측면에서 보편적인 법칙을 추구하는 자연과학적 사고에 준거한다. 콩트의 실증주의가 그것이고 스펜서의 진화론이 그것이다. 물론 마르크스의 사적 유물론은 헤겔과 포이어바흐의 철학을 비판적으로 종합한 결과이다. 그러나 마르크스도 콩트나 스펜서 못지않게 자연과학적 지향성을 보여준다. 그렇다고 해서 마르크스가 물리학이나 생물학과 같은 구체적 자연과학을 전범으로 삼는다는 뜻은 물론 아니다. 그보다 마르크스는 일반적으로 자연과학을 지향하던 당시의 시대정신을 따라서 인류 역사의 발전

---

1 아래의 논의는 다음에 준거하면서 제1장의 내용을 요약·정리한 것이다. Ditmar Brock, Matthias Junge & Uwe Krähnke, 앞의 책(2012), 99쪽 이하.

을 자연사적 철칙으로 간주한다.

셋째, 사회, 보다 정확히 말하자면 인간 사회 또는 인류의 발전 법칙을 제시하는 데에 관심을 갖는바, 이 관심은 3단계 법칙(콩트), 진화법칙(스펜서), 생산력과 생산관계의 변증법(마르크스)으로 결정화된다.

넷째, 사회적 발전 법칙의 수립에 대한 관심이 사회질서의 창출에 대한 역사철학적 사고로 이어진다. 먼저 콩트는 사회공학적 관점에서 실증주의 시대에는 실증정신으로 무장한 학자들이 이성적인 기획을 통해 합리적인 사회질서를 창출한다고 주장한다. 또한 스펜서는 진화는 자연스럽고 필연적인 발전 과정이기 때문에 그로부터 형성되는 사회질서에 인간의 행위가 개입해서는 안 된다는 사회적 다윈주의를 내세운다.[2] 그리고 마르크스는 사회실천적 관점에서 근대 자본주의 사회가 몰락하고 공산주의 사회가 도래하면 사회적 노동의 자연법칙이 실현된다는 견해를 내세운다.

여기까지의 논의를 바탕으로 콩트, 스펜서, 마르크스 사회학의 특징을 다음과 같이 도표로 나타낼 수 있다.[3]

---

2  이에 대해서는 약간의 설명이 필요할 듯하다. 흔히 스펜서는 사회적 다윈주의의 창시자이자 가장 중요한 이론가로 간주된다. 그리고 여기에는 가차 없는 적자생존과 생존 경쟁, 약육강식의 논리, 인종주의, 제국주의 등과 같은 지극히 부정적인 이미지가 연결된다. 물론 스펜서는 적자생존의 이론을 제시했고 개인주의와 자유주의를 적극적으로 옹호했다. 그러나 다른 한편 — 이미 살펴본 바와 같이 — 스펜서는 사회적 삶의 자연스러운 과정을 위해서는 정부의 적정한 역할이 필요하다고 강조했다. 그의 사상에서는 개인주의와 자유주의 그리고 국가의 사회정책 그리고 진화론이 결합된다. 이렇게 보면 스펜서를 사회적 다윈주의자로 분류하는 데에는 무리가 따른다. 그럼에도 불구하고 스펜서가 인간 사회의 현상과 과정을 진화론적 관점에서 기술하고 설명한다는 사실을 감안한다면, 다시 말해 가치중립적인 관점에서 보면 스펜서를 사회적 다윈주의자로 부르는 것도 큰 무리는 아닐 듯하다. 다윈은 진화론을 상징하는 인물이기 때문에! 이런 점에서 스펜서와 관련해 사회적 다윈주의가 아니라 사회적 진화주의 또는 사회학적 진화주의라는 용어를 사용하는 것도 한 가지 대안이 될 것이다. 여기서는 지면 관계상 스펜서와 사회적 다윈주의에 대한 논의는 생략하고 다음을 언급하는 데에 만족하기로 한다. 이상률, 앞의 글(2014), 32쪽 이하; Tina Roth, 앞의 책(2009).

3  이 도표는 다음에 나오는 것에 "사회의 개념" 난을 덧붙이고 "사회학의 선구자"를 "사회학자"로 바꾸었으며 스펜서와 마르크스의 위치를 바꾼 것이다. Ditmar Brock, Matthias Junge & Uwe Krähnke, 앞의 책(2012), 101쪽.

**도표 8 콩트, 스펜서, 마르크스 사회학의 특징**

| 사회학자 | 콩트 | 스펜서 | 마르크스 |
|---|---|---|---|
| 사회의 개념 | 실체적 존재<br>(인간 사회 또는 인류) | 실체적 존재<br>(인간 사회 또는 인류) | 실체적 존재<br>(인간 사회 또는 인류) |
| 접근 방법 | 실증주의 | 생물학적 사고 | 사적 유물론 |
| 발전 법칙 | 3단계 발전 법칙 | 진화법칙 | 생산력과 생산관계의<br>변증법 |
| 질서에 대한<br>역사철학적 사고 | 사회공학 | 사회적 다원주의 | 사회적 노동의<br>자연법칙 |

요컨대 이 세 사람의 사회학은 사회의 보편이론, 그것도 실체로서의 사회의 발전 법칙에 대한 자연과학적-역사철학적 보편이론이다. 그것은 사회학이라는 경험과학의 어법으로 표현된 자연과학적 법칙론이자 역사철학적 목적론이다. 그것은 사회의 경험과학이 아니라 형이상학이다.

이러한 사회학은 오늘날 우리가 이해하고 실천하는 사회학과는 완전히 거리가 먼 것이다. 후자는 뒤르케임, 짐멜, 베버에게서 출발한다. 이미 이 말에는 뒤르케임, 짐멜, 베버가 콩트, 스펜서, 마르크스의 사회학에 접목하지 않았다는 사실이 내포되어 있다. 뒤르케임, 짐멜, 베버의 사회학이 형성되고 발전하는 과정은 사회학에서 콩트, 스펜서, 마르크스의 지적 탯줄을 자르는 과정에 비유할 수 있다. 또는 콩트, 스펜서, 마르크스의 사회학과 전혀 다른 지적 보금자리에서 부화되었다고 비유할 수 있다. 그것은 사회의 보편이론이라는 보금자리가 아니라 사회적인 것의 중범위이론이라는 보금자리이다. 방법론적인 측면에서도 자연과학적 법칙론과 역사철학적 목적론을 거부하고 엄밀한 경험과학적 이해 또는 설명 아니면 이해와 설명을 추구한다. 그리하여 이 두 집단의 사회학자들 사이에는 일종의 패러다임 전환이 존재한다.[4]

---

4  이렇게 보면 콩트가 그 이후의 사회학 발전에 아주 중요한 역할을 했다는 식의 다음과 같은 일련의 주장은 논리성의 근본적인 결여를 드러내는 것이며, 따라서 전혀 설득력이 없다(원문의 원어는 우리말로 바꾸었으며 괄호 안의 원어와 생몰연도는 생략했다).

요컨대 콩트, 스펜서, 마르크스는 오늘날 우리가 이해하고 실천하는 사회학의 선구자일 뿐 창시자는 아니다. 그 진정한 창시자는 바로 이들을 극복하고 사회학을 전혀 다른 지적 토양에 구축하려 한 일군의 학자들에게서 만나게 된다. 그들이 바로 뒤르케임, 짐멜, 베버인 것이다.

---

그 첫 번째 (범주의) 주장은 이렇다. "콩트가 창시한 '사회학'은 오늘날의 용어로 표현하면 '종합사회학'과 '분과사회학'을 모두 포함한 것이다." 신용하, 앞의 책(2012), 135쪽. "콩트의 '사회학'의 이러한 성격 때문에 그 후 사회학에는 ① 종합사회학의 전통(사회과학의 일반이론)과 ② 분과사회학의 전통이 다 함께 발전하게 되었다. 종합사회학의 전통에 따라 사회학을 크게 발전시킨 학자가 막스 베버이다." 같은 책, 136쪽. "막스 베버는 사회학을 '종합사회학'으로 발전시킨 대표적 사회학자라고 볼 수 있는 한편, 에밀 뒤르케임은 사회학을 '분과사회학'으로 발전시킨 대표적 사회학자로 볼 수 있을 것이다." 같은 책, 136쪽(각주 10번). 그러나 이 책의 제3장에서 상세히 논하게 되는 바와 같이, 콩트의 사회학과 뒤르케임 및 베버의 사회학 사이에는 일종의 패러다임 전환이 존재한다. 그리고 베버와 뒤르케임을 각각 종합사회학자와 분과사회학자로 범주화한 것도 전혀 타당성이 없다.

그 두 번째 주장도 베버와 관련된 것이다. "그 후 막스 베버가 사회학적 인과관계 분석과 요인 분석 방법의 하나로 '정신적 실험'의 방법을 제안했는데, 이것은 콩트의 '간접적 실험'의 방법을 계승·발전시킨 착상이라고 볼 수 있다." 같은 책, 123쪽. 이러한 주장이 얼마나 문제가 많은지는 다음을 보면 드러날 것이다. 김덕영, 앞의 책(2012), 462쪽 이하.

그 세 번째 주장은 이렇다. "콩트의 이 설명은(공동체-결사체의 모형에 대한 설명은) 예컨대 독일에서는 퇴니스에 의해 '공동사회'와 '이익사회'의 모형으로, 영미에서는 맥키버에 의해 '공동체'와 '결사체' 모형으로 채용되어 발전되었다." 신용하, 앞의 책(2012), 147쪽. 사실 이 주장도 콩트와 퇴니스 그리고 콩트와 맥키버의 외적인 유사성에 근거할 뿐 구체적인 논증을 결여하고 있기 때문에 전혀 납득할 수 없다.

그 네 번째 주장은 이렇다. "우리는 베버의 '이해' 방법을 도입하여 '감정이입'의 방법으로 콩트가 왜 주관적 감정·정서·도덕을 중시하고 '인류교'를 창시하여 '사랑'을 설교했는가에 대해 콩트의 내적 동기를 사회학적으로 학구적으로 고찰할 필요가 있을 것이다." 같은 책, 83쪽. 베버의 이해 방법은 감정이입과 전혀 상관이 없다는 것은 다음을 보면 알 수 있을 것이다. 김덕영, 앞의 책(2012), 466쪽 이하.

그리고 한 가지 예만 더 들자면 ─이미 이 책 93쪽 각주에서 언급한 바와 같이─ 이 저자는 콩트가 가족에 대해 ─그것도 실증철학적 틀에서─ 약간 언급했다고 해서 콩트를 경험과학으로서의(!) 가족사회학의 창시자로 간주함으로써 논리성의 상당한 결여를 보이고 있다. 하지만 이 모든 문제점에도 불구하고 이 저작은 콩트에 대한 국내 최초의 단행본 연구서라는 연구사적 의미를 갖는다. 그리고 콩트와 그의 사회학에 관한 상당히 상세한 객관적 정보를 제공한다는 장점이 있다. 특히 콩트의 인류 역사 3단계 발전 법칙의 도표는 내가 본 것 중에서 가장 상세한 것이다. 나도 콩트에 대한 논의에서 이 저작을 참고하고 인용했다.

# 제2장

# 사회적인 것의 중범위이론 1

방금 살펴본 바와 같이 사회학은 에밀 뒤르케임(Emile Durkheim, 1858~1917), 게오르그 짐멜(Georg Simmel, 1858~1918) 그리고 막스 베버(Max Weber, 1864~1920)에 이르러 패러다임의 전환을 맞이한다. 사회의 보편이론에서 사회적인 것의 중범위이론으로 바뀐 것이다.

첫째, 사회학적 인식의 대상이 실체적 사회에서 사회적인 것으로 바뀐다. 그것은 구체적으로 뒤르케임의 사회적 사실, 짐멜의 사회적 상호작용, 베버의 사회적 행위이다. 이에 따라 뒤르케임은 사회를 인간의 사고와 행위를 규정하는 사회적 사실, 특히 도덕적 사실의 복합체로, 짐멜은 사회를 사회적 상호작용의 총합 또는 상호작용하는 개인들의 다른 이름으로 정의한다. 그리고 더 나아가 베버에게는 사회가 아예 존재하지 않는다. 그는 이익사회화와 공동사회화라는 개념을 구사함으로써 사회적 과정을 강조하는데, 이 개념은 사회적 행위의 개념으로부터 도출된 것이다.

둘째, 방법론적 측면에서 자연과학적 법칙론과 역사철학적 목적론이 포기되고 이론과 경험이 결합된 중범위이론의 사회학이 추구된다. 구체적으로 말해 뒤르케임은 인과적 설명을 추구하고, 짐멜은 현상학적으로 의미이해를 추구하며, 베버는 이해와 설명을 추구한다.

짐멜과 베버에 대해서는 내가 이미 여러 곳에서 충분히 논했기 때문에, 여기서는 기

존 연구 결과의 요약에다가 약간의 내용을 덧붙이는 수준에서 그치기로 한다.∎

짐멜과 관련해서는 철학과 경험과학의 관계를 보다 명시적으로 드러내고, 베버와 관련해서는 그가 초창기에 반사회학자였다가 뒤늦게 사회학자가 된 과정을 보다 자세하게 서술할 것이다. 그 이유는 다음과 같다. 먼저 짐멜은 사회학자이면서 철학자, 보다 정확히 말하자면 철학자이면서 사회학자였으며 철학과 경험과학의 관계에 대한 새로운 관점을 제시했다. 이 관계를 정확히 알아야만 짐멜의 지적 세계를 제대로 이해할 수 있다.

그리고 초창기부터 사회학을 추구한 짐멜이나 일찍이 철학에서 사회학으로 개종한 뒤르케임과 달리 베버는 처음에는 사회학으로부터 등을 돌렸다. 그러다가 한참 후에 사회학자가 되었다. 반사회학자 베버가 사회학자가 되는 동기와 과정을 짚어보는 것은 좁게는 그의 지적 세계가 발전하는 과정을 그리고 넓게는 사회학이 사회의 보편이론에서 사회적인 것의 중범위이론으로 이행하는 과정을 이해하는 데에 결정적인 의미를 갖는다.

---

∎ 짐멜의 사회학과 베버의 사회학에 대해서는 각각 다음을 참고할 것. 김덕영, 『현대의 현상학: 게오르그 짐멜 연구』, 나남출판 1999, 제2장(21~69쪽); 김덕영, 앞의 책(2007), 제2장(117~73쪽)과 제6장(323~67쪽); 김덕영, 앞의 책(2012), 제9장(753~811쪽)과 제10장(813~83쪽). 그리고 다음은 짐멜과 베버를 비교하고 있으니 참고할 것. 김덕영, 『짐멜이냐 베버냐? 사회학 발달 과정 연구』, 한울아카데미 2004. 이 책에서 짐멜과 베버에 대한 부분은 이 네 편의 연구서를 요약하면서 논의를 전개하고 있다.

# 사회학적 칸트주의

### 에밀 뒤르케임

　흔히 뒤르케임은 사회학주의자와 반개인주의자로, 그리고 심지어 사회학적 제국주의자로 간주되곤 한다. 이는 뒤르케임이 모든 개인적 삶과 행위를 실체적 존재인 사회로 환원하고 사회에 의해 설명하려 한다고 생각하기 때문이다. 게다가 뒤르케임을 콩트의 지적 전통을 계승하고 발전시킨 실증주의적 사회학자로 치부하기까지 한다.

　그러나 이 모든 것은 오해의 소치일 뿐이다. 뒤르케임은 사회학주의자도 아니고 반개인주의자도 아니다. 짐멜이나 베버에게서처럼 뒤르케임에게서도 콩트와 스펜서와는 다른 사회학적 인식의 패러다임을 확인할 수 있다. 다시 말해 뒤르케임도 짐멜이나 베버처럼 사회의 보편이론을 사회적인 것의 중범위이론으로 그리고 역사철학적 목적론을 경험과학적 인과론으로 전환시켰다. 특히 뒤르케임은 초창기부터 엄밀한 실증적 경험과학으로서의 사회학의 방법론을 구축하려고 했다. 다만 사회로부터 사회적인 것으로의 패러다임 전환이 짐멜이나 베버에게서처럼 근본적이고 철저하지 못했다. 바로 이런 연유로 그는 사회를 실체로 간주하는 사회학주의자로 오해되곤 한다.

### (1) 콩트와 몽테스키외 그리고 칸트와 분트 : 프랑스와 독일 지적 전통의 창조적 종합

뒤르케임의 사회학적 세계는 크게 보아 프랑스의 지적 전통과 독일의 지적 전통을 창조적으로 종합한 것이라고 할 수 있다. 전자의 경우는 무엇보다도 콩트와 몽테스키외를 그리고 후자의 경우에는 이마누엘 칸트(1724~1804)와 빌헬름 분트(1832~1920)를 들 수 있다.

이에 대한 본격적인 논의를 하기 전에 뒤르케임의 생애를 살펴볼 필요가 있다. 다비드-에밀 뒤르케임은 1858년 독일과 접경한 프랑스 로렌 지방의 도시 에피날에서 랍비의 아들로 태어났다. 그는 아버지의 희망대로 랍비가 되기 위해 정규 학교 교육 이외에도 히브리어와 구약 그리고 탈무드를 공부했다. 그러나 이미 중학교에서 불가지론자가 되었으며 후일 종교와 결별하게 된다. 1875년 에피날에서 중학교를 마친 뒤르케임은 1875~79년에 파리의 루이 르 그랑 고등학교에서 대학 입학을 준비했다. 두 번의 고배 끝에 1879년 파리 고등사범학교에 입학하여 철학을 공부했으며, 1882년에는 대학을 졸업하고 1887년까지 여러 고등학교에서 철학 교사로 재직했다.

뒤르케임은 파리 고등사범학교 재학 시절인 1880년대 초에 콩트를 읽었는데, 콩트는 몇 가지 점에서 뒤르케임에게 커다란 영향을 끼쳤다. 그 가운데에서 우리의 논의에서 중요한 함의를 갖는 것은 두 가지이다. 그 첫째는 실증적 과학에 의해 신학과 형이상학을 극복해야 한다는 점과 사회를 과학적 방법으로 연구해야 한다는 점이다. 그리고 그 둘째는 사회학은 사회적 통합과 결속력을 위해 도덕에 관심을 가져야 한다는 점이다.[1] 그렇다고 해서

---

1 민문홍, 「해제: 에밀 뒤르케임의 생애와 사상」, 에밀 뒤르케임, 민문홍 옮김, 『사회분업론』,

뒤르케임이 콩트주의자가 된 것은 결코 아니다. 뒤르케임이 콩트로부터 받아들인 것은 실증과학 정신이지 실증철학 정신은 아니었다. 말하자면 뒤르케임은 콩트의 제자인 동시에 비판자였던 것이다.[2]

뒤르케임의 박사학위 논문은 두 개인데, 하나는 프랑스어로 쓴 것이고 다른 하나는 라틴어로 쓴 것이다. 전자가 주(主)논문이고 후자가 부(副)논문이다. 이처럼 논문을 두 개나 쓴 것은 당시 프랑스 대학의 관례를 따른 것이었다. 그중 프랑스어 논문은 1892년 소르본 대학에 제출한 저 유명한 『사회분업론』이다. 그리고 라틴어 논문은 역시 같은 해 같은 대학에 제출한 『정치과학의 창시에 대한 몽테스키외의 기여』이다. 후자의 논문에서 뒤르케임은 특히 몽테스키외의 비교연구 방법을 높이 평가하고 있다. 몽테스키외는 다양한 사회의 유형들을 비교하고 있는데,[3] 이 방법은 뒤르케임이 보기에 단선적 진화론에 입각해 인류 사회 전체의 발전 법칙을 논하는 콩트의 사변적-목적론적 실증철학을 벗어나 인간의 사회적 삶에 대한 과학적인 연구, 즉 실증적이고 경험적이며 귀납적인 접근을 가능케 한다. 곧 다시 보게 되는 바와 같이, 뒤르케임은 사회 그 자체에 대한 보편적 이론이 아니라 사회적 유형들에 대한 경험적 비교연구를 사회학의 중요한 인식목표로 제시한다.

뒤르케임의 사회학적 인식체계는 프랑스의 지적 전통 못지않게 독일의 지적 전통에 접목하면서 발전해갔다. 그것도 이미 파리 고등사범학교 재학 시절부터 그랬다. 당시 뒤르케임에게 결정적인 영향을 끼친 세 스승 샤를 르누비에(1815~1903), 퓌스텔 드 쿨랑주(1830~89), 에밀 부트루(1845~1921)는 신칸트주의자들이었다.[4] 그리고 얼마 후 뒤르케임은 직접 독일 대

---

아카넷 2012, 607~735쪽, 여기서는 619~20쪽.

2 Wolfgang Schluchter, 앞의 책(2006), 107쪽 이하.

3 Emile Durkheim, *Frühe Schriften zur Begründung der Sozialwissenschaften*, Darmstadt-Neuwied: Luchterhand 1981a, 102쪽 이하.

4 뒤르케임의 지적 세계가 발전하는 과정에서 파리 고등사범학교가 갖는 의미는 다음을 참고할 것. 민문홍, 앞의 글(2012), 613쪽 이하; Marcel Fournier, *Emile Durkheim. A Biography*, Cambridge: Polit Press 2013 (Translated by David Macey), 28쪽 이하.

학의 철학과 과학을 관찰하고 연구할 수 있는 기회를 얻었다. 1870~71년 보불전쟁에 패한 후 프랑스는 패전의 중요한 원인 가운데 하나를 독일의 문화가 프랑스의 문화보다 '우월'하다는 점에서 찾았으며, 이에 따라서 젊은 학자들을 장학생으로 선발하여 독일로 보내 그 문화를 배우도록 했다. 당시 고등학교 철학 교사로 재직하고 있던 뒤르케임은 이 문화정책의 일환으로 1886년 1월부터 8월까지 베를린 대학과 라이프치히 대학에서 유학했다. 그리고 1887년에는 독일 대학을 관찰하고 연구한 결과를 「독일 대학의 철학」과 「독일의 실증적 도덕과학」이라는 두 편의 프랑스어 논문으로 발표했다. 전자가 독일 대학의 제도적 측면을 다룬 것이라면 후자는 그 내용적 측면을 다룬 것이다. 이 두 논문은 뒤르케임의 학자적 명성을 높여주었으며 1887년 보르도 대학의 '사회과학과 교육학' 전임강사 자리를 얻는 데에 결정적인 요인으로 작용했다. 그 후 1902년부터는 소르본 대학에서 교육학을 가르치다가 1906년에는 교육학 강좌 담당 정교수가 되었는데, 이 강좌가 1913년에는 교육학과 사회학으로 바뀌었다. 1917년 뇌졸중으로 세상을 떠날 때까지 뒤르케임은 소르본 대학의 정교수로 재직했다.

뒤르케임이 독일의 지적 전통에서 특별히 주목한 것은 도덕의 문제였다. 사실 도덕은 뒤르케임의 저작 전체를 관통하는 화두였다. 그는 평생을 이 문제와 씨름했다. 뒤르케임을 일러 도덕과학자 또는 도덕사회학자라고 해도 결코 지나친 말은 아닐 것이다. 이는 그가 『사회분업론』을 다음과 같은 구절로 마무리하고 있다는 사실만 보아도 명백해진다.

> 오늘날 우리의 첫 번째 의무는 새로운 도덕을 만드는 것이다. 그런데 이러한 작업은 서재에 조용히 앉아서 생각한다고 수행될 수 있는 것이 아니다. 그것은 오히려 내적이고 필연적인 원인들의 압력에 의해서 자체적으로 그리고 점진적으로 진행될 수밖에 없다. 이 경우 사회학적 성찰은 오늘날의 사회가 추구해야 할 목표를 명료하게 하는 데에 기여할 수 있고 또 기여해야 한다. 이것이 바로 우리가 이 책에서 시도해온 것이다.[5]

그런데 뒤르케임이 추구한 바는 도덕에 대한 철학이나 형이상학이 아니었다. 그는 도덕에 대한 실증과학적 연구, 다시 말해 실증적 도덕과학을 추구했다. 『사회분업론』의 결론이 새로운 도덕을 정립하는 것이 우리에게 주어진 첫 번째 의무라는 역설과 더불어 끝나고 있다면, 그 서문은 도덕에 대한 실증과학, 즉 도덕과학을 추구하는 데에 이 저작의 목적이 있다는 사실을 강조하면서 시작하고 있다.

  이 책은 무엇보다도 실증과학의 방법에 입각해 도덕적 삶의 사실들을 다루고자 한다. 그런데 사람들은 이 단어를 우리와 달리 왜곡된 의미로 사용한다. 자신들의 견해를 하나의 선험적인 원칙으로부터 연역해내는 것이 아니라 생물학, 심리학, 사회학과 같은 하나의 또는 여러 개의 실증과학에서 전용해 온 인식들로부터 연역해내는 도덕주의자들은, 그들이 제시한 도덕을 과학적인 것이라고 부른다. 그러나 이것은 우리가 이 책에서 적용하려는 방법이 아니다. 우리는 과학으로부터 도덕을 도출하려는 것이 아니라 도덕의 과학을 추구하려는 것이다. 이 둘은 완전히 다른 것이다. 도덕적 사실들은 다른 사실들과 마찬가지로 현상들이다. 그것들은 일정한 특징들을 통해 인식할 수 있는 행위 규칙들이다. 그러므로 그것들을 관찰하고 기술하고 분류하며 그것들을 설명할 수 있는 법칙들을 찾을 수 있어야 한다. 바로 이것이 우리가 여기에서 하려는 작업이다. 사람들은 자유의 존재를 들먹이면서 이러한 기획을 논박할 것이다. 그러나 만약 자유가 진정으로 모든 확고한 법칙을 부정하는 것을 의미한다면, 그것은 심리학과 사회과학뿐만 아니라 모든 과학이 극복하지 못할 장애물이 될 것이다. 왜냐하면 인간의 의지행위는 언제나 어떠한 외적인 유인에 연결되어 있는 관계로 자유는 우리의 내면을 결정하는 요소뿐만 아니라 외면을 결정하는 요소도 이해할 수 없도록 만들기 때문이다. 그러나 어느 누구도 자연과학의 가능성을 부정하지 않는다. 우리는 우리의 과학에 대해서도 그와 똑같은 권리를 요구한다.[6]

5  Emile Durkheim, *Über soziale Arbeitsteilung. Studie über die Organisation höherer Gesellschaften*, Frankfurt am Main: Suhrkamp 1988, 480쪽.

뒤르케임이 독일에서 배운 것이 바로 이 도덕의 과학, 보다 정확히 말하자면 실증과학적 방법에 입각한 도덕의 연구, 그러니까 실증적 도덕과학이다. 그리고 이것은 칸트와 분트를 창조적으로 종합한 결과이다. 먼저 뒤르케임은 칸트로부터 감성계와 예지계의 구분, 도덕의 초월성, 명령적 성격(정언명령) 및 의무성, 의지의 자유와 자율성의 명제를 받아들인다. 그러나 칸트의 도덕철학은 보편적 인간이성으로부터 실천적 도덕법칙을 연역해내는 도덕형이상학이다. 뒤르케임이 이 도덕의 형이상학적 방법을 극복하고 실증과학적 방법의 가능성을 발견한 것은 바로 분트에게서이다. "분트는 독일에서" — 뒤르케임은 「독일 대학의 철학」에서 이렇게 주장하고 있다 — "사실상 형이상학과의 모든 관계를 청산한 최초의 심리학자이다."[7] 실제로 분트는 민족심리학적 방법에 입각해 다양한 민족의 도덕들을 비교연구했다. 그것은 도덕을 사회적 사실로 간주하고 사회적 유형으로서의 도덕들을 실증적, 경험적, 귀납적으로 비교연구하는 것이다.[8] 요컨대 뒤르케임은 도덕에

---

6  같은 책, 76쪽.

7  Emile Durkheim, *Über Deutschland. Texte aus den Jahren 1887 bis 1915* (Herausgegeben von Franz Schultheis und Andreas Gipper), Konstanz: Universitätsverlag 1995, 50쪽.

8  이 맥락에서 짐멜을 언급할 만하다. 1892~93년에 짐멜은 두 권으로 된 책 『도덕과학 서설: 윤리학 기본 개념 비판』을 출간했는데, 여기에서 짐멜은 뒤르케임과 마찬가지로 도덕에 대하여 철학적-형이상학적 관점에서가 아니라 경험과학적 관점에서 접근하고자 한다. 다시 말해 도덕적 원리와 법칙의 순수한 논리적-추상적 정초가 아니라 개별적 도덕현상의 경험적이고 엄밀한 기술과 설명을 추구하고 있다. 짐멜은 이러한 과학적 인식목표를 심리학적이고 역사적이며 사회과학적인 접근 방법으로 달성하고자 시도한다. 그는 서문에서 이를 명백히 밝히고 있다. "내가 보기에 도덕과학의 길은 개별적 경험들에 대해 하등의 인식론적으로 검증된 관계도 갖지 못하는 추상적 보편성의 형식으로부터, 그리고 이 보편성을 도덕강론 및 지혜의 성찰과 혼합하는 것으로부터 역사적-심리학적 논구로 올라간다. 도덕과학은 한편으로는 심리학의 일부분으로서 그리고 그 밖에 달리 확립된 여러 방법에 따라서 개별적인 의지행위, 감정 그리고 판단을 분석한다. 바로 이것들의 내용이 도덕적인 것으로 또는 비도덕적인 것으로 간주된다. 도덕과학은 다른 한편으로는 인간의 공동체 삶의 형식과 내용을 묘사하므로 사회과학의 일부분이다. 이 공동체적 형식과 내용은 개별 인간의 도덕적 당위와 인과관계를 이룬다. 도덕과학은 마지막으로 역사학의 일부분이다. 왜냐하면 방금 언급한 두 가지 길을 통해 모든 주어진 도덕적 표상을 그 가장 원초적인 형태로 소급하고 이 표상의 지속적인 발달을 거기에 영향을 미치는 역사적 요소로 소급해야 하며, 또한 그럼으로

관한 한 칸트주의를 추구했다. 그런데 그것은 철학적-형이상학적 칸트주의가 아니었다. 그것은 사회학적 칸트주의였다.[9] 이에 대해서는 도덕적 개인주의를 논하면서 다시 언급하기로 한다.


## (2) 뒤르케임은 사회학주의자이다?

이처럼 뒤르케임의 지적 세계를 사회학적 칸트주의로 규정하는 것은 그가 사회학주의자이자 반개인주의자라는 추론을 가능케 한다. 왜냐하면 사회학적 칸트주의는 개인적 행위의 원리이자 규칙인 도덕의 문제까지 이성적 주체로서의 개인이 아니라 사회로부터 도출하고 사회에 의해 설명함을 의미하기 때문이다. 게다가 사회적 사실을 마치 사물처럼 다루어야 하며, 한 사회적 사실은 다른 사회적 사실(들)에 의해 설명되어야 한다는 뒤르케임의 방법론적 명제는, 그가 개인들을 초월하는 실체론적 존재로서의 사회를 상정하고 사회 그 자체를 사회학적 인식의 대상으로 삼는다는 인상을 주기 십상이다. 그리하여 뒤르케임에 대한 비판은 사회학주의자이자 반개인주의자를 넘어서 심지어 사회학적 제국주의자라는 데에까지 이른다. 그러나 결론부터 말하자면 뒤르케임은 결코 사회 그 자체를 사회학적 인식의 대상으로

---

써 이 영역에서는 역사적 분석을 개념적 분석에 비해 주요한 과제로 인정하기 때문이다." Georg Simmel, *Einleitung in die Moralwissenschaft. Eine Kritik der ethischen Grundbegriffe, Bd. 1*(1892) : *Georg Simmel Gesamtausgabe 3*, Frankfurt am Main: Suhrkamp 1989b, 10쪽. 그런데 한 가지 흥미로운 점은 뒤르케임이 평생 실증적 도덕과학을 추구했으면서도 짐멜의 『도덕과학 서설: 윤리학 기본 개념 비판』을 단 한 번도 언급하지 않았다는 사실이다.

9 이 개념은 다음에서 따 온 것이다. Hans-Peter Müller, "Gesellschaft, Moral und Individualismus", in: Hans Bertram (Hrsg.), *Gesellschaftlicher Zwang und moralische Autonomie*, Frankfurt am Main: Suhrkamp 1986, 71~105쪽; Hans-Peter Müller, "Die Moralökonomie moderner Gesellschaften. Durkheims 'Physik der Sitten und des Rechts'", in: Emile Durkheim, *Physik der Sitten und des Rechts. Vorlesungen zur Soziologie der Moral* (Herausgegebn von Hans-Peter Müller), Frankfurt am Main: Suhrkamp 1991, 307~41쪽; Wolfgang Schluchter, 앞의 책(2006), 107쪽 이하.

보지 않는다. 그는 이 점에서 콩트와 스펜서로부터 분명히 거리를 두고 있다. 그리고 뒤르케임은 누구보다도 철저한 개인주의의 옹호자이다. 그는 도덕적 개인주의를 분업화되고 전문화된 근대 산업사회의 유일한 도덕적 대안으로 본다.

뒤르케임은 1887년 보르도 대학의 전임강사가 된 후 1887/88년 겨울학기에 사회학에 대한 강의를 했는데, 그 개막강의가 우리의 주목을 끈다. 왜냐하면 그는 거기에서 사회학의 (전)역사와 사회학적 인식의 대상 및 방법 그리고 사회학이 인접한 개별 과학들에 기여할 수 있는 바에 대해 논하면서, 특히 콩트와 스펜서의 사회학을 비판적으로 검토하고 있기 때문이다. 늦어도 이 강의와 더불어 뒤르케임은 철학에서 사회학으로 '개종'했다고 볼 수 있다.

먼저 뒤르케임에 따르면 콩트가 사회학의 인식대상으로 설정한 것은 너무나 불명료한 것이다. 사회학은 "사회"를 연구해야 한다는 콩트의 주장에 반대하며 뒤르케임은 "'사회'는 존재하지 않는다"고 논박한다. 뒤르케임에게 존재하는 것은 "사회들"인바, "이것들은 식물이나 동물과 마찬가지로 종(種)들과 속(屬)들로 분류된다." 그럼에도 불구하고 콩트는 단 한 가지 유형의 사회만 존재한다고 믿는바, 그것은 다름 아닌 인류 사회이다. 전체로서의 인류 사회는 "일직선으로 발전하며 다양한 사회들은 이 단선적 과정에서 차례차례로 나타나는 단계들일 뿐이다." 이 사회들은 언제 어디서나 동일한 유형의 변종들에 지나지 않는다. 콩트의 저 유명한 역사 발전 3단계설도 인류 사회 전체를 포괄하는 법칙이다. 이에 대해 뒤르케임은 콩트의 실증주의적 사회학이 엄밀한 경험과학적 인식체계가 아니라 "인간의 사회적 삶 일반에 대한 철학적 명상"에 불과하다는 결론에 도달한다.[10]

뒤르케임이 보기에 스펜서는 콩트와 달리 "더 이상 보편적이고 추상적인 방식으로 사회에 대해 말하지 않고 다양한 사회적 유형들에 대해 말하며 이 유형들을 집단들과 하부 집단들로 세분한다." 또한 스펜서는 사회학적 법칙

10 Emile Durkheim, 앞의 책(1981a), 35쪽.

들을 수립함에 있어서도 콩트와 달리 "이 유형들 가운데 어느 하나를 선택해서 우선권을 부여하는 것이 아니라" 모든 유형들에 똑같은 인식가치를 부여한다. 스펜서의 사회학은 콩트의 사회학에 비해 그 인식대상이 훨씬 더 정교하게 규정되어 있으며 그 적용 가능성이 훨씬 더 크다. 그러나 이러한 긍정적인 평가에 이어서 곧바로 비판적인 평가가 따른다. 뒤르케임에 따르면 스펜서가 다양한 사회적 유형들을 연구하는 목적은 모든 것을 설명할 수 있는 가설을 검증하는 데에 있다. "그가 수집한 모든 기록과 그 과정에서 획득한 모든 특별한 인식은 사회들이 여타 세계와 마찬가지로 보편적 발전 법칙에 따라 발전한다는 것을 증명하는 데에 이바지한다." 말하자면 "그의 '사회학'은" ─ 여기에서 뒤르케임은 스펜서의 사회학을 인용부호 안에 넣고 있다! ─ "사회들을 조감도처럼 한눈에 보는 것에 비견될 수 있다." 이러한 논의에 근거해 뒤르케임은 스펜서의 사회학적 작업 역시 콩트의 작업과 마찬가지로 사회학자의 작업이라기보다 철학자의 작업이라는 결론에 도달한다. 스펜서의 저작에서 찾을 수 있는 것은 사회과학들의 철학이지 결코 사회학이 아니다.[11]

이 간단한 논의만 보아도 뒤르케임 사회학의 인식대상은 사회 그 자체가 아니라는 사실이 확연해진다. 콩트나 스펜서처럼 사회 그 자체를 인식대상으로 하면 사회학은 실증적 경험과학의 지위를 확보하기는커녕 사변적 철학의 영역으로 전락하게 된다. 그리하여 사회학은 사회과학들 가운데 하나가 되는 것이 아니라 사회과학들의 철학이 되고 만다. 다시 말해 사회학이라는 미명 아래 사회철학이 되고 만다.

뒤르케임에게 사회는 실체적 존재가 아니라 개인들의 연합이다. 말하자면 개인들이 사회를 구성하는 것이다. 그리고 역으로 사회가 개인들을 형성한다. 이에 대한 논증을 하기 전에, 아니 이에 대한 논증을 하기 위해 『사회분업론』의 제2권 「분업의 원인들과 조건들」의 맨 마지막에 나오는 각주를 인용하기로 한다. 그는 거기에서 다음과 같이 말하고 있다.

---

11 같은 책, 38~39쪽.

사회는 개인들만으로 구성되기 때문에 사회적 삶에서 모든 것은 개인적이라는 것을 증명할 수 있다고 믿는 사람들에게 응답하기 위해 우리는 충분한 논거를 제시했다고 생각한다. 물론 사회는 개인들 이외에 또 다른 기체(基體)를 가지고 있지 않다. 개인들이 사회를 형성하기 때문에 새로운 현상들이 산출되는데, 이것들은 바로 사회화에 그 원인이 있으며 각자 개인의 의식에 피드백을 하면서 그들의 상당 부분을 형성한다. 그러므로 사회는 개인이 없이는 아무것도 아니다. 그러나 각자 개인은 사회의 창조자라기보다는 사회의 산물로 보아야 한다.[12]

이 구절은 사회학주의적인 것으로 읽힐 것이다. 다시 말해 개인을 사회의 산물로 보는 것이 뒤르케임의 입장이라고 해석될 것이다. 물론 뒤르케임은 개인에 대한 사회의 우선권을 부여한다. 그러나 이것은 어디까지나 사회현상을 설명하기 위함이지 개인을 철저히 사회에 의해 결정되는 것으로 만들기 위함이 아니다. 방금 인용한 구절에서 사회적 현상들이 개인을 완전히 형성하는 것이 아니라 "상당 부분" 형성한다는 명제에 주목해야 한다!

뒤르케임에게 사회란 개인과 대립하는 실체론적 존재가 아니라 개인들의 연합 또는 개인들 사이의 상호작용을 통해 구성되는 다양한 사회적 삶의 영역과 환경을 가리킨다. 달리 말해 사회는 사회화의 산물로서 구조화된 다양한 사회적 삶의 단위를 의미한다. 예컨대 사회에는 가족, 기업, 도시, 국가,

---

12 Emile Durkheim, 앞의 책(1988), 416~17쪽(각주 16번). 이 인용구절에 나오는 '기체'는 어떤 존재의 질료 또는 본바탕이 되는 요소, 달리 말해 상위 존재를 구성하는 하위 존재를 가리킨다. 하위 존재들이 연합하여 상위존재를 창출한다. 이를 기체-산물-모델이라고 한다. 달리 말하자면, 연합된 하위 존재들로부터 상위 존재가 발현된다. 예컨대 원자들이 연합하여 분자를 창출하고 분자들이 연합하여 세포를 창출하며 세포들이 연합하여 개인을 창출한다. 동일한 기체-산물의 논리에 따라 사회의 기체는 연합된 개인들이다. 개인들이 연합하여 사회를, 보다 정확히 말하자면 사회적 사실들을 창출한다. 그리고 사회적 사실들은 역으로 그 기체가 되는 개인들의 사고, 감정 및 행위에 영향을 미친다. 기체-산물-모델과 발현성은 뒤르케임의 사회학을 이해하는 데에 결정적인 역할을 하지만 여기서는 지면 관계상 자세히 다룰 수 없다. 뒤르케임 서거 100주년인 2017년에 출간할 뒤르케임 연구서에서 이 주제를 심층적으로 논할 것이다.

국제관계 등 다양한 집단이나 집단적 삶이 포함된다.[13] 이 사회적 삶의 단위
들은 유기적 존재이다. 왜냐하면 이것들은 개인들의 기계적 집합체가 아니
며, 따라서 개인들의 단순한 합으로 설명할 수 없는 독특한 성격을 발현하
기 때문이다. 물론 그렇다고 해서 실체론적 존재가 된다는 뜻은 아니다. 왜
냐하면 사회는 그것을 구성하는 개인들을 통해서만 파악할 수 있기 때문이
다.[14] 여기에서 말하는 사회적 삶이란 사회가 주체가 아니라 개인들이 그 주
체인 삶이다 — 개인들의 사회적 삶! 개인들은 사회에서 다양한 사회적 삶,
예컨대 정치적, 경제적, 문화적, 종교적, 예술적, 윤리적, 성애적(性愛的) 삶을
추구하고 영위할 수 있다. 사회는 그 자체가 인격체인 것이 아니라 인격체인
개인들 안에 존재한다. 다시 말해 "사회는 개인들의 표상과 행위에 나타난
다. 이렇게 보면 사회는 그 자체가 '개인'이라기보다 개인적 실존을 위한 하
나의 특수한 차원이 된다." 사회와 관련해 뒤르케임에게 문제가 되는 것은
"하나의 특수한 — 발현적 — '존재영역인바, 개인들은 이미 이 영역에 편입
된다.'"[15] 뒤르케임의 사회학에는 베버와 더불어 이야기하자면 "'행위하는'
집합 인격체란 존재하지 않는다." 뒤르케임은 베버와 달리 사회학에서 사회
를 배제하지 않지만 베버와 마찬가지로 모든 집합개념의 실체화와 존재론
화를 배제한다.[16]

　뒤르케임에 따르면 근대 사회가 분화함에 따라 더욱더 많은 사회적 집단
이 형성되고 발전하며, 각각의 사회집단은 자체적인 도덕, 가치, 규칙, 규범,
상징체계, 의사소통체계 등에 의해 존립하고 기능하며, 따라서 사회집단들

----

13　Emile Durkheim, *Soziologie und Philosophie*, Frankfurt am Main: Suhrkamp 1976, 105쪽.

14　Hans-Peter Müller, *Wertkrise und Gesellschaftsrefom. Emile Durkheims Schriften zur Politik*,
　　Stuttgart: Ferdinand Enke 1983, 34쪽.

15　Heike Delitz, *Emile Durkheim zur Einführung*, Hamburg: Junius 2013, 95쪽. 이 인용구
　　절의 마지막 부분에 작은따옴표가 있는 것은 내가 인용한 문헌이 다른 문헌에서 인용
　　한 것을 표시한다. 그 문헌은 다음과 같다. Bruno Karsenti, *La Société en Personnes. Etudes
　　Durkheimiennes*, Paris: Economica 2006, 5쪽.

16　사회와 집합개념에 대한 베버의 입장에 대해서는 다음을 참고할 것. 김덕영, 앞의 책
　　(2012), 844쪽 이하.

사이에는 갈등과 투쟁이 일어날 수 있다. 우리는 전체 사회에 대해 말할 수 있다. 다시 말해 프랑스 사회와 한국 사회, 고대 사회와 중세 사회, 산업사회와 원시 사회 등에 대해 말할 수 있다. 하지만 뒤르케임이 사회에 대해 언급할 때에는 그것이 가족, 직업집단, 국가 등 개별적인 사회적 집단이 될 수도 있고 전체 사회가 될 수도 있다. 그러나 콩트나 스펜서처럼 사회 그 자체 또는 인류 사회에 대해 말할 수는 없다. 왜냐하면 그것은 너무나 포괄적이고 보편적이어서 추상적이고 공허하기 때문이다. 그러므로 사회 그 자체 또는 인류 사회에 대해 말하는 순간 사회학은 실증적 경험과학의 영역을 벗어나 사변적인 철학의 영역으로 전락하게 된다.

방금 인용한 뒤르케임의 명제, "사회는 개인이 없이는 아무것도 아니다"는, 사회의 존재이유를 궁극적으로 그것이 개인들에 대해 갖는 기능과 의미에서 찾아야 한다는 점을 함의한다. 뒤르케임에 따르면 개인들의 상호작용을 통해 구성되는 사회는 역으로 개인들의 상호작용에 영향을 미치고 이것을 결정한다. 요컨대 사회는 사회적 제도 또는 조직이 개별 행위자들 사이에 규정해놓은 상호작용의 체계를 가리킨다. 이렇게 보면 뒤르케임의 지적 세계를 방법론적 상호작용론 또는 제도적 개인주의로 범주화할 수 있다. 물론 뒤르케임을 철저한 방법론적 상호작용론자 또는 제도적 개인주의자로 볼 수는 없다. 왜냐하면 그는 전체주의적 실재론 또는 방법론적 전체주의와 방법론적 상호작용론 또는 제도적 개인주의 사이를 끊임없이 오감으로써 일관적이지 못하고 불명확한 모습을 보이고 있기 때문이다.[17]

뒤르케임은 개인보다 사회에 우선권을 부여한다. 그런데 중요한 점은 이우선권이 존재론적 성격이 아니라 논리적 성격을 띤다는 사실이다. 존재론적 성격이 아니라 함은, 개인들이 사회를 구성하고 사회가 개인들의 존재와 삶에 영향을 미치기 때문에, 다시 말해 개인과 사회는 상호의존적이고 상호관계적이기 때문에 그 존재의 우선순위를 따질 수 없음을 의미한다. 논리적

---

17 민문홍, 『에밀 뒤르케임의 사회학: 현대성 위기극복을 위한 새로운 패러다임을 찾아서』, 아카넷 2001, 제2장(61~83쪽); 민문홍, 앞의 글(2012), 632쪽 이하.

성격이라 함은, 뒤르케임이 사회현상을 설명함에 있어서 개인보다 사회에 우선권을 부여한다는 사실을 의미한다. "행위가 사회구조를 **설명하는** 것이 아니라 행위가 사회구조의 산물로 **설명될** 수 있다." 이를 개인들의 행위가 단지 수동적이고 피동적인 것으로 설정된다는 식으로 받아들여서는 안 된다. 행위는 개인과 사회를 매개하는 중요한 변수이다. 다만 그 설명의 축을 어떻게 설정하느냐가 문제이다. "행위주의는 사회에 대한 **시민의** 태도를 결정하는 유력한 요소이다. 그러나 사회구조라는 사실로 과학적 시선을 돌리면 배후로 물러날 수밖에 없다."[18]

뒤르케임이 개인이 아니라 사회에 논리적 우선권을 부여하는 근거는 시간적, 실제적, 사회적 차원의 세 가지 측면에서 찾아볼 수 있다. 먼저 시간적 측면에서 보면, 한 개인이 태어났을 때 사회는 이미 존재하며, 또한 한 개인보다 오래 존속한다. 또는 실제적 측면에서 보면, 모든 사회는 그 어떤 개인보다 훨씬 더 많은 지식을 축적하고 있다. 그리고 사회적 측면에서 보면, 사회가 개인적 발전에 끼치는 영향이 개인이 사회적 발전에 끼치는 영향보다 훨씬 더 크다. 바로 이런 연유로 뒤르케임은 개인에 대한 사회의 우선권을 주장하는 것이다. 그것은 존재론적 우선권이 아니다. 그러므로 뒤르케임의 사회학은 사회적 실재론이 아니다. 그것은 논리적, 다시 말해 방법론적 우선권이다. 그러므로 뒤르케임의 사회학은 사회학적 실재론이다.[19]

우리는 뒤르케임이 사회학의 인식대상을 사회가 아니라 사회적 사실들에서 찾는다는 점에 주목해야 한다. 이것은 짐멜이나 베버에게서처럼 사회학적 인식의 대상이 사회에서 사회적인 것으로 넘어간다는 것을 함의한다. 잘 알려져 있다시피, 뒤르케임은 1895년에 출간한 『사회학적 방법의 규칙들』에서 사회학은 사회적 사실들을 사물처럼 다루어야 하며, 한 사회적 사실은

---

18 Bernhard Giesen, *Die Entdinglichung des Sozialen. Eine evolutionstheoretische Perspektive auf die Postmoderne*, Frankfurt am Main: Suhrkamp 1981, 81~82쪽.

19 Hans-Peter Müller, 앞의 책(1983), 44~45쪽; Hans-Peter Müller, 앞의 글(1986), 96~97쪽.

다른 사회적 사실(들)에 의해 설명되어야 한다는 명제를 제시한다.[20] 그런데 이러한 명제는 그보다 한참 전 뒤르케임이 철학에서 사회학으로 '개종'한 시점에서도 그 단초를 찾아볼 수 있다. 앞에서 언급한 1887/88년 겨울학기 보르도 대학에서의 사회학 개막강의는 하나의 독립된 개별 과학으로서의 사회학의 기본 범주를 검토하고 있다. 그는 거기에서 생물학적 방법에 의존하는 스펜서를 비판하면서 다음과 같이 주장하고 있다.

> 사회학이 존재한다면, 그것은 자신의 고유한 방법과 자신의 고유한 법칙들을 갖는다. 사회적 사실들은 오로지 다른 사회적 사실들을 통해서만 제대로 설명될 수 있다. 그럼에도 불구하고 이 점은 간과되어왔는데, 그 이유는 과학이 지금까지 사회적 사실들이 생물학적 사실들과 갖는 유사성을 제시해왔기 때문이다. 그러나 어느 한 영역의 설명에 충분한 것이 다른 영역의 설명에 그대로 적용될 수는 없다. 발전이란 무변화한 반복이 아니다. 자연의 모든 영역은 무언가 새로운 것을 드러내는데, 과학은 그것을 제거할 것이 아니라 찾아내어 표현해야 한다. 사회학이 존재할 권리를 가지려면, 사회적 영역에 생물학적 연구로는 파악할 수 없는 무엇인가가 있어야 한다.[21]

이 인용구절만 보아도 뒤르케임의 의도가 확연히 드러난다. 그것은 사회학적 인식대상과 인식방법을 확보함으로써 사회학을 하나의 독립된 개별 과학으로 정착시키려는 것이다. 사회학의 인식대상은 사회적 사실에 있으며 사회학의 인식방법은 사회적 사실을 다른 사회적 사실(들)을 통해 설명하는 데에 있다. 사회적 사실의 토대는 개인들이다. 다시 말해 사회적 사실이란 개인들의 연합 또는 상호작용을 통해 사회집단 내에 객관화되고 제도화된 구조적, 체계적, 문화적 구성물을 가리킨다. 이것은 유기체의 구조와

---

20  Emile Durkheim, *Die Regeln der soziologischen Methode*, Frankfurt am Main: Suhrkamp 1984a.
21  Emile Durkheim, 앞의 책(1981a), 37~38쪽.

진화에 의해 설명할 수 있는 생물학적 사실이 아니다. 그리고 인간의 본성에 의해 설명할 수 있는 심리학적 사실도 아니며 개인의 의지에 의해 설명할 수 있는 철학적 사실도 아니다. 사회적 사실은 어디까지나 사회적 사실을 통해 설명해야 한다. 그러므로 사회적 사실은 방법론적 측면에서 보면 사회학적 사실이 된다. 『사회학적 방법의 규칙들』에서 뒤르케임은 사회적 사실을 명확히 규정하고 이것을 실증적, 경험적, 귀납적으로 연구하는 사회학적 방법을 제시한다. 이는 뒤르케임이 사회학을 콩트나 스펜서처럼 사회 그 자체에 대한 보편이론으로 이해하는 것이 아니라 짐멜이나 베버처럼 사회적인 것의 중범위이론으로 이해한다는 것을 의미한다.

　뒤르케임의 사회적 사실과 이것을 마치 사물처럼 취급하라는 그의 사회학적 방법의 제일 규칙은 이미 그 당시부터 숱한 오해와 논쟁을 불러왔다. 그리하여 그는 1902년에 출간한 『사회학적 방법의 규칙들』 제2판의 서문에서 사회학을 제도에 대한 과학으로 규정하고 있다.

> 　　　그 통상적인 의미를 조금만 확장하면 이 아주 특별한 존재 방식〔사회적 사실〕을 상당히 잘 표현할 수 있는 〔…〕 단어가 하나 있다. 그것은 다름 아닌 제도이다. 실제로 우리는 이 표현의 의미를 왜곡하지 않은 채 모든 신앙표상과 사회를 통해 확정된 행위 방식을 제도라고 부를 수 있다. 요컨대 사회학은 제도와 그 형성 및 작용 방식에 대한 과학이라고 정의할 수 있다.[22]

여기에서 말하는 제도를 협소한 의미의 제도로 읽어서는 안 된다. 그것은 오히려 광범위한 의미로 개인들의 연합 또는 상호작용의 결과로 다층적인 사회적 차원에서 객관화된 구성물 전체를 가리키는 용어로 읽어야 한다. 그리고 이처럼 뒤르케임이 사회적 사실이라는 개념을 제도라는 개념으로 표현한 것은 실증주의적 잔재라는 인상을 주는 전자에 보다 사회학적인 성격을 부여하려는 의도로 읽어야 한다. 사회학적 인식의 대상으로서의 사회적

---

22　Emile Durkheim, 앞의 책(1984a), 100쪽.

사실, 아니 제도로는 다음과 같은 것을 들 수 있다. 사회의 규모와 분화, 인구의 크기·밀도 및 분포, 지역적 조직, 교통수단, 의사소통 구조, 기술적 도구, 정치체계, 경제적 생산과 분배, 사회적 조직과 기관, 분업과 연대, 의무, 권리, 법, 도덕 및 관습, 집합의식의 내용, 집합적 목표 설정, 가치의식, 지식과 개념 및 이념, 종교적 신앙의 동기, 사고체계, 행위 양식, 상황 해석, 언어 규칙 등.

  이러한 사회적 사실, 아니 사회적인 것의 특징으로 뒤르케임은 외재성, 강제성, 보편성 및 독립성을 거론한다. 구체적으로 말해 사회적인 것은 주어진 사회의 영역에 보편적으로 그리고 개인들로부터 독립적으로 존재하면서 개인들에게 외적인 강제를 가한다.[23] 말하자면, 사회적인 것은 개인들에 대해 초월적이면서 개인들의 사고, 감정 및 행위에 영향을 미치고 이를 결정한다. 그러나 중요한 것은 개인들이 사회적인 것에 의해 일방적으로 영향을 받고 결정되지 않는다는 점이다. 개인들은 인격적 주체로서 사회적인 것을 추구할 만한 가치가 있는 것으로 내면화한다. 그리하여 외재성과 강제성에 내면성과 추구할 만한 가치가 결부되며, 따라서 사회적인 것은 개인들에 대해 초월적이면서 내재적인 것이 된다. 요컨대 사회적인 것은 제도화를 통해 객관화되지만 내면화를 통해 주관화된다.[24] 사실 뒤르케임이 말하는 사회란 엄밀히 말해 이처럼 개인과 변증법적 관계에 있는 사회적 사실, 아니 사회적인

---

23  같은 책, 105쪽 이하, 특히 114쪽.
24  Wolfgang Schluchter, 앞의 책(2006), 135~36, 143, 163쪽. 예컨대 뒤르케임은 "도덕의 동일한 방식으로 참된 두 가지 측면을 구별해야 한다"고 주장하는바, 그 둘은 "규칙들의 체계로 존재하는 집단의 도덕"과 "모든 개인의 의식이 이 도덕을 표상하는 완전히 주관적인 방식"을 가리킨다. "비록 집단을 구성하는 모든 인간에게 공통된 집단의 도덕이 존재하지만, 모든 인간은 자신의 고유한 도덕을 갖는다. 심지어 가장 현저한 순응주의가 지배하는 경우에도, 각자 개인은 부분적으로 자신의 고유한 도덕을 형성한다. 우리 모두는 내적 도덕을 소유하며, 또한 보편적인 도덕의식을 정확하게 재현하는 개인적 의식은 존재하지 않음이, 다시 말해 보편적인 도덕의식에 부분적으로 부적합하지 않은 개인적 의식은 존재하지 않음이 확실하다. 이렇게 보면 우리 모두는 〔…〕 어떤 점들에서 비도덕적이다. 요컨대 나는 그와 같은 내적 도덕을 결코 부정하지 않는다. 나는 그것을 성공적으로 연구할 수 있다는 것에 결코 이의를 제기하지 않는다." Emile Durkheim, 앞의 책(1976), 135쪽.

것의 총합으로 볼 수 있으며, 그렇게 보아야 한다.

　지금까지의 간략하지만 복잡한 논의를 다음과 같이 요약할 수 있다. 뒤르케임은 사회 그 자체가 아니라 사회적인 것을 사회학적 인식의 대상으로 설정했다. 그리고 개인과 사회의 상호적 의존관계를 누구보다도 깊이 통찰하고 있었다. 뒤르케임의 사회학적 인식이 궁극적으로 지향하는 바는 개인의 자유와 사회적 질서 간의 관계, 즉 "개인의 인격과 사회적 연대 간의 관계"였다. "어떻게 개인들이 더욱더 자율적이 되면서 더욱더 사회에 의존하게 될까? 어떻게 개인이 더 인격적이 되는 동시에 더 사회적 연대를 이루게 될까?"[25] 그러나 다른 한편 뒤르케임은 사회현상을 설명하는 과정에서 궁극

---

25 Emile Durkheim, 앞의 책(1988), 82쪽. 이 관계는 예컨대 뒤르케임이 『사회학 강의: 도덕과 법의 물리학』에서 사회의 한 유형인 국가, 그러니까 정치적 사회와 개인의 관계에 대한 견해를 피력하고 있는 것을 보면 단적으로 드러날 것이다. 거기에서 뒤르케임은 국가가 점점 더 발전해감에 따라 국가의 권리와 상반되는 것으로 간주되는 개인의 권리도 나란히 발전한다는 역사적 사실이 모순이 아닌가 하고 묻는다. 그것은 결코 모순이 아닌데 다만 ─ 흔히 철학자들이 주장하듯이 ─ 개인의 권리가 개인과 더불어 주어지는 것이라고 생각하기 때문에 모순처럼 보인다는 것이 뒤르케임의 답변이다. 오히려 개인의 권리는 국가에 의해 창출되고 조직되며 실현된다. 국가의 주요한 기능은 개인의 인격을 해방하며 개인을 자율적인 행위의 담지자로 만들고 자신의 고유한 역량을 펼치도록 하는 데에 있다. 그러므로 개인과 국가의 관계를 제대로 파악하려면 "개인의 권리가 개인과 더불어 주어진 것이라는 가정을 단념하고 그 대신에 국가에 의해 비로소 제정된다는 사실에서 출발해야 한다. 이렇게 하면 확실히 모든 것이 설명될 수 있다. 이제 우리는 국가의 기능이 개인을 축소하지 않고도 확대될 수 있음을 이해할 수 있으며, 또한 우리는 개인이 국가의 의미를 상실케 하지 않고도 발전할 수 있음을 이해할 수 있다. 왜냐하면 개인은 어떤 측면에서 국가의 산물이기 때문이며, 국가의 활동이 본질상 개인의 해방을 지향하기 때문이다. 그런데 구체적인 사실들을 검토해보면, 도덕적 개인주의의 발전과 국가의 발전 사이에 실제로 그와 같은 인과적 관계가 존재한다는 가정이 역사적으로 입증된다. [⋯] 비정상적인 경우들을 제외하면 국가가 강력하면 할수록 국가는 더욱더 개인을 존중하게 된다고 말할 수 있다. 잘 알려져 있다시피 아테네 국가가 로마 국가보다 훨씬 덜 발전된 형태였으며, 로마 국가, 특히 도시국가 시대의 로마 국가는 우리 시대의 중앙집권화된 큰 국가들에 비교하면 그저 단초적으로 조직되었을 뿐임이 분명하다. 로마의 도시국가에서 국가의 기능들은 그리스의 도시들에서보다 더 많이 집중되었으며, [⋯] 국가는 더 강력하게 통일되었다. 이 둘의 차이는 무엇보다도 로마에서는 종교적 의식이 국가의 손 안에 있었다는 사실에서 드러난다. 이에 반해 아테네에서는 종교적 의식이 다수의 성직자단(聖職者團)의 권한에 속했다. 그리고 아테네에서는 그 수중에 국가 권력 전체가 집중된 로마의 집정관에 비교할 수 있는 것을 전

적으로 개인보다 사회에 논리적 우선권을 부여했으며, 이러한 방법론적 전체주의 또는 전체주의적 사실주의로 인해 — 아니면 달리 말해 사회와 개인의 "위계적 이원주의"로 인해[26] — 개인과 그의 행위를 중시하면서도 자아이론, 인격이론 또는 행위이론을 발전시키는 데에는 관심이 없었다. 그 결과 그의 개인주의는 — 곧 보게 되는 바와 같이 — 사회의 산물로 설명되는 집단주의적 개인주의였다.[27] 이러한 입장은 오늘날의 관점에서 "자유주의의 공동체주의적 옹호"라고 이해할 수 있다. 이에 반해 베버의 입장은 "공동체주의의 자유주의적 옹호"라고 규정할 수 있다.[28]

## (3) 도덕적 개인주의를 위하여

개인과 사회의 관계에 대한 논의는 이 정도로 해두고 다시 도덕의 문제로 돌아가보기로 한다. 앞에서 언급한 바와 같이, 뒤르케임의 지적 세계는 사회학적 칸트주의로 규정할 수 있다. 이는 뒤르케임이 칸트의 도덕철학에 접목하면서 이것을 사회학적으로 재해석하고 재구성한다는 것을 의미한다. 이

---

혀 찾아볼 수 없다. 아테네의 국가행정은 상호 조정되지 않은 수많은 관료들에게 분산되어 있었다. 사회를 구성하는 모든 기본적인 집단들, 즉 씨족, 포족, 부족은 로마에서보다 훨씬 더 큰 자율성을 보지하고 있었다. 로마에서는 이 집단들이 곧바로 사회의 대중에 의해 흡수되었다. 이 모든 점에서 오늘날의 유럽 국가들과 고대 그리스나 이탈리아 도시국가들 사이에 거리가 있음은 명백하다. 그리하여 개인주의도 로마에서는 아테네에서와 다르게 발전했다. 개인에 대한 로마인들의 현저한 존중은 로마 시민의 존엄성과 이 존엄성의 사법적 지표였던 자유가 보증된 유명한 성구들에 표현되었다. 〔…〕 그러나 로마의 개인주의가 그토록 현저할지라도 기독교 사회들의 품에서 발전한 개인주의에 비하면 사소한 것이다." Emile Durkheim, 앞의 책(1991), 82쪽 이하, 인용구절은 85~86쪽. 요컨대 국가가 강력하면 할수록 그리하여 개인이 국가에 의존하면 할수록 그리고 국가와 연대를 이루면 이룰수록 개인의 인격이 더욱더 해방되고 개인이 더욱더 자율적이 되며 개인주의가 더욱더 발전한다는 것이 뒤르케임의 주장인 것이다.

26  Wolfgang Schluchter, 앞의 책(2006), 191, 195쪽.
27  Hans-Peter Müller, 앞의 글(1986), 73, 92, 96쪽.
28  Wolfgang Schluchter, 앞의 책(2006), 171, 195, 320쪽.

처럼 칸트의 차안과 피안에 자신의 사회학적 인식체계를 자리매김하려는 뒤르케임의 입장은 이미 「독일 대학의 철학」에서 명백히 나타난다. 뒤르케임에 따르면 칸트 철학은

독일이 배출한 철학들 중에서 — 잘 해석하면 — 여전히 과학적 요구에 가장 잘 부합할 수 있는 철학이다.[29]

칸트의 이러한 철학을 잘 해석함으로써 그것의 관념론적 또는 이상주의적 도덕이론을 과학적 요구에 부합시키는 것, 그러니까 실증과학적 도덕이론을 구축하는 것이 뒤르케임 사회학의 가장 중요한 관심이자 목표이다.[30] 뒤르케임이 추구한 사회학적 칸트주의를 단적으로 엿볼 수 있는 것이 "사회학 강의: 도덕과 법의 물리학"이라는 강의이다. 이 강의는 뒤르케임이 1890년과 1900년 사이 보르도 대학 그리고 1904년과 1912년 사이 소르본 대학에서 여러 차례에 걸쳐 한 것으로서 그의 사후인 1950년 같은 제목의 책으로 출간되었다. 여기에서 '물리학'은 physique라는 프랑스어 단어를 옮긴 것인데, 이는 좁게는 물리학을 의미하지만 넓게는 물리학을 포함한 경험과학, 즉 형이하학을 의미한다. 그러니까 뒤르케임은 사회학 강의를 통해 도덕과 법의 형이하학을 정초하려고 했던 것이다.

총 열여덟 번의 강의로 이루어진 이 책의 첫 번째 강의에서 뒤르케임은 도덕을 인간 일반 또는 인류에 적용되는 도덕과 특수한 사회집단에 적용되는 도덕으로 구분한다. 후자에는 주로 가족도덕, 직업도덕, 시민도덕이 속한다. 그리고 보편적인 도덕적 타당성을 갖는 전자는 다시금 두 가지로 구분되는 바, 그 하나는 우리 각자가 자기 자신에 대해 갖는 관계이다. 뒤르케임은 이를 개인도덕이라고 부른다. 그리고 그 다른 하나는 우리가 다른 사람들에 대해 갖는 관계이다.[31] 뒤르케임은 여기에 구체적으로 살인, 재산법, 계약법 및

---

29  Emile Durkheim, 앞의 책(1995), 48쪽.
30  Hans-Peter Müller, 앞의 글(1986), 74쪽; Hans-Peter Müller, 앞의 글(1991), 311~12쪽.

계약도덕을 포함시킨다. 이 도덕들이 인간 일반 또는 인류에 지향되는 보편적 타당성을 갖는다 함은, 그것들에 적용을 받는 개인들이 가족, 직업 또는 국가와 같은 사회집단을 초월하는 존재라는 뜻이 아니다. 뒤르케임에 따르면 인간이 인간인 것은 어디까지나 그가 사회에서 살아가기 때문이다. 다른 사람들에 지향된 이 도덕들이 보편적이라 함은 오히려, 어떤 다른 사람이 어떤 사회집단에 속하든, 다시 말해 어떤 가족, 직업, 국가에 속하든 상관없이 우리는 그를 죽이지 말고 그의 재산을 존중하며 그와 맺은 계약을 성실히 이행해야 할 의무가 있다는 뜻이다. 이에 반해 가족도덕은 가족에 따라 다르고 직업도덕은 직업마다 다르고 시민도덕은 국가마다 다르다. 그러므로 특수성을 띨 수밖에 없다.[32]

아무튼 뒤르케임은 사회집단과 연관된 특수한 성격의 것이든 또는 사회집단과 무관한 보편적인 성격의 것이든 상관없이 인간의 사회적 삶에서 관찰되는 다양한 종류의 도덕을 철학자들처럼 추상적인 인간 이성이나 인간본성 등에서 연역적으로 도출하지 않고 그 역사적 발전 과정과 사회적 작동방식이라는 실증과학적이고 경험과학적인 관점에서 접근하려고 한다. 참고로 도덕과 법에 대한 뒤르케임의 사회학 강의 가운데 개인도덕과 가족도덕에 대한 내용은 전해지지 않는다.

이렇게 보면 칸트와 뒤르케임이 도덕에 접근하는 방식의 차이점이 확연하게 드러난다. 1785년에 출간된 『도덕형이상학 정초』라는 저작이 말해주듯이, 칸트는 도덕을 형이상학적으로 정초하려고 했다.[33] 반면 뒤르케임은 강의의 제목을 "사회학 강의: 도덕과 법의 물리학"이라고 정함으로써 칸트에 기대면서도 칸트를 넘어서 도덕형이하학을 정초하려는 자신의 사회학적 칸트주의를 천명했던 것이다. 도덕과 법의 물리학, 아니 도덕과 법의 형이하

---

31  Emile Durkheim, 앞의 책(1991), 11~12쪽.

32  같은 책, 12~13쪽.

33  Immanuel Kant, *Grundlegung der Metaphysik der Sitten*, in: Immanuel Kant, *Werke in zehn Bänden, Bd. 6* (Herausgegeben von Wilhelm Weischedel), Darmstadt: Wissenschaftliche Buchgesellschaft 1983, 7~102쪽.

학으로서의 사회학은

　　도덕적 및 법적 사실들을 다룬다. 이것들에서 문제가 되는 것은 제재력이 부여된 행위 규칙들이다. 이 과학은 다음을 해명해야 한다. ①이러한 규칙들은 역사적 발전 과정에서 어떻게 형성되었는가, 즉 이것들은 어떠한 원인들로 소급되며 어떠한 목적들에 기여하는가를 해명해야 한다. ② 이러한 규칙들이 사회에서 어떻게 기능하는가, 즉 이것들이 개인들에 의해 어떠한 방식으로 적용되는가를 해명해야 한다.[34]

이처럼 도덕형이하학으로서의 사회학이 도덕 규칙들의 — 여기에는 좁은 의미의 도덕을 넘어서 가치, 규범, 법률, 풍속, 관습, 관례 등의 행위 규칙들이 포함된다 — 역사적 형성 과정과 사회적 기능 방식을 그 인식대상으로 한다면, 그 인식방법 역시 도덕형이상학으로서의 칸트 철학과 달리 실증적이고 경험적이며 귀납적이어야 한다. 뒤르케임은 다음과 같이 서로 밀접하게 연결된 두 가지 도덕사회학의 연구 방법을 제시한다.

　　우리는 한편으로 비교역사학과 비교인류학을 갖고 있다. 이것들은 우리가 행위 규칙의 형성을 추적하는 데에 기여한다. 또한 이것들은 우리에게 행위 규칙을 구성하는 개별적 요소들을 보여주며 어떻게 이 요소들이 점진적으로 결합되었는가를 드러내준다. 그리고 우리는 다른 한편으로 비교통계학을 갖고 있다. 이것은 이 행위 규칙이 그때그때 사람들의 의식에서 어느 정도의 권위를 갖고 있는가를 연구하는 것을 가능케 하며, 또한 이 권위의 강도가 다르게 나타나는 근거를 제시하는 것을 가능케 한다. 물론 우리가 현재로서는 아직 모든 도덕의 문제를 이 두 관점으로부터 접근할 수 있는 처지가 못 된다는 것에는 의심의 여지가 없다. 왜냐하면 대개의 경우 우리에게는 그에 필요한 통계적 자료들이 결여되어 있기 때문이다. 그럼에도 불구하고 완전성을 추구하는 과학은 이

---

34　Emile Durkheim, 앞의 책(1991), 9쪽.

두 문제와 씨름하는 것을 피할 수 없다는 점을 언급하는 것이 마땅하다.[35]

요컨대 뒤르케임의 사회학적 칸트주의는 두 차원에 걸친, 즉 역사적 차원과 구조적 차원에 걸친 비교연구 방법에 입각해 칸트의 초월적-연역적 도덕형이상학을 경험적-귀납적 도덕사회학으로 재구성하려고 한다. 이것은 칸트를 보완하는 것이 아니라 칸트를 대체하는 것이며, 또한 이를 통해서 칸트가 한 모든 것을 개선하려는 것이다.[36] 이러한 뒤르케임과 칸트의 가장 중요한 차이점의 하나로는, 후자에게서 초월적 주체가 차지한 자리를 전자에게서 사회가 차지한다는 사실을 들 수 있다. 사회는 도덕적 행위를 하는 개인들을 초월하며 자체적인 논리와 법칙을 따른다. 그러나 중요한 점은 이 사회가 단순히 개인들로부터 분리되어 개인들과 대립하는 것이 아니라 개인들에게 작용하고 그들의 도덕적 행위를 조직하고 구성한다는 사실이다. 다시 말해 사회는 개인들의 도덕적 행위에 대해 초월적이면서 내재적이 된다. 전자는 후자의 선험적 전제조건이 된다. 그렇지 않으면 사회는 아무런 의미를 갖지 못한다. 이는 칸트의 도덕철학에서 초월적 주체가 경험적 주체들의 도덕적 행위에 대한 선험적 전제조건이 되는 것과 마찬가지이다.

앞에서 논증한 바와 같이, 뒤르케임은 사회학주의자가 아니다. 그는 또한 반개인주의자도 아니다. 그는 철저한 개인주의자이다. 이는 모순된 것처럼 보인다. 왜냐하면 뒤르케임은 개인주의 철학자 칸트를 사회학화하고 있기 때문이다. 그런데 뒤르케임의 개인주의는 바로 이 칸트의 사회학화에 의해 가능해지고 의미를 갖는다. 뒤르케임은 "사회적 질서와 개인적 자유의 관계를 연구한 개인주의 도덕의 사회학적 이론가"이다.[37]

이러한 뒤르케임은 근대 사회에서 개인주의가 갖는 위치와 의미를 누구보다도 깊이 통찰하고 있었다. 이 점에서 뒤르케임은 칸트와 ── 그리고 루

---

35  같은 책, 10쪽.

36  Wolfgang Schluchter, 앞의 책(2006), 193쪽.

37  Hans-Peter Müller, 앞의 글(1986), 73쪽.

소와 — 같은 철학자와 조금도 다르지 않다. 그러나 다른 한편 개인주의를 설명하는 방식에서 뒤르케임은 칸트나 루소와 근본적으로 구별된다. 칸트와 루소가 개인주의를 개인의 관념으로부터 연역하는 반면, 뒤르케임은 개인주의를 사회로부터 도출한다. 이와 관련해 뒤르케임은 1898년에 발표한 작은 글 「개인주의와 지성인」에서 다음과 같이 말하고 있다.

> 개인은 사회의 원인이기보다 사회의 결과라고 말하면서도 아무런 모순 없이 개인주의자가 될 수 있다. 왜냐하면 개인주의 자체는 모든 도덕이나 모든 종교와 똑같이 사회적 산물이기 때문이다. 개인은 자신을 신성하게 만드는 도덕적 믿음조차도 사회로부터 받아들인다. 바로 이 점이 칸트와 루소가 이해하지 못한 것이다. 그들은 그들의 개인주의적 도덕을 사회로부터가 아니라 고립된 개인이라는 관념으로부터 도출하려고 했다. 이것은 불가능한 일이었으며, 그들 사상체계의 논리적 모순은 바로 여기에서 나오는 것이다.[38]

뒤르케임이 개인주의를 사회로부터 도출한다 함은 구체적으로 그가 개인주의의 발전을 사회의 발전에 의해 설명함을 의미한다. 이는 『사회분업론』을 보면 명백히 드러난다. 사회의 규모가 작은 전근대 사회에서는 분업이 발달하지 못하기 때문에 개인들 사이에 유사성의 원리가 지배하고 상호 간의 의존도가 미약하다. 이러한 사회에서는 유사한 개인들이 종교나 도덕과 같은 가치와 규범에 의해서 외적이고 강제적으로 결합된다. 뒤르케임은 이를 가리켜 기계적 연대라고 부른다. 이 기계적 연대는 개인보다 사회를 우선시하는 집단주의에 의해 강화되고 유지된다. 그리고 기계적 연대의 전근대 사회에서는 처벌하고 억압하는 보복적 성격의 형법이 지배적이다. 형법은 법률을 어긴 사람의 인격 자체에 초점을 맞춘다. 이는 범법 행위를 사회의 규

---

38 Emile Durkheim, "Der Individualismus und die Intellektuellen"(1898), in: Hans Bertram (Hrsg.), *Gesellschaftlicher Zwang und moralische Autonomie*, Frankfurt am Main: Suhrkamp 1986, 54~70쪽, 여기서는 70쪽(미주 4번).

범에 대한 공격으로 간주하고 집합의식과 연대의식을 해친 행위로 간주함을 의미한다. 그러다가 사회의 규모가 커지면서 기능적-직업적 분업이 발달하게 된다. 이에 따라 개인들 사이에 상이성의 원리가 지배하고 상호의존도가 증가한다. 이처럼 개인들이 서로 다른 기능적-직업적 분업에 의해서 상호 결합되어 있는 상태를 뒤르케임은 유기적 연대라고 부른다. 이 유기적 연대의 근대 사회에서는 개인성이 발전하고 개인의 가치와 의미가 인정받고 존중받게 된다. 그리하여 유기적 연대의 도덕인 개인주의가 기계적 연대의 도덕인 집단주의를 대신하여 사회의 근본적인 구성원리가 된다. 그리고 보복이 아니라 원상복구를 중시하는 민법이나 상법이 발전하게 되는데, 이는 범법 행위를 더 이상 집합의식에 대한 근본적인 공격 행위로 보지 않는다는 것을 의미한다. 그리고 민법이나 상법은 주관적인 행위의 의지와 능력을 갖춘 개인들의 계약을 바탕으로 한다.[39] 이를 다음과 같이 도표로 나타낼 수 있다.

**도표 9  기계적 연대와 유기적 연대의 특성**

| 기계적 연대 | 유기적 연대 |
| --- | --- |
| 작은 규모의 사회 | 큰 규모의 사회 |
| 단편사회 | 복합사회 |
| 직업의 미분화 | 직업의 분화 및 전문화 |
| 유사성의 원리 | 상이성의 원리 |
| 약한 상호의존도 | 강한 상호의존도 |
| 개인성의 미발달 | 개인성의 발달 |
| 집단의식 | 개인의 자율성과 성찰성 |
| 형법(처벌과 억압) | 민법과 상법(계약과 원상복구) |

---

39  Emile Durkheim, 앞의 책(1988). 뒤르케임의 개인주의는 짐멜의 개인주의와 비교할 만하다. 짐멜은 개인주의를 자유와 평등을 강조하는 양적 개인주의와 유일성과 특성을 강조하는 질적 개인주의로 나눈다. 18세기에 발전한 전자는 경제적 영역의 확장과 부상에 대한 철학적 성찰의 결과이다. 이러한 사회적 발전은 개인의 자유를 시대의 정언명령으로 요청하게 되는데, 18세기의 철학자들은 인간이 평등하기 때문에 자유롭다는 사상을 발전시킨다. 이에 반해 19세기에 발전한 후자는 고도의 사회적 노동 분업에 대한 이론적 성찰의 결과이다. 고도로 분업화된 사회질서의 존속과 기능은 자명하게도 개인들의 유일성과 특성

이러한 논의에 근거하여 뒤르케임은 예의 그 작은 글 「개인주의와 지성인」에서 주장하기를, 개인주의는 근대 산업사회가 반드시 필요로 하는 "교리"이며, 따라서 이러한 개인주의의 발전을 막고자 한다면, "개인들이 점점 더 서로 간에 분화되어가는 것을 방해하고, 그들의 인격을 평준화하며, 그들을 과거와 같은 낡은 전통주의의 틀로 되돌려보내야 한다"고 말한다. 그런데 이 모든 것은 결과적으로 "사회가 더욱더 확장되고 집중되는 추세를 억제하는 것이며 사회분업의 끊임없는 발달을 방해하는 것이다." 이렇게 하는 것은 "그것이 바람직하건 아니건 인간이 가지고 있는 모든 능력을 무한히 넘어서는 일이다."[40] 이러한 개인주의 이론에 근거해 뒤르케임은 이렇게 역설한다. "개인주의는 무정부주의가 아닐뿐더러 장래에 국가의 통합을 보장해줄 수 있는 유일한 믿음 체계가 될 것이다."[41] 그러므로 중요한 것은 "개인주의를 완성하고 확대하며 조직하는 것이지 그것을 억제하고 공박하는 것이 아니다." 중요한 것은 "그것에 대해 성찰하는 것이지 그것에 대해 침묵을 강요하는 것이 아니다."[42]

그런데 뒤르케임이 말하는 개인주의는 이기적 개인주의나 공리적 개인주의가 아니라 도덕적 개인주의이다. 개인의 이해관계나 복리 또는 쾌락을 추구하는 이기적 개인주의나 공리적 개인주의와 달리 도덕적 개인주의는 개인의 자유와 인격을 중시하면서 타자에 대한 배려와 공동체에 대한 의무를 강조한다. 그 중요한 특징으로는 다음을 꼽을 수 있다. "첫째, 일상적 삶 속에서 개인의 존엄성을 강조하는 배려문화의 정신이다. 둘째, 사회에서 소외된 계급에 대한 박애정신의 확산과 생활화이다. 셋째, 산업화의 결과로 새롭게 나타난 각각의 직업집단에 어울리는 직업윤리의 정착이다. 마지막으로는 개인주의의 논리적 귀결로서 공정한 사회관계를 정립하기 위해 분배적

---

을 절대적으로 필요로 하며, 또한 바로 그러한 이유로 동시에 가치와 의미를 부여한다. 김덕영, 앞의 책(2007), 231쪽 이하.
40  Emile Durkheim, 앞의 글(1986), 63~64쪽.
41  같은 글, 62쪽.
42  같은 글, 68쪽.

사회정의를 실현하는 것이다."[43] 뒤르케임은 드레퓌스 사건 당시 프랑스 지성인들이 보여준 태도에서 도덕적 개인주의의 전형을 찾는다.

뒤르케임에 따르면 도덕적 개인주의는 근대적 집합의식이자 근대 사회의 집단이상이다. 아니 "인간이 신자인 동시에 신이 되는 종교"이다.[44] 그것은 세속적 종교, 즉 시민종교이다. 이 도덕적 개인주의는, 개인이 다양한 사회집단의 구성원으로서 준수해야 하는 도덕, 그중에서도 특히 직업도덕과 더불어 근대 산업사회의 조직 원리가 된다. 도덕 교육은 바로 이러한 이상을 지향하고 추구해야 한다.[45]


## (4) 사회학적 방법의 규칙들

뒤르케임은 철학에서 사회학으로 '개종'한 1887년의 개막강의에서 콩트와 스펜서에 반기를 들고 사회학이 사회 그 자체에 대한 보편이론이 아니라 사회적인 것의 중범위이론이 되어야 한다는 견해를 표명했으며, 그 후 1895년에 출간한 『사회학적 방법의 규칙들』에서 사회적인 것의 중범위이론으로서의 사회학을 방법론적으로 뒷받침하고자 했다. 뒤르케임에 따르면 사회학적 인식방법은 다음과 같이 여섯 단계로 구성된다. 사회학적 인식대상의 정의, 사회적 사실의 관찰, 정상적인 것과 병리적인 것의 구별, 사회적 유형들의 제시, 사회적 사실의 설명, 사회학적 논증.[46]

---

43  민문홍, 앞의 글(2012), 661~62쪽.

44  Emile Durkheim, 앞의 글(1986), 57쪽.

45  직업집단이 뒤르케임의 사회학에서 차지하는 위치에 대해서는 다음을 참고할 것. Kurt Meier, *Emile Durkheims Konzeption der Berufsgruppen. Eine Rekonstruktion und Diskussion ihrer Bedeutung für die Neokorporatismus-Debatte*, Berlin: Duncker & Humblot 1987. 그리고 도덕 교육에 대한 뒤르케임의 견해는 다음에 잘 나타나 있으니 참고할 것. Emile Durkheim, *Erziehung, Moral und Gesellschaft. Vorlesung an der Sorbonne 1902/1903*, Frankfurt am Main: Suhrkamp 1984b.

46  Emile Durkheim, 앞의 책(1984a), 105쪽 이하.

뒤르케임은『사회학적 방법의 규칙들』을 출간한 지 2년이 지난 후인 1897
년『자살론』을 출간하는데, 이 책은『사회분업론』이후 7년 만에 나온 책으
로서『사회분업론』만큼 큰 사회학적 연구서이며 흔히 뒤르케임의 주저로
간주된다. 그런데 우리의 논의를 위해서 그보다 더 중요한 점은 뒤르케임이
『사회학적 방법의 규칙들』에서 제시한 사회학적 인식의 방법을 이 책에서
자살에 대한 경험적 연구에 적용했다는 사실이다. 물론『사회분업론』도『사
회학적 방법의 규칙들』보다 먼저 출간되었지만 전반적으로 후자에서 제시
된 방법론의 틀에서 이해할 수 있다. 이는 뒤르케임이 이미 초창기부터 사회
학의 방법론적 토대의 필요성을 절감하고 실제로 구체적인 인식방법을 발
전시키고 있었음을 암시하는 대목이다. 그러나 이 방법론을 가장 이상적으
로 구현한 연구는 아무래도『자살론』이다. 뒤르케임 자신이 명백히 밝히고
있듯이, 이 저작은『사회학적 방법의 규칙들』에서 제시한 중요한 방법론적
문제들을 구체적인 형태로 응용하고 있다.[47]

사실『자살론』은 뒤르케임이 새로운 과학적 인식형식으로서의 사회학, 그
러니까 사회적인 것의 중범위이론으로서의 사회학의 존재의의, 독립성 및
설명력을 대내외적으로 과시하고 사회학의 제도화를 촉진하기 위해 기획하
고 수행한 연구라고 해도 과언이 아닐 것이다. 뒤르케임이 자살이라는 현상
을 연구 주제로 결정한 것은 사실 아주 의도적이고 현명한 선택이었다고 할
수 있다. 왜냐하면 흔히 전적으로 개인적인 문제로 치부되곤 했던 자살마저
도 사회적 현상으로서 사회적 원인에 의해 설명될 수 있음이 논증된다면, 이
것은 뒤르케임이 구축한 새로운 과학으로서의 사회학의 위상과 그가 제시
한 사회학적 연구 방법의 정당성을 입증할 수 있는 더할 나위 없이 좋은 계
기가 될 것이기 때문이다.[48]

『자살론』은 서론과 제1~3부의 총 네 부분으로 구성되어 있는바, 제1부
는 "비사회적 요인들", 제2부는 "사회적 원인들과 사회적 유형들", 제3부는

---

47  Emile Durkheim, *Der Selbstmord*, Frankfurt am Main: Suhrkamp 1983, 20쪽.

48  Matin Endress, *Soziologische Theorien kompakt*, München: Oldenbourg 2012, 30쪽.

"사회적 현상 일반으로서의 자살에 대하여"이다. 이 가운데 서론에서는 사회학적 인식대상으로서의 자살을 정의하고 사회적 사실로서의 자살을 관찰하는 사회학적 방식을 제시한다. 여기에는 자살과 관련하여 정상적인 것과 병리적인 것에 대한 논의가 포함된다. 또한 제1부에서는 유기체적-심리적 기질과 물리적 환경과 같은 비사회적 요인들이 사회적 사실로서의 자살과 갖는 관계를 검토하는데, 그 결론은 이 요인들이 자살을 설명하는 데에 부적합하다는 것이다. 그리고 제2부에서는 자살의 유형들을 제시하고 그에 입각하여 자살을 인과적으로 설명하며 사회학적 논증을 한다.

먼저 사회학적 인식대상의 정의에 대하여 살펴보기로 한다. 이와 관련하여 뒤르케임은 『사회학적 방법의 규칙들』에서 다음과 같이 말한다. "언제나 사회학적 연구의 대상으로는 미리 어떤 외적으로 공통적인 특성들로써 정의된 현상들의 집합을 선택해야 한다. 그리고 그와 같은 정의에 상응하는 모든 현상은 동일한 연구에 포함되어야 한다."[49] 이러한 사회학적 연구의 규칙에 따라 뒤르케임은 『자살론』에서 자살을 다음과 같이 정의한다. **"자살은 그 원인이 직접적으로 또는 간접적으로 희생자 자신의 행위나 불이행으로 소급되는 모든 경우의 죽음을 이르는데, 이때 희생자는 자신의 행동의 결과를 미리 알고 있다."**[50] 그런데 자살은 사회적 사실이다. 왜냐하면 자살률은 사회마다 다르며 각 사회의 자살률은 ― 심지어 사망률보다도 ― 안정적이기 때문이다. 이는 모든 사회가 자살에 대한 일정한 경향을 갖고 있음을 뜻한다. 만약 자살이 개인적 사실이라면 자살률은 그 사회적 맥락과 무관하게 언제나 똑같을 것이다. 이처럼 어느 사회나 일정한 자살의 경향과 자살률을 보인다면, 자살은 병리적인 것이 아니라 정상적인 것으로 보아야 한다. 그러나 자살률이 갑자기 높아지거나 낮아지면 병리적인 것이다.

뒤르케임은 이 자살률이라는 통계적 자료를 자살에 대한 사회학적 관찰의 대상으로 설정한다. 자살률은 "확고하게 규정된 사실들의 체계로서 동시

---

49  Emile Durkheim, 앞의 책(1984a), 131쪽.
50  Emile Durkheim, 앞의 책(1983), 27쪽.

에 그 시간적 지속성과 가변성에 의해 증명되며", 따라서 "각각의 사회가 집단적으로 가지고 있는 자살에의 경향을 실증한다."[51] 뒤르케임이 자살률을 사회학적 관찰의 대상으로 선택한 이유는, 자살의 개인적 차원을 다루는 심리학자와 달리 사회학자는 자살의 사회적 차원을 다루기 때문이다. 다시 말해 개인의 자살에 관심을 갖는 심리학자와 달리 사회학자는 한 사회에서 나타나는 자살의 총체적인 경향에 관심을 갖는다. 전자가 개인적-심리적 현상이자 사실이라면 후자는 집단적-사회적 현상이자 사실이다. 요컨대 사회학자는 "고립된 개인이 아니라 다수의 인간들에 작용할 수 있는 원인들을 연구한다. 그러므로 그는 어디까지나 전체 사회에 가시적인 영향을 미치는 자살의 요인들만을 다룬다. 바로 자살률이 이러한 요인들의 결과이며, 따라서 그것들에 대한 관심을 충족해준다."[52] 이러한 관점에 입각하여 뒤르케임은 자살과 관련된 2만 6천 개의 통계 자료를 분석했다.(이 방대한 자료는 뒤르케임이 직접 수집한 것이 아니라 프랑스 법무부의 기록문서를 이용한 것이다.)[53]

그다음은 자살의 유형들을 제시할 차례이다. 만약 통계 자료를 하나하나 관찰하고 기술하는 데 그친다면 그 작업은 사회적 현상으로서의 자살 또는 자살의 일정한 경향을 밝히는 데에는 무의미하다. 그것들은 몇 가지 유형으로 분류되어야 한다. 이를 위하여 뒤르케임은 가족, 직업, 종교, 국가 등 다양한 사회적 요인에 따라 예의 그 무수한 자살의 경우를 분석한다. 왜냐하면 각각의 사회적 요인은 나름대로의 방식으로 자살에 영향을 미치며, 따라서 자살들 사이의 차이를 드러내고 그것들을 몇 가지 범주로 묶을 수 있도록 하기 때문이다. 예컨대 종교의 경우 프로테스탄티즘과 가톨릭이 자살에 미치는 영향이 다르고, 기혼과 미혼이 자살에 미치는 영향이 다르다. 이런 방식으로 뒤르케임은 이기적 자살, 이타적 자살, 아노미적 자살, 숙명적 자살의 네 가지 유형을 얻을 수 있었다.

---

51 같은 책, 34~35쪽.
52 같은 책, 37쪽.
53 같은 책, 22쪽.

이어서 뒤르케임은 이 네 가지 자살의 유형에 설명을 붙인다. 사회학적 설명은 **"사회적 사실을 결정하는 원인을 그것보다 시간적으로 앞서는 사회적 현상들에서 찾아야지 개인의 의식 상태에서 찾아서는 안 된다."**[54] 그것은 사회적 사실들 사이에 인과관계를 설정하는 것이다. 이러한 규칙에 입각하여 뒤르케임은 자살의 원인을 사회적 통합과 사회적 규제에서 찾는다. 다시 말해 자살의 네 가지 유형은 사회적 통합과 사회적 규제의 두 가지 차원에 의해 구별된다. 개인이 사회에 너무 약하게 통합되면 이기적 자살이 일어나는 반면 너무 강하게 통합되면 이타적 자살이 일어난다. 그리고 사회가 개인의 사고나 행위를 너무 약하게 규제하면 아노미적 자살이 일어나는 반면 너무 강하게 규제하면 숙명적 자살이 일어난다. 이를 도표로 나타내면 다음과 같다.[55]

**도표 10  자살의 유형**

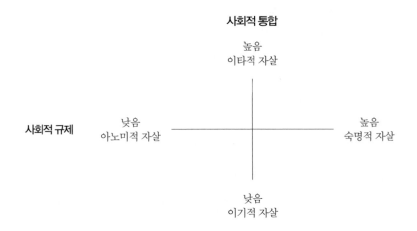

여기에서 종교 공동체와 자살의 관계를 잠시 짚어보기로 한다. 그리하면

---

54  Emile Durkheim 앞의 책(1984a), 193쪽.

55  Ken Thompson, *Emile Durkheim*, London/New York: Routledge 2002, 110쪽.

뒤르케임이 『사회학적 방법의 규칙들』에서 제시한 여섯 번째 규칙인 사회학적 논증이 무엇인지 알 수 있기 때문이다. 이 규칙에서 뒤르케임은 인과적 설명이 정당하다는 것을 입증하기 위한 두 가지 방법을 제시한다. 그 첫 번째는 특정한 유형에 속하는 현재와 과거의 여러 사회를 비교하는 방법이다.[56] 그 두 번째는 공변법(共變法)이다. 만약 하나의 사회적 사실이 다른 하나의 사회적 사실의 원인이 된다고 주장한다면, 그리고 이 관계가 다른 어떤 사회적 사실에 의해 반증되지 않는다면, 인과적 설명이 입증된 것으로 간주된다. 그러나 "만약 우리가 이 사실들 사이의 직접적인 관계를 인식할 수 없다면, 특히 그와 같은 연결에 대한 가설이 이미 증명된 법칙에 모순된다면, 우리는 그 두 사실이 똑같이 의존하는 또는 그것들 사이의 매개로 기능하는 제3의 현상을 찾아야 할 것이다."[57] 바로 이 공변법이 적용된 경우가 종교 공동체와 자살의 관계에 대한 논의이다.

뒤르케임은 가톨릭, 개신교, 유대교 및 성공회의 네 가지 종교 공동체가 자살에 미치는 영향을 비교한다. 그 결과 자살률이 가톨릭에서는 낮고, 개신교에서는 높고, 유대교에서는 낮으며, 성공회에서는 중간 정도로 나타난다. 그런데 이 네 종교 모두는 자살을 엄격히 금지하며, 따라서 자살률이 상이한 원인을 종교적 교리에서 찾을 수는 없다. 그것은 어디까지나 사회적 통합과 사회적 규제의 문제이다. 가톨릭의 경우에는 집단주의가 지배하고 사회적 규제가 강하며, 그 결과 자살률이 낮다. 개신교의 경우에는 개인주의가 지배

---

56  여기서는 지면 관계상 뒤르케임의 비교 방법에 대해 자세히 논할 수 없다. 다만 어느 정도의 복합적인 사회현상은 비교를 통해서만 설명이 가능하다는 뒤르케임의 방법론적 견해를 언급하는 것으로 만족하기로 한다. "어느 정도의 복합적인 사회적 사실은 오직 모든 사회적 유형들을 관통하는 전체적인 발전 과정을 추적하는 경우에만 설명될 수 있다." 그러므로 뒤르케임에게 비교사회학은 사회학의 특수 영역이 아니다. "사회학이 단순히 기술적(記述的)인 차원에 머무는 것을 그만두고 사실들을 해명하려고 하는 한, 비교사회학은 사회학 그 자체이다." 같은 책, 216쪽. 내가 보기에 뒤르케임이 『사회학적 방법의 규칙들』에서 궁극적으로 제시하고자 한 것은 구조적-역사적 비교사회학의 틀에서 인과적 설명과 기능적 설명 그리고 정상적 및 병리적 설명을 결합하는 사회학적 방법론이었다. 이에 대한 자세한 논의는 다음으로 미룬다.

57  Emile Durkheim 앞의 책(1984a), 210쪽.

하고 사회적 규제가 약하며, 그 결과 자살률이 높다. 그런데 유대교의 경우에는 개인주의가 지배하고 사회적 규제가 약함에도 불구하고 개신교의 경우와 달리 자살률이 낮다. 그리고 성공회의 경우에는 다른 개신교의 경우보다 자살률이 낮다(물론 가톨릭보다는 높다). 이러한 현상은 개인주의-집단주의와 강한 사회적 규제-약한 사회적 규제라는 사회적 요인 이외의 또 다른 사회적 요인을 통해 설명되어야 한다.

먼저 유대교의 경우에는 그 제3의 사회적 요인이 유대인들의 강력한 집단 응집력이다. 유대인들은 전통적으로 어느 사회에서나 소수집단으로 머물기 때문에 "모든 공동체는 응축적이고 긴밀하게 결합되고 자기 자신과 자신의 통일성을 생생하게 의식하는 작은 사회가 되었다." 유대인들의 집단 내에서는 "개인들의 삶이 갖는 공통성과 개인들이 상호 간에 끊임없이 가하는 통제 때문에 개인들의 이탈이 거의 불가능하게 되었다."[58] 그 결과 유대교의 경우에는 개인주의가 강하고 사회적 규제가 약함에도 불구하고 자살률이 낮은 것이다.

그리고 성공회의 경우에는 그 제3의 요인이 개인의 자유로운 비판과 상충되는 교리들 또는 규범들이다. 첫째로 여전히 많은 종교적 규정들이 법의 보호와 인가를 받고 있다. 예컨대 성수주일(聖守主日)에 대한 법, 성서의 인물들을 무대 위에 올리는 것을 금지하는 법, 모든 대의기관의 의원들에게 일종의 신앙고백을 요구하도록 한 법 등이 그것이다. 둘째로 영국과 같은 성공회 국가에서는 전통에 대한 존중이 일반적이고 강하다. 이러한 전통주의가 지배하는 상황에서는 개인의 자율적인 행위가 어느 정도 제한될 수밖에 없다. 셋째로 성공회의 성직자 집단은 모든 개신교 성직자 집단들 가운데 유일하게 위계질서를 갖고 있다. 이러한 외적인 조직이 천명된 종교적 개인주의와 조화를 이룰 수 없음은 자명한 일이다. 게다가 영국은 그 어떤 개신교 국가보다도 많은 성직자를 거느리고 있다. 사실 성직자의 수는 무의미하거나 피상적인 것이 아니라 종교의 본질에 속하는 문제이다.[59] 이 모든 것의 결과로

---

58 Emile Durkheim 앞의 책(1983), 171~72쪽.

성공회의 경우에는 그 자살률이 (가톨릭보다는 높지만) 개신교의 경우보다 낮은 것이다.

아무튼 뒤르케임은 이미 『자살론』과 더불어 1890년대 말에 사회적인 것의 중범위이론으로서의 사회학의 존재의의, 독립성 및 설명력을 대내외적으로 과시할 수 있었으며 사회학의 제도화에 결정적으로 기여할 수 있었다.

---

59  같은 책, 172~73쪽.

# 형식사회학

게오르그 짐멜

　사회학적 인식이 사회의 보편이론에서 사회적인 것의 중범위이론으로 넘어간 것 ― 이러한 패러다임의 전환이 뒤르케임의 경우에는 눈에 띄게 일어나지는 않은 것처럼 보인다. 그는 여전히 실체론적 사회에 집착한 것처럼 보이기 때문이다. 그리고 그가 역사철학적 목적론에서 경험과학적 인과론으로 넘어간 것도 실증주의의 영향으로 치부되곤 한다. 이와 달리 짐멜의 경우에는 사회학적 인식의 패러다임 전환이 일어난 과정이 아주 명백하게 드러난다. 그는 사회를 사회적 상호작용으로 해체한 다음 상호작용의 형식에 입각하여 생동하는 인간 삶의 다양한 현상과 과정을 경험과학적-사회학적으로 포착하려고 시도했기 때문이다. 그리고 짐멜은 보편적이고 총체적인 역사철학적 고찰 방식을 경험적 현실 가운데 특정한 부분을 인식대상으로 하는 일련의 개별 과학들로 대체해야 한다고 주장함으로써 사회학을 역사철학으로부터 해방하고자 했다. 베버는 ― 다음 절에서 자세히 논하게 되는 바와 같이 ──사회학에서 아예 사회를 추방해버렸기 때문에 뒤르케임이나 짐멜보다 사회학적 인식의 패러다임을 더 근원적으로 전환시켰다고 볼 수 있다. 그러나 그의 경우에는 이 패러다임의 전환이 짐멜의 경우만큼 명백하게 드러나지 않는다. 왜냐하면 베버가 사회학에서 사회를 추방하는 논리가 짐멜이 사회를 사회적인 것으로 해체하는 논리만큼 명백하게 드러나지 않기 때문이다.

아무튼 짐멜은 뒤르케임 및 베버와 함께 사회학사에서 매우 중요한 위치를 차지하지만 그의 삶은 매우 불운했다. 그는 학계의 주변인, 아니 이방인이었다. 짐멜은 1858년 당시 독일제국의 수도이자 프로이센 왕국의 수도였던 베를린에서 태어났으며 1876년부터 베를린 대학에서 역사학, 민족심리학, 철학, 예술사 및 고대 이탈리아어를 공부했다. 그리고 1880년 베를린 대학에서 「음악의 기원에 관한 심리학적-인류학적 연구」라는 논문으로 민족심리학 분야에서 박사학위를 취득하려고 했다. 그러나 그 내용과 형식에 심각한 문제가 있다는 이유로 심사를 통과하지 못했다. 그러다가 베를린 대학의 제안에 따라서 「칸트의 물리적 단자론에서 본 물질의 본성」이라는 논문으로 1881년 박사학위를 취득하게 되었는데, 이 논문은 원래 1879년에 베를린 대학 철학부가 공모한 현상논문에 당선된 것이었다. 그러고 나서 짐멜은 1883년 역시 베를린 대학 철학부에 칸트의 시공간 이론을 다룬 「칸트 연구」를 하빌리타치온 논문으로 제출했다. 그러나 이 논문 역시 부적합 판정을 받았다가, 결국 당시 베를린 대학에서 강력한 영향력을 행사하던 빌헬름 딜타이(1813~1911) 등이 적극적으로 옹호한 덕분에 통과될 수 있었다. 이어서 짐멜은 "인식의 형이상학적 기초"를 주제로 1884년 4월 하빌리타치온 공개강좌를 했는데, 이 역시 불충분하다는 이유로 통과되지 못했다. 그리하여 그해 10월에 "표상연합 이론에 대하여"라는 주제로 재차 공개강좌를 하고, 이번에는 별다른 문제 없이 통과되었다(민족심리학과 칸트 철학은 짐멜의 사회학이 형성되는 과정에서 결정적인 영향을 미쳤다. 이에 대해서는 뒤에서 자세하게 언급할 것이다).

그리고 짐멜은 1885년 "윤리적 이상이 논리적 이상 및 미학적 이상과 갖는 관계에 대하여"라는 취임강연과 더불어 베를린 대학 철학부에서 사강사로 활동하기 시작했다. 그는 매우 탁월한 과학적 업적을 쌓았으며, 그의 강의는 곧바로 "베를린의 한 특별한 지적 사건"이 되었는데, 이는 학생들에게만 그런 것이 아니라 베를린의 문화적 엘리트들에게도 그런 것이었다. 에른스트 블로흐(1885~1977), 죄르지 루카치(1885~1971), 알베르트 슈바이처(1875~1965) 등도 짐멜의 강의를 들었다. 그의 강의는 심지어 신문에 예고될 정도로 인기가 높았으며, 가장 큰 강의실에서 이루어졌다. 언젠가 짐멜은 칸트에 대한 강연을 했는데, 그 청중이 무려 천 명에 달했다고 한다. 짐멜은 한마디로 "대학의 큰 매력"이었다.[1]

하지만 이 모든 것에도 불구하고 짐멜은 불운했다. 그가 부교수로 승진한 것은 사강사로 임명된 지 무려 15년이나 지난 1900년이었다. 그것도 보수도 전혀 없고 아무런 권리도 없는 일종의 명예직이었다. 그리고 다시 14년이 지난 1914년에야 비로소 짐멜은 슈트라스부르크 대학의 정교수가 되었다. 이때 그는 이미 56세였고, 세상을 떠나기 불과 4년 전이었다.

짐멜의 이러한 불운에는 몇 가지 이유가 있었다. 첫째, 짐멜은 유대인이었다. 당시 독일 사회에는 강력한 반유대주의가 팽배해 있었다. 둘째, 체계적이고 연역적인 사유와 논리를 중시하던 당시의 지적 분위기에 반해 짐멜은 유추적인 접근 방법을 구사하면서 단편적인 글과 에세이 형식의 글을 썼다. 셋째, 사회를 ─좀 더 정확히 말하자면 개인들 사이에서 이루어지는 사회적 상호작용을 ─ 인식대상으로 하는 짐멜의 새로운 사회학적 사고는 국가와 교회를 중심으로 전개되던 당시의 국가과학과 사회과학에 정면으로 배치되었다. 넷째, 짐멜의 주목할 만한 과학적 업적과 명성 그리고 학계의 안팎에서 누리는 인기는 동료 학자들의 시기와 질투를 사기에 충분했다.

---

1  Klaus-Peter Hufer, *Jahrhundertbücher auf dem Höhepunkt der Moderne. Klassiker der Kultur- und Sozialwissenschaften wieder gelesen*, Schwalbach/Ts.: b|d edition 2012, 20~21쪽.

## (1) 사회는 사회적 상호작용으로 해체된다

짐멜은 원래 사회학자가 아니라 철학자였다. 그는 철학을 공부했고 철학적 주제로 박사학위와 대학교수 자격을 취득했으며, 또한 대학에서는 철학교수로 재직했다. 그는 인식론, 형이상학, 문화철학, 예술철학, 생철학 등 실로 다양한 철학 분야에 걸쳐 매우 풍부한 지적 유산을 남겼다. 또한 시간이 지나면서 그의 관심은 점차 사회학에서 멀어져갔다. 1908년 그의 사회학적 주저 『사회학: 사회화 형식 연구』를 출간한 이후에는 새로운 사회학적 연구를 거의 내놓지 않았다. 1917년에 출간된 마지막 사회학 관련 저작인 『사회학의 근본 문제들: 개인과 사회』도 실상은 그 이전에 발표된 글들에 준거하고 있었다.

짐멜은 철학을 자신의 주전공으로 보았고 사회학은 부전공으로 보았다. 그에게 사회학 연구는 일종의 '겸직'이었다. 그러나 짐멜은 이미 1890년대 초부터 사회학을 하나의 독립된 개별 과학으로 정착시키려고 노력했다. 그 대표적인 결과물이 『사회분화론: 사회학적 및 심리학적 연구』(1890), 「사회학의 문제」(1894), 「유행의 심리학에 대하여: 사회학적 연구」(1895), 「공간의 사회학」(1903), 「경쟁의 사회학」(1903), 「지배와 복종의 사회학」(1907), 「감각의 사회학」(1907) 등이며, 이 모든 연구 결과는 『사회학』(1908)에 결집되었다. 짐멜은 마르크스, 뒤르케임, 베버와 더불어 현대 사회학의 비조로 꼽히며 사회학 발전에 지속적으로 풍부한 자양분을 제공해주고 있다. 그의 형식사회학은 사회학적 인식의 중요한 한 축을 형성하고 있다. 더불어 짐멜은 페르디난트 퇴니스(1855~1936), 베르너 좀바르트(1863~1941), 베버 등과 더불어 독일사회학회를 창립하고 그 이사진으로 활약함으로써 사회학을 제도화하는 데에도 크게 기여했다.

짐멜은 1894년에 발표한 작은 논문 「사회학의 문제」에서 — 이 글은 일반적으로 짐멜 사회학의 "출생신고서"라고 불린다 — 사회학이 어떠해야 하는가를 명백히 제시하고 있다. 사회학이 다른 과학들의 단순한 방법론이나 또는 역사과학에 대한 단순히 새로운 이름으로 전락하는 것을 방지하려면,

사회학은 그 자체로서 총체적인 역사적-사회적 현상과 과정 중에서 사회화의 기능, 사회화의 다양한 형식과 그 발전 과정을 하나의 특수 영역으로 분리해내서 인식의 대상으로 삼아야만 한다.[2] 이는 짐멜이 기존의 사회학과 완전히 다른 사회학을 추구했음을 함의하는 대목이다. 짐멜이 기존의 사회학을 어떻게 파악하고 있었는가는 『사회학』에 담긴 비판을 보면 짐작할 수 있다. 거기에서 그는 다음과 같이 말하고 있다.

> 전체적으로 보아 사회학은 원래 상호작용하는 세력들이 이미 그 직접적인 담지자로부터 증발되어 이념적 단위가 되어버린 사회적 현상들에 한정되었다. 국가와 노동조합, 성직자 집단과 가족 형태, 경제 구조와 군대 조직, 길드와 지역 공동체, 계급 구성과 산업적 노동 분업 — 이 모든 것과 이와 유사한 거대한 조직과 체계가 사회를 구성하고 사회에 대한 과학의 영역을 형성하는 듯하다.[3]

여기에서 짐멜이 염두에 두고 있는 것은 스펜서와 그에게 영향을 받은 사회학임을 어렵지 않게 짐작할 수 있다. 스펜서의 사회학은 사회의 구조, 그 구성요소들 사이의 관계, 사회의 운동 법칙 또는 발전 법칙 등을 인식대상으로 한다. 스펜서의 사회학은 말 그대로 사회에 관한 과학, 즉 '사회' + '학'이다.

짐멜에 따르면 사회학을 사회에 관한 과학, 즉 '사회' + '학'으로 규정한다면, 그것은 독립적인 개별 과학이 될 수 없다. 왜냐하면 인간은 사회적 존재이며, 다시 말해 인간의 사고와 행위는 사회에서 그리고 사회에 의해서 결정되며, 따라서 인간에 관한 모든 과학은 동시에 사회에 관한 과학이 되기 때문이다. 자연과학에 속하지 않는 과학은 모두 필연적으로 사회학에 속하게

---

2 Georg Simmel, "Das Problem der Sociologie", in: *Georg Simmel Gesamtausgabe 5. Aufsätze und Abhandlungen 1894~1900*, Frankfurt am Main 1992b, 52~62쪽, 여기서는 60~61쪽.
3 Georg Simmel, *Soziologie. Untersuchungen über die Formen der Vergesellschaftung: Georg Simmel Gesamtausgabe 11*, Frankfurt am Main: Suhrkamp 1992a, 32쪽.

된다. 그리되면 사회학은 윤리학, 문화사, 경제학, 미학, 인구학, 정치학, 인류학 등과 구별되는 개별 과학이 아니라 이 모든 것을 포괄하는 보편과학이 되고 만다. 이 경우 우리는 단지 기존의 모든 과학을 "하나의 커다란 냄비에 집어넣고는" 이 냄비에 '사회학'이라는 이름표를 붙이는 꼴이 되고 말 것이다.[4] 그러니 사회학은 사회에 관한 과학이라는 생각, 즉 사회학은 사회의 보편과학이라는 생각으로는 아무것도 새로운 것을 얻을 수 없다. 이와 관련해 짐멜은 다음과 같이 말하고 있다.

인간의 사고와 행위가 사회에서 그리고 사회에 의해서 결정된다는 사실이 사회학을 사회에 관한 보편과학으로 만들 수는 없는데, 이는 화학, 식물학 그리고 천문학의 대상이 궁극적으로 인간 의식 속에서만 인식되고 그 전제조건에 예속된다는 사실 때문에 이 과학들이 심리학의 내용이 될 수 없는 이치와 같다.[5]

이처럼 짐멜은 사회학을 사회의 보편과학으로 파악하는 입장을 거부하면서 사회학을 다수의 개인들 사이에서 일어나는 다양한 상호작용의 —내용이 아니라— 형식을 연구하는 과학으로 규정한다. 바로 이런 연유로 짐멜의 사회학은 일반적으로 형식사회학이라고 불린다(이에 대해서는 곧 다시 논의가 있을 것이다). 짐멜은 사회에 대한 실체론적 개념을 단호히 거부하면서 사회를 개인들 사이의 다양한 상호작용의 총합과 동일시하며, 따라서 사회보다는 사회화라는 개념을 사용하는 것이 더 적절하다고 주장한다. 사회란 단지 상호작용에 의해서 결합된 개인들을 지칭하는 이름에 지나지 않는다. 또한 짐멜은 사회를 그 자체로 존재하는 실체가 아니라 사건이자 과정이라고 규정한다. 사회란 개인들과 그들의 운명 그리고 발전이 서로 영향을 주고받는 기능에 다름 아니다. 이로써 사회는 개인들과 그들의 상호작용으로 해

---

4 같은 책, 14~15쪽.
5 같은 책, 15쪽.

체되었다. 그리하여 고체적인 것에서 액체적인 것이 되었다. 사회가 "액화"(液化)되었다.[6] 사회를 사회적 상호작용으로 해체하고 이 사회적 상호작용으로 사회를 구성하는 사회학, 사회의 실체화가 아니라 사회의 사건화와 과정화를 추구하는 사회학 ─ 이는 사회학사에서 일어난 가장 의미심장한 패러다임 전환이 아닐 수 없다.

짐멜에 따르면 사회학의 이러한 패러다임 전환은 생명과학의 패러다임 전환에 비유할 수 있다. 생명과학에서는 심장, 신장, 폐, 위와 같이 비교적 크고 고정적이며 명백히 구분할 수 있는 신체기관으로부터 잘 알려지지 않은 무수한 세포 내에서 진행되는 무한한 생명 현상과 과정으로 인식관심이 바뀌었다. 이와 관련해 짐멜은 1907년에 발표한 「감각의 사회학」에서 주장하기를, 비교적 크고 고정적인 신체기관들에 한정된 생명과학은

신체기관들의 형태와 기능의 차이점을 곧바로 알 수 있었다. 그러다가 생명의 과정은, 가장 작은 요소들인 세포들과 연결되어 있다는 사실과 이 세포들 사이에서 끊임없이 진행되는 수많은 상호작용과 일치한다는 사실이 밝혀지면서 비로소 그 모습을 드러내게 되었다. 우리는 어떻게 세포들이 서로 결합하고 서로를 파괴하는가, 어떻게 서로 동화되거나 화학적으로 영향을 미치는가를 알아야만 비로소 신체가 그 형태를 구성하고 유지하거나 변화시키는 원리를 이해하게 된다. 심장과 허파, 위와 콩팥 그리고 뇌와 운동기관들 ─ 이 커다란 기관들은 세포라고 하는 생명의 기본 요소들과 이 요소들 사이의 상호작용들이 육안으로 볼 수 있는 특수한 구조와 기능으로 발전한 결과이다. 그런데 가장 작은 요소들 사이에서 진행되는 수많은 과정들이 ─ 이것들은 물론 거시적인 요소들에 의해서 비로소 결합되고 유지된다 ─ 진정하고 근본적인 생명이라는 사실이 드러나지 않았다면 우리는 결코 이 커다란 기관들만을 통해서는

---

6 이 개념에 대해서는 다음을 참고할 것. Heinz Bude, "Auflösung des Sozialen? Die Verflüssigung des soziologischen 'Gegenstandes' im Fortgang der soziologischen Theorie", in: *Soziale Welt* 39/1988, 4~17쪽.

생명의 연관관계를 이해할 수 없었을 것이다.[7]

생명과학에서 이처럼 패러다임의 전환이 가능했던 이유는 16세기 말에 세포 내의 생명현상과 과정을 관찰할 수 있는 현미경이 발명되었기 때문이었다. 이와 마찬가지로

> 사회과학의 전래적인 대상을 구성하는 구조물들로부터는 개인들의 체험에 존재하는 실제적인 사회의 삶이 전혀 성립할 수 없을 것이다. 개별적으로는 범위가 덜 작은 수많은 합성물이 〔…〕 그들 사이에서 작용하지 않는다면, 사회적 삶은 불연속적인 수많은 체계들로 쪼개지고 말 것이다. 눈에 잘 띄지 않는 이 사회적 형식들을 과학적으로 확정하는 일을 어렵게 만드는 것은, 다른 한편 사회를 더 깊이 있게 이해함에 있어서 말할 수 없이 중요한 것이다. 이는 사회적 형식들이 일반적으로 아직 고정적이고 초개인적인 구조로 응결되지 않은 상태에 있으며, 또한 사회는 소위 발생하는 상태에 있음을 보여줌을 의미한다. 물론 이 발생이라는 것은 역사적으로 구명할 수 없는 태초에 일어난 시작을 가리키는 것이 아니라, 매일 그리고 매시간 일어나는 시작을 가리킨다. 사람들 사이에서 지속적으로 사회화가 맺어지고 풀리며 새로이 맺어진다. 사회화는 영원하게 흐르고 고동치면서 개인들을 결합한다. 설령 그것이 진정한 조직으로 발전하지 않는 경우에도 또한 그러하다.[8]

이런 식으로 짐멜이 자연과학적 현미경에 비유되는 '사회학적 현미경'을 가지고 관찰하는 사회란 예컨대 다음과 같은 것이다.

> 사람들은 서로를 바라보고, 서로에 대해서 시기를 한다. 그들은 서로에게

---

7  게오르그 짐멜, 김덕영·윤미애 옮김, 「감각의 사회학」, 『짐멜의 모더니티 읽기』, 새물결 2005, 153~74쪽, 여기서는 153~54쪽.

8  Georg Simmel, 앞의 책(1992a), 32~33쪽.

편지를 쓰거나 같이 점심을 먹는다. 그들은 구체적인 이해관계와 전혀 상관없이 서로 공감하거나 또는 반감을 가지면서 접촉한다. 한 사람은 다른 사람에게 길을 묻기도 하고, 서로를 위해서 옷을 입고 치장을 한다. 사람에서 사람으로 연결되는, 순간적인 또는 지속적인, 의식적인 또는 무의식적인, 덧없는 또는 중대한 이 모든 무수한 관계들(이 가운데 위에 언급한 예들은 아주 자의적으로 고른 것이다)이 우리를 지속적으로 함께 묶는 것이다. 매일 그리고 매시간 이와 같은 관계들이 형성되고 소멸되며, 새로이 시작되고, 다른 관계들에 의해서 대체되고, 그것들과 뒤섞인다.[9]

이 모든 것은 사회가 개인들 사이의 상호작용으로 해체된다는 것을 의미한다. 사회란 사회적 상호작용의 다른 이름이다. 그러므로 상호작용이 존재하는 곳에는 어디에나 사회가 존재한다. 단 두 사람이 아주 짧은 시간 동안 상호작용을 하는 경우에도 사회는 존재한다. 예컨대 방금 인용한 바와 같이, 두 사람이 서로 마주 보거나 한 사람이 다른 사람에게 길을 묻는 지극히 순간적인 상호작용의 경우에도 엄연히 사회가 존재한다. 두 직장 동료가 휴식 시간에 자판기 앞에서 커피를 마시면서 잠시 이야기를 나누는 경우에도 엄연히 사회가 존재한다. 이렇게 해서 고정적이고 실체적인 사회의 개념은 유동적이고 과정적인 상호작용에 자리를 내주게 되며, 사회학의 인식관심이 사회에서 사회적인 것으로 바뀐다. 다시 말해 사회학의 시선이 사회의 구조, 그 구성요소들 사이의 관계, 사회의 운동 법칙 또는 발전 법칙 등에서 개인들의 삶과 행위로, 보다 정확히 말하자면 사회 안에서 그리고 사회를 통해서 결정되는 개인들의 삶과 행위로 옮겨 간다. 이제 사회학은 사회에 관한 과학, 즉 '사회' + '학'이 아니라 개인들의 삶과 행위, 보다 정확히 말하자면 사회화된 개인들의 삶과 행위에 관한 과학이 된다. 그것은 사회화에 관한 과학, 즉 '사회화' + '학'이 된다.

짐멜의 사회학은 오래전부터 많은 오해를 받아왔는데, 그를 형식주의자

---

9 같은 책, 33쪽.

나 미시사회학자로 보는 것이 대표적이다. 여기서는 일단 두 번째 측면과 더불어 논의를 시작한 다음 첫 번째 측면을 살펴본 후 다시 두 번째 측면으로 돌아가 논의를 마무리하기로 한다.

흔히 짐멜의 사회학은 미시사회학이라고 간주되는데, 이는 여기까지 논한 것을 염두에 두면 충분히 일리가 있어 보인다. 짐멜은 "사람에서 사람으로 연결되는, 순간적인 또는 지속적인, 의식적인 또는 무의식적인, 덧없는 또는 중대한 […] 무수한 관계들"에 사회학적 현미경을 들이댄다. 마치 생명과학자가 세포 내에서 일어나는 무수한 생명현상과 과정에 자연과학적 현미경을 들이대듯이! 그리하여 아무리 미세하고 순간적인 사회적 현상과 과정이라도 사회학적 인식의 지평으로 끌어들인다. 예컨대 ─ 그 가운데 몇 가지만 언급하자면 ─ 돈, 유행, 장신구, 식사, 감사, 신의, 일치, 편지, 비밀, 공간, 이방인, 경쟁, 투쟁, 지배와 복종, 빈곤, 거짓말, 감각 등이 사회학적 논의 ─ 그리고 철학적, 심리학적, 미학적 논의 ─ 의 대상이 된다.[10]

이것이 가능한 것은 두 가지 이유에서이다. 그 첫 번째는 사회를 상호작용으로 해체하기 때문이며, 그 두 번째는 이 상호작용을 다시 형식과 내용으로 분리하기 때문이다. 먼저 실체인 사회가 아니라 과정인 사회적 상호작용이나 사회화에서 출발하면 사회학적 인식의 외연은 크게 확대된다. 단 두 사람이 서로 마주 보는 지극히 미시적인 현상부터 국가와 같이 거시적인 현상까지 모두 사회학적 인식의 지평으로 들어온다. 상호작용이 있는 곳에는 어디나 사회가 있기 때문이다.[11] 그리고 사회적 상호작용의 내용과 형식을 분리

---

10  짐멜이 다루는 주제가 얼마나 다양한가는 다음을 참고할 것. 김덕영, 앞의 책(2007), 126쪽.
11  이처럼 상호작용에서 출발해 미시적인 것과 거시적인 것을 감싼다는 점에서 짐멜의 사회학은 방법론적 상호작용주의라고 할 수 있는데, 이 방법론적 상호작용주의는 방법론적 개인주의 및 방법론적 전체주의와 구별되면서 이 둘의 중간에 위치한다. Hartmut Rosa, David Strecker & Andrea Kottmann, *Soziologische Theorien*, Konstanz: UVK Verlagsgesellschaft 2007, 93쪽. 짐멜에 따르면 상호작용은 사회세계에 한정된 것이 아니라 자연세계에도 존재한다. 그에게 상호작용은 세계원리이다. "우리는 모든 것이 모든 것과 어떤 식으로든 상호작용을 한다는 사실을, 그리고 세계의 모든 지점과 다른 모든 지점 사이에는 힘들이 작용하고 오가는 관계가 존재한다는 사실을 규제적 세계원리로 받아

하면 사회학적 인식의 내연이 크게 심화된다. 왜냐하면 사회학은 한편으로 사회적 상호작용을 하는 개인들의 동기, 이해관계, 충동, 욕구, 감정, 목적, 이상, 가치 등 — 이를 가리켜 상호작용의 내용이라고 한다 — 을, 그리고 다른 한편으로 갈등, 협동, 분업, 지배, 복종, 우호관계, 적대관계, 투쟁 등 — 이를 가리켜 상호작용의 형식이라고 한다 — 을 다룰 수 있기 때문이다. 물론 그렇다고 해서 짐멜의 사회학이 내용과 형식을 따로따로 다룬다는 식으로 이해해서는 안 된다. 짐멜은 사회적 상호작용을 그 내용과 형식으로 분리한 다음 후자의 관점에서 전자에 접근한다. 말하자면 형식에 담긴 내용을 다루는 것이다. 바로 이런 연유로 짐멜의 사회학을 형식사회학이라고 부르는 것이다. 그것은 사회적 상호작용 또는 사회화의 내용과 형식을 분리한 다음 내용은 사상한 채 형식만을 다루는 형식주의적 사회학이 결코 아니다. 짐멜은 형식사회학자이지만 형식주의적 사회학자 또는 형식주의자는 결코 아니다.

그렇다면 사회적 상호작용 또는 사회화의 형식과 내용은 어떻게 분리할 수 있는가? 다시 말해 어떻게 형식을 얻을 수 있는가? 그것은 분석적으로 사회적 상호작용 또는 사회화의 다양한 내용을 일단 괄호 안에 집어넣음으로써, 다시 말해 일단 보류함으로써 사회적인 것이 어떠한 인간 공동체적 삶의 영역에 존재하든, 어떠한 유형에 속하든 또는 구체적으로 어떠한 특징을 보이든 간에 모두 동일한 과학적 범주의 지위를 갖게 함으로써 얻을 수 있다. 사회적 현상과 과정을 고찰함에 있어서 짐멜의 사회학은 이것이 지니는 실제적인 의미, 경제와 기술, 예술과 과학, 법규범과 정서적 삶의 생산물에 대해서 묻지 않는다. 그보다는 이 모든 것을 형식적인 상호작용의 유형이라는 관점에서 접근하며, 이것이 설령 개인적 존재의 차원에서만 진행될 수 있을지라도 이러한 차원에서가 아니라 공존관계나 병존관계 그리고 상호관계와 같은 차원에서 접근한다.[12]

---

들여야 한다." Georg Simmel, *Über sociale Differenzierung. Sociologische und psychologische Untersuchungen*, in: *Georg Simmel Gesamtausgabe 2*, Frankfurt am Main: Suhrkamp 1989a, 109~295쪽, 여기서는 130쪽.

이처럼 사회적 상호작용의 형식과 내용을 엄격하게 분리함으로써 이제 짐멜은 다음과 같이 아주 다양한 사회적 영역과 차원에서 사회학적 인식을 가능케 하는 개념적 틀과 수단을 얻게 된다. 산보와 같이 일과성을 띠는 인간의 결합관계에서 가족까지, 해약을 전제로 하는 모든 관계에서 국가에 의한 결속까지, 다수의 개인들이 일시적으로 공존하는 호텔에서 내적으로 강하게 결속되어 있는 중세 길드까지![13] 다시 말해 일단 괄호 속에 넣음으로써 보류된 사회적 상호작용의 내용들이 형식이라는 개념적 범주에 의거하여 다시 사회학의 인식지평으로 들어온다. 이런 식으로 사회적 상호작용의 형식과 내용의 관계를 규정하는 짐멜의 사회학을 우리는 방법론적 형식주의라고 규정할 수 있을 것이다. 마치 개인(들)의 유의미한 사회적 행위로부터 출발해 점차로 구조적인 것의 사회학적 개념을 정의하고 바로 그 바탕 위에서 다양한 사회적 현상과 과정에 대한 사회학적 인식을 수행하는 베버의 입장을 가리켜 방법론적 개인주의라고 부르듯이! 바로 이 형식사회학적 접근방법에 힘입어 짐멜은 사회적인 것을 그 현상학적 다양성과 그 역동적인 역사적 과정 속에서 기술하고 분석할 수 있었던 것이다. 짐멜의 사회학은 한마디로 사회의 현상학이다. 그것은 개인들의 유의미한 상호작용에 대한 현상학적 의미이해를 추구하는 과학적 인식형식이다.[14]

다시 미시사회학의 문제로 돌아가기로 한다. 일단 「감각의 사회학」을 언급하면서 논의를 전개하는 것이 좋을 듯싶다. 사실 이 글은 제목 자체부터 사회학자들에게 퍽 낯설다. 감각은 사회학적 인식의 대상으로 보지 않는 것이 일반적이다. 아니, 사회학적 인식의 대상으로 볼 수 없다고 생각하는 것이 일반적이다. 왜냐하면 감각은 생물적, 생리적 또는 개인적 차원의 문제로 간주하지 사회적인 차원으로 간주하지 않으며, 따라서 생물학적, 생리학

---

12  Georg Simmel, 앞의 책(1992a), 29~30쪽.

13  같은 책, 18쪽.

14  Karin Schrader-Klebert, "Der Begriff der Gesellschaft als regulative Idee. Zur transzendentalen Begründung der Soziologie bei Georg Simmel", in: *Soziale Welt 19*/1968, 97~118쪽, 여기서는 97쪽; Ditmar Brock, Matthias Junge & Uwe Krähnke, 앞의 책(2012), 131쪽 이하.

적, 심리학적 또는 인간학적 접근의 대상으로 간주하지 사회학적 접근의 대상으로 간주하지 않는 것이 통념이기 때문이다. 그러나 짐멜은 이러한 통념을 여지없이 깨버린다. 짐멜에 따르면 감각은 개인들 사이의 상호작용을 구성하는 중요한 기제이다. 구체적으로 말해 감각은 사람과 사람 사이에 섬세하고 보이지 않는 관계들을 형성한다. 그러므로 감각은 "사회구조에 작용하는 생산적이면서 형식을 부여하는 힘들" 가운데 하나로서 인간의 사회적 삶에 커다란 의미를 갖는다는 것이다.[15] 이와 관련해 짐멜은 「감각의 사회학」에서 다음과 같이 말하고 있다.

> 본 연구는 감각기관을 통해서 우리가 서로를 인지하고 서로에게 영향을 미치는 과정이 인간들의 공동체 삶, 다시 말해 그들 사이의 공존관계, 협력관계 및 적대관계에 대해서 어떤 의미를 가지는지를 다루고자 한다. 우리가 상호작용의 관계를 맺는 것은 우선 우리가 서로에게 감각적으로 영향을 미친다는 사실에 의존한다. 우리는 이 사실을 일반적으로 자명하고 의견의 일치를 본 사실로, 다시 말해 더 이상의 논의가 필요치 않은 사실로 받아들였다. 그러나 좀 더 세밀하게 관찰해보면, 감각기관을 통해서 사람과 사람 사이에 주고받는 인상은 단순히 사회적 관계들을 구성하는 공통적인 토대와 전제조건으로서만 기능하며 각 사회적 관계의 구체적인 내용과 특성은 이 토대와 전제조건에 기반하여 비로소 그리고 그것과는 전혀 다른 원인들에 의해서 생겨나는 것이 결코 아니라는 사실을 알게 된다. 오히려 모든 감각은 자신의 개별적인 특성에 따라서 사회화된 존재의 구성에 나름대로 특색 있는 기여를 한다. 그리하여 사회적 관계가 지니는 특수성은 감각기관을 통해서 받는 인상의 뉘앙스에 상응하며, 또한 개인들이 접촉할 때에 어떤 감각이 다른 감각에 대해서 우위를 점하게 되면 다른 경우에는 창출될 수 없는 사회학적 색채가 그러한 접촉에 자주 부여된다.[16]

---

15  게오르그 짐멜, 앞의 글(2005), 174쪽.
16  같은 글, 155~56쪽.

짐멜에 따르면 감각적 인상은 두 가지 방향으로 전개된다. 먼저 "어떤 사람에 대한 감각적 인상은 주체의 내부에 영향을 미치면서 유쾌함과 불쾌함의 감정을 불러일으킨다." 그러나 감각적 인상이 다른 사람을 인식하는 수단이 되면 이것은 전혀 다른 방향으로 전개된다. "내가 그로부터 보고 듣고 느끼는 것은 이제 단지 다리에 불과하다. 나의 객체인 다른 사람에게 도달하기 위한 다리 말이다." 요컨대 "모든 인상은 감각적 분위기와 정서를 느끼는 주체로 환원되다가는, 다시금 감각을 통해서 인식되는 객체에 대한 관심을 환기한다."[17] 바로 이 두 가지 방향의 공동작용을 통해 감각은 사회적 상호작용을 구성한다. 이에 근거해 짐멜은 「감각의 사회학」에서 눈(시각), 귀(청각), 코(후각) 등 인간의 감각기관과 사회적 상호작용의 관계를 분석하고 있다.

이렇게 보면 짐멜의 사회학을 일반적인 의미의 미시사회학이 아니라 미시사회학 중의 미시사회학이라고 불러도 결코 지나친 말은 아닐 것이다. 짐멜은 진정한 의미의 미시사회학의 창시자이다.[18] 그리고 미시사회학을 지향

---

17  같은 글, 157쪽.
18  이 맥락에서 요즈음 한창 르네상스가 일고 있는 프랑스의 범죄학자이자 사회학자이며 사회심리학자인 가브리엘 타르드(1843~1904)에 대해 잠시 언급할 필요가 있을 것이다. 질 들뢰즈(1925~75)는 "타르드의 철학은 최근의 위대한 자연철학 중 하나이다"라고 평가함으로써, 그리고 타르드를 미시사회학의 창시자로 자리매김함으로써 타르드가 재평가되고 귀환하는 데에 결정적인 역할을 했다. 여기서는 타르드의 자연철학을 논할 수는 없고 그의 주저 『모방의 법칙』(1890)을 중심으로 그의 사회학에 대해서만 살펴보기로 한다. 타르드는 자연과학적 인식모델에 입각해 사회에 대한 보편이론을 추구한 콩트와 스펜서의 사회학에 반기를 들고 개인들 사이의 사회적 상호작용을 사회학의 인식대상으로 삼았다. 다시 말해 실체로서의 사회를 개인들의 역동적인 행위로 해체했다. 이 점에서 타르드는 분명 미시사회학의 가능성을 열어젖혔다. 그런데 진정한 미시사회학이 성립하려면 사회를 사회적 상호작용의 총합으로 파악하고, 이 상호작용의 다양한 형식, 예컨대 갈등, 지배, 복종, 협동, 분업, 투쟁 등에 대한 이론적 연구와 경험적-역사적 연구 및 비교연구를 해야 한다. 모방도 중요한 사회적 상호작용 가운데 하나가 된다. 그럼에도 불구하고 타르드는 『모방의 법칙』에서 모방을 사회 자체와 동일시했으며, 이는 결국 모방으로 모든 사회적 현상을 설명하는 사회학, 그러니까 사회에 대한 보편이론이 될 수밖에 없었다. 말하자면 타르드가 앞문으로 내다버린 콩트와 스펜서 유의 사회학이 슬그머니 뒷문으로 들어왔던 것이다. 타르드는 『모방의 법칙』을 순수사회학으로 간주했다. 그러나 모방에 대한 그의 정의를 읽어

하고 추구하는 사회학자들은 짐멜로부터 정말로 많은 것을 배우고 얻을 수 있다. 짐멜의 사회학은 미시사회학의 진정한 보고이다. 그러나 한 가지 반드시 유념해야 할 점이 있으니, 그것은 짐멜을 단지 미시사회학자로만 간주하거나 그의 사회학 전체를 미시사회학과 동일시해서는 안 된다는 것이다. 이런 식으로 짐멜의 사회학을 보는 것은 사회학 이론의 역사에 있어서 가장 커다란 오해이자 오류 가운데 하나일 것이다. 짐멜은 미시냐 거시냐의 이분법을 넘어선다. 왜냐하면 짐멜은 아주 미시적인 것과 동시에 국가, 교회, 시장, 가족, 계급, 노동조합, 길드와 같은 거대하고 초개인적인 구성체나 체계 또는 조직도 사회학 인식의 장으로 끌어들여야 한다고 강조하기 때문이다.

그런데 사회학적으로 중요한 것은 어떠한 방식으로 이것들에 접근하느냐 하는 것이다. 짐멜은 이것들을 개인들 사이에서 진행되는 상호작용의 관점에서 파악한다. 이것들은 사회적 상호작용이 객관적 구조물로 응축되거나 결정화된 것으로서 자신의 고유한 논리와 원리에 따라 존재하고 작동한다. 그리하여 개인들의 자발적인 상호작용과 갈등을 일으키거나 대립적인 관계

---

보면 이것이 얼마나 공허한가가 곧바로 드러날 것이다. 타르드에 따르면 모방은 "한 정신에서 다른 정신으로의 원거리 작용, 즉 어떤 뇌 속에 있는 음화(陰畵)를 다른 뇌의 감광판(感光板)에 거의 사진처럼 복제하는 것으로 이루어지는 작용"이다. 가브리엘 타르드, 이상률 옮김, 『모방의 법칙』(원제는 *Les Lois de L'imitation*), 문예출판사 2012, 8쪽. 솔직히 오늘날에는 자연과학, 아니 뇌과학이나 신경과학도 이런 식의 정의는 내리지 않을 것이다. 바로 이 점이 타르드를 잊힌 사회학자로 만든 원인이었다. 그러나 어쨌든 『모방의 법칙』은 콩트와 스펜서 유의 사회학이 지배하던 1890년대에 모방이라는 미시적 사회현상을 사회학적 인식의 대상으로 삼았다는 점에서 획기적인 지성사적 의미를 갖는다. 이는 진정한 미시사회학의 창시자로 간주되는 짐멜보다도 앞서는 것이다. 이런 점에서 『모방의 법칙』은 19세기 사상에서 가장 독창적인 지위를 차지하는 것 중에 하나라는 앙리 베르그송(1859~1941)의 평가는 충분히 공감할 만하다. 그리고 이런 점에서 한번 읽어볼 만한 가치가 있다. 거기에는 모방이라는 사회현상에 대한 아주 풍부하고 흥미로운 내용이 담겨 있다. 짐멜도 이 책을 높이 평가했다. 한국 사회에서는 그 어느 사회에서보다도 모방이 사회관계의 중요한 기제로 작용한다는 사실을 감안하면 이 책의 의미는 더욱더 커진다. 그러나 이 책을 읽기에 앞서 사회학 이론에 대한 일정한 수준의 훈련이 전제되어야 한다. 그래야만 사회나 사회학에 대한 잘못된 표상에 빠지지 않으면서 필요한 경험적 자료를 얻을 수 있을 것이다. 이것은 다음을 약간 변경한 것이다. 김덕영, 「명저 새로 읽기: 가브리엘 타르드 '모방의 법칙'」, 『경향신문』 2013b(2월 16일).

를 이루게 된다. 그러나 사회학자는 어떠한 경우에도 이 거대하고 초개인적인 사회적 단위들을 상호작용하는 개인들의 관점에서 관찰해야 한다. 사회학은 사회의 원자들, 즉 개인들 사이에서 전개되는 상호작용에서 출발해야 하는바, 그 이유는 바로 이 상호작용이 "아주 명백히 드러나는 또는 아주 신비로운 사회의 생명력에 나타나는 모든 완강함과 유연성 그리고 모든 다채로움과 통일성의 바탕이 되기" 때문이다.[19] 사회학적으로 보면 사회의 원자들인 개인들 사이의 상호작용이 존재하지 않는 한 이 원자들을 넘어서는 거대하고 초개인적인 사회적 단위들은 존재하지 않는다.

그렇다면 미시적 차원과 거시적 차원의 관계, 즉 개인들 사이의 상호작용과 거대하고 초개인적인 사회적 단위들의 관계는 무엇인가? 짐멜에 따르면 전자에서 후자가 형성되며 후자는 전자를 위한 수단 또는 도구가 된다.

여러 사람들의 상호작용으로부터 객관적인 제도가 형성되는데, 그 이유는 우연적인 것이 마멸되고 이해관계의 동질성으로 인해 개인들의 기여가 통합되기 때문이다. 이렇게 형성된 제도들은 말하자면 개인들의 무수한 목적론적 곡선들이 모여드는 중앙역(中央驛)을 구성하며, 또한 개인들에게 이 목적론적 곡선들을 다른 방식으로는 달성 불가능한 것에까지 확장할 수 있는 매우 효율적인 도구를 제공해준다.[20]

예컨대 국가를 언급할 수 있는데, 이 국가가 개인들에 대하여 지니는 도구의 성격을 다음과 같이 민법의 경우를 통해서 확인할 수 있다. "민법상의 특수한 제도들은 개인들에게 그 제도들이 없다면 도저히 불가능한 것을 실현할 가능성을 제공한다. 계약, 유언, 입양 등의 법적 형식이라는 우회로를 통하여 개인들은 사회 전체에 의해 제작된 도구를 사용하는데, 이 도구는 그

---

19  Georg Simmel, 앞의 책(1992b), 33쪽.
20  게오르그 짐멜, 김덕영 옮김, 『돈의 철학』(원제는 *Philosophie des Geldes*), 도서출판 길 2013, 330~31쪽.

들의 힘을 배가하고 그 작동 범위를 확대하며 그 결과를 확실하게 보장한다."[21] 또한 교회의 의식도 — 한 가지 예만 더 들어보면 — 사회적 상호작용으로서 거기에 참석한 개인들을 위한 도구로 기능한다. 다시 말해 교회의 의식은 "교회 전체에 의해 만들어져서 교회 전체에 전형적인 감정을 객관화하는 도구"이다. 그것은 확실히 "신앙이 추구하는 내면적이고 초월적인 궁극적 목적에 도달하기 위한 우회로"이다. 그러나 그것은 어디까지나 "도구를 통한 우회로인데, 이 도구는 일체의 물질적 도구와는 달리 개인들이 혼자서는, 즉 직접적인 방법으로는 성취할 수 없다고 믿는 목적을 위한 도구일 뿐이라는 사실에 그 **전체적인** 본질이 있다."[22]


### (2) 민족심리학, 자연과학 그리고 칸트 철학: 짐멜 사회학의 지적 배경

그렇다면 짐멜의 형식사회학이 형성되는 과정, 그러니까 짐멜이 사회를 상호작용으로 해체한 다음 이 상호작용을 다시 형식과 내용으로 분리하여 그 내용이 아니라 형식을 연구하는 과학이 사회학이라는 결론에 도달하는 과정에는 어떠한 지적 조류가 영향을 미쳤는가? 결론적으로 말해 이 과정에서는 무엇보다도 민족심리학, 자연과학 그리고 칸트의 인식론이 결정적인 역할을 했다. 자연과학은 보다 정확히 말하자면 구스타프 테오도어 페히너(1801~87)의 사변적 원자론을 가리킨다.

앞에서 언급한 바와 같이, 짐멜은 베를린 대학에서 민족심리학을 공부하고 이 분야에서 박사학위를 취득하려고 했으나 실패했다. 그런데 이 민족심리학이 짐멜의 지적 세계가 형성되는 데에 결정적인 역할을 했다. 짐멜이 민족심리학으로부터 배운 것은 개별적인 것과 전체적인 것의 관계 또는 개인과 사회의 관계이다. 민족심리학의 창시자이자 짐멜의 스승인 모리츠 라차

---

21  같은 책, 330쪽.
22  같은 책, 331쪽.

루스(1824~1903)와 하이만 슈타인탈(1823~99)은 다음과 같이 선언한다. "민족심리학의 첫 번째의 그리고 가장 중요한 과제는 전체와 개별적인 것의 관계를 연구하고 규명하는 것이다." 그들은 이 관계를 다름 아닌 "상호작용"으로 파악한다.[23] 이것이야말로 짐멜의 사회학이 이미 초창기부터 지니고 있던 문제의식이다. 그리고 이 사회학적 문제의식은 인간적 삶의 행위의 사회적 차원이 점차 증가한다는 역사적 현실체험에 상응하는바, 이 현실체험은 19세기 이후 자본주의의 급격한 발달 및 이와 밀접한 관계에 있는 계급사회의 급격한 형성에 기인한다. 민족심리학과 마찬가지로 짐멜도 자신의 과학적 인식관심을 "모든 개인적 현상은 일반적으로 그가 처한 인간적 환경권이 미치는 무한한 영향에 의해서 결정된다"는 사실에 초점을 맞춘다.[24]

민족심리학은 다양한 민족의 역사적 삶을 "정신의 가장 내면적인 것으로부터 설명하고자" 한다. 다시 말해 특정한 민족의 삶을 "그 민족의 심리학적 근원으로 소급하고자" 한다. 바로 이런 이유로 민족심리학은 "민족정신의 과학"으로, 또는 "민족의 정신적 삶을 구성하는 요소들과 법칙들에 대한 논의"로 이해된다.[25] 그런데 다른 한편 민족심리학에서 사용하는 민족정신의 개념은 근본적으로 집단주의적이고 유기체론적인 특성을 보인다. 민족심리학은 민족정신을 "다수 개인들의 단순한 존재를 비로소 하나의 **민족**으로 만드는" 그 무엇으로 이해한다. 민족정신은 "민족의 유대, 원리, 이념이자 민족의 통일성을 구성한다. 이 통일성은 민족이 수행하는 **행위**의 **내용과 형식의** 통일성 또는 그 방식의 통일성이다. 그리고 이 통일성은 민족의 정신적 삶을 구성하는 요소들을 공동으로 생산하고 유지하는 통일성이다. 왜냐하면 어느 민족의 모든 개인들이 행하는 정신적 행위에는 일종의 일치와 조화가 지배하기 때문인데, 이것은 개인들을 한군데로 묶어서 유기적으로 결합된 통

---

23  Moritz Lazarus & Heymann Steinthal, "Einleitende Gedanken über Völkerpsychologie als Einladung zu einer Zeitschrift für Völkerpsychologie und Sprachwissenschaft", in: *Zeitschrift für Völkerpsychologie und Sprachwissenschaft* 1/1860, 1~73쪽, 여기서는 31쪽.

24  Georg Simmel, 앞의 책(1992a), 14쪽.

25  Moritz Lazarus & Heymann Steinthal, 앞의 글(1860), 1쪽.

일체로 만든다."[26]

짐멜은 민족심리학이 내세운 개인과 사회의 관계를 받아들이면서도 그 집단주의적-유기체론적 특성은 단호히 거부한다. 짐멜에게 사회는 "단위들로 구성된 하나의 단위"이다. 그렇다고 해서 "자기 자신으로부터 법률, 풍속, 종교, 언어가 유출되도록 만드는 내적이고 폐쇄된 민족 단위가 존재하는 것은 아니다. 오히려 외적으로 관계를 갖는 사회적 단위들이 합목적성, 곤경, 폭력 등을 원인으로 해서 그 내부에 이 내용들과 형식들을 형성하며, 또한 이러한 형성에 의해서 그 사회적 단위들이 통일되거나 또는 보다 정확히 말해 오직 이러한 형성에 의해서만 그것들이 통일된다는 것을 의미한다."[27]

바로 이 맥락에서 짐멜은 전체를 상호작용하는 요소들의 단위로 간주하는 페히너의 사변적 원자론에 접목하는바, 그 이유는 짐멜이 바로 거기에서 집단주의적이고 유기체론적인 특성을 지닌 민족심리학으로부터 사회를 "단위들로 구성된 하나의 단위"로 간주하는 사회학으로 넘어갈 수 있는 가능성을 발견했기 때문이다. 1855년에 출간한 주저 『물리학적 및 철학적 원자론에 대하여』에서 페히너는 책 제목 그대로 물리학적-철학적 원자론을 제시한다. 그것은 원자론의 토대 위에서 경험적 자연과학과 형이상학적 자연철학을 통합하려는 시도이다. 달리 말하자면, 형이상학을 "물리학에 대해서 **선험적인** 또는 물리학의 **피안에 존재하는** 그 무엇이 아니라 사실상 물리학에 입각한 그 무엇으로 만들려는 것"이 페히너가 진정으로 지향하는 바이다.[28] 그가 궁극적으로 추구하는 바는 철학이지만 그 방법은 자연과학에 의

---

26  같은 글, 29쪽.

27  Georg Simmel, 앞의 책(1989a), 131쪽.

28  Gustav Theodor Fechner, *Über die physikalische und philosophische Atomenlehre*, Wien/New York: Springer 1995, 138쪽. 이렇게 보면 페히너가 "일종의 형이상학적으로 현실적인 것" 또는 "일종의 귀납적 형이상학"을 추구한다고 할 수 있다. Michael Heidelberger, *Die innere Seite der Natur. Gustav Theodor Fechners wissenschaftlich-philosophische Weltauffassung*, Frankfurt am Main: Vittorio Klostermann 1993, 180쪽 이하, 특히 194~95쪽.

존하고 있다.

페히너는 무한히 작고 아무런 특성이 없는 단순원자 또는 점(點)원자가 미시세계와 거시세계의 궁극적인 단위와 한계를 구성한다는 기본 가정에서 출발한다. 그에 따르면 "가장 작은 것은 가장 커다란 것과 표상할 수 있는 그리고 법칙적인 관계를" 형성한다. 페히너에 따르면 그 자체로는 결합되지 않은 작고 단순한 원자들이 시간과 공간을 통해서 결합되어 상호작용하며, 또한 바로 이러한 원자들의 운동을 통해서 이 세상의 더 커다란 사물들이 형성된다. 그렇기 때문에 원자론은 페히너에게 "열쇠"와도 같은 존재이다. 그는 이 열쇠를 가지고 "인간의 감각으로는 접근할 수 없는 방의 문을 열고 들어가 직접적으로 이 방의 전체적인 구조를 밝힌다."[29]

짐멜이 다음과 같이 말할 때, 그는 페히너의 원자론을 염두에 두고 있는 것이다. 그는 말하기를, 사회학적 연구 대상인 모든 사회적 현상과 사건은 "더 깊은 곳에 존재하는 수많은 부분과정들이 현상으로 나타나거나 작용한 결과"이다. 그는 또한 말하기를, "사회단위의 통일적인 성격으로부터 그 부분들의 상태, 관계 및 변화가 생성되는 것이 아니라, 일단 요소들의 관계와 행위가 존재하며, 바로 이를 토대로 비로소 사회라고 하는 통일적인 단위에 대해서 이야기할 수 있다."[30] 결론적으로 말해 짐멜은 페히너의 원자론에 접목하여 사회를 다수 개인들의 상호작용의 합으로 해체할 수 있었으며, 또한 그럼으로써 구체적인 정신적 또는 사회적 현상과 과정을 초개인적이고 전체적인 민족정신 또는 민족혼이나 사회의 구조와 본질 및 법칙으로 소급하던 당시의 정신과학 및 사회과학과는 근본적으로 다른 인식의 전략을 구사할 수 있게 되었다.[31]

---

29  Gustav Theodor Fechner, 앞의 책(1995), 42쪽.
30  Georg Simmel, 앞의 책(1989a), 124, 130~31쪽.
31  그러나 우리는 페히너의 원자론이 짐멜 사회학에 대해서 지니는 지성사적-발달사적 의미를 근본적으로 인식론적인 측면에서 평가해야 한다는 사실에 주목할 필요가 있다. 왜냐하면 사회세계의 존재론적 특성은 원자론에서 논의하는 원자와는 하등의 관계가 없기 때문이다. 똑같이 상호작용이라는 규제적 세계원리의 범주에 의해서 포괄될 수 있는 물리적 원

이렇게 얻은 사회적 상호작용을 이제는 그 형식과 내용으로 분리할 차례이다. 자명한 일이지만 현실적인 경험세계에서는 형식과 내용이 분리되지 않는다. 형식 없이 내용만 있는 상호작용도 내용 없이 형식만 있는 상호작용도 상상할 수 없다. 그런데 어떻게 형식과 내용을 분리하는 것이 가능하단 말인가? 어떻게 상호작용의 다양한 내용을 일단 괄호 안에 집어넣어 보류하는 것이 가능하단 말인가?

짐멜이 사회적 상호작용 또는 사회화의 형식과 내용을 분리할 수 있는 가능성을 발견한 것은 다름 아닌 칸트의 인식론에서였다. 칸트는 인식을 감성에 주어진 질료를 오성이 범주라는 틀에 의해 주조하는 일련의 정신적 행위로 파악한다. 칸트에게 인식이란 감성과 오성 또는 질료와 범주의 공동작용이다. 이처럼 순수하게 인식론적으로 질료와 범주를 분리하는 칸트의 방식을 사회적 상호작용 또는 사회화의 내용과 형식을 분리하는 데에 적용함으로써 짐멜은 형식사회학을 구축할 수 있었다. 짐멜은 칸트의 인식론이 자신의 사회학에 대해 갖는 의미를 다음과 같이 요약하고 있다.

나는 인식론과 칸트 철학에서 출발했으며, 그와 더불어 역사학적인 연구와 사회과학적인 연구를 병행했다. 그 첫 번째 결과는 (『역사철학의 문제들: 인식론적 연구』라는 책에서 관철된) 다음과 같은 모티프였다. "역사"란 마치 "자연"이 인간 감성에 주어진 질료가 인간 오성의 범주에 의해 주조되는 것을 의미하는 것처럼, 직접 주어져 단지 체험할 수밖에 없는 역사적 사건이 과학적 정신의 선험성에 따라서 주조되는 것을 의미한다.

나는 이처럼 순수하게 인식론적으로 이루어진 역사세계의 형식과 내용의 분리를 개별 과학에도 적용했다. 사회화의 형식을 개인들의 상호작용을 통해서 비로소 사회적으로 되는 내용 — 즉 충동, 목적, 객관적 내용 — 에서 분리함

---

자와 사회적 원자는 짐멜에 따르면 다른 한편 존재론적인 측면에서 심리학적 요소에 의해서 분리된다. 구체적으로 말해 사회적 원자는 물리적 원자와는 근본적으로 다르게 이해관계, 목적, 욕구 및 충동 등에 입각해서 주관적으로 행위하는 정신적 존재이다.

으로써, 나는 새로운 사회학 개념을 얻었다. 그리하여 나는 나의 책에서 순수사회학의 대상으로서 상호작용의 형식을 연구하기 시작했다.[32]

요컨대 짐멜은 민족심리학, 페히너의 사변적 원자론 그리고 칸트의 인식론을 창조적으로 종합함으로써 형식사회학이라는 새로운 사회학적 인식의 지평을 열 수 있었던 것이다.

## (3) 개인과 사회: 사회학의 근본 문제

짐멜에게 개인과 사회의 관계는 사회학의 근본 문제이다.[33] 물론 그가 말하는 사회는 실체론적 존재가 아니라 한편으로는 개인들 사이에서 전개되는 상호작용들의 총합과 다른 한편으로는 이 상호작용들이 객관적 구조물로 응축되거나 결정화된 제도, 조직, 체계, 구조 등을 포괄하는 개념이다. 후자는 전자와 대립적이거나 갈등적인 관계를 이룰 수 있으나 궁극적으로는 전자를 위한 수단과 도구가 되며, 따라서 후자의 관점에서 전자에 접근하는 것이 아니라 전자의 관점에서 후자에 접근하는 것이 사회학적으로 타당하다. 이렇게 보면 짐멜의 사회학에서는 사회가 사회적 상호작용 또는 사회화로 해체되고 다시 이로부터 재구성된다는 것을 알 수 있다.

짐멜에 따르면 개인은 사회 내적 존재인 동시에 사회 외적 존재, 또는 달리 말하자면 사회화된 존재인 동시에 비사회화된 존재이다.[34] 그러니까 개

---

32 Georg Simmel, "Fragment einer Einleitung", in: *Georg Simmel Gesamtausgabe 20. Postume Veröffentlichungen, Ungedrucktes, Schulpädagogik*, Frankfurt am Main: Suhrkamp 2004, 304~5쪽, 여기서는 304쪽.

33 Georg Simmel, *Grundfragen der Soziologie. Individuum und Gesellschaft*, in: *Georg Simmel Gesamtausgabe 16*, Frankfurt am Main: Suhrkamp 1999a, 59~149쪽.

34 이것은 짐멜이 『사회학: 사회화 형식 연구』에서 제시한 세 개의 사회학적 아프리오리 가운데 두 번째이다. 그 첫 번째와 세 번째는 각각 다음과 같다. 먼저 우리는 모두 단편적 존재인데 다른 사람의 눈에 의해 완전하고 이상적인 인격체로 재형성된다. 그리고 사회는

인은 "호모 두플렉스", 즉 이중인간인 셈이다.[35] 사회 내적 존재 또는 사회화된 존재로서의 개인은 다양한 사회적 집단과 영역의 교차점이나 결절점이된다. 다시 말해 이 경우 다양한 사회적 집단과 영역이 개인에게서 교차하거나 결절되면서 그의 사고와 행위를 규정하고 결정한다. 이에 반해 사회 외적존재 또는 비사회화된 존재로서의 개인은 사회적으로 조건지어지지 않으면서 내적으로 완결적인 그리하여 외적으로 폐쇄적이고 배타적인 존재로서의개인을 가리킨다. 전자와 후자를 달리 객체적 개인/자아와 주체적 개인/자아로 표현할 수 있을 것이다. 이 객체적 측면과 주체적 측면이 합해져서 개인을 구성한다.

1890년에 짐멜의 저서 『사회분화론』이 출간되었는데, 이 책은 짐멜이 낸최초의 사회학 저작이라는 점에서 아주 큰 의미를 갖는다. 그런데 내가 보기에 이 저작은 그것 말고도 사회분화에 대한 독특한 이론을 전개하고 있다는 점에서도 아주 큰 의미를 갖는다. 그 이론이란 구체적으로 사회성의 증가가 개인성의 증가를 가져온다는 것이다. 역으로 표현하자면 개인성의 증가는 사회성의 증가에 상응한다는 것이다. 짐멜에 따르면 근대로 들어오면서 사회적 집단과 영역의 수와 종류, 그러니까 개인이 상호작용을 할 수 있는 사회적 환경의 수와 종류가 증가한다. 이렇게 사회적인 것이 확장되면 개

---

불평등한 요소들로 이루어진 구성물이다. 모든 개인은 그가 지닌 특성에 근거해 자신의 사회적 환경 내에서 특정한 지위를 차지하며, 또한 그에게 이상적으로 속하는 이 지위는 실제로 사회 전체에 존재한다. 이처럼 짐멜이 세 개의 사회학적 아프리오리를 제시한 것은 사회학적 인식의 사회존재론적 조건과 한계를 규정하기 위함이다. 그런데 이 세 가지 사회학적 아프리오리는 — 짐멜은 이렇게 주장한다 — "비록 현실적으로는 결코 완벽히 실현되지 않더라도 그래도 완벽한 사회의 이념적이고 논리적인 전제조건들"로서, "실제적인 사회화의 과정을 상대적으로 완전하게 또는 상대적으로 불완전하게 결정하는" 데에 그 의미와 기능이 있다. Georg Simmel, 앞의 책(1992b), 46쪽 이하. 이 점에서 짐멜의 사회학적 아프리오리는 '이념형적'으로 구성된 것이라고 볼 수 있다. 이에 대한 자세한 논의는 다음을 참고할 것. 김덕영, 앞의 책(2004), 268쪽 이하; 김덕영, 앞의 책(2012), 513~14쪽(각주 155번).

35  이에 대한 자세한 논의는 다음을 참고할 것. Regina Mahlmann, *Homo Duplex. Die Zweiheit des Menschen bei Georg Simmel*, Würzburg: Königshausen & Neumann 1983.

인의 독립성과 자율성이 증가한다. 다시 말해 개인성이 증가한다. 왜냐하면 개인은 다양한 사회적 관계를 맺고 다양한 상호작용을 함으로써 전통적인 사회체와의 전인격적인 결합관계와 구속관계로부터 해방되기 때문이다. 요컨대 짐멜에게 사회분화란 사회성이 증가하면서 그에 따라 개인성이 감소하는 현상이 아니라 오히려 개인성이 증가하는 현상을 가리킨다. 그것은 개인-사회 또는 개인성-사회성의 변증법적 관계이자 과정인 것이다. 그리하여 『사회분화론』의 부제가, 흔히 표상하는 바와 같이 단순히 사회분화의 사회적 차원을 다루는 "사회학적 연구"가 아니라 거기에 더해 사회분화의 개인적 차원을 다루는 심리학적 연구가 부가된 "사회학적 및 심리학적 연구"가 된 것이다.[36]

짐멜의 이러한 사회분화론을 바탕으로 전근대 사회 또는 전통 사회와 근대(현대) 사회에서의 개인과 사회를 다음과 같이 도식으로 나타낼 수 있을 것이다.[37]

**도표 11 개인과 사회의 관계**

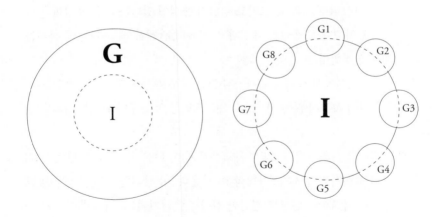

---

36 Georg Simmel, 앞의 책(1989a).
37 이 도식과 그에 대한 설명은 다음에서 따온 것이다. 김덕영, 앞의 책(2014), 246~47쪽.

— 여기에서 G는 'Gesellschaft'(사회)의, 그리고 I는 'Individuum'(개인)의 약자이며, 왼쪽은 전근대 사회를, 그리고 오른쪽은 근대 사회를 나타낸다.

　　— 전근대 사회에서는 개인이 사회에 전적으로 또는 전인격적으로 포함되어 있다.

　　— 전근대 사회의 경우 점선은 개인이 독립적이고 자율적인 존재가 아니라 사회로 해체되고 사회와의 관계를 통해서만 의미와 가치를 갖는다는 것을 표현한다.

　　— 이에 반해 근대 사회에서는 개인이 단지 부분적으로 또는 인격의 일부분을 통해서만 사회와 관계를 맺고 있으며, 사회도 사회 그 자체나 사회 일반이 아니라 다양한 관계나 집단 또는 제도와 같이 분화된 모습을 보여준다(예컨대 G1=가족, G2=국가, G3=직업집단, G4=학교, G5=종교단체, G6=클럽, G7=군대, G8=지역사회 등). 그러므로 이 도식은 근대 사회에서는 전근대 사회에서와 달리 개인성과 더불어 사회성이 증가한다는 사실을 보여준다.

　　— 근대 사회에서 원의 크기는 개인이나 사회의 실제 크기를 나타내는 것이 아니다. 그러므로 개인이 사회보다 크게 그려진 것은 개인성이 발달하고 개인이 자신의 존재와 삶 그리고 행위의 중심에 있다는 것을 표현한다.

　　— 근대 사회에서 점선은 개인과 사회와의 관계가 해약 가능한 관계라는 사실을 상징한다.

　　— 근대 사회에서 사회와 교차되지 않는 부분은 사회 또는 사회적인 것의 범주나 차원에 속하지 않는 전적으로 개인적인 것의 범주나 차원을 나타낸다.

　짐멜 최초의 사회학적 저작인 『사회분화론』이 나온 지 근 20년 만인 1908년에 그의 사회학적 주저인 『사회학』이 나온다. 이 방대한 저작은 짐멜이 그동안 수행한 사회학적 연구를 결집한 것이다.[38] 거기에는 "어떻게 사회가 가

---

38　짐멜의 『사회학: 사회화 형식 연구』는 782쪽(『게오르그 짐멜 전집』에서는 863쪽)에 달하는 저작으로서 그의 지적 유산 가운데 가장 방대하다. 이 책은 일명 "큰 사회학"으로 불리면서 "작은 사회학"으로 불리는 98쪽짜리(『게오르그 짐멜 전집』에서는 91쪽)『사회학의

능한가?"라는 작은 보론이 들어 있는데, 이것은 『사회분화론』 못지않게 사회의 사회학에 대한 우리의 논의에서 중요한 함의를 갖는다.[39]

짐멜이 던지는 "어떻게 사회가 가능한가?"라는 문제는 칸트의 인식론이 자연과학적 인식과 관련해 던지는 "어떻게 자연이 가능한가?"라는 문제를 사회학적 인식에 적용한 것이다.[40] "어떻게 자연이 가능한가?"는 자연세계를 관찰하는 인식주체의 정신적 행위를 규정하는 선험성에 대해 묻는 것이다. 그것은 순수한 인식론적 문제이다. 칸트에 따르면 자연세계는 대상을 자신의 선험적 원리나 법칙 또는 도식에 따라 종합하고 구성하며 판단하는 관찰자의 정신을 통해서만 존재하고 의미를 갖는다.

이에 반해 사회세계에는 그 인식대상의 존재론적 성격상 단순히 관찰하는 주체의 정신으로 환원할 수 없는 그 무엇이 있다. 그러므로 "어떻게 사회가 가능한가?"는 순수한 인식론적 주제인 "어떻게 자연이 가능한가?"와 달리 인식론적이면서 동시에 (사회)존재론적인 주제이다. 인간 사회는 개인들 사이의 상호작용으로 구성된다. 달리 말하자면 사회는 상호작용을 하는 개인들을 가리키는 이름에 다름 아니다. 바로 이 개인들이 (사회)존재론적 논의의 대상이 된다. 순수하게 인식론적인 측면에서 보면, 사회에서 상호작용하는 개인들은 자연세계와 마찬가지로 관찰자의 정신적 작용에 의해 종합되고 구성되며 판단된다. 그러나 다른 한편으로는 자연세계와 달리 관찰자의 정신에 의해 단순히 해체되는 것을 거부한다. 왜냐하면 사회학적 인식의 대상이 되는 개인들은 자연과학적 인식의 대상이 되는 외적-물리적 사물들과 달리 그 자체가 "독립적 존재, 영혼의 중심, 인격적 통일성"이기 때문이다.[41]

---

근본 문제: 개인과 사회』(1917)와 대비된다.

39  이 보론은 Georg Simmel, 앞의 책(1992b), 42~61쪽에 총 20쪽으로 실려 있다.

40  짐멜은 다음의 저작에서 역사세계와 관련해 "어떻게 역사가 가능한가?"라는 문제를 던지고 있다. Georg Simmel, *Die Probleme der Geschichtsphilosophie*(Zweite Fassung 1905/1907), in: *Georg Simmel Gesamtausgabe 9*, Frankfurt am Main: Suhrkamp 1997, 227~419쪽. 이렇게 보면 짐멜은 인식론적으로 칸트주의자임이 드러난다.

41  Georg Simmel, 앞의 책(1992b), 44쪽.

짐멜은 자연세계와 구분되는 사회세계의 존재론적 고유성을 '나'(자아)와 '너'(타자)라는 사회적 최소단위, 즉 사회를 구성하는 최소한의 개인들을 가지고 설명한다. 너는 나와 마찬가지로 그 자체로서 독립적인, 따라서 나의 표상에 관계없이 존재하는 무엇이다. 너는 나와 마찬가지로 더 이상 환원되거나 소급될 수 없는 근원현상 또는 원천현상이다. 너의 영혼은 나에게 "나 자신과 똑같은 실체를 가지는바, 이 실체는 물질적 사물의 실체와 완전히 구별된다."[42] 그러므로 사회학적 인식은 자연과학적 인식과 달리 사회학자의 인식하는 표상에 의해 완전히 해체할 수 없는 실체를 자신의 표상의 생산물과 내용으로 만들어야 하는 과제를 안고 있다. 짐멜은 이를 "사회화의 가장 심층적인 심리학적-인식론적 도식이자 문제"라고 규정한다.[43]

결국 짐멜이 사회학적 인식과 관련하여 던지는 (사회)존재론적 문제는 심리학적 문제로 귀결된다. 여기에서 '심리학적'이라는 말은 개별 과학으로서의 심리학을 가리키는 것이 아니다. 이 말은 사회현상이 자연현상과 달리 정신적-주관적 존재인 개인들 사이의 상호작용으로 구성된다는 사실을 표현하는 것이다. 짐멜에게 사회는 "개인들 사이의 정신적 상호작용"에 다름 아니다.[44] 그러므로 사회적 존재는 어디까지나 개인들을 통해서 실재적인 것이 된다. 요컨대 사회는 "주관적 영혼들의 객관적 형식"이다.[45] 이렇게 보면 짐멜이 요구하는 사회학적 현미경은 곧 심리학적 현미경이 된다는 것을 알 수 있다. 이는 무엇보다도 『사회분화론』을 보면 확연히 드러난다. 앞에서 언급했듯, 그 부제가 단순히 "사회학적 연구"가 아니라 "사회학적 및 심리학적 연구"이기 때문이다. 짐멜에게 사회학적 논의는 동시에 심리학적 논의가 된다. 왜냐하면 심리학이 사회학적 인식의 선험성이기 때문이다. 아니, 심리학은 모든 과학적-철학적 인식의 선험성이 된다.[46]

---

42  같은 곳.
43  같은 책, 45쪽.
44  Georg Simmel, 앞의 책(1999a), 68쪽.
45  Georg Simmel, 앞의 책(1992a), 41쪽.
46  이에 대한 자세한 논의는 다음을 참고할 것. 김덕영, 앞의 책(2007), 387쪽 이하.

## (4) 철학과 경험과학의 관계

짐멜에게서 또 한 가지 눈여겨보아야 할 것은 경험과학과 철학의 관계인 바, 이는 다시금 경험과학과 철학을 엄격히 분리하는 것과 경험과학을 철학과 결합하는 것으로 나누어서 살펴볼 수 있을 것이다. 전자는 경험과학과 역사철학의 관계이고 후자는 경험과학과 인식론 및 형이상학의 관계인데, 여기서는 전자도 물론 논하지만 후자에 중심을 두고 살펴보기로 한다. 그 이유는 후자가 전자보다 이해하기 어려울뿐더러 짐멜 이외의 철학자들이나 경험과학자들에게서는 찾아보기 힘들기 때문이다.

사회학을 엄격하게 역사철학으로부터 구분한 것은 짐멜이 사회학의 발전에 기여한 여러 중요한 업적 중 하나인데, 이 구분은 이미 사회학의 인식대상을 모색하는 「사회학의 문제」(1894)에서 이루어진다. 짐멜이 보기에 역사철학은 보편적인 개념들에 힘입어 무한히 다양한 역사적 사건들을 총체적으로 해석하기 위한 지적 수단인바, 흔히들 말하기를 "역사는 이 개념들에 의하여 특정한 요구, 이를테면 윤리적, 형이상학적, 종교적 또는 예술적 요구를 충족한다." 이러한 역사철학과 달리 사회학은 철저하게 현상학적으로 경험적 현실들과 관계하며 심리학적으로 행위하고 상호작용하는 개인들의 영혼으로부터 출발한다.[47] 짐멜의 눈에는 역사철학이 가정하는 보편타당한 역사 법칙은 그저 사변적일 뿐이다. 그러한 법칙을 찾아낸다는 것은 불가능하다. 왜냐하면 역사는

> 그 자체가 대단히 복잡한 구조물이며, 그 자체로 질서가 있는 사건으로부터 매우 불확실하고 주관적으로 경계를 설정한 단편이기 때문에, 전체적인 발전 과정에 대한 통일적인 공식이 존재할 수 없기 때문이다.[48]

---

47  Georg Simmel, "Das Problem der Sociologie"(1894), 앞의 책(1992b), 52~62쪽, 여기서는 59~60쪽.
48  같은 글, 60쪽.

그러므로 보편적이고 총체적인 역사철학적 고찰 방식은 이제 경험적 현실 가운데 특정한 부분을 인식대상으로 하는 일련의 개별 과학들에 의해서 대체되어야 한다.[49] 사회학은 이 일련의 개별 과학 가운데 하나로서 개인들 사이에서 전개되는 상호작용의 형식을 그 인식대상으로 한다. 그리고 사회학은 역사적-사회적 삶의 다양한 요소들 사이에 존재하는 상호작용과 인과관계를 경험적으로 그리고 가능한 한 완전한 상태로 규명해내어 이상적인 경우에는 역사적-사회적 삶의 ── 전체적인 과정들이 아니라! ── 부분적인 과정들에 대한 법칙적 기술에 도달함을 그 방법론적 목표로 한다.[50]

　짐멜이 경험과학과 철학을 엄격히 분리하는 것에 대한 논의는 이 정도로 그치고 이제는 그가 어떻게 경험과학을 철학과 결합하는가를 살펴보자.

　짐멜의『돈의 철학』은 자주 사회학적 연구 또는 경제학적 연구로 간주되어왔다. 그러나 이 책은 제목 그대로 돈에 대한 철학적 연구이지 돈에 대한 경험과학적 연구가 아니다. 짐멜은 이 책에서 그 제목에 걸맞게 돈에 대한, 보다 정확히 말하자면 돈을 매개로 현대세계에 대한 철학적 사유를 전개하고 있다. 요컨대 짐멜의『돈의 철학』은 진정한 철학적 연구이다. 아니, 짐멜의 철학적 주저이다. 짐멜이 돈의 철학을 추구한다 함은 경제학이 하나의 관점에서 고찰하는 돈이라는 현상을 다른 관점에서 고찰함을 의미한다. 그 다른 관점이 바로 철학적 관점인 것이다. 돈은 일반적으로 경제학적 논의의 대상이 되지만, 그렇다고 해서 단지 경제학적 사실이기만 한 것은 아니다. 그것은 철학적, 사회학적, 심리학적, 인류학적 사실 등으로도 다루어질 수 있다.

　사실 돈은 전통적으로 철학의 관심대상이 아니라 주로 경제학의 관심대

---

49　같은 곳.

50　Klaus Lichtblau, "Kausalität oder Wechselwirkung? Max Weber und Georg Simmel im Vergleich", in: Gerhard Wagner & Heinz Zipprian (Hrsg.), *Max Webers Wiseenschaftslehre. Interpretation und Kritik*, Frankfurt am Main: Suhrkamp 1994, 527～62쪽; Klaus Lichtblau, "Soziologie und Anti-Soziologie um 1900. Wilhelm Dilthey, Georg Simmel und Max Weber", in: Peter-Ulrich Merz-Benz & Gerhard Wagner (Hrsg.), *Soziologie und Anti-Soziologie. Ein Diskurs und seine Rekonstruktion*, Konstanz: Universitätsverlag 2001, 17～35쪽, 여기서는 24쪽.

상이었다. 이는 짐멜의 철학이 기존의 철학과 다르다는 것을 암시하는 대목이다. 그는 일반적으로 경험과학적 인식의 대상이 되는 돈에 대해 철학적 사유를 전개한다. 그리하여 철학이 경험과학과 결합한다. 물론 철학이 경험과학과 결합한다 함은 철학의 경험과학화나 또는 역으로 경험과학의 철학화를 의미하는 것이 결코 아니다. 그보다 철학이 경험과학의 대상을 취하면서 경험과학과 다른 관점에서 접근한다는 것을 의미한다. 그러므로 철학은 경험과학의 차안과 피안에 위치한다. 달리 표현하자면, 철학은 거리를 두면서 경험과학에 다가간다. 또는 달리 표현하자면, 철학은 경험적 현실세계로 '내려가' 경험과학이 다루는 대상을 취한 후 다시 자신의 영역으로 '올라가' 자신의 틀로 이 대상을 인식한다.

보다 구체적으로 말해 철학은 경험과학의 하한선과 상한선을 구성함으로써 경험과학으로부터 구분되면서 그것과 관계를 맺는다. 짐멜은 경험과학의 하한선으로서의 철학과 경험과학의 상한선으로서의 철학을 각각 인식론과 형이상학이라고 부른다. 인식론은 "인식일반의 전제조건들"을 제시하는 반면, 형이상학은 "단편적인 내용의 실증적 지식을 완결적인 개념들을 통해 보충함으로써 일종의 세계상으로 확장하고 삶의 총체성에 관계하기를 욕구하는 지점에 존재한다."[51] 그런데 인식론은 경험과학적 인식의 하한선을 구성하기 때문에 사회학, 역사학, 경제학 등 모든 경험과학의 인식론이 존재할 수 있다. 그리고 형이상학도 경험과학적 인식의 상한선을 구성하기 때문에 모든 경험과학의 형이상학이 존재할 수 있다. 예컨대 사회학의 형이상학인 사회철학, 사회의 철학 또는 철학적 사회학이 존재할 수 있고, 역사학의 형이상학인 역사철학이 존재할 수 있다. 또한 경제학의 형이상학인 경제철학이 존재할 수 있다.

이처럼 철학이 경험과학의 하한선과 상한선을 구성함으로써 — 경험과학과 구별되는 동시에 — 경험과학과 결합된다면, 이제 철학은 경험과학이 다루는 다양한 현상을 그 인식의 대상으로 삼을 수 있게 된다. 이제 철학은 경

---

51  게오르그 짐멜, 앞의 책(2013), 17~18쪽.

험적 현실의 세계로 임하게 된다. 물론 그렇다고 해서 철학이 경험과학화됨으로써 경험과학의 하위 범주나 아류가 된다거나 또는 통속화된다는 것을 의미하지는 않는다. 그것은 오히려 철학의 인식세계가 넓어지고 풍요로워지는 것을 의미한다. 철학이 경험적 현실의 세계로 임하게 되면, 언뜻 사소하고 단편적이며 무의미하게 보이는 다양한 현상들이 철학적 인식의 지평으로 들어오게 된다. 여기까지의 논의를 바탕으로 철학과 경험과학의 관계를 다음과 같이 도식으로 나타낼 수 있다.

**도표 12 철학과 경험과학의 관계**

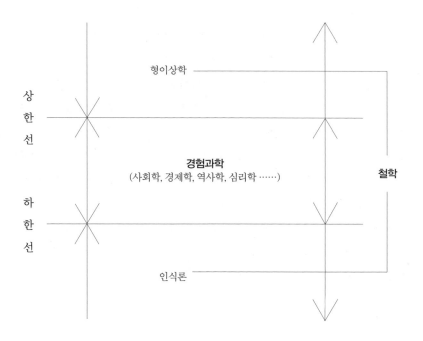

이렇듯 짐멜이 철학과 경험과학의 결합을 요구하는 것, 즉 철학이 도그마의 세계에 안주하지 말고 적극적으로 경험적 현실의 세계로 임하도록, 그러니까 도그마로서의 형이상학으로부터 삶과 기능으로서의 형이상학으로의 원천적인 전환을 이루도록 요구하는 것은, 현대 세계의 체험에 대한 그의 깊

은 통찰을 반영하는 것이다. 짐멜은 확신하기를, 분화된 현대세계에는 다양한 경험적-실증적 개별 과학이 존재하며 철학은 바로 이것들의 값진 지적 생산물을 고려해야만 현대 사회와 현대인 그리고 그의 삶을 적합하게 다룰 수 있다. 이제 철학적 담론은 더 이상 실증적 경험과학이 현대 세계에서 차지하는 비중과 의미를 간과할 수 없다. 만약 철학이 경험과학이 다루는 일상적인 삶의 세계로 내려가지 않는다면 설 땅을 잃게 될 것이라고 짐멜은 믿어 의심치 않는다.

이미 언급한 바와 같이, 경험과학의 하한선인 인식론과 상한선인 형이상학 모두 경험과학의 차안과 피안에 위치한다. 『돈의 철학』은 경제학의 하한선이면서 상한선이다. 그러므로 이 책은 어디까지나 돈의 경제학의 차안과 피안에 존재한다. 구체적으로 제1부 "분석편"이 인식론에 해당하고 제2부 "종합편"이 형이상학에 해당한다.

짐멜은 제1부에서 "돈의 본질과 존재의미를 담지하는 조건들의 관점에서 돈에 대한 논의를 전개하고자" 한다.[52] 다시 말해 인식론으로서의 돈의 철학은

정신적 상태, 사회적 관계, 현실과 가치의 논리적 구조 속에 존재하면서 돈에게 의미와 실천적 위치를 제시해주는 전제조건들을 기술할 수 있다. 그것은 돈의 기원에 대한 질문이 아니다. 왜냐하면 이러한 질문은 역사학에 속하는 것이지 철학에 속하는 것이 아니기 때문이다. 그리고 우리가 그 역사적 생성 과정에 대한 연구에 의해 어떠한 현상의 이해가 증진되는 것을 아무리 높게 평가한다고 할지라도, 이미 생성된 현상의 내용적 의미와 의의는 종종 일시적이 아니라 완전히 본질적인 개념적, 심리학적, 윤리적 성격의 관계들에 근거한다. 이러한 관계들은 역사적 힘들에 의해 실현되지만, 이 힘들의 우연성 속에 남김없이 드러나지는 않는다. 예컨대 법이나 종교 또는 인식의 중요성, 존엄성 및 내용은 그 역사적 실현 경로에 대한 질문을 완전히 초월해 존재한다.[53]

---

52  같은 책, 19쪽.

이에 반해 제2부에서는 돈의 역사적 현상을 "그것이 인간의 내적 세계, 즉 개인들의 삶의 감정, 그들의 운명의 연계고리 그리고 보편문화에 미치는 영향의 관점에서 추적하고자" 한다.[54] 다시 말해 형이상학으로서의 돈의 철학에서는

한편으로 그 본질상 엄밀하고 개별적으로 탐구될 수도 있는 관계들이 문제시된다. 그러나 지식의 현재적 상황을 고려하면 아직 불가능하며, 그런 까닭에 단지 철학적 유형에 따라서, 즉 일반적 평가를 내리거나 개별적인 과정들을 추상적 개념들의 관계를 통해 표현함으로써 다룰 수 있다. 또 다른 한편으로 언제나 가설적으로 해석되는 동시에 개인적 채색으로부터 완전히 분리될 수 없는 예술적 재구성의 대상인 영혼의 원인들이 문제시된다.[55]

요컨대 경제학의 하한선에 위치하는 "분석편"이 "돈의 본질을 보편적 삶의 조건과 관계로부터 이해하고자" 한다면, 상한선에 위치하는 "종합편"은 그 역으로 "보편적 삶의 본질과 모습을 돈의 영향으로부터 이해하고자" 한다.[56]

여기까지 논한 것에 비추어보면, 돈의 철학은 돈의 경제학에 대한 대안이 된다는 것을 알 수 있다. 그렇다고 해서 이 둘이 양자택일의 관계에 있다는 것은 결코 아니다. 돈은 그 밖에도 윤리학적, 심리학적, 정신분석학적, 정치학적, 미학적, 예술학적, 문학적, 신학적, 종교학적 관점 등 실로 다양한 관점에서 접근할 수 있다. 이러한 논리는 돈뿐만 아니라 인간 삶과 문화의 모든 현상에 적용된다. 돈의 심리학, 경제학, 사회학, 철학 등이 있을 수 있듯이, 예컨대 유행의 심리학, 경제학, 사회학, 철학 등이 있을 수 있다. 실제로 짐멜

---

53  같은 책, 18~19쪽.
54  같은 책, 19쪽.
55  같은 책, 19~20쪽.
56  같은 책, 20쪽.

은 유행이라는 동일한 대상에 사회학과 철학이라는 서로 다른 인식범주를 통해 접근하고 있는바, 전자는 1895년에 나온 글「유행의 심리학에 대하여: 사회학적 연구」에 담겨 있고, 후자는 1905년에 나온 책『유행의 철학』에 담겨 있다. 유행의 사회학에서는 유행의 심리학적 토대가 되는 평등화와 개인화의 경향이 계급적 현상으로 설명된다. 반면 유행의 철학에서는 유행이 심층적인 영혼의 표현으로 파악되며, 따라서 예술과 마찬가지로 바로크 또는 근대와 같은 다양한 문화시기의 형이상학적 토대를 통찰하는 것을 허용하는 기제로 간주된다.[57]

57  Georg Simmel, "Zur Psychologie der Mode. Sociologische Studie", in: *Georg Simmel Gesamtausgabe 5. Aufsätze und Abhandlungen 1894~1900*, Frankfurt am Main: Suhrkamp 1992c, 105~14쪽; Georg Simmel, *Philosophie der Mode*, in: *Georg Simmel Gesamtausgabe 10*, Frankfurt am Main: Suhrkamp 1995, 9~37쪽.

# 03
## 이해사회학

막스 베버

    베버의 사회학에는 사회가 아예 없다. 베버의 사회학에서 사회는 "존재하지 않는 개념"이다.[1] 사회를 사회적 상호작용 또는 사회화로 해체한 다음 다시 그것에 의해 재구성하려고 시도한 짐멜이나 개인보다 사회에 방법론적 우선권을 부여한 뒤르케임과 달리 베버는 사회학에서 아예 사회를 추방해버렸다. 베버의 사회학, 그것은 "'사회' 없는 사회학"이다.[2] 그리고 베버에

---

1  David Frisby, "Die Ambiguität der Moderne: Max Weber und Georg Simmel", in: Wolfgang J. Mommsen & Wolfgang Schwentker (Hrsg.), *Max Weber und seine Zeitgenossen*, Göttingen/Zürich: Vandenhoeck & Ruprecht 1988, 580~94쪽, 여기서는 588쪽.

2  Hartmann Tyrell "Max Webers Soziologie: Soziologie ohne 'Gesellschaft'", in: Gerhard Wagner & Heinz Zipprian (Hrsg.), *Max Webers Wisenschaftslehre. Interpretation und Kritik*, Frankfurt am Main: Suhrkamp 1994, 390~414쪽; Thomas Schwinn, *Differenzierung ohne Gesellschaft. Umstelllung eines soziologischen Konzepts*, Weilerswist: Velbrück 2001, 31쪽 이하.

이르러 사회적인 것의 중범위이론이 이해와 설명 그리고 이념형 등을 통해서 방법론적으로 정립되었다.

사실 사회 없는 사회학이라는 명제, 특히 베버와 같이 사회학사에서 아주 중요한, 아니 가히 절대적이라고 할 수 있는 의미를 갖는 사회학자가 사회학에서 사회를 추방해버렸다는 명제는 언뜻 납득이 가지 않을 것이다. 왜냐하면 사회학은 그 인식방법이 어떠하든지 상관없이 사회를 인식대상으로 하는 과학이라고 생각하는 것이 일반적이기 때문이다. 납득이 가지 않는 것이 어디 그뿐인가? 베버는 원래 반(反)사회학자였다가 사회학자가 되었다. 그것도 사회와 사회학 또는 사회과학이 아니라 문화와 경제학 및 문화과학을 거쳐서 사회학에 이르렀다. 그리고 흔히 사회학과 동일시되는 그의 지적 세계는 광범위한 문화과학과 사회과학을 포괄한다. 사회학은 그 일부분일 뿐이다. 베버는 사회학자이기를 원했지만 사회학자이기만을 원하지는 않았다. 그가 진정으로 원한 것은 사회학 그 이상, 즉 사회학을 포함해 경제학, 정치학, 역사학, 문화사, 국가학 등 다양한 인식영역이었던 것이다. 이러한 사회학 그 이상, 다시 말해 통합과학적 인식과 사유를 가능케 한 것은 문화과학의 원리였다.[3]

베버는 1864년 독일 중부의 도시 에르푸르트에서 태어나 1882년부터 1886년까지 하이델베르크 대학, 슈트라스부르크 대학, 베를린 대학 및 괴팅겐 대학에서 법학과 더불어 경제학, 철학 및 역사학을 공부했다. 그리고 1889년 베를린 대학에서 중세 이탈리아의 무역회사에 관한 연구로 법학 박사학위를 취득했으며, 1892년 초에는 같은 대학에서 고대 로마의 농업사가

---

3 이처럼 사회학자이기를 원했지만 사회학자이기만을 원하지는 않았다는 점에서, 그러니까 사회학 그 이상을 추구했다는 점에서 베버는 짐멜과 같다. 그러나 사회학과 더불어 철학을 추구한 짐멜과 달리 베버는 철저하게 경험과학자로 남으려고 했다. 짐멜과 달리 베버는 철학을 자신의 직접적인 논의나 연구의 대상이나 영역으로 보지 않았다. 그는 다만 철학이 획득하고 축적한 연구 성과를 경험과학적 인식에 원용하고자 했을 뿐이다. 그에게 철학은 어디까지나 논리적 보조수단이었다. 그런 까닭에 베버는 일차적으로 철학자로서의 자아정체성을 갖고 있던 짐멜과 달리 단 한 번도 자신을 철학자라고 생각한 적이 없었고 철학자로 불리기를 원하지도 않았다.

국가법과 사법에 대해 지니는 의미에 관한 연구로 하빌리타치온을 취득했다. 이어서 1892년 여름학기부터 베를린 대학에서 사강사로서 그리고 1년 뒤인 1893년부터는 부교수로서 로마법, 독일법 및 상법을 가르쳤다. 그러다가 1894년 프라이부르크 대학의 경제학 및 재정학 정교수로 초빙되었다. 법학을 전공한 서른밖에 안 된 '새파랗게' 젊은 학자가 법학이 아닌 경제학 및 재정학 정교수로 초빙될 수 있었던 것은, 무엇보다도 베버가 1892년에 엘베 강 동쪽 지역의 농업노동자 실태에 대한 매우 탁월한 경제학적 연구를 했기 때문이었다.[4]

1897년 베버는 하이델베르크 대학의 경제학 및 재정학 정교수로 초빙되었다. 그러나 이미 1898년부터 극심한 신경증에 시달리면서 1899/1900년 겨울학기까지밖에 강의를 할 수 없었으며(그나마 1899년 여름학기에는 강의를 하지 않았다), 급기야 1903년에는 교수직에서 물러나 대학에서 아무런 발언권도 결정권도 없는 명예교수가 되었다. 그렇게 오랜 동안 대학에서 강의를 하지 않던 베버는 1919년 뮌헨 대학의 사회과학, 경제사 및 경제학 정교수로 초빙되었다. 그러나 그 이듬해인 1920년 쉰여섯의 나이로 세상을 떠났다.

베버가 대학에서 사회학을 강의한 것은 이 특이한 이력의 맨 끝자락에 서였다. 뮌헨 대학에서 담당한 분야인 사회과학은 다름 아닌 사회학이다. 1919년 여름학기에는 사회과학의 가장 일반적인 범주들에 대한 강의를 그리고 1920년 여름학기에는 국가사회학에 대한 강의를 했다. 그렇다고 해서 베버가 이때서야 비로소 사회학을 한 것은 물론 아니다. 그는 늦어도 1908년부터는 사회학자로서의 정체성을 갖기 시작했으며, 1913년에는 「이해사회학의 몇 가지 범주에 대하여」라는 논문을 발표하여 그가 지향하는 이해사회학이 무엇인가를 명백히 제시했고 1919~20년에 쓴 것으로 추정되는 『경제와 사회』 제1장 「사회학의 기본 개념」에서 이해사회학을 완성된 형태로 제시했다. 그러나 어찌 되었든 베버는 사회학에 관한 한 연구와 강의의

---

4 이에 대한 자세한 논의는 다음을 참고할 것. 김덕영, 앞의 책(2012), 195쪽 이하.

측면 모두에서 뒤르케임이나 짐멜에 비해 한참 '늦깎이'였다. 그런데 이 '늦깎이' 사회학은 사회가 없는 사회학이었다.

### (1) 반사회학자 베버: 사회에 대한 과학인 사회학은 '불임'이다

베버가 원래 반사회학자였다는 사실은 그가 이미 1890년대에 프라이부르크 대학과 하이델베르크 대학에서 행한 일반(이론)경제학 강의를 보면 단적으로 드러난다. 이 강의는 그 제목과 달리 이론경제학 이외에도 경제사를 포함해 문화사, 법학, 사회정책, 신학, 역사학, 인구학, (자연과학적) 인간학, (문화)인류학, 인종학, 통계학 등 기존의 중요한 정신과학과 사회과학의 지식을 망라하고 있다.[5]

그 가운데 사회학의 경우는 콩트와 스펜서를 비롯해 루트비히 굼플로비츠(1838~1909), 퇴니스, 알베르트 셰플레(1831~1903), 짐멜, 파울 바르트(1858~1922) 등의 독일 사회학자들을 그리고 미국 사회학자 한 명과 프랑스 사회학자 한 명을 검토하고 있다.[6] 이 사회학자들은 심리학적, 자연과학적, 진화론적 또는 역사철학적 방법에 입각한 사회이론, 즉 사회와 그 구조 및 법칙에 대한 이론으로서의 사회학을 추구했다. 그들에게 사회학은 사회에 관한 과학, 즉 '사회'+'학'이었다. 다만 짐멜이 유일한 예외로서, 그는 사회가 아니라 사회적인 것, 즉 사회적 상호작용과 그 형식을 인식대상으로 했으며, 따라서 사회학을 자연과학이나 심리학 또는 진화론이나 역사철학의 토대 위에 구축할 필요가 없었다. 그럼에도 불구하고 베버는 짐멜의 사회학을 심리학적인 것 또는 대중심리학으로 간주했다.[7]

---

5　같은 책, 278쪽 이하.

6　Max Weber, *Allgemeine* ("*theoretische*") *Nationalökonomie. Vorlesungen 1894~1898: Max Weber Gesamtausgabe III/1*, Tübingen: J. C. B. Mohr (Paul Siebeck) 2009a, 95~96, 367쪽 이하.

7　같은 책, 369쪽.

중요한 것은 베버가 짐멜의 사회학을 사회에 관한 과학을 추구하던 당시의 사회학과 구분되는 것으로 보지 않았으며, 따라서 거기에서 새로운 사회학적 인식의 가능성을 발견하지는 않았다는 사실이다. 베버에 따르면 짐멜의 사회학 역시 여느 사회학과 마찬가지로 사회 그 자체에 대한 개념 정의를 통해서 사회학적 인식체계를 구축하려는 시도에 지나지 않았다. 이는 1908년경에 쓴 것으로 추정되는 미완성 유고작 「사회학자와 화폐경제 이론가로서의 게오르그 짐멜」이라는 글을 보면 극명하게 드러난다. 거기에서 베버는 그 당시의 지적 상황, 즉 짐멜과 같이 "비중 있는 사회학자들이 사회학의 **유일한** 과제가 사회의 개념을 정의하는 것이라고 생각하는" 풍토를 개탄하고 있다.[8]

이렇게 보면 베버는 기존의 모든 사회학에 '사회에 관한 과학', 즉 '사회' + '학'이라는 이름표를 붙여서 내다버렸다고 할 수 있을 것이다. 그러고는 철저한 반사회학자가 되었던 것이다. 후일 베버는 기존의 사회학이나 사회과학과 근본적으로 달리 사회가 없는 길을 걸으면서 사회학을 형성하고 발전시키게 된다. 반사회학자 베버가 사회학자가 된 것은 사회학에서 사회를 추방했기 때문에 가능했다. 아무튼 베버가 1890년대에 사회학에 대해 내린 결론은 다음과 같았다.

> 그러니까 아직도 "사회학"의 **과제**에 대해서는 아무런 합의가 존재하지 않는다. 그러한 과제가 존재한다는 **단순한** 주장에 의해 과학이 창시되는 것은 아니다. 과학적 노동 분업은 **방법**의 분화에 기초한다. **새로운** 과학이 형성되려면 **새로운** 진리가 발견되어야 한다. 그러려면 **새로운** 방법의 확립이 요구된다.[9]

베버는 1899년부터 1903년까지 4년 동안 극심한 정신질환을 앓았다. 이

---

8  Max Weber, "Georg Simmel als Soziologe und Theoretiker der Geldwirtschaft"(1908), in: *Simmel Newsletter 1/*1991, 9~13쪽, 여기서는 11~12쪽.
9  Max Weber, 앞의 책(2009a), 370쪽.

시기는 정신적-지적 휴지기였다. 그러나 그것은 비생산적인 휴지기가 아니었다. 왜냐하면 베버는 병마와 싸우는 한편 독서와 사색으로 시간을 보내면서 새로운 인식과 사유의 세계를 모색하고 있었기 때문이다. 그것은 창조적 휴지기였다. 그 결과 제2의 창작기를 맞이하게 된다.[10] 그 첫 번째 결실이 1903년에 나온 「로셔의 "역사적 방법"」이라는 논문이다. 이것은 제목 그대로 독일 역사학파 경제학의 창시자 빌헬름 로셔(1817~94)를 다루는 글이지만,[11] 우리는 거기에서 부분적으로 사회학에 대한 베버의 입장을 엿볼 수 있다.

먼저 베버는 이 글에서 세 차례에 걸쳐서 사회학자들에 대해 언급하고 있다.[12]

**한** 개인의 행위와 **다수** 개인들의 행위 사이에는, 비합리성의 문제가 고려되는 한, 자명한 일이지만 그 어떤 식으로든 근본적인 차이가 존재하지 않는다. 자연주의적 딜레탕트들의 오래된 가소로운 선입견, 즉 "대중현상"은 그것이 주어진 맥락 속에서 **역사적** 원인이나 혹은 결과로서 고찰되는 경우, "영웅들"의 행위보다 "객관적으로" **덜** 개성적일 것이라는 선입견이 "사회학자들"의 뇌리

---

10　이에 대한 자세한 논의는 다음을 참고할 것. 김덕영, 앞의 책(2012), 341쪽 이하.

11　이 글은 "로셔와 크니스 그리고 독일 역사학파 경제학의 논리적 문제들"이라는 주제로 세 번에 나누어 발표한 논문 가운데 첫 번째 것이며, 두 번째와 세 번째는 「크니스와 비합리성의 문제」와 「크니스와 비합리성의 문제(속편)」로서 각각 1905년과 1906년에 나왔다. 로셔와 크니스를 위시한 독일 역사학파 경제학의 논리적-방법론적 문제를 비판적으로 다루는 이 일련의 논문에서 베버는 그 밖에도 기존의 정신과학 및 문화과학의 논리와 방법론을 포괄적으로 검토하고 있다. 그것은 단순히 독일 역사학파 경제학에 대한 논의가 아니라 새로운 문화과학적-사회과학적 인식체계를 구축하려는 대장정의 시작이었는바, 이 대장정은 그 후에 나오는 일련의 논리적-방법론적 글로 이어진다. 참고로 카를 크니스(1821~98)는 로셔 및 브루노 힐데브란트(1812~78)와 더불어 독일 역사학파 경제학의 제1세대를 대표하는 학자이다.

12　이는 다음에서 확인한 것을 참고했음을 밝혀둔다. Volker Kruse, "Max Weber, der Anti-Soziologe", in: Peter-Ulrich Merz-Benz & Gerhard Wagner (Hrsg.), *Soziologie und Anti-Soziologie. Ein Diskurs und seine Rekonstruktion*, Konstanz: Universitätsverlag Konstanz 2001, 37~60쪽, 여기서는 39~40쪽.

속에서도 이제 너무 오랫동안 잔존하지 않기를 바라 마지않는다."[13]

이 구절에서 '사회학자들'이라는 단어는 인용부호로 처리되어 있다. 이것은 베버가 사회학자들에 대해 유보적이고 비판적인 입장을 취하고 있다는 사실을 함의한다. 그의 눈에 비친 사회학자들은 인간의 행위를 설명함에 있어서 "자연주의적 딜레탕트들의 오래된 가소로운 선입견"을 공유하고 있었다.

베버의 이러한 입장은 또 다른 인용문을 보아도 그대로 드러난다. 그는 정신적 현상에 대한 인식과 관련해 다음과 같이 말하고 있다.

"객관적으로"—즉 모든 가치관계를 도외시하고 — 보면, 그것은〔정신적 현상 전체는〕물리적 현상과 똑같이 전적으로 질적 변화의 연쇄를 뜻하는 것이며, 우리는 그 변화의 연쇄를 부분적으로는 우리 자신의 "내적 경험" 속에서 직접적으로, 그리고 부분적으로는 "다른 사람들"의 표출운동에 대한 유추적 해석을 통해 간접적으로 의식하게 될 것이다. "죽은" 자연에서는 그 어떤 일련의 질적인 변화도 예외 없이 "가치평가"로부터 **자유롭게** 고찰되는데, 왜 이 일련의 정신적 변화는 그리되지 말아야 하는지 도무지 알 길이 없다.[14]

그리고 이 구절에 대한 각주를 달고 있는데, 거기에 "사회학자들"이라는 단어가 나온다.

그 누구도 **리케르트**보다 이 점을 명료하게 강조하지는 못했다 — 이는 〔…〕 그의 저작 『자연과학적 개념 구성의 한계』의 기본 주제를 이룬다. 많은 "사회학자들"이 맹목적인 열정에 눈이 어두워 이 점을 지속적으로 간과한다는 사실은 놀라운 일이다.[15]

---

13 Max Weber, 앞의 책(1973), 48쪽.
14 같은 책, 53쪽.

이 구절에서도 '사회학자들'이라는 단어는 인용부호로 처리되어 있다. 이 것은 "맹목적인 열정에 눈이 어두워" 정신적 현상에 대하여 — 물리적 현상 에 대하여서처럼 — 가치평가로부터 자유로운 인식이 가능하다는 사실을 "지속적으로 간과하는" 사회학자들에 대하여 베버가 유보적이고 비판적인 입장을 취하고 있음을 함의하는 것이다.

마지막으로 베버는 다음과 같이 말하고 있다.

로셔는 〔…〕 역사에서 그리고 인간 삶의 외적인 현상들에서 변신론과 유사 한 것을 보아야 한다는 부당한 요구와 더불어 "세계사"는 "세계법정"이라는 실 러의 공식을 간단하고도 분명하게 거부하는데, 사실 현대의 많은 진화론자들 도 마땅히 그리했어야 한다. 그의 종교적 신앙은 그에게 **진보**라는 핵심 동기 를 완전히 무용지물로 만들었다. 주지하다시피 **랑케**도 — 냉철한 연구자로서 그리고 종교적 천성을 가진 인물로서 — 이 핵심 동기와 내적으로 냉정하게 대 립했다. "진보"라는 사상은 종교적으로 공허해진 채 흘러가는 인간 운명에 현 세적인 그렇지만 객관적인 "의미"를 부여하려는 욕구가 일어날 경우에 비로소 필연적인 것으로 설정된다.[16]

여기에서 "현대의 많은 진화론자들"은 사회학자들을 지칭하는 것으로 볼

---

15 같은 곳(각주 1번).
16 같은 책, 33쪽(각주 2번). "세계사는 세계법정이다"(Die Weltgeschichte ist das Weltgericht) 는 프리드리히 폰 실러(1759~1805)의 공식인데, 이것은 실러가 1786년에 발표한 시 「체 념」(Resignation)에 나온다. Friedrich von Schiller, "Resignation. Eine Phantasie", in: Friedrich von Schiller, *Sämtliche Werke, Bd. 1: Gedichte*, Berlin: Aufbau-Verlag 2005, 156~59쪽, 여 기서는 159쪽. 그리고 레오폴트 폰 랑케(1795~1886)는 독일 역사학자로서 근대 역사학 의 아버지로 불린다. 여기에서 베버가 랑케와 관련해 말하는 것은, 랑케가 "근세사의 여러 시기들에 관하여"라는 강연(1854)에서 제시한 다음과 같은 유명한 명제를 보면 쉽게 이해 가 갈 것이다. "모든 시대는 직접 신 앞에 서며, 그 가치는 그로부터 무엇이 나오는가에 달 려 있는 것이 결코 아니라 그 존재 자체, 그 고유한 것 자체에 달려 있는 것이다." Leopold von Ranke, *Ueber die Epochen der neueren Geschichte. Vorträge, dem König Maximilian II. von Bayern gehalten* (Herausgegeben von Alfred Dove), Leipzig: Duncker & Humblot 1888, 5쪽.

수 있다. 왜냐하면 당시의 사회학자들은 대개가 진화론자였기 때문이다. 이 인용구절에서 베버는, 이 진화론적 사회학자들이 방법론적으로 심지어 구시대의 유물인 로셔보다도 뒤처진다는 견해를 피력하고 있다.[17]

이 모든 것은 반사회학자 베버의 진면모를 적나라하게 보여준다. 그는 「로셔의 "역사적 방법"」에서 '사회학자들'이라는 단어를 인용부호로 처리하고 감정적인 언어를 섞어 쓰면서 사회학에 대한 증오를 표출하고 있다. 베버가 보기에 당시 사회학은 자연주의적 과학에 불과했으며 사회학자들은 방법론적으로 미숙했다.[18] 이 자연주의적 사회학(자들)은 사회를 사회학의 인식대상으로 삼고 있었으며 자연과학적 방법에 의거해 사회의 구조적 및 진화적 법칙성을 확립하려고 했다.

반사회학자 베버와 관련해 또 한 가지 언급하고 지나가야 할 글이 있으니, 그것은 1909년에 나온 「"에너지론적" 문화이론」이다. 이 논문은 같은 해에 출간된 빌헬름 오스트발트(1853~1932)의 저서 『문화과학의 에너지론적 토대』에 대한 비판적 서평의 형식으로 되어 있다. 오스트발트는 독일의 화학자로서 촉매제, 화학적 평형상태 및 반응속도에 대한 연구로 1909년 노벨 화학상을 수상했다. 그리고 에너지론에 입각한 철학을 발전시키고 에너지론의 토대 위에 문화과학을 구축하려고 했다. 방금 언급한 책은 바로 이러한 시도의 산물이었다. 그는 또한 1914년에는 『오귀스트 콩트: 인간과 저작』이라는 책을 출간했다. 화학자가 콩트에 대한 저서를 남겼다는 사실은 이목을 끌기에 충분하다. 오스트발트는 콩트의 열렬한 추종자였다.[19]

콩트의 자연과학적 사회학, 즉 자연과학적 방법을 사회에 적용하는 사회학은 오스트발트에게 전범이 되었다. 오스트발트가 『문화과학의 에너지론적 토대』에서 추구한 인식관심은 **"에너지론의 관점에서 사회학을 정초하는**

---

17  Volker Kruse, 앞의 글(2001), 40쪽.

18  같은 곳.

19  오스트발트에 대해서는 무엇보다도 다음의 총서에 실린 글들을 참고할 것. Arnher E. Lenz & Volker Mueller (Hrsg.), *Wilhelm Ostwald: Monismus und Energie*, Neu-Isenburg: Angelika Lenz Verlag 2012.

것"이었다.[20] 오스트발트에 따르면 에너지는 원초적 실체이자 일종의 물질로서 특수한 형태를 띠고 나타나는데, 자연과 사회에서 일어나는 모든 것은 "천연 에너지"가 "유용 에너지"로 변환되는 것이다.[21] 오스트발트는 에너지의 두 형태인 천연 에너지와 유용 에너지의 관계를 "재화관계"라고 규정하며 모든 사회적 제도나 조직 및 질서는 가능한 한 천연 에너지의 양을 증가시키고 이것이 유용 에너지로 변환되는 관계, 즉 재화관계를 개선하는 데에 그 궁극적인 목적이 있다고 주장한다.[22] 결국 오스트발트는 모든 것을 에너지로 환원하고 에너지에 의해 설명하려는 에너지론적 일원론자라고 할 수 있다.[23] 그에게 에너지 변환은 자연과 사회에서 "일어나는 모든 것의 원천현상"이며, 따라서 "우리는 에너지의 개념에 포괄되지 않는 그 어떤 실재적인 사물도 알지 못한다."[24] 이처럼 에너지론적 일원론에 입각해 자연적 현상과 사회적 현상에 접근하는 오스트발트가 사회학과 관련해 다음과 같이 주장하는 것은 자명한 일이다. "사회학은 자신의 문제들을 에너지론에 비추어 연구해야 하는 과제를 어떤 경우에도 회피할 수 없다."[25] 오스트발트는『문화과학의 에너지론적 토대』에서 노동, 생명체, 인간, 사회화, 언어, 법과 형벌, 가치와 교환, 국가와 그 권력, 과학(학문) 등에 대해 논하고 있다.

이런 식으로 콩트를 전범으로 하여 자연주의적 사회학, 보다 정확히 말하자면 에너지론적 사회학을 구축하려는 오스트발트의 기획에 대해 베버는「"에너지론적" 문화이론」에서 아주 신랄한 비판을 가한다. 베버에 따르면 오스트발트는 "특정한 자연과학적 추상화 방식들을 과학적 사고 일반의 척도로 절대화하는" 오류를 범하고 있는데, 이것은 오스트발트가 과학적 인

---

20  Wilhelm Ostwald, *Energetische Grundlagen der Kulturwissenschaft*, Leipzig: Dr. Werner Klinkhardt 1909, 3쪽.
21  같은 책, 23~24쪽.
22  같은 책, 24~25쪽.
23  Eckard Daser, *Ostwalds energetischer Monismus*, Konstanz 1980 (Dissertation).
24  Wilhelm Ostwald, 앞의 책(1909), 11, 23쪽.
25  같은 책, 3쪽.

식체계들 사이에는 위계질서가 존재한다는, 콩트에 의해 제시된 바 있는, 그러나 "이미 오래전에 쓸모가 없어진" 주장을 맹신한 데에서 그 이유를 찾을 수 있다.[26] 만약 — 베버는 오스트발트에 반하여 이렇게 주장한다 — 화학, 생물학 등 자연과학이 문화과학의 관심을 끈다면, "다름 아닌 그 구체적인 **개별적** 연구 결과들"이 그러는 것이지 그 근본적인 원리들이 그러는 것은 거의 예외적일 뿐이며, 그것도 문화과학의 "본질적인 '토대'"로서 그러는 일은 절대로 없다.[27] 콩트의 전통에 입각하여 자연주의적 사회학을 구축하려는 오스트발트는 베버의 눈에 "딜레탕트"로 그리고 그 산물인『문화과학의 에너지론적 토대』는 "천박하고 조악한 저작"으로 보일 수밖에 없었다.[28] 오스트발트의 에너지론적 사회학에 대한 베버의 비판적 태도는『문화과학의 에너지론적 토대』를 "작은 기형아"라고 표현하는 데에서 그 절정에 달한다.[29]

### (2) 사회학자 베버: 사회학에는 사회가 없다

앞에서 언급한 바와 같이, 베버가 사회학자라는 정체성을 갖기 시작한 것은 늦어도 1908년이었다. 이는 독일사회학회의 역사를 보면 입증될 것이다. 이 학회가 창립된 것은 1909년 1월이었는데, 베버는 1908년부터 이를 위해 누구보다도 적극적이고 주도적인 역할을 했다. 그리고 1910년에는 프랑크푸르트에서 제1차 독일사회학대회가 개최되었는데, 이때 베버는 한 토론에서 매우 의식적으로 "우리 사회학자들"이라는 표현을 썼다.[30] 또한「이해사

---

26  Max Weber, 앞의 책(1973), 400~401, 411쪽.

27  같은 책, 424쪽.

28  같은 책, 421, 425쪽.

29  같은 책, 425쪽. 베버가 오스트발트의 저서를 그냥 "기형아"라고 하지 않고 굳이 "작은 기형아"라고 한 것은, 이것이 184쪽의 작은 책이어서 그런 것 같다.

30  Max Weber, *Gesammelte Aufsätze zur Soziologie und Sozialpolitik*, Tübingen: J. C. B. Mohr

회학의 몇 가지 범주에 대하여」(1913)와 「사회학의 기본 개념」(1919~20)에
서는 이해사회학의 논리를 전개했다.

그러나 사실 베버의 이해사회학은 긴 여정을 거쳐 형성된 결과이다. 그것
은 경제학에서 출발하여 문화과학을 거쳐서 사회학에 이르는 길로서 멀리
프라이부르크 시절까지 거슬러 올라간다. 베버 사회학의 발전 과정은 「이해
사회학의 몇 가지 범주에 대하여」와 「사회학의 기본 개념」을 포함해 다음과
같은 일련의 글에서 추적할 수 있다. 1890년대에 프라이부르크 대학과 하이
델베르크 대학에서 행한 일반(이론)경제학 강의의 소개글, 신칸트학파 법철
학의 창시자인 루돌프 슈탐러(1856~1938)의 사회과학을 비판하는 「루돌프
슈탐러의 유물론적 역사관 "극복"」(1907)과 유고작으로 발견된 그 "후기",[31]
「사회학자와 화폐경제 이론가로서의 게오르그 짐멜」(1908년경), 「사회정책
학회 위원회에서의 가치판단 논의에 대한 소견서」(1913) 등.

그렇다면 이 과정에서 누가 베버에게 영향을 미쳤을까? 신칸트학파와 칸
트에서 베버의 지적 근원을 찾는 것이 일반적이다. 물론 이들이 베버에 대
해 갖는 지성사적 의미는 결코 과소평가할 수 없다. 그러나 그 의미는 주로
인식론과 방법론의 영역에서만 찾을 수 있다. 게다가 신칸트학파와 칸트 이
외에 짐멜, 에드문트 후설(1859~1938) 등도 베버의 방법론이 발전하는 과
정에서 중요한 역할을 했다. 내가 보기에 베버의 문화과학 및 사회학의 지
적 배경은 일차적으로 경제학에서 찾아야 한다. 왜냐하면 베버는 경제학의
주요한 조류를 창조적으로 종합하여 행위론적 문화과학을 구축했으며 바로
그 연장선상에서 행위론적 사회학을 발전시켰기 때문이다.

---

(Paul Siebeck) 1988 (2. Auflage; 1. Auflage 1924), 452쪽. 그런데 여기에서 한 가지 오해하
지 말아야 할 것은, 베버가 사회학자로서의 정체성을 갖게 되면서 자신이 그 이전에 갖고
있던 법학자나 경제학자로서의 정체성을 버린 것은 아니라는 사실이다. 이는 무엇보다도
1911년 사회정책학회의 한 토론에서 매우 의식적으로 "우리는 경제학자들로서"라고 말한
것을 보면 명백히 드러난다. 같은 책, 472쪽.

31 여기서는 지면 관계상 이 두 글과 베버 사회학의 지성사적 관계는 논하지 않기로 한다. 이
에 대한 자세한 논의는 다음을 참고할 것. 김덕영, 앞의 책(2012), 763쪽 이하.

베버는 프라이부르크 대학의 경제학 및 재정학 정교수로 초빙되면서 본격적으로 그리고 체계적으로 경제학을 '공부'했다. 당시 독일의 경제학을 지배하고 있던 조류는 독일 역사학파 경제학과 흔히 한계효용학파라고 불리는 오스트리아의 이론경제학이었다. 이 두 학파는 1880년대에 이른바 방법론 논쟁을 벌였는데,[32] 이 논쟁을 통해서 드러난 독일 역사학파 경제학과 한계효용학파의 기본적인 특징은 크게 다음과 같이 비교해볼 수 있다. 독일 역사학파 경제학은 국가와 민족, 즉 초개인적 집합주의적 인격체를 경제행위의 주체로 설정하고 그에 대한 역사적 접근을 추구하면서 국가와 민족의 관점에서 경제현상에 대한 가치평가를 한다. 이에 반해 한계효용학파는 개인의 합리적 경제행위에 대한 이론적 인식을 추구하면서 경제학 이론의 가치중립성을 강조한다. 그리고 독일 역사학파 경제학은 경제학을 심리학, 역사학 및 윤리학과 결합된 보편과학으로 간주한다. 이에 반해 한계효용학파는 경제학을 행위론적 개별 과학으로 간주한다.

독일 경제학계의 방법론 논쟁에 대해 베버가 1900년 이전에 어떠한 입장을 취했는지는 알 수 없다. 이 논쟁은 그가 경제학자가 되기 이전에, 아니 그의 과학적 사회화 과정이 채 끝나기도 전에 그보다 한 세대 앞선 학자들에 의해 전개되었기 때문에 베버는 그 논쟁에 대해 언급할 계제가 아니었다. 그리고 1894년 프라이부르크 대학의 경제학 및 재정학 정교수로 초빙된 이후의 저작이나 강의에서도 경제학 방법론 논쟁에 대한 그의 입장은 찾아볼 수 없다. 베버가 그에 대한 명확한 입장을 표명한 것은 1903년에 이르러서이다.

그러나 경제학 방법론 논쟁이 이미 1890년대 중반부터 좁게는 베버의 경제학이 그리고 넓게는 그의 지적 세계가 발전하는 과정에서 결정적인 의미를 갖는다는 사실만은 분명하다. 왜냐하면 이 논쟁은 이제 막 경제학으로 전

---

32  이 논쟁에 대한 자세한 논의는 다음을 참고할 것. 김덕영, 『논쟁의 역사를 통해 본 사회학: 자연과학·정신과학 논쟁에서 하버마스·루만 논쟁까지』, 한울아카데미 2003, 제2장(80~116쪽).

공을 바꾼 젊은 학자 베버에게 두 개의 경제학이 양립하는 상황에서 어떻게 든 자신의 경제학적 인식체계를 정립해야 한다는 도전이 되었기 때문이다. 이 도전에 대한 창조적인 응전으로 베버는 경제학을 개인주의적, 이론적-역사적, 가치자유적 개별 과학으로 파악하게 된다. 이제 베버에게 경제학은 개인의 합리적 행위를 그 인식대상으로 하며 이론에 의해 주도되는 역사적 사회과학으로서 가치판단으로부터 자유롭다. 이는 베버가 한계효용학파를 주축으로 두 개의 경제학과 그 사이에 벌어진 방법론 논쟁을 창조적으로 종 합하고 극복했음을 말해주는 대목이다.

그런데 이 논의의 맥락에서 무엇보다 중요한 것은 한계효용학파가 무엇 을 이론경제학의 인식대상으로 삼는가 하는 문제이다. 1871년 이 학파의 창 시자인 카를 멩거(1840~1921)의 저서 『경제학 원리』가 출간되었다. 경제학 사에서 한 획을 긋는, 그리고 한계효용학파의 출생신고서와도 같은 이 기념 비적 저작에서 멩거는 개인의 합리적 행위를 경제학적 인식의 대상으로 설 정하며 주관적 가치론을 제시했다.[33] 그리고 이어서 1883년 출간된 『사회과 학, 특히 정치경제학 방법 연구』에서는 이 행위론적 경제학에 사회과학적 지위를 부여하고자 시도했다.[34] 베버는 멩거를 중심으로 하는 한계효용학파 의 이론경제학이 근대 서구 시민계층과 그 행위에 준거하고 있다는 사실에 주목한다. 이미 프라이부르크 대학에서 학생들에게 강의용으로 배포한 책 자인 『일반("이론")경제학 강의 개요』에서 이를 명백히 하고 있다.

> **추상적** (경제)이론은 근대 서구의 인간 유형과 그의 경제행위에서 출발한 다. 이 이론은 우선 경제적으로 **완전히 성숙한** 인간의 가장 기본적인 삶의 현상 을 밝혀내고자 한다.[35]

---

33 Carl Menger, *Grundsätze der Volkswirtschaftslehre: Gesammelte Werke, Bd. I*, Tübingen: J. C. B. Mohr 1968 (2. Auflage).

34 Carl Menger, *Untersuchungen über die Methode der Sozialwissenschaften, und der politischen Ökonomie insbesonder: Gesammelte Werke, Bd. II*, Tübingen: J. C. B. Mohr (Paul Siebeck) 1969 (2. Auflage).

베버에 따르면 한계효용학파의 이론경제학은 ─ 다른 모든 주관적 가치론과 마찬가지로 ─ 심리학적으로 정초된 것이 아니라, 즉 인간은 쾌락을 추구하고 고통을 회피한다는 기본 전제 위에 정초된 것이 아니라 "프래그머틱하게", 즉 "목적"과 "수단"의 범주 위에 구축된 것이다.[36] 그리고 그것은 이념형적 인식수단에 의해 "인간 행위를 그 동기와 결과에서 '이해하는' 과학"이다.[37] 요컨대 베버는 한계효용학파의 이론경제학을 이념형적으로 이해하는 경제학, 그러니까 이념형적 이해경제학으로 파악한다. 마치 사회학을 이념형적 이해사회학으로 파악하듯이!

그런데 후일 베버는 경제학을 "**가치자유적**이면서 **이론에 의해 주도되는 역사적 이해문화과학**"으로 파악한다.[38] 다시 말해 경제가 문화로 그리고 경제학이 문화과학으로 확장된다. 문화는 문화인간의 주관적 행위와 그 객관적 질서의 총합을 가리키는 개념이다. 문화로서의 경제학 또는 경제적 문화는 합리적 이윤 추구라는 주관적 행위와 시장이나 기업과 같은 객관적 질서를 다룬다.[39] 이러한 경제학이 개별 과학이라면 문화과학은 경제학 이외에도 역사학, 사회학, 문화사, 국가학 등 다양한 개별 과학을 포괄한다. 이처럼 베버의 인식지평이 경제학에서 문화과학으로 확장된 이유는, 경제적 행위와 가치 및 합리성 이외에도 다양한 영역과 유형의 행위, 가치 및 합리성이 존재

---

35 Max Weber, *Grundriss zu den Vorlesungen über Allgemeine* (*"theoretische"*) *Nationalökonomie*, Tübingen: J. C. B. Mohr (Paul Siebeck) 1990, 13쪽.

36 Max Weber, 앞의 책(1973), 396쪽. 여기에서 '프래그머틱'이라는 단어는 '실용주의적'보다는 '행위론적'으로 옮기는 것이 더 적합할 것이다. 물론 베버는 ─ '행위'라는 말은 사용하지만 ─ '행위(이)론' 또는 '행위론적'이라는 말을 사용하지 않는다. 인간 행위 그 자체에 대한 분석적 또는 보편적 이론 ─ 예컨대 탤컷 파슨스나 알프레트 슈츠가 시도한 것처럼 ─ 은 그가 추구하는 인식관심이 아니었기 때문이다. 아무튼 이 인용문에서 '프래그머틱'이라는 단어가 의미하는 바는 이른바 실용의 문제가 아니라 목적과 수단의 도식에 입각한 행위를 가리킨다. 실제로 프래그머티즘에는 경험, 행위라는 개념이 포함되어 있다.

37 Max Weber, 앞의 글(1964), 138~39쪽.

38 Wolfgang Schluchter, 앞의 책(2006), 221쪽.

39 베버의 문화 및 문화과학에 대한 자세한 논의는 다음을 참고할 것. 김덕영, 앞의 책(2012), 제5장(365~424쪽).

한다는 통찰 때문이다. 그러므로 경제학은 인간의 유의미한 행위를 다루는 중요한 문화과학의 한(!) 특수한 형태로 재정립되어야 한다.

베버는 자신의 인식지평을 경제학에서 문화과학으로 확장하는 과정에서 인식론적-방법론적 측면에서 칸트, 신칸트학파, 후설, 짐멜 등에 접목한다. 여기서는 지면 관계상 다음과 같이 간략하게 정리하기로 한다(다만 후설과 베버의 관계는 지금까지 제대로 조명을 받지 않았기 때문에 약간의 설명을 더한다).[40] 첫째, 베버는 인식론적 측면에서 칸트의 비판적 합리주의 또는 구성론적 인식론에 준거한다. 둘째, 방법론적 측면에서 베버는 문화과학 및 사회과학의 인식이 가치이념에 의해서 주도된다는 견해를 내세우는데, 이 가치연관적 인식은 신칸트학파를 대표하는 하인리히 리케르트(1863~1936)에게서 온 것이다. 셋째, 그러나 리케르트의 가치 개념은 초월적이고 형이상학적인 성격을 갖고 있었기 때문에 이를 '세속화'해야 했는데, 이 세속화 과정에서 베버는 후설의 현상학에 접목했다. 그 이유는 거기에서 자기준거적 주관성, 다시 말해 초월적, 형이상학적, 심리적 심급 등에 의존하지 않고 자기가 자기의 존재근거가 되는 주관성의 논리적 가능성을 발견했기 때문이다. 후설의 현상학에 따르면 명증한 인식은 주체의 주관적 정신행위와 대상의 객관적 소여성에 근거한다. 인식에 필요하고도 충분한 조건은 행위하는 주체와 객관적 사물의 존재이다. 인식의 근거와 연원은 주체의 의식행위에 있는데, 이 행위는 근원사실로서 초월적-형이상학적인 것으로 환원하거나 그로부터 도출할 수 없다. 그리고 대상의 존재는 주체와 무관하게 그 자체의 고유한 법칙과 논리를 따른다. 이러한 현상학적 관점에 비추어보면, 문화과학적 인식이 초월적으로 타당한 가치체계에 준거해야 한다는 리케르트의 주장은 설 땅을 잃을 수밖에 없다. 넷째, 베버는 짐멜의 이해이론을 비판적으로 검토한다. 외적인 의미의 객관적 이해와 내적인 동기의 주관적 해석을 엄격하게 구분하는 짐멜을 비판하면서 베버는 이 둘이 인간의 유의미한 행위

---

40 칸트, 신칸트학파, 후설, 짐멜이 베버에 대해 갖는 의미에 대한 자세한 논의는 다음을 참고할 것. 같은 책, 437쪽 이하, 447쪽 이하, 470쪽 이하.

를 둘러싸고 서로 밀접하게 연관된 두 단계의 인식과정이라는 결론에 도달한다. 전자는 현전적(現前的) 이해이고 후자는 해석 또는 해석적 이해이다. 이해의 이 두 유형은 후일「사회학의 기본 개념」에서 현전적 이해와 동기 이해의 구분으로 결정화된다.

베버의 사회학은 이렇게 형성된 문화과학의 일부분을 구성한다. 문화과학으로서의 사회학은 문화과학으로서의 경제학과 마찬가지로 가치자유적이면서 이론에 의해 주도되는 역사적 이해문화과학이다. 경제학이 이념형적 이해경제학인 것과 마찬가지로 사회학은 이념형적 이해사회학이다.

이렇게 보면 앞에서 살펴본 베버의 오스트발트 비판은 반사회학자로서가 아니라 사회학자로서 한 것이라고 볼 수 있다. 그런 점에서 이것은 1890년대 일반(이론)경제학 강의에서의 사회학 비판이나「로셔의 "역사적 방법"」에서의 사회학 비판과는 다른 성격을 갖는다. 후자의 두 비판은 전자의 비판과 달리 반사회학자로서 한 것이다. 이 논의의 맥락에서 이미 앞에서 인용한 바 있는「사회학자와 화폐경제 이론가로서의 게오르그 짐멜」이라는 글을 언급할 만한 가치가 있다. 이 작은 미완성 유고작은 짐멜의 사회학에 대한 비판인데, 이 비판은 반사회학자로서가 아니라 사회학자로서 한 것이다.

이처럼 베버가 초창기에는 반사회학자였다가 뒤늦게 사회학자가 된 사실은 짐멜의 경우와 아주 좋은 대조를 이룬다. 이미 앞 절에서 살펴본 바와 같이, 짐멜은 이미 1890년에『사회분화론: 사회학적 및 심리학적 연구』를 발표할 정도로 초창기부터 사회학적 인식을 추구했다. 그리고 이후 근 20년만인 1908년에는 그의 사회학적 주저인『사회학: 사회화 형식 연구』가 출간되어 그동안 이룩한 사회학적 연구를 담아내고 있다. 그런데 이 방대한 저작은 짐멜 사회학의 '중간결산'이 아니라 '최종결산'이나 마찬가지였다. 왜냐하면 짐멜은 이 책과 더불어 사실상 사회학을 떠났기 때문이다. 이는 무엇보다도 짐멜이 1899년 셀레스탱 부글레(1870~1940)라는 프랑스 사회학자에게 보낸 편지에서 한 말을 보면 명백히 드러난다. "사실 나는 철학자로서 철학에서 내 필생의 과업을 찾지만 사회학은 본래 부전공으로 연구할 뿐입니다. 내가 광범위한 사회학 연구서를 출간함으로써 사회학에 대한 나의 의무를 다하고 나면 — 이는 앞으로 몇 년 안에 성사될 것입니다 — 나는 아마도 다시 사회학으로 돌아오지 않을 것입니다."[41] 여기에 언급된 "광범위한 사회학 연구서"는 다름 아닌 『사회학』을 가리킨다. 그 이후로 짐멜은 자신이 말한 대로 새로운 사회학적 연구를 거의 내지 않았다. 그러니까 짐멜은 자신의 사회학적 주저와 더불어 사실상 사회학을 마감했던 셈이다. 그것은 베버가 막 사회학을 시작한 시점이었다. 그러므로 다음과 같은 주장이 가능하다. "짐멜은 엄밀한 의미에서 베버의 동시대인이 아니다. 후자가 사회학적 작업을 시작했을 때 전자는 이미 사회학에 작별을 고했다."[42]

그런데 우리의 논의를 위해서 매우 흥미로운 그리고 매우 중요한 점은, 짐멜이 초창기부터 사회학을 지향한 동기와 베버가 초창기에 사회학으로부터 등을 돌린 내면적 동기가 같았다는 사실이다. 그것은 기존의 사회학, 즉 사회에 대한 자연과학적 보편과학으로서의 사회학에 대한 반기였다. 이 점에서 짐멜과 베버는 모두 반사회학자였다.[43] 그런데 그 대응 방식은 완전히 달랐다. 짐멜은 이 기존의 사회학을 극복하고 새로운 사회학을 정립하기 위해 사회학자가 되었다. 이에 반해 베버는 사회학 자체를 거부했다. 그의 눈에 비친 사회학은 그저 '불임'의 과학일 뿐이었기 때문이다. 그러다가 한참 후에 짐멜과 마찬가지로 사회에 대한 자연과학적 보편과학으로서의 사회학을 극복하고 새로운 사회학을 정립하기 위해 사회학자가 되었다. 그것은 근 20년 후의 일로서 짐멜이 막 사회학을 마감한 시점이었다.

이렇게 말한다고 해서 이후 짐멜이 반사회학자가 되었다는 식으로 생각해서는 안 된다. 짐멜은 분명 사회학자였다. 보다 정확히 말하자면 철학자이면서 사회학자였다. 다만 짐멜은 사회학만을 추구한 것이 아니라 사회학

41  Georg Simmel, *Briefe 1880~1911: Georg Simmel Gesamtausgabe 22*, Frankfurt am Main: Suhrkamp 2005, 150쪽. 342쪽.
42  Friedrich H. Tenbruck, "Georg Simmel", in: *Kölner Zeitschrift für Soziologie und Sozialpsychologie 10*/1958, 587~614쪽, 여기서는 593쪽.
43  이에 대한 자세한 논의는 다음을 참고할 것. Klaus Lichtblau, 앞의 글(2001).

그 이상을 추구했다. 이 점에서 짐멜은 베버와 다르지 않다. 그저 베버의 사회학 그 이상에는 짐멜의 사회학 그 이상과 달리 철학이 포함되지 않는다는 차이점이 있다. 그것은 법학, 경제학, 역사학, 문화사, 국가학 등의 경험과학들로 이루어진 인식체계이다.[44]

앞에서 언급한 것처럼, 베버는 짐멜과 같이 비중 있는 사회학자들이 사회의 개념을 정의하는 데에서 사회학의 유일한 과제를 찾는다고 당시의 지적 상황을 비판했다. 이에 걸맞게 베버는 사회의 개념을 정의하는 일에 매달리지 않았다. 아니, 아예 사회라는 용어조차도 사용하지 않았다. 사회학자 막스 베버에게는 사회가 없다. 베버의 사회학은 사회가 없는 인식체계이다.

이처럼 베버가 사회 없는 사회학을 추구하는 근본적인 이유는 사회가 기존의 사회학과 사회과학에서 행위하는 개인을 초월하는 실체적 존재로 상정되었기 때문이다. 이를 집합개념이라고 한다. 그 밖에도 국가, 국민, 주식회사, 가족, 군대 등의 집합개념을 언급할 수 있다. 그런데 베버는 사회와 달리 이들 집합개념을 중요한 사회학적 인식의 대상으로 본다. 물론 여기에는 한 가지 매우 중요한 전제조건이 따르는바, 그것은 사회학에서 "'집합개념'의 모든 존재론화와 실체화"를 배제해야 한다는 것이다.[45] 다시 말해 그 어떠한 집합개념도 행위의 주체가 될 수 없다. 그것은 오직 개별적인 인간만이 될 수 있다. 요컨대 사회학에는

"행위하는" 집합인격체란 존재하지 않는다. 사회학이 "국가"나 "국민"이나 "주식회사"나 "가족"이나 "군대"나 또는 이와 유사한 "구성체"에 대해 말하는 경우, 그것이 뜻하는 바는 오히려 **다만** 개인들의 실제적인 또는 가능한 것으로 구성된 사회적 행위가 특정한 방식으로 진행된다는 것이다.[46]

---

44  이에 대한 자세한 논의는 다음을 참고할 것. 김덕영, 앞의 글(2013a), 969쪽 이하.

45  Johannes Weiss, "Zur Einleitung", in: ders. (Hrsg.), *Max Weber heute. Erträge und Probleme der Forschung*, Frankfurt am Main: Suhrkamp 1989b, 7~28쪽, 여기서는 16쪽.

46  Max Weber, *Wirtschaft und Gesellschaft. Grundriss der verstehenden Soziologie*, Tübingen: J. C. B. Mohr (Paul Siebeck) 1972 (5. Auflage; 1. Auflage 1922), 6~7쪽.

그러니까 모든 집합개념은 개인들의 사회적 행위를 위한 기회가 되는 셈이다. 이로써 기존의 집합개념은 행위론적으로 해체되고 재구성된다. 그런데 이때 특이하게도 베버는 사회라는 집합개념에 대해서는 그러한 작업을 하지 않고 아예 사회학적 개념들의 목록에서 '제명해'버린다. 이는 무엇보다도 사회라는 개념이 너무나 외연이 크기 때문이다. 다시 말해 사회는 인간의 모든 공동체적 삶을 포괄하는 전체적인 개념이며, 따라서 내용적으로 공허하다. 국가, 국민, 주식회사, 가족, 군대 그리고 그 밖의 수많은 공동체적 삶은 각자 고유한 구조적 논리를 따르고 역사적 발전 과정을 겪는다. 다시 말해 구조적-역사적 구체성을 갖는다. 이에 반해 사회에 대해 할 수 있는 말은 고작해야 이들 공동체의 총합 또는 그 총합보다 큰 무엇이라는 것이다. 사회라는 개념이 구체성을 가지려면 독일 사회, 미국 사회, 중세 사회, 동양 사회 등과 같이 역사적 차원이 덧붙어야 하며, 이 경우에도 전체로서의 사회가 아니라 정치, 경제, 법, 종교, 과학 등 그 개별적인 부분들이 논의의 대상이 되어야 한다. 그러나 베버는 이들 영역에 사회와 그 '하부 체계들'의 기능적 관계라는 관점에서가 아니라 인간의 유의미한 행위와 그 질서라는 관점에서 접근한다.[47]

사회라는 개념이 갖는 공허함은 인간의 공동체적 삶이 다양한 가치영역과 문화적-사회적 질서로 분화되고 합리화되면서 더욱더 커진다. 그러므로 다양한 삶의 영역과 질서를 초월하며 포괄하는 전체로서의 사회가 아니라 개별적인 영역과 질서를 그리고 그 상호관계를 역사적이고 이론적으로 분석하고 설명해야 한다. 만일 사회학이 전자를 대상으로 한다면, 그 결과 사

---

47 이런 식으로 전체로서의 사회를 상정하지 않는 베버의 사회학은 아나키즘이라는 비난을 받을 수도 있을 것이다. 그러나 이러한 비난은 "분명 적절치 못할 뿐 아니라 위험천만하다. 왜냐하면 다원화되고 유연성을 갖춘 사회가 가장 안정된 사회이기 때문이다." 근대는 "어떤 하나의 유형을 관철하는 것과 다수의 유형을 고르게 배치하는 것 중 하나를 선택해야 한다. 민주주의 사회라면 원칙적으로 후자를 선택한다. 그렇다고 해서 이것을 아나키즘이라고 부르는가?" Wolfgang Welsch, *Unsere postmoderne Moderne*, Weinheim: Acta Humaniora 1991 (3., durchgesehene Auflage), 200~1쪽.

회가 실체론적이고 존재론적 지위를 획득하게 될 것이며 개별적인 삶의 영역과 질서는 사회의 유기적 구성요소와 기능적 담지자가 될 것이다. 그리하여 사회학은 콩트나 스펜서의 사회학처럼 사회에 대한 보편이론 또는 보편적 사회이론이 될 것이다.

요컨대 베버는 반사회학자이면서 사회학자이다. 이 일견 모순적인 두 가지 범주를 한데 묶어주는 것은, 콩트와 스펜서에 의해 실증과학으로 탄생한 사회학, 즉 실체론적 사회를 상정하고 자연주의적 방법에 의해 그 구조적-발전적 법칙성을 규명하려는 사회학에 대한 입장이다. 베버는 '사회'+'학'으로서의 사회학에 온몸으로 저항하면서 사회 없는 사회학을 정립하려고 했다. 이 반사회학자이자 사회학자인 베버는 한 걸음 더 나아가 반-반사회학자이기도 하다. 왜냐하면 그는 사회학적 인식의 의미와 가치를 부정하는 학자들, 그러니까 반사회학자들의 태도를 비판했기 때문이다.[48]


## (3) 개인주의적 – 구조주의적 이해사회학을 찾아서

흔히 베버의 사회학은 이해사회학이라고 하는데, 그것은 베버가 사회학을 사회적 행위를 이해하고 ── 그에 근거해 ── 설명하는 과학이라고 규정하기 때문이다. 또는 이해라는 사회학적 인식방법이 아니라 사회적 행위라는 사회학적 인식대상을 강조하면서 행위론적 사회학이라고 부르기도 한다. 그러나 중요한 것은 베버의 사회학을 이해사회학이라고 부르든 행위론적 사회학이라고 부르든 그 기본 개념은 행위라는 사실이다. 행위가 베버의 사회학에서 차지하는 위치는 콩트와 스펜서의 사회학에서 사회가 차지하는 위치에 비견된다. 1913년에 발표한 논문 「이해사회학의 몇 가지 범주에 대하여」에서 베버는 개별 인간과 그의 행위가 이해사회학의 "기층단위", 즉 "그 '원자'"를 구성한다고 말한다. 이는 동시에 이해사회학의 "상한선"이기

---

48 Volker Kruse, 앞의 글(2001).

도 하다. 그러므로 사회학은 모든 역사적 사건과 과정을 "'이해 가능한', 인간의 공동체적 삶에 참여하는 개별 인간들의 행위로, 그것도 단 하나의 예외도 없이, 환원해야 한다."[49]

이는 베버가 세상을 떠나기 얼마 전인 1920년 경제학자 로베르트 리프만(1874~1941)에게 보낸 편지를 보면 한층 더 명백하게 드러날 것이다. 거기에서 베버는 다음과 같이 말하고 있다.

> 내가 사회학자가 된 〔…〕 근본적인 이유는, 아직도 망령처럼 떠도는 집합개념에 마침내 종지부를 찍기 위해서입니다. 다른 말로 표현하자면, 사회학 역시 오로지 단수의 개인 또는 복수의 개인들의 행위에서 출발해야만 합니다. 그러므로 엄격한 "개인주의적" 방법을 구사해야 합니다. 예를 들자면, 국가에 대해서 당신은 아직도 전적으로 낡아빠진 견해를 이야기하고 있습니다. 국가란 사회학적 의미에서 보면 특정한 **행위**의 종류가, 다시 말해서 특정한 개별 인간들의 행위가 발생할 가능성에 다름 아닙니다. 그렇지 않으면 국가는 아무것도 아닙니다. 〔…〕 행위는 특정한 표상에 지향되어 있다는 사실이 이 행위의 "주관적인 측면"입니다. 그리고 우리 관찰자들이 이러한 표상에 지향된 행위가 실제로 발생할 기회가 존재한다고 판단하는 것이 "객관적인 측면"에 해당합니다. 이러한 기회가 존재하지 않는다면, 국가 역시 더 이상 존재하지 않는 것입니다.[50]

요컨대 개인들의 유의미한 주관적 행위가 없으면 국가와 같이 거시적이고 객관화된 사회적 사실도 없다. 그리고 사회학, 보다 정확히 말하자면 이해사회학도 없다. 바로 이런 연유로 베버의 사회학을 방법론적 개인주의라고 명명하는 것이다.

---

49 Max Weber, 앞의 책(1973), 439쪽.
50 Max Weber, *Briefe 1918~1920, 2. Halbband: Max Weber Gesamtausgabe II/10*, Tübingen: J. C. B. Mohr (Paul Siebeck) 2012, 946~47쪽.

베버는 「사회학의 기본 개념」에서 행위 및 사회적 행위의 개념을 도입한 후 사회학적 기본 개념을 확장해나간다. 이 과정에서 베버는 "점층법"의 논리를 구사한다. 다시 말해 행위에서 점차로 구조적인 것을 포괄하면서 개념 구성을 진행함으로써, 미시적 차원에서 중시적 차원을 거쳐 거시적 차원에 이른다. 그러므로 베버가 구성한 다양한 사회학적 기본 개념들은 행위자와 그의 주관성 및 유의미성과 "피드백"을 이룬다.[51] 또는 달리 말하자면 베버가 이 글에서 제시한 다양한 개념과 개인의 유의미한 행위 사이에는 일종의 "개념 계보도"가 성립한다.[52] 이처럼 점층법적 개념 구성의 논리를 구사하면서 사회학적 개념 계보도를 구축할 수 있도록 한 것은 "가망성" 또는 "기회"라는 개념적 장치였다. 예컨대 방금 인용한 베버의 편지에서 국가와 개인의 행위를 사회학적으로 연결하는 것이 바로 이 개념이다. 비단 국가뿐만 아니라 모든 사회적 관계, 제도, 조직, 단체 등, 그러니까 구조적인 것이라고 부를 수 있는 모든 것은 개인의 행위를 위한 가망성 또는 기회로서 사회학적 의미를 갖는다.

베버는 「사회학의 기본 개념」에서 총 17개항에 걸쳐서 기본 개념을 제시한다. 그 제1항과 제2항에서 행위와 사회적 행위를 다룬 후 점층법적 방법에 의거하여 제3~17항에서 사회적 관계, 사회적 질서, 단체라는 세 범주의 개념들을 구성해나간다. 이 가운데 단체는 오늘날의 사회학적 용어로 조직에 해당한다. 그러니까 이 글은 크게 보아 행위이론(여기에는 행위와 사회적

---

51  Hans-Peter Müller, *Max Weber: Eine Einführung in sein Werk*, Köln et al.: Böhlau 2007, 114쪽.

52  Thomas Schwinn, "Max Webers Konzeption des Mikro-Makro-Problems", in: *Kölner Zeitschrift für Soziologie und Sozialpsychologie 45*/1993, 220~37쪽. 베버의 점층법적 개념 구성의 논리와 그 논리에 기초해 구축되는 개념 계보도는 다음과 같이 표현할 수 있다. 사회학적 개념 구성의 출발점이 되는 개인적-주관적 행위는 점차로 사회적 집적도가 높은 단계로 이행하며, 따라서 점점 더 사회적으로 확대되고 "사회학화"된다. 이러한 과정은 과거의 유의미한 행위가 응고된 형태인 제도, 조직, 단체 등도 포괄한다. Jürgen Gerhards, "Affektuelles Handeln: Der Stellenwert von Emotionen in der Soziologie Max Webers", in: Johannes Weiss (Hrsg.), 앞의 책(1989b), 335~57쪽, 여기서는 337~38, 342쪽.

행위 그리고 사회적 관계가 포함됨), 질서이론 및 조직이론으로 이루어져 있는 셈이다. 베버에 따르면 사회적 질서와 사회적 단체 또는 사회적 조직은 사회적 행위와 관계를 조정하는 기능을 한다.

구체적으로 보면 첫째로 사회적 관계에는 다음의 항들이 속한다ㅡ제3항 사회적 관계, 제4항 사회적 행위의 유형: 관행과 관례, 제8항 투쟁의 개념, 제9항 공동사회화와 이익사회화, 제10항 개방적 관계와 폐쇄적 관계, 제11항 행위의 책임 귀속: 대표관계, 제16항 권력과 지배. 둘째로 사회적 질서에는 다음의 항들이 속한다ㅡ제5항 정당한 질서의 개념, 제6항 정당한 질서의 종류: 관습과 법, 제7항 정당한 질서의 타당성의 근거: 전통, 믿음, 규약. 셋째로 단체 또는 사회적 조직에는 다음의 항들이 속한다ㅡ제12항 단체의 개념과 종류, 제13항 단체의 질서, 제14항 행정질서와 조절질서, 제15항 경영과 경영단체, 결사체, 기관, 제17항 정치적 단체, 교권제적 단체.[53] 그런데 총 17개의 항에 걸쳐서 제시된 사회학의 기본 개념들 그 어디에서도 사회에 대한 언급은 찾아볼 수 없다. 사실 이는 쉽게 납득할 수 없는 일이다. 왜냐하면 사회학적 기본 개념들의 마지막 단계는 사회가 장식해야 한다고 생각하는 것이 일반적이기 때문이다. 그러나 베버는 사회에 결코 그런 자리를 허용하지 않는다. 이 사회 없는 사회학의 개념 건축술을 도표 13과 같이 나타낼 수 있다.[54]

이처럼 베버의 사회학이 미시적 세계, 중시적 세계 및 거시적 세계를 포괄한다는 사실을 염두에 둔다면, 단순히 개인주의적 이해사회학이 아니라 개인주의적-구조주의적 이해사회학이라고 명명하는 것이 그의 지적 세계를 보다 적절하게 담아내는 표현이 될 것이다.[55] 베버에게 사회학은 경제학, 정

---

53  Max Weber, 앞의 책(1972), 13쪽 이하. 이 17개항의 구체적인 내용은 다음에 번역되어 있으니 참고할 것. 김덕영, 앞의 책(2012), 807쪽 이하.
54  이는 다음을 참조하여 그린 것임. 김덕영, 앞의 책(2012), 840쪽.
55  다음의 연구는 베버의 사회학을 개인주의적-구조주의적 이해사회학으로 규정하고 그에 대한 개요를 제시하고 있으니 참고할 것. Wolfgang Schluchter, *Grundlegungen der Soziologie. Eine Theoriegeschichte in systematischer Absicht, Bd. 2*, Tübingen: Mohr Siebeck 2007, 297쪽

도표 13  사회학적 개념의 건축술

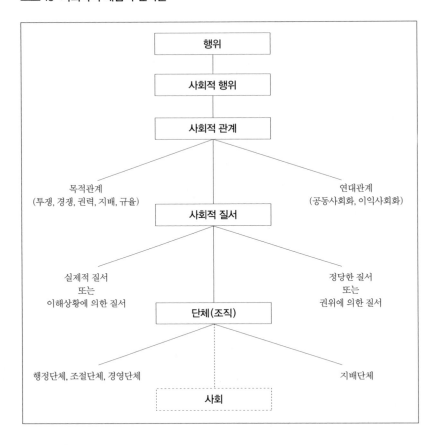

치학, 역사학, 문화사, 국가학 등과 더불어 문화과학의 일부분을 구성한다.
이 상위 개념으로서의 문화과학은 문화인간, 즉 주관적이고 의식적인 의미
부여와 행위의 의지와 능력을 소유한 인간이라는 선험적 전제조건의 토대
위에 구축된다.[56] 그러므로 사회학 역시 문화인간이라는 토대 위에 구축된
다. 그런데 문화적인 것의 일부분인 사회적인 것을 그 인식대상으로 하는 사

이하.

56  이에 대한 자세한 논의는 다음을 참고할 것. 김덕영, 앞의 책(2012), 412쪽 이하.

회학은 더 나아가 '사회인간', 즉 사회세계 또는 생활세계에서 존재하고 행위하는 인간이라는 또 다른 선험적 전제조건의 토대 위에 구축된다.[57] 그럼에도 불구하고 매우 흥미롭게도 베버의 사회학에서는 '사회'가 차지할 자리가 없다.

그렇다면 「사회학의 기본 개념」은 베버의 방대한 사회학적 저작 목록에서 어떤 위치를 차지할까? 베버는 그것을 일종의 "일반사회학"으로 이해하며, 또한 그 원리에 입각해 인간 삶의 다양한 영역에서 경험적 연구를 수행하는 경제사회학, 법사회학, 지배사회학, 종교사회학, 예술사회학 등 일련의 개별 사회학 또는 특수사회학이 존재해야 한다고 생각한다. 그리고 이 개별 사회학들에서도 나름대로의 기본 개념에 대한 논의가 매우 중요한 역할을 한다.[58] 물론 일반사회학적 기본 개념과 개별 사회학적 기본 개념 사이에는 결정적인 차이가 존재한다. 전자가 모든 개별 사회학에 적용되는 보편성을 띠는 반면, 후자는 경제, 법률, 지배, 종교, 예술 등을 그 인식대상으로 하는 각각의 개별 사회학에 적용되는 특수성을 띤다.[59] 그런데 이 두 종류의 기본 개념은 이념형적으로 구성된다는 점에서 공통적이다. 베버의

---

57  베버의 지적 세계가 기초하는 선험적 전제조건은 우리가 문화인간이라는 사실뿐만 아니라 "우리가 궁극적이고 최상적인 가치이념의 초경험적 타당성에 대한 믿음을 가지며 이미 그 믿음을 통해 규정된 문화, 그러니까 생활세계에 통합된다는 사실이다." Wolfgang Schluchter, 앞의 책(2006), 266~67쪽.

58  이는 베버가 1920년 여름학기 뮌헨 대학에서 한 강의 "일반국가론과 정치학(국가사회학)"을 보면 단적으로 드러난다. 이것은 베버가 개별 사회학의 문제를 주제로 한 최초의 강의로서 국가와 지배의 사회학을 다루고 있다. 거기에서 그는 국가사회학적 기본 개념을 다음과 같이 점층법적 방식으로 정의하고 있다. 1. 사회적 행위 —2. 사회적 관계—3. 정당한 질서—4. 개방적 관계와 폐쇄적 관계—5. 행위 귀속적 관계와 행위 비귀속적 관계—6. 단체—7. 헌법—8. 단체행위—9. 지배—10. 정치적 단체—11. 교권적 단체—12. 국가. Max Weber, *Allgemeine Staatslehre und Politik (Staatssoziologie). Unvollendet. Mit- und Nachschrift 1920: Max Weber Gesamtausgabe III/7*, Tübingen: J. C. B. Mohr (Paul Siebeck) 2009b, 70쪽 이하.

59  Klaus Lichtblau, "Zum Status von 'Grundbegriffen' in Max Webers Werk", in: ders. (Hrsg.), *Max Webers 'Grundbegriffe'. Kategorien der kultur- und sozialwissenschaftlichen Forschung*, Wiesbaden: Verlag für Sozialwissenschaften 2006, 243~56쪽, 여기서는 254쪽.

사회학은 전체적으로 "체계적 이념형론"이라고 규정할 수 있다. 자명한 일이지만 역사성이 사상되는 일반사회학적 이념형은 역사적 차원을 지향하는 개별 사회학적 이념형에 비해 그 추상성의 정도가 더 높을 수밖에 없다. 물론 그렇다고 해서 후자에 추상성이 결여되어 있다고 생각해서는 안 될 것이다. 왜냐하면 개별 사회학적 이념형은 모든 역사적 사실에 적용될 만큼 충분히 추상적이어야 하기 때문이다. 이렇게 보면 개별 사회학은 고도의 추상성을 갖춘 "이론적 역사학" 또는 "역사적 사회학"이라고 특징지을 수 있을 것이다.[60]

이러한 논리는 문화과학을 구성하는 모든 개별 과학, 예컨대 경제학, 사회학, 역사학, 국가학, 법학, 예술사 등에 공통적으로 적용된다. 다시 말해 이 개별 과학들은 자체적인 개념을 구성해야 한다. 엄밀히 말하자면 문화과학적 개념 구성이란 있을 수 없다. '메타과학'으로서의 문화과학은 그 전제조건과 논리적-방법론적 원리를 제시하되 실제적인 개념 구성은 그에 속하는 개별 과학들의 몫으로 남긴다. 다시 말해 문화과학이 가치연관과 이념형의 원리를 제시하면, 예컨대 경제학의 경우 바로 그 원리에 입각해 경제, 재화, 상품, 생산, 가격, 교환, 효용, 가치, 기업, 시장 등의 기본 개념을 구성할 수 있다. 그리고 거기에 근거하여 다양한 개별 경제학 또는 특수 경제학을 구축할 수 있다. 만일 문화과학이 모든 개별 과학을 포괄하는 기본 개념의 구축을 시도한다면, 그 결과는 다양한 관점들의 나열에 불과할 것이다. 이처럼 베버는 문화과학적-사회과학적 인식의 정초에서 논리적-방법론적 논의와 실제적 개념 구성을 구분한다.[61] 이러한 문화과학, 개별 과학, 일반사회학, 개별 사회학의 관계를 다음과 같이 도표로 나타낼 수 있다.

---

60  Wolfgang Mommsen, *Max Weber. Gesellschaft, Politik und Geschichte*, Frankfurt am Main: Suhrkamp 1974, 204쪽.

61  Klaus Lichtblau, 앞의 글(2006), 251쪽.

도표 14 문화과학, 개별 과학, 일반사회학, 개별 사회학의 관계

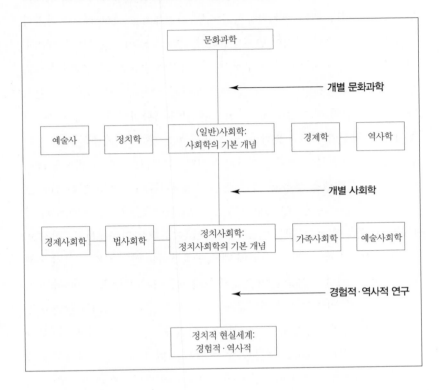

## (4) 이해와 설명

일반적으로 이해는 설명과 대비되는 인식방법으로 간주된다. 이는 베버 당시에도 마찬가지였다. 아니, 그때는 이해와 설명이 건널 수 없는 심연에 의해 갈라져 있었다. 이는 무엇보다도 빌헬름 딜타이의 저 유명한 명제에 응축적이고도 상징적으로 표현되어 있다.

자연은 설명하는 반면, 영혼의 삶은 이해한다.[62]

---

62 Wilhelm Dilthey, *Ideen über eine beschreibende und zergliedernde Psychologie*, in: *Gesammelte*

당시 실증주의자들은 설명의 방법을 고수했으며, 관념론자들은 이해의 방법을 고수했다. 관념론의 전통이 강하던 독일에서는 정신과학, 문화과학 및 현상학 등에 의해 강력한 반실증주의 전선이 형성되어 있었으며, 베버도 바로 그러한 지적 전통 안에서 성장했다.[63] 그런데 중요한 것은 베버가 일찍부터 실증주의와 관념론이 가진 문제점 모두를 극복하고자 했다는 사실이다. 그는 "자신의 지적 선구자들의 교훈을 깊이 생각하면서, 그들의 핵심에 놓여 있는 일종의 신비적 혼란을 발견했다. 그는 실증주의자들의 과학적 주장이 전적으로 잘못은 아님을 깨닫기 시작한 것이다. 그들은 거대한 딜레마의 한 뿔을 선택했을 뿐이고, 다른 뿔은 관념론자들이 선택한 것이었다. 그들 중 어느 쪽도 자신들이 채택한(또는 채택을 거부한) 용어를 정확하게 이해하지 못하고 있었다. 어느 쪽도 사회적 또는 문화적 연구에서의 '법칙'과 '원인', '객관성'과 '가치'의 성질에 대해 만족스러운 관념을 갖고 있지 못했다. 그들은 이러한 용어들을 아주 신중하게 정의하지 못했고, 또한 이 용어들이 적용될 수 있는 범위를 엄격하게 한정하지도 않았다. 이러한 일을 하는 것이 베버의 방법론적 논문들의 근본 목적이었다."[64] 그 결과 베버는 너무나도 이질적이어서 도저히 화해될 수 없는 것처럼 보이던 이해와 설명을 결합해 이해적 설명을 문화과학적 및 사회과학적 인식의 방법으로 제시했다. 이는 창조적 절충주의의 전형적인 모습이며, 바로 여기에 베버의 진정한 지성사적 의미가 있는 것이다.

베버의 이해이론은 이미 1900년대 초부터 발전하기 시작했지만 본격적으로 이해사회학의 문제를 다루기 시작한 「이해사회학의 몇 가지 범주에 대

---

*Schriften, Bd. 5: Die geistige Welt. Einleitung in die Philosophie des Lebens. Hälfte 1: Abhandlungen zur Grundlegung der Geisteswissenschaften*, Leipzig & Berlin: Teubner 1999 (8., unveränderte Auflage), 139~240쪽, 여기서는 144쪽.

63 반실증주의 논쟁에 대한 자세한 논의는 김덕영, 앞의 책(2003), 제1장(43~79쪽)을 참고할 것.

64 H. 스튜어트 휴즈, 황문수 옮김, 『의식과 사회: 서구 사회사상의 재해석 1890~1930』(원제는 *Consciousness and Society. The Reorientation of European Social Thought, 1890~1930*), 개마고원 2007, 322쪽.

하여」에 이르러서 체계를 갖추었으며 「사회학의 기본 개념」에서 완성된 형태로 제시되었다. 베버는 사회학을 다음과 같이 정의하고 있다.

사회학이란 사회적 행위를 해석적으로 이해하며 이에 근거하여 그 과정과 결과 속에서 인과적으로 설명하는 과학이다.[65]

사실 이 정의는 사회학뿐만 아니라 행위과학인 문화과학 일반에까지 적용된다. 다시 말해 사회적 행위를 인간 행위로 바꾸면 "문화과학이란 인간 행위를 해석적으로 이해하고 인과적으로 설명하는 과학"이라는 명제를 얻을 수 있다.

그렇다면 이해는 무엇이고 설명은 무엇인가?

베버는 이해를 현전적 이해와 동기 이해로 구분한다. 현전적 이해란 관찰을 통해서 행위를 직접적으로 파악하는 것을 가리킨다. 예컨대 우리는 어떤 사람이 나무를 베는 것을 보면 그것이 무엇을 하는 행위인지 곧바로 이해할 수 있다. 그러나 그가 왜 나무를 베는지는 알지 못한다. 돈을 벌기 위해서, 또는 땔감을 마련하기 위해서, 또는 기분 전환을 위해서, 또는 체력 단련을 위해서, 또는 이 가운데 몇 가지를 위해서 아니면 전부를 위해서 나무를 베는 행위를 할 수 있다. 그런데 우리는 행위 자체를 넘어서 그 행위의 근거를 파악해야 한다. 오늘날의 개념으로 표현하자면, 관찰자 관점에서 참여자 관점으로 넘어가야 한다. 바로 이것이 동기 이해이다. 동기 이해는 달리 설명적 이해라고 하는데, 이는 내적인 동기를 이해함으로써 외적인 행위를 인과적으로 설명하기 때문이다.[66]

이 맥락에서 베버는 의미 복합체라는 아주 중요한 개념을 도입한다. 이 개념은 의미의 개념과 밀접한 관계가 있다. 베버에 의하면 의미는 행위를 규정하는 근거이다. 왜냐하면 행위란 행위자가 주관적인 의미를 결부한 인간 행

---

65  Max Weber, 앞의 책(1972), 1쪽.
66  Max Weber, 앞의 책(1972), 3~4쪽.

동이기 때문이다. 예컨대 나무를 베는 것은 그 자체로 유의미한 행위이다. 그런데 그 행위를 결정하는 내적인 동기는 의미 복합체이다.

　　"동기"란 행위자 자신이나 관찰자에게 어느 행동의 유의미한 "근거"로 보이는 의미 복합체를 뜻한다.[67]

베버에 의하면 설명이란 바로 이 의미 복합체를 파악하는 것이다.

　　그러니까 "설명"이란 행위의 의미를 다루는 과학에 있어서는 그 주관적으로 부여된 의미에 따라 실제적으로 이해할 수 있는 행위가 속해 있는 의미 **복합체**의 파악에 다름 아니다.[68]

이 의미 복합체는 역사적이고 사회적으로 매개된 의미이다. 거기에는 "한 사회에서 **상호주관적** 구속력을 지니는, 즉 그의[베버의] 정의를 따르면 '타당성을 지니는' 온갖 의미 설정과 가치 설정이 들어 있는데, 개별적 행위자와 사회적 집단은 그 의미와 가치를 지향한다." 그리하여 주관적 의미가 독백론적 또는 유아론적 의미의 차원에 머물지 않고 사회적 의미, 즉 다른 개인(들)과 집단(들)에 지향되고 사회적 질서에 의해 매개된 의미가 된다.[69] 그리고 의미 복합체는 단수가 될 수도 있고 복수가 될 수도 있다. 그리고 다양한 의미 복합체가 인과관계를 이루어 행위를 결정하는 동기가 될 수 있다. 이 인과 고리를 파악하는 것이 바로 설명인 것이다. 예컨대 나무를 베는 행위 그 자체는 주관적 의미의 차원이다. 그러나 돈을 벌기 위해서라면 그 행위는 이미 다른 개인(들)이나 집단(들)의 경제적 행위를 지향하고 그 사회의 경제적 질서에 의해 매개된다. 그리고 이 의미 복합체는 다른 의미 복합체, 이를

---

67　같은 책, 5쪽.

68　같은 책, 4쪽.

69　Dirk Kaesler, *Einführung in das Studium Max Webers*, München: C. H. Beck 1979, 177쪽.

테면 자본주의적 경제윤리 또는 반자본주의적 경제윤리에 의해 인과적으로 결정될 수 있으며, 이는 다시금 종교윤리에 의해 인과적으로 결정될 수 있다. 게다가 종교윤리의 경우 유교, 불교, 도교 등 다양한 이념이 인과요소로 작동할 수 있다.

그런데 베버가 말하는 의미는 객관적인 또는 객관적으로 타당한 의미가 아니라 행위하는 개인에 의해 주관적으로 부여된 또는 주관적으로 창출된 의미이다. 이 의미는 행위주체의 의식작용, 즉 의도하고 성찰하는 의지와 능력에 다름 아니다. 즉 개인이 행위의 구조와 구성요소, 행위의 과정과 결과 그리고 행위의 내적-외적 조건과 상황을 의식적이고 합리적으로 해석, 판단, 평가, 통제하는 의지와 능력이다. 이렇게 보면 의미는 주관성, 지향성 및 성찰성을 그 특징으로 하는 인간의 의식작용이라고 요약할 수 있다.[70] 이 의미의 개념과 밀접히 관련된 개념이 의미 복합체이다. 의미 복합체란 주관적으로 유의미한 행위의 콘텍스트를 이루는 의미로서 행위자는 이로부터 일반적인 행위의 지향을 얻는다. 베버에 의하면 행위의 의미를 다루는 과학은 의미와 마찬가지로 의미 복합체 역시 이해해야 한다. 그러나 그것은 어디까지나 행위의 실제적인 진행 과정을 인과적으로 설명하기 위한 수단이지 그 자체가 궁극적인 목표는 아니다.[71] 의미 복합체로는 종교, 이념, 윤리, 전통, 이데올로기 등을 예로 들 수 있다. 베버의 종교사회학적 연구는 의미와 의

---

70  Hans-Peter Müller, 앞의 책(2007), 112쪽. 이 점에서 하버마스는, 베버의 의미 개념의 기저에는 언어 등의 의미를 따지는 의미론이 아니라 행위주체의 의도성에 터하는 의식론이 깔려 있다고 주장한다. Jürgen Habermas, 앞의 책(1985a), 377쪽. 베버 이래로 의미의 개념은 사회학에서 매우 중요한 위치를 점하고 있다. 이에 대한 상세한 논의는 다음을 참고할 것. Johann Schülein, "Zur Konzeptualisierung des Sinnbegriffs", in: *Kölner Zeitschrift für Soziologie und Sozialpsychologie 34*/1982, 649~64쪽. 베버에 접목하는 이해사회학의 전통에서도 상호주관적 현상으로서의 의미(현상학적 사회학)와 객관적 의미 구조(객관적 해석학) 같이 베버의 것과는 상이한 의미 개념을 만날 수 있다. 이에 대한 상세한 논의는 다음을 참고할 것. Martin Endress, "Varianten verstehender Soziologie", in: Klaus Lichtblau (Hrsg.), *Max Webers 'Grundbegriffe'. Kategorien der kultur- und sozialwissenschaftlichen Forschung*, Wiesbaden: Verlag für Sozialwissenschaften 2006, 21~46쪽.

71  Max Weber, 앞의 책(1972), 4쪽.

미 복합체의 관계를 아주 광범위하고 명료하게 보여준다. 그는 거기에서 어떻게 다양한 세계종교가 유의미한 경제행위의 의미 복합체로 작용하는가를 비교하고 있다. 의미 복합체가 반드시 단수일 필요는 없다. 왜냐하면 개인은 동시에 여러 의미 복합체 속에서 행위할 수 있기 때문이다. 그리고 의미 복합체는 반드시 합리적인 것일 필요가 없다. 예컨대 분노에 따른 감정적이고 비합리적인 행위의 근저에 질투, 훼손된 허영심 또는 상처 입은 명예심이 자리하고 있다면 이 역시 의미 복합체가 된다.[72]

이러한 이해와 설명의 논리는 베버의 대표작인 『프로테스탄티즘의 윤리와 자본주의 정신』에서 보다 확실하게 확인할 수 있을 것이다. 이 저작에서 베버는 금욕적 프로테스탄티즘, 그 가운데서도 특히 칼뱅주의의 윤리가 근대 자본주의 정신이 형성되는 데 끼친 영향을 추적하고 있는데, 이는 이해과학의 관점에서 다음과 같이 세 단계로 정리할 수 있다.

첫째, 서구 근대의 경제 시민계층이 금욕적이고 합리적으로 직업 활동을하며 직업 외적 일상생활을 자본주의적 원리에 따라 조직하고 영위하는 현상에 주목한다. 이것이 현전적 이해이다. 다음은 이 유의미한 행위를 규정하는 동기, 즉 의미 복합체의 이해로 넘어가야 한다. 다시 말하자면, 설명으로 넘어가야 한다.

둘째, 자본주의 정신이 경제 시민계층의 금욕적 직업윤리에 대한 의미 복합체를 구성한다. 자본주의 정신이란 기업과 시장이라는 경제행위의 장(場)과 제도에서 합리적이고 조직적으로 이윤을 추구하고, 그렇게 획득한 재화를 낭비하지 않고 금욕적으로 절약하고 축적하며, 또한 그렇게 형성한 자본을 기업에 재투자하는 것을 가리킨다. 자본주의 정신은 세계지배와 더불어 자기지배를 전제로 하며 목적합리적 행위와 세속적 금욕주의를 특징으로 한다.

셋째, 베버는 이러한 자본주의 정신을 금욕적 프로테스탄티즘의 윤리를 통해서 인과적으로 설명한다. 그러므로 금욕적 프로테스탄티즘, 특히 칼뱅주의의 윤리가 경제 시민계층의 금욕적 직업윤리에 대한 두 번째 의미 복합

---

72  같은 곳.

체가 된다. 칼뱅주의는 신자들에게 신의 도구로서 신의 소명인 직업에 헌신함으로써 신의 영광을 드높이는 것이 구원의 확실성을 얻을 수 있는 유일한 길이라고 설파했다. 그리하여 직업노동이 절대적인 가치가 되었으며 자기목적이 되었다. 칼뱅주의자들의 행위는 가치합리적 행위와 세속적 금욕주의를 특징으로 한다. 이러한 종교윤리는 목적합리적 행위와 세속적 금욕주의를 특징으로 하는 경제윤리와 선택적 친화력을 갖는다. 그리하여 서구 근대의 경제 시민계층에서 가치합리적 행위와 목적합리적 행위가 결합된 세속적 금욕주의가 형성되었다.

물론 근대 자본주의 정신에 대한 인과적 관계는 금욕적 프로테스탄티즘의 윤리에만 한정되는 것이 아니라 근대 문화를 구성하는 다양한 요소들로 확장될 수 있다. 예컨대 인문주의적 합리주의, 철학적-과학적 경험주의, 공리주의 등을 거론할 수 있다. 다시 말해 근대 시민계층의 유의미한 경제행위의 의미 복합체는 문화적 삶의 다양한 측면들을 포괄할 수 있다는 것이다.

이러한 논리를 다음과 같이 도표로 나타낼 수 있다(여기에서 실선은 베버가 실제로 규명한 관계를, 그리고 점선은 이론적 가능성으로서 아직 규명되지 않은 관계를 나타낸다).[73]

**도표 15 이해와 설명의 한 사례**

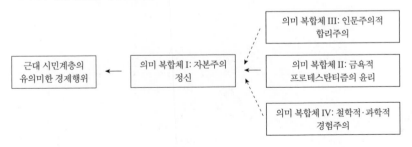

---

73  김덕영, 앞의 책(2012), 493쪽.

이 경우 의미 복합체 III, IV, ······가 실제로 의미 복합체 I에 대하여 문화의의, 즉 인과의의를 갖는지, 만약 그렇다면 어느 정도인지 그리고 그 의미복합체들 사이의 상호관계는 어떠한지 등의 문제는 선험적으로 결정할 수있는 것이 아니라 어디까지나 실제적인 경험적-역사적 연구를 통해서 밝혀낼 수 있는 것이다.

# 제3장

# 사회적인 것의 보편이론 1

알프레트 슈츠(Alfred Schütz, 1899~1959)와 탤컷 파슨스(Talcott Parsons, 1902~79)는 '포스트 막스 베버' 시대의 사회학 이론을 대변하는 거장들이다.■ 슈츠와 파슨스의 사회학은 공통적으로 베버의 행위이론에서 출발한다. 그리고 또 다른 한편 이들은 베버와 마찬가지로 사회 그 자체에 대한 이론을 발전시키려고 시도하지 않는다. 그보다 그들은 사회적인 것, 즉 사회적 행위와 질서에 대한 이론에 관심을 갖는다. 다시 말해 사회는 슈츠와 파슨스에 의해 사회적 행위와 질서로 해체된다. 슈츠의 경우에 질서가 생활세계의 구조와 특성을 가리킨다면, 파슨스의 경우에는 사회적 체계를 가리킨다. 이들의 사회학은 실체적 존재로서의 사회에 대해 이야기하지 않는다. 그런데 이들은 베버와 달리 보편이론을 추구한다. 사회적 행위와 질서에 대한 보편이론의 구축이 그들이 궁극적으로 지향하는 바이다. 결국 사회는 보편이론을 통해서도 자신이 — 짐멜과 베버 그리고 뒤르케임에 의해서 — 추방된, 사회학이라는 고향으로 돌아오지 못한 것이다.

슈츠와 파슨스가 베버와 달리 — 그리고 뒤르케임 및 짐멜과 달리 — 사회적인 것의

---

■ 이 세 거장에 대해서는 다음을 참고할 것. Thomas Schwinn, *Jenseits von Subjektivismus und Objektivismus. Max Weber, Alfred Schütz und Talcott Parsons*, Berlin: Duncker & Humblot 1993a; Martin Endress, "Two Directions of Continuing the Weberian Project: Alfred Schutz and Talcott Parsons", in: Hisashi Nasu, Lester Embree, George Psathas & Ilja Srubar (Ed.), *Alfred Schutz and His Intellectual Partners*, Konstanz: UVK Verlagsgesellschaft 2009, 377~400쪽.

보편이론을 발전시키려고 시도한 이유는 무엇보다도 그들의 시대에 이르러서는 뒤르케임과 짐멜 그리고 베버로 하여금 과학적 인식의 범주와 형식으로서의 사회학을 구성하고 발전시키도록 이론적–실천적 동기를 부여한 사회적–문화적 배경이 심대한 변화를 겪은 점에서 찾아볼 수 있을 것이다. 선배 사회학자들이 근(현)대의 문화적 삶의 다양한 현상과 과정 그리고 그 구조적 특성과 역사적 발전 경향에 일차적인 인식관심을 가지고 있었다면, 후배 사회학자들은 비교적 안정적이고 추상적인 사회적 질서에서 진행되는 익명적 개인들의 사회적 행위와 상호작용에 논의의 초점을 맞추고 있다. 그 결과 사회학 이론에서 역사적 차원이 저물고 말았다.[■]

슈츠와 파슨스의 공통적인 관심은 보편적 행위이론을 구축하는 것이다. 그런데 전자는 주관화하는 전략을 후자는 객관화하는 전략을 구사한다는 점에서 크게 차이가 난다. 물론 이 차이점은 절대적인 것이 아니다. 슈츠는 보다 주관화하고 파슨스는 보다 객관화한다고 상대적으로 표현하는 것이 적절할 듯싶다. 예컨대 슈츠와 파슨스 모두 행위하는 주체, 즉 행위자의 관점에서 출발하며, 또한 사회적 행위가 주관적 관점뿐 아니라 상호주관적, 즉 사회적으로 부과된 요소들에 의해서도 각인된다는 점을 강조한다. 다만 슈츠가 보기에 파슨스는 상호주관적 규범과 개인에 의한 그 규범의 습득을 명확히 구분하지 않고 있다. 슈츠는 이 문제를 행위를 "위하여 행위"와 "때문에 행위"로 구분함으로써 해결할 것을 제안하고 있다.[■■] 전자는 행위의 주관적 요소이고 후자는 행위의 상호주관적, 즉 사회적 요소이다.[■■■] 슈츠가 창시한 현상학적 해석학은 해석학적 패러다임을 구성하면서 해석학적 사회학이나 지식사회학적 해석학 등으로 발전해갔다. 그리고 파슨스가 발전시킨 구조기능주의 역시 중요한 사회학적 인식의 패러다임 가운데 하나로 확고하게 자

■ 김덕영, 앞의 책(2003), 345~46쪽. 다음은 베버에서 슈츠와 파슨스로 넘어가면서 사회학에서 역사적 차원이 퇴색해가는 과정을 보여준다. David Zaret, "From Weber to Parsons and Schutz. The Eclipse of History in Modern Social Theory", in: *American Journal of Sociology* 85/1980, 1180~1201쪽.

■■ Alfred Schütz, *Der sinnhafte Aufbau der sozialen Welt. Eine Einleitung in die verstehende Soziologie: Alfred Schütz Werkausgabe II*, Konstanz: UVK Verlagsgesellschaft 2004, 195쪽 이하. 여기에서 "위하여 행위"와 "때문에 행위"는 각각 "Um-zu-Handeln"(In-oder-to-Action)과 "Weil-Handeln"(Because-Action)을 옮긴 것이다.

■■■ Ilja Srubar, 앞의 책(1988), 201~2쪽.

리매김하였으며 후일 루만의 체계이론이 형성되는 과정에서도 결정적인 역할을 했다.

그리고 더 나아가 슈츠와 파슨스는 행위이론을 둘러싸고 서신을 주고받으며 논쟁을 벌였다. 이 논쟁은 어쩌면 '포스트 막스 베버' 시대의 사회학 이론 헤게모니를 위한 피할 수 없는 한판 '진검승부'였는지도 모른다.■

■ 이는 다음에 잘 정리되어 있다. Alfred Schütz & Talcott Parsons, *Zur Theorie sozialen Handelns. Ein Briefwechsel* (Herausgegeben und eingeleitet von Walter M. Sprondel), Frankfurt am Main: Suhrkamp 1977. 슈츠와 파슨스의 논쟁에 대한 체계적인 연구는 작게는 이 두 거장의 사회학을 그리고 크게는 사회학 이론의 발달사와 지성사를 이해하는데 크게 기여할 것이다. 그러나 여기서는 지면 관계상 다룰 수 없고 다음 기회로 미룬다.

# 현상학적 사회학

### 알프레트 슈츠

슈츠에 의해 창시된 현상학적 사회학은 오늘날 사회학적 인식체계의 중
요한 패러다임 가운데 하나이다. 해럴드 가핑켈(1917~2011)이 창시한 민속
방법론도 슈츠에 그 지적 연원을 두고 있다. 가핑켈은 1952년 하버드 대학
에 제출한 박사학위 논문에서 슈츠의 현상학적 사회학에 접목하면서 당시
지배적이었던 파슨스의 행위이론과 체계이론을 비판하고 있다.[1] 한 가지 매

---

1 가핑켈의 박사학위 논문은 「타자의 지각: 사회질서에 대한 한 연구」이다. 이 제목이 암시
하듯이, 가핑켈은 파슨스와 마찬가지로 사회질서에 인식관심을 갖고 있지만, 이를 파슨
스와 달리 현상학적 방식에 의해 접근하고 있다. 슈츠와 가핑켈의 관계에 대해서는 다음
을 참고할 것. George Psathas, "The Correspondence of Alfred Schutz and Harold Garfinkel:
What was the 'Terra Incognita' and the 'Treasure Island'?", in: Hisashi Nasu, Lester Embree,
George Psathas & Ilja Srubar (Ed.), 앞의 책(2009), 401~33쪽. 슈츠와 파슨스 그리고 가
핑켈의 관계에 대해서는 같은 책에 실린 다음 글을 참고할 것. Hideo Hama, "The Primal
Scene of Ethnomethodology: Garfinkel's Short Story 'Color Trouble' and the Schutz-Parsons

우 흥미로운 점은 가핑켈이 비판한 파슨스가 바로 그의 스승이자 박사학위 지도교수였다는 사실이다.(가핑켈은 나중에 파슨스의 조수가 된다.) 또한 피터 버거(1929~ )와 토마스 루크만(1927~ )의 지식사회학도 슈츠의 현상학적 사회학에 그 지적 연원을 둔다. 그리고 현상학적 사회학은 해석학적 사회학이나 지식사회학적 해석학 등으로 발전해간다. 아무튼 슈츠가 창시한 현상학적 사회학은 해석학적 패러다임을 구성하면서 기능주의적 및 체계이론적 패러다임과 경쟁하면서 사회학적 인식과 사유를 풍요롭게 하고 있다.

그 명칭이 단적으로 보여주듯이, 현상학적 사회학은 현상학과 사회학을, 보다 정확히 말하자면 후설의 현상학과 베버의 사회학을 창조적으로 종합한 지적 결과물이다. 이 현상학적 사회학의 토대를 제공한 후설과 베버의 저작은 한국어로 꽤 많이 번역되어 있으며, 연구서도 적잖이 있는 편이다. 그러나 현상학적 사회학의 창시자 슈츠의 저작은 단 한 권도 번역되어 있지 않고 그에 대한 연구서도 거의 없는 실정이다. 그러니 그의 개인적-지적 배경과 그의 사회학이 형성되고 발전하는 과정이 제대로 알려져 있지 않음은 물론이다.


## (1) "밤에는 현상학자, 낮에는 은행원": 슈츠의 인간적─지적 삶

슈츠의 현상학적 사회학이 현상학과 사회학을 결합한 것이라는 사실만 가지고 본다면 그가 철학자이면서 사회학자일 거라고 생각할 수도 있을 것이다. 또는 적어도 철학자 아니면 사회학자라고 생각할 만도 하다. 이 경우 현상학적 사회학이 사회학의 한 분야라는 점을 감안한다면 사회학자로 보는 것이 타당할 듯싶고, 그가 사회학이 아직 대학에 제도화되기 이전에 공부를 했다는 점을 감안한다면 철학자로 보는 것이 타당할 듯도 싶다.

슈츠는 1899년 오스트리아의 수도 빈에서 유대인 가정의 아들로 태어

Controversy", 435~49쪽.

났는데, 그의 아버지는 민영은행의 지배인이었다.[2] 은행가가 될 목적으로 1918년부터 빈 대학의 법학 및 국가과학 학부에서 법학과 경제학을 공부하기 시작한 슈츠는 1919년 법학 국가고시를 통과한 후 1921년에는 법학 박사학위를 취득했다. 그리고 같은 해에 은행원으로서의 삶을 시작했다. 그러나 슈츠는 과학(학문)을 포기하지 않고 직업노동과 병행하여 1922/23년 겨울학기까지 빈 대학에서 강의를 들었다. 이때부터 낮에는 은행원으로, 밤에는 지식인으로 사는 "이중생활"이 시작되었는데, 이것이 완전히 청산된 것은 무려 35년이 지난 1956년에 이르러서였다. 아울러 슈츠는 경제학자 루트비히 폰 미제스(1881~1973)가 1920년부터 격주마다 제공하던 사설 세미나에 참석하고 "정신 서클"[3]에 참여하는 등 적극적으로 빈의 정신적 삶을 향유하면서 지식인의 길을 걸었다.[4]

슈츠의 지적 세계는 무엇보다도 한계효용학파라고도 불리는 오스트리아 경제학파에 의해 결정적인 영향을 받았다. 그의 스승인 프리드리히 폰 비저 (1851~1926)와 미제스는 오스트리아 경제학파의 창시자인 카를 멩거의 제자였다. 당시 빈 대학은 이 학파의 아성이었다. 이와 더불어 슈츠는 법철학자 한스 켈젠(1881~1973)과 펠릭스 카우프만(1885~1949) 그리고 정치철학자 에리히 푀겔린(1901~85)으로부터 커다란 영향을 받았다. 특히 푀겔린을 통해 베르그송의 생철학을 접하게 되었으며, 카우프만을 통해 후설의 현

---

2 슈츠의 자세한 전기는 다음을 참고할 것. Helmut R. Wagner, *Alfred Schutz. An Intellectual Biography*, Chicago/London: The University of Chicago Press 1983.

3 "정신 서클"은 1921년 경제학자 프리드리히 하이에크(1899~1992)와 헤르베르트 푸르트 (1899~1995)에 의해 창립되어 1938년까지 존속한 빈의 비공식적 세미나로서, 그 회원들은 철학자, 경제학자, 정치학자, 수학자, 예술사학자 등을 망라할 정도로 다채로웠다. 그들은 한 달에 한두 차례씩 모여서 다양한 분야의 주제에 대해 토론했다.

4 이처럼 낮에는 빵을 벌기 위해 일하고 밤에는 재야 학자로 살아가는 이중생활은 제1차 세계대전과 제2차 세계대전 사이의 빈에서는 드문 일이 아니었다. 그 이유로는 당시 팽배한 반유대주의와 더불어 제1차 세계대전의 후유증으로 대학에 자리가 부족해진 점을 꼽을 수 있다. 그러므로 슈츠가 단지 자신이 유대인이라는 사실만으로 대학에 남는 것을 단념했는지 아니면 거기에 더해 경제적 문제까지 겹치면서 단념했는지는 분명치 않다. Michael Hanke, *Alfred Schütz. Einführung*, Wien: Passagen 2002, 19쪽.

상학을 접하게 되었다.[5] 슈츠는 1924년부터 1928년까지 베르그송의 철학과 씨름했으며, 그 결과 「예술형식(음악)의 의미」(1924)와 「삶의 형식들과 의미 구조」(1925)라는 두 편의 논문을 써냈다. 이 중 후자는 베르그송과 더불어 베버의 영향을 엿볼 수 있는 글이다. 슈츠는 1928년부터 그해에 출간된 후설의 『내적 시간의식의 현상학에 대한 강의』를 공부하면서 후설의 철학세계에 가까워졌다. 그리고 1929년부터 『사회세계의 의미 구조: 이해사회학 서설』을 쓰기 시작해 1932년에 출간했는데, 슈츠의 생전에 출간된 유일한 단행본이며 그의 주저로 간주되는 이 저작은 베르그송과 후설 그리고 베버에 접목하고 있다.

1938년 나치가 오스트리아를 합병할 당시 슈츠는 출장차 파리에 머물고 있었는데, 유대인인 그는 빈으로 돌아갈 수가 없었다. 그리하여 가족을 파리로 오게 했으며 그 이듬해인 1939년에는 뉴욕으로 이주했다. 슈츠는 그곳에서도 낮에는 은행원으로 일하고 밤에는 연구에 몰두했다. 1940년 11월 9일 슈츠는 친구인 리투아니아 출신의 미국 현상학자 아롱 구르비치(1901~73)에게 보낸 편지에서 다음과 같이 말했다.

> 그대가 알다시피 나는 밤에는 현상학자이지만 낮에는 은행원입니다. 현재는 낮의 일이 밤 시간까지 빼앗고 있습니다.[6]

1939년 슈츠는 국제현상학회의 창립에 관여하고 그 지도부의 일원이 되었으며, 1940년에는 새로이 창간된 저널 『철학과 현상학 연구』의 편집진에

---

5 슈츠와 푀겔린의 관계에 대해서는 다음을 참고할 것. Gilbert Weiss, "Alfred Schutz and Eric Voegelin", in: Hisashi Nasu, Lester Embree, George Psathas & Ilja Srubar (Ed.), 앞의 책(2009), 453~70쪽. 그리고 슈츠와 카우프만의 관계에 대해서는 같은 책의 다음 글들을 참고할 것. Harry P. Reeder, "Alfred Schutz and Felix Kaufmann: The Methodologist's Brackets", 91~114쪽; Ken'ichi Kawano, "On Methodology of the Social Science: Schutz and Kaufmann", 115~47쪽.

6 Alfred Schütz & Aron Gurwitsch, *Briefwechsel 1939~1959* (Herausgegeben von Grathoff), München: Wilhelm Fink 1985, 67쪽.

합류했다. 슈츠는 1943년부터 '신사회연구원' ─ 이 대학은 나치를 피해 미국으로 망명한 독일어권 지식인들을 받아들였다 ─ 에서 가르쳤는데, 처음에는 강사였다가 1944년에 객원교수가 되었다.(그해에 미국 시민권을 취득했다.) 1952년에는 사회학 및 사회심리학 정교수가 되었고 1956년에는 은행 일을 완전히 그만두고 강의와 연구에만 전념하다가 1959년 뉴욕에서 세상을 떠났다.

## (2) 베르그송, 후설 그리고 베버: 철학과 사회학의 결합을 위하여

슈츠의 사회학적 인식관심은 "체험하고 행위하는 자아, 타자의 영역, 그리고 상징에 의해 매개되고 의사소통적으로 구성되어 상호주관적으로 공유되는 생활세계"로 요약할 수 있다.[7] 그는 이를 위해 사회학을 철학과 결합한다. 1941년 파슨스에게 보낸 편지에서 슈츠는 다음과 같이 말하고 있다.

> 물론 저는 사회과학의 이론적 진술은 철학적 지식 전체와 조화를 이루어야 한다는 견해를 고수하고 있습니다.[8]

슈츠의 현상학적 사회학은 크게 보아 베르그송의 생철학, 후설의 현상학, 베버의 이해사회학이라는 세 개의 솥 다리 위에 정립(鼎立)된 지적 세계라고 할 수 있다. 그런데 언급한 바와 같이 슈츠는 각각 푀겔린과 카우프만을 통해 베르그송의 철학과 후설의 철학에 접하게 되었다. 이 둘 중 베르그송보다

---

7   Hubert Knoblauch, Ronald Kurt & Hans-Georg Soeffner, "Einleitung der Herausgeber: Zur kommunikativen Ordnung der Lebenswelt. Alfred Schütz' Theorie der Zeichen, Sprache und Kommunikation", in: Alfred Schütz, *Theorie der Lebenswelt 2. Die kommunikative Ordnung der Lebenswelt: Alfred Schütz Werkausgabe V.2*, Konstanz: UVK Verlagsgesellschaft 2003b, 7~33쪽, 여기서는 7쪽.

8   Alfred Schütz & Talcott Parsons, 앞의 책(1977), 116쪽.

는 후설이 슈츠에게 더 결정적인 지성사적 의미를 갖는다는 것은 슈츠가 철학과 결합한 사회학을 현상학적 사회학이라고 부른다는 사실만 보아도 단적으로 드러난다.[9]

이 현상학적 사회학의 출생신고서와도 같은 『사회세계의 의미 구조』는 곧바로 학계의 주목을 받았다. 후설 또한 아주 긍정적인 반응을 보였다. 예컨대 1932년 슈츠에게 보낸 편지에서 후설은 슈츠를 "진지하고도 철저한 현상학자"라고 극찬하면서, "아주 심층적이지만 유감스럽게도 그 의미를 파악하기가 매우 어려운 내〔후설의〕 필생의 작업의 의미에 도달한, 따라서 〔…〕 이 작업의 믿음직한 계승자라고 볼 수 있는 몇 안 되는 사람들 가운데 한 사람"이라고 평가했다.[10] 그 후 슈츠는 자주 후설이 가르치고 있던 프라이부르크에 머물면서 후설 및 그 서클과 교류했다. 후설은 그에게 자신의 조수가 되어줄 것을 청했지만 슈츠는 거절했다.[11] 1935년에는 후설의 주선으로 구르비치를 알게 되었는데, 이 두 지식인은 현상학에 대한 견해 차이에도 불구하고 평생 우정을 나누었다.[12]

그렇다면 슈츠는 어떻게 해서 베버의 사회학을 접하게 되었을까? 그것은 그의 스승 미제스를 통해서였다. 미제스는 오스트리아 한계효용학파의 창시자이자 그의 스승인 멩거와 마찬가지로 방법론적 개인주의에서 출발한다. 다시 말해 주관적 행위와 가치의 관점에서 경제적 현상에 접근한다. 이 점에서 베버도 멩거로부터 결정적인 영향을 받았다. 베버는 경제적 영역에

---

9  『알프레트 슈츠 저작집』 제III-1권이 『철학적-현상학적 저작: 에드문트 후설 현상학 비판』이라는 제목하에 슈츠가 30년 가까이 후설에 대해 쓴 글을 담고 있다는 사실은, 후설의 현상학이 슈츠의 사회학 발전에 지니는 의미를 보여준다. Alfred Schütz, *Philosophisch-phänomenologische Schriften 1. Zur Kritik der Phänomenologie Edmund Husserls: Alfred Schütz Werkausgabe III.1*, Konstanz: UVK Verlagsgesellschaft 2009.

10  Michael Hanke, 앞의 책(2002), 21쪽에서 재인용.

11  같은 곳.

12  슈츠와 구르비치의 관계에 대해서는 다음을 참고할 것. Lester Embree, "Some Philosophical Differences within a Friendship: Gurwitsch and Schutz", in: Hisashi Nasu, Lester Embree, George Psathas & Ilja Srubar (Ed.), 앞의 책(2009), 231~53쪽.

국한되어 있던 멩거의 방법론적 개인주의를 문화과학 전반으로 확장했는데, 사회학은 바로 이 문화과학의 일부분이었다. 그리하여 베버의 인식체계는 어떤 의미에서 멩거의 문화과학적-사회학적 해석으로 볼 수 있다. 그리고 미제스는 그의 이해경제학의 맥락에서 베버의 이해사회학을 즐겨 다루었다.[13] 바로 이것이 슈츠와 베버를 연결하는 가교가 되었다.[14]

베버의 사회학은 행위자가 그의 행위에 주관적으로 부여하는 의미를 이해하고 설명하고자 한다. "사회학이란" ── 베버는 「사회학의 기본 개념」에서 이렇게 정의를 내리고 있다 ── "사회적 행위를 해석적으로 이해하며 이에 근거해 그 과정과 결과 속에서 인과적으로 설명하는 과학이다." 베버에 따르면 행위란 "단수 또는 복수의 행위자가 주관적인 **의미**를 결부시킨 경우의 그리고 그러한 한에서의 인간 행동(그것이 외적 또는 내적 행함이든, 불이행 또는 이행이든 상관없이)을 가리킨다." 그리고 사회적 행위란 "어떤 행위가 단수 또는 복수의 행위자에 의해 부여된 의미에 따라 **타자들의** 행동에 관계되며 그 과정에서 거기에 지향되는 행위를 가리킨다."[15]

---

13 Michael Hanke, 앞의 책(2002), 18쪽.
14 한 걸음 더 나아가 미제스의 이해경제학이 베버의 이해사회학 및 후설의 현상학과 더불어 슈츠의 행위론적 사회학을 떠받치는 세 개의 주춧돌이라는 주장도 있다. 말하자면 미제스의 이해경제학과 베버의 이해사회학을 현상학적으로 매개한 결과가 바로 슈츠의 행위론적 사회학이라는 것이다. Martin Endress, "Phänomenologisch angeleitete Vermittlung von 'verstehender Soziologie' und 'begreifender Ökonomik': Alfred Schütz' handlungsanalytische Perspektive", in: Manfred Gabriel (Hrsg.), *Paradigmen der akteurszentrierten Soziologie*, Wiesbaden: Verlag für Sozialwissenschaften 2004, 223~60쪽. 슈츠는 1934년에 『경제학의 근본 문제들』(1933)이라는 미제스의 책에 대한 서평을 썼는데, 거기에 베버에 대한 논의, 주로 베버 해석에 있어서 자신과 미제스의 차이점에 대한 논의가 나온다. Alfred Schütz, "Rezension zu Ludwig Mises, *Grundprobleme der Nationalökonomie*", in: *Alfred Schütz Werkausgabe IV: Zur Methodologie der Sozialwissenschaften*, Konstanz: UVK Universitätsverlag 2010, 47~57쪽. 슈츠와 미제스의 관계는 다음을 참고할 것. Thomas S. Eberle, "In Search for Aprioris: Schutz's Life-World Analysis and Mises' Praxeology", in: Hisashi Nasu, Lester Embree, George Psathas & Ilja Srubar (Ed.), 앞의 책(2009), 493~518쪽. 또한 오스트리아 한계효용학파와 베버의 관계에 대해서는 다음을 참고할 것. 김덕영, 앞의 책(2012), 304쪽 이하. 그리고 다음을 보면 미제스에 대한 간략한 조망을 얻을 수 있을 것이다. 홍훈, 『인간을 위한 경제학: 고전으로 읽는 경제사상사』, 도서출판 길 2008, 제4장(199~258쪽).

그런데 베버는 행위의 근본 사실이자 기본 개념이 되는 주관적 의미가 어떻게 구성되는가에 대해서는 논하지 않는다. 또한 행위자가 그의 행위에 주관적으로 부여하는 의미가 어떻게 다른 행위자에 의해 이해되는가, 즉 상호주관성에 대해서도 논하지 않는다. 그 이유는 무엇보다도 베버가 사회학적 기본 개념을 발전시키면서 염두에 두었던 것이 행위이론 자체나 의미이론 자체의 구축이 아니었기 때문이다. 그보다 베버는 인간의 문화적 삶에 대한 실제적인 연구를 위한 개념적-방법적 기초를 염두에 두고 있었다. 그리하여 의미와 행위의 주관성을 강조하는 데에 논의의 초점을 맞춘 반면 그 이외의 다양한 측면에 대한 논의는 단초적인 수준에 머문 경우가 많았다.[16]

그러나 슈츠가 보기에 의미 구성에 대한 논의가 결여되어 있다는 것은 행위이론의 결정적인 결함이 아닐 수 없으며, 이 결함은 행위에 부과된 주관적 의미의 개념을 해체하고 베버의 이해사회학에 철학적 토대를 제공함으로써, 즉 베버의 행위이론을 구성론적으로 정초함으로써 극복할 수 있다.[17] 이

---

15  Max Weber, 앞의 책(1972), 1쪽.

16  베버의 이해사회학에서 의미 개념이 차지하는 위치에 대해서는 다음을 참고할 것. 김덕영, 앞의 책(2012), 815쪽 이하.

17  Thomas Schwinn, 앞의 책(1993a), 149쪽; Wolfgang Ludwig Schneider, *Grundlagen der soziologischen Theorie*, Bd. 1: *Weber-Parsons-Mead-Schütz*, Wiesbaden: Verlag für Sozialwissenschaften 2002a, 295~96쪽. 이처럼 사회학 이론을 철학적으로 정초하는 이유는 무엇일까? 그것은 무엇보다도 사회학의 근본적인 물음—"어떻게 사회가 가능한가?", 또는 보다 정확히 표현하자면 "어떻게 사회적 질서가 가능한가?"—이 철학에서 그 직접적인 해답은 아니더라도 사회적 질서를 구성하는 심층적인 조건들에 대한 성찰을 얻을 수 있기 때문이다. 철학은 모든 경험과학에 앞서 인간의 세계 내적 존재와 삶 및 활동에 대해 사유한다. 이러한 의미에서 철학은 경험과학에 비해 근본적 경험 또는 근원적 경험이라고 할 수 있다. 이러한 '철학적' 경험에 비추어보면 사회적 현실은 인간의 세계 내적 존재와 삶 및 활동이라는 보다 심층적인 조건들로부터 생성되는 질서로 파악된다. 이 가능성은 무엇보다도 실용주의와 생철학—특히 베르그송의 생철학—그리고 현상학에서 기대할 수 있다. 그 밖에도 사회학은 다음과 같은 점에서 현상학과 친화성을 보인다. 사회학이 사회질서는 인간에 의해 창출된 것이라고 가정하듯이, 현상학은 인간적 현실이 주체들의 행위에 의해 구성된다는 사고에서 출발한다. 바로 이 구성론적 성격 때문에 사회학이 사회질서의 가능성이라는 근본적인 물음 앞에서 현상학, 그 가운데에서도 특히 후설의 생활세계 이론에 접목하는 것이다. 이 이론은 모든 과학에 앞서는 근원적 명증성의 영역과 그 영

와 관련해 슈츠는 『사회세계의 의미 구조』에서 다음과 같이 말하고 있다.

> 베버의 업적은 그가 다양하게 서남학파의 철학을 받아들임으로써 주관적
> 으로 부여된 의미라는 중대한 문제를 사회세계의 인식에 접근하는 완전히 독
> 립된 원리로 통찰했다는 점에서 더욱더 독창적이다. 그리하여 이 연구는 그 이
> 상의 목적, 즉 이해사회학에 지금까지 결여된 철학적 토대를 제공하며 현대 철
> 학의 보증된 연구 결과들을 통해 이해사회학의 근본적 입장에 버팀목이 되려
> 는 목적을 추구한다.[18]

------

역의 구성에 대한 성찰을 제시함으로써 사회학 이론의 철학적 정초에 결정적으로 기여한
다. 이에 반해 하이데거의 실존철학은 세계 내 존재에 대한 기초존재론을 구축했음에도 불
구하고 사회학적 사고에 거의 영향을 미치지 못했는데, 이는 무엇보다도 하이데거가 생활
세계의 구성론을 제공한 후설과 달리 생활세계를 "타락한" 존재양태와 "진정한" 존재양
태로 해체하기 때문이다. Ilja Srubar, *Phänomenologie und soziologische Theorie. Aufsätze zur
pragmatischen Lebenswelttheorie*, Wiesbaden: Verlag für Sozialwissenschaften 2007, 36쪽 이하.
다음의 총서에 실린 연구들은 하이데거의 주저 『존재와 시간』이 사회과학적 인식의 근본
문제에 대해 갖는 의미를 논하고 있다. Johannes Weiss (Hrsg.), *Die Jemeinigkeit des Miteins.
Die Daseinsanalytik Martin Heideggers und die Kritik der soziologischen Vernunft*, Konstanz:
UVK Verlagsgesellschaft 2001b.

18  Alfred Schütz, 앞의 책(2004), 128쪽. 이 인용구절에 나오는 '서남학파'라는 단어는 신칸트
학파의 한 갈래를 가리킨다. 신칸트학파는 "칸트로 돌아가라"라는 기치하에 대략 1870년
대부터 1930년대까지 독일 지성계를 풍미한 철학 사조이다. 사실 신칸트학파는 말이 학파
지 수백 명의 강단철학자들을 포괄하는 일종의 시대적 분위기나 지적 경향으로 보는 것이
더 타당할지도 모른다. 당시 거의 모든 철학 교수가 어느 정도 이 운동과 관련이 있었다. 그
리고 신칸트학파는 그 대표자의 수만큼이나 다양한 형태를 취했다. 이 모든 것에도 불구하
고 신칸트학파는 마르부르크학파와 서남학파로 대별해볼 수 있다. 전자는 마르부르크 대
학을 중심으로 발전했기 때문에, 후자는 그 중심지인 하이델베르크 대학과 프라이부르크
대학이 독일 서남부에 위치하기 때문에 붙여진 이름이다. 서남학파는 달리 바덴학파라고
도 불리는데, 그 이유는 하이델베르크 대학과 프라이부르크 대학이 바덴 대공국에 속해 있
었기 때문이다. 마르부르크학파와 서남학파의 가장 커다란 차이점 중 한 가지는, 전자가
일차적으로 인식론과 다양한 개별 과학의 논리적 정초를 추구했다면, 후자는 특히 문화철
학과 가치철학의 구축을 시도했다는 점에서 찾을 수 있다. 서남학파의 대표자가 빌헬름 빈
델반트(1848~1915)와 하인리히 리케르트라면, 마르부르크학파의 대표자는 헤르만 코엔
(1842~1918)과 파울 나토르프(1854~1924)이다. 베버는 서남학파 가운데에서도—이
미 제2장 제3절에서 간략하게 언급한 바와 같이—특히 리케르트로부터 영향을 받았다.
한국에서는 신칸트학파에 대해 알려진 바가 거의 없다. 아쉬운 대로 다음을 참고할 것. 김

다시 말해 슈츠는 전(前)사회학적이며 따라서 모든 경험적 현실에 앞서 보편적 타당성을 요구하는 철학적 사유에 힘입어 베버의 행위 개념을 근본화함으로써 인간의 행위와 생활세계에 대한 보편적 이론을 구축하고자 시도한다.[19] 이로써 이해사회학은 사회적 행위의 주관적 의미를 이해하려는 시도에서 생활세계의 주관적-객관적 구조를 분석하려는 시도로 넘어간다.

그런데 슈츠와 철학의 관계는 후설에서 끝나는 것이 아니다. 슈츠는 그밖에도 적극적으로 고트프리트 라이프니츠(1646~1716), 쇠렌 키르케고르 (1813~55), 윌리엄 제임스(1842~1910), 막스 셸러(1874~1928), 마르틴 하이데거(1889~1976) 등의 철학을 끌어들여 자신의 지적 세계를 건축하는 자료로 활용한다.[20] 그런데 여기에서 한 가지 매우 중요한 점은 슈츠가 형이상학적이거나 초월철학적인 관점이 아니라 어디까지나 경험적-인간학적 관점에서 철학적 이론을 수용한다는 사실이다. 예컨대 그는 키르케고르와 특히 하이데거의 철학을 충실하게 그 본래적인 기초존재론적 또는 실존철학적 의미에서 받아들이지 않고 경험적-인간학적 의미에서 인간 조건에 대한 사유로 재해석한다. 슈츠가 사용했던 하이데거의 저서 『존재와 시간』을 보면, 슈츠가 얼마나 집약적으로 하이데거의 철학을 연구하고 주해했는가를 알 수 있다. 그 가운데에서도 특히 현존재의 공간성, 근원적 불안 및 죽음에 이르는 존재의 유한성 체험에 대한 논의가 슈츠의 주목을 끌었다. 그리고 유한성의 체험에서 오는 근원적 불안의 경우는 1945년에 나온 논문 「다양한 현실에 대하여」에서 세계 내 행위의 기본적 모티프로 다루어졌다.[21] 아무튼

---

덕영, 『주체 · 의미 · 문화: 문화의 철학과 사회학』, 나남출판 2001, 53쪽 이하; 김덕영, 앞의 책(2015), 271쪽 이하. 참고로 이 각주도 두 번째 책 274~75쪽을 약간 변경한 것이다.

19  Wolfgang Ludwig Schneider, 앞의 책(2002a), 234쪽 이하.

20  다음의 총서에 실린 글들은 슈츠와 그의 다양한 지적 파트너들 사이의 관계를 논하고 있다. Hisashi Nasu, Lester Embree, George Psathas & Ilja Srubar (Ed.), 앞의 책(2009).

21  Ilja Srubar, 앞의 책(1988), 189~90쪽; Martin Endress & Ilja Srubar, "Einleitung der Herausgeber", in: Alfred Schütz, *Theorie der Lebenswelt 1. Die pragmatische Schichtung der Lebenswelt: Alfred Schütz Werkausgabe V.1*, Konstanz: UVK Verlagsgesellschaft 2003a, 7~29 쪽, 여기서는 16쪽; Hubert Knoblauch, Ronald Kurt & Hans-Georg Soeffner, 앞의 글

슈츠는 그의 철학적 '보증인들'이 인간과 그의 행위에 관한 이론에서 수렴한다고 해석했으며, 이러한 해석은 그에게 철학적 인식에 접목해 베버의 행위이론을 더욱더 발전시킬 수 있는 논리적 명증성을 제공했다.[22]

## (3) 왜 사회학을 현상학적으로 정초하는가?

슈츠가 추구한 사회학은 정확히 말하자면 현상학적으로 정초된 사회학, 더 정확히 말하자면 현상학적으로 정초된 이해사회학이다. 여기서 이해사회학은 베버의 사회학, 즉 사회적 행위를 이해하고 설명하는 사회학이다. 이처럼 베버의 사회학적 전통에 서 있기 때문에, 아니 그 전통에 입각하면서 그 전통을 극복하려고 시도하기 때문에 슈츠는 1941년 파슨스에게 보낸 편지에서 바로 그러한 시도를 한 자신의 주저 『사회세계의 의미 구조』가 "사회적 행위에 대한 하나의 체계적인 이론을 발전시켰다"고 역설한다. 이 책의 원리들은 "사회적 행위에 대한 하나의 이론적 체계에서 통합되는바", 이 체계는 역시 베버의 전통에 입각해 행위이론을 발전시킨 파슨스의 체계와 다른 관점에서 출발하지만 파슨스의 체계와 마찬가지로 "경험적 의도를 갖는 하나의 이론적 도식을 발전시킴을 목표로 한다."[23]

앞에서 언급한 대로, 슈츠는 베버의 과학적 업적을 높이 평가하는 동시에 베버의 이해사회학에는 철학적 토대가 결여되어 있다고 비판하면서 그에 대한 해결책을 찾고자 한다. 이는 무엇보다도 『사회세계의 의미 구조』서문의 첫 구절을 보면 확연히 드러난다.

이 책은 다년간 베버의 과학이론적 저작과 집중적으로 씨름한 결과이다.

(2003), 8~9쪽; Ilja Srubar, 앞의 책(2007), 35~36쪽.
22  Ilja Srubar, 앞의 책(1988), 203쪽.
23  Alfred Schütz & Talcott Parsons, 앞의 책(1977), 109~10쪽.

나는 이 연구 과정에서 베버의 문제 제기는 비록 사회과학의 모든 진정한 이론의 출발점을 궁극적으로 규정했지만 그의 분석은 정신과학의 인식절차 자체에서 생겨나는 많은 중요한 과제들을 해결할 수 있는 유일한 토대인 저 심층에는 아직 이르지 못했다고 확신하기에 이르렀다. 무엇보다도 주관적 의미라는 베버의 중심 개념이 보다 근원적인 고찰을 필요로 하는바, 사실 이 개념은 분명 그에게 낯설지 않았지만 그가 상세하게 분석하지 않은 수많은 아주 중요한 문제들을 아우르는 칭호일 뿐이다. 이 문제들의 거의 모두는 엄격히 철학적인 자기성찰을 통해서만 규명할 수 있는 체험시간(내적 시간감각)이라는 현상과 아주 밀접하게 연결되어 있다. 이 현상을 규명해내야 비로소 정신과학의 매우 복잡한 기본 개념들의 구조가 해명될 수 있는바, 그 개념들이란 예컨대 자기이해와 타자이해, 의미 부여와 의미 이해, 상징과 징후, 동기와 기투, 의미적합성과 인과적합성이며, 특히 이념형적 개념 구성의 본질과 이로부터 도출되는바 사회과학이 그 대상에 대해 갖는 특유한 태도의 본질이다. 물론 이 모든 것은 광범위하고 때때로 상당히 어려운 고찰을 요구하는데, 이러한 고찰은 사회과학의 기본 주제와 그 특별한 방법을 명료하게 하고자 한다면 피할 수 없는 것이다. 지금까지 충분히 분석되지 않은 사회적 존재의 근원 현상들에 대한 그와 같은 해명만이 사회과학적 인식방법을 정확하게 이해할 수 있도록 보증해준다. 그렇게 철학적으로 정초된 방법론만이 그 어느 때보다 오늘날 사회과학 그리고 특히 사회학의 영역에서의 연구를 방해하는 의사(擬似)문제들을 제거할 수 있다.[24]

요컨대 베버는 "사회과학의 모든 진정한 이론의 출발점을 궁극적으로 규정한" 업적이 있지만 "사회적 존재의 근원 현상들"을 제대로 규명하지 않았다는 것이 슈츠의 판단이다. 이러한 근원 현상들은 달리 말해 "사회과학적 문제의 뿌리들"인데, 이 뿌리들을 "의식적 삶의 근원적 사실들까지 더듬어 소급해야만" 사회과학 그리고 특히 사회학의 철학적 정초가 가능하다는 것

---

24  Alfred Schütz, 앞의 책(2004), 75쪽.

이다. 그리고 의식적 삶이란 — 방금 인용한 구절에서 드러나듯이 — 체험 시간 또는 내적 시간감각을 가리킨다(내적 시간감각은 내적 시간의식으로 읽는 것이 보다 확실하게 와 닿을 것이다). 이 체험시간 또는 내적 시간의식에 대한 연구는 베르그송과 후설에게서 찾아볼 수 있는데, 슈츠는 특히 후설의 현상학이 의미 문제의 철학적 정초를 가능케 한다고 본다.[25] 다음의 인용구절을 보면 명백히 알 수 있듯이, 사실 의미 문제는 슈츠 사회학의 핵심적 주제이다.

> 이 과학의〔이해사회학의〕 과제는 우선적으로 그리고 무엇보다도 사회세계에서 살아가는 사람들이 수행하는 의미 해석과 의미 부여의 과정을 기술하는 것이다. 이 서술은 경험적이거나 또는 직관적일 수 있고, 개별적인 것이나 또는 유형적인 것을 그 대상으로 할 수 있으며, 세계 내적이고 사회적인 구체적 상황들을 통해서나 또는 고도의 보편성을 띠고 실행될 수 있다. 그리고 더 나아가 이해사회학은 이런 식으로 얻은 해석의 도식들을 가지고 사회세계에서의 의미 부여와 의미 해석의 과정을 통해서 구성된 문화적 대상들에 접근하고자 하며, 이 대상들을 그것들을 구성하는 의미로 거슬러 올라감으로써 "이해하고자" 한다.[26]

슈츠에 따르면 의미는 주관적인 동시에 상호주관적이다. 그러니까 주관적-상호주관적 의미의 해석과 부여의 과정이 슈츠 사회학의 일차적인 인식 관심이 된다. 언급한 바와 같이, 슈츠는 후설이 분석한 의식적 삶에서 의미 문제를 철학적으로 해결할 수 있는 철학적 실마리를 찾는다. 슈츠가 이해사회학의 철학적 정초를 위해 현상학을 선택한 또 한 가지 중요한 이유는 주관성과 상호주관성의 결합 가능성에 있다. 현상학적 분석은 "복잡한 인간적 현실의 구조에서 전제되는 근본적인 주관적 의식과정을 **그리고** 상호주관적

---

25  같은 책, 75~76쪽.
26  같은 책, 438쪽.

구조를 드러낼 수 있다"는 것이 슈츠의 확신이다.[27] 슈츠가 후설의 현상학에 접목하여 이해사회학을 철학적으로 정초하고자 하는 마지막 이유는 체계적 관점과 발생적 관점의 결합 가능성에 있다. 이는 1939년 슈츠가 구르비치에게 보낸 편지를 보면 명백히 알 수 있다. ―후설의 현상학은 "'동일한' 현상들에 대한 이중적 해석의 가능성을 〔제공한다〕. 이것들은 한편으로 다 구성된 것으로, 즉 이미 만들어져 있는 것으로 간주되며, 다른 한편으로 '그 역사에 대해' 묻는다. 한편으로는 자연적 태도에서 출발하는데, 이 태도에서는 프래그머틱한 근거에서 동일한 대상들의 세계가 의심의 여지가 없고 자명하게 주어진 것으로 평가된다. 그리고 다른 한편으로는 지향적 작동이 그 시간적 과정의 흐름 속에서 구성되는 것을 추적한다."[28]

여기에서 피상적으로나마 잠시 후설의 현상학을 살펴볼 필요가 있다. 흔히 현상학은 그 명칭 때문에 현상에 대한 존재론적 성찰이라고 생각하기 쉽다. 그러나 후설은 인간 의식, 보다 정확히 말하자면 인간 의식의 작용 ―이는 달리 말해 인간 의식의 행위라고 할 수 있음― 구조와 과정에서 출발한다. 후설에 따르면 인간 의식은 우리에게 스스로를 보인다. 다시 말해 인간 의식은 우리에게 있는 그대로 나타나며, 따라서 우리는 인간 의식을 현상처럼 그 자체적 소여성에서 관찰하고 기술할 수 있다. 바로 이런 연유로 후설은 자신의 철학적 방법을 "현상학적"이라고 명명한 것이다. 인간 의식의 현상학![29] 후설은 "사태(事態) 자체로!"를 현상학의 모토로 내걸었는데, 여기

---

27  Martin Endress, *Alfred Schütz*, Konstanz: UVK Verlagsgesellschaft 2006a, 48쪽.

28  Alfred Schütz & Aron Gurwitsch, 앞의 책(1985), 41쪽. 여기서는 Martin Endress, 앞의 책 (2006a), 49쪽에서 재인용.

29  후설에게 의식은 "바로 무엇인가에 '대한' 의식이다. '의미', 다시 말하자면 '영혼', '정신', '이성'의 정수를 내포하고 있는 것이 의식의 본질이다. 의식은 '심리적 복합체들'을 표현하는 호칭도 아니고 융합된 '내용들'을 표현하는 호칭도 아니며, 또한 그 자체로서는 의미가 없을뿐더러 임의로 혼합되어서도 아무런 의미를 창출할 수 없는 '감각들'의 '다발'이나 흐름을 표현하는 제목도 아니다. 그것은 철두철미하게 '의식'으로서 모든 이성과 비이성의 원천이자 모든 정당성과 비정당성, 모든 실재와 허구, 모든 가치와 무가치, 모든 행위와 비행위의 원천이다. 의식은 또한 감각주의가 의식을 보는 것과는 완전히 다른 무엇인가이며 그 자체로서는 사실상 무의미하고 비합리적인 ―물론 합리화될 수

에서 사태란 객관적으로 또는 외부적으로 주어진 사태가 아니다. 그것은 오히려 인간 의식의 작용 그 자체를 의미한다. 후설에 따르면 인간 의식의 작용에 대한 모든 진술은 그 어떤 객관적, 초월적, 형이상학적 또는 심리학적 심급이 아니라 현상학적으로 관찰되고 기술되는 인간 의식 그 자체에 근거가 있기 때문이다. 후설은 의식이 작용하는 형식을 지향성(志向性)이라고 부른다. 방금 인용한 편지의 맨 마지막 문장에 나오는 "지향적"이라는 형용사는 바로 이 지향성을 가리킨다.

후설은 칸트의 전통에 입각해 주체에서 출발한다. 그러나 두 철학자 사이에는 결정적인 차이가 있다. 칸트가 수동적 감성 즉 직관과 능동적 오성 즉 범주를 구분하는 반면, 후설은 둘 다 직관으로 파악한다. 후설에 의하면 직관은 어떠한 경우에도 대상과 관계를 갖는다. 이러한 인식론적 재정향을 가능케 한 것이 지향성 개념이다. 지향성은 후설 현상학의 중심점이자 출발점이다.

현상학 전체를 포괄하는 문제를 지향성이라고 한다. 이것은 바로 의식의 근본 특성을 나타내며, 모든 현상학적인 문제를 〔…〕 배치하는 원리이기도 하다. 그러므로 현상학은 지향성의 문제와 더불어서 시작된다.[30]

말하자면 지향성은 후설의 철학적 사유 전체를 관통하는 핵심 개념이다. 그의 현상학은 어떻게 보면 지향성 개념을 확장하고 심화하려는 지적 모험의 과정이라고 할 수 있다. 구체적으로 지향성이란 주체가 대상과 관계를 맺거나 주체가 대상에 행하는 행위를 가리킨다.[31] 후설에게 지향성은 인간 의

있지만—소재들과도 완전히 다른 무엇인가이다." Edmund Husserl, *Ideen zu einer reinen Phänomenologie und phänomenologischen Philosophie, Erstes Buch: Allgemeine Einführung in die reine Phänomenologie: Husserliana III*, Den Haag: Martinus Nijhoff 1950, 212~13쪽.

30  같은 책, 357쪽.

31  Edmund Husserl, *Logische Untersuchungen, Zweiter Teil: Untersuchungen zur Phänomenologie und Theorie der Erkenntnis: Husserliana XIX*(1901), Den Haag: Martinus Nijhoff 1984,

식의 보편적인 작용 형식 또는 행위 형식이다. 왜냐하면 지향성은 인식 이외에도 다음과 같이 아주 다양한 의식의 작동을 포괄하기 때문이다. 시간의식, 감각, 내적-외적 인지, 기억, 환상, 예감, 표상의식, 감정이입, 추상, 이상화, 사고, 판단, 추론, 상징의식, 가치평가, 동의, 고통과 쾌락감각, 다양한 감정의식, 충동의식, 욕망, 의지, 동기, 기질, 관습, 성격, 입지 등.[32] 바로 이 다양한 의식의 지향적 작동을 통해 자아와 타자 사이에 상호주관성이 형성된다.

후설에 따르면 의식은 부단히 흐르면서, 보다 정확히 말하자면 시간 속에서 부단히 흐르면서 지향적 작동을 하게 되며, 또한 그리됨으로써 자아와 타자가 매개되어 상호주관성이 형성된다. 후설은 1893년부터 1917년까지 이처럼 현상학에서 중요한 위치를 차지하는 시간의 문제를 심층적으로 다루었다.[33] 슈츠가 ─『사회세계의 의미 구조』서문의 첫 구절에서 ─ "정신과학의 매우 복잡한 기본 개념들의 구조가 해명될 수" 있기 위해서는 반드시 필요한 것으로 본 체험시간 또는 내적 시간감각(내적 시간의식)은 바로 이를 가리키는 것이다. "엄격히 철학적인 자기성찰을 통해서만 규명할 수 있는" 이 현상을 다름 아닌 후설이 규명해냈던 것이다.

그렇다면 베르그송은? 사실 슈츠는 처음에 베르그송의 시간철학에 접목해 철학과 사회학의 결합, 보다 정확히 말하자면 사회학의 철학적 정초를 추구하려 했다.[34] 그러나 슈츠가 보기에 지향성에 기반하는 후설의 현상학과 달리 주체의 내적 지속이라는 시간이론을 내세우는 베르그송의 생철학은

---

379쪽 이하. 후설의 지향성 개념에 대해서는 무엇보다도 다음을 참고할 것. Wolfgang Künne, "Edmund Husserl: Intentionalität", in: Josef Speck (Hrsg.), *Grundprobleme der grossen Philosophen. Philosophie der Neuzeit IV*, Göttingen: Vandenhoeck & Ruprecht 1986, 165~215쪽.

32  Ullrich Melle, "Die Phänomenologie Edmund Husserls als Philosophie der Letztbegründung und radikalen Selbstverantwortung", in: Hans Rainer Sepp (Hrsg.), *Edmund Husserl und die phänomenologische Bewegung. Zeugnisse in Text und Bild*, Freiburg / München: Karl Alber 1988, 45~59쪽, 여기서는 52쪽.

33  Edmund Husserl, *Zur Phänomenologie des inneren Zeitbewusstseins(1893~1917): Husserliana X*, Den Haag: Martinus Nijhoff 1969.

주관적 의미가 객관적 의미로 이행하는 문제를 해결할 수 없었다.[35] 슈츠가 진정한 돌파구를 찾을 수 있었던 것은 1920년대 중반 후설의 철학과 집중적으로 씨름하기 시작하면서부터이다. 특히 후설이 1904년에 괴팅겐 대학에서 강의한 후 1928년에 책으로 낸 『내적 시간의식의 현상학에 대한 강의』(이 책은 『후설 총서』 제10권에 포함되어 있음)와 1929년에 출간한 『형식논리학과 선험논리학: 논리적 이성비판 시론』(이 책은 『후설 총서』 제17권을 구성하고 있음)이 결정적인 역할을 했다.

아무튼 후설의 현상학에 의거해 이해사회학을 철학적으로 정초하는 작업은 체계적 관점에서는 행위 및 작용(이 개념은 곧 다시 논의될 것임)의 상호주관적 구조의 분석을 문제시하고 발생적 관점에서는 주관적 의식현상과 지향적 구조의 분석을 문제시한다. 이는 결과적으로 사회적 현실의 상호주관적 구조에 대한 연구가 그 근저를 이루는 지향성의 구조로 끊임없이 피드백을 이루면서 수행되어야 함을 뜻하는 것이다.[36]


## (4) 생활세계와 그 구조

흔히 슈츠의 사회학은 생활세계의 이론 또는 생활세계의 구조 분석과 동일시되곤 한다. 또한 생활세계는 현상학적 사회학의 개념적 토대로 간주되는데, 이는 생활세계의 개념이 자아, 타자, 의미, 체험, 행위, 작용, 사회적 현실 등과 같이 현상학적 사회학의 주요 개념들을 결합하는 원리이기 때문이다. 잘 알려져 있다시피, 이 개념은 슈츠가 후설에게서 받아들인 것이다. 그

---

34  이에 대한 상세한 논의는 다음을 참고할 것. Ilja Srubar, 앞의 책(1988), 51쪽 이하, 89쪽 이하.

35  Martin Endress & Joachim Renn, "Einleitung der Herausgeber", in: Alfred Schütz, *Der sinnhafte Aufbau der sozialen Welt. Eine Einleitung in die verstehende Soziologie: Alfred Schütz Werkausgabe II*, Konstanz: UVK Universitätsverlag 2004, 7~66쪽, 여기서는 36, 39쪽.

36  Martin Endress, 앞의 책(2006a), 49쪽.

런데 슈츠의 주저 『사회세계의 의미 구조』에서는 아직 생활세계의 개념이 나타나지 않는다. 제목 그대로 거기서는 생활세계 대신에 사회세계가 논의의 대상이다. 사실상 슈츠의 저작에서 양자는 동일한 의미로 쓰이고 있다.

사실 『사회세계의 의미 구조』가 출간될 시점인 1932년만 해도 후설 자신이 생활세계 개념을 아직 도입하지 않은 상태였다. 후설이 이 개념을 처음 사용한 것은 1935년 5월 중순 빈에서 한 강연 "유럽 인류의 위기와 철학"에서이다. 슈츠는 이 강연을 들었다. 그리고 1935년 11월 중순 후설은 프라하에서 "유럽 인류의 위기"라는 주제의 강연을 했는데, 슈츠는 이 강연을 듣기 위해 부인 일제 슈츠 그리고 법철학자 카우프만과 함께 프라하에 갔다(이미 언급한 바와 같이 슈츠는 카우프만을 통해 후설의 현상학을 접하게 되었다). 그리고 이때부터 슈츠의 저작에서 생활세계 개념이 핵심적인 위치를 차지하기 시작한다. 또한 1954년 후설의 저서 『유럽 과학의 위기와 선험적 현상학: 현상학적 철학 서설』이 출간되었는데, 이는 슈츠가 생활세계의 이론을 발전시키는 과정에서 결정적인 역할을 하게 된다.[37] 생활세계에 대한 슈츠의 여러 글들은 그의 사후 토마스 루크만에 의해 『생활세계의 구조』라는 제목하에 두 권으로 출간되었다(제1권과 제2권은 각각 1975년과 1984년에 나왔음).

슈츠는 유고작 『생활세계의 구조』에서 생활세계의 특징을 다음과 같이 서술하고 있다.

> 생활세계에서 우리는 인간으로서 거기에 공동으로 속하는 인간들과 더불어 자연, 문화 및 사회를 자연적인 태도 속에서 경험하고 그 대상들에 대해 입장을 정하며 그 대상들로부터 영향을 받고 그 대상들에게 영향을 미친다. 이러한 태도를 취하게 되면 생활세계의 존재와 그 내용들이 갖는 전형은 무효가 될

---

37  같은 책, 51쪽. 후설의 빈 강연과 프라하 강연은 『후설 총서』의 제6권인 『유럽 과학의 위기와 선험적 현상학: 현상학적 철학 서설』에 수록되어 있다. Edmund Husserl, *Die Krisis der europäischen Wissenschaften und die transzendentale Phänomenologie. Eine Einleitung in die phänomenologische Philosophie*: *Husserliana VI*, Den Haag: Martinus Nijhoff 1976, 314~48쪽.

때까지 의심의 여지 없이 주어진 것으로 받아들여진다. 후설이 보여준 바와 같이,[38] 우리의 사고는 "기타 등등"과 "나는 몇 번이고 되풀이하여 할 수 있다"라는 이상성에서 수행된다. 전자의 이상성은 지금까지 우리의 경험에서 타당한 것으로 입증된 것은 앞으로도 타당한 것으로 남게 된다는 가정으로 이어진다. 그리고 후자의 이상성은 내가 지금까지 이 세계에서 작용하고 이 세계에 영향을 미치면서 수행할 수 있었던 것을 미래에도 다시 그리고 몇 번이고 되풀이하여 수행할 수 있게 되리라는 기대로 이어진다. 그러므로 우리는 생활세계에서의 자연적 태도를 특징지으며 그 자체가 의심의 여지 없이 주어진 것으로 간주되는 기본 가정에 대해 말할 수 있다. 그것은 세계구조는 항상적이라는, 우리가 세계를 경험하는 타당성은 항상적이라는, 그리고 세계에 영향을 미치고 세계에서 작용할 수 있는 우리의 능력은 항상적이라는 가정이다.[39]

이 인용구절에 나오는 "의심의 여지 없이 주어진 것"은 "우리에게 친숙하고 '자명한 것'"으로서 "우리가 자연적 태도에서 세계와 우리를 이해하는 하나의 형식"이다. 물론 의심의 여지 없이 주어진 것으로 받아들여지는 것이 언제라도 이론적, 실천적 또는 정서적으로 문제가 될 수 있다. 그러나 중요한 점은 "문제시되는 모든 것이 의심의 여지 없이 주어진 것을 근본 원인으로 해서 일어나며", 또한 "모든 문제 해결은 의문시된 것을 질문 과정을 통해 새로이 의심의 여지가 없게 된 것으로 변화시키는 데에 있다"는 사실이다. 이는 의심의 여지 없이 자명한 것에는 이미 "개방적인 내적-외적 지평들"이 내포되어 있기 때문인바, 이 지평은 "자연적 태도에 있는 우리에게 해석의 가능성으로 주어진다. 이제까지 자명했던 것이 의문시되면서 생겨나는 실천적 또는 이론적 문제를 해결하려면 우리는 해석하면서 이 지평들

---

38  이는 구체적으로 다음에서이다. Edmund Husserl, *Formale and transzendentale Logik. Versuch einer Kritik der logischen Vernunft: Husserliana XVII*, Den Haag: Martinus Nijhoff 1974, § 74.
39  Alfred Schütz, 앞의 책(2003a), 327쪽.

안으로 들어가야 한다."[40]

　이처럼 생활세계가 자연적 태도, 의심의 여지 없이 주어진 것, 친숙한 것, 자명한 것 등을 그 특징으로 한다 함은 이 세계가 전(前)과학적인 일상적 세계라는 점을 암시하는 대목이다. 이 일상적 생활세계가 인간의 행위와 사고를 인식대상으로 하는 과학들에 대해 갖는 의미를 슈츠는 다음과 같이 요약하고 있다.

　　인간의 행위와 사고를 해석하고 설명하고자 하는 과학들은 전(前)과학적인, 그러니까 — 자연적 태도를 유지하는 — 인간에게 자명한 현실의 기본 구조에 대한 서술과 더불어 시작해야 한다. 이러한 현실은 일상적 생활세계이다. 이것은 인간이 불가피한 그리고 규칙적인 반복 속에서 참여하는 현실 영역이다. 일상적 생활세계는 인간이 자신의 육체를 매개로 작용함으로써 관여하고 변화시킬 수 있는 현실 영역이다. 그와 동시에 다른 인간들의 행위와 그 결과를 포함해 이 영역에 존재하는 대상과 이 영역에서 일어나는 사건은 인간의 자유로운 행위 가능성을 제한한다. 이것들은 인간에게 극복해야 할 저항과 극복할 수 없는 한계를 설정한다. 더 나아가 인간은 오직 이 영역의 내부에서만 공존하는 인간들과 의사를 소통할 수 있으며, 오직 이 영역 안에서만 그들과 공동으로 작용할 수 있다. 오직 일상적 생활세계에서만 공통의 의사소통적 환경이 형성될 수 있다. 요컨대 일상의 생활세계는 현저하고 탁월한 인간 현실이다.
　　일상적 생활세계는 자각적이고 정상적인 성인이 건전한 상식을 견지하고 바라보면 순연(純然)하게 주어진 것으로 나타나는 현실 영역으로 이해되어야 한다. 순연하게 주어진다 함은 우리가 의심의 여지 없는 것으로 체험하는 모든 것, 우리에게 당분간 의문시되지 않는 모든 사태를 뜻한다. 물론 지금까지 의심의 여지가 없던 것이 언제라도 문제가 될 수 있다.[41]

---

40　같은 책, 327~28쪽.
41　Alfred Schütz & Thomas Luckmann, *Strukturen der Lebenswelt. Band 1*, Frankfurt am Main: Suhrkamp 1979, 25쪽.

슈츠는 『사회세계의 의미 구조』에서 "사회세계의 구조"를 분석하는 것이 이 책의 "핵심"이자 "사회과학의 진정한 주제"라고 천명하고 있다.[42] 달리 말해 슈츠는 생활세계의 구조 분석을 이해사회학의 핵심적 과제로 설정하고 있는바, 이 구조는 모든 경험적-역사적 생활세계를 초월하는 보편적 구조로서 (그리고 바로 이를 통해 구체적인 생활세계들에 대한 사회학적 접근을 가능케 하는) 유사-존재론적 성격을 갖는다. 요컨대 슈츠의 현상학적 사회학은 사회적인 것의 보편이론을 추구했던 것이다.

슈츠는 사회세계의 의미적 구성에 대한 이론을 현상학적으로 정초하고자 한다. 다시 말해 사회세계의 의미적 구성에 대한 현상학적 이론을 구축하고자 한다.[43] 그리하여 슈츠는 후설 철학을 베버의 사회학과 결합한다. 그러나 여기에서 한 가지 매우 중요한 점은 슈츠가 후설과 달리 선험적 (또는 초월적) 주관성, 즉 선험적 (또는 초월적) 의식 분석의 길을 가지 않았다는 사실이다. 그가 선택한 길은 오히려 "세속적 사회성의 의미현상을 분석하는 것"이었다.[44] 그 이유는—후설이 주장하는 바와 달리—선험적 자의식 또는 자기의식에 타자(들)가 구성됨으로써 상호주관성과 사회세계가 구성되는 것이 아니라 세속적 주체들의 자연적 태도와 의사소통에서 상호주관성과 사회세계가 구성된다고 보았기 때문이다. 선험적 자아의 의식작용으로부터 선험적 상호주관성을 구성하려는 후설의 기획은 실패할 수밖에 없었다는 것이 슈츠의 판단이다. 그리하여 슈츠는 후설이 인간 삶 전반의 토대, 즉 근원적이고도 본질적인 구조로 상정한 선험적 주관성과 선험적 상호주관성을 의식적으로 포기한 채 "자연적 태도의 구성적 현상학"을 추구하기에 이른다.[45] 이처럼 후설이 선험적 또는 초월적 현상학을 추구했다면, 슈츠는 세속적 현상학을 추구했던 것이다.[46] 여기에서 '세속적'이란 비(非)선험적, 비

---

42 Alfred Schütz, 앞의 책(2004), 95쪽.

43 Martin Endress & Ilja Srubar, 앞의 글(2003), 9쪽.

44 Alfred Schütz, 앞의 책(2004), 129쪽.

45 같은 책, 130쪽.

46 슈츠는 시간이 지남에 따라 점점 더 후설의 선험적 현상학으로부터 거리를 두게 된다. 『알

(非)초월적, 그러니까 경험적이라는 뜻이다. 요컨대 슈츠의 세속적 현상학은 달리 경험적 현상학으로 표현할 수 있다.

이처럼 후설의 선험적 현상학으로부터 거리를 두고 사회세계, 즉 생활세계의 세속적 현상학 또는 경험적 현상학을 지향하게 되면서 슈츠는 인간 행위와 생활세계의 '프래그머틱한' 측면을 강조하게 된다. 슈츠가 말하는 '프래그마'(Pragma)는 작용을 뜻한다. 보다 구체적으로 표현하자면, 프래그마는 경험적 주체가 다른 경험적 주체(들)에 지향하거나 그와(그들과) 관계를 맺으면서 세계에 영향을 미치는 것을 가리킨다. 슈츠는 바로 이러한 작용이 생활세계를 구성하는 일차적인 메커니즘이라고 간주한다. "표준시간에서의 작용이라는 상호주관적 세계 전체가 소위 사회과학의 진정한 주요 대상이다."[47] 그리하여 이미 『사회세계의 의미 구조』에서 사회세계의 모든 의미 해석을 "**프래그머틱하게 조건지어진**" 것으로 보고, 이에 입각해 작용과 작용관계에 대해 논하고 있다.[48] 그리고 유고작 「사회세계에서의 인격성의 문제」(1936/37)에서 프래그머틱한 모티프의 우위성을 강조함으로써 생활세계가 프래그머틱한 지층을 이루고 있음을 논증하고 있다.[49] 슈츠에 따르면 작용은

기투에 근거하는 외부세계에서의 행위이며 기투된 상태를 육체적 활동을 통해 달성하려는 의도를 그 특징으로 한다. 자발성의 모든 가능한 형식 가운데 작용의 형식이야말로 일상적 삶의 현실을 구성하는 데에 가장 중요한 형식이다. 〔…〕 완전히 깨어 있는 자아는 자신의 작용에서 그리고 자신의 작용을 통해서 자신의 현재, 과거 및 미래를 특별한 시간 차원으로 통합한다. 그는 자신의

---

프레트 슈츠 저작집』 제III-1권에 실린 여러 글을 보면 후설에 대한 슈츠의 비판적 입장을 ─ 그리고 슈츠가 후설로부터 받은 영향을 ─ 잘 알 수 있다. Alfred Schütz, 앞의 책 (2009).

47 Alfred Schütz, 앞의 책(2003a), 232쪽.
48 Alfred Schütz, 앞의 책(2004), 123쪽 이하, 148쪽 이하, 291쪽 이하.
49 Alfred Schütz, 앞의 책(2003a), 91쪽 이하.

작용에서 자기 자신을 총체성으로 실현한다. 그는 작용행위를 통해서 다른 사람들과 의사소통한다. 그는 작용행위를 통해서 일상적 삶의 다양한 공간적 관점을 조직한다.[50]

이렇게 보면 작용은 행위의 한 형식임이 분명하다. 그러나 한 가지 매우 중요한 사실은 슈츠가 말하는 작용은 단순히 의식에 기반하는 행위가 아니라는 점이다. 거기에는—방금 인용한 구절에서 명백히 드러나듯이—육체적 활동이 포함된다. 그것은 경험적 자아가 육체적 활동을 통해 세계에 관여하고 세계와 관계를 맺는 행위이다. 오직 의식적 측면과 육체적 측면이 결합된 작용만이 "지속에서 세계시간으로의 이행을 매개한다."[51] 오직 이러한 작용만이 "자아에게 동시에 내적으로 진행되는 운동과 객관적으로 측정된 외부 공간의 운동을 체험할 수 있도록 하며, 또한 그럼으로써 자아를 위해 세계공간을 구성한다." 오직 이러한 작용만이 "자아 자신의 육체가 그 근원인 공간의 좌표체계의 변위를 가능케 하며, 또한 그렇게 함으로써 여기에서 저기로의 관점의 변화를 가능케 한다." 오직 이러한 작용만이 "외부 물질의 저항을 체험케 하며, 또한 그럼으로써 이 물질이 **실재**로서 구성되는 것을 가능케 하고, 그리하여 가상과 존재의 구별을 가능케 한다." 오직 이러한 작용만이 다른 모든 행위와 마찬가지로 "행위하는 자아로서 현재의 자아에 속하면서 기투(왜냐하면-동기)를 통해 과거의 자아에 그리고 이 기투의 파급 범위(위하여-동기)를 통해 미래의 자아에 연결되어 있기 때문에 동시에 행위하는 자로서의 자아를 작용중심(행위중심)으로 구성하는바, 바로 이 중심으로부터 자아의 모든 습관성과 자동운동이 출발한다." 그리하여 이러한 작용

---

50  같은 책, 186쪽. 이 인용구절에 나오는 "완전히 깨어 있는 자아"라는 표현에서 "완전히 깨어 있음"은 "삶과 삶이 요구하는 것들에 완전히 주의를 기울이는 태도"를 가리킨다. 같은 책, 187~88쪽.

51  여기에서 "지속"은 베르그송이 말하는 "지속"(durée)이다. 이 문장의 인용구절은 다음과 같이 읽으면 그 의미가 보다 명확하게 와 닿을 것이다. "내적 또는 주관적 지속에서 객관적 세계시간으로의 이행을 매개한다."

이 현재의 자아에 의해 실행되는 것이 "자아와 그 행위에 관련된 모든 등고선의 중심점"이 된다.[52]

슈츠에 따르면 경험적 주체의 의식적 측면과 육체적 측면이 동시에 관여하면서 타자(들)에 지향되고 세계에 영향을 미치는 행위인 작용과 이 작용에 의해 맺어지는 우리-관계, 즉 작용관계는 근원적으로 생활세계를 구성하는 세포이다. 그러니까 생활세계는 프래그머틱한 차원 또는 지층으로 구성되는 것이다. 그런데 이러한 경험적 주체의 작용은 시간성, 성찰성 및 사회성을 그 특징으로 한다. 이 가운데 시간성은 내적-주관적 지속과 외적-객관적 공간시간의 이중적 구조를 갖는다. 또한 성찰성은 이 세계에서 작용하는 경험적 주체의 자기인식으로서 이 주체를 자아 자체인 동시에 사회적 인간으로 나타나게 한다. 그리고 사회성은 작용세계가 구성되는 것과 이 세계의 틀 안에서 사회적 인간이 구성되는 것이 사회적 과정임을 가리킨다. 슈츠는 경험적 주체의 작용, 시간성, 성찰성 및 사회성을 "인간 조건"으로 파악한다. 이는 슈츠의 현상학적 사회학과 생활세계 이론이 작용, 시간성, 성찰성 및 사회성이라는 인간학적 토대 위에 구축되었다는 사실을 적시하는 것이다.[53]

슈츠는 작용 이외에도 의사소통에서 생활세계의 또 다른 중요한 요소이자 특징을 찾는다. 아니, 거기에서 한 걸음 더 나아가 의사소통을 단순히 생활세계의 요소나 특징이 아니라 작용과 더불어 적극적으로 생활세계를 구성하는 메커니즘이자 과정으로 간주한다. 의사소통은 기호, 상징 또는 언어 등을 통해 경험적 주체들의 의식과 행위를 조정하며 자아와 타자를 연결함으로써 상호주관성을 창출한다. 그리고 생활세계는 의사소통적 질서를 통해 문화세계가 된다. 왜냐하면 생활세계 내에서의 행위와 상호작용은 의사소통적 질서를 통해 객관화되고 유형화되며 제도화되기 때문이다.[54] 특히

---

52  Alfred Schütz, 앞의 책(2003a), 134~35쪽.
53  Ilja Srubar, 앞의 책(1988), 136쪽 이하, 189쪽 이하.
54  같은 책, 132쪽 이하; Ilja Srubar, 앞의 책(2007), 195쪽 이하.

언어적으로 매개된 의사소통에서 한 사회의 구성원들이 하나의 생활세계를 공유하고 있다는 관념이 생산되고 재생산된다.[55] 이러한 의사소통은 일상적 작용세계를 생활세계의 탁월한 실재이자 핵심적 실재로 만든다. 그리하여 슈츠는 작용관계를 곧 의사소통관계로 이해한다.[56]

요컨대 슈츠의 생활세계는 프래그머틱한 지층과 의사소통적 질서로 구성되는데,[57] 이 구조는 전(前)사회학적 차원으로서 세계 내 존재인 인간이 세계와 관계를 맺고 세계를 체험하고 세계에서 행위하며 세계에 작용하여 영향을 미치는 근본적이고도 보편적인 전제조건이다. 다시 말해 세계 내 인간 존재의 존재론적 기본 범주인 것이다. 이는 현상학적으로 정초된 프래그머틱하고 의사소통적인 이해사회학이 인간학적 측면을 갖고 있음을 시사하는 대목이다. 실제로 슈츠는 자신의 사회학을 사회, 보다 정확히 말하자면 사회세계, 즉 생활세계의 (실재)존재론으로 이해하는 동시에 "현상학적 토대 위에 정초된 인간존재론"으로 이해하고 있다.[58]

슈츠는 생활세계를 공간적, 시간적, 사회적, 실재적 구조의 다차원적 지층으로 이루어진 주관적-상호주관적 세계로 파악한다. 그것은 적층적 구조의 사회세계이다.

첫째, 공간적 구조는 생활세계가 경험적 자아가 경험할 수 있는 지층들로 이루어짐을 가리킨다. 이 공간적 구조는 다시금 현전적 범위와 잠재적 범위로 구별되는바, 현전적 범위는 현시점에서 직접적으로 경험할 수 있는 생활세계의 범위(청역(聽域), 시역(視域), 조작 범위 등)를, 그리고 잠재적 범위는 한편으로 이전에 경험한 것을 현시점에서 다시 경험할 수 있는 생활세계의 범위를 그리고 다른 한편으로 현시점에서 경험할 수도 없고 이전에 경험하

55  Hubert Knoblauch, Ronald Kurt & Hans-Georg Soeffner, 앞의 글(2003), 12쪽.
56  Martin Endress & Ilja Srubar, 앞의 글(2003), 23~24쪽.
57  『알프레트 슈츠 저작집』의 제V-1권과 제V-2권은 그 제목이 "생활세계 이론 1"과 "생활세계 이론 2"인데, 각각의 부제가 "생활세계의 프래그머틱한 지층"과 "생활세계의 의사소통적 질서"이다.
58  Alfred Schütz, 앞의 책(2004), 438, 440쪽.

지도 않은 것을 경험할 수 있는 생활세계의 범위를 가리킨다.[59]

둘째, 시간적 구조는 생활세계가 객관적 시간성과 그것의 주관적 상관물로 이루어짐을 가리키는바, 그것은 각각 세계시간의 객관적 구조와 주관적 지속, 즉 주관적 경험의 시간적 구조이다. 이 가운데 세계시간의 객관적 구조는 세계의 지속, 시간구조의 인지 불가능성 및 세계의 역사성을 그 특징으로 한다. 이에 상응하는 주관적 경험의 시간적 구조는 현재, 과거 및 미래의 차원을 갖는다. 나는 "나의 행위가 진행되는 과정에서 살고 그 행위의 목적을 지향할 수 있다." 그리하면 "나는 나의 행위를 현재에서 경험하게 된다." 아니면 나는 "과거 또는 완성된 현재의 시간형식에서" 이전에 수행된 행위에 대해 "반성적인 시선"을 던질 수 있다. 아니면 나는 "상상 속에서 나의 미래적 행위"를 기투할 수 있다.[60]

셋째, 사회적 구조는 생활세계가 환경세계, 공존세계, 전(前)세계 및 후(後)세계로 이루어짐을 가리킨다(이에 대해서는 곧 다시 논의가 있을 것임).

넷째, 실재적 구조는 생활세계의 일상적인 주관적 또는 상호주관적 경험이 그것의 공간적 여기와 시간적 지금을 초월하는 경험과 구별됨을 가리키는바, 여기에는 꿈, 환상, 종교적 경험, 과학적 태도 등이 속한다. 이러한 초월적 경험은 의심의 여지 없고 자명한 것으로 받아들여지는 생활세계가 사회적으로 구성된 것임을 알게 해준다.[61]

이처럼 다차원적 적층을 갖는 생활세계의 구조를 다음과 같이 도표로 나타낼 수 있다.

---

59  Alfred Schütz, 앞의 책(2003a), 328～29쪽; Alfred Schütz & Thomas Luckmann, 앞의 책 (1979), 63쪽 이하.

60  Alfred Schütz, 앞의 책(2003a), 189～90, 329쪽; Alfred Schütz & Thomas Luckmann, 앞의 책(1979), 73쪽 이하.

61  Alfred Schütz, "Die Notizbücher", in: Alfred Schütz & Thomas Luckmann, *Strukturen der Lebenswelt*, *Bd. 2*, Frankfurt am Main: Suhrkamp 1984, 213～406쪽, 여기서는 320～22쪽; Alfred Schütz, 앞의 책(2003b), 153쪽 이하, 166쪽 이하; Alfred Schütz & Thomas Luckmann, 앞의 책(1979), 48쪽 이하.

**도표 16 생활세계의 적층적 구조**

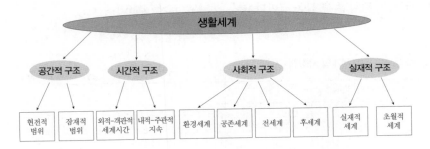

이러한 생활세계의 다차원적 구조에서 특히 우리의 관심을 끄는 것은 사회적 측면이다. 생활세계의 사회적 구조는 넓게는 현상학적으로 정초된 이해사회학에서 그리고 좁게는 생활세계 이론에서 매우 중요한 위치를 차지하는바, 이는 무엇보다도 슈츠가 생활세계의 사회적 구조 분석이 자신의 주저 『사회세계의 의미 구조』의 "핵심"이라고 말하는 것을 보면 단적으로 드러난다.[62]

먼저 환경세계는 자아가 타자와 직접적인 관계를 맺는 세계를 가리키며, 이 환경세계에 속하는 타자를 동인(同人)이라고 한다. 또한 공존세계는 자아와 타자가 시공간적으로 공존하지만 양자가 직접적으로 상호작용을 하지는 않는 세계를 가리키며, 이 공존세계에 속하는 타자를 근인(近人)이라고 한다. 그리고 전세계는 나에게 영향을 끼칠 수 있지만 나는 영향을 끼칠 수 없는 세계를 가리키며, 이 전세계의 타자를 선인(先人)이라고 한다. 마지막으로 후세계는 내가 영향을 끼칠 수 있지만 나에게 영향을 끼칠 수는 없는 세계를 가리키며, 이 후세계의 타자를 후인(後人)이라고 한다. 전세계가 "우리에게 다양하고 내용이 풍부한 유형 속에서 언제나 새로운 해석의 가능성으로 주어진다면", 후세계는 "근본적으로 공허한 익명성을 띠고 저기 어딘가에 존재한다."[63]

---

62  Alfred Schütz, 앞의 책(2004), 95쪽.
63  Alfred Schütz, 앞의 책(2003a), 329~30쪽; Alfred Schütz & Thomas Luckmann, 앞의 책

이러한 생활세계의 사회적 구조를 다음과 같이 도표로 나타내면 일목요연하게 파악할 수 있을 것이다.[64]

#### 도표 17 생활세계의 사회적 구조

| 세계연관 | 타자의 유형 | 지향 | 전형 |
|---|---|---|---|
| 환경세계 | 동인 | 너에 대한 지향 | 순수한 우리 관계; 진정한 동시성; 공간적 및 시간적 공존—직접성—생동적인 현존재 ('함께 늙어간다'); 너를 너의 현존재 일반에서 경험함 |
| | | 상호적 타자 지향 | 사회적 관계(현전적 우리 관계); 너를 너의 특수한 상존재(常存在)에서 실질적으로 경험함; 자신의 육체적 자아 속에 존재하는 개인들 |
| | | 일방적 타자 지향 | (일상적) 관찰 |
| 공존세계 | 근인 | 너희들에 대한 지향 | 동시적이지만 잠재적; 다시 말해 동시성에 대한 단순한 앎; 타자의 특정한 상존재 또는 사회세계 일반에 대한 나의 경험을 유형화하고 확정함으로써 너를 단지 간접적으로만 경험함 |
| | | 공존세계적 (타자) 지향 | 공존세계적 우리 관계; 단지 유형들로서의 파트너들; 개인적 이념형들과 과정유형들; 모든 공존세계의 일상적 관찰은 동일한 구조를 가지며 단지 이념형 구성의 관련성이 변할 뿐임 |
| 전세계 | 선인 | 일방적 타자 지향 | 이전; 유형화하는 이해; 환경세계와 공존세계의 체험의 특수한 표지는 유지되지만 기억으로서 과거의 성격을 지님 |
| 후세계 | 후인 | 일방적 타자 지향 | 이후; 단지 후세계 자체가 존재한다는 가정; 막연한 해석 가능성 |

---

(1979), 87쪽 이하. 여기에서 생활세계의 사회적 구조와 관련된 용어인 환경세계, 공존세계, 전세계, 후세계는 각각 다음의 독일어를 옮긴 것이다. Umwelt, Mitwelt, Vorwelt, Nachwelt(또는 Folgewelt). 그리고 이에 상응하는 타자의 유형인 동인, 근인, 선인, 후인은 각각 다음의 독일어를 옮긴 것이다. Mitmensch, Nebenmensch, Vorfahren, Nachfahren. 이 번역은 다음을 참고했음을 일러둔다. 이길우, 『자아, 윤리, 그리고 철학: 한 현상학적 접근』, 고려대학교출판부 2006, 382쪽 이하. 물론 이러한 한국어 표현은 아직 잠정적인 것으로 앞으로 보다 심층적인 숙고와 논의가 필요하다.

64 Martin Endress, 앞의 책(2006a), 75쪽. 참고로 원문에는 "타자의 유형"이 없는 것을 내가 첨가했다.

슈츠의 현상학적 사회학은 바로 이러한 생활세계로 수렴된다고 해도 지나침이 없을 것이다. 왜냐하면 그가 이전에 베버의 이해사회학과 후설의 현상학을 결합하여 발전시킨 주요한 사회학적 개념들이 그리로 통합되기 때문이다. 생활세계의 구조 분석에서 사회적인 것의 보편이론인 슈츠의 현상학적 사회학이 완성된다.

# 02
# 구조기능론

탤컷 파슨스

　파슨스의 사회학은 관점에 따라서 행위이론으로도 볼 수 있고 체계이론으로도 볼 수 있다. 그 해석과 수용의 역사도 행위이론을 강조하는 진영과 체계이론을 강조하는 진영으로 대별된다. 이런 식으로 보면 파슨스 사회학의 발전은 불연속성을 그 중요한 특징으로 한다는 명제가 성립한다. 다시 말해 파슨스는 행위이론에서 출발했지만 점차로 체계이론으로 이행했다는 명제가 성립한다. 이에 반해 연속성의 관점에서 보면 그의 지적 세계는 1937년『사회적 행위의 구조』에서 제시된 행위이론을 보다 확장하고 심화하고 추상화함으로써 보다 큰 문제 해결 및 적용 능력을 갖게 되는 과정으로 파악된다. 이 경우 그의 행위이론과 체계이론은 체계론적 행위이론으로 통합된다.

　파슨스의 이론이 발전한 단계는 일반적으로 다음과 같이 구분된다. ① 자원론적(自願論的) 행위이론, ② 구조기능주의 이론, ③ 통괄적 체계기능주의

이론.[1] 이 가운데 세 번째 단계는 유기체 세계의 체계들과 사회문화적 인간 세계의 체계들 사이에 "근본적인 연속성"이 존재한다는 가정에서 출발한다. 이 시기에 파슨스는 유기체 세계에서 유전자가 수행하는 역할과 인간세계에서 사회문화적 상징이 수행하는 역할 사이에 "기능적 등치"가 존재한다고 확신한다.[2] 이러한 발전 단계의 구분을 보면 파슨스의 이론적 관심이 행위에서 구조를 거쳐 체계로 이행했다는 인상을 받을 것이다.

그러나 내가 보기에 파슨스의 사회학이 발전한 과정은 다음과 같이 세 단계로 나누어서 보는 것이 보다 타당할 듯싶다. ① 자원론적(自願論的) 행위이론, ② 체계론적 행위이론, ③ 인간 조건의 패러다임. 이 경우 사회체계는 행위체계의 하부 체계가 되고 행위체계는 다시 인간 조건의 하부 체계가 된다. 이 세 시기를 전체적으로 관통하며 그 저변을 이루는 것은 다름 아닌 행위이론이다. 요컨대 우리는 여기에서 파슨스 사회학의 발전 과정과 관련해 불연속성의 명제가 아니라 연속성의 명제를, 그리고 그 연속성의 중심에는 다름 아닌 행위의 개념이 있다는 명제를 논증할 것이다.

---

1  Wolfgang Schluchter, 앞의 책(2007), 12쪽.

2  Talcott Parsons, *Social Systems and the Evolution of Action Theory*, New York: The Free Press 1977, 28쪽. 이 발전 과정의 세 번째 단계인 "통괄적 체계기능주의 이론"에서 "통괄적"이라는 수식어는 유기체 세계와 인간세계를 연속적이고 등치적인 관계로 설정하고 이 둘을 통괄적으로 고찰한다는 뜻이다. 이 단계를 이해하는 데에는 다음과 같은 그의 진술이 도움을 줄 것이다. 이 단계로 이행하는 과정에서 파슨스는 "1952년부터 1957년까지 시카고에서 [⋯] 정기적으로 개최된 체계이론 컨퍼런스로부터 커다란 영향을 받았다. 여러 참석자들의 아이디어가 나에게 중요한 의미를 갖지만 그 가운데서도 사회성곤충생물학자 앨프리드 에머슨이 두드러졌다." 파슨스는 에머슨의 주장을 통해 유기체 세계와 인간세계의 근본적인 연속성 그리고 생물적 유전자와 사회문화적 상징 사이의 기능적 등치를 확신하게 되었다고 한다. 같은 곳. 에머슨(1896~1976)은 미국의 곤충학자로서 흰개미 연구의 권위자였다. 이처럼 유기체 세계와 인간세계를 통괄한다는 점에서 파슨스는 세 번째 단계가 인간세계에 한정된 두 번째 단계인 구조기능주의를 벗어났다고 생각하며, 따라서 이 시기를 "탈구조기능주의적" 단계라 부르기도 한다. 같은 책, 124쪽. Wolfgang Schluchter, 앞의 책(2007), 12쪽.

## (1) 자원론적 행위이론: 기존의 사회과학적 조류의 종합을 위하여

파슨스는 슈츠와 달리 주로 사회과학에 접목해 사회학 이론을 발전시킨
다.[3] 이는 그가 1937년 최초로 체계적인 행위이론을 제시한 저서의 제목만
보아도 단적으로 드러난다. 그 제목은 다름 아닌 "사회적 행위의 구조: 특별
히 최근 유럽 사상가들에 준거하는 사회이론 연구"이다. 이 책에서 파슨스
는 유럽에서 발전한 기존의 사회과학 이론에서 출발하여 사회적 행위에 대
한 보편이론을 구축하고자 시도한다. 그 사상가들은 구체적으로 앨프리드
마셜(1842~1924), 빌프레도 파레토(1848~1923), 뒤르케임 그리고 특히 베
버이다. 파슨스는 이들의 행위이론이 그 주제나 구조에서 수렴한다는 결론
에 도달했으며, 이러한 결론은 그에게 보편적인 행위이론을 구축할 수 있는
논리적 명증성을 제공했다. 여기에서 얻은 철학적, 방법론적, 이론적 사고는
그 이후의 작업에 풍부한 자양분이 되었다. 그리고 그 결과로 발전한 구조기
능주의는 사회학적 인식의 중요한 패러다임 가운데 하나로 확고하게 자리
매김하였으며 향후 미국 사회학에 ― 긍정적이든 부정적이든 ― 결정적인
영향력을 미쳤다. 이렇게 보면 파슨스는 유럽 사회학과 미국 사회학의 매개
자라고 할 수 있을 것이다.[4] 그 밖에도 ― 곧 논하게 되는 바와 같이 ― 퇴니

---

3  그렇다고 해서 파슨스가 철학과 전혀 무관하다는 말은 물론 아니다. 예컨대 앨프리드 화
   이트헤드(1861~1947)의 과정철학 ―특히 그의 저서 『과학과 근대세계』(1925)에 제시
   된 ―이 파슨스의 사회이론과 방법론의 배경철학으로 작용했다. 이 철학에 힘입어 파슨
   스는 "분석적 실재주의"에 도달하게 되는데, 이는 간단히 말하자면 개념이나 이론이 본래
   추상적이긴 하지만 결코 허구적인 것은 아니라는 방법론적 입장이다. Talcott Parsons, 앞
   의 책(1977), 27쪽. 이에 대한 자세한 논의는 다음을 참고할 것. Thomas Schwinn, 앞의 책
   (1993a), 303쪽 이하; Harald Wenzel, *Die Ordnung des Handelns. Talcott Parsons' Theorie des
   allgemeinen Handlungssystems*, Frankfurt am Main: Suhrkamp 1991, 157쪽 이하. 그리고 파
   슨스는 1978년에 출간한 『행위이론과 인간 조건』에서 칸트의 이성 비판이 자신의 자원론적
   행위이론이 발전하는 과정에서 한 역할을 강조하고 있다. Talcott Parsons, *Action Theory and
   the Human Condition*, New York: The Free Press 1978, 338~47, 355~57, 370~72쪽.
4  Richard Münch, "Talcott Parsons(1902~1979)", in: Dirk Kaesler (Hrsg.), *Klassiker der
   Soziologie, Bd. 2: Von Talcott Parsons bis Anthony Giddens*, München: C. H. Beck 1999, 24~
   50쪽, 여기서는 24쪽 이하.

스와 지그문트 프로이트(1856~1939)도 파슨스의 사회학에 중요한 영향을 미치게 된다.

파슨스의 지적-과학적 사회화가 미국과 유럽에서 이루어졌다는 사실도 그가 유럽 사회학과 미국 사회학의 매개자가 되는 데에 기여했을 것이다.[5] 파슨스는 1902년 미국 콜로라도 주(州) 중부에 위치한 도시 콜로라도스프 링스에서 태어나 1920~24년 애머스트 대학에서 생물학과 경제학을 공부 한 후 1924년부터 이듬해까지 런던 정경대학에서 경제학을 공부했다. 이때 얻은 생물학적 사고와 경제학적 사고, 특히 제도학파 경제학의 영향은 향후 파슨스의 사회학이 형성되고 발전하는 과정에서 중요한 역할을 하게 된다.[6] 그는 생물학 이론과 사회학 이론의 관계에 대해 관심을 갖고 두 이론을 결 합하려고 했다. 그리고 1925년부터 1927년까지 하이델베르크 대학에서 경 제학을 공부하면서 독일 사회학을 연구했으며 1927년에는 경제학자 에드 가 잘린(1892~1974)의 지도로 마르크스, 루요 브렌타노(1844~1931), 베르 너 좀바르트와 베버를 비교한 논문 「최근 독일 사회과학에서의 자본주의 정 신」으로 박사학위를 취득했다. 그는 이 논문에서 베버의 논의가 가장 설득 력 있다는 논지를 전개했다.

그 후 베버는 파슨스의 지적 세계에서 가장 중요한 준거점이 되었다. 이는 무엇보다도 파슨스가 자신의 사회학의 출발점이 된 『사회적 행위의 구조』 의 슬로건을 베버의 방법론 총서인 『과학론 논총』에서 따왔다는 사실을 보 면 극명하게 드러난다.[7] "유의미한 인간 행위의 궁극적 요소들에 대한 모든

---

5  다음에서 파슨스는 자신의 지적-과학적 세계가 발전하는 과정에 대해 말하고 있다. Talcott Parsons, 앞의 책(1977), 22~76쪽("On Building Social System Theory: A Personal History"). 그리고 다음은 파슨스의 전기이다. Uta Gerhardt, *Talcott Parsons. An Intellectual Biography*, Cambridge: Cambridge University Press 2002.

6  제도학파 경제학이란 독일 역사학파 경제학의 영향을 받아서 경제적 현상을 다양한 사회적 제도 및 그 역사적 발전 과정과 연관지어 분석하고 설명하는 조류를 가리킨다. 여기에서 제 도는 좁은 의미의 제도라기보다 영역, 현상 등으로 이해하면 좋을 것이다. 그러니까 제도학 파 경제학은 역사적 사회과학이 되는 셈이다. 이 책의 제2장 제3절에서 — 베버의 지적 배경 을 논하는 부분에서 — 독일 역사학파 경제학에 대하여 간략하게 언급했으니 참고할 것.

사유적 성찰은 일단 '목적'과 '수단'의 범주에 준거한다."[8] 그리고 그가 미국에 베버를 소개하고 1930년에 베버의 저작 『프로테스탄티즘의 윤리와 자본주의 정신』[9]을 영어로 번역했으며, 1968년에는 ──『막스 베버로부터: 사회학적 에세이』[10]라는 편역서를 낸 한스 게르트(1908~78)와 C. 라이트 밀스 (1916~62) 그리고 『보편적 행위이론을 위하여』를 함께 편집했던 에드워드 실즈(1910~95) 등과 더불어 ── 베버의 『경제와 사회』[11]를 영어로 번역한 일 등도 바로 이러한 맥락에서 이해할 수 있다.

파슨스는 박사학위 과정이 끝나기 직전에 이미 미국으로 돌아가 1926년 부터 애머스트 대학에서 경제학 강사로 가르치다가 1927년에는 하버드 대학의 경제학 강사로 옮겨갔다.(당시 하버드 대학에는 사회학과가 없었다.) 그러다가 1931년 사회학과의 창립 멤버이자 강사가 되어서 1936년까지 가르쳤다. 이후 1936~39년에는 조교수로, 1939~44년에는 부교수로, 그리고 1944년부터 1973년에 은퇴할 때까지 정교수로 재직했다. 또한 1944년부터 1946년까지 사회학과의 학과장을 지냈는데, 1946년에는 사회학과를 사회학, 경제학, 심리학, 문화인류학의 학제간 연구를 추구하는 '사회관계학과'로 확대 개편하고 이후 1956년까지 학과장으로서 이 새로운 학과를 이끌었다. 사실 이 학과는 파슨스가 일찍부터 꿈꾸어온 이상, 즉 학제간 연구를 통해서 사회과학의 이론을 정립하려는 이상이 제도적으로 실현된 것이었다. 파슨스는 1949년부터 미국사회학회 제39대 회장직을 맡기도 했다. 제2차

---

7    다음에서 파슨스는 자신의 행위이론과 베버의 이해사회학의 관계를 논하고 있다. Talcott Parsons, "On the Relation of the Theory of Action to Max Weber's 'Verstehende Soziologie'", in: Wolfgang Schluchter (Hrsg.), *Verhalten, Handeln und System. Talcott Parsons' Beiträge zur Entwicklung der Sozialwissenschaften*, Frankfurt am Main: Suhrkamp 1979, 150~63쪽.

8    이 문장은 다음에 나온다. Max Weber, 앞의 책(1973), 149쪽.

9    Max Weber, *The Protestant Ethic and the Spirit of Capitalism* (Translated by Talcott Parsons), London et al.: Allen & Unwin 1930.

10   Hans H. Gerth & C. Wright Mills, *From Max Weber. Essays in Sociology*, New York: Oxford University Press 1946.

11   Max Weber, *Economy and Society. An Outline of Interpretative Sociology* (Translated by Talcott Parsons et al.), New York: Bedmintser Press 1968.

세계대전이 끝나갈 무렵에는 독일을 자유민주주의적 질서로 재건하려는 미국 정부에 중요한 자문을 해주었다. 그가 세상을 떠난 곳은 독일이었다. 하이델베르크 대학에서의 박사학위 취득 50주년에 즈음하여 독일을 방문 중이던 파슨스는 뇌졸중으로 쓰러져 1979년 뮌헨에서 세상을 떠났다.

유럽 사회학과 미국 사회학의 매개자 파슨스가 마셜, 파레토, 뒤르케임, 베버의 사회과학에서 출발하여 사회적 행위에 대한 보편이론을 구축하려 했다고 해서 파슨스의 행위이론이 이 네 명의 거장을 단순히 '경험주의적으로' 종합한 결과라고 생각해서는 안 된다. 이 점을 이해하기 위해서는 파슨스가 이론의 역사와 이론의 체계를 명백히 구분한다는 사실을 고려해야 한다. 그의 저서 『사회적 행위의 구조』는 이론의 역사를 다룬 것임이 분명하다. 그러나 파슨스의 궁극적인 목적은 이론의 체계 정립에 있다. 다시 말해 이론의 역사를 통해 새로운 이론의 체계를 구축하는 것이 그가 궁극적으로 추구하는 바이다. 그러므로 파슨스의 저서는 체계적 의도를 갖고 역사적 접근을 시도한 역사적 이론서 또는 경험적 이론서가 되는 셈이다. 그것은 역사적 또는 경험적 자료에 대한 이론적 해석 또는 이론화 작업의 결과이다.[12] 이와 관련해 파슨스는 『사회적 행위의 구조』의 결론에서 다음과 같이 말하고 있다. "이 연구는 전적으로 **경험적** 연구서가 되기를 시도했다. 다시 말해 사실들과 사실들의 이해에 관심을 가졌다. 〔…〕 그러나 이 연구는 이론들을 단지 경험적 현상으로만 보고 관심을 가진 것이 결코 아니다. 그것은 다소간 명백한 독립적인 이론화 작업이기도 하다." 왜냐하면 "사실들은 자신의 스토리를 말하지 않기 때문이다. 그것들은 교차질문을 받아야 한다. 그것들은 신중하게 분석되고, 체계화되고, 비교되며 해석되어야 한다."[13]

여기에서 역사적 또는 경험적 자료가 되는 것이 바로 마셜, 파레토, 뒤르

---

12 Thomas Schwinn, 앞의 책(1993a), 296쪽 이하.

13 Talcott Parsons, *The Structure of Social Action. A Study in Social Theory with Special Reference to a Group of Recent European Writers*, Vol. 2: *Weber*(1937), New York: The Free Press 1968b, 697~98쪽.

케임 및 베버의 이론이다. 파슨스가 이들을 선택한 것은 유럽의 이 선도적인 사상가들이 각각 다른 지적 전통에서 경제적 현상과 사회적 현상의 관계에 대한 매우 광범위하고 통찰력 넘치는 업적을 남겼기 때문이다. 다시 말해 이 거장들이 경제학 이론과 사회학 이론을 결합하는 데에 기여했기 때문이다.[14] 파슨스는 이 네 명의 저작을 비교하기 위해 몇몇 새로운 범주를 고안해낸다. 이 범주들은 네 거장의 행위이론을 종합할 수 있을 정도로 포괄적이다. 그것은 수렴의 방법, 즉 범주적 종합을 획득하는 방법이다. 파슨스에게 수렴은 사회이론을 구성하는 방법이다.[15] 아무튼 『사회적 행위의 구조』의 결론에서 파슨스는 그의 사회학 이론의 구성에서 역사와 체계의 관계가 어떠한가를 다음과 같이 말하고 있다.

여기에서 다룬 사상가들에게 공통된 이론적 범주들의 이 일반화된 체계는 〔…〕 이론의 **새로운** 발전이며 단순히 이 범주들이 의거하고 있던 전통으로부터 받아들인 것이 아니다. 물론 그것은 **무(無)로부터의** 창조가 아니다.[16]

아무튼 이 책은 사회학사의 한 획을 긋는 저작으로서 파슨스 사회학의 출생신고서와도 같은 것이다. 그런데 그 제목은 언뜻 잘 이해가 가지 않는다. 왜냐하면 흔히 (사회적) 행위와 구조는 상반적인 개념이라고 생각하기 때문이다. 그러나 구조는 다양한 요소들이 상호 간에 그리고 그것들이 구성하는 전체와 관계를 맺고 작동하는 방식을 가리킨다. 그러므로 이 개념은 가장 미시적인 차원에서 가장 거시적인 차원에 이르기까지 적용할 수 있는 개념이

---

14 다음에는 파슨스가 마셜, 파레토, 뒤르케임 및 베버를 비교연구의 대상으로 선택하게 된 이유와 과정이 일목요연하게 정리되어 있다. Wolfgang Schluchter, 앞의 책(2007), 14쪽 이하.

15 Victor M. Lidz & Harold J. Bershady, "Convergence as Method in Theory Construction", in: Helmut Staubmann & Harald Wenzel (Hrsg.), *Talcott Parsons. Zur Aktualität eines Theorieprogramms* (Österreichische Zeitschrift für Soziologie, Sonderband 6), Wiesbaden: Westdeutscher Verlag 2000, 45~106쪽.

16 Talcott Parsons, 앞의 책(1968b), 720쪽.

다. 파슨스가 이 저작에서 추구하는 인식관심은 "행위의 구체적인 체계들을 구성하는 단위들과 이 단위들의 구조적 상호관계", 또는 달리 말하자면 "행위체계들의 구조적 측면 분석"에 있다. 그것은 어떤 의미에서 행위체계들의 "해부학"이다. 요컨대 이 책은 "모든 가능한 의미에서의 사회구조 분석이 아니라 가능한 한에서의 행위도식에 의한 사회구조 분석이다."[17] 바로 이런 연유로 책의 제목을 『사회적 행위의 구조』라고 명명했던 것이다.

파슨스는 개인들 사이의 계약에서 사회질서의 가능성을 찾은 토머스 홉스(1588~1679)에게서 최초로 근대적 행위이론이 명백한 형태로 제시된 것으로 보며, 그 이후에 발전한 행위이론을 실증주의적, 보다 정확히 말하자면 공리주의적-실증주의적 행위이론과 이상주의적 행위이론으로 대별한다. 전자에는 홉스를 위시해 존 로크(1632~1704), 토머스 맬서스(1766~1834), 다윈주의 등이 속하는 반면, 칸트에서 연원하는 후자에는 마르크스와 좀바르트 등이 속한다. 파슨스는 이 두 진영의 행위이론을 검토한 후 둘 다 제대로 된 행위이론을 제시할 수 없다는 결론에 도달한다. 아주 간단히 말하자면, 전자는 행위의 규범적 요소를 간과한 반면에 후자는 행위의 경험적 측면을 간과했다는 것이 파슨스의 판단이다.[18]

그런데 파슨스에 따르면 유럽의 사회이론에서는 이러한 한계를 인식하고 극복하려는 시도가 이루어졌는데, 그것도 실증주의 진영과 이상주의 진영 모두에서 그랬다. 마셜, 파레토, 뒤르케임이 전자에 속하는 경우라면, 베버가 후자에 속하는 경우이다. 이 거장들은 다른 진영에서 발전시킨 이론적 요소들 가운데 긍정적인 것을 흡수하고 통합함으로써, 그러니까 나름대로의 방식으로 실증주의적 행위이론과 이상주의적 행위이론을 종합함으로써 새로운 행위이론을 구축했다. 바로 여기에 이들의 행위이론이 수렴할 수 있는 중요한 근거가 있는 것이다. 파슨스가 보기에 마셜, 파레토, 뒤르케임 그리고 베버의 행위이론은 자원론적 행위이론이라는 점에서 수렴한다.

---

17 Talcott Parsons, 앞의 책(1968a), 39쪽.
18 같은 책, 87쪽 이하, 473쪽 이하.

그렇다면 실증주의적 행위이론 및 이상주의적 행위이론과 구별되는, 또는 보다 정확하게 말하자면 이 두 이론 모두를 지양함으로써 이 두 조류로부터 구별되는 자원론적 행위이론이란 무엇인가?

파슨스에 따르면 모든 행위는 논리적으로 행위의 에이전트, 즉 행위자, 목적, 상황 및 규범적 지향이라는 네 가지 요소를 포함한다. 이 가운데 행위의 상황은 분석적으로 다시금 두 가지 요소, 즉 행위자가 통제할 수 없는 요소와 통제할 수 있는 요소로 구별된다. 파슨스는 전자를 행위의 조건으로 후자를 행위의 수단으로 범주화한다. 그러니까 행위의 논리는 다음과 같이 표현할 수 있다. 행위자는 자유롭게 목적을 설정하고 자신의 통제력을 벗어나는 내적-외적 조건들을 고려하면서 목적을 달성하는 데에 적합한 수단을 선택한다. 그런데 행위의 과정은 무작위로 이루어지는 것도 아니고 전적으로 행위의 조건에 달려 있는 것도 아니다. 그것은 사회적으로 합의된, 따라서 사회적 구속력을 갖는 실제적 또는 상징적 가치와 규범에 지향되어야 한다.[19] 이러한 행위는 주관적이면서 시간적이다. 먼저 행위가 주관적이라 함은, 행위자가 목적을 설정하고 그 달성을 위한 수단을 동원하는 행위과정이 생물학적으로 또는 심리학적으로 결정되는 것이 아니라 행위자의 주관적이고 자유로운 결정과 선택의 결과임을 가리킨다. 물론 외적 세계의 요소도 행위에 중요한 영향을 끼칠 수 있다. 그러나 그것은 주관적 차원으로 환원될 수 있어야 한다. 그리고 행위가 시간적이라 함은, 목적의 개념이 언제나 미래를 지향함을 가리킨다. 이 시간적 과정은 "획득", "실현", "달성" 등으로 표현될 수 있다.[20]

---

19 같은 책, 44~45쪽. 이는 개인의 행위가 사회적 가치나 규범에 의해 외적으로 강제됨을 의미하는 것이 아니다. 그보다 개인은 사회적 가치와 규범을 자원적으로 수용하고 체화하며 자신의 행위에서 실현하려고 노력한다. 달리 말해 가치와 규범은 "자동적으로 실현되는 것이 아니라 오직 행위를 통해서만 실현된다." 파슨스에 따르면 "노력"은 그 어느 행위요소에도 속하지 않지만 모든 행위요소를 한군데로 묶는다. 이것은 "행위의 규범적 요소들과 조건적 요소들을 관련시키는 요인의 다른 이름이다." 파슨스는 이 요인이 행위이론에서 차지하는 분석적-논리적 지위를 물리학에서 에너지가 차지하는 그것에 비유한다. Talcott Parsons, 앞의 책(1968b), 719쪽.

이처럼 논리적으로 행위를 구성하는 분석적 요소들을 파슨스는 "행위단위" 또는 "행위의 준거틀"이라고 명명하는데,[21] 이것은 가장 미시적인 차원에서 가장 거시적인 차원에 이르는 모든 구체적인 사회적 행위에 적용되는 논리적 보편성을 갖는다. 그것은 물리학의 시공간틀과도 같은 것이다.

그러므로 행위의 준거틀은 변화하기 때문에 "생각하여 잊어버릴 수 있는" 구체적인 자료를 포함하지 않는다. 그것은 경험적 의미에서의 현상이 아니다. 그것은 우리가 행위현상들을 기술하고 그에 대해 생각하는 데 불가결한 논리적 틀이다.[22]

결론적으로 말해 파슨스는 기존의 사회과학적 이론들을 종합하고 자신의 사회학을 구축한 『사회적 행위의 구조』에서 "일반화된 행위체계의 구조적 요소들"을 제시한다.[23] 그것은 전형적인 보편이론, 보다 정확히 말하자면 보편적 행위이론이다. 파슨스에게 사회학은 사회적인 것의 보편이론이다.


## (2) 자원론적 행위이론에서 체계론적 행위이론으로

그런데 파슨스의 보편적 행위이론은 서서히 체계이론, 보다 정확히 말하

---

20  Talcott Parsons, 앞의 책(1968a), 45~46쪽.

21  같은 책, 43쪽 이하.

22  Talcott Parsons, 앞의 책(1968b), 720, 733쪽.

23  같은 책, 718쪽. 파슨스는 1939년에 「행위자, 상황 그리고 규범적 유형: 사회적 행위의 이론에 대한 에세이」라는 원고를 완성했지만 생전에 출간되지는 않았다. 이 유고작은 『사회적 행위의 구조』(1937)와 병행하여 작성된 것으로 추측되는데, 전자는 후자의 개요인 동시에 후자에서 미처 다루지 못한 문제들에 대한 해명으로 볼 수 있다. Talcott Parsons, *Actor, Situation and Normative Pattern. An Essay in the Theory of Social Action* (Edited by Victor Lidz & Helmut Staubmann), London/Berlin: Lit 2011. 여기서는 지면 관계상 이 저작을 다룰 수 없고 다음 기회로 미루기로 한다.

자면 보편적 체계이론으로 이행한다. 물론 파슨스의 초기 저작에서도 "체계"라는 개념을 발견할 수 있다. 그러나 아직은 비교적 느슨하게 사용되고 있었다. 이 개념이 전면에 부각된 것은 1950년대 초의 일인데, 그것은 사이버네틱스와 생물체계이론의 영향 때문이었다.[24] 그 후 체계는 파슨스의 사회학에서 핵심적인 지위를 차지하게 된다. 체계는 "보편적으로 사용할 수 있는 개념이다. 그것은 모든 가능한 대상에 — 실제적이든 비실제적이든, 구체적이든 추상적이든, 물리적–물질적–에너지적이든 또는 순수하게 정신적이든 상관없이 — 사용될 수 있다. 그것은 대상 그 자체를 표현하는 것이 아니라 그때그때 고찰의 대상이 되는 것에 **접근하는** 특별한 방법을 가리킨다."[25]

파슨스가 체계이론을 제시한 것은 1951년에 출간한 두 권의 저서 『보편적 행위이론을 위하여』와 특히 『사회적 체계』에서이다. 전자는 파슨스와 실즈가 공동으로 편집한 책으로서 하버드 대학 사회관계학과 구성원들의 연구 결과를 담고 있다. 그것은 말하자면 집단지성의 산물이다. 이 가운데 파슨스가 다른 8명의 학자들과 공동으로 집필한 제1부 제1장 「행위이론의 몇 가지 기본 범주: 일반적 진술」 그리고 실즈와 더불어 집필한 제2부 「가치, 동기 그리고 행위체계」에 체계이론이 개진되어 있다. 이에 반해 후자는 파슨스 단독으로 집필한 저서로서 행위체계의 하부 체계인 사회적 체계를 그 논의의 대상으로 하고 있다.

그런데 이 두 책의 제목을 보면, 파슨스의 행위이론이 체계이론으로 이행했다는 말이 잘 납득이 가지 않을 것이다. 체계이론을 추구하면서도 여전히 행위이론을 지향하고 있다는 인상을 받기 때문이다. 그렇다. 그는 여전히 행

---

24 Wolfgang Ludwig Schneider, 앞의 책(2002a), 144쪽. 파슨스의 체계이론이 발전하는 데에는 무엇보다도 미국 생리학자 월터 B. 캐논(1871~1945)의 저서 『인체의 지혜』(1932)가 결정적인 역할을 했다. Talcott Parsons, 앞의 책(1977), 126쪽. 이 책은 우리말로 번역되어 있다. 월터 B. 캐논, 정해영 옮김, 『인체의 지혜』(원제는 *The Wisdom of the Body*), 동명사 2003.

25 Stefan Jensen, *Talcott Parsons. Eine Einführung*, Stuttgart: Teubner 1980, 47~48쪽.

위이론가이다. 그렇다면 자기모순이 아닌가? 하지만 그렇지 않다. 왜냐하면 체계이론은 행위이론의 하부 개념이기 때문이다. 파슨스는 행위를 체계로 파악한다. 그에게 행위는 곧 체계이다.[26] 간단히 말해 행위체계란 개인들의 행위가 외부적 환경과 경계를 이루면서 유지되고 재생산되는 독립적인 체계라는 뜻이다. 『사회적 행위의 구조』에서 제시된 행위자-상황이라는 자원론적 준거틀이 『보편적 행위이론을 위하여』와 특히 『사회적 체계』에서는 체계-환경이라는 체계론적 준거틀로 대체되었다. 보다 정확히 말하자면 확장되었다. 이와 더불어 행위자는 인성적 체계로 대체되었다. 보다 정확히 말하자면 확장되었다. 그러니까 파슨스가 1950년대 초부터 『보편적 행위이론을 위하여』와 특히 『사회적 체계』에서 추구하기 시작한 사회학은 이 두 저서의

---

26 루만은 1991/92년 겨울학기에 빌레펠트 대학에서 한 강의 "체계이론 입문"에서 다음과 같이 말하고 있는데, 내가 보기에 이는 파슨스 사회학의 정곡을 정확하게 찌른 것이다. "파슨스의 전(全)저작은 마치 단 하나의 문장에 대한 끝없는 주석처럼 보이는바, 그 문장은 다음과 같다: "행위는 체계이다." 내가 알기로 이 문장은 파슨스의 인쇄된 저작들 그 어디에서도 찾을 수 없다. 그러나 나는 그로부터 직접 이 문장을 들었다. 어찌되었든 나는 예나 지금이나 그 문장이 파슨스가 전달하려는 메시지의 정수라고 생각한다. '행위는 체계이다!' 이론가들은 자신의 이론의 정수를 한 문장으로 표현해달라는 요청을 받곤 한다. 만약 파슨스가 그런 요청을 받았다면, 그는—내가 그를 이해하는 바에 따라 판단하건대—틀림없이 '행위는 체계이다'라고 대답했을 것이다. 이는 사실 주목할 만한 일이다. 왜냐하면 파슨스 이후 시대에 행위이론은 베버를 재(再)수용하거나 다양한 형태의 합리적 선택 이론을 통해 다시 유행했으며, 또한 그로부터 체계이론에 대비되는 프로그램이 발전하거나 마치 행위이론과 체계이론이 서로 합치될 수 없는 이질적인 '출발점'을 가진 것처럼 논쟁이 벌어져 왔기 때문이다. 이 논쟁에서 행위이론은 보다 주체에 지향되어 있고 보다 개인에 지향되어 있으며 심리적 상태를 그리고 더불어 육체적 상태도 사회학에 수용할 수 있는 반면에 체계이론은 보다 추상적이고 어쩌면 보다 거시적인 구조를 표현할 수 있다고 주장된다. 아무튼 몇몇 행위이론가들이 표명한 관념에 따르면 행위와 체계는 서로 화합할 수 없는 패러다임이다. 그러나 계속해서 그런 식으로 주장하는 사람은 반드시 파슨스를 읽어봐야 할 것이다. 물론 어쩌면 이것은 문제에 대한 최종적인 대답이 되지 않을 수도 있다. 왜냐하면 자명한 일이지만 파슨스 이론 자체를 받아들일 수 없다고 거부하면서 다시 예컨대 베버나 다른 이론적 토대로 돌아갈 수 있기 때문이다. 어찌되었든 파슨스는 행위와 체계를 분리할 수 없다는 사실, 또는 달리 말하자면 행위는 오로지 체계로서만 가능하다는 사실을 아주 분명하게 통찰했으며—또한 이러한 통찰을 구현하는 이론을 발전시키려고 노력했다." Niklas Luhmann, *Einführung in die Systemtheorie* (Herausgegeben von Dirk Baecker), Heidelberg: Carl-Auer 2004 (2. Auflage), 18~19쪽.

제목을 합친 보편적 행위체계이론이 되는 셈이다. 그것은 보편적인 체계론적 행위이론 또는 사회적 행위의 보편적 체계이론이다.

파슨스의 체계론적 행위이론을 떠받치는 중요한 두 개념적 지주는 사회적 체계, 문화적 체계, 인성적 체계의 구분과 "유형변수"의 체계이다. 파슨스에게 행위는 체계이다. 그런데 그는 행위체계를 다시금 사회적 체계, 문화적 체계, 인성적 체계의 세 가지 하부 체계와 이것들 사이의 상호관계로 구성되는 것으로 파악한다. 이 가운데 사회적 체계는 개인적 행위자들 사이의 관계들, 즉 사회적 상호작용들을 포괄하는 체계로서 그 가장 중요한 단위는 개인이 아니라 사회적 역할이다. 또한 문화적 체계는 상징들의 체계로서 개인적 행위자들 사이의 상호적인 규범적 지향을 가능케 한다. 그리고 인성적 체계는 욕구적 성향구조들로 구성되며 개별적 행위자의 행위 지향과 행위 동기의 조직화된 체계로 이해된다.

파슨스에 따르면 보편적 행위체계의 이 세 가지 하부 체계는 상호독립적이지만 동시에 상호의존적이다. 행위체계의 하부 체계들은 상호침투하고 상호제한하면서 행위체계를 규정한다. 파슨스는 제도화, 내면화, 사회화라는 세 가지 메커니즘을 제시한다. 이 가운데 제도화는 문화적 체계를 사회적 체계와 결합한다. 또한 내면화는 문화적 체계를 인성적 체계와 결합한다. 그리고 사회화는 사회적 체계를 인성적 체계와 결합한다.[27]

이 과정에서 프로이트가 결정적인 역할을 했다. 이 시기에 파슨스가 행위체계의 하부 체계로 인성적 체계를 도입함으로써 그 이전의 행위자 개념을 인성체계 개념으로 대체, 아니 확장할 수 있도록 한 것이 바로 프로이트의 정신분석학이다. 잘 알려져 있다시피, 프로이트는 인성을 이드, 자아 및 초자아라는 세 심리적 차원의 구조적-역동적 상호관계로 파악한다. 개인의 행위는 바로 이 인성에 의해 결정된다. 그러므로 프로이트의 정신분석학은 심리학적 행위이론으로 볼 수 있다. 파슨스가 보기에 프로이트가 이런 식

---

27  Talcott Parsons & Edward Shils (Ed.), *Toward a General Theory of Action*, Cambridge, Mass.: The Harvard University Press 1951, 53쪽 이하.

으로 기술한 인성은 전형적인 체계이며, 따라서 프로이트의 인성이론은 전형적인 체계이론이다. 그것은 체계론적 행위이론이다. 물론 그 체계의 개념이 어디까지나 행위체계의 한 부분체계인 인성적 체계에 한정된 행위이론이다.

파슨스가 프로이트의 정신분석학과 본격적으로 씨름하게 된 것은 1937년, 그러니까『사회적 행위의 구조』가 출간된 시점으로 추정할 수 있다. 당시 파슨스는 프로이트의 저작을 "매우 단편적으로밖에" 모르고 있었는데, 하버드 대학 비즈니스스쿨의 교수인 호주 출신의 심리학자이자 사회학자이며 조직이론가인 엘튼 메이요(1880~1949)가 "프로이트를 진지하고 광범위하게 읽어볼 것을 권했다." 마침 조교수 계약기간이 끝나가는 시점이라 자유시간이 많았던 파슨스는 메이요의 조언대로 프로이트의 저작과 씨름했는데, 그것은—1977년에 파슨스는 당시를 회상하면서 이렇게 말하고 있다—"내〔그의〕 삶에서 몇 안 되는 결정적인 지적 경험들 가운데 하나였다." 물론 프로이트의 이론을『사회적 행위의 구조』에 접목하기에는 시기적으로 너무 늦긴 했지만.[28]

파슨스는 1949년에 나온『사회적 행위의 구조』제2판의 서문에서 이 책이 행위이론의 심리학적 측면을—사회학적 측면에 비해—상대적으로 무시한 점에서 일면성이라는 한계를 지닌다고 고백하고 있다. 그는 이 불균형을 해소할 수 있는 가능성을 프로이트의 정신분석학에서 찾았다. 파슨스가 보기에 프로이트는, 그 출발점에서나 경험적 관심사에서나『사회적 행위의 구조』에서 다룬 같은 세대의 세 사회학자, 즉 파레토, 뒤르케임 및 베버와 다르기는 하지만, "동일한 일반적 사유운동의 지극히 중요한 한 부분"으로 간주되어야 한다.[29] 여기에서 말하는 동일한 일반적 사유운동이란 사회적 행위에 대한 이론을 가리킨다. 요컨대 프로이트도 자신이『사회적 행위의 구조』에서 제시한 '수렴' 테제에 포괄된다는 것이 파슨스의 확신이다. 그로부

---

28  Talcott Parsons, 앞의 책(1977), 34쪽.
29  Talcott Parsons, 앞의 책(1968a), xvi쪽.

터 2년 후인 1951년에 출간된 두 권의 저서 『보편적 행위이론을 위하여』와 『사회적 체계』에서 파슨스가 프로이트 심리학과 씨름한 결과가 인성적 체계이론으로 결실을 맺었다. 이 한 가지 사실만 보아도 파슨스의 행위이론과 체계이론은 불연속적 발전이 아니라 연속적 발전의 관계에 있으며 대체가 아니라 확장의 관계에 있음을 알 수 있다.

물론 파슨스는 프로이트의 정신분석학 이론을 그대로 수용한 것이 아니라 나름대로의 관점에서 수정, 보완하여 자신의 행위이론, 보다 정확히 말하자면 행위체계이론에 편입했다. 이는 무엇보다도 1964년에 출간된 논문집 『사회구조와 인성』을 보면 명백히 드러난다.[30]

행위체계의 세 가지 하부 체계에 대해서는 이 정도로 해두고 이제 파슨스의 체계론적 행위이론을 떠받치는 또 하나의 중요한 개념적 지주인 유형변수의 체계에 대해 알아보기로 한다. 유형변수는 두 개의 개념쌍으로 구성된 일종의 이분법으로서, "행위자는 어떤 상황이 자신에 대해 갖는 의미를 파악하고 그 상황을 고려하면서 행위하기 전에 반드시 한쪽을 선택해야 한다"는 것이다. 이 유형변수는 경험적 연구를 통해 귀납적으로 도출된 것이 아니라 행위이론의 준거틀에서 직접적으로, 즉 연역적으로 도출된 것이다. 바로 이런 연유로 파슨스는 "오직 다섯 개의 **기본적** 유형변수만이 존재한다"고 주장하며 다음과 같이 다섯 개의 이분법적 대립항을 제시한다.

1. 보상-규율 딜레마: 감정중립성-감정성
2. 사적 이해관계와 집단적 이해관계의 딜레마: 자기지향성-집단지향성
3. 가치지향성 규준의 유형들 사이의 선택: 보편주의-특수주의
4. 사회적 대상의 "양태들" 사이의 선택: 업적성-귀속성
5. 대상에 대한 관심범위의 규정: 특정성-확산성[31]

---

30  Talcott Parsons, *Social Structure and Personality*, London: The Free Press 1964, 32~33쪽. 그리고 다음도 같이 참고할 것. Wolfgang Schluchter, 앞의 책(2007), 74~75쪽.
31  Talcott Parsons & Edward Shils, 앞의 책(1951), 77쪽; Talcott Parsons, *The Social System*,

이 가운데 앞의 세 가지 유형은 행위 지향의 형식과 관련된 것이고, 나머지 두 가지 유형은 대상의 상황에 관련된 것이다. 이 다섯 개의 기본적 유형변수는 ─ 파슨스와 실즈는 그들의 공저 『보편적 행위이론을 위하여』에서 이렇게 주장하고 있다 ─ "이런 식으로 도출되는 〔행위이론의 준거틀에서 직접적으로 도출되는〕 유형변수 **전체**이기 때문에 그 자체로서 하나의 체계를 구성한다."[32] 다시 말해 그것들은 더 이상 가감되지도 않으며 더 이상의 개념적 보조장치를 필요로 하지도 않는, 그리고 경험연구의 결과에 따라 수정되거나 보충되지 않는 내적 완결성과 논리적 자족성을 갖는 체계를 구성한다. 그러므로 파슨스와 실즈가 제시한 유형변수는 구체적인 경험적 현실과 무관하게 분석적-논리적 타당성을 갖는다. 물론 그렇다고 해서 유형변수가 경험적 세계와 완전히 동떨어진 공허한 개념유희라는 뜻은 결코 아니다. 왜냐하면 다섯 개 유형변수들의 다양한 조합을 통해 구체적인 역사적 행위들을 서술하고 설명하며 이것들을 비교할 수 있기 때문이다.

이러한 유형변수는 사회적 체계에만 관련된 것이 아니라 문화적 체계와 인성적 체계에도 관련된다. 그 이유는 유형변수가 행위의 준거틀에서, 그러니까 행위체계에서 연역적으로 도출한 것이며, 따라서 논리적으로 행위체계의 모든 하부 체계, 즉 사회적 체계, 문화적 체계, 인성적 체계에 적용될 수 있기 때문이다. 그런데 파슨스가 『사회적 체계』에서 유형변수를 통해 논하고자 하는 바는 ─ 그 제목이 시사하는 바와 같이 ─ 사회적 체계이다. 다시 말해 행위하는 개인들 사이의 사회적 관계와 역할구조에 유형변수의 초점을 맞춘다. 이 경우 파슨스는 유형변수들을 "역할정의의 **유형변수들**"이라고 부른다.[33]

이 논의의 맥락에서 퇴니스를 언급해야 할 것 같다. 왜냐하면 유형변수의

---

Glencoe, Ill.: The Free Press 1951, 67쪽. '감정중립성-감정성'이 원문에는 '감정성-감정중립성'으로 되어 있음을 밝혀둔다.

32  Talcott Parsons & Edward Shils, 앞의 책(1951), 77쪽.

33  Talcott Parsons, 앞의 책(1951), 66~67쪽.

다섯 가지 개념쌍은 퇴니스가 『공동사회와 이익사회』에서 제시한 공동사회와 이익사회의 구분을 보다 세분화한 결과로 볼 수 있기 때문이다. 퇴니스에 따르면 행위하는 개인들의 의지에 따른 상호긍정에 의해 사회적 집합체가 형성되는데, 바로 이러한 의지 또는 의지적 긍정이 사회학의 근본적인 문제이자 인식대상이 된다. 의지에는 본질의지와 자의의지의 두 가지 기본 형식이 있고, 각각 공동사회와 이익사회 형성의 토대가 된다. 전자에는 가족공동체, 촌락, 교회 등이, 그리고 후자에는 시장, 주식회사, 근대국가 등이 속한다.[34] 바로 이 공동사회와 이익사회가 퇴니스 사회학의 기본 개념이다. 파슨스는 이미 『사회적 행위의 구조』에서 퇴니스의 이 개념들에 대해 논하고 있다.[35] 그는 퇴니스의 공동사회에서 확산성, 귀속성, 감정성 및 특수주의를 읽어내며, 이익사회에서 특정성, 업적성, 감정중립성 및 보편주의를 읽어낸다. 후일 파슨스는 여기에 집단지향성-자기지향성의 개념쌍을 추가한다.[36] 요컨대 앞에서 제시한 다섯 가지 유형변수의 왼쪽과 오른쪽은 각각 이익사회와 공동사회에 해당한다.

그런데 이 유형변수 개념은 얼마 되지 않아 중대한 변화를 겪는다. 이것은 파슨스 사회학의 대명사와도 같은 이른바 'AGIL 도식'의 도입과 밀접한 관계가 있다. 'AGIL'은 다음 네 가지 기능의 첫 글자를 따서 만든 용어이다.

Adaptation(적응)
Goal-attainment(목표 달성)
Integration(통합)
Latent pattern-maintenance(잠재적 유형 유지)

---

34 Ferdinand Tönnies, *Gemeinschaft und Gesellschaft. Grundbegriffe der reinen Soziologie*, Darmstadt: Wissenschaftliche Buchgesellschaft 1979 (Neudruck der 8. Auflage von 1935).
35 Talcott Parsons, 앞의 책(1986b), 686쪽 이하.
36 Wolfgang Schluchter, 앞의 책(2007), 58∼59쪽.

이 도식이 처음으로 제시된 것은 1953년 파슨스가 로버트 베일스(1916~2004) 및 실즈와 공동으로 지은 책『행위이론 논문집』에서이다.[37] 간단히 말해 모든 행위체계는 '적응', '목표 달성', '통합', '잠재적 유형 유지'의 네 가지 기능을 수행해야 한다는 것이 AGIL 도식이 의미하는 바이다. 이 기능은 구체적인 경험적 현실과 무관하게 분석적 타당성과 논리적 보편성을 갖는다. AGIL 도식은 달리 "네 기능 패러다임"이라고도 한다.

이 맥락에서 한 가지 눈에 띄는 것이 있으니, 그것은 AGIL 도식이 네 개의 기능으로 구성되는 반면, 행위체계는 세 개의 하부 체계로 그리고 유형변수는 다섯 개의 이분법적 개념쌍으로 구성된다는 점이다. 이에 파슨스는 행동유기체를 추가해 행위체계의 하부 체계를 세 개에서 네 개로 확장한다. 이것은 유기체의 행동을 의미하는데, 나중에 행동적 체계로 대체된다. 그리고 각각의 하부 체계에 AGIL의 기능을 귀속시킨다. 구체적으로 행동적 체계는 적응의 기능과, 인성적 체계는 목표 달성의 기능과, 사회적 체계는 통합의 기능과, 문화적 체계는 잠재적 유형 유지의 기능과 연결된다. 그리고 AGIL 도식의 도입과 더불어 유형변수는 '자기지향성-집단지향성'이 제외됨으로써 다섯 가지에서 네 가지로 축소된다. 그 이유는 네 가지 유형변수와 AGIL이 "4차원 공간의 각 차원들의 대안적 공식화"이며, 따라서 이 두 도식은 "단 하나의 분석적 도식으로 합치되기" 때문이다.[38] 말하자면 AGIL 도식과 유형변수 체계는 수렴한다는 것이다. 그런데 파슨스는 이런 식으로 두 도식을 통합하면서 더 이상 유형변수를 사회학 이론의 발전을 위한 도구로 사용하지 않는다. AGIL 도식과 더불어 사회세계 전반을 포괄하는 분석적 틀을 얻었기 때문이다. 그렇지만 유형변수는 전통 사회와 근(현)대 사회의 구조적 차이를 기술하고 설명하는 사회학적 개념쌍으로 널리 적용되고 있다.[39]

37 Talcott Parsons, Robert F. Bales & Edward A. Shils, *Working Papers in the Theory of Action*, Glencoe, Ill.: The Free Press 1953.
38 같은 책, 10~11쪽.
39 Richard Münch, 앞의 글(1999), 37쪽.

파슨스의 AGIL 도식이 갖는 한 가지 매우 중요한 특징은 이 도식이 보편적 행위체계의 하부 체계에만 적용되는 것이 아니라는 사실이다. 그것은 하부 체계의 하부 체계, 그리고 이것의 하부 체계 …… 하는 식으로 무한히 적용될 수 있다. 예컨대 행위체계의 하부 체계인 사회적 체계, 이 사회적 체계의 하부 체계인 정치적 체계, 이 정치적 체계의 하부 체계인 지배 …… 하는 식이다. 이러한 논리는 다음과 같이 나타내면 보다 가시적으로 파악될 수 있을 것이다.

**도표 18  AGIL 도식의 논리**

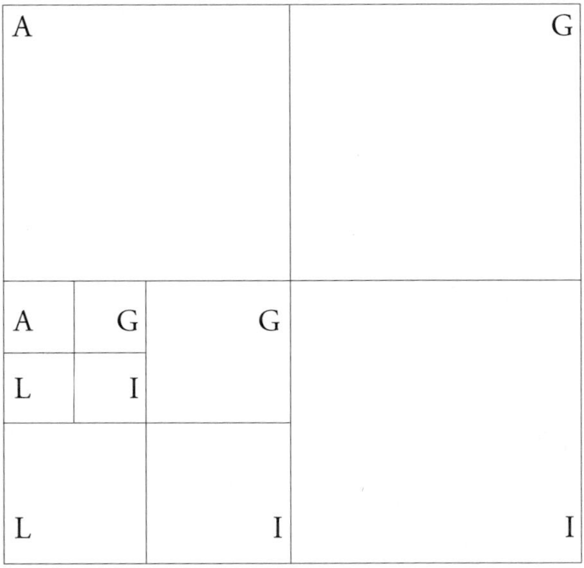

이처럼 AGIL 도식이 무한히 연장되는 이유는 모든 체계가 그것이 어떤 차원의 것이든 — 미시적 차원이든 거시적 차원이든 — 언제나 AGIL의 네 가지 기능을 수행해야 하기 때문이다. 또는 달리 말하자면 이 네 가지 문제를 해결해야 하기 때문이다. 이러한 AGIL 도식에 따라 행위체계의 네 가지 하부 체계와 그 각각의 네 가지 하부 체계는 다음과 같이 도식으로 나타낼 수 있다.[40]

도표 19  행위체계의 네 가지 하부 체계와 그 각각의 네 가지 하부 체계

| A 인지적 능력<br>(뇌) | G 신경조직 조절<br>(사지) | A 동기적 차원<br>(이드) | G 현실 지향<br>(자아) |
|---|---|---|---|
| **행동적 체계** | | **인성적 체계** | |
| L 유전적 토대<br>(유전자) | I 정서적(성애적)<br>능력 | L 자기성 | I 양심<br>(초자아) |
| A 인지적<br>상징화 | G 표현적<br>상징화 | A 경제적<br>체계 | G 정치적<br>체계 |
| **문화적 체계** | | **사회적 체계** | |
| L 구성적<br>상징화 | I 도덕적으로<br>평가하는<br>상징화 | L 신탁적<br>체계 | I 공동체적 체계 |

　　그리고 파슨스는 거시적인 방향으로 눈을 돌려 AGIL 도식을 인류에까지 적용한다. 곧 전개될 논의와 제시될 또 다른 도식들을 보면 이러한 도식에 입각하여 사회적인 것의 보편이론을 구축하는 파슨스의 논리를 보다 명료하게 파악할 수 있을 것이다.

---

40　Gunter Runkel, *Allgemeine Soziologie. Die Klassiker, ihre Gesellschaftstheorien und eine neue soziologische Synthese*, München: Oldenbourg Wissenschaftsverlag 2012 (3. Auflage), 97쪽. 각 하부 체계의 위치를 바꾸었음을, 그리고 '유기적 체계'를 '행동적 체계'로 '사회문화적 체계'를 '신탁적 체계'로 바꾸었음을 일러둔다.

## (3) 사회적 체계로서의 사회[41]

지금까지의 논의에 입각하여 보면 파슨스가 행위이론과 체계이론의 종합을 추구하고 있다는 사실이 명백히 드러날 것이다.[42] 그런데 파슨스의 체계론적 행위이론은 행위체계의 네 가지 하부 체계 중에서 특히 사회적 체계에 초점을 맞춘다. 물론 그렇다고 해서 다른 세 가지 하부 체계의 중요성을 무시한 것은 결코 아니다. 파슨스는 모든 행위가 행동적, 인성적, 사회적 및 문화적 측면을 갖는다는 것을 너무나도 잘 알고 있었기 때문이다. 그리하여 사회적 체계 이외에도 인성적 체계, 문화적 체계 및 행동적 체계에 대한 논의를 잊지 않는다.[43] 다만 그의 인식관심의 중심에 사회적 체계가 자리하고 있었을 뿐이다. 이처럼 파슨스가 사회적 체계의 문제에 매달리는 이유는, 보편적 행위체계에 있어 특별한 물음, 즉 "어떻게 사회적 질서가 가능한가?"라는 물음에서 접근하기 위함이다.[44]

파슨스에 따르면 사회적 체계는 보편적인 행위체계의 하부 체계로서 통합의 기능을 담당한다. 다시 말해 사회적 체계는 개인들의 상호적인 행위,

---

41  여기에서 '사회적 체계'와 '사회'는 각각 영어로 social system과 society이다. 파슨스의 사회학에서는 '사회적 체계'를 '사회체계'로 옮겨서는 안 된다. 왜냐하면 '사회체계'는 체계로서의 사회, 즉 전체 사회를 가리키기 때문이다. 바로 이런 연유로 파슨스는 social과 societal을 구별하는바, 후자는 전체 사회인 society와 관련된다. 예컨대 포괄적인 사회적 체계(social system)로서의 사회(society)에서 적응의 기능을 담당하는 하부 체계인 '사회공동체'는 social community가 아니라 societal community이다(이에 대해서는 곧 다시 논의가 있을 것이다). 그리고 제5장 제2절에서 보게 되는 바와 같이, 루만이 말하는 '사회적 체계'와 '사회'는 각각 독일어로 soziales System과 Gesellschaft이다. 루만의 경우 사회체계라고 하면 Gesellschaftssystem을 가리키지 soziales System을 가리키지 않는다. 루만에게 사회 또는 사회체계는 사회적 체계의 하부 범주이다. 그것은 포괄적인 사회적 체계이다.

42  Wolfgang Ludwig Schneider, 앞의 책(2002a), 147~48쪽(각주 63번).

43  이에 대한 상세한 정보는 다음을 참고할 것. Wolfgang Schluchter, 앞의 책(2007), 102~3쪽(각주 228번).

44  Stefan Jensen, "Einleitung", in: Talcott Parsons, *Zur Theorie sozialer Systeme* (Herausgegeben und eingeleitet von Stefan Jensen), Opladen: Westdeutscher Verlag 1976, 9~67쪽, 여기서는 36쪽.

예컨대 가족적, 경제적, 기술적, 정치적, 문화적, 종교적, 과학적 관계에서 진행되는 행위를 조직하는 프로그램이다. 파슨스에게 사회란 전체 사회를 가리키며 다수의 하부 체계를 포괄하면서 다른 사회적 체계들 및 환경과의 관계에서 최고도의 자족성을 갖는 사회적 체계에 다름 아니다.[45] 이와 관련해 파슨스는 『현대 사회들의 체계』(1971)에서 다음과 같이 말하고 있다.

> 우리는 사회를 다른 사회적 체계들을 포함하며 환경과의 관계에서 가장 높은 수준의 자급자족을 그 특징으로 하는 사회적 체계의 유형으로 정의한다. 그러나 사회가 행위의 하부 체계라는 점을 감안한다면 완전한 자급자족은 불가능할 것이다. 어떤 사회든 하나의 체계로 존속하기 위해서는 자신을 둘러싸고 있는 체계들과의 상호교환을 통해 받아들이는 투입에 의존한다. 이처럼 사회가 환경과의 관계 속에서 자급자족이 된다는 것은 사회가 자신의 기능을 위해 환경과의 상호교환 관계를 안정시키고 환경과의 상호관계를 통제하는 능력을 갖추는 것을 의미한다. 이와 같은 통제는 혼란을 예기하고 "처리하는" 능력으로부터 환경과의 관계를 우호적으로 형성하는 능력에 이르기까지 다양할 수 있다.[46]

이런 식으로 사회를 파악하는 것은 ─ 파슨스의 말대로 ─ 사회가 구체적인 개별적 인간들로 구성된다고 보는 상식적인 관념과는 완전히 다르다. 이 상식적인 관념에 따르면 "사회 구성원들의 유기체와 인격은 사회의 환경

---

45  파슨스의 사회 개념은 영토적이다. 다시 말해 미국 사회, 일본 사회, 한국 사회 등과 같이 일정한 영토와 주권에 의해 정의되는 국민국가 사회이다. 이에 반해 ─ 제5장 제2절에서 보게 되는 바와 같이 ─ 파슨스의 체계이론을 급진화한 루만의 사회 개념은 세계적이다. 다시 말해 루만의 사회는 파슨스의 사회처럼 전체 사회를 가리키지만, 국민국가 사회가 아니라 세계사회이다. Rudolf Stichweh, "Zum Gesellschaftsbegriff der Systemtheorie: Parsons und Luhmann und die Hypothese der Weltgesellschaft", in: Bettina Heintz, Richard Münch & Hartmann Tyrell (Hrsg.), *Weltgesellschaft. Theoretische Zugänge und empirische Problemlagen* (*Sonderheft* "*Weltgesellschaft*" *der Zeitschrift für Soziologie*), Stuttgart: Lucius & Lucius 2005, 174~85쪽.

46  Talcott Pasons, *The System of Modern Societies*, Englewood Cliffs: Prentice-Hall 1971, 8쪽.

의 일부분이 되지 않고 사회의 내부에 속하게 될 것이다."[47] 이에 반하여 개인들을 사회의 환경으로 설정하는 체계론적 사회 개념에 기반해 파슨스는 사회를 다른 모든 사회적 체계와 마찬가지로 네 개의 하부 체계로 구성되는 것으로 파악하는바, 그것은 구체적으로 경제, 정치 조직체, 유형 유지 또는 수탁자, 사회공동체이다. 이 하부 체계들은 각각 적응, 목표 달성, 통합, 유형 유지의 기능을 수행한다. 파슨스는 『현대 사회들의 체계』에서 사회적 체계의 네 가지 하부 체계의 특성을 다음과 같이 도표로 제시하고 있다.[48]

**도표 20  사회적 체계로서의 (전체) 사회**

| 하부 체계 | 구조적 구성요소 | 발전적 과정의 측면 | 주요 기능 |
|---|---|---|---|
| 사회공동체 | 규범 | 포함 | 통합 |
| 유형 유지 또는 수탁자 | 가치 | 가치 일반화 | 유형 유지 |
| 정치 조직체 | 집합체 | 분화 | 목표 달성 |
| 경제 | 역할 | 적응 능력 향상 | 적응 |

이미 언급한 AGIL 도식의 논리에 따르면, 사회적 체계를 구성하는 네 개의 하부 체계는 다시 각각 네 개의 하부 체계로 구성되며, 이 네 개의 (하부 체계의) 하부 체계는 다시 적응, 목적 달성, 통합, 유형 유지의 기능을 수행한다. 이 가운데 경제를 예로 들어볼 수 있다. 파슨스는 1956년 닐 J. 스멜서 (1930~ )와 공동으로 『경제와 사회: 경제학 이론과 사회학 이론의 통합 연구』라는 책을 펴낸다. 여기에서 경제는 가장 포괄적인 사회적 체계인 사회에서 적응의 기능을 수행하는 하부 체계로 다루어지는바, 이 경제라는 사회의 하부 체계는 다시금 자본화와 투자(적응), 생산(목표 달성), 조직화(통합), 경제적 몰입(유형 유지)의 기능을 수행한다. 이는 경제의 기능이 분화됨을 암시하는 것이다. 이러한 논리를 표로 나타내보면 다음과 같다.[49]

---

47  Talcott Parsons, *Societies. Evolutionary and Comparative Perspectives*, Englewood Cliffs: Prentice-Hall 1966, 9쪽.
48  같은 책, 11쪽.

도표 21 체계로서의 경제의 기능적 분화

| A | | G |
|---|---|---|
| 자본화와 투자<br>하부 체계 | | 생산 하부 체계:<br>분배와 판매 포함 |
| 경제적 몰입 하부체계:<br>물리적, 문화적,<br>동기적 자원 | | 조직화 하부 체계:<br>기업가적 기능 |
| L | | I |

파슨스는 사회의 하부 체계들 가운데에서 사회공동체를 핵심적 범주로 간주한다. 사실 사회공동체라는 개념은 파슨스의 말대로 비교적 생소한데 그 이유는 "아마도 이것이 일반적으로 사회적 용어보다는 종교적, 정치적 용어로 사용되기 때문일 것이다."[50] 이러한 사회공동체의 가장 일반적인 기능은 — 파슨스는 『현대 사회들의 체계』에서 주장하기를 —

통일성과 응집력을 갖고 있는 규범과 집단조직의 **체계**를 형성하는 일일 것이다. 베버에 따르면 규범적 측면은 정당한 질서의 체계이고, 집단적 측면은 단일하게 결속된 집합체로서의 사회공동체이다. 사회질서는 분명하고도 명확한 통합을 요구하는데, 이는 한편으로 규범적 응집성이라는 의미에서 그리고 다른 한편으로 사회의 "조화"와 "조정"이라는 의미에서 그렇다. 게다가 규범적으로 정의된 의무는 전반적으로 받아들여져야 하며, 또한 역으로 집합체들은 자신들의 기능을 수행하고 자신들의 정당한 이익을 촉진하면서 규범적 규제를 행사해야 한다. 이렇게 해서 사회 수준에서의 규범적 질서는 홉스에 의해 제기된 문제에 대한 "해결책"을 포함하고 있는바 — 그 문제란 인간관계가 "만인에

---

49  Talcott Parsons & Neil J. Smelser, *Economy and Society. A Study in the Integration of Economic and Social Theory*, New York: The Free Press 1956, 44쪽.

50  Talcott Parsons, 앞의 책(1971), 12쪽.

대한 만인의 투쟁"으로 타락하는 것을 막는 것이다.[51]

---

51  같은 책, 11~12쪽. 파슨스는 같은 책에서 다음과 말하고 있다. 사회공동체의 주된 기능은
    "전체 구성원뿐만 아니라 사회 내에서 다양하게 분화된 지위와 역할의 사회 집합체에 대한
    **충성**의 의무를 규정하는 것이다. 그러므로 대부분의 현대 사회에서 기꺼이 군복무를 이행
    하려는 의지는 그 사회에 대한 남성의 충성을 알아보는 시금석이 되지만 여성의 충성을 알
    아보는 시금석이 되지는 않는다. 충성이란 집합체 또는 '공공의' 이익이나 욕구라는 이름
    으로 적절하게 '정당화된' 호소에 기꺼이 반응하는 것이다. 규범적 문제는 이와 같은 반응
    이 의무로 되어 있는 경우들을 규정하는 것이다. 원칙적으로 충성은 모든 집합체에서 요구
    되지만 사회공동체에 대해 특별한 중요성을 갖는다. 정부 기관들은 일반적으로 사회에 대
    한 충성을 호소하는 에이전트인 동시에 그와 관련된 규범을 이행하는 에이전트이다. 그러
    나 정부와 정당화된 공동체 에이전시가 직접적으로 일치하지 않는 경우가 많다." 여기에서
    특히 중요한 것은 "하부 집단들과 개인들의 전체 사회에 대한 충성과 그들이 구성원이 되
    는 다른 집합체들에 대한 충성 사이의 관계이다. 한 사람이 몇 개의 집합체에 관련되는 **역
    할 다중**은 모든 인간 사회의 근본적인 특징이다. 그러나 전반적으로 보면 역할 다중의 증
    가는 근대적 유형의 사회들에 이르는 분화 과정의 주요한 특징이다. 그러므로 공동체 자체
    에 대한 충성과 여러 다른 집합체들에 대한 충성을 규제하는 것이 통합의 기능을 수행하는
    사회공동체에 주요한 문제가 된다." 같은 책, 12쪽. 여기에서 '충성'(loyalty)을 마치 개인
    이 몰아적(沒我的)으로 사회나 국가에 헌신하는 전근대적-집단주의적 태도인 것처럼 해석
    해서는 안 될 것이다. 그것은 — 적어도 근대 사회와 관련된 한 — 오히려 개인의 자발성을
    강조하는 자원론적 성격이 강하다. 파슨스가 말하는 충성은 그것과 이기심의 관계를 논하
    는 다음의 구절을 보면 보다 명백하게 와 닿을 것이다. "개인주의적 사회이론은 줄곧 심리
    학적 의미에서의 개인적 '이기심'을 과장하여 사회적 체계들의 통합에 대한 장애물로 간주
    해왔다. 그러나 대체로 개인들의 이기적 동기는 그들이 여러 집합체의 구성원이 되고 그것
    들에 충성을 함으로써 사회적 체계 안으로 효과적으로 유입될 수 있다. 대부분의 개인들이
    가장 직접적으로 맞닥뜨리는 문제는 갈등하는 집합체들이 경쟁적으로 충성을 요구할 때
    그것을 조정하는 것이다. 예컨대 현대 사회에서 정상적인 성인 남자는 피고용자인 동시에
    가족의 구성원이다. 이 두 가지 역할의 요구가 종종 갈등을 일으킴에도 불구하고 대부분의
    남성은 **양자** 모두에 충성해야 하는 중요한 이해관계를 갖고 있다." 같은 책, 12~13쪽. 파
    슨스는 공리적 개인주의를 논박하고 "제도화된 개인주의"를 주창한다. 제도화된 개인주의
    는 사회질서의 객관성과 개인들의 활동을 화해시키는 개념인데, 파슨스는 이를 달리 "도
    구적 개인주의"라고도 표현한다. 도구라는 단어는 사회를 가리킨다. 파슨스에 따르면 사회
    는 그 자체가 목적이 아니라 개인들의 목적을 위한 도구이다. Talcott Parsons, & Winston
    White, "The Link Between Character and Society", in: Talcott Parsons, *Social Structure and
    Personality*, London: The Free Press 1984, 183~235쪽; François Bourricaud, *The Sociology
    of Talcott Parsons*, Chicago/London: The University of Chicago Press 1981. 후자의 책은 원래
    프랑스어로 쓰였는데(저자 프랑수아 브리코(1922~91)는 프랑스의 사회학자), 그 제목이
    『제도적 개인주의: 탤컷 파슨스 사회학에 대한 에세이』이다.

우리는 이 인용구절보다 앞에서 파슨스의 사회 개념과 관련하여『현대 사회들의 체계』의 한 구절을 이용했는데, 이것을 보면 파슨스가 포괄적 사회적 체계로서의 사회를 그 환경과의 관계 속에서 고찰한다는 사실을 알 수 있다. 파슨스가 이 관계를 어떻게 파악하고 있는가는 무엇보다도『사회들: 진화론적 및 비교론적 관점』(1966)을 보면 명백히 드러날 것이다. 거기에서 파슨스는 사회의 환경을 궁극적 실재, 문화적 체계, 인성적 체계, 행동적 체계 및 물리적-유기적 환경의 다섯 가지로 제시하고 있다. 어느 사회의 자급자족은 "그 사회가 이 다섯 가지의 환경과 맺는 관계를 통제하는 것과 자신의 내적 통합의 상태를 통제하는 것이 어떻게 균형적으로 조합을 이루느냐에 달려 있다." 사회는 일반적으로 모든 구성원이 공유하는 통일적인 문화적 지향성을 그 정체성의 토대로 해야만 존속하고 발전할 수 있다. 이는 사회가 문화적 체계를 그 환경으로 갖는다는 것을 뜻한다. 사회의 핵심은 규범적 질서인데, 문화적 체계는 바로 이 규범적 질서에 정당성을 부여한다. 그런데 문화적 정당화 체계는 "언제나 궁극적 실재와의 정연한 관계에 토대를 두는 것과 관련되고 유의미하게 그것에 의존한다." 달리 말해 문화적 정당성 체계의 토대는 어떤 의미에서 언제나 종교적인 성격을 띤다. 그 밖에도 사회는 "그 구성원들의 유기체적 행동들 (그리고 이것들이 물리적 환경과 갖는 관계들) 및 인성들의 통합과 관련되는 조건적 요구를 체계적으로 충족해야 한다." 이는 사회가 인성적 체계, 행동적 체계 및 물리적-유기적 체계를 그 환경으로 갖는다는 것을 뜻한다.[52]

### (4) 인간 조건의 패러다임

1978년에 출간된『행위이론과 인간 조건』이 파슨스의 생전에 나온 마지막 저서이다. 여기에서 파슨스는 인간 조건을 체계로 파악하고 행위체계를

---

52  Talcott Parsons, 앞의 책(1966), 9쪽 이하.

인간 조건의 하부 체계로 통합한다. 말하자면 행위체계를 인간 조건의 한 요소로 간주하는 것이다. 인간 조건이란 인간의 근본 상황을 가리키는 말이다. 체계로서의 인간 조건은 다시금 AGIL 도식에 따라 네 개의 하부 체계로 구성된다. ① 물리화학적 체계(적응), ② 유기적 체계(목표 달성), ③ 행위체계(통합), ④ 초경험적 체계(잠재적 유형 유지).[53] 파슨스는 인간 조건의 체계를 구성하는 네 가지 하부 체계의 특성을 다음과 같이 도표로 제시하고 있다.[54]

**도표 22 인간 조건의 매체, 지향 범주 및 평가 기준**

|   | 매체 | 지향 범주 | 평가 기준 |
|---|------|-----------|-----------|
| A | 경험적<br>질서 형성 | 인과성 | 설명의<br>적합성 |
| G | 건강 | 목적론적<br>법칙 | 진단 |
| I | 상징적<br>의미 | 생성성 | 해석<br>(이해) |
| L | 초월적<br>질서 형성 | 초월성 | 비판<br>(칸트) |

이 가운데에서 잠재적 유형 유지의 기능을 담당하는 초경험적 체계의 평가 기준인 "비판(칸트)"의 경우에는 약간의 설명이 필요할 것이다. 여기에서 파슨스가 염두에 두고 있는 것은 칸트의 비판철학, 보다 정확히 말하자면 『순수이성 비판』에서 제시된 경험적 인식의 선험적 또는 초월적 전제조건에 대한 철학적 논구이다. 이와 관련해 파슨스는 『행위이론과 인간 조건』에서 말하기를 ― "칸트 이래로 우리는 물리적 세계의 인식이 외적 세계의 '주어진 자료' 이상의 것을 요구한다는 사실을 추측하는 것이 아니라 **알고 있**

---

53 Talcott Parsons, *Action Theory and the Human Condition*, New York: The Free Press 1978, 352쪽 이하.
54 같은 책, 393쪽. 원래는 L-I-G-A의 순서로 되어 있는 것을 A-G-I-L의 순서를 바꾸었다.

다." 그것은 다름 아닌 "오성의 범주"이다.[55] 이 오성의 범주는 "물리적 세계를 포함하여 경험적 세계 전체에 대한 우리의 인식에 필수적이지만 그 자체로서 경험적 성찰로 환원할 수는 없다."[56]

칸트는 『순수이성 비판』에서 비판을 이성을 정화하여 착오에서 벗어나도록 하는 철학적 작업이라고 정의한다. 그는 "인식 자체의 확장이 아니라 오로지 인식을 바로잡는 것을 의도하고, 모든 선험적 인식의 가치 유무를 가릴 시금석을 제공해야 할 것이기 때문에, 본디 우리가 교설(敎說)이라 하지 않고 단지 초월적 비판이라 부를 수 있는" 연구라고 『순수이성 비판』의 성격을 규정하고 있다.[57] 여기에 '초월적'이라는 단어가 나오는데, "대상들이 아

---

55  같은 책, 398쪽.

56  같은 책, 392쪽. 바로 이런 연유로 파슨스의 인간 조건 체계이론은 사변적이고 유사 초월론적이라는 비판을 받는다. Jürgen Habermas, *Theorie des kommunikativen Handelns*, Bd. 2: *Zur Kritik der funktionalistischen Vernunft*, Frankfurt am Main: Suhrkamp 1985b (3., durchgesehene Auflage; 1. Auflage, 1981), 375쪽 이하.

57  Immanuel Kant, *Kritik der reinen Vernunft*: *Werke in zehn Bänden*, Bd. 3-4 (Herausgegeben von Wilhelm Weischedel), Darmstadt: Wissenschaftliche Buchgesellschaft 1983a, 63쪽. 칸트의 인식론, 즉 순수이성 비판은 경험적 인식의 선험적 —또는 초월적— 전제조건을 그 논의의 대상으로 하는 선험철학 또는 초월철학이다. 칸트는 『순수이성 비판』에서 이렇게 선언한다. "순수이성의 진정한 과제는 다음과 같은 질문에 들어 있다: 어떻게 선험적 종합판단이 가능한가?" 같은 책, 58~59쪽. 여기에서 '종합판단'이란 경험적 인식을, 그리고 '선험적'이란 경험에 앞서면서 또는 경험을 넘어서면서 경험적 인식을 가능케 하는 원리를 뜻한다. 말하자면 '선험적 종합판단'이란 선험적 원리에 근거하는 경험적 인식을 가리킨다. 이 선험적 인식의 원리를 제공하는 인간의 정신적 능력이 바로 이성이며 『순수이성 비판』은 바로 이 이성에 대한 철학적 논구이다. 그런데 칸트가 단순히 '이성'이라고 하지 않고 '순수이성'이라고 하는 데에는 다음과 같은 이유가 있다. "아무런 외래적인 것도 함께 섞여 있지 않은 그런 인식은 모두 순수하다고 일컫는다. 그러나 특히, 그 안에 도대체가 어떤 경험이나 감각이 섞이지 않으며, 그러니까 완전히 선험적으로 가능한 그런 인식을 단적으로 순수하다고 부른다. 그런데 이성이란 선험적 인식의 원리들을 제공하는 능력이다. 그러므로 순수이성은 어떤 것을 단적으로 선험적으로 인식하는 원리들을 함유하는 그런 이성이다." 같은 책, 62쪽(각주 1). 간단히 말해 경험에 앞서는 또한 바로 그런 연유로 그 어떠한 경험적 요소도 함유하고 있지 않은 인간의 인식능력을 순수이성이라고 부르는 것이다. 칸트는 바로 이 순수이성을 비판하고자 하는 것이다. 이렇게 보면 칸트의 『순수이성 비판』은 선험적인 순수이성능력 자체에 대한 초월적 비판 또는 초월철학이라고 정리할 수 있을 것이다. 그리고 이런 의미에서 경험과학적 성격이 아니라 형이상학적 성격을 띤다.

니라 대상들에 대한 우리의 인식방식을 이것이 선험적으로 가능하다고 하는 한에서 일반적으로 다루는 모든 인식"을 초월적이라 부른다. 그리고 그러한 개념들의 체계를 초월철학이라 부른다. 칸트에 의하면 초월철학은 "순수하고 순전히 사변적인 이성의 세계지혜〔철학〕"이다.[58] 파슨스가 인간 조건 체계에서 잠재적 유형 유지의 기능을 담당하는 초경험적 체계의 평가 기준인 "비판(칸트)"과 더불어 말하고자 하는 바가 바로 이것이다.

지금까지의 논의를 바탕으로 인간 조건 체계-행위체계-사회적 체계의 관계를 다음과 같이 도표로 나타낼 수 있다.

**도표 23 인간 조건 체계 – 행위체계 – 사회적 체계의 관계**

| A 물리화학적 체계 | G 유기적 체계 |
|---|---|
| 초경험적 체계 (L) | 행위체계: A 행동적 체계 / G 인성적 체계 / 문화적 체계(L) / 사회적 체계(A 경제적 체계, G 정치적 체계, L 신탁적 체계, I 공동체적 체계) |

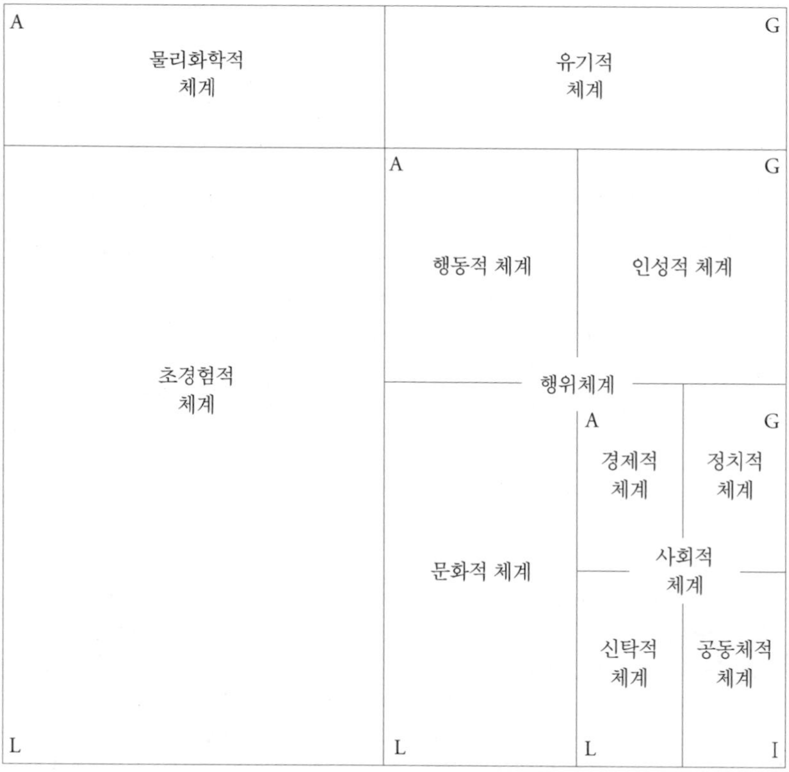

우리는 지금까지 파슨스의 사회학 이론이 발전하는 과정을 자원론적 행위이론, 체계론적 행위이론, 인간 조건의 패러다임의 세 단계로 나누어서 살펴보았다. 그리고 이 단계들 사이에는 불연속성과 대체의 관계가 존재하는 것이 아니라 연속성과 확장의 관계가 존재한다는 결론에 도달했다. 파슨스는 행위의 체계와 그 하부 체계들에 대해 논하는 단계에서도 그리고 인간 조건의 패러다임에 대해 논하는 단계에서도 『사회적 행위의 구조』에서 제시한 행위론적 토대를 버리지 않고 오히려 이것을 큰 이론적 설명력과 해결력을 갖춘 보다 복잡한 분석 차원으로 고양했다.[59] 그리하여 두 번째 단계에서는 행위의 자원론적 측면에 —즉 행위자, 목적, 상황 및 규범적 지향이라는 행위의 요소에— 사회적 측면, 문화적 측면, 인성적(심리적) 측면, 행동적(유기적) 측면이 더해졌으며, 세 번째 단계에서는 인간의 사회적 행위가 인간 조건에 연결되었다. 이는 파슨스의 사회학 이론이 인간과학으로 이어질 수 있음을 암시하는 대목이다.

여기에서 잠시 슈츠와 파슨스의 사회학을 뒤르케임과 짐멜 및 베버의 사회학과 간략하게 비교해보자. 중범위이론을 추구한 후자의 사회학자들과 달리 전자의 사회학자들은 보편이론을 추구했다. 그러나 후자의 사회학자들과 마찬가지로 전자의 사회학자들도 사회가 아니라 사회적인 것을 인식 대상으로 삼았다. 말하자면 전자의 사회학자들이 사회적인 것의 보편이론을 추구한 반면, 후자의 사회학자들은 사회적인 것의 중범위이론을 추구했다. 뒤르케임, 짐멜, 베버에게서처럼 슈츠와 파슨스의 사회학에서도 사회는 개인들을 초월하는 실체론적 존재가 아니다. 슈츠에게 사회는 개인들 사이에서 이루어지는 주관적-상호주관적 작용관계의 복합체이며, 파슨스에게 사회는 사회적 체계로서 인간 행위의 기능적 요소가 된다. 뒤르케임, 짐멜, 베버에 의해 사회적인 것으로 대체된 사회는 슈츠와 파슨스에게서뿐만 아니라 그 이후의 사회학자들, 엘리아스와 부르디외 그리고 하버마스와 루만

58  같은 책, 63, 65쪽.
59  Richard Münch, 앞의 책(1999), 45쪽.

에게서도 그 자리를 되찾지 못한다. 그들에게서도 사회학적 인식의 대상은 어디까지나 사회적인 것이다.

제4장

# 사회적인 것의 중범위이론 2

현대 사회학 이론의 또 다른 커다란 줄기들은 노르베르트 엘리아스(Norbert Elias, 1897~1990)와 피에르 부르디외(Pierre Bourdieu, 1930~2002)에게서 찾아볼 수 있다. 물론 이 두 거장은 근본적으로 다른 지적 전통에 서 있으며, 따라서 엘리아스와 부르디외는 한 범주로 묶는 것이 불가능해 보인다. 아니, 아예 비교하는 것 자체가 무의미해 보인다.■ 그

---

■ 다음은 엘리아스 사회학의 핵심 개념인 결합태와 부르디외 사회학의 핵심 개념인 아비투스를 의도하지 않은 행위라는 관점에서 비교하고 있다. Eva Barlösius, "Weitgehend ungeplannt und doch erwünscht: Figurationen und Habitus. Über den Stellenwert von nicht-intendierten Handeln bei Norbert Elias und Pierre Bourdieu", in: Rainer Greshoff, Georg Kneer & Uwe Schimank (Hrsg.), *Die Transintentionalität des Sozialen. Eine vergleichende Betrachtung klassischer und moderner Sozialtheorien*, Wiesbaden: Westdeutscher Verlag 2003, 138~57쪽. 또한 다음은 엘리아스와 하이에크의 사회이론을 의도하지 않은 행위의 결과라는 관점에서 비교하고 있다. Rainer Greshoff, "Die Konzeptualisierung 'nicht-intendierter Handlungsfolgen' in den Sozialtheorien von Norbert Elias und Friedrich A. v. Hayek im Vergleich", 같은 책, 108~37쪽.
다양한 사회학 이론을 비교하는 것은 좁게는 해당 이론을 그리고 넓게는 사회학 이론 전반을 이해하는 데 크게 기여할 수 있다. 이런 점에서 다음의 총서들은 주목할 만하다. Rainer Greshoff & Georg Kneer (Hrsg.), *Struktur und Ereignis in theorievergleichender Perspektive*, Opladen/Wiesbaden: Westdeutscher Verlag 1999; Rainer Greshoff, Georg Kneer & Uwe Schimank (Hrsg.), 앞의 책(2003). 더 나아가 다음의 총서에 실린 글들은 언뜻 비교하기가

러나 엘리아스와 부르디외는 사회적인 것에 대한 보편이론을 추구한 파슨스와 슈츠 그리고 하버마스와 루만과 달리 사회적인 것에 대한 중범위이론을 추구한 점에서 공통점을 보인다.

그 밖에도 엘리아스와 부르디외는 사회학적 논의에서 흔히 접할 수 있는 개인과 사회 그리고 행위와 구조의 이분법적이고 인위적인 분리를 극복하려고 한다는 점에서 공통점을 보인다. 이들은 '개인(행위)도 아니고 사회(구조)도 아닌', 또는 달리 표현하자면 '개인(행위)이기도 하고 사회(구조)이기도 한' 논의의 구도를 선택한다. 이 구도를 관철하는 데 필요한 개념적 도구와 틀은 개인(행위)과 사회(구조)의 두 심급을 연결하는 제3의 매개적–관계적 심급을 통해 얻을 수 있다. 그 매개적–관계적 심급은 엘리아스의 경우 '결합태'이고 부르디외의 경우 '아비투스'이다.■

엘리아스와 부르디외의 사회학적 인식관심은 현대 사회에서의 개인들의 멘털리티와 존재 방식 그리고 행위 유형을 지향한다는 점에서 수렴한다. 그러나 다른 한편 이 두 거장의 지적 세계에는 결정적인 차이점이 존재하는바, 그것은 역사적 인식관심과 현재적 인식관심의 차이라고 도식화할 수 있을 것이다. 엘리아스는, 그의 주저로 간주되는 『문명화 과정: 사회발생적 및 심리발생적 연구』의 제목만 보아도 명백히 드러나듯이, 사회발생적 접근 방법과 심리발생적 접근 방법을 결합하여 문명화 과정을 추적하는 데에 주된 관심을 갖는다. 이에 반해 부르디외의 주된 관심은 오늘날 세계에서의 사회적–문화적 실천과 권력 및 불평등 관계를 분석하는 것이다.■■ 요컨대 엘리아스는 근대세계의 형성·발달에 대한 계보학적 접근을 구사하는 반면에 부르디외는 오늘날의 문화적 삶에 대한 현상학적 접근을 구사한다. 이와 더불어서 전자는 국가의 기능을 중시하는 반면 후자는 상징문화를 중시한다.

---

힘들어 보이는 부르디외와 루만을 비교하고 있다. Armin Nassehi & Gerd Nollmann (Hrsg.), *Bourdieu und Luhmann. Ein Theorievergleich*, Frankfurt am Main: Suhrkamp 2004.
■ Eva Barlösius, 앞의 글(2003), 139쪽.
■■ 같은 글, 140쪽.

# 01
# 결합태사회학

노르베르트 엘리아스

엘리아스는 1986년 「결합태, 사회적 과정 그리고 문명화: 사회학의 기본 개념」이라는 논문을 발표한다.[1] 이 글은 엘리아스가 세상을 떠나기 얼마 전에 나온 작은 글이지만 그가 이해하는 사회학의 핵심과 그가 평생 추구해온 사회학적 인식을 결합태, 과정, 문명화의 세 단어로 요약하고 있다. 이는 짐멜을 연상시킨다. 이미 제3장 제2절에서 언급한 바와 같이, 짐멜은 세상을 떠나기 얼마 전인 1917년에 『사회학의 근본 문제: 개인과 사회』라는 작은 책을 펴내어 개인과 사회를 축으로 사회학의 근본 문제를 논하고 있다. 이 두 문헌의 제목을 보면 사회학의 패러다임이 무엇인지 생각하게 된다. 짐멜,

---

1 Norbert Elias, "Figuration, sozialer Prozess und Zivilisation: Grundbegriffe der Soziologie" (1986), in: *Norbert Elias Gesammelte Schriften, Bd. 16: Aufsätze und andere Schriften III*, Frankfurt am Main: Suhrkamp 2006d, 100~17쪽.

그러니까 형식사회학은 사회학의 근본 문제를 개인과 사회로 포착하는 반면, 엘리아스, 그러니까 과정사회학 또는 결합태사회학은 사회학의 기본 개념 또는 — 짐멜식으로 말하자면 — 근본 문제를 결합태, 과정 및 문명화로 포착하고 있다. 이처럼 두 패러다임이 이해하는 사회학은 완전히 다르다. 그러나 우리가 이 책에서 다루는 주제에서는 일치한다. 엘리아스는 짐멜과 마찬가지로 사회를 해체한다. 짐멜이 사회를 사회적 상호작용 또는 사회화로 해체한다면, 엘리아스는 결합태로 해체한다.[2]

흔히 엘리아스는 문명화이론가와 사회학자로 알려져 있다. 이는 그에게 문명화가 사회학적 근본 문제 가운데 하나라는 사실을 고려한다면 쉽게 수긍이 가는 대목이다. 그렇다면 결합태와 과정은 엘리아스의 사회학에서 어떠한 위치를 차지하는가? 한마디로 말하자면, 결합태와 과정은 문명화보다 상위 개념이라고 할 수 있다. 결합태와 과정은 엘리아스 사회학의 이론적-방법론적 정초로서 문명화를 포함하지만 그것과 일치하지는 않는다. 엘리아스 사회학의 중심적인 경험적-역사적 인식관심은 문명화에 있다. 이에 대한 연구가 이론적-방법론적으로 준거하는 바는 바로 결합태와 과정이다. 그리하여 결합태와 과정은 문명화의 이론적-방법론적 토대가 된다.[3] 바로

---

2  다음은 개인화의 관점에서 짐멜과 엘리아스를 — 그리고 울리히 벡(1944~2015)을 — 비교하고 있다. Nicola Ebers, '*Individualisierung*'. *Georg Simmel-Norbert Elias-Ulrich Beck*, Würzburg: Königshausen & Neumann 1995.

3  Annette Treibel, "Figurations- und Prozesstheorie", in: Georg Kneer & Markus Schroer (Hrsg.), *Handbuch Soziologische Theorien*, Wiesbaden: Verlag für Sozialwissenschaften 2009, 133~60쪽, 여기서는 133쪽. 엘리아스는 지식과 과학의 상징이론이 자신이 사회학적으로 씨름해 온 또 한 가지 커다란 주제임을 밝히고 있다. Norbert Elias, "Notizen zum Lebenslauf", in: Peter Gleichmann, Johan Goudsblom & Hermann Korte (Hrsg.), *Macht und Zivilisation. Materialien zu Norbert Elias' Zivilisationstheorie 2*, Frankfurt am Main: Suhrkamp 1984, 9~82쪽, 여기서는 62쪽. 엘리아스의 상징이론은 그의 문명화이론과 마찬가지로 이론적-방법론적 측면에서 결합태와 과정이라는 개념에 준거하고 있다. 이 분야에 관한 대표적인 저작으로는 다음을 들 수 있다. Norbert Elias, *Symboltheorie: Norbert Elias Gesammelte Schriften*, Bd. 13, Frankfurt am Main: Suhrkamp 2001. 그리고 다음은 이 주제를 간략하게 정리하고 있다. Volker Eichener & Ralf Baumgart, *Norbert Elias zur Einführung*, Hamburg: Junius 2013 (3., vollständig überarbeitete. Auflage), 145쪽 이하.

이런 연유로 엘리아스의 사회학을 결합태사회학 또는 과정사회학 그리고 때에 따라서는 둘을 합쳐서 결합태- 및 과정사회학 또는 과정- 및 결합태사회학이라고 한다. 이것은 사회학적 인식의 중요한 패러다임 가운데 하나로서 부르디외의 사회실천학과 더불어서 사회적인 것의 중범위이론의 전형을 보여준다.[4] 여기서는 결합태사회학이라는 용어에 입각하여 엘리아스의 지적 세계를 정리하고자 하는바, 그 이유는 무엇보다도 '사회의 사회학' 또는 개인과 사회를 주축으로 사회학 이론의 흐름을 정리하려는 이 책의 의도에 과정사회학보다는 결합태사회학이 더 적합하다는 판단이 서기 때문이다.

그동안 엘리아스의 여러 저작이 한국어로 번역되었다. 그러나 아직 그에 대한 체계적인 연구서는 전무한 상태이다. 그리하여 엘리아스는 한국 독자들에게 친숙한 사회학자가 되었음에도, 그의 지적 세계 전반은 물론이요 개인적-지적 배경과 그의 사회학이 형성되고 발전하는 과정은 잘 알려져 있지 않다.


### (1) 엘리아스의 개인적-지적 배경 및 그의 사회학의 형성 과정

엘리아스[5]는 1897년 슐레지엔의 브레슬라우(오늘날에는 폴란드령)에서 방직 공장을 경영하는 유대인의 아들로 태어나(그의 어머니는 1941년 나치 수용소에서 살해되었다), 1917년부터 브레슬라우 대학에서 의학과 철학을 공부하기 시작했는데, 의학은 1919년에 기초 과정까지만 마치고 그만두었다. 이어서 1919년 여름학기와 1920년 여름학기에는 각각 하이델베르크 대학과 프라이부르크 대학에서 철학을 공부했는데, 하이델베르크 대학에서는 리케

---

4  엘리아스가 오늘날의 인간과학 및 사회과학에 기여한 바에 대해서는 다음을 참고할 것. Volker Eichener & Ralf Baumgart, 앞의 책(2013), 7쪽 이하.

5  엘리아스의 생애에 대해서는 무엇보다도 다음을 참고할 것. Norbert Elias, *Norbert Elias über sich selbst*, Frankfurt am Main: Suhrkamp 1990; Hermann Korte, *Biographische Skizzen zu Norbert Elias*, Wiesbaden: Springer VS 2013.

르트와 카를 야스퍼스(1883~1969) 등한테서 그리고 프라이부르크 대학에서는 후설 등한테서 배웠다. 이들은 모두 당대를 풍미하던 철학자들이었다. 1924년 브레슬라우 대학에서 철학 박사학위를 취득한 엘리아스는 바로 그해에 하빌리타치온을 목적으로 하이델베르크 대학으로 가서 막스 베버의 동생이며 저명한 경제학자이자 사회학자인 알프레트 베버(1868~1958)와 카를 만하임(1893~1947) 밑에서 본격적으로 사회학을 공부하기 시작했다. 그러던 중 당시 사회학과 사강사로 재직하던 만하임이 1930년에 프랑크푸르트 대학의 정교수로 초빙되면서 엘리아스에게 자신의 조수로 일할 것을 제안했다. 이에 엘리아스는 하빌리타치온을 할 수 있게 해달라는 조건을 내세웠고 만하임은 그 조건을 흔쾌히 받아들였다(알프레트 베버도 엘리아스에게 하빌리타치온을 수락했지만 이미 그에게는 세 명의 지원자가 있었기 때문에 오랜 시간이 걸릴 수밖에 없었던 반면, 만하임에게는 엘리아스가 첫 번째 지원자였기 때문에 시간을 절약할 수 있었다).[6] 1933년 초 엘리아스는 프랑크푸르트 대학에서 하빌리타치온 논문 「궁정인간」을 제출했으나 나치 정권이 유대인이라는 이유로 그다음 절차를 허용치 않았기 때문에 하빌리타치온을 마칠 수 없었다. 그리고 역시 유대인인 스승 만하임처럼 망명길에 올라야 했다. 이 논문은 무려 30년 이상이 지난 후인 1969년에야 『궁정사회』라는 제목으로 출간되었다.[7]

엘리아스는 1933년 프랑스로 탈출했다가 1935년 다시 영국으로 건너가 여러 대학과 시민교양대학에서 강의하며 연명했다. 그러다가 57세가 되던 해인 1954년에야 레스터 대학의 사회학과 강사가 되어서 1962년까지 강단에 섰다. 그 후 1962년부터 1964년까지는 가나의 아크라 대학 교수로 재임했다. 엘리아스가 다시 독일 대학과 인연을 맺게 된 것은 뮌스터 대학의 객

---

6 Norbert Elias, 앞의 글(1984), 23쪽.
7 다음의 총서에 실린 글들은 이 책을 문화과학적 관점에서 조망하고 있다. Claudia Opitz (Hrsg.), *Höfische Gesellschaft und Zivilisationsprozess. Norbert Elias' Werk in kulturwissenschaftlicher Perspektive*, Köln et al.: Böhlau 2005.

원교수로 초빙된 1965년의 일이었다. 1969년부터는 네덜란드와 독일의 여러 대학에서 객원교수를 지냈으며 1978~84년에는 빌레펠트 대학에 머물면서 연구를 했다. 그 후—1975년에 이주한—암스테르담에 정착했으며 그곳에서 1990년 세상을 떠났다.(엘리아스는 평생 독신으로 살았다.)

　이러한 사정으로 인해 엘리아스의 사회학은 오랜 동안 주목을 받지 못했다. 그가 사회학자로서 명성을 얻게 된 것은 1976년에 이르러서였는데, 그 결정적인 계기는『문명화 과정: 사회발생적 및 심리발생적 연구』라는 저작에 있었다. 엘리아스의 주저로 간주되는 이 책은 원래 독일의 한 작은 출판사에서 1937년에 제1권이 출간되었다가, 1939년에 스위스에서 제1권과 그 사이 완성된 제2권이 함께 출간되었다. 이 불후의 고전이 망명 시절에 탄생할 수 있었던 것은 무엇보다도 엘리아스가 마르크스처럼 고단한 삶에도 굴하지 않고 대영 도서관에서 꾸준히 연구를 계속한 덕분이었다. 그러나 이 저작은 아무런 반향을 일으키지 못했다. 그 후 1969년에 스위스와 독일에서 다시 출간되었을 때에도 마찬가지였다. 그러다가 독일의 저명한 주어캄프 출판사에서 1976년에 저렴한 문고판으로 출간되면서 사정이 완전히 달라졌다. 첫해에만 2만 부 정도가 팔렸으며, 1997년에 나온 엘리아스에 관한 한 책에 의하면 그때까지 무려 8만 부 이상이 팔렸다고 한다.[8] 이 책이 사회학뿐만 아니라 역사학, 철학, 심리학, 정신분석학, 교육학 등 다양한 분야의 문화자본을 풍부하게 담고 있다는 사실이 뒤늦게 발견되었던 것이다. 이로 인해 엘리아스는 무명의 사회학자에서 일약 사회학 고전이론가의 반열에 오르게 되었으며, 또한 생의 마지막까지 안정적이고 집중적으로 연구하고 집필할 수 있는 물적-경제적 기반을 마련할 수 있었다.[9]

　엘리아스의 사회학적 인식체계가 형성된 시기는 하이델베르크 대학에서

8　Hermann Korte, *Über Norbert Elias. Das Werden eines Menschenwissenschaftlers*, Opladen: Leske+Budrich 1997, 29쪽. 같은 책의 제1장(17~37쪽)은 이 책이 재발견되는 과정을 서술하고 있다.
9　Martin Endress, 앞의 책(2012), 94~95쪽.

본격적으로 사회학을 공부한 1924년부터 프랑크푸르트 대학에서 하빌리타치온 논문을 제출한 1933년까지로 볼 수 있다. 그러나 넓게 보면 그의 주저 『문명화 과정』이 출간되는 1939년까지로 그 시기를 연장할 수 있을 것이다. 왜냐하면 그의 하빌리타치온 논문인 『궁정사회』가 『문명화 과정』의 토대가 되었으며, 후자는 전자를 보완하여 확대하는 작업이었기 때문이다. 후자에서 엘리아스는 "일반적으로는 사회적 과정에 관한, 특수하게는 사회적 발전에 관한 경험적으로 실증된 비교조적인 사회학 이론을 정초하고자" 시도했다. 이 시도를 통해 엘리아스 자신도 여러 점에서 인식의 전환을 하게 되었는데, "특히 역사적 과정의 본질, '역사의 발전기제' [⋯] 그리고 역사적 과정과 심리적 과정의 관계에서" 그랬다. 그리고 이것은 "사회발생, 심리발생, 감정의 구조와 충동의 조형, 외부통제와 자기통제, 정서적 고통의 한계점, 사회적 힘, 독점기제와 몇몇 다른 개념들"로 나타났다.[10]

그렇다면 엘리아스의 사회학은 어떤 사상을 배경으로 형성되고 발전했을까? 『문명화 과정』의 서문에서는 이와 관련하여 매우 흥미로운 구절이 하나 눈에 띈다. 이 책의 문제 제기는 "좁은 의미에서의 과학적 전통보다는 우리 모두의 삶에 흔적을 남기는 경험으로부터, 즉 지금까지의 서구 문명의 위기와 개편의 경험과 도대체 이 '문명'이 무엇을 의미하는가를 이해하고자 하는 단순한 욕구의 경험으로부터" 비롯되었다.[11] 물론 그렇다고 해서 엘리아스의 지적 세계가 마치 무성생식을 하듯이 아무런 지적 배경도 없이 탄생했다는 뜻은 결코 아니다. 오히려 엘리아스의 문제의식을 촉발한 일차적 요인

---

10  Norbert Elias, *Über den Prozess der Zivilisation. Soziogenetische und psychogenetische Untersuchungen, Bd. 1: Wandlungen des Verhaltens in den weltlichen Oberschichten des Abendlandes*, Frankfurt am Main: Suhrkamp 1981, XI, LXXXI쪽. 물론 다른 모든 거장의 경우와 마찬가지로 엘리아스의 지적 세계도 여기에서 고착된 것이 아니라 전 생애를 거쳐 발전하고 정교화된 과정으로 보아야 할 것이다. 이에 대해서는 다음을 참고할 것. Karl-Siegbert Rehberg (Hrsg.), *Norbert Elias und die Menschenwissenschaften. Studien zur Entstehung und Wirkungsgeschichte seines Werkes*, Frankfurt am Main: Suhrkamp 1996; Volker Eichener & Ralf Baumgart, 앞의 책(2013), 21쪽 이하.

11  Norbert Elias, 앞의 책(1981), LXXX쪽.

은 과학 내적인 것이 아니라 과학 외적인 것이지만 이 문제의식을 해결하기 위해서는 특정한 과학적 조류나 전통에 — 긍정적이든 부정적이든 또는 수용하든 거부하든 — 접목하거나 거기에 준거해야 한다는 의미로 받아들여야 할 것이다. 실제로 그의 저작에는 언뜻 보는 것과 달리 많은 이론적 또는 방법론적 논의가 담겨 있다.

엘리아스의 생애와 관련해 방금 설명한 내용을 염두에 둔다면, 그의 지적 세계에 결정적인 영향을 미친 사상가로 스승이었던 알프레트 베버와 만하임을 일차적으로 생각해볼 수 있을 것이다. 그러나 그들은 사상적 차원에서의 스승이라기보다는 제도적 차원에서의 스승이었다.[12] 엘리아스 사회학의 지적 배경에서 중요한 지분을 갖는 사상가로는 네덜란드의 역사학자 요한 하위징아(1872~1945), 정신분석학의 창시자 프로이트 그리고 사회학자 막스 베버를 꼽을 수 있다.[13]

이들과 엘리아스의 관계를 논하기 전에 엘리아스가 브레슬라우 대학에서 공부한 의학과 철학이 그의 지적 세계에서 어떠한 의미를 갖는가를 좀 더 자세하게 살펴볼 필요가 있다. 그래야만 엘리아스가 철학에서 사회학으로 넘어가는 과정을 제대로 이해할 수 있기 때문이다. 그리고 더 나아가 철학적 인간상과 사회학적 인간상의 차이점을 선명하게 인식할 수 있을 것이다. 비록 기초 과정까지만 마쳤지만 의학 공부는 엘리아스의 지적 세계를 깊이 각인했다. 당시의 철학에서는 외부세계가 이념의 영역, 즉 초월적으로 주어진 아프리오리의 영역인 인간의 내부세계와 대립하는 것으로 상정되었다. 다

---

12 알프레트 베버와 만하임에 대한 엘리아스의 생각은 다음을 참고할 것. Norbert Elias, 앞의 글(1984), 29쪽 이하. 그리고 하이델베르크의 사회학적 전통과 엘리아스의 관계에 대해서는 다음을 참고할 것. Reinhard Blomert, *Intellektuelle im Aufbruch. Karl Mannheim, Alfred Weber, Norbert Elias und die Heidelberger Sozialwissenschaften der Zwischenkriegszeit*, München: Carl Hanser 1999.

13 거기에 더해 콩트, 마르크스, 뒤르케임, 짐멜이 엘리아스에 대해 갖는 의미를 생각해볼 수 있는바, 그 각각의 의미는 구체적으로 지식의 발전(콩트), 생산양식(마르크스), 외적인 사회적 강제(뒤르케임), 상호작용의 형식(짐멜)에서 찾을 수 있다. Johan Goudsblom, 앞의 글(1977), 74쪽.

시 말해 외부로부터 고립되고 내적으로 자족적인 인간이라는 관념, 그러니까 폐쇄적 인간상이 지배적이었다. 이는 자명한 일이지만 엘리아스의 철학 스승인 신칸트주의자 리하르트 회니히스발트(1875~1947)의 경우에도 마찬가지였다. 그런데 엘리아스는 의학 공부, 특히 해부학 공부를 통해 인간의 두뇌가 지속적으로 내부세계와 외부세계를 매개한다는 사실을 알게 되었으며, 이는 인간이 자기 자신이 아닌 존재, 특히 다른 인간들에 의존하는 개인이라는 관념, 그러니까 개방적 인간상으로 이어졌다. 그리하여 철학적-이상주의적 인간상인 폐쇄적 인간상과 해부학적-생리학적 인간상인 개방적 인간상 사이에서 갈등하게 되었다. 젊은 철학도 엘리아스는 그의 말대로 "이 문제를 물고 늘어졌고 되씹어 생각했다." 그러나 해결할 길이 없었고 그래서 언젠가는 회니히스발트에게 물었지만 돌아온 대답은 엘리아스의 견해는 생물학주의에 불과하며 인간의 사고와 판단은 생물학주의에 의해 더럽혀지지 않는 타당성을 갖는다는, 지극히 신칸트주의적인 견해였다고 한다.[14]

1924년 브레슬라우 대학에 제출한 박사학위 논문 「이념과 개인」에서 엘리아스는, 아프리오리를 — 그것이 인과관계의 표상이든, 시간의 표상이든 또는 자연적·도덕적 법칙들의 표상이든 — 모든 경험에 앞서 주어진 따라서 무시간적인 것으로 설정하는 칸트를 논박하고 아프리오리가 개별 인간의 의식 속에 존재하려면 그가 그것을 다른 사람들로부터 배워야 한다는 주장을 내세운다. 말하자면 그것은 개인의 "경험적 재산"에 속한다는 것이다. 자명한 일이지만 회니히스발트는 이 도발적인, 아니 가히 '반(反)철학적'이고 '반신칸트주의적인' 주장을 받아들이지 않았다. 결국 일부분을 삭제하고 일부분의 표현을 약하게 바꾼 다음에야 비로소 그의 박사학위 논문은 통과될 수 있었다. 하지만 이 과정에서 엘리아스와 회니히스발트의 관계는 회복할 수 없을 정도로 악화되었으며, 따라서 엘리아스는 회니히스발트 밑에서 하빌리타치온을 하는 것은 불가능하다고 생각하게 되었다.[15]

---

14  Norbert Elias, 앞의 글(1984), 16~17쪽.
15  같은 글, 19~20쪽.

엘리아스는 가능성을 하이델베르크 대학에서, 그것도 철학이 아니라 사회학에서 찾았다. 그런데 이 대목에서 한 가지 매우 흥미로운 점은 그가 그이전에는 사회학 책을 단 한 권도 읽지 않았다는 사실이다.[16] 그럼에도 불구하고 이처럼 철학에서 사회학으로 '개종'한 것은 의학을 공부하면서 철학의 한계를 절감하게 된 사실에서 그 주된 이유를 찾을 수 있을 것이다. 실제로 엘리아스는 사회학자들이 다반사로 다루는 문제들이 자신이 철학자로서 직면했던 문제들과 아주 유사하다는 사실을 알게 되었다. 그 문제들은 무엇보다도 콩트, 마르크스와 베버에 의해 대변되는 "구조화된 역사"인데, 이는 역사학자들의 "무(無)구조적인 역사"와 상반되는 것이었다.[17] 엘리아스는 사회학으로 전향하고 나서 한참 후에야 자신이 젊은 철학도로서 물고 늘어지고 되씹어 생각했던 문제에 대한 명백한 답을 얻었다고 한다.[18] 이 대목에서 의학이 엘리아스의 지적 발전 과정에서 갖는 의미를 다시 한 번 주목해야 할 것이다. 만약 의학을 공부하지 않았더라면 그는 기존의 철학에 안주했을 것이며, 따라서 사회학으로의 개종도 없었을 것이다. 그랬다면 사회학자, 결합태사회학 또는 과정사회학이라는 새로운 사회학적 인식의 패러다임을 구축한 엘리아스는 없었을지도 모른다.

이처럼 철학에서 의학을 매개로 하여 사회학으로 개종한 엘리아스가 자신의 고유한 사회학적 인식세계를 발전시키는 과정에서 결정적인 영향을 받은 사상가가 바로 하위징아, 프로이트, 베버였다.

하위징아는 『호모 루덴스』(1938)라는 저작으로 우리에게도 잘 알려져 있는 네덜란드의 문화사학자인데, 그 밖에도 『중세의 가을』(1919), 『에라스무스』(1924), 『문화사 연구』(1929) 등의 주요 저서가 있다. 그가 남긴 방대한 지적 유산은 1948년부터 1953년까지 출간된 총 9권의 '전집'에 담겨 있다. 그 가운데에서도 『중세의 가을』은 문화사 연구에서 한 획을 긋는 기념비적

---

16 같은 글, 11쪽.
17 같은 글, 29쪽.
18 같은 글, 16쪽.

저작이다. 14세기와 15세기를 조망하고 있는 이 책은 "그 시대를 르네상스의 안내자로 바라보는 것이 아니라, 중세의 마지막 시기, 중세 사상의 마지막 단계라는 관점에서 살펴보고 있다. 나무로 친다면 이 시대는 열매가 완전히 농익어서 땅에 막 떨어지려는 시대이다. 과거의 주도적 형식들이 화려하게 개발되어 사상의 핵심을 제압하고, 또 예전의 타당했던 사상들을 경직시켜 고사시키던 그런 시대이다. 중세 후기를 하나의 독립된 시대로 파악하는 것, 그것이 이 책의 주된 내용이다."[19] 하나의 독립된 시대로 파악된 중세의 가을은 한마디로 말해 오늘날과 완전히 다른 모습을 보여준다. 하위징아는 다음과 같은 구절로 『중세의 가을』의 첫 페이지를 장식한다. "세상이 지금보다 500년 더 젊었을 때, 모든 사건들은 지금보다 훨씬 더 선명한 윤곽을 갖고 있었다. 즐거움과 슬픔, 행운과 불행, 이런 것들의 상호 간 거리는 우리 현대인들과 비교해볼 때 훨씬 더 먼 것처럼 보였다. 모든 경험은 어린아이의 마음에 새겨지는 슬픔과 즐거움처럼 직접적이면서도 절대적인 성격을 띠었다. 모든 사건과 모든 행위는 특정한 표현을 가진 형식으로 정의되었고 엄격하고 변함없는 생활양식을 엄숙하게 준수했다. 인간 생활의 큰 사건들인 탄생, 결혼, 죽음은 교회의 성사 덕분에 신성한 신비의 광휘를 그 주위에 두르고 있었다. 이보다 중요도가 떨어지는 사건들, 가령, 여행, 노동, 순례 등도 다수의 축복, 의식, 격언, 규약 등을 동반했다."[20]

이처럼 차이점을 강조하는 구절로 시작되는 『중세의 가을』에서 하위징아는 중세인들의 독특한 행위 유형, 삶의 형식, 감정 구조, 심리 상태, 퍼스낼리티, 예의범절 등을 유려한 필체로 그려내고 있으며, 이것들이 그 시대의 정신적 및 사회적 삶과 얼마나 밀접한 관계에 있는가를 보여주고 있다. 하위징아와 엘리아스의 유사성은, 『문명화 과정』에서 다음에 대한 논의를 읽어보면 곧바로 『중세의 가을』이 연상될 정도로 크다: 양극단을 오가는 개인의

---

19  요한 하위징아, 이종인 옮김, 『중세의 가을』(원제는 *Herfsttij der Middeleeuwen*), 연암서가 2012, 23~24쪽.
20  같은 책, 37쪽.

삶과 행위 및 심리적 상태 그리고 인간관계, 제어되지 않은 열정과 욕망, 공적 삶의 영역과 사적 삶의 영역의 비분리, 감정과 공격욕의 직접적이고도 즉각적인 표출, 상시적인 폭력과 결투 및 전쟁 등. 그리고 엘리아스는 『문명화 과정』의 여러 곳에서 하위징아의 『중세의 가을』을 — 그리고 『에라스무스』를 — 직접적으로 언급하고 있다.[21] 이처럼 하위징아는 엘리아스의 지적 세계에 아주 큰 영향을 미쳤다. 그러나 하위징아는 중세 후기를 하나의 독립된 시대로 파악하고 중세와 오늘날의 다른 점을 매우 인상적으로 서술하는 데 머물 뿐 이를 이론적으로 설명하는 데까지 나가지는 못했다. 그는 사회학자가 아니라 역사학자였기 때문이다. 역사학자는 사회학자를 중세의 가을에 펼쳐지는 독특한 풍경으로 안내한 '길잡이'로서 그 임무를 다했다. 엘리아스의 사회학은 하위징아의 문화사가 끝나는 바로 그 지점에서 시작된다.

엘리아스는 한 동료에게 보낸 편지에서 "어떤 이론사회학자들의 사상보다도 프로이트의 사상이 나의 사고에 더 많은 영향을 끼친 것 같다"라고 고백하고 있다.[22] 그리고 『문명화 과정』 제1권 제2부 제9장 「이성관계에 대한 태도의 변화」의 한 주석에서 말하기를, 정신분석학 문헌을 잘 아는 사람이라면 누구나 "이 연구가 프로이트와 정신분석학파의 선행 연구들에 얼마나 많이 빚지고 있는가"를 알 수 있다고 했다.[23] 실제로 이 책에서 구사되는 다음과 같은 심리학적 개념들을 보면 엘리아스의 고백이 의미하는 바를 짐작할 수 있을 것이다: 충동, 본능, 맹목적 힘, 수치심, 불안, 양심의 가책, 공격(욕), 외부강제와 자기강제, 초자아, 양심, 무의식 또는 잠재의식 등. 언뜻 보면 엘리아스가 프로이트의 정신분석학을 역사세계에 적용한 것이 아닌가 하는 생각이 들 정도이다.

프로이트는 엘리아스와 마찬가지로 역사성과 사회성을 강조한다. 먼저

---

21  예컨대 『문명화 과정』 제1권 제2부 제10장 「공격욕의 변화에 대하여」와 제2권 제3부 제3장 제1절 「사회적 통제에서 자기통제로」에서 그렇다. Norbert Elias, 앞의 책(1981), 270쪽; Norbert Elias, 앞의 책(1982), 324쪽.
22  Johan Goudsblom, 앞의 책(1977), 73쪽에서 재인용.
23  Norbert Elias, 앞의 책(1981), 324쪽(미주 77번).

프로이트는 인류가 발전함에 따라서 원래 외부강제이던 것이 점차로 자기강제로 전환된다는 견해를 내세운다. 그러나 이 전환이 이루어지는 과정에 대한 역사적 고찰은 그의 관심 밖이었다. 그리고 프로이트는 개인의 심리 상태가 다른 사람들과의 관계에 의존한다는 관점에서 출발한다. 예컨대 오이디푸스 콤플렉스는 아버지와 아들 사이의 관계 속에서 형성되고 발전한다. 그러나 프로이트의 사회성은 고작해야 가족의 차원에 머물며, 따라서 그에게서는 ― 엘리아스식으로 표현하자면 ― 다양한 결합태가 개인의 심리 상태에 미치는 영향에 대한 고찰을 찾아볼 수 없다.[24] 이처럼 프로이트에게 엄밀한 의미에서의 역사성과 사회성이 결여되어 있다는 점을 감안한다면,[25] 심리발생적 측면과 사회발생적 측면을 결합하고 이를 장기적인 역사적 과정에서 추적하는 엘리아스의 사회학은 프로이트의 심리학이 끝나는 바로 그 지점에서 시작된다고 볼 수 있다. 물론 엘리아스는 단순한 프로이트주의자가 아니다. 그는 "정신분석학을 역사적-사회학적 연구와 결합함으로써 후자에 보다 넓은 심리학적 토대를 제공했으며 전자의 사회학적 적용 범위를 확대했다."[26] 엘리아스가 하위징아 및 프로이트에 대해 갖는 관계는, 엘리아스의 사회학이 하위징아의 문화사와 프로이트의 정신분석학이 끝나는 바로 그 지점에서 시작된다는 말로 표현할 수 있다.

우리는 『문명화 과정』의 여러 구절에서 엘리아스에게 베버가 미친 영향 또는 엘리아스가 베버를 비판적으로 극복하려는 시도를 발견할 수 있다. 이는 무엇보다도 제2권에서 국가의 사회발생사에 대해 논하는 대목에서 분명히 드러난다. 거기에서 엘리아스는 국가를 폭력의 독점으로 간주하는 베버

---

24　이 점은 엘리아스가 이미 1972년에 발표한 논문 「사회학과 정신의학」에서 지적한 적이 있다. Norbert Elias, "Soziologie und Psychiatrie", in: Hans-Ulrich Wehler (Hrsg.), *Soziologie und Psychoanalyse*, Stuttgart: Kohlhammer 1972, 11~41쪽.

25　이에 대한 보다 자세한 논의는 다음을 참고할 것. 김덕영, 『프로이트, 영혼의 해방을 위하여: 사회학자의 눈을 통해 본 프로이트의 삶과 사상 그리고 정신분석학』, 인물과사상사 2009, 313쪽 이하.

26　Johan Goudsblom, 앞의 글(1984), 141쪽.

의 견해를 받아들이면서도 한 걸음 더 나아가 폭력과 징세권의 독점이라는 이중적 독점으로 파악한다.[27] 또한『문명화 과정』에서 서구 근대 사회와 그에 상응하는 인격구조의 발전 과정을 이론적-역사적으로 추적하고 있다는 점에서 베버의 문제의식을 — 물론 비판적으로! — 속행하고 있다고 볼 수도 있다. 아니, 엘리아스의 문명화 논의는 베버의 합리화 논의에 대한 나름대로의 답변이라고 볼 수도 있다.[28] 베버는 모든 문화권에서 그리고 모든 삶의 영역에서 나름대로의 합리화가 진행된다는, 합리화는 보편사적 과정이라는 전제하에 다양한 문화권의 다양한 분야를 비교하는데, 이 광범위한 비교연구는 궁극적으로 서구 근대 합리주의의 역사적-구조적 특성을 보다 선명하게 드러내는 데에 그 목적이 있다.[29]

그러나 엘리아스와 베버 사이에는 간과할 수 없는 근본적인 차이점이 존재한다. 먼저 베버는 방법론적 개인주의에 기반한다. 다시 말해 개인들의 행위에서 출발하여 질서이론과 조직이론을 구성하고, 미시적 차원 및 중시적 차원 그리고 거시적 차원을 포괄하며, 또한 행위와 구조 및 개인주의적 차원과 구조주의적 차원을 결합한다.[30] 이에 반해 엘리아스의 결합태사회학은 방법론적 관계주의라고 할 수 있다. 왜냐하면 결합태란 개인들의 상호관계와 의존의 그물망을 가리키기 때문이다. 방법론적 관계주의자 엘리아스는 방법론적 개인주의자 베버를 비판한다. 엘리아스에 따르면 베버는 "자기중심적" 또는 "원자론적" 기본 입장에 입각해 있는데, 이 입장에는 다시금 "자

---

27 다음은 근대국가의 형성이라는 주제에 대한 베버와 엘리아스의 역사사회학을 비교하고 있다. Roland Axtmann, "The Contribution of Elias to the Debate on State Formation in Historical Sociology", in: Annette Treibel, Helmut Kuzmics & Reinhard Blomert (Hrsg.), *Zivilisationstheorie in der Bilanz. Beiträge zum 100. Geburtstag von Norbert Elias*, Opladen: Leske + Budrich 2000, 105~18쪽.

28 다음은 엘리아스의 문명화와 베버의 합리화를 자세하게 논하고 있다. Artur Bogner, *Zivilisation und Rationalisierung. Die Zivilisationstheorien Max Webers, Norbert Elias' und der Frankfurter Schule im Vergleich*, Opladen: Westdeutscher Verlag 1989.

29 이에 대한 자세한 논의는 다음을 참고할 것. 김덕영, 앞의 책(2012), 654쪽 이하.

30 이에 대한 자세한 논의는 다음을 참고할 것. 같은 책, 836쪽 이하.

기 자신을 세계의 중심으로 그리고 스스로 존재하는 단자(單子)로 체험하는 어린애의 일차적 경험이 표현되어 있다."[31] 그리고 『프로테스탄티즘의 윤리와 자본주의 정신』을 위시하여 유교와 도교, 힌두교와 불교 및 고대 유대교 등 세계종교의 경제윤리에 대한 비교사회학적 연구에서 단적으로 드러나듯이 베버의 지적 세계에서는 종교가 중요한 위치를 차지하고 있다.[32] 이에 반해 엘리아스는 종교가 문명화 과정에서 갖는 의미를 부정한다. 종교에는 "'문명화'하거나 감정을 순화하는 효과가 없다." 오히려 종교는 "그때그때 종교를 담지하는 사회나 계층이 '문명화되는' 만큼만 문명화된다."[33]

여기까지의 논의를 요약하자면, 엘리아스는 하위징아, 프로이트, 베버처럼 이질적인 지적 세계들을 종합함으로써 자신의 결합태사회학과 과정사회학을 구축할 수 있었다.


### (2) 콩트에 대한 긍정적 평가와 파슨스에 대한 비판

1970년 엘리아스의 『사회학이란 무엇인가?』라는 책이 출간된다. 그는 거기에서 결합태- 및 과정사회학을 쉽고 간략하게 소개하고 있다. 그런데 이 저작에는 금방 눈에 띄며 아주 흥미로운 점이 한 가지 있으니, 그것은 제1장의 제목이 「사회학: 콩트의 문제 제기」라는 사실이다. 누가 이미 오래전에 구시대의 유물이 되어 '사회학 이론 및 사회학사 박물관'에서나 만날 수 있는 콩트를 읽는다는 말인가? 그것도 자신의 사회학적 인식체계의 근본과 핵심을 요약하는 저작의 제1장에 콩트를 배치할 수 있단 말인가? 점입가경이

---

31  Norbert Elias, 앞의 글(1984), 70~71쪽.
32  이에 대한 자세한 논의는 다음을 참고할 것. 김덕영, 「해제: 종교·경제·인간·근대 ─ 통합과학적 모더니티 담론을 위하여」, 막스 베버, 김덕영 옮김, 『프로테스탄티즘의 윤리와 자본주의 정신 ─ 보론: 프로테스탄티즘의 분파들과 자본주의 정신』, 도서출판 길 2010, 513~669쪽.
33  Norbert Elias, 앞의 책(1981), 277쪽.

라더니, 엘리아스는 한 걸음 더 나아가 콩트를 마르크스와 같은 반열에 올려놓는다. 엘리아스는 이렇게 역설한다. 만약 콩트가 갖는 모든 문제에도 불구하고 "그의 저작 여기저기에서 먼지를 털어내는 수고를 아끼지 않는다면, 우리는 그에게서 부분적으로는 잊혔거나 잘못 이해되어왔지만 새로운 것이나 마찬가지인, 따라서 사회학의 지속적인 발전을 위해서는 마르크스의 사상에 못지않은 의미를 지닌 관념들에 접하게 될 것이다."[34] 엘리아스에 따르면 콩트의 인간 정신 발전 법칙 3단계설은 과학적 사고가 과학 이전적 사고로부터 발전했다는 사실을 논증했다는 점에서 일종의 '코페르니쿠스적 전회'와 같다.[35] 또한 콩트의 3단계설은 인간 정신의 발전을 사회 발전과의 연관성 속에서 파악했다는 점에서 "발전사회학적 지식이론"의 선구라고 엘리아스는 확신해 마지않는다.[36]

『사회학이란 무엇인가?』의 제1장 제목이 암시하듯이, 엘리아스에게 콩트는 사회학의 문제를 제기한 선구자이다. 엘리아스에 따르면, 사회에 관한 과학, 즉 물리학·생물학 등의 범주에 예속되지 않는 전혀 새로운 종류의 과학이 필요함을 주장했고 이 과학에 사회학이라는 명칭을 부여함으로써 자연

---

34 Norbert Elias, *Was ist Soziologie?*, München: Juventa 1991 (6. Auflage; 1. Auflage 1970), 32쪽.

35 같은 책, 44쪽. 이미 제1장 제1절에서 살펴본 바와 같이, 콩트는 인간 정신이 신학적 단계와 형이상학적 단계, 즉 과학 이전적 또는 비과학적 단계에서 실증적 단계, 즉 과학적 단계로 이행했다는 견해를 피력한다. 엘리아스는 이러한 견해를 새로운 것으로 보는바, 그 근거는 다음과 같다. "유럽의 고전철학에서는 '합리적' 사고 — 이것은 자연과학에서 가장 명백하게 표출된다 — 를 모든 인간 사고의 정상적인 유형으로 간주한다. 그리하여 이러한 사고의 유형이 인류 발전 과정의 늦은 단계에서 비로소 나타났다는 사실, 그리고 인간의 사고와 인간이 인식을 얻고자 하는 노력은 인류 발전의 긴 시간 동안 비과학적으로 전개되었다는 사실은 고전적 과학론과 인식론에서 무시되어왔다. 그것은 과학론이나 인식론과 아무런 상관이 없다는 식으로 묵살되어온 것이다. **그러나 콩트에게 중심적인 문제로 제기되는 것은 인식의 비과학적 형태와 과학적 형태 사이의 관계라는 문제이다.** 이는 과학 이전적 사고를 일차적으로 그것의 타당성에 따라 판단하지 않고 다만 사회적 사실로서 고찰하는 그의 사회학적 태도에 부합하는 것이다. 그에 따르면 모든 과학적 인식이 비과학적 사고와 인식으로부터 생겨나는 것임은 관찰 가능한 사실이다." 같은 책, 37~38쪽.

36 같은 책, 39~41쪽.

과학에 대한 사회학의 상대적 자율성을 확보했으며, 또한 철학적 인식론으로부터 사회학적 인식론으로 전환함으로써 **"개별 인간이 아닌 인간 사회를 인식의 '주체'로 삼았다는"** 점에서 콩트의 일차적인 업적을 찾을 수 있다. 콩트의 사회학적 문제의식에서는 전통적 철학의 문제의식에서와 마찬가지로 "사고의 문제가 중심을 차지하고 있지만 그는 동시에 사고의 주체에 대한 관념을 사회학화했던 것이다."[37] 그리고 엘리아스는 사회를 장기간의 발전 과정 속에서 파악하려고 한 콩트의 기획을 높이 평가한다.

> 콩트는 사회 발전의 법칙성을 발견하는 데에서 이 새로운 과학의 주된 과제를 보았다. 19세기의 다른 많은 사상가들과 마찬가지로 그가 직면한 근본 문제는, 사회의 발전 과정 자체와 이 과정에서 부상하는 시민계급 및 노동자계급의 상황이 당시의 지적 엘리트들에게 던진 다음과 같은 심각한 질문과 밀접한 관계가 있었다. "우리는 어디로 가고 있는 것일까?", "인류의 발전 방향은 어디를 향하고 있을까?", "인류는 '올바른 방향', 즉 내가 이상으로 삼고 바라는 방향으로 나아가고 있는 것일까?" 등.[38]

요컨대 엘리아스가 보기에 콩트는 과정사회학의 선구자이다. 아니면 적어도 그의 지적 세계에서 과정사회학의 맹아를 발견할 수 있다. 그렇다고 해서 마치 엘리아스가 '콩트로 돌아가자!'라는 슬로건 하에 사회학적 인식행위를 하는 콩트주의자라는 식으로 해석해서는 결코 안 될 것이다. 「사회학: 콩트의 문제 제기」라는 제목 그대로 콩트는 엘리아스에게 어디까지나 사회학의 문제제기자이지 문제해결자가 아니다. 사회학적 인식행위를 위해서는 ― 엘리아스는 이렇게 주장한다 ― "콩트의 해결책보다는 그의 문제 제기가 더욱 큰 의미를 갖는다." 콩트에 의해 "문제는 제기되었다. 이제 남은 과제는 이 문제를 설득력 있게 해결하는 일이다."[39] 언급한 바와 같이, 엘리

---

37  같은 책, 37쪽.
38  같은 책, 36쪽.

아스는 칸트, 베버, 프로이트, 하위징아 등에 접목하면서 이 문제의 해결을 도모한다.

엘리아스가 콩트의 사회학을 문제 해결이 아니라 문제 제기로 간주하는 이유는 크게 두 가지로 나누어 살펴볼 수 있다. 첫째, 법칙의 문제이다. 콩트는 인간 사회를 지배하는 ― 자연법칙들처럼 ― 필연적인 법칙들에 대해 언급한다. 이에 반해 엘리아스가 보기에 사회학은 다양한 사회적 현상과 사건의 구조적 및 기능적 상호관련성과 법칙성에 대해 언급할 수 있을 따름이다. 사회학에서 궁극적으로 추구할 수 있는 것은 사회의 발전에 대한 보편적이고 필연적인 자연사적 법칙의 발견이나 정립이 아니라 사회적 사실들의 관찰 가능한 상호관련성과 법칙성에 대한 모델 구축이다. 엘리아스는 이 모델이 이론이라고 이해한다.[40] 둘째, 사회의 개념이다. 콩트는 사회와 인류를 동일시한다. 그에게 사회는 곧 인류 사회라는 실체적 존재이다. 콩트의 사회 개념은 실체 개념이다. 이러한 콩트적 의미의 사회를 엘리아스는 어떠한 경우에도 공유하지 않는다. 그에게 사회는 실체 개념이 아니라 관계 개념이다. 엘리아스에 따르면 사회란 다수 개인들의 상호결합과 의존의 합에 다름 아니다. 그는 이것을 결합태라고 부른다. 사회가 변동한다는 것은 결합태가 장기간의 과정을 통해서 변한다는 것을 의미하며, 사회학은 바로 이 결합태의 변동 과정을 이론적이고 경험적으로 논구해야 한다.

콩트에 대한 엘리아스의 이러한 긍정적인 평가는 파슨스에 대한 그의 신랄한 비판과의 연관성 속에서 보면 그 의미가 더욱 선명하게 드러날 것이다. 엘리아스의 사회학은 파슨스로 대변되는 20세기의 "상태사회학"을 극복하려는 시도라고 해도 결코 지나치지 않을 것이다. 엘리아스는 『문명화 과정』의 1969년판 서문에서 파슨스를 비판하고 있다. 이는 시기적으로 『사회학이란 무엇인가?』의 제1장에서 콩트를 긍정적으로 평가한 때와 일치한다.

파슨스에 대한 엘리아스의 비판은 한마디로 축소화와 단순화, 또는 달리

---

39  같은 책, 39, 48쪽.
40  같은 책, 39쪽.

말하자면 환원과 추상화에 대한 비판으로 요약할 수 있다. 파슨스 사회학의 암묵적인 전제는 "변화하는 모든 것을 개념적으로 불변하는 것으로 환원하고 복잡한 모든 현상을 개별적인 요소들로 분해하여 단순화하는 것이 모든 과학적 이론의 과제"라는 것이다.[41] 이런 식으로 복잡하고 다양한 경험적 사회현실을 몇몇 기본적인 구성요소들로 분석적으로 분해하는 파슨스의 사회학은 "실증적 작업이나 이론적 작업 모두에서 사회학적 인식의 불필요한 빈곤"을 초래할 수밖에 없다.[42] 엘리아스가 보기에 파슨스의 사회학은 적은 수의 카드를 가지고 도박을 하는 것만큼이나 빈곤한 인식체계이다. "하나의 사회를 도박사의 손 안에 들어 있는 한 장의 카드로 생각한다고 누군가 말한다면, 그것은 파슨스의 생각에 가장 근접한 것일 것이다. 파슨스는 모든 사회 유형을 카드들의 다양한 혼합 중의 하나로 보는 것 같다. 그러나 카드 자체는 언제나 동일하며 카드 자체의 수도 많지 않다."[43] 그런데 ── 엘리아스는 계속해서 파슨스를 비판한다 ── 이 빈곤한 사회학적 인식체계가 사회학의 이론화 작업을 쉽게 만드는 것이 아니라 복잡하게 만든다는 데에 또 다른 심각한 문제점이 있다.

그러나 파슨스가 이론을 구성한 경우가 보여주는 것처럼, 사회적 과정들을 사회적 상태들로 그리고 복합적이고 합성된 현상들을 보다 단순하고 표면상 합성되지 않는 것처럼 보이는 요소들로 체계적이고 사유적으로 환원하는 것은 사회학 분야에서 이론 구성을 쉽게 만들기보다는 오히려 복잡하게 만든다. 이러한 종류의 환원과 추상화는 기껏해야, 인간이 사회로서 그리고 개인으로서 자신을 밝고 깊이 이해하는 데 확실히 기여할 때에만 이론 구성의 한 방법으로 정당화될 수 있을 것이다. 그와 같은 사고방식을 통해 구성되는 이론들은 프톨레마이오스의 주천원(周天圓)이론처럼 경험적으로 확인할 수 있는 사실들

---

41  Norbert Elias, 앞의 책(1981), XVII쪽.
42  같은 책, XVI쪽.
43  같은 책, XIV~XV쪽.

과 일치하기 위해 쓸데없이 복잡한 보조 구조물들을 필요로 할 수밖에 없다. 이 이론들은 때때로 먹구름처럼 보이는바, 여기저기서 몇 줄기의 햇빛이 그 틈을 뚫고 나와 지상을 비춰줄 뿐이다.[44]

엘리아스에 따르면 축소화와 단순화 또는 환원과 추상화로 점철된 파슨스의 사회학은 사회 변동과 그 과정을 제대로 설명할 수 없는 치명적인 결함을 안고 있다. 왜냐하면 파슨스의 사회학은 변화하지 않는 것을 개인과 사회의 정상적인 것으로 가정하며, 따라서 사회 변동이나 사회 과정을 다루는 경우에도 이를 정지된 평형의 상태로 환원하기 때문이다. 그 결과 파슨스의 사회학은 사회와 개인, 또는 달리 말하자면 사회구조와 인격구조의 장기적인 변동과 발전의 과정을 다룰 수 없게 된다. 이 점에서 파슨스의 사회학은 콩트, 스펜서, 마르크스의 사회학보다 후퇴한 것이다. 그것은 사회학적 인식이, 만물을 운동으로 상정하는 헤라클레이토스적 세계관에서 만물을 정지로 상정하는 엘레아학파적 세계관으로 이행한 것이다. 파슨스의 이 '엘레아학파적' 사회학에 반기를 들면서 엘리아스는 '헤라클레이토스적' 사회학의 필요성을 역설한다.[45] "개인과 사회는 모두 과정의 성격을 가지고 있으며, 인간과 관련된 이론을 구성할 경우 이 과정의 성격을 도외시할 필요는 조금도 없다. 사실상 인간에 관한 사회학 이론과 다른 이론들에는 과정의 성격이 포함되지 않으면 안 된다."[46] 요컨대 엘리아스는 파슨스의 상태사회학에서 과정사회학으로의 패러다임 전환을 요구하고 있는 것이다.[47]

---

44  같은 책, XVII쪽.
45  잘 알려져 있다시피, 헤라클레이토스는 만물은 유전한다고 주장했다. 이에 반해 엘레아학파는 "화살의 비행을 무수한 정지 상태들의 연결로 생각했다. 그들은 화살이 본래 전혀 움직이지 않는다고 보았는데, 그 이유는 화살이 모든 주어진 순간에 언제나 한 특정한 장소에 있기 때문이라는 것이다. 사회는 언제나 평형상태에 있는 법이기 때문에 인류의 장구한 사회 발전은 정태적인 사회 유형들이 연결된 것으로 보인다는 현대 사회학자들의 (특히 파슨스의) 가정은 화살의 비행에 대한 엘레아학파의 해석을 아주 강하게 연상시킨다." 같은 책, XXVI쪽.
46  같은 책, XVIII쪽.

## (3) 개인과 사회의 이분법을 넘어서: 결합태와 과정

엘리아스에 따르면 사회학은 전통적으로 "여기에는 개인, 저기에는 사회"라는 해결할 수 없는 딜레마에 빠져 있었는데, 이는 사회학적 사고가 과학 외적 성격의 용어와 가치에 준거하기 때문이었다. 다시 말해 사회학은 "사회 없는 개인, 그러니까 완전히 자족적으로 존재하며 행위하는 인간에서 출발하는 위험과 '체계', '전체', 간단히 말하자면 개별적인 인간들, 즉 개인들을 초월해 존재하는 인간 사회를 요청하는 위험 사이에서" 줄타기를 한다. 이에 엘리아스는 사회를 해체한다. "인간 사회에는 절대적인 시초가 없다. 그것은 아버지와 어머니가 낳은 인간들 이외에는 다른 실체를 갖지 않는다." 그렇다고 해서 엘리아스가 사회를 단순히 개인들로 해체하는 것은 아니다. 그보다는 사회를 개인들의 상호적 의존과 작용의 관계와 그 형태로 해체한다. 그리고 이것을 결합태라고 부른다. "그러나 그것은〔사회는〕 단순히 그러한 인간들이 점증적으로 축적된 것이 아니다. 인간들의 사회적 공동생활은 언제나, 심지어 혼돈 속에서도, 우연 속에서도, 아주 큰 사회적 무질서 속에서도 아주 특정한 형태를 갖는다. 바로 이것이 결합태 개념이 표현하는 것이다. 인간들은 근본적인 상호의존성에 의해 언제나 특별한 결합태의 형태 속에서 집단을 이룬다."[48]

요컨대 결합태 개념은 개인과 사회로 양극화된 사회학 이론들을 극복하

---

47  파슨스와 엘리아스의 차이점은 단순히 과정이라는 역사적 차원에서만 볼 수 있는 것이 아니다. 이론적 측면에서 파슨스가 행위, 자원성(自願性), 구조, 체계 등을 핵심 개념으로 한다면, 엘리아스는 결합태, 상호의존성, 아비투스(문명화 과정에서 형성되는 인성구조) 등을 핵심 개념으로 한다. 그리고 파슨스의 체계가 조화와 통합을 암시한다면 엘리아스의 결합태는 그와 더불어 긴장과 해체도 포괄한다. Robert van Krieken, "Beyond the 'Parsonian Problem of Order': Elias, Habitus and the Two Sociologies", in: Annette Treibel, Helmut Kuzmics & Reinhard Blomert (Hrsg.), *Zivilisationstheorie in der Bilanz. Beiträge zum 100. Geburtstag von Norbert Elias*, Opladen: Leske+Budrich 2000, 119~42쪽, 여기서는 134~35쪽.

48  Norbert Elias, 앞의 글(2006d), 101, 103쪽.

기 위해 주조된 것이다. 이와 관련해 엘리아스는 「내 생애의 비망록」(1984)에서 다음과 같이 말하고 있다.

> 결합태의 개념이 기형적으로 양극화된 사회학 이론들, 구체적으로 "개인"을 "사회" 위에 설정하는 진영과 "사회"를 "개인" 위에 설정하는 진영으로 양극화된 사회학 이론들을 극복하기 위해 의도적으로 창출된 것이라는 사실은 〔…〕 아주 쉽게 간과된다 — 그런데 이러한 사회학 이론들의 양극화는 그 외부의 세계에서 벌어지는 신앙 투쟁과 이해관계 투쟁의 주축과 일치하는 것이다. 그러나 우리는 사회학자로서 이러한 투쟁의 축에 복종해서는 안 된다. 더구나 현실적으로 오래전부터 다른 투쟁의 축들이 사회학에 그늘을 드리워왔다.[49]

엘리아스에게 사회는 개인들로 구성되지 않고 결합태들로 구성된다. 다시 말해 사회는 결합태, 즉 개인들이 상호 결합하고 의존하는 사회적 그물망의 합에 다름 아니다. 이처럼 결합태 개념에 의해 개인과 사회를 파악하면, 이 두 실체를 단순히 기계적인 병렬관계에 있는 것으로 간주하지 않을 수 있고 또는 개인이냐 사회냐 하는 식의 이분법적 선택에서 벗어날 수 있다. 이 개념적 도구에 의해 우리는 "우리의 사고 속에서 인간상이 분열되고 양극화되도록 만드는 사회적 강제를 타파할 수 있는바", 이 분열과 양극화는 "개인이라는 이미지와 사회라는 이미지를 끊임없이 병치시키는 것이다." 또는 달리 말하자면 이 개념적 도구에 의해 우리는 "'개인'과 '사회'가 상이하며 더 나아가 적대적인 두 형상인 것처럼 말하고 생각하게 만드는 사회적 강제력으로부터 벗어날 수 있다." 그리하여 우리는 인간이라는 세계 또는 우주에서 "서로 분리되어 존재하는 두 객체가 아니라 서로 떼어놓을 수 없으면서도 서로 다른 두 측면인" 개인과 사회를 동시에 사회학적으로 포착할 수 있다.[50]

---

49 Norbert Elias, 앞의 글(1984), 62~63쪽.
50 Norbert 앞의 책(1991), 140~41쪽. 이 점에서 엘리아스는 짐멜과 유사점을 보여준다. 이미 제2장 제2절에서 자세히 논한 바와 같이, 짐멜은 사회적 상호작용과 그 형식이라는 개

엘리아스는 『사회학이란 무엇인가?』에서 개인과 사회의 관계를 이분법적으로 파악하는 기존의 사회학과, 사회를 개인들이 상호 결합하고 의존하는 결합태로 파악하는 자신의 사회학을 도표로 대비하고 있다. 먼저 기존의 사회학은 다음과 같이 자기중심적 사회상에 기반한다.[51]

**도표 24  자기중심적 사회상의 기본 도식**

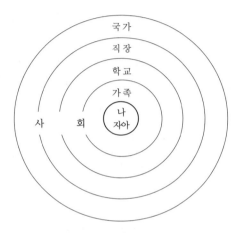

이에 반해 엘리아스의 사회학은 도표 25와 같이 상호의존하는 개인들의 결합태에 기반한다.[52]

엘리아스에 따르면 '개인'과 '사회'라는 개념은 "분리되어 존재하는 두 개의 객체를 가리키는 것이 아니라 동일한 인간의 상이하지만 분리할 수 없는 두 측면을 가리킨다."[53] 말하자면 개인과 사회는 인간이라는 동전의 양면

---

념에 의하여 개인과 사회를 한층 더 높은 차원에서 종합하고 있다. 짐멜에게 사회란 사회적 상호작용의 합에 다름 아니다. 짐멜과 엘리아스에 대해서는 다음을 참고할 것. Carlo Mongardini, "Wie ist Gesellschaft möglich in der Soziologie von Norbert Elias", in: *Jahrbuch für Soziologiegeschichte 1992*, 161~69쪽.

51  Norbert Elias, 앞의 책(1991), 10쪽.
52  같은 책, 11쪽.
53  Norbert Elias, 앞의 책(1981), XVIII쪽.

도표 25  상호의존하는 개인들의 결합태

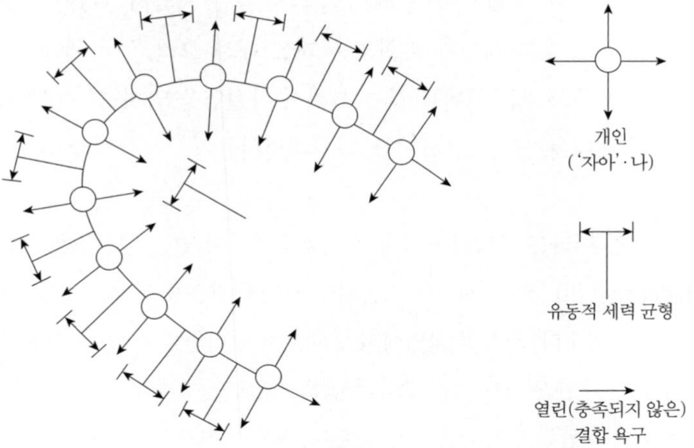

개인
('자아'·나)

유동적 세력 균형

열린(충족되지 않은)
결합 욕구

과도 같은 것이다. 개인과 사회는 인간의 두 존재차원을 가리킨다. 인간은
개인으로서의 인간과 사회로서의 인간으로 구성된다. 이처럼 인간이 개인
적 존재인 동시에 사회적 존재라는 사실은 무엇보다도 일련의 인칭대명사
를 보면 확연히 드러날 것이다. 자명한 일이지만 하나의 인칭대명사는 다른
인칭대명사를(들을) 전제로 한다. 또는 달리 말하자면 하나의 인칭대명사
는 다른 인칭대명사와(들과)의 관계 속에서만 기능을 하고 의미를 갖는다.
'너', '그', '그녀', '우리', '너희', '그들'이 없이는 '나'라는 것이 있을 수 없
다. "'나'라는 개념이 갖는 의미를 이해하는 것은 '나'라는 단어를 사용하는
것과 단순히 같은 것이 아니라 '너' 또는 '우리'와 같은 개념들을 이해하는
것과 아주 밀접하게 결부되어 있다." 이렇게 보면 인칭대명사는 "모든 인간
이 근본적으로 다른 인간들과 관계를 맺는다는 사실, 그러니까 모든 개인이
근본적으로 사회성을 갖는다는 사실을 가장 기본적으로 표현하는 것"이라
는 엘리아스의 견해에 충분히 동의할 수 있을 것이다. 그리고 인칭대명사는
우리를 "'폐쇄된 인간'이라는 인간상으로부터 '개방된 인간들'이라는 인간
상으로 인도하는 비교적 간단한 수단"이라는 견해에도 충분히 동의할 수 있
을 것이다.[54]

이 모든 것은 인칭대명사가 비록 너무나도 일상적이며 따라서 인간의 사회적 삶과 행위에 대해 아무런 의미도 갖지 않는 지극히 사소한 것으로 보일지 몰라도 실상은 개인과 사회의 관계에 대해 그리고 이 관계의 과학적 인식에 대해 중차대한 의미를 갖는 사회적 사실임을 암시하는 대목이다. 이와 관련해 엘리아스는 주장하기를, 인칭대명사는

"개인"이라는 개념이 단수로서 상호의존되어 있는 인간들을 그리고 "사회"라는 개념이 복수로서 상호의존되어 있는 인간들을 일컫는 것임을 아주 명확하게 보여준다. 과학적 작업에서 단수로서의 인간에 대한 연구와 복수로서의 인간에 대한 연구를 여러 종류의 전문가 집단들에게 배분하는 것은 전적으로 필요하고 완전히 정당한 일일 수 있다. 예컨대 전자의 과제를 심리학자와 정신병리학자에게, 그리고 후자의 과제를 사회학자와 사회심리학자에게 할당할 수 있다. 그러나 인칭대명사의 모델을 통해 쉽게 이해할 수 있듯이, 단수로서의 인간에 대해 연구하는 일과 복수로서의 인간에 대해 연구하는 일은 장기적인 안목에서 볼 때 서로 구분되기는 하나 서로 떼어놓을 수는 없는 것이다 ― 이는 단수로서의 인간과 복수로서의 인간이 서로 떼어놓을 수 없는 존재임과 마찬가지이다.[55]

이처럼 사회학이 단수로서의 인간과 복수로서의 인간, 또는 달리 말하자면 개인으로서의 인간과 사회로서의 인간을 함께 연구해야 한다는 것은, 개인들의 상호작용과 상호의존을 통해 형성된 결합태의 인격구조(또는 인성구

---

54  Norbert Elias, 앞의 책(1991), 134~35쪽.
55  같은 책, 135~36쪽. 엘리아스에게 역사는 "언제나 한 사회의 역사이지만 그것은 의심할 여지 없이 개인들의 사회이다." 역사의 변화는 "개별 인간들에 의해 설계되고 계획적으로 진행되는" 것은 아니지만, "인간들의 **외부에서** 변화시키는 모터가 없이 가능한" 것이다. 상징적으로 표현하자면, 개별 인간은 "경화인 동시에 조폐기이다." Norbert Elias, *Die Gesellschaft der Individuen* (Herausgegeben von Michael Schröter), Frankfurt am Main: Suhrkamp 1987, 71, 84쪽.

조)와 사회구조를 동시에 분석의 대상으로 삼아야 한다는 것을 의미한다. 바로 이런 연유로 엘리아스의 결합태사회학은 심리발생적 연구와 사회발생적 연구를 결합한다. 이것은 그의 주저『문명화 과정』을 보면 극명하게 드러난다. 이 저작은 사회발생적-심리발생적 관점에서 문명화라는 한 특정한 유형의 결합태에 접근하고 있다.

앞에서 언급한 바와 같이, 엘리아스가 1933년에 제출한 하빌리타치온 논문은 원래「궁정인간」이었는데 1969년에『궁정사회』로 출간되었다. 이때 제목에서 볼 수 있는 변화는 인간을 실체로 보던 그의 관점이 사회를 실체로 보는 관점으로 바뀌었음을 의미하는 것이 아니다. 그 문제의식은 동일하게 유지된다. 다시 말해 궁정이라는 한 특정한 유형의 결합태, 그러니까 사회의 한 유형을 심리발생적이고 사회발생적으로, 그러니까 개인으로서의 인간과 사회로서의 인간이라는 두 측면에서 접근하는 것이다. 예컨대 무소불위의 절대적 지배자로 생각되는 태양왕 루이 14세(1638~1715)조차도 "국왕이라는 지위에 의해 아주 특수한 상호의존관계의 그물망으로 얽혀 들어간 개인"이다. 그도 "좁은 의미에서는 궁정사회의, 넓은 의미에서는 사회 전체의 특유한 결합태를 통해 규정된 매우 정교한 전략에 의해서만 자신의 권력을 행사할 여지가 있었다."[56]

루이 14세의 경우는 개인의 자율성에 대해 생각해보도록 하는 계기가 된다. 엘리아스에 따르면 개인은 — 심지어 절대군주라 불리는 지배자조차도 — 절대적으로 자율적인 존재가 아니라 반(半)자율적인 존재이다. 왜냐하면 모든 개인은 언제나 사회적 상호의존의 씨줄과 날줄 속에서 판단하고 결정하며 행위하기 때문이다. 개인의 절대적 자율성을 주장하는 오류는 개인이 "폐쇄적 인간"이라는 관념, 즉 개인이 "자신만의 조그마한 세계로서 궁극적으로 바깥의 커다란 세계와는 완전히 독립적으로 존재한다"는 관념에서 비롯된다.[57] 엘리아스는 "닫힌 인격"의 인간상을 "열린 인격"의 인간상

---

56  Norebrt Elias, *Die höfische Gesellschaft. Untersuchungen zur Soziologie des Königtums und der höfischen Aristokratie*, Frankfurt am Main: Suhrkamp 1983, 12쪽.

으로 대체해야 한다고 역설한다.

> 열린 인격의 인간은 다른 사람들과의 관계에서 높거나 낮은 상대적 자율성을 가지지만 결코 절대적이고 총체적인 자율성은 갖지 않는다. 사실상 그는 근본적으로 평생 동안 다른 사람들을 지향하고 그들에게 의존하며 의지한다. 사람들 사이에 존재하는 상호의존의 그물이 바로 그들을 서로서로 연결해준다. 이 상호의존성이 여기에서 결합태라고 〔…〕 표현되는 것의 핵심을 이룬다.[58]

이 논의의 맥락에서 한 가지 매우 흥미로운 것은 베버와 뒤르케임에 대한 엘리아스의 비판이다. 엘리아스에 따르면 베버는 이념형의 개념을 통해 사회학의 핵심적인 문제, 즉 결합태가 그것을 구성하는 개인들에 대해 상대적인 자율성을 갖는다는 문제를 해결하고자 한다. 그러나 베버는 결합태가 개인들의 행위로부터 추상화한 것이기 때문에 그 자체로는 존재하지 않는 것이라고 간주한다. 그리하여 결합태는 그것을 형성하는 개인들과 똑같이 실재적인 것이라는 점을 간과한다. 이에 반해 뒤르케임은 결합태의 실재성을 통찰한다. 그러나 결합태를 개별적인 인간들의 외부에 존재하는 것으로 간주함으로써 양자를 조화시키는 데 실패한다.[59]

엘리아스에 따르면 결합태 개념은 인간 삶의 모든 영역에 적용된다. 다시 말해 결합태는 미시적 차원, 중시적 차원, 거시적 차원을 아우르는 개념이다. 이는 개인들이 어떤 경우에도 고립된 원자로서가 아니라 상호의존과 상호작용의 그물망 안에서 존재하고 행위하며, 따라서 결합태는 인간 사회의 보편적인 구조이기 때문이다. 그 어떤 인간도 여러 개인들이 형성하는 사회적 그물망에 얽혀 들어가는 것을 피할 수 없다. 그러므로 우리는 — 이와 관련해 엘리아스는 다음과 같이 말하고 있다 — 결합태 개념을

---

57  Norbert Elias, 앞의 책(1981), IL쪽.
58  같은 책, LXVII쪽.
59  Norbert Elias, 앞의 글(2006d), 102~3쪽.

비교적 작은 집단들로부터 상호의존하는 수천 명 또는 수백만 명의 인간이 형성하는 사회들에까지 적용할 수 있다. 한 학급 내의 교사와 학생들, 한 치료실 내의 의사와 환자들, 술집의 단골손님들, 유치원의 어린이들, 이들 모두는 각각 비교적 일목요연한 결합태를 구성한다. 그런가 하면 한 마을, 한 대도시 또는 한 국가의 주민들도 각각 결합태를 구성하는데, 이 경우에는 그들이 맺고 있는 상호의존의 고리가 너무 길고 분화되어 있기 때문에 결합태를 곧바로 인지할 수 없다. 이럴 때에 사람들은 상호의존의 고리들을 분석함으로써 그와 같이 복잡한 결합태들이 갖는 특징들을 간접적으로 이해하고자 한다.[60]

요컨대 결합태는 심지어 술집의 단골손님들이나 유치원의 어린이들과 같이 미시적인 차원에서도 관찰할 수 있다. 그들도 나름대로의 방식으로 상호의존의 그물망, 즉 사회를 구성하기 때문이다. 거기에다가 함께 춤을 추거나 노름을 하는 등의 현상도 추가할 수 있다. 다른 한편 결합태는 중시적 차원과 거시적 차원으로까지 확대된다. 가족, 학교, 연구소, 마을, 도시, 공장, 직장동료 집단, 계급, 신분, 체계, 조직, 관료제, 지역사회, 전체 사회, 국가와 국가의 관계 등을 예로 들 수 있다. 또한 문명화도 결합태이며 봉건주의, 자본주의, 사회주의도 결합태이다. 그리고 요즈음 한창 논의되고 있는 세계체제 또는 세계사회도 일종의 결합태로 볼 수 있다. 왜냐하면 이 모든 것은 개인들이 구성한 상호의존과 상호작용의 그물망이기 때문이다. 사회는 바로 이 결합태들의 합으로 구성되며, 따라서 사회학은 곧 결합태사회학이 된다. 이 결합태사회학은 다양한 역사적 결합태를 사회발생적이고 심리발생적인 관점에서 경험적으로 추적하고 이론적으로 설명해야 한다. 그것은 사회의 보편이론이 아니라 사회적인 것의 중범위이론이다.

그렇다면 결합태와 개념적 쌍을 이루는 '과정'이란 무엇인가? 엘리아스에 의하면 과정이란 "인간들에 의해 형성된 **결합태**나 그 측면들이 지속적이고 장기적인, 다시 말해 적어도 세 세대에 걸쳐 상반된 두 방향 가운데 한 가

---

60 Norbert Elias, 앞의 책(1991), 143쪽.

지로 변화하는 것"을 가리킨다. "그 한 방향은 일반적으로 상승의 성격을, 그리고 또 다른 방향은 하강의 성격을 갖는다. 양자의 경우 그것을 판단하는 기준은 순전히 객관적인 것이다. 그 기준은 그때그때의 관찰자가 좋다고 또는 나쁘다고 생각하는 것과 전혀 무관하다. 예컨대 다음과 같은 경우를 들 수 있다: 사회적 기능 분화의 증가 또는 감소, 사회적 자본 또는 사회적 지식의 증가 또는 감소, 비인간적 자연에 대한 인간의 통제 범위 또는 다른 인간들에 대한 […] 동정의 확대 또는 축소. 요컨대 사회적 과정은 양극적이라는 특징을 보인다. 그리고 생물학적 진화의 과정과 달리 사회적 과정은 가역적이다. 어느 한 방향으로의 추진력은 그 상반되는 방향으로의 추진력을 야기할 수 있다. 양자는 동시적으로 나타날 수 있다. 그중 하나가 지배적이거나 다른 것과 균형을 유지할 수 있다." 엘리아스는 이러한 사회적 과정을 규정하고 연구하는 개념적 도구로 **"통합과 해체, 현실 참여와 거리 두기, 문명화와 탈문명화, 상승과 하강"** 등의 개념쌍을 제시한다.[61]

여기에서 한 가지 강조하고 넘어가야 할 점은, 이 '과정'의 논리가 사회적 차원에만 적용되는 것이 아니라 개인적 차원에도 적용된다는 사실이다. 엘리아스에 따르면 인간 자체도 사회와 마찬가지로 정태적인 존재가 아니라 변화하고 발전하는 과정적 존재이다. 인간은 과정이다. 이와 관련해 엘리아스는 『사회학이란 무엇인가?』에서 다음과 같이 말하고 있다.

우리가 개인을 변화하는 인간, 그러니까 사람들이 때때로 표현하듯이 하나의 과정을 지나가는 존재 그 이상인 인간이라고 이해한다면 그것은 잘못된 일이 아닐 것이다. 개인을 단지 하나의 과정을 지나가는 인간이라고 이해하는 것은 […] "강이 흐른다"라든가 "바람이 분다"라는 식으로 말하는 것과 다르지 않을 것이다. 우리가 인간은 항상 움직임 속에 존재한다고 말한다면, 이것은 일견 통상적인 언어 습관 및 사고 습관에 역행할지 모르지만 훨씬 더 사실에 가까운 표현이 아닐 수 없다. 인간은 하나의 과정을 통과할뿐더러 그 자체가 하나의

---

61  Norbert Elias, 앞의 글(2006d), 104쪽.

과정**이다.** 인간은 발전한다. 그리고 발전이라 함은 연속적인 경과에 내재하는 질서를 일컫는 것인바, 이러한 경과를 통해 그때그때 후기의 모습이 전기의 모습으로부터, 예컨대 청소년이 유아로부터 성년이 청소년으로부터 끊임없이 형성된다. 인간은 하나의 과정**이다.**[62]

요컨대 사회와 개인 모두, 그러니까 사회적 차원의 인간과 개인적 차원의 인간 모두가 과정이며, 바로 이런 연유로 엘리아스는 파슨스로 대변되는 '엘레아학파적' 상태사회학에서 '헤라클레이토스적' 과정사회학으로 사회학적 인식의 패러다임 전환을 요구하는 것이다. 과정사회학에서는 인식대상의 측면에서 사회구조의 변동 및 발전 과정과 인격구조—또는 인성구조—의 변동 및 발전 과정이 교차하며, 인식방법의 측면에서 사회발생적 차원과 심리발생적 차원이 교차한다.

이처럼 '헤라클레이토스적' 과정사회학을 추구한다는 점에서 엘리아스는 콩트, 스펜서, 마르크스와 일정한 유사점을 보인다. 그러나 다른 한편 이 두 과정사회학들 사이에는 간과할 수 없는 차이점이 존재한다. 이 19세기의 사회학자들과 근본적으로 달리 엘리아스는 사회의 진화나 발전을 단순히 단선적이고 목적론적인 과정으로 바라보지 않는다. 사회는 이들이 잘 통찰한 바와 같이 지속적으로 동적인 운동의 상태에 있으며 사회의 변동과 발전은 구조화된, 그리고 자체적인 법칙성과 질서를 지닌 진행 과정이다. 그러

---

62 Norbert Elias, 앞의 책(1991), 127쪽. 우리는 "강이 흐른다" 또는 "바람이 분다"라는 식으로 말하는데, 이는 엘리아스에 따르면 "상태로의 환원"이다. 예컨대 "바람이 분다"라고 말하는 경우, "마치 바람이 원래는 정지해 있는데 한 특정한 시점부터 움직이고 불기 시작하는 무엇인 것처럼 우리는 그렇게 말한다—마치 바람이 부는 것 이외의 다른 무엇인 것처럼, 마치 불지 않는 바람도 있는 것처럼 그렇게 말한다." 같은 책, 119쪽. 이처럼 '강'과 '바람'을 예로 드는 것은 언뜻 사소해 보이지만 그리고 인간 사회와 무관한 자연현상으로 보이지만 엘리아스 사회학의 핵심을 단적으로 드러낸다는 점에서 의미와 가치가 있다. 개인은—그리고 사회는—과정적 존재 또는 유전하는 헤라클레이토스적 존재임에도 불구하고 일상적 언어와 그것에 의해 표현되는 사고에 의해 상태적 존재 또는 엘레아학파적 존재로 환원된다는 것이 엘리아스의 주장이자 비판인 것이다.

나 다른 한편으로 나선형적인, 따라서 어떤 특정한 목표를 향해서 나아가거나 어떤 특정한 의미를 추구하는 과정은 아니다. 사회가 변동하고 발전하는 과정은 어디까지나 비결정성과 비계획성을 그 핵심적인 특징으로 한다. 이렇게 보면 사회의 역사적 변동과 발전의 과정은 단순히 합리적이지도 않고, 또한 단순히 비합리적이지도 않다. 그러므로 역사에서 진보를 말하는 것은, 특히 사회적 변동과 발전의 최종적 단계나 상태에 대해 말하는 것은 신화에 불과한 것이다.[63] 이 점에서 콩트, 스펜서, 마르크스의 19세기 '헤라클레이토스적' 사회학과 엘리아스의 20세기 '헤라클레이토스적' 사회학 사이에 결정적인 차이점이 존재한다.


### (4) 문명화 과정의 사회학:
### 심리발생적 및 사회발생적 접근 방법에 입각한 역사사회학[64]

엘리아스의 이러한 결합태사회학 및 과정사회학이 가장 명백하고 체계적으로 드러나는 것은 『문명화 과정: 사회발생적 및 심리발생적 연구』에서이다. 여기에서 "문명화 과정"이라는 제목은 인식의 대상을, 그리고 "사회발생적 및 심리발생적 연구"라는 부제는 인식의 방법을 가리킨다.[65] 엘리아스

---

63　Norbert Elias, 앞의 글(2006d), 111쪽.
64　아래의 논의는 다음을 약간 수정·보완한 것이다. 김덕영, 앞의 책(2001), 110~15쪽.
65　이 책의 한국어판(박미애 옮김, 『문명화 과정 I·II』, 한길사 1996/1999)은 그 부제인 "사회발생적 및 심리발생적 연구"를, 그리고 제1권의 또 다른 부제인 "서구의 세속적 상층집단들의 행위의 변동"과 제2권의 또 다른 부제인 "사회 변동: 문명이론 초안"을 생략해버렸다. "사회발생적 및 심리발생적 연구"라는 부제는 "문명화 과정"이라는 인식의 대상에 대한 인식의 방법을 명시한다는 점에서, 그리고 엘리아스의 전체적인 논의의 틀과 구조 그리고 과정을 규정한다는 점에서 독자들이 그의 이론적-역사적 논리 전개를 이해하는 데에 결정적인 기여를 하게 된다. 그리고 제1권과 제2권의 또 다른 부제들은, 문명화 과정에 대한 사회발생적이고 심리발생적인 연구가 구체적으로 어떤 객관적-역사적 현상에 그 분석과 논의의 초점을 맞추는가를 암시해준다. 그러므로 이 부제들은 단순히 생략해버릴 수 있는 성격의 것이 결코 아니다. 사실 이것들이야말로 엘리아스 사회학의 독창성과 의미를 함축적으

의 문명화(과정)는 베버의 합리화(과정)와 짐멜의 사회분화(과정) 그리고 뒤르케임의 사회분업화(과정)와 더불어 사회의 역사적 변동 과정을 기술하고 설명할 수 있는 중요한 사회학적 개념과 공식을 제공한다.

엘리아스에 따르면 사회적 문명화 과정과 개인적 문명화 과정은 동반 과정이며 수레의 두 바퀴와도 같다. 다시 말해 개인적 문명화 과정은 수세기에 걸친 사회적 문명화의 결과인 것이다.

> 그러므로 문명화된 사회에서 성인들의 (그리고 청소년들이 어릴 적부터 체화하는) 아비투스의 심리적 발생을 우리 "문명"의 사회적 발생과 따로 떼어서 고찰해서는 안 된다. 개인은 일종의 "사회발생적 근본 법칙"에 따라 자신의 짧은 개인사를 통해 사회가 긴 역사 속에서 통과하였던 과정들의 일부를 다시 한 번 통과하는 셈이다.[66]

엘리아스는 근대적 사회구조와 인격구조의 발달 과정에 중세 사회, 궁정사회 및 시민사회라는 서구의 장기적인 문명화 과정 속에서 한편으로는 심리발생적이고 사회발생적으로 그리고 다른 한편으로는 경험적이고 이론적으로 접근한다. 이는 달리 중세적 결합태, 궁정사회적 결합태, 시민사회적 결합태라고 표현할 수도 있다. 이 세 가지 결합태는 단순히 시간적인 전후 관계와 발달 단계만을 뜻하는 것이 아니라 근본적으로 다른 사회구조와 인격구조를 보여준다. 바로 이런 연유로 엘리아스의 문명화 과정 이론은 하나의 중요한 근대화 이론으로, 그리고 그의 사회학은 근대세계에 대한 하나의 중요한 문화사회학으로 간주된다.[67]

엘리아스가 중세 인간의 구체적인 역사적 삶을 사회학적으로 기술하고

---

로 보여주고 있다.

66 Norbert Elias, 앞의 책(1981), LXXIV~LXXV쪽.

67 이에 대해서는 다음의 총서에 실린 글들을 참고할 것. Helmut Kuzmics & Ingo Mörth (Hrsg.), *Der unendliche Prozess der Zivilisation. Zur Kultursoziologie der Moderne nach Norbert Elias*, Frankfurt am Main/New York: Campus 1991.

분석한 것은 매우 독창적인 업적으로 인정해야 할 것이다. 왜냐하면 역사적 세계와 과정에 대한 대부분의 사회학적 연구와 논의는 근대 사회에 집중되어 있기 때문이다. 중세 사회에 대한 엘리아스의 분석은 그 시대의 세속적 지배계급을 대상으로 하고 있다. 그리고 궁정사회와 시민사회에 대한 분석의 경우에도 마찬가지이다. 이는 물론 그가 세속적 지배계급의 문화적 삶이 다른 사회집단들의 문화적 삶보다 가치 있다고 판단해서가 아니라 이 사회집단이 문명화 과정에 결정적인 영향을 미쳤기 때문이다.

서구 중세 사회는 무엇보다도 몸과 육체적인 것의 비교적 직접적인 표출 및 감정과 충동의 비교적 통제되지 않은 발산을 그 중요한 특징으로 한다. 서구 중세적 결합관계에서는 폭력이 일상적인 현상이기도 했다. 육체적인 강력함과 힘은 바로 세속적 지배집단의 필수적인 생존 조건이자 주요한 덕목에 속했다. 오늘날의 입장에서 보면 중세의 삶은 한편으로는 극단적으로 격정적이고 정열적이었으며 다른 한편으로는 매우 거칠고 단순할 뿐만 아니라 소박했다. 중세 사회의 또 다른 커다란 특징 가운데 하나는 극과 극을 이루는 다양한 행위 유형과 생활양식들이 혼재해 있었다는 사실이다. 그뿐만 아니라 이 시대에는 사적인 것과 공적인 것의 구분이 존재하지 않았다. 다시 말해 오늘날 어디서나 쉽게 관찰할 수 있는, 인간의 몸과 몸 사이에 존재하면서 개인들을 분리하는 사회적 장벽을 중세적 결합태에서는 볼 수 없었다.[68]

중세인의 이러한 인격구조와 행위구조는 사회발생적 측면에서 보면 그 당시의 지방분권적이고 봉건적인 사회구조에 상응하는 것이다. 중세의 가장 중요한 생산수단인 토지는 봉건영주들의 무력적이고 폭력적인 전투 능력에 의하여 획득되고 유지되며 관리되었다. 따라서 육체적 힘과 능력은 중세적 경제 체제에서 매우 중요한 생산수단에 속했다. 이것은 또한 중세 세속적 지배집단의 정치적 권력, 사회적 지위 그리고 정신적 자의식의 표현이기도 했다. 그리고 한 걸음 더 나아가서 개인들의 사회적 결합의 중요한

---

68  Norbert Elias, 앞의 책(1981), 84쪽.

매개체와 수단으로 기능했다. 다시 말해 중세의 사회통제의 중요한 기제는 바로 폭력에 있었다. 그것은 타자에 의하여 외적으로 강제된 통제에 다름 아니었다.

　엘리아스가 말하는 궁정사회란 17~18세기에 유럽에서 발달한 궁정 내 부에서의 사회적 결합관계를, 그중에서도 특히 프랑스 루이 14세 시대 베르 사유 궁전 내에서 이루어지던 국왕과 귀족들의 삶과 행위 그리고 그들 상호 간의 결합 및 의존관계를 일컫는 말이다. 엘리아스는 궁정사회를 단순히 하 나의 고립된 생활세계로 간주하지 않는다. 오히려 궁정사회는 그 세계에서 행위하고 생활하는 인간들과 더불어 당대의 중심적인 사회적 장이었다. 유 럽의 거의 모든 국가에서는 르네상스 시대 이후 궁정사회가 점차로 중요한 의미를 갖게 되었다. 이 시대(17~18세기)의 궁정사회는 상호의존적으로 연 결된 다수 인간들의 사회적 결합태의 특정한 표현이며, 따라서 어떤 한 개인 이나 또는 어떤 하나의 인간 집단에 의해서 계획되거나 의도된 결과로 발전 한 것이 아니다. 이런 점에서 궁정사회는 도시, 공장이나 관료제 그리고 국 가와 같은 결합태와 근본적으로 같다고 볼 수 있다.[69]

　그런데 궁정사회는 사회발생적 측면에서 볼 때 중앙집권적 절대국가의 형성과 더불어 발달한 결합태이다. 국가는 중세적 봉건영주들의 생산수단 이자 권력의 기반인 토지를 몰수하고 그들을 절대적 권력의 소유자이며 행 사자인 국왕의 단순한 궁정귀족으로 전락시켜버렸다. 그 이전의 중세적 결 합관계에서 그토록 중요한 경제적, 정치적, 사회적 기능을 수행하던 세속적 지배계급의 전투적-기사적 삶과 행위 그리고 미덕은 이제 그 가치와 의미 를 상실할 수밖에 없었다. 그것은 궁정사회적 결합태에서는 오히려 반문명 적인 행태라고 비난을 받게 되었다.

　이러한 사회발생적 문명화 과정은 심리발생적 측면에서는 궁정귀족이라 는 새로운 세속적 지배계급의 인격구조와 행위구조의 근본적인 변화를 수 반했다. 일단 중세의 전투적 사회구조에서 쉽게 관찰할 수 있던 몸과 육체

69　Norbert Elias, 앞의 책(1983), 61쪽.

적인 것의 비교적 직접적인 표출 그리고 감정과 충동의 비교적 통제되지 않은 발산은 사회적으로 더 이상 용인되지 않았다. 그것은 중앙집권적 절대국가와 절대적인 권력자인 국왕에 대한 도전으로 인식될 수밖에 없었다. 궁정귀족의 정치적 권력과 사회적 지위는 국왕과의 사회적 거리에 의해서 결정되었다. 궁정 내부 건물의 배치나 구조 그리고 공간의 기능적 분할과 이용도 마찬가지로 국왕과 궁정사회의 구성원들 사이에 존재하는 사회적 거리에 의해서 결정되었다.

궁정사회 내에서 국왕과 귀족들 사이의 사회적 거리는 주로 에티켓과 의식 행위를 통해서 창출되고 유지되었으며 또한 가시적으로 표현되었다. 바로 이런 연유로 궁정사회는 섬세하고 세련된 몸의 자세와 제스처 그리고 동작을 그 중요한 특징으로 했다. 그리고 궁정귀족들은 사치와 같은 과시적 소비 행위를 통해 그들의 권력을 가시화하고자 했는데, 그 이유는 당시의 사람들이 가시적 현상으로 표현되지 않은 권력은 믿지 않았기 때문이다. 과시적 소비행위는 궁정사회의 권력투쟁에 있어 중요한 수단이었다. 이 모든 것은 궁정사회적 결합태가 중세적 결합태에 비하여 한층 더 복잡해졌다는 사실을 암시하는 대목이다.

이처럼 궁정사회는 중세 사회와 근본적으로 다른 결합태임이 드러난다. 그러나 다른 한편으로 궁정귀족들의 삶과 행위는 아직도 중세인들의 삶과 행위와 마찬가지로 내적인 자기강제가 아니라 외적인 타자강제에 기초하고 있었다. 엘리아스에 따르면 시민사회라는 결합태가 발달하는 시기에 이르러서야 개인들의 상호의존도와 결합관계가 더욱더 복잡하고 다양해지면서 내적 자기강제가 비로소 가능해진다.

중앙집권 국가가 발달함에 따라 한 걸음 더 나아가 평화로운 사회질서가 확립되었는데, 이로 인해 시장이 안정되고, 상업과 화폐 유통이 확대되고 산업이 촉진되었다. 그 결과 자본주의가 발달할 수 있었고, 이와 더불어 시민계층이 급성장할 수 있었다. 그리고 더 중요한 점은 사회적 영역과 기능이 분화되고 복잡해지면서 시민사회는 이제 궁정사회와는 또 다른 사회 결합태와 인격구조 및 행위구조를 필요로 하게 되었다는 사실이다. 자본주의적 시민사회에서의 결합관계는 다양한 구체적 사회집단이나 영역뿐만 아니라 시장과 같이 고도로 추상적인 삶과 행위의 장까지 포괄하게 되었다. 이에 상응해 개인들은 사물이나 현상을 파악함에 있어서 장기적이고 다각적인 관찰과 분석을 해야 하고, 삶과 행위에서는 이성적인 심리적 기제를 수단으로 감정을 억제해야 하며, 또한 외적인 타자강제가 아니라 내적인 자기강제에 의해서 자신의 삶을 조직하고 행위를 영위해야 한다. 그리고 근대 시민사회에 들어오면서 사적인 것과 공적인 것의 엄격한 구분과 구별이 생겨났다. 육체적인 것과 몸에 관련된 생활은 공적인 영역으로부터 밀려나서 결혼이나 가족과 같은 사적인 영역에 속하게 되었다. 이와 더불어 육체적인 욕구의 즉각적인 충족이나 감정의 직접적인 표출에 대한 수치와 치욕이라는 독특한 개념이 형성되었다.

결론적으로, 중세 사회와 궁정사회 그리고 시민사회라고 하는 장기간의 문명화 과정을 거쳐서 비로소 근대적 자아가 탄생한 것이다. 근대적 자아는 서구 문명화 과정의 사회발생적이며 심리발생적인 과정의 산물이다.[70] 이러한 일련의 문명화 과정을 엘리아스는 "심리화" 및 "합리화" 과정이라고 표현하고 있다.[71] 먼저 심리화란 다음을 뜻한다. 문명화 과정은 인간의 정신세

---

70 이 근대적 자아 또는 주체의 계보학이라는 관점에서 엘리아스를 베버, 푸코 그리고 니체와 비교하면 근대세계의 형성 과정과 그 구조적 특징을 보다 심층적이고 입체적으로 이해할 수 있을 것이다. 다음은 엘리아스와 베버를 비교하고 있다. Artur Bogner, *Zivilisation und Rationalisierung. Die Zivilisationstheorien Max Webers, Norbert Elias' und der Frankfurter Schule im Vergleich*, Opladen: Westdeutscher Verlag 1989. 또한 다음은 푸코와 비교하고 있다. Claus Dahlmanns, *Die Geschichte des modernen Subjekts. Michel Foucault und Norbert Elias im Vergleich*, Münster et al.: Waxmann 2008. 그리고 다음은 베버 및 푸코와 비교하고 있다. Carsten Kaven, *Sozialer Wandel und Macht. Die theoretischen Ansätze von Max Weber, Norbert Elias und Michel Foucault im Vergleich*, Marburg: Metropolis 2006. 마지막으로 다음의 총서에 실린 글들은 엘리아스를 니체와 비교하고 있다. Friederike Felicitas Günther, Angela Holzer & Enrico Müller (Hrsg.), *Zur Genealogie des Zivilisationsprozesses. Friedrich Nietzsche und Norbert Elias*, Berlin/New York: Walter de Gruyter 2010.

71 Norbert Elias, *Über den Prozess der Zivilisation. Soziogenetische und psychogenetische Untersuchungen, Bd. 2: Wandlungen der Gesellschaft. Entwurf zu einer Theorie der Zivilisation*, Frankfurt am Main: Suhrkamp 1982, 369쪽 이하.

계에서 강력한 "자아"와 "초자아"가 형성되고 발전하도록 만들며, 또한 이 심리적 기제들이 지속적이고 안정적으로 기능하도록 만든다. 자아와 초자아는 인간의 충동을 제어하고 통제하는 기능을 한다. 그리고 개인들은 이 장기간의 종족발생적인 과정을 개체발생적으로 거치게 된다. 우리는 여기에서 프로이트가 정신분석학적 관점과 방법을 가지고 발전시킨 이론이 엘리아스에 의하여 역사적 문명화 과정에 적용되고 있음을 간파할 수 있다. 이미 앞에서 논한 대로 엘리아스는 프로이트로부터 결정적인 영향을 받았다. 그리고 합리화란 이성이나 오성과 같이 그 자체로 존재하는 실체적 사실이 아니라 변화나 과정을 의미한다. 이 변화나 과정은 어떤 특정한 개인이나 집단에 의해서 발현되는 것이 아니라, 단지 다양한 사회적 기능 집단과 이 내부에서 경쟁하는 개인들 사이에 존재하는 긴장과 갈등의 산물일 따름이다.

근대적 자아의 결정적인 특징인 내적인 자기통제 기제의 지속적이고 안정적인 기능은 국가에 의한 폭력의 독점을 통해서 보장된다. 군대나 경찰 그리고 사법부와 같은 국가의 폭력 조직은 개인들의 신체에 직접적인 물리적 폭력이 아니라 간접적인 심리적 압력을 가하게 된다. 이 시기의 폭력은 가시적인 형식을 띠지 않는다. 그러한 형식의 폭력은 오히려 강력한 개인적-사회적 저항에 부딪치게 된다.

그렇다면 이제 그 긴 문명화 과정은 끝난 것인가? 우리 시대는 문명화된 시대인가? 장기간의 문명화 과정의 산물인 근대적 자아는 진정으로 문명화된 인간 유형인가? 엘리아스에 따르면 우리 시대는 아직도 문명화 과정 중에 있다. 왜냐하면 아직도 국가 내적인 그리고 국가 간의 긴장은 극복되지 않았으며, 따라서 사회집단들이나 국가들 사이에 힘의 균형이 존재하지 않기 때문이다. 문명은 지속적인 균형의 상태를 의미한다.[72] 오늘날에도 수많은 폭력, 그것도 아주 야만적인 폭력이 존재한다. 멀리는 나치 폭력의 광기를, 그리고 가깝게는 작금의 인종청소와 같은 광기를 생각해볼 수 있다. 그

---

72  같은 책, 453~54쪽.

리고 운동 경기장에서의 폭력이나 학교 폭력에서도 볼 수 있듯이, 폭력은 어쩌면 아직도 일상적인 인간 삶의 모습인지도 모른다. 이 모든 현상은 새삼 '문명'과 '야만'에 대한 사회학적 논의를 불러일으키고 있다. 여기에서 엘리아스가 중요한 역할을 함은 물론이다.

# 02
## 사회실천학

피에르 부르디외

　고전적인 의미에서의 사회는 부르디외한테서도 역시 환영을 받지 못했다. 그는 사회학을 인간, 그의 의식과 행위, 행위의 구조적 조건과 결과 그리고 인간 행위로부터 발생하는 제도적 형식과 문화적 상징을 다루는 과학으로 간주하기 때문이다. 그는 이를 "아비투스"라는 개념으로 표현하며, 또한 이를 바탕으로 해서 현대 사회에 대한 이론적이고 경험적인 연구를 시도한다. 사회적인 것의 중범위이론의 전형이다. 부르디외는 아비투스, 사회적 공간, 장(場), 계급 등 일련의 개념적 도구와 틀을 제시함으로써 사회실천학을 구축해나간다. 부르디외에게 사회는 사회적 및 상징적으로 구조화된 (권력의) 공간들 또는 장들로 이해된다.

## (1) 부르디외 사회학의 지적 배경

이미 이 장의 도입글에서 언급한 바와 같이, 부르디외는 여러 가지로 엘리아스와 공통점을 보인다. 그런데 이 두 거장의 관계는 거기에서 그치는 것이 아니다. 더 나아가 부르디외의 사회학은 엘리아스 사회학에 대한 강한 지향성을 보이고 있는바, 이는 무엇보다도 부르디외가 그의 주저『구별짓기: 판단력의 사회적 비판』에서 엘리아스의『문명화 과정』과『궁정사회』를 여러 차례 인용하고 있다는 사실에서 엿볼 수 있다.[1] 어쩌면 사회학적 인식의 여러 패러다임 가운데 부르디외의 사회실천학이 엘리아스의 결합태- 및 과정사회학과 가장 현저한 '선택적 친화력'을 보일지도 모른다.[2] 그리고 문명화 과정 이론에 대한 가장 중요한 보완으로도 볼 수 있을 것이다. 왜냐하면 부르디외는 다양한 사회실천적 현상 — 예컨대 문화, 예술, 생활양식, 소비, 식사, 의복, 몸관리, 스포츠, 언어, 주거시설, 섹스, 가족계획, 정치 등 — 에 대한 경험적 연구를 통해 엘리아스가 역사적으로 분석하고 설명한 문명화 과정의 이론이 오늘날의 서구 사회들에도 여전히 타당하다는 사실을 입증했기 때문이다.[3]

부르디외는 1983년에 가진 한 인터뷰에서 다음과 같은 질문을 받았다. 다양한 사회집단의 상이한 행위에 대한 예리한 분석과 예민한 현상학적 관찰 때문에 사람들은 그를 짐멜이나 엘리아스와 비교하곤 하는데, 이에 대해 어떻게 생각하는가라는! 이에 부르디외는 다음과 같이 답변했다.

이처럼 나를 짐멜이나 엘리아스와 비교해준다니 큰 영광이 아닐 수 없다. 나의 분석과 관찰에 대해 방금 당신이 말한 것은 무엇보다도 내가 짐멜과 가까

1 Pierre Bourdieu, *Die feinen Unterschiede. Kritik der gesellschaftlichen Urteilskraft*, Frankfurt am Main: Suhrkamp 1982, 132, 357, 578, 588, 764, 769~70쪽.
2 Annette Treibel, 앞의 글(2009), 152쪽.
3 Volker Eichener & Ralf Baumgart, 앞의 책(2013), 34쪽.

울 수 있는 가능성을 명백히 보여준다. 나는 짐멜의 글을 많이 읽었는데, 그의 연구들, 특히 문화에 대한 연구들이 아주 마음에 들었다. 그렇지만 그가 자신의 섬세하지만 때때로 어딘지 피상적인 직관을 너무 신뢰한다는 인상을 떨쳐버릴 수가 없었다. 나는 짐멜보다는 엘리아스에 더 가깝다고 느낀다. 나의 엘리아스는 "문명화 과정" 등의 거창한 역사적 변혁을 논한 학자가 아니라, 『궁정사회』에서처럼 숨어 있어 보이지 않지만 개인들 사이에 또는 제도들 사이에 객관적으로 존재하는 관계들에 근거하는 메커니즘들을 밝혀낸 학자이다. 엘리아스가 기술한 궁정사회는 내가 장(場)이라고 부르는 것의 한 인상 깊은 실례이다. 이 장의 내부에서 행위자들은 — 마치 중력장에서처럼 — 극복할 수 없는 힘들에 의해 지속적이고 필연적인 운동으로 빨려 들어가 다른 사람들에 대한 서열, 거리, 차이를 유지하게 된다.[4]

물론 이처럼 부르디외 자신이 엘리아스와 가깝게 느낀다고 해서, 그리고 엘리아스를 자주 인용한다고 해서 그가 엘리아스의 아류나 계승자인 것은 아니다. 부르디외의 사회실천학 역시 엘리아스의 결합태- 및 과정사회학과 마찬가지로 다양한 지적 전통을 비판적으로 수용하고 종합하면서 형성되고 발전했다. 엘리아스 사회학은 그 자양분 가운데 하나였던 것이다.

엘리아스와 마찬가지로 부르디외도 철학에서 사회학으로 개종을 했다.[5] 그런데 이 개종이 아주 독특하다. 부르디외는 1951년부터 1954년까지 파리 고등사범학교에서 철학을 공부한 후 잠시 중고등학교 철학 교사로 재직하다가 1955~58년에 알제리에서 군복무를 했는데, 이 기간에 인류학적 현장 연구를 수행했다. 그리고 1958~60년 알제 대학에서 조교수로 재직한 다음

---

4 Pierre Bourdieu, *Satz und Gegensatz. Über die Verantwortung des Intellektuellen*, Frankfurt am Main: Fischer 1993a, 44~45쪽.

5 이렇게 말한다고 해서 부르디외가 철학과 완전히 단절했다는 식으로 생각해서는 안 된다. 그의 인식세계에서는 철학, 그것도 다양한 철학적 조류와의 관계를 확인할 수 있다. 이 주제에 대해서는 다음을 참고할 것. Stefan Zenklusen, *Philosophische Bezüge bei Pierre Bourdieu*, Konstanz: UVK Verlagsgesellschaft 2010.

프랑스로 돌아와 소르본 대학 등에서 가르치다가 1964～82년 파리 고등과학연구원 교수로 일했으며, 1982년 콜레주 드 프랑스의 사회학 교수로 초빙되어 2002년 세상을 떠날 때까지 재직했다.

부르디외가 철학에서 사회학으로 개종한 것은 바로 알제리 체류 시기의 일이다.[6] 그러니까 그의 개종은 인류학을 거쳐서 이루어진 셈이다. 물론 부르디외에게 인류학은 단순한 우회로가 아니라 그의 지적 세계를 구성하는 토대와 요소 가운데 하나였다. 부르디외에게 알제리는 거대하고 풍요로운 "사회학적 실험실"이었으며, 젊은 철학자는 이 살아 있는 실험실에서 다년간의 사회과학적 '수업시대'를 거쳐서 사회학자로 거듭났던 것이다. 이 수업은 물론 독학이나 다름없는 것으로서 부르디외는 실제로 연구를 수행하면서 동시에 사회학을 배울 수밖에 없었다.[7] 그 한 가지 좋은 예로 부르디외가 알제리에 체류하는 동안 베버를 집중적으로 연구했다는 사실을 언급할 수 있다. 부르디외는 프로테스탄티즘의 윤리와 자본주의 정신에 대한 베버의 저작을 독일어 원서로 구해서 처음부터 끝까지 읽었다고 한다. 그러고는 상이한 종교적 배경을 가진 두 인구집단의 비교연구를 통해 이 둘이 상이한 경제적 성향을 보인다는 사실을 밝혀냄으로써 베버의 이론적 전제를 입증했다.[8] 이러한 일화가 암시하듯이, 부르디외는 베버로부터 커다란 영향을 받았다. 예컨대, 부르디외는 베버의 종교사회학에서 장(場)이론의 한 전형을 발견했다.[9]

---

6  다음은 부르디외가 알제리에서 사회학에 이르는 길을 일목요연하게 정리하고 있다. Franz Schultheis, *Bourdieus Wege in die Soziologie. Genese und Dynamik einer reflexiven Sozialwissenschaft*, Konstanz: UVK Verlagsgesellschaft 2007.

7  Franz Schultheis, "Algerien 1960: ein soziologisches Laboratorium", in: Boike Rehbein, Gernot Saalmann & Hermann Schwengel (Hrsg.), *Pierre Bourdieus Theorie des Sozialen. Probleme und Perspektiven*, Konstanz: UVK Verlagsgesellschaft 2003, 25～39쪽; Franz Schultheis, 앞의 책 (2007), 139～40쪽.

8  Franz Schultheis, 앞의 책(2007), 137～38쪽.

9  Pierre Bourdieu, *Rede und Antwort*, Frankfurt am Main: Suhrkamp 1992b, 36쪽. 그리고 부르디외는 다음에서 — 베버와 더불어 그리고 베버에 반하여 — 종교적 장에 대한 논의를 전개하고 있다. Pierre Bourdieu, *Das religiöse Feld. Texte zur Ökonomie des Heilsgeschehens*,

그리고 마르크스도 부르디외의 사회학적 인식체계가 형성, 발전하는 과정에서 중요한 의미를 갖는다. 물론 이는 언뜻 이해가 안 가는 대목이다. 흔히 마르크스와 베버는 대척적인, 아니 상극적인 관계에 있다고 간주되기 때문이다. 그러나 부르디외는 이 두 거장이 상호보완적인 관계에 있다고 보면서 이 둘을 결합해서 새로운 사회학적 이론을 발전시키고 이에 입각해 경험적인 연구를 수행한다.[10] 부르디외에게 마르크스주의자냐 베버주의자냐, 아니 '무슨 주의자'냐 하는 문제는 신앙고백일 뿐이며, 따라서 사회학적 인식작업에는 백해무익한 일이다. 아무튼 부르디외에 의한 마르크스와 베버의 결합을 극명하게 보여주는 것은 계급이론의 재구성일 것이다(마르크스와 부르디외의 관계는 뒤에서 다시 논의가 있을 것이다).

그리고 부르디외에게 영향을 끼친 또 다른 중요한 사회학자로는 뒤르케임을 꼽을 수 있을 것이다. 부르디외는 뒤르케임의 사회학적 인식방법의 규칙, 즉 사회적 사실은 개인들로부터 독립적으로 존재하면서 개인들에게 외적인 강제를 가하며, 따라서 사물처럼 취급되어야 한다는 규칙을 전적으로 따랐다.[11]

이처럼 사회학의 세 비조 마르크스, 뒤르케임, 베버는 부르디외 사회학이 발전하는 과정에서 아주 중요한 역할을 했다. 부르디외는 이들의 접근 방식과 개념을 끌어내어 그것들을 재정의하고 지양하면서 자신의 지적 세계를 구축해나갔다. 부르디외가 평가하기를, 마르크스, 뒤르케임, 베버는 "우리의 이론적 공간과 이 공간에 대한 우리의 지각을 구조화하는 지표들이다." 이 사회학적 지표들과 부르디외는 "매우 실용적인 관계를 맺고" 있었다. 다시 말해 그는 "마치 어려울 때 손을 빌릴 수 있는, 장인 전통에서 통용되는 의미에서의 '장색(匠色)들'에게 의지하듯이 그들에게 의지하였다."[12]

---

Konstanz: UVK Universitätsverlag 2000b.

10  Pierre Bourdieu, *Soziologische Fragen*, Frankfurt am Main: Suhrkamp 1993b, 24~25쪽.

11  뒤르케임에 대한 부르디외의 입장은 다음을 참고할 것. Pierre Bourdieu, *Soziologie als Beruf. Wissenschaftstheoretische Voraussetzungen soziologischer Erkenntnisse*, Berlin/New York: Walter de Gruyter 1991, 여러 곳.

그 밖에도 사회학과 밀접한 관계에 있던 프랑스의 인류학과 역사학, 그리고 가스통 바슐라르(1884~1962)를 중심으로 하는 프랑스 전통의 인식론이 부르디외의 지적 세계가 형성되고 발전하는 과정에서 일정한 지분을 갖는다.[13] 덧붙여 부르디외에게 — 사회학의 영역 밖에서 — 결정적인 영향을 끼친 학자로는 그 누구보다도 먼저 클로드 레비스트로스(1908~2009)를 들 수 있을 것이다. 물론 부르디외는 레비스트로스의 구조주의를 그대로 답습한 것이 아니라 사회학적 구조주의, 발생적 구조주의 또는 구성주의적 구조주의로 변형하여 자신의 사회학적 지평으로 통합했다. 그리고 부르디외의 지적 배경에서 유난히 이목을 끄는 점이 한 가지 있으니, 그것은 다름 아닌 문학이다. 부르디외가 보기에 오노레 드 발자크(1799~1850), 귀스타브 플로베르(1821~80), 마르셀 프루스트(1871~1922)와 같은 작가들은 생활양식과 사회적 환경 및 맥락의 관계를 통찰하고 있었다(레비스트로스와 문학이 부르디외의 지적 세계에서 갖는 의미에 대해서는 곧 다시 논의할 것이다).

여기서는 일단 다시 한 번 부르디외와 마르크스주의의 관계로 시선을 돌릴 필요가 있다. 이는 무엇보다도 자본, 계급, 투쟁 등과 같은 개념이 부르디외 사회학에서 매우 중요한 위치를 점한다는 사실을 감안하면 그렇다. 두 거장 사이에 두터운 계보학적 유대관계나 적어도 이론적 친화력이 존재함을 암시하는 대목이다.[14] 그러나 동시에 간과해서는 안 될 점이 있으니, 그것은 마르크스주의와 부르디외 사회학 사이에는 분명한 단절이 있다는 사실이다. 예컨대 사회적 공간에 대해 논하면서 부르디외는 다음과 같이 주장하고 있다.

사회적 공간에 대한 적합한 이론의 구성은 마르크스주의 이론을 구성하는

---

12  파트리스 보네위츠, 문경자 옮김, 『부르디외 사회학 입문』(원제는 *Premières leçons sur la sociologie de Pierre Bourdieu*), 동문선 2000, 23쪽에서 재인용.

13  Markus Schwingel, *Pierre Bourdieu zur Einführung*, Hamburg: Junius 2000 (3., verbesserte Auflage), 29~30쪽.

14  파트리스 보네위츠, 앞의 책(2000), 25쪽.

일련의 요소들과의 단절을 전제한다. 먼저 **관계들**을 희생시키고 실체들을 특권화하는 경향 — 이 경우에는 실제적인 집단들과 그 강도(強度), 구성원, 경계를 규정하려는 시도를 말한다 — 과의 단절이 그것이다. 또한 과학자가 디자인한 이론적 계급을 실제적 계급 또는 동원된 집단으로 간주하는 지성주의적 환상과의 단절이 그것이다. 그리고 다차원적 공간인 사회적 장을 경제적 장, 즉 경제적 생산관계로 환원하며, 그럼으로써 이 경제적 생산관계를 〔개인들의〕 사회적 위치의 좌표로 설정하는 경제주의와의 단절이 그것이다. 마지막으로 지성주의와 마찬가지로 다양한 장들 속에서 벌어지는 상징적 대결과 투쟁을 은폐하는 객관주의와의 단절이 그것인데, 이 상징적 대결과 투쟁의 목표는 사회세계를 대표하는 것이나 각각의 장 내부에서의 서열 또는 장 전체에서의 서열에 있다.[15]

그런데 이렇듯 부르디외가 마르크스주의와 단절한다는 사실은, 그것을 유통기한이 지난 구시대의 유물로 간주하고 완전히 용도폐기한다는 것이 아니라 그것을 개선하고 확장함으로써 극복한다는 것을 의미한다.

## (2) 사회실천학: 주관주의와 객관주의를 넘어서

부르디외는 엘리아스와 마찬가지로 사회과학적 사고에서 강력한 영향력을 행사하는 일련의 개념적 대립쌍과 결별을 선언하는바, 개인/사회, 개인적/집단적, 의식적/무의식적, 타산적/비타산적, 주관적/객관적 등이 그것이다.[16] 그런데 부르디외가 보기에 "사회과학을 인위적으로 분열시키는 모

---

15 Pierre Bourdieu, *Sozialer Raum und 'Klassen'. Leçon sur la leçon. Zwei Vorlesungen*, Frankfurt am Main: Suhrkamp 1985, 9쪽.

16 Pierre Boudieu, *Praktische Vernunft. Zur Theorie des Handelns*, Frankfurt am Main: Suhrkamp 1998, 8쪽.

든 대립 중에서 가장 근본적이고 해로운 것은 주관주의와 객관주의의 대립
이다."[17] 여기에서 주관주의란 현상학적 조류로서 주관적 의지, 인지, 체험,
지향성, 행위 등을 문제시하며, 객관주의란 그에 반해 개인의 의지와 무관
한 객관적 법칙성, 즉 구조, 체계, 기능, 법칙 등을 문제시한다.[18] 사회학 내
부에서 관찰할 수 있는 주관주의와 객관주의의 분열로는 다음과 같은 대립
쌍을 들 수 있다. 개인과 사회, 생활세계와 체계, 상호작용주의와 기능주의,
이해와 설명, 미시사회학과 거시사회학, 해석적 패러다임과 규범적 패러다
임 등.[19]

　부르디외는 이러한 이원론을 극복하고자 한다. 그러므로 주관주의와 객
관주의의 대립은 "부르디외 프로젝트의 진원지"라고 할 수 있다.[20] 물론 이
것은 부르디외 사회학이라는 '지진'이 단순히 주관주의와 객관주의를 파괴
해버리고 바로 그 폐허 위에서 완전히 새로운 사회과학적 인식세계를 구축
한다는 것을 의미하지 않는다. 그보다 이 둘에서 장점은 취하고 단점은 버림
으로써 — 헤겔식으로 말하자면 이 둘을 지양함으로써 — 주관주의와 객관
주의를 한 차원 높게 매개하고 종합하는 것이 부르디외가 진정으로 추구하
는 바이다. 그것은 "분석적 2초점 안경"을 제공하여 사회의 객관적 구조와
개인의 주관적 행위를 동시에 파악하는 것이다. 그것은 총체적 사회과학이
다.[21] 그리고 그 결과가 바로 사회실천학이다.

　이 논의의 맥락에서 인류학자 레비스트로스와 발자크, 플로베르, 프루스
트 같은 작가를 언급할 만하다. 먼저 부르디외는 레비스트로스의 구조주의
로부터 결정적인 영향을 받았다. 어떤 의미에서 그는 구조주의자라고 할 수

---

17　Pierre Bourdieu, *Sozialer Sinn. Kritik der theoretischen Vernunft*, Frankfurt am Main:
　　Suhrkamp 1987, 49쪽.

18　같은 책, 50~51쪽.

19　Markus Schwingel, 앞의 책(2000), 41~42쪽.

20　Loïc J. D. Wacquant, "Auf dem Weg zu einer Sozialpraxeologie. Struktur und Logik
　　der Soziologie Pierre Bourdieus", in: Pierre Bourdieu & Loïc J. D. Wacquant, *Reflexive*
　　*Anthropologie*, Frankfurt am Main: Suhrkamp 1996, 17~93쪽, 여기서는 19쪽(각주 4번).

21　같은 글, 24, 49쪽 이하.

있다. 그런데 구조주의는 객관주의의 전형이다. 왜냐하면 구조주의는 다양한 사회적, 문화적 및 정신적 현상의 기저에는 행위주체들이 의식하지 못하는 구조가 있다는 기본 가정에서 출발하기 때문이다. 이러한 구조주의를 부르디외는 두 가지 방향에서 근본적으로 재구성하여 자신의 사회학적 인식체계로 통합한다. 이는 무엇보다도 앞에서 인용한 바 있는 인터뷰를 보면 명백하게 드러난다.

구조주의는 상징체계들을 파악하려는 시도에서 출현했는데, 처음에는 언어에서 시작하여, 그다음에는 신화적-의례적 체계로 그리고 나중에는 문학 등으로 넘어갔다. 내가 기여한 바는, 이처럼 상징체계들의 구조를 밝혀내려고 하는, 말하자면 "상징적" 구조주의를 상징체계들의 구조와 사회구조의 연관관계를 규명해내는, 말하자면 "사회학적" 구조주의로 전환시킨 데에 있다. 나는 나의 책에서 의복, 건축 등 어느 한 사회의 상징적 표현은 언어 등 상징과 사회구조 사이에 존재하는 이러한 연관관계가 해명되어야만 이해될 수 있음을 보이고자 했다. 그런데 이러한 연관관계는 기계적인 것이 아니다. 다시 말해 그것은 단순한 반영이 아니라 매우 복합적인 문제이다. 중국의 어느 한 특정한 시기에 그랬던 것처럼 모든 사람들의 복장이 획일적이지 않다면, 의복은 자동적으로 의미의 성격을 갖는다. 사회가 있고 나서 상징주의가 있는 것이 아니다. 사회는 필연적으로 상징적이다. 왜냐하면 사람들은 다양하기 때문이다. 바로 이러한 차이만 해도 전적으로 상징적 차원에서 설명될 수 있는 것이 아니다.

그런데 또 다른 점에서 나는 레비스트로스와 구별된다. 내 생각에 객관적인 또는 객관화된 그리고 육화된 정신적 구조들은 개인적 또는 집단적 역사의 산물이다. 그러므로 나에게 "구조주의"라는 이름표를 붙이려면 보다 정확하게 "발생적 구조주의"라는 이름표를 붙여주기 바란다. 사회구조들, 예컨대 사회적 장들과 이것을 조직화하는 대립물들은 실천의 차원에서 발생한다. 그리고 인지구조들도 (학습을 통하여) 바로 이 실천의 차원에서 형성되는데, 이 인지구조들은 다시금 실천을 주도하는 사고, 지각 및 행위의 도식들을 창출한다.[22]

그리고 부르디외는 발자크, 플로베르, 프루스트 등의 문학작품에서 자신이 구축한 새로운 사회학적 인식세계의 선구를 발견한다. 부르디외에 따르면 아주 이질적인 현상들, 예컨대 누가 어떻게 말하고, 춤추고, 웃으며, 그가 무엇을 읽고 무엇을 좋아하고, 어떤 사람을 알고 어떤 친구를 갖는가는 서로 밀접하게 연관된다. 그러나 부르디외 자신 이전에는 이러한 연관관계를 명증하게 포착한 이가 거의 없었다. 다만 예외가 있었으니 그것은 다름 아닌 프랑스의 소설가들이었다. 예컨대 발자크는 "그의 주인공들이 살아가는 환경을 묘사할 때 동시에 그들 자체도 기술하고 있으며, 주인공들을 기술할 때에는 그들의 생활방식에 대해서도 이야기한다." 부르디외가 보기에 이는 플로베르에게서 한층 더 명백하게 드러난다. 1899년에 출간된 소설 『감정교육』에서 플로베르는 "다양한 사회집단이 식사하는 방식들을 묘사하고 있으며, 식사를 기술하면서 삶의 환경과 그에 상응하는 생활양식도 기술하고 있다."[23] 그리고 살롱과 속물주의의 세계에 대한 프루스트의 작품은 개인들과 집단들의 상징투쟁, 즉 "개인들이나 집단들이 상징적 가치들의 시장에서 지속적으로 축적되고 대결하는 갖가지 판단들의 결과물인 선위(先位)들의 전체적인 구도를 자신에게 유리하도록 바꾸려는 투쟁"을 적확하게 묘사하고 있다.[24]

---

22  Pierre Bourdieu, 앞의 책(1993a), 43~44쪽. 부르디외와 레비스트로스의 관계에 대해서는 예컨대 다음을 참고할 것. Franz Schultheis, "Ambivalente Wahlverwandtschaften: Pierre Bourdieu und Claude Lévi-Strauss", in: Daniel Šuber, Hilmar Schäfer & Sophia Prinz (Hrsg.), *Pierre Bourdieu und die Kulturwissenschaften. Zur Aktualität eines undisziplinierten Denkens*, Konstanz: UVK Universitätsverlag 2011, 27~40쪽.

23  Pierre Bourdieu, 앞의 책(1993a), 31~32쪽; Pierre Bourdieu, 앞의 책(1992a), 32쪽. 다음에는 플로베르에 대한 부르디외의 자세한 논의가 들어 있다. Pierre Bourdieu, *Die Regeln der Kunst. Genese und Struktur des literarischen Feldes*, Frankfurt am Main: Suhrkamp 1999, 19쪽 이하, 144쪽 이하.

24  Pierre Bourdieu, 앞의 책(1987), 249쪽. 다음은 사회적 삶에 대한 프루스트의 접근 방식과 부르디외의 접근 방식 사이에 강력한 '가족 유사성들'(비트겐슈타인)이 존재하며, 더 나아가 프루스트의 문학은 부르디외의 사회이론을 창조적으로 재구성할 수 있는 가능성을 제공한다고 주장한다. 바로 이런 연유로 프루스트를 부르디외의 계승자이자 선구자로 볼 수 있다는 것이다. Philip Smith, "Marcel Proust as Successor and Precursor to Pierre Bourdieu: A

물론 이 작가들과 부르디외 사이에는 근본적인 차이가 있다. 전자가 인간 존재와 행위의 사회적 연관관계를 예술적으로 형상화한다면 부르디외는 과학적-이론적 논의를 통해 사회의 심층적 토대와 원리를 밝혀내고자 한다. 부르디외는 작가들이 통찰한 사회적 계급과 공간이 문화적 실천과 갖는 관계를 아비투스라는 매개개념을 통해 사회학적으로 재구성한다.

방금 인용한 구절에서 언급되는 바와 같이, 부르디외는 레비스트로스의 구조주의와 구별되는 자신의 구조주의를 사회학적 구조주의 또는 발생적 구조주의라고 부른다. 또는 달리 구성주의적 구조주의 또는 구조주의적 구성주의라고도 부른다.[25] 이는 간단히 말해 개인들이 사회세계를 구성하지만 이것을 구성하는 틀은 개인들 자신에 의해서가 아니라 사회세계에 의해 구성된다는 것을 의미한다. 바로 이 새로운 구조주의에 부르디외 사회실천학의 요체가 내포되어 있다. 그것은 객관적 구조와 주관적 행위를 매개하는 것이다. 그것은 행위와 연결된 구조주의 또는 구조와 연결된 행위이론이다. 그것은 구조주의적 행위이론 또는 행위이론적 구조주의이다.


## (3) 자본, 아비투스, 사회적 공간, 장, 계급:
## 사회적 실천의 장으로서의 사회

부르디외의 사회실천학은 경제적 영역에 국한된 실천의 개념을 전(全)사회적 영역으로 확대한 결과라고 볼 수 있다.[26] 주지하다시피 경제학의 자본 개념은 모든 사회적 관계를 이윤 극대화와 경제적 효용성에 지향되어 있는 상품의 교환관계로 파악한다. 이에 반해 부르디외는 경제적 상품의 교환관

---

Fragment", in: *Thesis Eleven 79/2004*, 105~11쪽.

25 Pirre Bourdieu, 앞의 책(1992b), 135쪽.

26 이 단락은 다음을 약간 변경한 것이다. 김덕영, 「문화와 권력」, 신승환 외, 『근대의 끝에서 다시 읽는 문화』, 지허 2006, 175~215쪽, 여기서는 186쪽.

계가 여러 가능한 사회적 교환관계의 한 특수한 경우라는 전제에서 출발한다. 그리고 이에 입각해 경제적 교환관계에 한정된 실천과학인 경제학 대신에 "보편적인 경제적 실천과학"의 필요성을 역설한다. 이 새로운 과학에 주어진 인식과제는 "자본과 이윤을 그 모든 현상 속에서 파악하며, 다양한 종류의 자본이(또는 같은 이야기이지만, 다양한 종류의 권력이) 상호변환되는 법칙을 규명하는" 것이다.[27] 여기에서 모든 사회현상에 일반적으로 적용되는 '보편적 실천과학'에 다시금 '경제적'이란 수식어를 붙인 이유는 부르디외가 자본의 개념을 통해서, 또는 보다 정확히 말하자면 자본 개념의 일반화를 통해서 새로운 유형의 실천과학, 즉 보편적인 실천과학을 구축하려고 하기 때문이다. 이 보편적인 경제적 실천과학이 바로 사회학인 것이다. 사회학은 사회적 실천학이자 실천이성에 대한 이론이며 행위에 대한 이론이다. 그리고 사회란 사회적 실천이 영위되는 사회적 공간들 또는 장들의 합에 다름아니다. 부르디외에게 경제적인 것을 포함해 모든 사회적인 것은 곧 실천을 가리킨다. 이 모든 것은 경제주의를 극복하려는 부르디외의 사회학적 기획을 암시하는 대목이다.

부르디외의 보편적인 경제적 실천과학, 즉 사회적 실천학으로서의 사회학은 구체적으로 경제자본, 문화자본 및 사회자본으로 확장된 자본의 개념 위에 기초한다. 이 가운데 문화자본은 다시금 육화된 문화자본, 객관화된 문화자본, 제도화된 문화자본으로 세분화된다. 이는 부르디외 사회학에서 문화적 실천이 중요한 의미를 차지하기 때문이다. 물론 자본 개념을 확대한다고 해서 곧바로 새로운 사회학적 패러다임인 사회실천학이 구축되는 것은 아니다. 그 밖에도 부르디외는 아비투스, 사회적 공간, 장, 계급 등 일련의 개념적 도구와 틀을 제시한다.

부르디외는 사회학의 인식관심이 아비투스와 장의 관계에 있다고 선언한다.

---

27 Pierre Bourdieu, *Die verborgenen Mechanismen der Macht* (Herausgegeben von Margareta Steinrücke), Hamburg: VSA 1992a, 52쪽.

사회과학의 진정한 대상은 모든 "방법론적 개인주의자들"이 절대적인 실재로 찬미해 마지않는 가장 실재적인 실재인 개인도 아니며, 개인들의 구체적인 결사체인 사회집단도 아니다. 사회과학의 진정한 대상은 역사적 행위의 두 가지 실재화 사이의 관계이다. 다시 말해 아비투스와 장들 사이의 감추어진 이중적 관계가 사회과학의 진정한 대상이다 — 여기에서 아비투스는 인지, 평가 및 행위의 지속적이고 전이가 가능한 형식과 체계를, 즉 사회적인 것이 신체에 (또는 생물학적 개인들에) 흡수된 결과를 가리키며, 장은 객관적 관계들의 체계를, 즉 사회적인 것이 말하자면 물리적 객체의 실재성을 띠는 사물이나 메커니즘으로 흡수된 결과를 가리킨다. 그리고 자명한 일이지만 이 관계로부터 발생하는 모든 것, 다시 말해 인지되고 평가된 실재의 형식으로 표현되는 모든 사회적 실천과 표상 또는 장이 사회과학적 인식의 대상이 된다.[28]

요컨대 아비투스와 장은 부르디외 사회학의 개념적 토대가 되는 셈이다. 먼저 아비투스는 부르디외 사회학을 "총괄하는 개념의 지위를 차지하고 있으며", 따라서 그 어떤 논의도 "이 개념에 의거하지 않고서는 이루어질 수 없다."[29] 왜냐하면 아비투스는 "구조와 실천의 매개"이자 "모든 형식의 실천을 발생시키고 통합하는 원리"이기 때문이다.[30] 부르디외가 『구별짓기』(1979)에서 내린 정의에 따르자면, 아비투스는

객관적으로 분류 가능한 실천형식들의 **발생 원리**이자 이 형식들의 **분류 체계**이다. 아비투스는 두 가지 수행 간의 관계에 의해 정의되는바, 한편으로는 분류 가능한 실천형식 및 행위를 야기하는 것과 다른 한편으로는 이 형식과 〔실천

28  Pierre Bourdieu & Loïc J. D. Wacquant, "Die Ziele der reflexiven Soziologie. Chicago-Seminar, Winter 1987", in: Pierre Bourdieu & Loïc J. D. Wacquant, 앞의 책(1996), 95~249쪽, 여기서는 160쪽.

29  파트리스 보네위츠, 앞의 책(2000), 106쪽.

30  Pierre Bourdieu, *Zur Soziologie der symbolischen Formen*, Frankfurt am Main: Suhrkamp 1974, 125쪽 이하; Pierre Bourdieu, 앞의 책(1982), 283쪽.

과 행위의) 생산물(취향)을 구별하고 평가하는 것이 그것이다. 바로 이 관계에서 **연출된 사회세계**, 달리 말해 **생활양식의 공간**이 구성된다.[31]

이처럼 사회적 실천을 발생시키고 분류하며 통합하는 원리인 아비투스는 단순히 "구조화하는 구조"가 아니다. 그것은 동시에 "구조화된 구조"이기도 하다.[32] 다시 말해 행위주체가 사회세계를 지각하고 조직하며 그에 따라 실천을 하는 원리로서의 아비투스, 그러니까 구조화하는 구조로서의 아비투스는 이 사회세계가 행위주체에 의해 개인이나 계급에 육화된 결과로서의 아비투스, 그러니까 구조화된 구조로서의 아비투스이다.

또는 달리 말하자면, 아비투스는—부르디외가 『실천이성: 행위이론에 대하여』(1994)에서 내린 정의에 따르자면—"하나의 〔사회적〕 위치가 지닌 내재적이고 관계적인 특징들을 통일적인 생활양식으로, 다시 말해 어느 행위자에 의해 선택된 인물, 재화, 실천의 통일적인 앙상블로 재(再)번역하는 발생적이고 통합적인 원리이다." 아비투스는 "자신을 생산하는 위치처럼 분화된다. 그러나 동시에 그 위치를 분화시킨다. 그것은 구별하는 것이자 구별된 것이며 또한 구별을 만들어내는 것이다. 그것은 상이한 구별의 원리들을 사용하거나 통상적인 구별의 원리들을 다르게 사용한다." 아비투스는 "구별하는 그리고 구별에 기여하는 실천들을 발생시키는 원리이다—노동자가 먹는 것, 그리고 특히 그것을 먹는 방식, 그가 하는 스포츠와 그것을 하는 방식, 그가 어떤 정치적 견해를 갖고 그것을 표현하는 방식은, 이에 상응하는 기업 경영자의 소비습관 및 행위습관과 체계적으로 다르다. 그러나 그것은 또한 상이한 분류의 도식이자 분류의 원리이며 상이한 인지와 배열 및 취향의 방향이다. 아비투스의 도움으로 좋은 것과 나쁜 것, 선한 것과 악한 것, 고상한 것과 통속적인 것 등 사이의 차이가 만들어진다. 그러나 이것들은 결코 동일한 차이가 아니다. 그리하여 예컨대 동일한 행위나 동일한 재

---

31  같은 책, 277~78쪽.
32  같은 책, 279쪽.

화가 어떤 사람에게는 고상하게 보일 수 있고, 다른 사람에게는 과장되거나 허영적인 것으로 보일 수 있으며, 또 다른 사람에게는 통속적인 것으로 보일 수 있다."[33]

이처럼 사회적 실천의 구조화하는 구조이자 구조화된 구조로서 실천과 구조를 매개하는 아비투스는 개인과 사회의 관계에 대한 새로운 이해를 가능케 한다.

> 인간은 자신의 육체적 세계-내-존재를 통해서 언제나 이미 사회에, 그것도 어느 한 시간과 공간에 정해진 구체적인 사회에 존재하게 된다. 그런데 이러한 사회-내-존재를 사회에 수동적으로 머무는 것으로 이해해서는 안 된다. 그것은 오히려 처음부터 활동, 즉 사회세계와 능동적으로 대결하는 것을 의미한다. 사회와 개인은 서로가 서로를 창출한다. 〔…〕 개인들이 사회적 과정에 참여하는 것은 그들이 경험을 하고 역할을 담당하고 상호작용에서 다른 사람들에 대해 자신을 주장하는 것에서 소진되지 않는다 — 거기에 더해 개인들은 사회적 과정에 참여함으로써 본질적으로 자신들의 행위를 통해서, 심지어 그들의 감각을 통해서도 사회적 세계를 창출한다. 아비투스 개념, 즉 "육화된 사회적인 것"으로서 우리의 실천을 주도하고 구조화하는 심급에 의해 우리는 사회가 사회적 주체들에서 구체적인 형태를 띤다는 사실과 그 방식을 이해할 수 있다. 그리고 아비투스에 의해 발생하는 실천에서 개인들은 다시금 주어진 사회구조 및 제도와 관계를 맺고, 이것들을 동화하고, 변화시키며 새로이 창조한다.[34]

이러한 아비투스 개념과 밀접한 관계에 있는 장 개념에 대해 논하기 전에 먼저 살펴보아야 할 것이 한 가지 있으니, 그것은 다름 아닌 사회적 공간

---

33 Pierre Bourdieu, 앞의 책(1998), 21쪽.
34 Beate Krais & Gunter Gebauer, *Habitus*, Bielefeld: transcript 2002, 78쪽. 여기에서 말하는 "세계-내-존재"는 하이데거의 주저 『존재와 시간』(1927)에서 따온 것이다. Martin Heidegger, *Sein und Zeit*, Tübingen: Niemeyer 1963 (10., unveränderte Auflage).

이라는 개념이다. 간단히 말해 사회적 공간은 개인들과 집단들이 존재하고
행위하는 사회적 영역이다. 사실 이러한 개념은 전통적인 사회의 개념과 아
무런 본질적인 차이도 보여주지 못한다. 그런데 부르디외는 자신이 사회적
공간의 개념을 도입한 일차적인 이유가 사회세계에 대한 실체주의적 사고
와 결별하는 데에 있다고 주장한다. 그리고 그 가능성을 관계성에서 찾는다.
"**공간**이라는 표상은 이미 그 자체에 사회세계에 대한 **관계적** 이해의 원리를
내포하고 있다. 다시 말해 이 표상은 사회적 공간에 의해 표현되는 모든 '실
재'는 이 실재를 구성하는 요소들이 **상호적으로 외화된다는** 사실에 근거함을
의미한다. 외부에서 직접적으로 볼 수 있는 살아 있는 존재들은, 그것이 개
인들이든 집단들이든 오로지 **차이**에서만 그리고 그것을 통해서만, 달리 말
하자면 오로지 그들이 관계들의 공간에서 **상대적인 위치**를 차지해야만 존재
하고 존속할 수 있다." 이 상대적인 위치는 비록 비가시적이고 경험적으로
입증하기가 어렵지만 "가장 실재적인 실재(스콜라 철학이 말하듯이 가장 실재
적인 존재)이며 개인적 및 집단적 행위의 실재적인 원리이다."[35]

이처럼 부르디외는 사회에 대한 실체주의적 표상을 관계주의적 표상으로
대체한다. 그가 보기에 사회세계에서 실재하는 것은 관계적인 것이다.[36] 부
르디외는 "현실적인 것은 이성적이다"라는 저 유명한 헤겔의 명제를 변형
해 주장하기를,

> **현실적인 것은 관계적이다**. 다시 말해 사회세계에 존재하는 것은 관계들이
> 다—그런데 이것들은 행위자들 사이의 상호작용이나 상호주관적 관계가 아
> 니라 마르크스가 말한 것처럼 "개인들의 의식과 의지로부터 독립적으로" 존재
> 하는 객관적인 관계들이다.[37]

---

35  Pierre Bourdieu, 앞의 책(1998), 48쪽.
36  같은 책, 15쪽 이하.
37  Pierre Bourdieu & Loïc J. D. Wacquant, 앞의 글(1996), 126~27쪽.

이처럼 사회세계에 존재하는 모든 것이 관계라는 기본 가정에서 출발하는 부르디외의 사회학은 방법론적 관계주의라고 규정할 수 있을 것이다.[38] 개인들이나 집단들의 상호적인 관계에 의해서 그들이 사회적 공간에서 차지하는 상대적인 위치가 결정되고 그들 사이에 차이가 발생한다. 부르디외에 따르면 가장 미분화된 사회를 제외하면 모든 사회는 "사회적 공간들, 즉 차이들의 구조들"로 나타난다. 이 구조들은 "그러한 차이들이 객관적으로 근거하는 발생적 원리를 구성해야만 진정으로 이해할 수 있다." 이 원리는 다시금 "권력의 형식이나 자본의 종류가 분배되는 구조에 다름 아닌바, 관찰하는 사회적 질서에서 작동하며 — 따라서 시간과 장소에 따라 변화한다."[39] 이러한 논의에 의거해 부르디외는 사회라는 개념을 사회적 공간들의 합으로 대체해야 한다고 주장한다. 그 결과 사회는 사회적 공간에 의해 대체된다. 아니, 사회적 공간으로 해체된다.

바로 이 사회적 공간과의 관계에서 장의 개념을 이해할 수 있다.[40] 왜냐하면 장은 사회적 공간에서 작용하는 요소들의 "분배 구조가 유지되고 변화하는 과정을 역동적으로 분석하고 이에 따라 사회적 공간이 유지되고 변화하는 과정을 역동적으로 분석하기 위해" 도입한 개념이기 때문이다. 그것은 "사회적 위치들의 특정한 상태를 기술하는 위상학"에 다름 아니다. 부르디외는 사회적 공간 전체를 하나의 장으로 기술하는데, 구체적으로 말해 "거기에 참여하는 행위자들에게 강제적 필연성을 갖는 힘들의 장인 동시에 투쟁의 장"으로 기술하는데, 이 장에서 "행위자들은 힘들의 장의 구조 안에서

---

38  Loïc J. D. Wacquant, 앞의 글(1996), 17~93쪽, 여기서는 34쪽 이하.

39  Pierre Bourdieu, 앞의 책(1998), 49쪽.

40  사실 부르디외는 공간과 장을 그렇게 엄격히 구별하지 않는다. 그는 원래 장을 힘들의 장으로 이해하지만 때로는 사회적 공간과 행위공간의 의미로도 사용한다. 이렇게 보면 다음의 주장을 충분히 납득할 수 있다. "부르디외는 **공간**과 **장**의 관계에 대해 단초적인 수준에서만 체계적인 해명을 시도하고 있다. 그는 자주 **장**을 **공간**과 동일시하고 있으며, 다른 논의의 맥락에서는 그가 장-개념을 실천의 (상징적) 차원에 제한하고 공간-개념을 객관적 특성들의 차원에 제한하려고 하는 것처럼 보인다." Markus Schwingel, *Analytik der Kämpfe. Macht und Herrschaft in der Soziologie Bourdieus*, Hamburg: Argument 1993, 61쪽.

자신들이 차지하는 위치에 따라 상이한 수단과 목적을 가지고 서로 경쟁하며 그렇게 함으로써 이 구조가 유지되거나 변화하는 데 기여한다."[41] 요컨대 부르디외 사회학에서 장은 객관적 가능성의 사회적 공간을 가리킨다.[42] 사회가 분화함에 따라서 사회적 공간도 경제적, 정치적, 문화적, 예술적, 종교적, 과학적(아카데믹적), 문학적, 여가적, 스포츠적, 지역사회적 장 등으로 분화한다. 사회는 이 다양한 힘들의 장들의 합에 다름 아닌바, 개인들은 이 다양하게 구조화된 힘들의 장에서 사회적-문화적 실천을 한다.

부르디외에 따르면 "분화된 사회는 통일적인 총체가 아니다. 다시 말해 체계의 기능들, 예컨대 공통적인 문화, 갈등의 그물망 또는 전체적인 권위에 의해 통합된 존재가 아니다. 그것은 오히려 상대적으로 자율적인 게임 공간들의 앙상블로서 자본주의든, 모더니티든 또는 포스트모더니티든 그 어떤 단 하나의 사회적 논리에 예속되지 않는다. 마치 근대 자본주의에서 사회적 삶이 베버가 논한 다양한─경제적, 정치적, 종교적, 미학적 그리고 정신적─**삶의 질서들**로 〔…〕 분화되듯이, 모든 장은 독특한 가치를 제시하며 자신만의 규제 원리를 갖고 있다. 이 규제 원리는 사회적으로 구조화된 공간의 경계를 규정하는데, 바로 이 공간에서 행위자들은 그 안에서 자신이 차지하는 위치와 무관하게 그 공간의 경계와 구성을 유지하거나 변화시키기 위해 투쟁한다."[43] 요컨대 사회라는 실체주의적 개념은 공허하고 추상적이며, 따라서 장과 사회적 공간의 개념으로 대체해야 한다.

그렇다면 왜 아비투스와 장의 관계가 사회학적 인식의 그토록 중요한 대상이 되는 걸까? 그 이유는 "장-개념이 아비투스-개념의 대응물"이 되기

---

41 Pierre Bourdieu, 앞의 책(1998), 49~50쪽.

42 Pierre Bourdieu & Loïc J. D. Wacquant, 앞의 글(1996), 134쪽. 다음은 분화된 사회적 영역이라는 관점에서 부르디외를 베버와─그리고 하버마스와─비교하고 있다. Frank Janning, *Pierre Bourdieus Theorie der Praxis. Analyse und Kritik der konzeptionellen Grundlegung einer praxeologischen Soziologie*, Opladen: Westdeutscher Verlag 1991, 147쪽 이하.

43 Loïc J. D. Wacquant, 앞의 글(1996), 37쪽.

때문이다. "사회적 장에서는 개인들의 성향들에 상응하여 객관화된 즉물적이고 구조적인 조건들이 작용한다."[44] 그러니까 장은 미시적-개인적 차원인 아비투스에 대한 거시적-사회적 차원에서의 상관개념이 되는 것이다. 또는 달리 말하자면, 장은 아비투스에 대한 거시적-사회적 상보개념이 되는 것이다.

부르디외 사회학에서 아비투스와 장은 변증법적 관계에 있다. 그것은 한마디로 말하자면 조건화와 구성의 관계이다. 왜냐하면 장은 아비투스를 구조화하며 아비투스는 장이 형성되는 데 기여하기 때문이다. 아비투스는 "장의 또는 다소간 일치하는 장들의 앙상블의 내재적 필연성을 육화한 결과물"로서, "장을 의미 있고 가치 있는, 따라서 행위자들이 에너지를 투자하는 것이 유익한 세계로 창출하는 데에 기여한다."[45] 아비투스는 사회적인 것이 개인에게 육화된 것이다. 아비투스는 "육화를 통해 개인화된 집단적인 것" 또는 달리 말하자면 "사회화를 통해 '집단화된' 생물학적 개인"이다. 이것은 노엄 촘스키(1928~ )의 "심층 구조"와 유사하다. 다만 이 심층 구조는 "인간학적 항수(恒數)가 아니라 역사적으로 형성되고 제도적으로 계류된, 따라서 사회적으로 가변적인 발생적 매트릭스"이다.[46]

부르디외는 사회적 실재가 두 번 존재한다고 주장한다. 그것은 말하자면 "사물에 그리고 신체에, 장에 그리고 아비투스에, 행위자들의 외부에 그리고 내부에 존재한다." 블레즈 파스칼(1623~62)은 "나는 세계에 포함되지만, 세계 또한 내게 포함된다"고 말했는데, 부르디외는 이 명제를 "내가 세계에 포함되어 있지만 세계는 또한 나에게 포함되어 있는바, **그 이유는** 내가 세계에 포함되어 있기 때문이다"라고 해석한다. 이미 하이데거와 모리스 메를로퐁티(1908~61)가 지적한 바와 같이 ── 부르디외는 계속해서 이렇게

---

44  Werner Fuchs-Heinritz & Alexandra König, *Pierre Bourdieu. Eine Einführung*, Konstanz: UVK Verlagsgesellschaft 2011 (2., überarbeitete Auflage), 140~41쪽.

45  Pierre Bourdieu & Loïc J. D. Wacquant, 앞의 글(1996), 160~61쪽.

46  Loïc J. D. Wacquant, 앞의 글(1996), 39쪽.

주장하고 있다 ── "행위자(행위자는 단순한 주체나 의식도 아니고 단순히 역할의 담지자도 아니며 단순히 구조나 기능의 현전화도 아니다)와 사회세계(사회세계는 결코 단순히 사태가 아닌바, 이는 심지어 그것이 연구 과정의 객관주의적 단계에서 사태로 구성되어야 하는 경우에도 그렇다)"는 "진정한 존재론적 합의를 이루면서 결합된다. 실천적 인식의 이러한 관계는 주체와 그 자체로서 구성되어 주체에게 문제로 주어지는 객체 사이에서 형성되지 않는다. 아비투스는 육화된 사회적인 것이기 때문에 장에도 '거주하는바', 아비투스는 장에서 움직이고 장은 직접적으로 아비투스를 의미와 이해관심을 함유한 것으로 인지한다."[47]

부르디외에 따르면 사회적 실천은 아비투스와 사회적 공간 또는 장이 공동으로 작용하는 것이다. 구체적으로 말해 아비투스가 행위자와 사회세계를 매개하고 행위자는 그렇게 매개된 사회적 공간이나 장에서 실천을 한다. 조금 전에 언급한 바와 같이, 실천의 영역인 사회적 공간 또는 장은 차이에 의해 구조화된다. 그런데 이 차이는 자본 형식의 분배로부터 도출된다.

부르디외는 사회세계 자체를 축적된 역사로 파악하고 있다.[48] 그리고 축적된 역사로서의 인간 사회를 가장 적절하게 표현할 수 있는 개념을 다름 아닌 자본의 개념에서 찾고 있다. 자본이란 "물질의 형태로 아니면 내화되고 육화된 형태로 존재하는 축적된 노동"을 의미한다. 자본은 그것이 어떠한 형태이든 축적되는 데에 시간을 필요로 한다. 자본은 즉각 소멸하지 않고 지속하는 경향이 있다. 자본은 이윤을 창출하고 또한 스스로 재생산하거나 성장할 수 있다.[49] 자본을 많이 소유한 사람은 적게 소유한 사람에 비해서 이것의 축적에 필요한 노동과 시간 및 에너지를 절약할 수 있는 유리한 고지를 점하게 된다. 자본을 자본가 계급이 독점적으로 획득하고 소유하며 축적하는 경제자본과 동일한 것으로 보는 마르크스와 달리 부르디외는 자본

---

47  Pierre Bourdieu & Loïc J. D. Wacquant, 앞의 글(1996), 161~62쪽.
48  이 단락과 아래의 두 단락은 다음을 정리한 것임. 김덕영, 앞의 글(2006), 187쪽 이하.
49  Pierrre Bourdieu, 앞의 책(1992a), 49~50쪽.

은 다양하며, 또한 사회적으로 다양하게 분배된다는 가정에서 출발한다. 그런데 "자본의 다양한 종류와 그 하위 종류가 어느 주어진 특정한 시점에 분배되는 구조는 사회세계의 내재적인 구조에 상응한다. 다시 말해 거기에 내재하는 강제의 총합에 상응하는데, 이를 통해서 사회적 현실의 지속적인 기능이 결정되고 실천의 성공 가능성에 대한 결정이 내려진다."[50]

이러한 개념에 근거해 부르디외는 구체적으로 자본을 경제자본, 문화자본, 사회자본의 세 가지로 구분한다. 첫째, 경제자본은 경제적 재화의 총합을 가리키는 개념으로서, 이에는 돈을 비롯하여 여러 가지 물질적 재화와 다양한 생산요소가 속할 수 있다. 이러한 경제자본은 즉각적으로 그리고 직접적으로 돈으로 전환될 수 있으며, 특히 소유권의 형태로 제도화되기 적합한 자본의 유형이다. 둘째, 문화자본은 개인이 소유하고 있는 지적 능력이나 자격의 총합을 가리키는 개념으로서 특정한 전제조건하에서 경제자본으로 전환될 수 있으며, 특히 학위의 형태로 제도화되기 적합한 자본의 유형이다. 셋째, 사회자본은 특정한 개인 또는 집단이 소유한 사회적 책무 또는 관계의 총합을 가리키는 개념으로서, 이것도 역시 특정한 전제조건하에서 경제자본으로 전환될 수 있으며, 특히 귀족 칭호의 형태로 제도화되기 적합한 자본의 유형이다.[51]

부르디외가 특히 관심을 갖는 것은 문화자본인데, 이 유형의 자본은 육화된 또는 내화된 문화자본, 객관화된 문화자본 그리고 제도화된 문화자본의 세 가지로 구분된다. 육화된 문화자본이란 개인이 지속적으로 보여주는 기질이나 태도와 같은 형태의 자본을 의미한다. 이것은 "'인격'의 확고한 구성요소, 다시 말해서 아비투스가 된 일종의 개인 소유물이다. 말하자면 '소유'에서 '존재'가 된 것이다. 그러므로 육화된 그리고 이와 더불어서 내화된 자본은 (돈, 타이틀 소유 또는 심지어 귀족 칭호 소유와는 달리) 증여, 상속, 판매 또는 교환을 통해서 **단기간 내에** 다른 사람에게 양도할 수 없다."[52] 다음으로,

---

50  같은 책, 50쪽.
51  같은 책, 52~53쪽.

객관화된 문화자본이란 책, 그림, 기념물 또는 도구 등과 같이 물질적인 형태로 존재하는 자본을 가리키는 말이다. 이것들은 한편으로 육화되고 내화된 자본과는 달리, 그리고 다른 한편 경제자본과 마찬가지로 다른 사람에게 전달이나 양도가 가능하다. 마지막으로, 제도화된 문화자본이란 졸업장이나 학위와 같이 사회적으로 공인된 자본을 가리키는 말이다.

이 다양한 종류의 자본과 그것들 사이의 결합 그리고 이 결합으로부터 주어지는 자본의 총합에 따라 사회적 공간 또는 장이 구조화되고 개인들의 계급적 위치와 사회적 실천이 결정된다. 부르디외에게 현대 사회는 계급사회이다. 이 점에서 부르디외는 마르크스에 접목한다. 또한 계급을 자본에 의해 파악하는 점에서도 부르디외와 마르크스의 친화성을 엿볼 수 있다. 그러나 부르디외는 마르크스의 계급이론을 비판하고 확장한다. 먼저 자본을 경제적 자본과 동일시하는 마르크스와 달리 부르디외는 자본을 경제적 자본, 사회적 자본, 문화적 자본으로 확장한다. 그리고 부르디외는 마르크스가 이론적 구성물로서의 계급에서 현실로서의 계급을 무비판적으로 추론하는 오류를 범하고 있다고 주장한다. 마르크스는 이론에서 존재하는 계급으로부터 현실에서 존재하는 계급으로 "죽음의 비약"을 감행한다는 것이다. 부르디외에 따르면 다른 모든 객관적 구조나 제도와 마찬가지로 계급도 실천을 통해서만, 다시 말해 개인들의 일상적 행위를 통해서만 사회적 현실에 존재한다. 마르크스는 바로 이 실천을 간과한다는 것이 부르디외의 비판이다.[53]

부르디외에 따르면 실천은 자본의 차이에 — 자본의 종류, 결합 및 총합에 — 의해 결정되는 사회적 공간에서 개인들이 일상적으로 영위하는 생활양식이다. 그러므로 실천의 사회적 공간은 곧 생활양식의 공간이 되며, 또한 계급은 경제적 계급에 한정되는 것이 아니라 사회적 계급으로 확장된다. 이제 계급은 생활양식을 그 주요한 특징으로 하는 신분이 된다.

이 맥락에서 부르디외는 계급과 신분을 구분하는 베버에 접목한다. 사회

52 같은 책, 56쪽.
53 Beate Krais & Gunter Gebauer, 앞의 책(2002), 35~36쪽.

적 불평등을 계급의 문제로 보는 마르크스와 달리 베버는 계급, 신분 및 정당을 구별한다. 베버에 따르면 이 셋은 어느 특정한 사회 내부의 권력 분배를 통해 중재되고 구조화된다는 공통점을 지닌다. 다른 한편 그것들은 근본적으로 상이한 사회적 결정 요소와 요인에 근거한다. 계급이 사회 내에서의 상품 생산과 상품 획득의 기준에 따른 인간 집단들의 관계를 가리킨다면, 신분은 사회적 명예와 생활양식이라는 두 가지 매체에 의해 구성되는 사회적 영역을 지칭한다. 그리고 정당은 권력의 영역에 속한다. 그러므로 계급은 경제적 질서, 신분은 사회적 질서, 정당은 정치적 질서이다.[54] 이 세 가지 사회 질서는 원칙적으로 서로 독립적이고 자율적인 삶의 영역으로 존재하는데, 특히 합리화되고 분화된 현대 사회에서 그러하다. 베버가 특별히 관심을 가지는 것은 계급과 신분의 차이점이다. 어느 개인이나 어느 인간 집단의 신분적 상황이 계급적 상황에 근거할 수 있음은 물론이다. 그러나 반드시 근거할 필요는 없다.[55]

부르디외는 이러한 베버의 신분-생활양식에 접목하여 사회적 공간을 정의한다. 이와 관련해 1984년 프랑크푸르트 대학에서 행한 강의 "사회적 공간과 '계급'의 형성"에서 말하기를 ─ "사회적 공간과 그 안에서 '자연발생적으로' 나타나는 차이들은 상징적 차원에서 **생활양식들의 공간** 또는 **신분들**의 앙상블로서, 즉 생활양식에 의해 구별되는 집단들로서 기능한다."[56] 그리

---

54  Max Weber, 앞의 책(1972), 539쪽.
55  이와 관련해 베버는 『경제와 사회』에서 다음과 같이 말하고 있다. "신분적 상황은 특정한 또는 다의적인 종류의 계급적 상황에 근거할 **수 있다**. 그러나 신분적 상황은 단지 계급적 상황에 의해서만 결정되는 것은 **아니다**. 화폐 소유와 기업가의 상황 **그 자체가** 이미 신분적 자격을 갖춘 것은 아니며 ─ 설령 신분적 자격을 갖도록 할 수 있다고 할지라도 ─, 또한 재산이 없다고 하는 것 **그 자체가** 신분적 무자격이 되는 것은 아니다. 다른 한편 신분적 상황은 어떠한 계급상황을 〔다른 요소들과 더불어서〕 함께 야기할 수 있거나 또는 독자적으로 야기할 수도 있다. 이 경우 그 계급상황과 동일하게 되지 않고서도 그럴 수 있다. 그들의 재산에 의해 결정되는 어느 장교, 관료 또는 학생의 계급상황은, 비록 그들의 신분적 상황에 차이가 존재하지 않더라도 엄청난 정도로 다양할 수 있다. 왜냐하면 교육에 의해 창출된 종류의 생활양식은 신분적으로 결정적인 측면에 있어서는 동일하기 때문이다." 같은 책, 180쪽.
56  Pierre Bourdieu, 앞의 책(1985), 21쪽.

고 베버의 신분 개념을 계급 개념으로 재구성한다. 역시 같은 강의에서 말하기를 ─ "사람들이 기꺼이 마르크스의 계급과 대비하는 베버의 **신분**은 ─ 사회적 공간의 적합한 분류에 의해 구성된 계급으로서 공간의 구조로부터 도출된 범주들을 통해 인식된다."[57] 요컨대 사회적 공간은 개인들과 그들이 속하는 계급들, 보다 정확히 말하자면 신분으로서의 계급들이 위치하는 공간이면서 동시에 이들의 일상적인 실천인 생활양식들의 공간이다. 그러니까 부르디외에게는 사회적 위치들의 공간과 생활양식들의 공간이 상관개념이 되는 셈이다.

지금까지 간략하게 정리한 부르디외의 사회이론을 다음과 같이 먼저 도표로 나타내본 다음,[58] 이 이론을 경험적으로 프랑스 사회에 적용하여 얻은 결과를 도표화한 것을 보면, 부르디외의 사회학이 이론적-경험적으로 보다 명백하게 드러날 것이다.[59]

**도표 26  부르디외 사회이론의 구조**

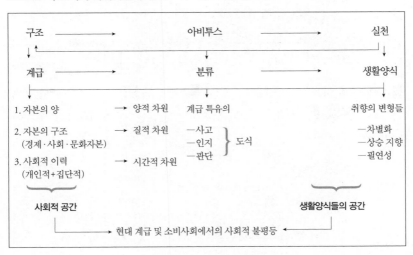

---

57  같은 책, 22쪽.
58  Hans-Peter Müller, *Pierre Bourdieu. Eine systematische Einführung*, Frankfurt am Main: Suhrkamp 2014, 148쪽.

# 도표 27 사회적 위치 공간과 생활양식 공간

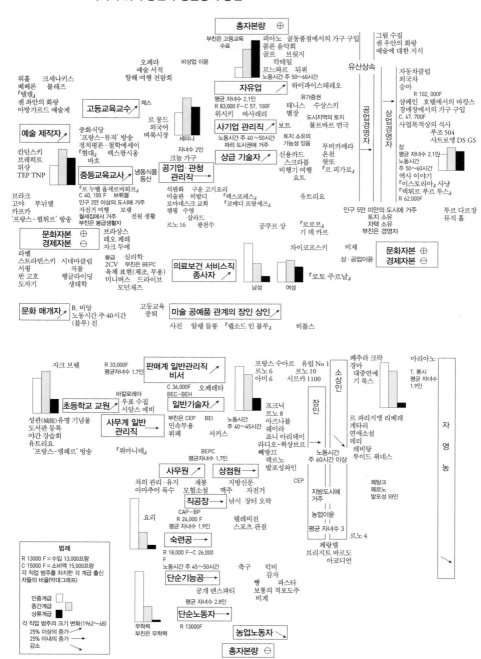

**총자본량** ⊕

부친은 고등교육 수료 | 피아노 골동품점에서의 가구 구입 | 그림 수집 센 우안의 화랑 예술에 대한 지식

콜론 음악회
골프 브릿지
칵테일
르느와르 뒤뷔
노동시간 주 50~60시간

비상업 이윤

오페라 예술 서적 항해 여행 전람회

**자유업** ↗
하이파이스테레오

유가증권
평균 자녀수 2,1인
R 83,000 F−C 57, 100F
위시키 바사렐리

테니스 수상스키
별장

유산상속

자동차클럽
외국차
승마
R 102,000F
샴페인 호텔에서의 바캉스
경매장에서의 가구 구입
C. 47, 700F
사업목적상의 식사
푸조 504
샤트로엥 DS GS

공
업
경
영
자

상
업
경
영
자

위홀 크세나키스
베베론 불레즈
『텔캔』
센 좌안의 화랑
아방가르드 예술제

체스

**고등교육교수** ↗

중화식당
『프랑스-뮈직』 방송
정치평론·철학에세이
『현대』 렉스팡시옹
바흐

르 몽드
외국어
벼룩시장

세미나

**예술 제작자** ↗

칸딘스키
브레히트
뒤샹
TEP TNP

**사기업 관리직** ↗
노동시간 주 40~50시간
파리 도시권에 거주

도시지역의 토지
불르바르 연극

보트
토지 소유의
가능성 있음

무비카메라

**상급 기술자** ↗
신용카드 온천
스크라블 왓또
비행기 여행 『르 피가로』
요트

장
평균 자녀수 2,1인
노동시간
주 50~60시간
역사 이야기
『이스트리아』 사냥
『덱뷔르 푸르 투스』
R 62,000F

중등교육교사 ↗
냉동식품
등산

공기업·관청
관리직 →

석판화 구운 고기요리
미술관 비발디
로마네스크 교회
캠핑 수영
샐러드
르노 16 광천수

『렉스프레스』
『코메디 프랑세즈』

유트리오

브라크
고야 부뉘엘
카프카
『프랑스-퀼튀르』 방송

**문화자본** ⊕
**경제자본** ⊖

브라상스
레오 페레
자크 두에

공쿠르 상

차이코프스키

비제

상·공업이윤

인구 5만 미만의 도시에 거주
토지 소유
자택 소유
부친은 경영자

투르 다르장
뮤직 홀

**문화자본** ⊕
**경제자본** ⊖

라벨
스트라빈스키 시네마클럽
서핑 직물
반 고흐 행글라이딩
도자기 생태학

봉급 심리학
2CV BEPC
육체 표현(제조, 무용)
미니버스 드라이브
모던재즈

**의료보건 서비스직
종사자** ↗

남성 여성

『로토 주르날』

**문화 매개자** ↗

B. 비앙
노동시간 주 40시간
(블루) 진

고등교육
중퇴

**미술 공예품 관계의 장인 상인** ↗

사진 알랭 들롱 『랩소드 인 블루』 비틀스

자크 브렐

R 33,000F
평균자녀수 1,7인

**판매계 일반관리직**
**비서** ↗

C 36,000F 오페레타
BEC−BEH

프랑스 수아르 유럽 No1
르노 6 르노 10
아미 6 시므카 1100

소
상
인

페추라 크락
경마
대중연예
기 룩스

마리아노
T. 룻시
평균자녀수
1,9인

바칼로레아

**초등학교 교원** ↗

우표 수집
시앙스 에비

**일반기술자** ↗

노동시간
주 40~45시간

프크닉
르노 8
아즈나블
쉐이라
죠니 아리데이
라디오-뤽상부르
삐땅끄
렉르노
발포성와인

장
인

르 파리지엥 리베레
게타리
연애소설
데리
레비탕
루이드 퓌네스

성관(城館)유명 기념물
도서관 등록
야간 강습회
유트리오
『프랑스-엠페르』 방송

BEI
부친은 CEP

민속무용
뷔페

**사무계 일반
관리직** →

『위마니테』

BEPC
평균자녀수 1,7인

**사무원** ↗

**상점원** →

CEP

노동시간
주 60시간 이상

자
영
농

차의 관리·유지
아마추어 목수 재봉

지방신문
모험소설 자전거
맥주

**직공장** ↗

낚시 장터 오락

지방도시에
거주

페탕크
페르노
발포성 와인

요리

CAP−BP
R 24,000 F
평균 자녀수 1,9인

텔레비전
스포츠 관점

농업이윤

평균 자녀수 3

**숙련공** ↗

R 18,000 F−C 26,000
F
노동시간 주 45~50시간

페랑델
브리지트 바르도
아코디언

르노 4

**단순기능공** →

공개 댄스파티
평균 자녀수 2,8인

축구 럭비
냉장
빵 파스타
보통의 적포도주
비계

**단순노동자** ↘

R 13000F

무학력
부친은 무학력

**농업노동자** ↘

**총자본량** ⊖

### 범례

R 13000 F = 수입 13,000프랑
C 15000 F = 소비액 15,000프랑
각 직업 범주를 차지한 각 계급 출신
자들의 비율(막대그래프)

■ 민중계급
■ 중간계급
■ 상류계급

각 직업 범주의 크기 변화(1962~68)
25% 이상의 증가 →
25% 이내의 증가 →
감소 ↘

## (4) 인류학적 사회학?: 이론과 경험의 결합

부르디외는 그의 주저 『구별짓기』 독일어판 서문에서 이 책을 "프랑스의 인류학"이라고 규정하고 있다.[60] 이 책은 프랑스 사회에 대한 경험적-이론적 연구이다. 그렇다면 "프랑스 사회학"이라고 표현하는 것이 온당한 일이 아닌가? 이에 대해 부르디외는 이미 앞에서 인용한 바 있는 1983년의 인터뷰에서, 이런 표현의 이유가 사회학자들 사이에 광범위하게 확산되어 있는 경향으로부터 거리를 두려는 의도에 있었음을 밝히고 있다. 부르디외가 보기에 사회학자들은 "사회적 상황을 저 높은 망루에서 추상적인 개념에 의해 파악하려는" 경향이 있다. 이에 반해 인류학자들은 "직접 현실과 마주하고, 자신의 손으로 사진을 찍으며, 설문지를 든 인터뷰어를 자신과 인터뷰이 사이에 끼워 넣는 것이 아니라 스스로 인터뷰이한테 질문을 던진다." 그리고 더 나아가 인류학자들은 그들이 관찰하고 기술하는 경험적 현상들의 심층으로 뚫고 들어가 그들이 인식대상으로 삼는 사회의 원리와 토대를 밝혀내려고 한다. 요컨대 부르디외가 말하는 인류학은 이론과 경험이 결합된 사회과학적 인식체계를 의미한다. 그것은 사회의 이론적 모델을 제시하되, 현실과 괴리된 추상적인 방식에 의해서가 아니라 "감각적-직관적 기술을 통해 얻은 것을 보지하는" 특별한 접근 방식에 의해서 달성할 수 있다.[61]

부르디외는 알제리에서 인류학적 연구를 수행하기 위해 다양한 수단과 도구를 사용했다. 그는 표준화된 또는 비표준화된 인터뷰를 했고, 조직화된 또는 우발적인 관찰을 했고, 속담을 수집하고 분석했고, 가계 예산과 시간 운영을 기록했고, 도표를 작성했으며 스케치를 했다. 또한 동일한 대상에 대

---

59  Pierre Bourdieu, 앞의 책(1982), 212~13쪽. 다음에는 이 복잡한 도표가 보다 단순화된 형태로 제시되어 있다. Pierre Bourdieu, 앞의 책(1998), 19쪽. 이 도표의 번역은 다음을 참조했다. 피에르 부르디외, 최종철 옮김, 『구별짓기: 문화와 취향의 사회학』(원제는 *La Distinction. Critique sociale du jugement*), 새물결 1995, 212~13쪽.

60  Pierre Bourdieu, 앞의 책(1982), 11쪽.

61  Pierre Bourdieu, 앞의 책(1993a), 30~31쪽.

해 상이한 관점을 이용하는 방법을 터득했다. 여기에서 특히 언급할 만한 것이 사진술이다. "부르디외는 좋은 카메라를 사서 알제리에서 수많은 사진을 찍었다. 〔…〕 이는 그가 사진술을 인간에 이르는 길로 파악했기 때문이다. 실제로 사진술은 그에게 개인적인 접촉을 가능케 하며, 상세한 것과 무상한 것을 기록하도록 해주면서도 대상에 거의 영향을 끼치지 않았으며 대상을 거의 취사선택하지 않았다."[62]

앞에서 살펴본 바와 같이, 인류학은 부르디외에게 철학에서 사회학으로 이행하는, 아니 개종하는 과정에서의 단순한 과도기 또는 우회로가 아니라 그의 지적 세계를 구성하는 토대와 요소 가운데 하나가 되었다. 부르디외에게 인류학과 사회학은 개념적으로 보나 다루는 주제로 보나 동전의 양면과 같이 서로 불가분의 관계에 있으면서 하나의 전체적인 과학적 인식체계를 구성한다.[63] 이렇게 보면 부르디외의 지적 세계는 "인류학적 사회학"이라고 그 성격을 규정할 수 있을 것이다.[64] 그리고 그의 주저 『구별짓기』는 "프랑스의 인류학-사회학"이라고 그 성격을 규정할 수 있을 것이다.

부르디외는 알제리에서의 인류학적 연구를 통해 철학에서 사회학으로 개종했다. 아니, 보다 정확히 말하자면 인류학과 사회학으로 개종했다.[65] 당시

---

62 Boike Rehbein, *Die Soziologie Pierre Bourdieus*, Konstanz: UVK Verlagsgesellschaft 2006, 44쪽.

63 Loïc J. D. Wacquant, "Der 'totale' Anthropologe. Über die Werke und das Vermächtnis Pierre Bourdieus", in: Boike Rehbein, Gernot Saalmann & Hermann Schwengel (Hrsg.), *Pierre Bourdieus Theorie des Sozialen. Probleme und Perspektiven*, Konstanz: UVK Verlagsgesellschaft 2003, 17~23쪽, 여기서는 21쪽.

64 Boike Rehbein, 앞의 책(2006), 43쪽 이하.

65 이 점에서 부르디외는 뒤르케임과 일정한 유사점을 갖는다고 할 수 있다. 이미 제2장 제1절에서 살펴본 바와 같이, 뒤르케임이 철학에서 사회학으로 개종한 것은 도덕이나 개인주의의 문제를 철학적 방식이 아니라 사회학적 방식으로 해결해야 한다는 통찰과 밀접한 관계가 있었다. 그리고 엘리아스와도 일정한 유사점을 갖는다고 할 수 있다. 철학적-이상주의적 인간상인 폐쇄적 인간상과 해부학적-생리학적 인간상인 개방적 인간상 사이에서 갈등하던, 아니 그의 말대로 이 문제를 물고 늘어지고 되씹어 생각하던 젊은 철학도 엘리아스는 사회학으로의 개종을 택했으며, 그러고 나서 한참 후에야 문제에 대한 명백한 답을 얻었다.

부르디외는 알제리 북부 카바일 지역의 농민들이 경제적으로 완전히 비이성적으로(비합리적으로) 행위하는 것을 관찰했다. 그들에게서는 근대적 경제인간이나 경제윤리도, 합리적 계산이나 거래도 그리고 돈이나 자본에 기반하는 시장경제적 이윤 추구도 찾아볼 수 없었다. 카바일 농민들 사이의 일상적 거래는 친척들이나 이웃들 사이의 증여와 반증여로 구성되어 있었다. 그들은 돈을 불신했다. 그들에게 돈은 상징을 위한 상징에 지나지 않았다. 그리하여 돈보다 현물을 지불하는 것을 선호했다. 그리고 명예로운 사람들은 잉여 생산물을 팔지 않고 이웃이나 친척을 도왔다. 이러한 전(前)자본주의적 실천은 근대의 자본주의적 관점에서 보면 비이성적(비합리적)인 것일 수밖에 없었다. 그러나 부르디외는 자본주의적 이성은 보편적인 것이 아니라 특정한 사회적-정치적 구조 및 제도와의 관계 속에서만 타당성을 갖는다는 결론에 도달했다.[66] 이는 알제리 농민들의 비(반)자본주의적 경제윤리와 행위가 나름대로 이성적(합리적)인 것이라는 사실을 함의한다. 여기서 이성이란 전자본주의적 이성이라고 할 수 있다.[67]

---

66  Pierre Bourdieu, *Die zwei Gesichter der Arbeit*, Konstanz: UVK Universitätsverlag 2000a.

67  알제리에서의 인류학적 작업은 또 다른 두 가지 측면에서도 부르디외에게 중요한 의미를 갖는데, 여기서는 지면 관계상 상세한 논의 대신에 다음을 언급하는 데 그치기로 한다. 먼저 부르디외의 실천이론, 그러니까 사회실천학이 형성·발전하는 과정에서 카바일 사회에 대한 인류학적 연구가 결정적인 역할을 했다는 사실이다. 이 과정은 다음을 보면 상세히 알 수 있다. Pierre Bourdieu, *Entwurf einer Theorie der Praxis auf der ethnologischen Grundlage der kabylischen Gesellschaft*, Frankfurt am Main: Suhrkamp 1976. 그리고 부르디외 사회학의 핵심 개념인 아비투스 개념 역시 이 인류학적 연구로까지 거슬러 올라간다. 자본주의 시대에도 카바일 농민들의 경제적 삶이 그들에게 육화된 전자본주의적 실천에 의해 지배된다는 인류학적-사회학적 인식은 부르디외가 아비투스 개념의 한 측면인 "구조화된 구조"라는 측면에 이르게 되는 결정적인 계기가 되었다.
한편 아비투스의 또 다른 측면인 "구조화하는 구조"라는 측면에 이르게 되는 결정적인 계기는 독일계 미국 예술사가이자 도상해석학(圖像解釋學)의 창시자인 에르빈 파노프스키(1892~1968)의 연구에서 비롯되었다. 파노프스키는 그의 저서 『고딕 건축과 스콜라 철학』(1952)─부르디외는 1967년에 이 책을 프랑스어로 번역했다─에서 고딕 양식의 건축물과 스콜라 철학 및 서체 등과 같이 상이한 문화적 영역이 하나의 원리에 의해 통합된다는 것을 논증하고 있다. 이것들 사이에는 구조적 상동성이 존재하는바, 그것은 수공업자, 건축가, 철학자, 예술가, 글 쓰는 사람 및 교사를 공통적으로 연결하는 생성 원리, 그러보다 일반적으로 말하자면, 이성은 철학이 상정하는 것처럼 시공을 초월하는 보편타당한 인간 정신이 아니라 역사적-사회적 산물로서 각각의 장에서 그에 고유한 내적 논리에 따라 규정되며, 따라서 다양한 형태와 논리를 갖는 것이다. 말하자면 — 부르디외는 『예술의 규칙들: 문학 장의 기원과 구조』에서 이러한 명제를 내세운다 — "이성의 역사는 (단지) 이성만을 그 토대로 갖지 않는다." 예컨대 "예술이나 과학이 변화하는 원리와 규범이 그것의 내부에" 있으며, "체계의 역사는 내적인 역사이고 표상이나 표현의 형식들이 형성되는 것은 어디까지나 체계의 내적 논리를 표현하는데", 이와 같은 사실을 제대로 파악하려면 흔히 그리하듯이 이러한 발전의 법칙들을 실체화해서는 안 된다. "브륀티에르가 말한 '작품들에 따른 작품들의 발전'은 작가들을 통하는 방식으로밖에 이루어지지 않는바, 그들의 전략은 장의 구조에서 그들이 그때그때 차지하는 위치와 결부된 이해관계의 달성도 포함한다."[68]

아무튼 알제리에서 이성의 사회성과 역사성을 통찰한 경험은 부르디외가 철학에서 인류학과 사회학으로 개종하는 결정적인 계기가 되었다. 달리 말해 철학자 부르디외의 인류학적-사회학적 개종은 이성의 상대화와 더불어 이루어졌던 것이다.[69] 이성의 사회성과 역사성 또는 이성의 상대화는 부르디외의 주저 『구별짓기』만 보아도 단적으로 드러난다. 이 책의 부제인 "판단력의 사회적 비판"은 칸트의 3대 비판서 가운데 하나인 『판단력 비판』을 연상케 한다.[70] 이 부제와 더불어 부르디외는 자신의 연구가 칸트의 『판단력

<hr />

니까 구조화하는 구조이다. 부르디외는 이를 아비투스라는 개념으로 표현하기에 이른다. Beate Krais & Gunter Gebauer, 앞의 책(2002), 18쪽 이하. 다음에는 파노프스키가 아비투스 개념에 대해 갖는 의미가 잘 나타나 있다. Pierre Bourdieu, 앞의 책(1974), 125쪽 이하.

68  Pierre Bourdieu, 앞의 책(1999), 318쪽. 참고로 페르디낭 브륀티에르(1849~1906)는 프랑스의 작가이자 문학비평가이다.

69  부르디외와 이성의 상대화에 대해서는 다음을 참고할 것. Daniel Šuber, "Pierre Bourdieu und die Relativierung der Vernunft", in: Daniel Šuber, Hilmar Schäfer & Sophia Prinz (Hrsg.), *Pierre Bourdieu und die Kulturwissenschaften. Zur Aktualität eines undisziplinierten Denkens*, Konstanz: UVK Universitätsverlag 2011b, 339~60쪽.

비판』에 대한 하나의 대답이기도 하다는 것을 명백히 하고 있다.[71] 부르디외의 『구별짓기』는 칸트의 『판단력 비판』에 대한 비판, 보다 정확히 말하자면 『판단력 비판』에 대한 사회적 비판이라고 그 성격을 규정지을 수 있다.

칸트에게 미학적 판단력은 인식하는 이성(순수이성)과 실천하는 이성 그리고 종교적 이성과, 인간 정신의 보편타당한 능력으로서의 이성으로 구분된다. 이 네 가지는 인식이성, 실천이성, 신앙이성 및 판단이성이라고 부를 수 있다. 이는 칸트가 인간의 정신, 보다 정확히 말하자면 근대정신을 네 가지 이성의 영역으로 분화되는 것으로 파악함을 가리키는 대목이다. 그의 철학은 분화론적 세계관에 입각해 있다.[72] 『판단력 비판』에서는 그의 다른 비판서들에서와 마찬가지로 보편타당한 인간 정신인 이성이 역시 보편타당한 인간 정신인 (판단)이성을 비판적으로 고찰한다. 이에 반하여 판단력에 대한 부르디외의 사회적 비판은 이미 상대화라는 의미를 내포한다. 왜냐하면 거기에는 애초에 판단력이 사회적-역사적으로 결정되는 상대적인 능력이라는 의미가 내포되어 있기 때문이다.

그런데 "판단력의 사회적 비판"이라는 책의 부제를 보면서 예상할 수 있는 바와 달리, 부르디외는 『구별짓기』에서 처음부터 칸트의 미학과 씨름하지는 않는다. 다만 취향에 대한 사회적 비판을 다루는 제1부에 반(反)-칸트적 미학에 대한 짧은 논의가 나오는데, 거기에서 부르디외는 대중 미학이

---

70  참고로 이 책의 독일어판은 그 부제를 "사회적 판단력 비판"이라고 옮겼는데, 이는 명백한 왜곡이다. 또한 영어판은 "취향판단의 사회적 비판"이라고 옮겼는데, 이는 틀렸다고 할 수는 없지만 그렇다고 부르디외의 의도를 정확하게 반영하고 있지도 않다. 그리고 한국어판은 "문화와 취향의 사회학"이라고 옮겼는데, 이는 저자의 의도로부터 너무 많이 벗어나 있다.

71  Stefan Zenklusen, 앞의 책(2010), 75쪽 이하. 부르디외는 독일어판 서문에서 "칸트의 『판단력 비판』에서 해결되지 못한 문제들에 과학적으로 대답하고 사회세계의 인지를 구조화하며 미학적 '만족'의 대상들을 표현하는 분류체계들의 토대를 사회계급들의 구조에서 밝혀낸다는 공명심"을 고백하고 있다. Pierre Bourdieu, 앞의 책(1982), 14쪽.

72  칸트의 분화론적 세계관에 대해서는 다음을 참고할 것. 게오르그 짐멜, 김덕영 옮김, 「칸트와 괴테: 근대 세계관의 역사를 찾아서」, 『근대 세계관의 역사: 칸트·괴테·니체』, 도서출판 길 2007, 13~84쪽.

"칸트 미학의 부정적 이면을 드러내며" 대중의 에토스가 "암묵적으로 「미의 분석학」의 모든 명제에 대한 반(反)-명제를 내포하고 있다"고 주장한다.[73] 그리고는 후기에서 "순수"비판들에 대한 "통속적 비판"을 다루면서 칸트 미학에 사회적 비판을 가한다. 이처럼 "판단력의 사회적 비판"이라는 부제를 단 책이 그 방대한 논의가 끝난 다음에서야 비로소 이 문제로 눈을 돌리는 것은 ─ 부르디외의 고백처럼 ─ 사실 의도적인 것이었다.[74] 그 이유는 칸트 미학에 대한 부르디외의 비판이 철학적 비판이 아니라 사회적 비판이기 때문이다. 그것은 "프랑스의 인류학-사회학"에 기반하는 철학 비판이다. 그러므로 그것은 철학적 논리에 입각하는 연역적 비판이 아니라 현실세계에 대한 경험연구에 입각하는 귀납적 비판이다.

부르디외에 따르면 취향판단에 대한 칸트의 분석은 "철학이라는 이름에 걸맞은 모든 철학적 사고와 마찬가지로 완전히 비역사적이며(**영원한 철학**이 아닌 철학이란 존재하지 않는다)" 더 나아가 "자민족중심적"이다. 그 이유는 이 분석이 "**미학적 인간**의 실제적인 경험을 유일한 **소여성(所與性)**으로 취하는데, 이 미학적 인간 자체는 예술적 경험의 보편적 주체로 구성된 미학적 담론의 주체일 뿐이기 때문이다."[75] 이러한 분석은 사실상 "일련의 윤리

---

73  Pierre Bourdieu, 앞의 책(1982), 81~85쪽, 직접 인용은 81쪽. 여기에 언급된 「미의 분석학」은 『판단력 비판』의 제1부 「미학적 판단력의 비판」 제1편 「미학적 판단력의 분석학」 제1장에 해당하는 부분이다. 이 부분에서 칸트는 취향판단의 네 가지 계기를 다음과 같이 역설적으로 표현하고 있다: 무관심적 만족, 개념 없는 보편성, 목적 없는 합목적성, 주관적 필연성. 이 계기들은 각각 질적 측면, 양적 측면, 관계의 측면, 대상에 대한 만족의 양태에 따른 것이다. Immanuel Kant, *Kritik der Urteilskraft*, in: *Werke in zehn Bänden*, Bd. 8 (Herausgegeben von Wilhelm Weischedel), Darmstadt: Wissenschaftliche Buchgesellschaft 1983d, 233~620쪽, 여기서는 279쪽 이하. 이 네 가지 계기들로부터 추론되는 미의 설명은 각각 다음과 같다. **취향은 대상 또는 표상방식을** 그 어떤 관심도 없이 만족이나 불만족에 의해서 판단하는 능력이다. 그렇게 만족되는 대상을 **아름답다**고 일컫는다."(288쪽). "개념 없이 보편적으로 마음에 드는 것은 **아름답다.**"(298쪽). "미는 합목적성이 **목적의 표상 없이도** 대상에서 지각되는 한에서 대상의 합목적성의 형식이다."(319쪽). "개념 없이 **필연적인 만족**의 대상으로 인식되는 것은 **아름답다.**"(324쪽).

74  Pierre Bourdieu, 앞의 책(1982), 756쪽.

75  같은 책, 772쪽.

적 원칙들에 그 현실적 토대를 두고 있는바, 이 원칙들 자체는 한 특수한 사회적 상황에서 생겨난 성향들을 보편화한 것이다."[76] 이 성향들은 감각적 취향 또는 야만적 취향의 소유자인 대중의 성향들이 아니라 순수취향 또는 성찰적 취향의 소유자인 부르주아의 성향임이 자명하다. 칸트의 미학 이론은 "경험적인 것과 초월적인 것을 마술적으로 단절시킴으로써 경험적, 심리학적 그리고 특히 사회학적 발생을 상기시키는 것"을 배척한다.[77] 그럼에도 불구하고 칸트의 미학 이론은 부르디외에 따르면

> 한 사회적 관계의 경험적 소여성에 토대를 두고 있다. 다시 말해 (칸트가) 문화와 육체적 쾌락(또는 달리 말해 자연)을 대조하는 것은 교양화된 부르주아와 조야하고 무(無)교양적인 천성에다가 전적으로 향락에 탐닉하는 망상적인 존재인 대중 사이의 대립에 기초한다.[78]

물론 그렇다고 해서 부르디외가 한 특수한 경험적 사실에 기초하는 칸트의 미학을 "거기에서 은폐되고 변용된 사회적 관계로 환원해야" 한다고 주장하는 것은 결코 아니다. 이러한 환원주의적 해석은 철학과 사회학의 차이점을 간과하는 소치에 지나지 않는다. 부르디외에 따르면 "칸트 자신에게서도 그의 독자들에게서도 **미학적 판단력의 사회적 범주들**은 고도로 승화된 형태로만 기능할 수 있다." 다시 말해 "미와 자극, 만족과 향락 또는 문화와 문명과 같은 대립쌍의 형식으로만, 그러니까 그 어떤 의식적인 은폐의 의도도 없이 사회적 대립들을 한 특정한 장의 규범에 적합한 모습으로 경험하고 표

---

76  같은 곳.
77  같은 책, 764쪽.
78  같은 책, 764~65쪽. 칸트는─독일의 지적 전통에 따라서 ─ 반(反)-자연인 문명을 비난하고 문화를 예찬한다. 다시 말해 "타율적이고 **외적인 문명화된** 쾌락과 '사유방식의 내적 형성을 위한 오랜 노력'을 전제로 하는 **문화화된** 쾌락을" 분리하는데, 사실 이러한 분리는 윤리적 측면에서만, 다시 말해 "미적 쾌락의 결정 요소들을 한편으로는 외적이고 '병리적인' 것들로 그리고 다른 한편으로는 순수하게 내적인 것들로" 구별함으로써만 가능하다. 같은 책, 770쪽.

현하는 것을 가능케 하는 완곡어법의 형식으로만 기능할 수 있다." 거기에서 "숨겨진 것, 즉 궁정(문화에 대립되는 **문명**의 장소)과 대중(자연과 감각의 영역) 양쪽에 대한 사회적 관계는 존재하는 동시에 부재한다." 그러므로 칸트의 미학을 환원주의적으로 해석하는 것은 허구에 지나지 않는다.[79]

부르디외는 주관주의와 객관주의가 사회과학적 인식을 인위적으로 분열시키고 대립시킨다고 비판한다. 그는 한 걸음 더 나아가 주관주의와 객관주의 모두 사회세계에 대한 순전히 이론적인 논의라는 점에서 근본적인 한계점을 지니고 있다고 비판한다. 둘 다 경험적 현실로부터 괴리된 사변적인 숙고에 지나지 않는다는 것이다. 그것은 "스콜라적 이성"에 지나지 않는다.[80] 이처럼 사회과학에서 이론과 실천의 괴리가 존재하는 것은 무엇보다도 플라톤 이후 지식인들이 실천에 대한 이론의 우위를 강조하는 전통 때문이다. 그것은 일종의 "**가치** 문제"이다.[81] 부르디외는 이러한 조류에 반기를 들고 실천을 지향하는 사회학을 주창한다. 사회학은 실천의 논리를 밝히는 실천학이다. 실천은 사회학의 출발점이자 종착점이다.[82] 사회학은 사회적 세계에 참여해서 객관화하는 지적 작업이다.[83] 바로 이런 연유로 부르디외와 그에 접목하는 사회학을 실천학 또는 사회실천학이라고 부르는 것이다.

오늘날 사회학적 이론의 논의에서 실천이라는 용어는 점점 더 사회성을 새로이 규정하는 핵심 개념 가운데 한 가지로 자리매김하고 있다. 그 이유는 법칙성이 아니라 사회세계에서 실제로 일어나는 것에서 출발해 방법론적 개인주의와 방법론적 전체주의를 극복하고자 하는 사회학적 연구 프로그램에 실천이라는 용어가 유효적절한 개념적 틀이 될 수 있기 때문이다.[84]

---

79  같은 책, 772~73쪽.

80  부르디외는 다음에서 이 문제를 상세히 다루고 있다. Pierre Bourdieu, *Meditationen. Zur Kritik der scholastischen Vernunft*, Frankfurt am Main: Suhrkamp 2001.

81  Pierre Bourdieu, 앞의 책(1987), 53쪽.

82  Eva Barlösius, *Pierre Bourdieu*, Frankfurt am Main/ New York: Campus 2006, 27쪽 이하.

83  Beate Krais, "Soziologie als teilnehmende Objektivierung der sozialen Welt", in: Stephan Möbius & Lothar Peter (Hrsg.), *Französische Soziologie der Gegenwart*, Konstanz: UVK Verlagsgesellschaft 2004, 171~210쪽.

바로 이런 연유로 사회실천학을 사회학적 패러다임의 한 가지로 볼 수 있는 것이다.

---

84 Frank Hillebrandt, "Sozialität als Praxis. Konturen eines Theorieprogramms", in: Gert Albert, Rainer Greshoff & Rainer Schützeichel (Hrsg.), *Dimensionen und Konzeptionen von Sozialität*, Wiesbaden: Verlag für Sozialwissenschaften 2010, 293~307쪽, 여기서는 293쪽.

제5장
# 사회적인 것의 보편이론 2

베버 이후 사회학 이론의 중심지는 파슨스로 대변되는 미국으로 옮겨 갔다. 그러다가 1960년대 중반부터는 점차 다시 유럽, 특히 독일로 돌아갔다. 그 과정에서 "미국화"된 유럽 사회학이 다시 "유럽화"되었다.[■] 그 중심에 위르겐 하버마스(Jürgen Habermas, 1929~)와 니클라스 루만(Niklas Luhmann, 1927~98)이 있다.

오늘날의 사회학자들은 보편적 사회학 이론에 커다란 관심을 보이고 있는 듯하다. 하버마스의 의사소통행위이론과 루만의 사회체계이론은 확실히 보편이론이라고 볼 수 있다. 그러나 중요한 사실은 이 이론들의 그 어디에도 사회가 끼어들 여지는 없다는 것이다. 여기서 사회학의 기초 개념이자 기본 범주는 각각 의사소통행위를 하는 개인들 사이의 상호주관성 그리고 체계와 환경 사이의 관계이다.

하버마스는 생활세계와 체계를 구별한다. 생활세계는 이해지향적-의사소통적 행위가 지배하는 세계로서 영향력과 가치 구속이라는 매체에 의해 의존한다. 이에 반해 체계는 성공지향적-전략적 행위가 지배하는 세계로서 돈과 권력이라는 매체에 의존한다. 생활세계가 상징적 구조와 재생산의 기능을 수행한다면, 체계는 물질적 토대와 재생산의 기

---

■ Hans Joas & Wolfgang Knöbl, *Sozialtheorie. Zwanzig einführende Vorlesungen. Aktualisierte, mit einem neuen Vorwort versehene Ausgabe*, Frankfurt am Main: Suhrkamp 2011, 284쪽 이하.

능을 수행한다. 하버마스에게 사회는 이 생활세계와 체계를 포괄하는 개념이다.

하버마스에 따르면 근대 사회로 이행하면서 체계에 의한 생활세계의 부속화와 식민지화라는 사회병리적 현상이 일어난다. 이에 대한 처방은 의사소통적 합리성을 통해서 도구적 이성의 지배를 극복하는 것이다. 이러한 의사소통행위이론의 배후에는 합리화되고 물화된 현대 사회의 문제를 성숙하고 적극적이며 비판적인 의지와 능력을 소유한 개인들의 의사소통행위와 이것에 의해서 구성되는 생활세계를 통해서 극복하려는 하버마스의 이론적—실천적 기획이 자리하고 있다.

루만은 그야말로 보편이론 중의 보편이론을 추구한 사회학자이다. 그는 자신의 이론이 구름 위를 비행하는 고도의 추상성을 지녔다면, 마르크스주의와 같은 이론체계는 그 아래로 내려다보이는 사화산에 불과하다고 여긴다. 이렇게 보면 우리는 루만이 실체론적 존재로서의 사회 그 자체에 대한 보편이론을 추구했다고 생각하기 쉽다. 그러나 루만은 체계와 환경의 관계를 통해서 사회 그 자체가 아니라 사회적인 것을 모두 포괄하는 보편이론을 추구한다.

루만에게 사회는 사회적인 것 일체를 아우르는, 따라서 그 어떠한 사회적 환경도 필요로 하지 않는 포괄적인 사회적 체계이다. 사회적 체계는 커뮤니케이션을 통해서 작동하는 의미체계이다. 사회는 자기준거와 자기조직 그리고 자기생산의 원리에 의해서 기능하는 사회적 체계의 전형이다. 이러한 사회체계이론의 배후에는 현대 사회에서 복잡성이 과도하게 증가하고 있다는 문제의식이 자리하고 있다. 복잡성이란 고려하거나 체험할 수 있는 것보다 더 많은 가능성이 존재한다는 사실을 가리키는 개념이다. 체계는 환경과의 경계를 통해서 복잡성을 감소시키는 기능을 한다.

이처럼 현대 사회에 대한 상이한 진단과 문제 해결 방식은 1970년대 초에 하버마스—루만 논쟁을 야기하게 된다. 이 논쟁은 어찌 보면 피할 수 없는 진검승부였는지도 모른다. 왜냐하면 그것은 현대 이론사회학의 헤게모니 쟁탈전이었기 때문이다. 사회학적 인식의 다양한 측면을 포괄하는 하버마스—루만 논쟁은 1960년대의 실증주의 논쟁과 더불어서 전후 사회학 논쟁사에서 양대 사건으로 기록되고 있으며, 현대 사회학 이론의 발달에 엄청난 자극제 역할을 하고 있다.▪ 하버마스와 루만이 현대 이론사회학의 양대 산맥

---

▪ 하버마스-루만 논쟁에 대한 자세한 논의는 다음을 참고할 것. 김덕영, 앞의 책(2003), 제

을 형성하고 있다는 사실을 감안하면 이들의 추종자들 사이에서 언제든지 직접적인 또는
간접적인 논쟁이 일어날 것이라고 말할 수 있다.

9장; Manfred Füllsack, "Die Habermas-Luhmann-Debatte", in: Georg Kneer & Stephan
Moebius (Hrsg.), Soziologische Kontroversen. Beiträge zu einer anderen Geschichte der
Wissenschaft vom Sozialen, Frankfurt am Main: Suhrkamp 2010, 154~81쪽. 다음은 루만과
하버마스의 가상 논쟁을 그리는데, 이 두 거장의 이론을 아주 간결하면서도 일목요연하게
비교하고 있다. Norbert Bolz, "Niklas Luhmann und Jürgen Habermas. Eine Phantomdebatte",
in: Dirk Baecker, Norbert Bolz, Peter Fuchs, Hans Ulrich Gumbrecht & Peter Sloterdijk,
Luhmann Lektüren, Berlin: Kulturverlag Kadmos 2010, 34~52쪽. 실증주의 논쟁에 대한 자
세한 논의는 다음을 참고할 것. 김덕영, 앞의 책(2003), 제7장과 제8장; Jürgen Ritsert, "Der
Positivismusstreit", in: Georg Kneer & Stephan Moebius (Hrsg.), 앞의 책(2010), 102~30쪽.

# 01
## 의사소통행위이론

위르겐 하버마스

하버마스는 사회학적 인식의 두 패러다임을 동시에 구현한다는 독특한 지성사적 면모를 보이고 있으니, 그 하나는 프랑크푸르트학파라는 이름으로 잘 알려진 비판이론이요 다른 하나는 의사소통행위이론이다. 비판이론은 일군의 마르크스주의자들이 일구어낸 '집단지성'의 산물로서, 하버마스는 이 비판이론의 제2세대를 대표한다. 이에 반해 의사소통행위이론은 전적으로 하버마스 홀로 지적 재산권을 갖는 이론이다. 이렇게 보면 하버마스는 비판이론의 전통에서 성장했으며, 따라서 비판이론으로부터 가장 큰 영향을 받았고 그의 의사소통행위이론도 바로 이 비판이론과의 연속선상에서 파악해야 한다고 가정할 수 있다. 실제로 하버마스의 지적 배경은 주로 비판이론과의 밀접한 관계 속에서 다루어지는 것이 일반적이다. 하버마스는 비판이론의 제1세대를 대변하는 막스 호르크하이머(1895~1973)와 테오도어 아도르노(1903~69)의 정통 후계자로 간주되곤 한다. 그리고 그의 의사소통행위이론은 비판이론의 외연을 넓힌 것으로 평가되곤 한다.

물론 비판이론이 하버마스의 지적 세계가 형성, 발전하는 과정에서 갖는 지성사적 지분은 결코 부인할 수 없다. 아니, 아무리 강조해도 지나침이 없을 것이다. 그러나 이러한 접근 방식으로는 다른 지적 전통이 하버마스에게 끼친 영향을 제대로 파악하기가 힘들다. 예컨대 하버마스가 박사학위 지도교수인 에리히 로타커(1888~1965)로부터 배운 해석학적 전통이 갖는 의미가 한낱 에피소드로 치부될 수도 있다. 또한 의사소통행위이론은 비판이론의 연속이나 확장으로 보기 어려운 점이 많다. 그리고 근대를 미완의 프로젝트로 보고 이 근대를 옹호하고 구제하려는 하버마스의 기획은 비판이론의 '해방적' 관점에 의해서는 이해할 수 없다. 아니, 이 둘은 상반된 인식관심이다. 이 모든 것은 하버마스의 지적 배경을 다시 한 번 진지하게 숙고해보아야 함을 암시한다.

## (1) 하버마스와 비판이론 및 마르크스주의의 관계

하버마스는 원래 사회학자가 아니라 철학자였다. 그는 1929년 뒤셀도르프에서 태어나 1949년부터 1954년까지 괴팅겐 대학, 취리히 대학, 본 대학에서 철학, 역사학, 심리학, 독일 문학 및 경제학을 공부했다. 그리고 1954년 본 대학에서 로타커의 지도로 철학 박사학위를 취득했는데, 그 논문은 「역사에서의 절대적인 것: 셸링 사유에서의 이중성에 대하여」였다. 그 후 하버마스는 1956년까지 자유 기고가로 활동했다. 이때까지 하버마스는 이렇다할 사회학이나 사회이론을 접하지 못했다.

1956년 하버마스는 비판이론의 산실인 사회조사연구소의 연구조수가 되었는데, 이 과정에서 그가 1954년 월간 저널 『메르쿠어』에 기고한 「합리화의 변증법」이라는 글이 일정한 역할을 했다. 이 글의 제목은 호르크하이머와 아도르노의 공저인 『계몽의 변증법』(1947)을 연상케 한다. 실제로 「합리화의 변증법」은 하버마스가 『계몽의 변증법』을 읽고 쓴 것이다. 이는 그가 초창기부터 비판이론의 관점에 접목했다는 사실을 적시하며, 또한 향후 전개될 그의 사회이론적 관점을 예고하는 대목이다. 아무튼 하버마스는 사회조사연구소의 연구조수가 됨으로써 철학에 기반하면서 사회학을 지향할 수 있는 제도적 기회를 얻게 되었다. 그는 이 연구소에서 일하는 동안 "학생과 정치"라는 경험연구에 참여했으며 그 결과로 출간된 책의 서문을 썼다.[1]

그러나 하버마스는 1959년에 사회조사연구소를 떠나야 했는데, 그것은 호르크하이머와의 갈등 때문이었다. 먼저 호르크하이머는 "학생과 정치"를 연구소의 출판물 시리즈에 포함시키는 것을 반대했다(이는 1961년 다른 곳에서 출간되었다). 또한 하버마스에게 연구소의 또 다른 프로젝트에 참여할 것을 요구했으나 하버마스는 이를 거부하고 하빌리타치온 논문 집필에 전념하고자 했다. 게다가 호르크하이머는 하버마스가 지나치게 좌파적이고 마르크스주의에 경도되어 있다고 생각했다.[2] 이때 호르크하이머는 사회조사연구소를 그 원래의 정신적-지적 근원이자 지주인 마르크스주의로부터 단절시키고자 노력하고 있었다.

결국 하버마스는 마르부르크 대학의 정치학 교수인 볼프강 아벤트로트(1906~85)한테서 1961년 대학교수 자격을 취득했다. 아벤트로트는 "그 당시 서독의 대학에서 재직하던 정교수들 가운데 유일하게 결연한 사회주의자이자 마르크스주의자임을 공개적으로 고백하는 인물"이었다.[3] 1961년에 완성된 하버마스의 하빌리타치온 논문은 저 유명한 「공론장의 구조 변동: 부르주아 사회의 한 범주에 관한 연구」로서 1962년에 책으로 출간되었다.[4]

---

1 Jens Greve, *Jürgen Habermas. Eine Einführung*, Konstanz: UVK Verlagsgesellschaft 2009, 11, 13쪽.

2 같은 책, 13쪽.

3 Rolf Wiggershaus, *Jürgen Habermas*, Reinbek bei Hamburg: Rowohlt 2004, 49쪽.

4 사실 이 연구의 제목 "공론장의 구조 변동"과 그 부제 "부르주아 사회의 한 범주에 관한 연구"는 하버마스가 프랑크푸르트학파와 달리 서구 계몽주의의 전통에 서 있음을 암시한다. 프랑크푸르트학파는 부르주아 사회가 총체적인 모순에 빠져 있다는 인식과 이를 비판적으로 극복하려는 실천적 목적에서 출발한다. 이에 반해 하버마스는 성숙하고 해방된 시민계층(부르주아)의 이성적이고 민주주의적인 사회질서에 주목한다. 부르주아 사회의 한 범주인 공론장은 사회적 합리성의 한 유형이며, 따라서 하버마스의 논문은 사회적 합리성에 대한 연구인 셈이다. 이렇게 보면 이 논문은 그가 비판이론의 전통에 서면서 비판이론을 극복하는—즉 경제적 합리성을 사회적 합리성으로 확장하는—과정의 일부라고 할 수 있다(이

1961년 하버마스는 하빌리타치온이 채 끝나지도 않은 상태에서 한스게 오르그 가다머(1900~2002)의 적극적인 후원에 힘입어 하이델베르크 대학의 철학 교수로 초빙되었다. 그리고 1964년에는 호르크하이머의 후임으로 프랑크푸르트 대학의 철학 및 사회학 교수가 되었다.

이렇게 보면 하버마스를 — 일정한 갈등이 있기는 했지만 — 비판이론의 '적자'로 볼 수도 있을 것이다. 실제로 그는 비판이론의 제2세대를 대표하는 학자로 간주된다. 그러나 하버마스와 비판이론의 관계는 단순한 연속성의 관계로 볼 수 없다. 그것은 연속적 불연속성의 관계로 보는 것이 타당할 것이다. 왜냐하면 하버마스는 비판이론의 전통에 서면서 비판이론을 극복했기 때문이다. 이와 관련해 하버마스는 이렇게 말하고 있다 — 어떤 이론적 전통을 "변형하고 비판하려면 스스로 그 전통에 서 있어야만 한다. 변화된 상황에서 전통이 스스로 변할 때에만 그 전통은 생명력을 얻는다는 사실, 이 사실은 해석학적으로 진부한 논리이다. 그리고 이 논리는 프랑크푸르트 학파의 전(前)세대에 대한 나의 관계에도 해당한다."[5]

이 연속적 불연속성의 과정이 완결된 것이 『의사소통행위이론』(1981)이다. 그러나 하버마스가 비판이론의 전통에 서면서 비판이론을 극복하는 작업은 멀리 1954년에 발표한 「합리화의 변증법」으로까지, 그러니까 비판이론의 양대 지주 호르크하이머와 아도르노의 공저 『계몽의 변증법』에 대한 입장이 정리된 논문으로까지 거슬러 올라간다. 그는 거기에서 경제적 합리성과 사회적 합리성의 관계를 논하고 있다.[6] 이어서 1967년에 발표한 「노동

---

과정에 대해서는 곧 다시 논의할 것이다). 하버마스와 서구 계몽주의의 관계는 실천적인 측면에서도 찾아볼 수 있다. 하버마스는 사회학을 응용계몽으로 본다. 사회학은 인간 사회의 진보와 해방이라는 실천에 응용될 수 있고 또한 응용되어야 한다는 것이 그의 확신이다. 이처럼 하버마스는 비판적 이론을 추구하며, 이 점에서 프랑크푸르트학파와 일치한다. 그러나 그의 비판적 사회학은 프랑크푸르트학파보다는 계몽주의에 가깝다고 볼 수 있다.

5 Jürgen Habermas, *Die Neue Unübersichtlichkeit: Kleine Politische Schriften V*, Frankfurt am Main: Suhrkamp 1985d, 168쪽.

6 Jürgen Habermas, "Die Dialektik der Rationalisierung. Vom Pauperismus in Produktion und Konsum", in: *Merkur 8/1954, 701~24쪽.

과 상호작용」에서는 전략적 행위와 의사소통행위를 구별하고,[7] 1968년에 발표한 「'이데올로기'로서의 기술과 과학」에서는 목적합리적 행위와 의사소통행위를 구별하고 있다.[8] 이런 식으로 하버마스는 경제적 합리성에 국한되어 있던 비판이론의 외연을 사회적 합리성으로 확장할 수 있었다. 하버마스에 따르면 비판이론의 결정적인 문제점은 무엇보다도 이성의 분화와 세계상 및 생활세계의 합리화에도 불구하고 도구적 이성이라는 하나의 이성과 목적합리성이라는 하나의 합리성만을 인정함으로써 총체화된 비판과 총체화된 계몽이 되고 말았다는 점에 있다. 그리하여 호르크하이머와 아도르노의 비판이론에는 계몽과 신화가 혼재되어 있다는 것이다.[9]

그러나 단순히 어떤 이론적 전통의 외연을 확장한다고 해서 그 전통이 극복되는 것은 아니다. 거기에 더해 새로운 패러다임이 제시되어야 한다. 하버마스는 도구적 이성과 목적합리성에서 의사소통행위적 이성과 합리성으로 사회(철)학적 패러다임을 전환했는데, 이를 가능케 한 것이 언어다. 다시 말해 그는 상호작용에 개념적 우위를 부여하고 언어론적으로 행위이론을 정초함으로써 전환을 이룩할 수 있었다. 하버마스의 지적 세계가 발전하는 과정에서 언어가 차지하는 의미와 중요성은 무엇보다도 1964년에 프랑크푸르트 대학에서 한 교수취임 강연 "인식과 관심"에서 찾아볼 수 있다. 예컨대 그는 거기에서 다음과 같이 말하고 있다. "성숙함에 대한 관심은 단순하게 머리에 떠오르는 것이 아니라 아프리오리하게 통찰할 수 있는 것이다. 다시 말해 우리를 자연으로부터 끄집어내는 것은 우리가 그 본성상 알 수 있는 유일한 사태인바, 그것은 **다름 아닌 언어**이다. 언어의 구조와 더불어 **우리에게**

---

7  Jürgen Habermas, *Technik und Wissenschaft als 'Ideologie'*, Frankfurt am Main: Suhrkamp 1969, 9~47쪽, 특히 22쪽.

8  같은 책, 48~103쪽, 특히 62~63쪽.

9  Jürgen Habermas, *Der philosophische Diskurs der Moderne. Zwölf Vorlesungen*, Frankfurt am Main: Suhrkamp 1985c, 130쪽 이하. 하버마스는 다음에서 비판이론의 결함을 규범적 토대의 취약성, 일면적인 진리 개념과 과학에 대한 태도, 민주주의적-법치국가적 전통의 과소평가로 정리하고 있다. Jürgen Habermas, 앞의 책(1985d), 171쪽 이하.

성숙함이 정립된다. 첫 문장과 더불어 보편적이고 강제되지 않은 합의의 의도가 명료하게 음미된다. 성숙함은 철학적 전통의 의미에서 우리가 지배하는 유일한 이념이다."[10]

1971년 하버마스는 프랑크푸르트 대학을 떠나 뮌헨 근교의 작은 도시 슈타른베르크에 소재하는 '과학적-기술적 세계의 삶의 조건들에 대한 연구를 위한 막스 플랑크 연구소'에서 연구에 전념하게 되었다. 이때부터 그는 집중적으로 의사소통행위이론과 씨름했으며,[11] 그 결과가 바로 1981년에 두 권으로 출간된 그의 주저 『의사소통행위이론』이다.

하버마스가 비판이론과의 밀접한 관계 속에서 성장했다는 사실을 감안한다면, 필연적으로 다음과 같은 질문이 제기될 수 있다. 하버마스는 마르크스주의자인가? 그렇다. 마르크스주의는 하버마스에게 가장 큰 영향을 끼친 지적 전통 가운데 하나이다. 그러나 중요한 점은 그가 마르크스주의로부터 비판적인 거리를 유지했다는 사실이다. 하버마스에게 마르크스주의는 과학과 철학이 결합된 인식형식이다. 과학은 현실을 기술하는 반면, 철학은 또 다른 현실에 대해 사유한다. 요컨대 하버마스는 마르크스주의를 "실천적 의도를 가진 경험적 역사철학"으로 파악한다. 여기에서 "경험적 역사철학"이라는 표현에 주목할 필요가 있다. 왜냐하면 역사철학은 원래 경험적이지 않고 사변적인 성격을 띠기 때문이다. 이 "경험적"이라는 표현은 사실 독단적인 마르크스-레닌주의를 겨누는 창이다. 하버마스에 따르면 마르크스주의는 경험적으로 개방적이어야 한다. 다시 말해 "과학적으로 반증 가능해야" 한다. 무엇보다도 중요한 것은 ─ 하버마스는 이렇게 확신한다 ─ "마르크스가 그 자신을 이해한 것보다 더 잘 이해하는 것이다."[12]

하버마스는 이러한 입장을 1960년대 말까지 견지하고 있었으며, 따라서

---

10 Jürgen Habermas, 앞의 책(1969), 163쪽.

11 이에 대해서는 무엇보다도 다음을 참고할 것. Jürgen Habermas, *Vorstudien und Ergänzungen zur Theorie des kommunikativen Handelns*, Frankfurt am Main: Suhrkamp 1989 (3. Auflage; 1. Auflage, 1984).

12 Hans Joas & Wolfgang Knöbl, 앞의 책(2011), 289, 301쪽.

이 시기까지의 하버마스를 "서구 마르크스주의자", 물론 "아주 혁신적인 서구 마르크스주의자"로 볼 수 있을 것이다.[13] 그러나 1970년대 하버마스는 헤겔-마르크스 유산의 근본적인 부분들과 결별하게 된다. 그것은 "탯줄을 자르는 과정"이었다. 이 과정을 통해 하버마스는 한편으로는 마르크스와 같이 "인류라는 **하나의** [거시] 주체"를 상정하는 관점을 비판하게 되었으며 다른 한편으로는—물론 이는 방금 언급한 것과 밀접한 관계에 있다—루카치와 같이 "이상화된 초(超)주체들"을 상정하는 관점을 비판하게 되었다. 그리고 그 대신에 개인들의 문제에 천착하게 되었다. 다시 말해 사회 변동의 주요한 추동력을 인류나 계급과 같은 집합주체의 학습 과정이 아니라 개인들의 학습 과정에서 찾았다. 바로 이런 연유로 아동과 성인의 인지적 그리고 특히 도덕적 학습 과정에 대한 연구로 유명한 장 피아제(1896~1980) 및 로런스 콜버그(1927~87)와 같은 발전심리학자들이 하버마스에게 중요한 의미를 갖게 되었다. 이 모든 것의 결과로 하버마스는 『후기 자본주의의 정당성 문제』(1973)와 『사적 유물론의 재구성을 위하여』(1976)에서 마르크스주의를 진화론적으로 재구성할 수 있었다.[14]

### (2) 『의사소통행위이론』: 한 편의 거대한 해석학적 오디세이

하버마스의 지적 기획은 한마디로 말하자면 근대를 옹호하는 것이다. 그에게 근대는 포스트모더니즘 이론가들이 주장하듯이 이미 완성되어 탈근대(포스트모더니티)에 자리를 내어준 것이 아니라 아직 완성되지 않은 기획이며, 이 "미완의 기획"인 근대를 보다 합리적으로 추구하는 데에 그의 궁극적

---

13  같은 책, 289, 313쪽.
14  같은 책, 315쪽 이하. 피아제와 콜버그에 대한 하버마스의 해석은 무엇보다도 다음을 참고할 것. Jürgen Habermas, *Moralbewußtsein und kommunikatives Handeln*, Frankfurt am Main: Suhrkamp 1983.

인 관심이 있다.[15]

　나에게는 하나의 사상적 동기와 하나의 근본적인 직관이 있다. 그런데 이 직관은 종교적 전통, 예컨대 개신교 또는 유대교 신비주의자들로, 그리고 셸링으로 소급한다. 나의 사상적 동기를 이루는 것은 자기 자신과 불화를 일으키는 근대의 화해이다. 다시 말하자면 근대가 문화적, 사회적 및 경제적 영역에서 가능케 한 분화를 포기하지 않고도 자율성과 의존성이 진정으로 평화로운 관계를 유지하는 공동생활의 형식을 발견할 수 있다는 표상, 그리고 모호하고 복고적인 실체적 공통성이 연루되지 않은 공동체에서 공명하게 살아갈 수 있다는 표상이 나의 사상적 동기를 이룬다. 이러한 직관은 다른 사람들과의 교류 영역에서 유래한다. 그리고 하나의 온전한 상호주관성에 대한 경험을 얻고자 하는 바, 이 상호주관성은 이제까지 의사소통구조의 역사에서 창출된 그 어떤 것보다도 올이 촘촘하다 ― 다시 말해 이 상호주관성은 그 어떤 것보다도 더 촘촘하고 정교하게 짜인 상호주관적 관계망이다. 그럼에도 불구하고 자유와 의존의 관계를 가능케 하는바, 이 관계는 언제나 상호작용의 모델을 통해서만 표상할 수 있는 것이다. 이러한 표상이 등장하는 경우, 아이헨도르프를 인용하는 아도르노의 경우에도, 셸링의 『세계시대』의 경우에도, 청년 헤겔의 경우에도, 그리고 야코프 뵈메의 경우에도 그것은 언제나 성공한 상호작용에 대한 표상이다. 호혜성과 거리감, 멀어짐과 빗나가지 않는 성공적 접근, 훼손 가능성과 이를 보완하는 신중성 ― 보호, 노출과 동정, 헌신과 저항의 이 모든 상징은 브레히트의 말을 빌자면 친절한 공동생활의 경험지평에서 치솟는 것이다. **이러한 친절함은** 예컨대 갈등을 배제하지 않는다. 그것이 의미하는 바는 갈등을 극복할 수 있는 인간적 형식들이다.[16]

---

15　다음에는 근대가 미완의 기획이라는 하버마스의 논지가 잘 드러나 있다. Jürgen Habermas, "Die Moderne: ein unvollendetes Projekt", in: ders., *Kleine Politische Schriften* (*I–IV*), Frankfurt am Main: Suhrkamp 1981, 444~64쪽.

16　Jürgen Habermas, 앞의 책(1985d), 202~3쪽.

자기 자신과 불화를 일으키는 근대의 화해 — 이에 대한 이론적 가능성을 하버마스는 새로운 사회학적 패러다임에서 찾고 있는바, 그것은 다름 아닌 의사소통행위이론이다. 의사소통행위이론은 '행위'라는 말이 자명하게 보여주듯이 행위이론, 아니 보다 정확히 말하자면, '의사소통'이라는 말이 자명하게 보여주듯이 그리고 이 인용구절에 나오는 상호주관성 및 상호작용의 개념이 암시하듯이 상호주관적 또는 상호작용적 행위이론이다. 그런데 하버마스는 그의 행위이론, 그러니까 의사소통행위이론이 사회이론의 출발점이 되며 또한 그럼으로써 합리성이론으로 연결된다고 주장한다. 이는 그의 사회학이 행위이론, 사회이론 및 합리성이론으로 구성된다는 것을 의미한다. 먼저 사회이론과 관련하여 하버마스는 『의사소통행위이론』 서문에서 다음과 같이 말하고 있다.

　　의사소통행위이론은 메타이론이 아니라 자신의 비판적 척도를 입증하려고 노력하는 사회이론의 출발점이다. 나는 이해지향적 행위의 보편적 구조에 대한 분석을 다른 수단으로 수행된 인식론의 연장이라고 생각하지 않는다.[17]

　　그리고 합리성이론과 관련하여 역시 같은 곳에서 다음과 같이 말하고 있다.

　　합리성의 문제는 외부에서 사회학에 부과되는 것이 아니다. 사회이론이고자 하는 사회학은 **모두** 합리성 개념을 (그것도 언제나 규범적 내용을 갖는) 세 가지 차원에서 사용해야 하는 문제에 직면하게 된다. 이러한 사회학은 자신의 주도적인 행위 개념들이 합리성을 함축하는가에 대한 메타이론적 질문도, 의미이해를 통해 대상영역에 접근하는 것이 합리성을 함축하는가에 대한 방법론적 질문도, 그리고 마지막으로 사회의 근대화가 어떤 의미에서 합리화로 기술될 수 있는가에 대한 경험적-이론적 질문도 회피할 수 없다.[18]

---

17　Jürgen Habermas, 앞의 책(1985a), 7쪽.

이처럼 행위이론, 사회이론 및 합리성이론을 포괄하는 사회학의 새로운 패러다임인 의사소통행위이론의 가능성을 ― 곧 자세히 살펴보게 되듯 ― 하버마스는 다름 아닌 언어이론에서 찾는다. 이는 사회(과)학의 언어론적 정초를 의미하는 것으로서, 『의사소통행위이론』보다 11년 전인 1970년에 출간된 『사회과학의 논리에 대하여』에서 이미 예고한 바 있다.[19]

『의사소통행위이론』은 한 편의 거대한 해석학적 오디세이이며, 이 점에서 하버마스는 "이론사적(理論史的) 재구성과 개념 분석을 결합하는 방식으로" 행위이론을 전개한 파슨스의 『사회적 행위의 구조』(1937)를 하나의 전범으로 삼고 있다.[20] 하버마스가 『의사소통행위이론』에서 감행한 해석학적 오디세이는 한편으로 칸트에서 마르크스에 이르는 철학적 유산을 그리고 다른 한편으로 베버에서 파슨스에 이르는 사회학적 유산을 검토하면서 이론사적 논의와 체계적 논의를 결합하고 있다.

이론사의 체계적인 수용은 내게 칸트로부터 마르크스에 이르기까지 개진된 철학적 의도들이 오늘날 과학적 생산성을 가져올 수 있는 통합의 차원을 찾는 데 도움을 주었다. 나는 베버, 미드, 뒤르케임 그리고 파슨스를 고전적 사상가들로, 즉 아직 우리에게 말해줄 것이 많은 사회이론가들로 다룬다. 이들을 논의 주제로 하는 장들에 여기저기 흩어져 있는 보론들은 서론 및 두 개의 중간고찰과 마찬가지로 체계적인 질문들에 할애되어 있다. 그러고 나서 결론적 고찰은 이론사적 연구와 체계적 연구를 결합한다. 그것은 한편으로 근대성에 대해 내가 제안한 해석을 법제화의 경향을 통해 납득시킬 것이며 다른 한편으로 오늘날 사회이론에 제기되는 과제들을 엄밀하게 규정할 것이다.[21]

---

18  같은 책, 8쪽.

19  Jürgen Habermas, *Zur Logik der Sozialwissenschaften*, Frankfurt am Main: Suhrkamp 1982 (5, erweiterte Auflage; 1. Auflage 1970), 12쪽.

20  Jürgen Habermas, 앞의 책(1985a), 7쪽.

21  같은 책, 8~9쪽.

사회학의 새로운 패러다임을 추구하는 『의사소통행위이론』의 제1권은 베버와 비판이론을 다루는 반면, 제2권은 미드, 뒤르케임과 파슨스를 다룬다. 이는 우연적인 것도 아니며 이 이론가들의 생애나 저작의 연대기와 관계가 있는 것도 아니다. 오히려 이러한 논의 구도는 사회학 내부에서 패러다임 전환이 관찰된다는 하버마스의 견해를 반영한다. 하버마스에 따르면 베버와 비판이론이 목적합리적 행위를 중심으로 하는 사회학 이론을 구축했다면, 미드의 상징적 상호작용론은 그리고 일정한 정도로 뒤르케임의 종교사회학은 상징에 의해 매개된 상호작용의 이론을 구축함으로써 목적행위에서 의사소통행위로 사회학적 패러다임을 전환했다. 그리고 하버마스가 파슨스에 대해 논하는 것은 파슨스가 행위이론이 일정한 정도 기능주의적 질서이론을 필요로 한다는 점을 명백하게 보여주었기 때문이다.[22]

## (3) 사회학의 언어론적 정초

하버마스에 따르면 의사소통행위이론 이외에도 사회학에서는 다음과 같이 세 가지 행위이론을 확인할 수 있다. 그 첫 번째는 목적론적 행위이론인바, 이 이론은 특히 경제학과 베버 그리고 합리적 선택이론에 의해 대변된다. 그 두 번째는 규범규제적 행위이론, 즉 규범에 의해 규제되는 행위에 대한 이론인바, 이 이론은 특히 뒤르케임과 초기 파슨스에 의해 대변된다. 그 세 번째는 연극적 행위이론인바, 이 이론은 특히 어빙 고프먼(1922~82)에 의해 대변된다. 그런데 이 세 가지 사회학적 행위이론은 하버마스가 보기에 적절한 언어철학적 정초를 결여하고 있다. 물론 그렇다고 해서 이 행위이론들에서 언어가 아무런 역할도 하지 않는 것은 아니다. 다만 20세기 언어학의 화용론적 전회가 일어났음에도 불구하고 여전히 이미 시대에 뒤떨어진 언어 개념을 고수함으로써 의식철학적 전제조건을 벗어나지 못한다는 문제

---

22  Hans Joas & Wolfgang Knöbl, 앞의 책(2011), 323~24쪽.

점을 안고 있다는 것이 하버마스의 판단이다.[23]

그리고 그가 보기에 목적론적 행위에 대한 이론, 규범규제적 행위에 대한 이론 그리고 연극적 행위에 대한 이론이 안고 있는 또 한 가지 결정적인 문제점은, 이 이론들 모두가 비록 나름대로의 의미와 설명력을 갖고 있지만 사회적 행위의 부분적 측면밖에 다룰 수 없다는 것이다. 하버마스에 따르면 가장 포괄적인 사회학적 행위이론은 의사소통행위이론인바, 여기에서 말하는 의사소통행위란 언어에 의해 매개되며 상호이해에 지향된 상호작용이다.

이런 점에서 의사소통행위로 사회학적 행위이론의 패러다임을 전환한 미드가 사회학의 이론사에서 갖는 의미는 각별하다. 미드는 『정신·자아·사회: 사회적 행동주의자의 관점에서』(1934)라는, 사후에 출간된 그의 주저에서 정신과 자아는 유아론적으로 형성되고 발전하는 것이 아니라 상징에 의해 매개되는 사회적 상호작용, 그러니까 의사소통을 통해 형성되고 발전한다고 주장한다.[24] "사회적 행동주의자의 관점에서"라는 부제가 암시하듯이, 정신과 자아는 사회적 행위의 산물이다. 말하자면 사회적 행위가 정신과 자아를 창출하는 것이지 정신과 자아가 사회적 행위를 창출하는 것이 아니다. 요컨대 미드에게 정신과 자아는 실천적 상호주관성의 산물이다.[25]

미드의 이러한 행위이론에서 언어가 결정적인 역할을 한다. 왜냐하면 언어는 "사회적 행동의 일부분" 또는 "행위의 일부분"이기 때문이며 "언어에서 정신의 영역이 발현되기" 때문이다. 그러므로 "언어가 없었다면 정신도 사고도 있을 수 없고, 과거에도 있을 수 없었을 것이다. 그러므로 언어 발달의 초기 단계는 정신이나 사고의 발달보다 앞서는 것임이 틀림없다."[26] 미드

---

23  Wolfgang Schluchter, 앞의 책(2007), 166쪽.

24  George Herbert Mead, *Mind, Self, and Society. From the Standpoint of a Social Behaviorist* (Edited and With an Introduction by Charles W. Morris), Chicago: The University of Chicago Press 1934.

25  다음은 미드의 지적 세계를 실천적 상호주관성의 관점에서 파악하고 있다. Hans Joas, *Praktische Intersubjektivität. Die Entwicklung des Werkes von George Herbert Mead*, Frankfurt am Main: Suhrkamp 1980.

26  Georg Herbert Mead, 앞의 책(1934), 13, 124, 133, 192쪽.

에게 언어는 사회적 상호작용과 사회화의 매체이다. 그러나 하버마스가 보기에 미드는 언어가 상호이해의 매체로서도 기능한다는 사실을 간과하는 결정적인 문제점이 있다. 사실 하버마스에게 가장 중요한 언어의 기능은 바로 이 상호이해의 기능이다.

상호이해는 인간 언어에 목적인(目的因)으로서 내재한다. 물론 언어와 이해가 수단과 목적의 관계에 있지는 않다. 그러나 우리는 문장을 의사소통의 의도에서 사용하는 것이 무엇을 의미하는가를 제시할 때만 이해의 개념을 설명할 수 있다. 발화와 이해는 교호적으로 해석되는 개념이다. 그러므로 우리는 이해지향적 태도의 형식화용론적 특징을 의사소통 참여자들의 태도를 모델로 하여 분석할 수 있는데, 의사소통의 가장 단순한 경우는 그 참여자들 가운데 한 사람이 언어행위를 수행하고 다른 사람이 '예' 또는 '아니요'로 거기에 입장을 표명하는 경우이다(이는 의사소통의 일상적 실천에서 표현되는 것들이 대부분 명시적으로 언어의 형식을 갖지 않거나 종종 아예 발화의 형식을 갖지 않더라도 그렇다).[27]

이는 하버마스가 상호이해를 행위의 척도로 삼으며 언어행위를 이해지향적 행위를 분석하는 모델로 삼는다는 사실을 암시한다. 실제로 하버마스는 행위를 그 지향성을 기준으로 성공지향적 행위와 이해지향적 행위로 그리고 그 상황을 기준으로 비사회적 행위와 사회적 행위로 나눈다. 이 두 축에 따른 행위의 유형은 다음과 같다.[28]

**도표 28 행위 유형**

| 행위 상황 ＼ 행위 지향 | 성공지향적 | 이해지향적 |
|---|---|---|
| 비사회적 | 도구적 행위 | — |
| 사회적 | 전략적 행위 | 의사소통적 행위 |

27 Jürgen Habermas, 앞의 책(1985a), 387쪽.
28 같은 책, 384쪽.

하버마스는 성공을 "세계에서 소망한 상태가 일어나는 상태"로, 그리고 이해를 "언어 능력 및 행위 능력이 있는 주체들 사이에 합의를 이루는 과정"으로 정의한다.[29] 이 가운데 도구적 행위는 "기술적 행위 규칙의 준수라는 측면에서 고찰되고 상황과 사건의 연관관계에 얼마나 효과적으로 개입하는가에 따라 평가되는" 성공지향적 행위이다. 또한 전략적 행위는 "합리적 선택 규칙의 준수라는 측면에서 고찰되고 합리적인 상대방의 결정에 얼마나 효과적으로 영향을 미치는가에 따라 평가되는" 성공지향적 행위이다. 이에 반해 의사소통적 행위는 "관련된 행위자들의 행위 계획이 자기중심적으로 성공을 계산하는 것에 의해서가 아니라 서로를 이해하기 위한 활동을 통해 조정되는" 행위이다.[30]

앞에서 언급한 바와 같이, 하버마스는 의사소통행위이론이 가장 포괄적인 사회학적 행위이론이라고 주장한다. 이를 입증하기 위해서는 의사소통행위가 다른 사회적 행위보다 세계의 더 많은 측면과 관련된다는 점을 보여주어야 한다. 또는 달리 말하자면 의사소통행위가 다른 사회적 행위보다 더 많은 행위자-세계의 관계를 갖는다는 점을 보여주어야 한다. 그리하여 의사소통행위는 다른 사회적 행위보다 더 세분화된 유형, 즉 더 많은 하위 범주를 갖는다는 점을 보여주어야 한다. 이에 대한 가능성을 하버마스는 다름 아닌 언어행위에서 찾는다. 왜냐하면 우리는 일상생활에서 세계의 아주 다양한 측면과 현상에 대해 말하고 서로 이야기하면서, 그러니까 세계의 아주 다양한 측면 및 현상과 관계를 맺으면서 화자와 청자가 이성적 합의에 도달할 수 있다는 기대를 갖기 때문이다. 이는 일상적 실천과 언어행위가 그 무엇보다도 큰 합리성의 잠재력을 갖는다는 것을 의미한다.[31]

그런데 하버마스는 모든 언어행위가 의사소통행위에 해당하는 것이 아니

---

29 "'이해'라는 용어의 최소의미는 언어 능력 및 행위 능력이 있는 (최소한) 두 주체가 하나의 언어적 표현을 동일하게 해석한다는 것이다." 같은 책, 412쪽.
30 같은 책, 385~86쪽.
31 Hans Joas & Wolfgang Knöbl, 앞의 책(2011), 325쪽.

라 "화자가 비판 가능한 타당성 요구를 결합하는 언어행위만이 의사소통행위에 해당한다"고 주장한다.[32] 왜냐하면

> 화자가 비판 가능한 타당성 요구를 결합하는 언어행위만이, 말하자면 자기 자신의 힘으로, 그것도 이해를 추구하는 언어적 의사소통의 타당성에 기반하여 청자로 하여금 언어행위의 제안을 받아들이도록 움직이며 또한 그럼으로써 행위를 조정하는 메커니즘으로서 효력을 발휘할 수 있기 때문이다.[33]

하버마스에 따르면 상호이해의 매체로서 언어행위는 서술적 언어행위, 규제적 언어행위, 표출적 언어행위로 대별되며, 이 각각은 다음에 기여한다. 첫째, 서술적 언어행위는 "상태와 사건을 서술하거나 전제하는 데에 기여한다." 이때 화자는 "**세계** 안에 실존하는 사태들의 어떤 것에 관계한다." 둘째, 규제적 언어행위는 "개인들 사이의 상호관계를 창출하고 갱신하는 데에 기여한다." 이때 화자는 "정당한 질서들의 **세계** 안의 어떤 것에 관계한다." 셋째, 표출적 언어행위는 "체험의 표명, 즉 자기연출에 기여한다." 이때 화자는 "자신이 특권적으로 접근 가능한 주관적 **세계** 안의 어떤 것에 관계한다." 그런데 이 세 가지 언어행위는 그것에 고유한 타당성 요구에 의해서만 가능한바, 그 각각은 진리성, 정당성, 진실성이다. 다시 말해 서술적 언어행위의 경우, "화자는 진리요구에 대한 인정을 토대로 청자와 합의를 이루려고 한다." 또한 규범적 언어행위의 경우, "합의는 참여자들이 그 행위를 정당한 것으로 간주하도록 하느냐에 달려 있다." 그리고 표출적 언어행위의 경우, "합의는 진실성 요구에 대한 인정을 토대로 해서만 실현될 수 있다."[34]

언어행위의 이러한 타당성 요구를 정당화하기 위하여 하버마스는 언어분석철학, 특히 영국의 언어학자 존 L. 오스틴(1911~60)이 창시하여 그 제자

---

32  Jürgen Habermas, 앞의 책(1985a), 410쪽.

33  같은 책, 409~10쪽.

34  같은 책, 413~14쪽.

인 미국의 언어학자 존 R. 설(1932~)이 계승, 발전시킨 언어행위이론에 접목한다. 보다 정확히 말하자면, 이들의 언어행위이론을 비판적으로 검토한다. 오스틴은 언어행위를 판정적, 행사적(行事的), 언약적, 행태적, 설명적 유형의 다섯 가지로 분류한다. 그리고 설은 오스틴의 분류를 보다 엄밀하게 만들어 서술적, 언약적, 지시적, 선언적, 표출적 언어행위라는 유형화에 도달한다. 그런데 하버마스는 언어행위가 추구하는 바는 "권력 주장이나 타당성 주장의 상호주관적 인정을 통해 달성될 수 있다"는 관점하에 설이 제시한 다섯 가지 유형을 명령적, 서술적, 규제적, 표출적 언어행위의 네 가지 유형으로 재구성한다. 그 결과 설의 언약적 및 선언적 언어행위는 규제적 언어행위에 포함되며, 지시적 언어행위는 명령적 언어행위로 교체된다.[35]

하버마스는 이런 식으로 얻은 언어행위의 유형을 사회적 행위의 유형으로 '번역'한다. 다시 말해 이해지향적 언어행위의 순수한 유형을 언어에 의해 매개된 사회적 상호작용을 유형화하는 데에 길잡이로 삼는다. 그 결과 다음의 도표에서 보듯이 사회적 행위는 네 가지 순수유형으로 분류되는바, 그 가운데 세 가지 유형이 의사소통행위에 속한다.[36]

**도표 29  언어에 의해 매개되는 상호작용의 순수한 유형들**

| 형식화용론적 특질 / 행위 유형 | 특징적인 화행 | 언어 기능 | 행위 지향성 | 기본 태도 | 타당성 주장 | 세계연관 |
|---|---|---|---|---|---|---|
| 전략적 행위 | 발화수단적, 명령적 | 상대방에 영향력 행사 | 성공지향적 | 객관화함 | 〔효율성〕 | 객관세계 |
| 담화 | 서술적 | 사태의 서술 | 이해지향적 | 객관화함 | 진리 | 객관세계 |
| 규범에 의해 규제되는 행위 | 규제적 | 상호관계의 산출 | 이해지향적 | 규범 준수적 | 정당성 | 사회세계 |
| 연극적 행위 | 표출적 | 자기재현 | 이해지향적 | 표출적 | 진실성 | 주관세계 |

35  같은 책, 427~29, 435~37쪽.
36  같은 책, 439쪽.

이러한 행위이론에 입각해 하버마스는 목적론적 행위이론에 비판을 가한다. 행위론적 측면에서 보면 『의사소통행위이론』은 근본적으로 목적행위이론에 대한 비판이자 그 협소함과 일면성을 극복하려는 시도라고 규정할 수 있다.[37] 하버마스에 따르면 목적론적 행위는 성공지향적인 도구적-전략적 행위로서 의사소통성을 결여하고 있다. 거기에서는 이해지향적인 의사소통적 이성과 합리성이 아니라 목적-수단지향적인 도구적 이성과 합리성이 지배한다.

하버마스는 베버를 목적론적 행위이론의 중요한 대표자로 본다. 베버의 행위 개념은 — 하버마스는 이렇게 비판하고 있다 — 근본적으로 성공지향적인 도구적 또는 전략적 행위에 불과할 따름이며, 따라서 이해지향적인 의사소통성을 결여하는 독백론적 성격의 것이다. 결국 베버는 합리화와 이로부터 유래하는 기능주의적 이성 및 도구적 이성의 지배라고 하는 근대세계의 병리적 현상을 매우 적확하게 통찰하고 있었음에도 불구하고 그의 행위이론이 갖는 협소함과 일면성 때문에 이 병리 현상의 극복 가능성을 제시할 수 없었다는 것이 하버마스의 확신인 것이다.[38]

---

37 Wolfgang Schluchter, 앞의 책(2007), 175쪽.
38 Jürgen Habermas, 앞의 책(1985a), 369쪽 이하. 그러나 하버마스의 비판과 달리 베버의 사회적 행위는 상호주관적 의사소통성을 전제로 하는바, 이 의사소통성은 인간 행위의 유의미성과 의미지향성에 그리고 이를 통해 기대할 수 있는 행위의 동기와 과정에 대한 상호주관적 이해 가능성과 해석 가능성에 근거한다. 그뿐 아니라 합리화가 진행됨에 따라 행위의 상호주관성과 의사소통성의 정도가 증가한다. 왜냐하면 합리화가 진행됨에 따라 개인들의 사회적 행위가 명확한 원리와 규칙에 의거하게 되기 때문이다. 이는 무엇보다도 하버마스가 이해지향적 의사소통성을 결여한다고 비판해 마지않는 목적론적 경제 행위의 경우를 통해 명백하게 엿볼 수 있다. 서구 근대 시민계층에 의해 수행된 이 행위 유형은 장기간에 걸친 광범위한 문화적-사회적 합리화 과정의 결과로서, 바로 예측 가능성 및 계산 가능성 그리고 최고도의 명증한 이해 가능성과 해석 가능성을 그 주요한 특성으로 한다. 이 모든 것은 베버에게 사회적인 것은 — 적어도 잠재적으로 — 행위의 상호주관적이고 의사소통적인 의미지향성을 내포하고 있음을 암시해준다. 요컨대 베버가 말하는 합리성은 의사소통성으로서의 합리성이다. 김덕영, 앞의 책(2004), 135~36쪽; 김덕영, 앞의 책(2012), 661쪽; Johannes Weiss, "Rationalität als Kommunikabilität. Überlegungen zur Rolle von Rationalitätsunterstellungen in der Soziologie", in: Walter M. Sprondel & Constans Seyfarth

## (4) 두 단계 사회이론과 체계에 의한 생활세계의 식민지화

이미 언급한 바와 같이, 하버마스는 행위이론을 메타이론이 아니라 사회이론의 출발점으로 간주한다. 이는 그가 행위이론이라는 미시적 차원과 사회이론이라는 거시적 차원의 결합을 추구함을 암시하는 대목이다. 의사소통행위이론에 기반하는 하버마스의 사회이론은 크게 보아 두 단계 사회이론과 체계에 의한 생활세계의 식민지화로 특징지을 수 있을 것이다.

하버마스에 따르면 미시적 의사소통행위의 거시적 상관개념은 다름 아닌 생활세계이다. 생활세계는 "의사소통행위에 대한 상보개념"이다. 왜냐하면 생활세계는 "의사소통행위자들이 '언제나 이미' 그 안에서 움직이는 지평"이거나, "의사소통행위에서 콘텍스트로 현전(現前)하거나" 또는 "행위 상황의 지평을 이루는 콘텍스트로 주어지기" 때문이다. 또한 생활세계는 "상호이해 **자체**의 본질을 구성한다." 다시 말해 "화자와 청자는 그들의 공통적인 생활세계로부터 객관세계, 사회세계 또는 주관세계 안의 어떤 것에 대해 상

---

(Hrsg.), *Max Weber und die Rationalisierung sozialen Handelns*, Stuttgart: Ferdinand Enke 1981, 39~58쪽. 다음은 하버마스가 비(非)목적론적 행위와 비(非)독백론적 행위를 명백하게 구분하지 않기 때문에 의식철학적 의미에 준거하는 베버의 행위 개념을 독백론적인 것으로 해석할 수밖에 없다고 주장한다. Hans Joas, "Die unglückliche Ehe von Hermeneutik und Funktionalismus", in: Axel Honneth & Hans Joas (Hrsg.), *Kommunikatives Handeln. Beiträge zu Jürgen Habermas' "Theorie des kommunikativen Handelns"*, Frankfurt am Main: Suhrkamp 1986, 144~76쪽, 여기서는 151쪽.
게다가 베버에게 행위합리성은 하버마스가 비판하는 것처럼 그렇게 단순히 목적합리성으로 환원되지 않는다. 베버에 따르면 "합리화는 모든 문화권의 다양한 삶의 영역에서 지극히 다양한 방식으로 진행되었다. 각각의 문화권에서 이루어진 합리화의 문화사적인 차이를 특징짓는 것은 무엇보다 **어떠한** 영역이 어떠한 방향으로 합리화되었는가 하는 것이다." (막스 베버, 앞의 책(2010), 26쪽) 이는 베버가 합리성을 목적합리성과 동일시하지 않고 다양하게 파악한다는 것을 암시한다. 실제로 베버의 합리성 개념은 ① 과학적-기술적 합리성, 형이상학적-윤리적 합리성, 실천적 합리성 또는 ② 목적합리성/가치합리성, 형식적 합리성/실질적 합리성, 이론적 합리성/실천적 합리성 또는 ③ 경험과학적 합리성, 의미해석적 합리성, 윤리적 합리성 등등으로 해석할 수 있을 만큼 다양한 차원을 포괄하고 있다.(이에 대한 자세한 논의는 다음을 참고할 것. 김덕영, 앞의 책(2012), 657쪽 이하.)

호이해를 하게 된다."[39] 요컨대 하버마스에게 생활세계는 의사소통행위의 거시적 지평이자 배경이며 더 이상 거슬러 올라갈 수 없는 거시적 전제조건으로서 의사소통행위자들에게 일종의 초월적 장소와도 같은 것이다.

　　의사소통행위자들은 항상 자신들의 생활세계의 지평 **내에서** 움직인다. 그들은 이 지평의 밖으로 나갈 수 없다. 해석자로서 그들은 자신들의 언어행위와 더불어 생활세계에 속한다. 그러나 그들은 사실, 규범 또는 체험에 관계하는 방식처럼 "생활세계 안의 어떤 것"에 관계할 수는 없다. 생활세계의 구조들은 가능한 상호이해의 상호주관성 형식들을 확정한다. 바로 이러한 형식들 덕분에 의사소통 참여자들은 그들이 상호이해를 도모할 수 있는 세계 내적인 것에 대하여 세계 외적 태도를 취할 수 있다. 말하자면 생활세계는 화자와 청자가 서로 만나는 초월적 장소인 것이다. 다시 말해 화자와 청자가 서로 간에 자신들의 언설이 세계(객관세계, 사회세계, 주관세계)와 부합한다는 주장을 할 수 있고, 이러한 타당성 주장을 비판하고 확증하며, 그들 사이의 의견 불일치를 해결하고 합의를 이룰 수 있는 장소이다. 이를 한 문장으로 하자면 다음과 같다. 의사소통 참여자들은 언어와 문화에 대해서 그들이 현실적으로 상호이해의 대상이 되는 사실, 규범 또는 체험의 전체에 대해서 취하는 것과 같은 거리를 취할 수 없다.[40]

　　이 인용구절의 마지막 문장에서 분명하게 드러나듯이, 하버마스에게 생활세계는 언어와 문화의 세계이다. 그것은 언어 능력과 행위 능력이 있는 주체들이 상호작용을 하는 상징적 우주이다. 이 상징적 우주를 미드는 언어라고 부르고 파슨스는 문화체계라고 부른다. 그러니까 하버마스는 미드와 파슨스를 통합하고 있는 것이다.[41] 그런데 여기에서 중요한 것은 이 인용구절

---

39　Jürgen Habermas, 앞의 책(1985b), 182~83, 192, 205, 208쪽.

40　같은 책, 192쪽.

41　Wolfgang Schluchter, 앞의 책(2007), 178~79쪽. 이처럼 하버마스가 언어와 문화를 통합적으로 이해하는 이유는 이 둘이 상호 밀접한 관계에 있기 때문이다. 언어가 상징적 형태로 문화적 내용을 보존하고 전승한다면, 언어의 의미론적 역량은 저장된 문화적 내용,

에 나오는 초월성이 절대적 초월성이 아니라는 점이다. 생활세계 자체를 구성하는 언어와 문화는 "특유한 **반(半)초월성**"을 띤다. 왜냐하면 언어와 문화는 의사소통 참여자들에 대해 객관적인 것이지만 동시에 그들의 상호작용의 "**배후에 머물기**" 때문이다. 그리하여 의사소통 참여자들, 즉 화자와 청자는 언어와 문화에 대하여 "**세계 외적 위치를 취할 수 없다.**"[42] 그들은 언어와 문화를 통해 세계와 연관을 맺는다. 다시 말해 언어와 문화로 구성되는 그들 공통의 생활세계로부터 주관세계(내면세계), 객관세계(외부세계) 및 사회세계(외부세계)의 무엇인가에 대해 상호이해를 도모한다. 언어와 문화에 의한 생활세계적 의사소통행위의 세계연관을 도표로 나타내면 다음과 같다.[43]

**도표 30  언어와 문화에 의한 생활세계적 의사소통행위의 세계연관**

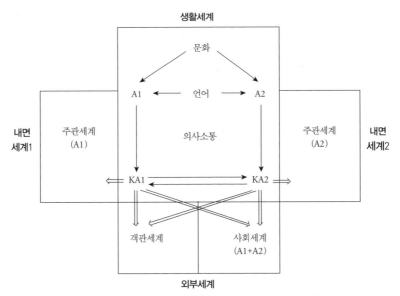

겹화살표는 행위자들(A)이 자신들의 발언(KA)으로 산출하는 세계연관들을 나타냄.

---

즉 해석규준, 가치규준 및 표현규준에 적합해야 한다. Jürgen Habermas, 앞의 책(1985b), 190~91쪽.

42  Jürgen Habermas, 앞의 책(1985b), 190쪽.

이 맥락에서 하버마스는 후설로 소급하는 슈츠의 현상학적 생활세계 개념을 비판적으로 검토한다. 슈츠는 의식철학의 모델을 고수하기 때문에 후설과 마찬가지로 자아론적 의식에서 출발한다는 것이 하버마스의 비판이다. 이 자아론적 의식에 "생활세계의 보편적 구조는 구체적으로 형성되고 역사적으로 각인된 사회적 생활세계의 경험을 위한 필수적인 주관적 조건으로 주어진다." 의식철학에서는 "체험하는 주체"가 분석의 최종 준거점이 되며, 따라서 "생활세계의 구조를 언어적으로 창출된 상호주관성을 직접 포착하는 식으로가 아니라 고독한 행위자들의 주관적 체험에 반영된 것으로 파악한다."[44] 이러한 의식철학적-자아론적 생활세계 개념 대신에 하버마스는 의사소통행위론적 생활세계 개념, 다시 말해 의사소통적으로 구조화된 생활세계 개념을 내세운다. 그에게 생활세계는—다시 한 번 강조하자면—의사소통행위의 상보개념이다.

하버마스에 따르면 생활세계의 구조적 요소는 문화, 사회, 인격인바, 이 요소들은 상호이해, 행위 조정, 사회화라는 의사소통행위의 세 가지 기능에서 도출된다.

> **상호이해의** 기능적 **측면**에서 보면 의사소통행위는 전통과 문화적 지식의 갱신에 기여한다. **행위 조정의 측면**에서 보면 의사소통행위는 사회적 통합과 연대의 창출에 기여한다. 마지막으로 **사회화의 측면**에서 보면 의사소통행위는 개인적 정체성의 형성에 기여한다.[45]

바로 이 문화적 재생산, 사회적 통합 그리고 사회화라는 의사소통행위의 기능에 생활세계의 구조적 요소가 상응하는바, 그것은 문화, 사회 그리고 인격이다.

---

43  같은 책, 193쪽.
44  같은 책, 196, 198쪽.
45  같은 책, 208쪽.

나는 의사소통 참여자들이 세계 내의 어떤 것에 대해 상호이해를 도모할 때 여러 해석을 가능케 하는 지식재고를 **문화**라고 부른다. 나는 의사소통 참여자들이 사회집단에 소속되도록 규제하며 그럼으로써 연대를 확립하도록 하는 정당한 질서를 **사회**라고 부른다. 나는 어떤 주체를 언어 능력과 행위 능력이 있게 만드는 능력, 그러니까 상호이해 과정에 참여하고 이를 통해서 자신의 정체성을 주장할 수 있게 하는 능력을 **인격**이라고 이해한다.[46]

이러한 생활세계는 의사소통행위의 초월적, 아니 보다 정확히 말하자면 반(半)초월적 전제조건이다. 그러나 생활세계와 의사소통행위의 관계는 단순히 일방적인 것이 아니다. 그것은 오히려 쌍방적 또는 상호적인 관계이다. 왜냐하면 생활세계의 세 구조적 요소인 문화, 사회, 인격이 의사소통행위가 전개되는 차원이라면, "서로 섞여 짜여 의사소통적 일상실천의 망이 된 상호작용들은 문화, 사회, 인격이 재생산되는 매체를 이루기" 때문이다.[47] 의사소통행위가 생활세계의 재생산, 보다 정확히 말해 생활세계의 세 구조적 요소인 문화, 사회, 인격의 재생산을 위해 떠맡는 기능은 구체적으로 다음과 같다: ① 문화적 재생산 — 문화적 지식의 전승·비판·획득, ② 사회적 통합 — 상호주관적으로 인정된 타당성 주장을 통한 행위 조정, ③ 사회화 — 정체성 형성. 그런데 하버마스에 따르면 의사소통행위와 생활세계의 기능적 관계는 단순히 일대일 대칭관계에 머무는 것이 아니다. 왜냐하면 의사소통행위가 수행하는 각각의 재생산 과정이 방금 언급한 세 측면에 한정되지 않고 생활세계의 모든 구성요소들의 유지에 기여하기 때문이다. 말하자면 일차적 기능과 이차적 기능으로 나누어서 볼 수 있을 것이다. 그 구체적인 기능들을 다음과 같이 도표로 나타낼 수 있다(대각선으로 강조된 칸들이 일차적 기능들이다).[48]

---

46  같은 책, 209쪽.
47  같은 곳.
48  같은 책, 217쪽.

도표 31 의사소통행위의 생활세계 재생산 기능

| 재생산 과정 \ 구조적 요소 | 문화 | 사회 | 인격 |
|---|---|---|---|
| 문화적 재생산 | 문화적 지식의 전승·비판·획득 | 정당화의 효과를 가져오는 지식의 혁신 | 교양지식의 재생산 |
| 사회 통합 | 가치관의 핵심부 면역화 | 상호주관적으로 인정된 타당성 주장을 통한 행위 조정 | 사회적 소속 유형의 재생산 |
| 사회화 | 문화에의 동화 | 가치의 내면화 | 정체성의 형성 |

　그런데 하버마스는 생활세계가 상징적 구조와 재생산 그리고 물질적 토대와 재생산으로 구성된다고 본다. 전자에 속하는 것이 방금 논한 문화, 사회, 인격이다. 반면 후자에 속하는 것은 목적행위이다. 다시 말해 생활세계의 물질적 토대는 "사회화된 개인들이 자신의 목표를 실현하기 위해 세계에 개입하는" 행위를 매체로 재생산된다.[49] 이것은 사회적 행위, 즉 언어에 의해 매개되는 상호작용이지만 의사소통행위에 속하지 않는 성공지향적인 전략적 행위의 기능에서 도출된다. 하버마스는 이를 체계라고 부른다. 결과적으로 이해지향적 의사소통행위가 생활세계와 상보적인 관계에 있는 것처럼 성공지향적인 전략적 행위는 체계와 상보적인 관계에 있는 것이다.

　이 맥락에서 생활세계와 체계를 결합할 수 있는 개념적 장치가 필요해진다. 하버마스는 이를 사회, 보다 정확히 말하자면 전체 사회라고 부른다. 이렇게 해서 두 단계 사회이론이 성립한다. 그 하나는 생활세계의 구조적 요소들 가운데 하나인 사회이고, 그 다른 하나는 상징적 구조와 재생산 그리고 물질적 토대와 재생산, 그러니까 생활세계와 체계를 포괄하는 전체 사회이다. 전체 사회는 "사회적으로 통합된 집단들의 행위 복합체가 체계로서 안정화된 것"인바, 여기에서 체계는 "사회문화적 생활세계의 유지조건을 충족시켜야 한다."[50] 이 가운데 이해지향적–의사소통적 행위가 지배하는 생활세계는

---

49　같은 책, 209쪽.

영향력과 가치 구속이라는 매체에 의존하는 반면, 성공지향적-전략적 행위가 지배하는 체계는 돈과 권력이라는 매체에 의존한다.[51]

이처럼 생활세계와 체계를 포괄하는 사회의 개념에 입각하여 하버마스는 생활세계를 사회와 동일시하는 이해사회학이 "해석학적 이상주의"의 오류를 범한다고 비판한다.

> 사회를 생활세계로 파악하는 "이해사회학"은 자신을 그때그때 연구되는 문화의 자기해석의 관점에 결부시킨다. 이러한 내부 관점은 사회문화적 생활세계에 외부로부터 영향을 미치는 모든 것을 가려버린다. 특히 문화주의적 생활세계 개념으로부터 출발하는 이론적 성향들은 "해석학적 이상주의"의 [⋯] 오류에 빠진다. 그것의 이면이 방법적 기술주의(記述主義)인바, 이것은 사회과학적 이론 구성에 대해 정당하게 제기되는 설명의 요구를 충족시킬 수 없다. 특히 이해사회학의 현상학적, 언어학적, 민속방법론적 변형태들이 그렇다. 이것들은 보통 다소간 평범한 일상적 지식을 달리 표현하는 것을 넘어서지 못한다.[52]

하버마스에 따르면 사회를 생활세계와 동일시하게 되면 다음과 같은 세 가지 허구에 빠지게 된다. ① 행위자들의 자율성, ② 문화의 독립성, ③ 의사소통의 투명성. 첫 번째 허구에 빠지게 되면, "사회관계가 성인이 된 사회 구성원들의 의지와 의식을 통해 형성된다는 표상"이 생겨난다. 두 번째 허구에 빠지게 되면, 사회문화적 생활세계의 구성원들은 "외적 자연, 사회 그리고 내적 자연을 문화에 비추어서 다루며", 따라서 "그들에게 문화가 경험적으로 **다른** 무엇인가에 의존하는지를 묻는 것은 전혀 무의미하다." 세 번째 허구에 빠지게 되면, 의사소통행위자들은 "그들의 의사소통이 체계적으로

---

50  같은 책, 228쪽.
51  같은 책, 409쪽.
52  같은 책, 223쪽.

왜곡되는 것, 즉 언어적 구조 자체에 내재하면서 자유로운 의사소통의 가능성을 눈에 띄지 않게 제한하는 저항을 고려할 수 없다."[53]

그런데 이 세 가지 허구가 설득력을 갖는 것은 — 하버마스는 계속해서 이렇게 주장한다 — 사회의 통합이 오직 이해지향적 행위를 통해서만 가능하다고 보는 경우에 한해서이다. 그러나 사회문화적 생활세계에 속한 사람들의 행위는 실제로 상호이해의 과정을 통해서뿐만이 아니라 "그들이 의도하지도 않고 일상적 실천의 지평 안에서 대부분 지각되지도 않는 기능적 상호관련성을 통해서도 조정된다." 하버마스는 상호이해적 사회의 통합을 사회적 통합으로, 기능적 사회의 통합을 체계적 통합으로 규정한다.[54] 전자의 경우에 행위체계는 합의에 의해 통합되는데, 이 합의는 "규범적으로 확보된 것이든 또는 의사소통적으로 성취된 것이든" 상관이 없다. 이에 반해 후자의 경우 행위체계는 "주관적으로 조정되지 않은 개별적인 결정들을 비규범적으로 조절함으로써" 통합된다. 자본주의 사회에서 시장은 행위체계의 탈규범적 규제, 그러니까 체계적 통합의 아주 좋은 예로서 "행위의 **결과들**을 기능적으로 연결함으로써 의도하지 않은 행위 복합체를 안정시킨다."[55] 이에 반해 상호이해의 메커니즘은 "참여자들의 행위 **지향**을 상호 일치시킨다." 하버마스에 따르면 사회의 통합을 **사회적 통합**으로 이해하는 것은, "의사소통행위로부터 출발해서 사회를 생활세계로 구성하는 개념 전략을 선택하는 것이다. 이것은 사회과학적 분석을 사회집단 구성원들의 내부 관점에 결합하고 사회과학자에게 자신이 이해하는 것을 참여자들이 이해하는 것에 해석학적으로 연결할 의무를 지운다." 이에 반해 사회의 통합을 **체계적 통합**으로 이해하는 것은, "사회를 자기조절 체계의 모델에 따라 파악하는 개념

---

53  같은 책, 224~25쪽.
54  이 문장에서 사회의 통합과 사회적 통합은 독일어로 각각 Integration der Gesellschaft와 Sozialintegration이다. 이를 영어로 표현하자면 integration of society와 social integration이다.
55  이 문장에는 "탈규범적"이라는 단어가 나오고 그 앞 문장에는 "비규범적"이라는 단어가 나오는데, 이는 생활세계와 달리 체계에는 행위자들의 합의 또는 동의에 의해 구성된 가치, 규범 또는 의사소통이 없다는 뜻으로 읽어야 한다.

전략을 선택하는 것이다. 이것은 사회과학적 분석을 관찰자의 외부 관점에 결합하고 우리에게 체계 개념을 행위 복합체에 적용될 수 있도록 해석하는 문제를 부과한다."[56] 요컨대 사회적 통합과 그 메커니즘은 "이해지향적 행위의 구조와 **내적인** 관계에 있는" 반면, 체계적 통합과 그 메커니즘은 "**행위 구조의 외부에** 머문다."[57]

요컨대 해석학적 이상주의의 오류에 빠진 이해사회학이 ─ 또는 달리 말해 "문화주의적으로 일면화된 이해사회학"[58]이 ─ 사회를 생활세계와 동일시함으로써 사회적으로 통합된 집단들의 행위 복합체, 그러니까 사회의 절반은 인식할 수 있을지 몰라도 이 행위 복합체가 체계로서 안정화된 것, 그러니까 사회의 다른 절반은 인식할 수 없다는 것이다. 포괄적인 인식은 어디까지나 생활세계와 체계를 포괄하는 사회의 개념에 의해서만 가능하다는 것이 하버마스의 입장이다. 우리는 여기에서 해석학과 체계이론의 독특한 결합을 목격한다.

그러나 이러한 결합으로 인해 하버마스는 아주 격렬한 비판을 받아왔다. 하버마스 자신이 인정하듯이, 그의 사회이론에 가해진 가장 신랄한 비판은 이해지향적 행위의 개념에 대한 것이 아니라 두 단계 사회이론, 즉 생활세계와 체계의 구분에 대한 것이다. 그것은 "처음부터 이질적인 접근 방식들, 모델들과 절차들을 절충주의적으로 짜 맞춘 것이라는 의혹을 받아왔다."[59] 심지어 생활세계와 체계의 결합은 "해석학과 체계이론의 불행한 결혼"이라는 지극히 부정적인, 하버마스의 핵심적인 이론을 그 근원부터 부정하는 비판도 있다. 말하자면 생활세계와 체계의 결합은 관점들의 "동군연합"(同君聯合)에 지나지 않는다는 것이다.[60] 그리고 생활세계와 체계의 구별이 그것에

56  Jürgen Habermas, 앞의 책(1985b), 226~27쪽.
57  Jürgen Habermas, "Entgegnung", in: Axel Honneth & Hans Joas (Hrsg.), 앞의 책(1986), 327~405쪽, 여기서는 380쪽.
58  Jürgen Habermas, 앞의 책(1985b), 224쪽.
59  Jürgen Habermas, 앞의 글(1986), 377쪽.
60  Hans Joas, 앞의 글(1986), 동군연합이란 두 개 이상의 독립국가가 동일한 군주를 섬기

따르는 또는 그것을 뒷받침하는 각각의 측면에서 문제점이 있다고 비판하는 경우도 있는바, 그 측면들이란 구체적으로 다음과 같다. ① 참여자의 내부 관점과 관찰자의 외부 관점 사이의 구별, ② 두 가지 사회 통합 방식의 구별, ③ 물질적 재생산과 상징적 재생산의 구별, ④ 재생산 영역들과 행위 영역들의 직접적인 상응, ⑤ 생활세계와 체계의 분리.[61]

---

는 정치 형태를 가리키며, 달리 군합국(君合國)이라고도 한다. 그 역사적인 예로는 다음과 같은 것들을 들 수 있다. 스페인과 포르투갈(1580~1640), 영국과 스코틀랜드(1603~1707), 영국과 하노버(1714~1837), 네덜란드와 룩셈부르크(1815~90), 스웨덴과 노르웨이(1814~1905), 오스트리아와 헝가리(1867~1918) 등.

61  이 비판은 좁게는 하버마스의 이론을 그리고 넓게는 사회학 이론을 이해하는 데에 도움을 줄 수 있기 때문에 자세하게 인용할 만한 가치가 있다(원문의 강조는 생략하고 직접 인용한 부분도 인용부호를 첨가하지 않았음을 일러둔다). 첫째, 참여자의 내부 관점과 관찰자의 외부 관점을 정확하게 구별하는 것은 불가능하다. 왜냐하면 현상학과 민속방법론부터 재구성적이고 기능적인 분석에 이르기까지 모든 성공적인 사회학적 접근 방법은 일정한 정도로 두 관점을 포괄하기 때문이다. 둘째, 사회 통합의 두 가지 방식, 즉 참여자들의 행위 지향을 조화롭게 하는 메커니즘과 의도하지 않은 행위들의 상호의존을 안정화하는 메커니즘을 구별하는 것은 생활세계와 체계의 구별을 담보할 수 없다. 왜냐하면 한편으로 의사소통행위가 사회의 상징적 재생산, 즉 사회화, 사회적 통합과 문화적 재생산에 기능적으로 기여하는 것이 참여자들에게 자주 명확하게 드러나지 않는 반면, 경제적 행위와 행정적 행위가 사회의 물질적 재생산에 기능적으로 기여하는 것은 그들에게 의식되기 때문이다. 게다가 사회적 상호작용의 모든 안정적 영역은 규범적 통합의 측면뿐만 아니라 기능적 통합의 측면도 보여준다. 셋째, 물질적 재생산과 상징적 재생산의 구별도 마찬가지로 생활세계와 체계의 구별을 떠받칠 수 없다. 경제적 및 정치적 구조와 과정이 사회화, 사회적 통합 및 문화적 재생산에서 중요한 역할을 하며 그와 정반대로 사회화, 사회적 통합 및 문화적 재생산이 물질적 재생산의 영역에서 중요한 역할을 하는 것이 분명하다. 게다가 의사소통적이고 규범규제적인 상호작용이 생활세계의 구조적 구성요소들을 유지하는 기능이 모조리 현재적인 반면 목적합리적 행위가 사회의 물질적 토대를 유지하는 기능이 모두 잠재적이라고 생각하는 것은 옳지 않다. 넷째, 물질적 재생산은 목적합리적 행위에, 상징적 재생산은 의사소통행위에 위임되는 식으로 재생산 영역들과 행위 유형들 사이에 직접적인 상응관계가 존재할 수는 없다. 목적지향적 행위는 자주 의사소통적으로 조절되고 의사소통행위는 자주 목적지향적이다. 그러므로 모든 구체적인 행위 영역은 이 두 측면 모두에서 고찰될 수 있다. 게다가 우리는 체계적 관점에서 집적된 행위 결과들에 관심을 갖지만, 이는 주관적 목적지향성이나 의식적으로 추구된 전략의 직접적인 기능이 결코 아니다. 다섯째, 생활세계와 체계를 분리하는 것은 문제점이 있다. 경제적 행위와 행정적 행위를 포함한 모든 사회적 행위는 자명한 것으로 상정된 따라서 더 이상 그 근거를 물을 수 없는 전제들을 배경으로 하기 때문에 해석적, 규범적 그리고 평가적 규준을 필요로 하며, 따라서 생

아무튼 하버마스는 더 나아가 생활세계와 체계의 관계를 진화론적 관점에서 고찰한다. 원래 사회는 통일적인 상태, 다시 말해 상징적 구조와 재생산의 기능을 수행하는 생활세계와 물질적 토대와 재생산의 기능을 수행하는 체계가 분화되지 않은 상태로 있다가 사회가 발전하면서 생활세계의 구조적 분화가 일어나고 생활세계와 체계의 분리가 일어난다. 그러다가 근대사회에 이르면 체계에 의한 생활세계의 부속화와 식민지화라는 사회병리적 현상이 일어난다. 먼저 체계에 의한 생활세계의 부속화는 후자가 전자에 의해 주변화되고 도구화됨으로써 전자의 논리와 명령에 의존적이게 되는 현상을 가리킨다. 그러다가 돈과 권력이라는 체계의 매체가 생활세계에 "정박하게" 되면서, 그리하여 일상적 삶이 ─ 사적 영역에서든 공적 영역에서든 상관없이 ─ "금전화되고 관료제화되면서" 체계에 의한 생활세계의 부속화가 식민지화로 넘어간다. 마치 "식민지 지배자가 부족사회에 들어가듯이" 체계가 **외부로부터** 생활세계에 침투해서 동화를 강요한다."[62] 체계의 논리와 명령이 생활세계의 형식에까지 개입하게 되면 "체계적 메커니즘은 합의에 의존한 행위 조정이 대체될 수 없는 영역에서도, 그러니까 생활세계의 상징적 재생산이 문제가 되는 곳에서도 사회적 통합의 형식을 밀어낸다. 그리되면 생활세계의 **부속화**는 **식민지화**의 형태를 띤다."[63]

이처럼 원래 통일적인 상태에 있던 사회의 생활세계와 체계가 근대화 과정을 거치면서 분리되고 종국에는 후자에 의해 전자가 부속화되고 식민지

---

활세계와 체계의 분리라는 테제는 단지 하버마스 자신의 이론적 모델에서만 타당성을 갖는다. 그것은 대략 다음을 의미한다. 사회 진화의 과정에서 새로운 체계적 메커니즘들이 형성되고는 점차로 상징적 재생산 과정을 수행하는 사회구조들로부터 분리된다. 그러나 모든 구체적인 사회적 행위의 영역은 내적 측면과 외적 측면을 갖고 행위론적 개념들과 체계론적 개념들에 의해 고찰될 수 있고, 의사소통적 이해와 규범적 통합뿐만 아니라 기능적 통합도 요구하며, 또한 상징적 재생산과 물질적 재생산에 똑같이 기여할 수 있다. Thomas McCarthy, "Komplexität und Demokratie ─ die Versuchungen der Systemtheorie", in: Axel Honneth & Hans Joas (Hrsg.), 앞의 책(1986), 177~215쪽, 여기서는 209쪽 이하.

62  Jürgen Habermas, 앞의 책(1985b), 453, 480, 522쪽.
63  같은 책, 293쪽.

화되는 현상은 확실히 근대(화)의 역설 또는 근대적 합리성의 역설이다. 이 점에서 하버마스는 자신의 의사소통행위이론을 근대(화)의 역설 또는 근대적 합리성의 역설에 대한 담론으로 간주한다.[64] 이 담론은 합리화 과정으로서의 근대화 과정으로 초래되는 사회병리적 현상에 대한 경험적-이론적 분석이면서 규범적 비판이다. 그런데 중요한 점은 하버마스가 이렇듯 근대의 역설을 분석하고 비판한다고 해서 마치 그가 반근대주의자 또는 탈근대주의자라도 된다는 식으로 생각해서는 안 된다는 사실이다. 하버마스에게 근대는 미완의 기획이며, 따라서 근대의 역설은 근대의 토대 위에서 근대를 통해서 극복해야 한다는 것이 그의 확고한 입장이다. 이 철저한 근대주의자 하버마스가 체계에 의한 생활세계의 부속화와 식민지화라는 근대의 역설에 직면하여 내리는 근대적 처방은 의사소통적 합리성을 통해서 도구적 이성의 지배를 극복하는 것이다. 바로 여기에 그의 의사소통행위이론이 갖는 실천적 의미가 있다.

이 점에서 하버마스는 베버와 상당한 유사점을 보여주며, 루만과 극명한 대조를 이룬다. 베버는 하버마스처럼 체계에 의한 생활세계의 식민지화를 극복하고자 하는 반면, 루만은 하버마스와 달리 생활세계에 의한 체계의 식민지화를 극복하고자 한다.[65] 이러한 차이의 이유는 무엇보다도 하버마스와 베버가 행위론적 사회학을 추구한 것에 반하여 루만이 체계론적 사회학을 추구한 사실에서 찾을 수 있을 것이다. 베버에 따르면 합리화와 탈주술화의 결과로 특히 관료제의 지배에 의해 개인들이 자유와 의미를 상실하는 근대(화)와 근대적 합리성의 역설이 일어난다. 이 근대의 역설에 직면하여 베버는 이성적 근대주의가 유일한 대안이라는 근대적 처방을 내린다. 베버는 하버마스처럼 철저한 근대주의자이다.[66] 이에 반해 — 곧 논하게 되는 바와 같

---

64 Jürgen Habermas, 앞의 책(1985a), 8쪽.

65 Ingo Pies & Walter Reese-Schäfer (Hrsg.), *Diagnosen der Moderne: Weber, Habermas, Hayek, Luhmann*, Berlin: Wissenschaftlicher Verlag Berlin 2010.

66 하버마스는 생활세계와 체계의 개념으로 근대(화)와 근대적 합리성의 역설, 특히 관료제 명제에 대한 베버의 분석과 비판을 재구성하려고 한다. Jürgen Habermas, 앞의 책(1985b),

449쪽 이하(아래의 내용은 김덕영, 앞의 책(2012), 731, 733, 739쪽을 약간 수정한 것임).
베버에 따르면 합리화와 탈주술화 과정의 결과로 개인들은 다양한 자연적-사회적, 외적-
내적 속박에서 해방되어 자율적이고 주체적으로 결정하고 행위할 수 있는 인격체가 되었
다. 그들은 자유로운 존재가 되었다. 그러나 다른 한편 합리화되고 탈주술화된 모든 삶의
영역에서 다음과 같은 역설적 현상, 즉 다양한 사회적 제도, 기구, 조직, 체계, 집단이 자체
적인 논리에 의해 작동하게 되면서 개인들을 바로 그 작동논리에 예속시키는 현상이 나타
난다. 원래 근대인은 합리적인 지배적, 사회적 및 과학적 기술을 통해 이 세계를 자신의 주
관적 의지에 따라 처리하고 가공할 수 있는 "대상"과 "재료"로 만들었다. 그러나 이 원래
적인 목적과 수단의 관계 또는 정신과 체계의 관계가 전복되면서 근대인은 외적으로 강제
된 각종 사회적 기능과 역할의 무성찰적 담지자로 전락해버렸다. Günter Abramowski, *Das
Geschichtsbild Max Webers*, Stuttgart: Ernst Klett 1966, 163, 166쪽. 합리화와 탈주술화의
이 역설, 즉 근대화의 역설은 무엇보다도 관료제에서 기인한다. 근대 사회에서 관료제는
국가와 행정의 영역에 국한되지 않고 정당, 기업, 대학, 연구소, 군대, 지역 행정, 교회, 이
익단체 등 모든 삶의 영역에서 관찰할 수 있다. 심지어 사회주의 국가도 흔히 생각하는 바
와 달리 관료제의 기반 위에 존립하며 점증하는 관료화의 경향을 피해 갈 수 없다. 베버가
보기에 오늘날 관료제는 불가피한 운명이다. 이러한 관료제는 필연적으로 인간의 외면적-
내면적 삶을 결정적으로 각인하게 된다. 왜냐하면 관료제의 지배하에서 각 개인은 "이 기
계의 바퀴가 되고 내적으로는 스스로를 그러한 바퀴로 느끼며 오직 이 작은 바퀴에서 보다
큰 바퀴가 될 수 없는가 하는 것만을 묻도록 조율되기" 때문이다. Max Weber, *Gesammelte
Aufsätze zur Soziologie und Sozialpolitik*, Tübingen: J. C. B. Mohr (Paul Siebeck) 1988 (2.
Auflage; 1. Auflage 1924), 413쪽. 그리하여 자유로운 인간은 그 주체성과 자율성 및 인격성
을 박탈당하고 외적으로 주어진 질서에 적응하며 순종하는 인간, 즉 질서인간으로 전락한
다. 그런데 근대세계의 이 모든 부정적인 측면에도 불구하고 그 세계를 받아들이고 그 세
계의 역설과 모순을 참고 견뎌야 한다는 것이 베버의 확고한 입장이다. 베버는 근대세계에
대해 누구보다도 비판적인 진단을 하고 있지만, 결코 근대성에 대한 피로감을 이유로 낭
만주의적이고 반동적으로 근대 이전의 시대로 돌아가려고 하지 않는다. 그는 이 새로운 시
대의 적이 아니다. 오히려 철저한 근대주의자, 보다 정확히 말하자면 이성적 근대주의자이
다. 베버가 근대주의자라 함은 그가 근대라는 인간 삶의 질서와 조건을 되돌릴 수 없는 것
으로 보기 때문이다. 그리고 이성적 근대주의자라 함은 그가 표상하는 근대인의 이상이 이
성적이고 의식적이며 냉철한 인간이기 때문이다. 이러한 특성을 결여한 낭만주의자들은
현실을 은폐하며 그럼으로써 궁극적으로 인간의 자유를 방기한다. 베버의 이러한 이성적
근대주의는 다양한 삶의 영역에서 진행되는 합리주의적 발전을 저지할 수는 없지만 이성
적 인간의 행위를 통해 영향을 미칠 수 있다는 인식을 반영한다. Martin Hecht, *Modernität
und Bürgerlichkeit. Max Webers Freiheitslehre im Vergleich mit den politischen Ideen von Alexis
de Tocqueville und Jean-Jacques Rousseau*, Berlin: Duncker & Humblot 1998, 38~39쪽;
Christian Schwaabe, *Freiheit und Vernunft in der unversöhnten Moderne. Max Webers kritischer
Dezisionismus als Herausforderung des politischen Liberalismus*, München: Wilhelm Fink 2002,
127쪽; Fritz K. Ringer, *Die Gelehrten. Der Niedergang der deutschen Mandarine 1890~1933*,
Stuttgart: Klett-Cotta 1983, 120~33쪽.

이 ─ 루만에 따르면 주관성, 상호주관성, 이성, 자율성 등, 그러니까 이른바 생활세계에 속하는 행위론적 범주들은 체계의 환경으로서 체계의 합리적인 기능을 저해할 따름이며, 따라서 체계에 의해 극복되어야 한다.

# 체계이론

니클라스 루만

"연구 주제: 사회이론, 연구 기간: 30년, 연구비: 없음." 이 지극히 간략한, 그러나 사회학적 인식 프로그램의 모든 것을 함축하고 있는지도 모르는 구절은 루만이 1969년에 향후 수행할 연구 프로젝트를 지정해달라는 빌레펠트 대학 행정당국의 요청에 제출한 답변이다.[1] 실제로 루만은 그때부터 1998년 세상을 떠날 때까지 근 30년간 사회이론 연구에 몰두해 체계이론이라는 새로운 사회학적 패러다임을 구축했는데, 이 패러다임은 사회학의 울타리를 훌쩍 넘어서 다양한 인문과학 및 사회과학 영역에서 광범위한 영향력을 행사해오고 있다.

　루만은 특이한 이력의 소유자이다. 먼저 이 책에서 다룬 다른 모든 사회학

---

[1] Niklas Luhmann, *Die Gesellschaft der Gesellschaft*, Frankfurt am Main: Suhrkamp 1997a, 11쪽.

거장들과 마찬가지로 그도 원래는 사회학자가 아니었다. 루만은 1927년 독일 북부의 도시 뤼네부르크에서 태어나 1946~49년 프라이부르크 대학에서 법학을 공부하고 1949~53년 사법시보를 거친 후 1954년부터 1962년까지 뤼네부르크 고등행정법원과 니더작센 주 교육부에서 행정관료로 재직했다. 이 시기에 루만은 낮에는 관료로 일하고 밤에는 이론과 서정시를 연구했다. "밤에는 현상학자, 낮에는 은행원"이었던 슈츠의 이중생활을 연상케 하는 대목이다. 곧 자세하게 논의하는 바와 같이, 루만 역시 슈츠처럼 후설의 현상학으로부터 결정적인 영향을 받았다.

이처럼 "낮에는 관료, 밤에는 이론가"로 살던 루만의 생애에 일대 전환이 일어났으니, 그것은 1960~61년에 하버드 대학에서 행정학과 사회학을 공부하게 된 덕분이었다. 이때 루만은 파슨스로부터 구조기능주의 이론을 배웠다. 어떻게 보면 루만의 체계이론은 파슨스의 구조기능주의 이론에 접목하면서 이 이론을 극복하고자 한 노력의 산물이었다.[2] 1962년부터 1965년까지 슈파이어 행정대학의 담당관으로 일한 다음 루만은 도르트문트에 소재하는 뮌스터 대학의 사회조사연구소 분과장으로 가게 되었다. 이는 당시 뮌스터 대학의 사회학 교수이자 사회조사연구소 소장으로 있던 헬무트 셸스키(1912~84)의 초청에 의한 것이었다. 셸스키는 아도르노 및 르네 쾨니히(1906~92)와 더불어 전후 독일 사회학계에서 가장 큰 영향력을 지녔던 사회학자이다. 루만은 1968년까지 사회조사연구소에서 일했는데, 그와 병

---

2  여기서는 지면 관계상 루만과 파슨스의 관계를 상세히 논할 수 없다. 루만이 파슨스를 어떻게 해석하고 수용했는가에 대해서는 무엇보다도 다음을 참고할 것. Niklas Luhmann, "Temporalstrukturen des Handlungssystems: Zum Zusammenhang von Handlungs- und Systemtheorie", in: Wolfgang Schluchter (Hrsg.), *Verhalten, Handeln und System. Talcott Parsons' Beiträge zur Entwicklung der Sozialwissenschaften*, Frankfurt am Main: Suhrkamp 1979, 32~67쪽; Niklas Luhmann, "Talcott Parsons: Zur Zukunft eines Theorieprogramms", in: *Zeitschrift für Soziologie 9/1980*, 5~17쪽; Niklas Luhmann, "Warum AGIL?", in: *Kölner Zeitschrift für Soziologie und Sozialpsychologie 40/1988*, 127~39쪽; Niklas Luhmann, "Funktion und Kausalität", in: Jürgen Friedrichs, Karl Ulrich Mayer & Wolfgang Schluchter (Hrsg.), *Soziologische Theorie und Empirie*, Opladen: Westdeutscher Verlag 1997c, 23~50쪽; Niklas Luhmann, 앞의 책(2004), 18쪽 이하.

행해 1965/66년 겨울학기에는 뮌스터 대학에서 사회학을 공부했다.

루만의 특이한 이력은 계속된다. 그는 뮌스터 대학에서 1966년 「공식 조직의 기능과 결과」라는 논문으로 사회(과)학 박사학위를 취득했는데, 이 논문은 이미 1964년에 책으로 출간된 것이었다. 그리고 불과 5개월(!) 뒤에 셸스키와 사회학자이자 인간학자인 디터 클래젠스(1921~97)의 지도로 하빌리타치온을 취득했다.(논문은 「공공행정에서의 법과 자동화: 행정학적 연구」) 그리고 이듬해인 1967년에 뮌스터 대학의 사회학과 부교수가 되었다. 그리고 마침내 1969년에 창립된 빌레펠트 대학의 첫 번째 정교수로 초빙되었는데, 이는 창립 한 해 전인 1968년의 일이었다. 그에게 주어진 임무는 사회학부(사회학과가 아니라!)를 만드는 것이었다. 독일어권에서 사회학이 학과가 아니라 학부로 개설되어 있는 경우는 빌레펠트 대학이 유일하다. 이 대학의 교육이념을 제시하고 구체적으로 디자인한 장본인이 바로 루만을 '키운' 셸스키였다.[3]

이제 이 빌레펠트 대학이 체계이론의 산실이 된다. 다시 말해 "연구 주제: 사회이론, 연구 기간: 30년, 연구비: 없음"이 구체적으로 수행된 곳이 이곳이었다. 이 프로젝트는 1997년에 체계론적 사회이론을 마무리하는 『사회의 사회』가 출간되면서 완결되었다.

---

3  루만의 이력에서 또 한 가지 흥미로운 점은 1968년부터 1969년까지 프랑크푸르트 대학에서 아도르노의 교수직을 대리했다는 사실이다. 호르크하이머와 아도르노로 대변되는 프랑크푸르트학파의 비판이론과 루만의 체계이론은 상극으로 간주되는 것이 일반적인데 말이다. 게다가 이미 1968년에 빌레펠트 대학의 정교수로 초빙된 후의 일이기도 하다. 그럼에도 프랑크푸르트 대학에서 가르칠 수 있었던 것은 막 문을 연 빌레펠트 대학이 아직 정상적인 대학의 기능을 수행할 수 없었기 때문이다. 68학생운동의 거대한 소용돌이 속에서 모두가 후기 자본주의에 대해 논쟁하는데 루만은 사랑의 사회학에 대한 강의를 했다고 한다. http://www.spacetime-publishing.de/luhmann/baecker.htm.

## (1) 체계이론, 사회적 체계이론, 사회(체계)이론[4]

루만은 평생 70여 권의 저서와 450편 이상의 논문을 남겼다.[5] 방대한 양이지만 전체적으로 보면 통일성을 찾아볼 수 있다. 다시 말해 그의 지적 세계는 일관된 인식관심이 확장되고 심화된 일련의 연속적인 과정으로 볼 수 있다는 것이다. 루만의 회고에 따르면 평생에 걸친 그의 작업은 네 단계, 보다 정확히 말하자면 준비 단계와 이후의 세 단계로 구성된다. 먼저 준비 단계는 "낮에는 관료, 밤에는 이론가"의 이중생활을 하던 1950년대에 시작되어 1970년대까지 지속된다. 이 시기에 속하는 저작 가운데 하나가 하버마스-루만 논쟁을 담고 있는 『사회이론이냐 사회공학이냐: 체계 연구는 무엇을 수행하는가?』(1971)이다.[6]

---

4  이미 제3장의 제2절 각주 40번에서 언급한 바와 같이, 루만에게서는 '사회적'과 '사회'를 그리고 '사회적 체계'와 '사회체계'를 구별해야 한다. '사회적'과 '사회'는 각각 독일어로 sozial과 Gesellschaft이며 '사회적 체계'와 '사회체계'는 각각 독일어로 soziales System과 Gesellschaftssystem이다. 루만에게 사회적 체계는 상호작용, 조직 및 사회(전체 사회)를 포함한다. 그리고 사회적 체계로서의 사회는 다시금 정치체계, 경제체계, 종교체계, 예술체계, 교육체계 등의 기능체계를 포함한다. 이 점에서 루만은 파슨스와 다르다. 파슨스의 경우 사회적 체계는 인성적 체계, 문화적 체계 및 행동적 체계와 더불어 보편적 행위체계의 하부 체계를 구성한다. 이렇게 보면 1984년에 출간된 루만의 저작 'Soziale Systeme'를 "사회체계이론"으로 옮긴 한국어판(박여성 옮김, 『사회체계이론』, 한길사 2007)의 제목은 명백한 오역임이 드러난다. 『사회적 체계들』로 옮겨야 한다.

5  다음은 루만의 저서 72권과 논문 465편의 목록을 수록하고 있다. Sylke Schiermeyer & Johannes F. K. Schmidt, "Niklas Luhmann: Schriftenverzeichnis", in: *Soziale Systeme. Zeitschrift für Soziologische Theorie* 4/1998, 233~63쪽. 루만이 이처럼 방대한 양의 저작을 남길 수 있었던 것은 무엇보다도 그의 지적 성실성 덕분이었다. 언젠가 루만은 하루에 글을 얼마나 쓰느냐는 질문에 다음과 같이 대답한 적이 있다. "글쎄, 그것은 사정에 따라 다르다. 특별히 다른 일이 없다면 하루 종일 쓴다. 아침 여덟 시 반부터 점심 때까지 쓰고 난 후 잠시 개를 데리고 산책을 간다. 그리고 오후에 두 시부터 네 시까지 쓰고 다시 개를 데리고 산책을 간다. 나는 자주 15분씩 누워서 쉬곤 하는데, 아주 집중해서 휴식을 취하는 게 습관이 되었기 때문에 금세 일어나 다시 일을 할 수 있다. 그리고 나서 보통 저녁에도 열한 시경까지 글을 쓴다. 그 후에는 대개 침대에 누워서 그 시간에도 아직 소화할 수 있는 것을 몇 가지 읽는다." Niklas Luhmann, *Short Cuts 1* (Herausgegeben von Peter Gente, Heidi Paris & Martin Weinmann), Frankfurt am Main: Zweitausendeins 2000, 29쪽.

이 비교적 긴 준비 단계를 거쳐 1984년에 루만의 첫 번째 주저로 간주되는『사회적 체계들: 보편이론 개요』가 출간되면서 제1단계가 도래한다. 그 다음 1988~96년의 제2단계에서는 근대 사회의 다양한 개별적 기능체계들에 대한 이론적 작업이 진행된다.『사회의 경제』(1988),『사회의 과학』(1990),『사회의 법』(1993),『사회의 예술』(1995),『대중매체의 현실』(1996)이 그것이다(루만의 사후 다음과 같은 책들이 유고작으로 출간된다.『사회의 정치』(2000),『사회의 종교』(2000),『사회의 교육체계』(2002)). 그리고 제3단계인 1997년에『사회의 사회』가 출간되면서 루만의 사회이론이 완성된다.

이 밖에도, 아니 이와 더불어 "사회학적 계몽"이라는 제목 아래 출간된 일련의 논문집을 언급할 만하다. 이 시리즈는 1970년부터 1995년까지 총 여섯 권으로 출간되었는데, 그 각각의 제목과 출간연도는 다음과 같다: 제1권『사회적 체계들의 이론에 대한 논문들』(1970), 제2권『사회이론에 대한 논문들』(1975), 제3권『사회적 체계, 사회, 조직』(1981), 제4권『사회의 기능적 분화에 대한 논문들』(1987), 제5권『구성주의적 관점들』(1990),[7] 제6권『사회학과 인간』(1995). 그러니까 루만의 논문 시리즈『사회학적 계몽』[8]은 시간

---

6  Jürgen Habermas & Niklas Luhmann, *Theorie der Gesellschaft oder Sozialtechnologie: Was leistet die Systemforschung?*, Frankfurt am Main: Suhrkamp 1971.

7  루만은 인식론적으로 구성주의자이다. 일반적으로 구성주의자들은 경험적 현실세계에 대한 인식이 단지 구성된 것에 지나지 않는다는 입장을 취한다. 그러나 루만은 경험적 현실세계를 부정하지 않는다. 다시 말해 실제로 체계들이 존재한다는 것이다. 그가 부정하는 것은 모사론, 그러니까 인식을 경험적 현실세계의 객관인 모사로 보는 인식론적 입장이다. 루만에 따르면 인식은 관찰자가 경험적 현실세계를 구성하는 것이다. 이 점에서 루만은 구성주의자이다. 그러나 다른 한편 이 관찰자는 주관적 원리나 관점 또는 도식에 따라 인식행위를 수행하는 이른바 인식주체가 아니라 심리적 체계이자 사회적 체계이다. 다시 말해 인식은 심리적 체계와 사회적 체계가 관찰을 통해 경험적 현실세계를 구성하는 것이다. 그것은 체계와 사회적 체계의 작동에 다름 아니다. 이 점에서 루만은 자신의 인식론적 입장을 작동적 구성주의라고 부른다.

8  이는 루만이 일찍부터 계몽에 큰 관심을 갖고 있었으며 자신의 사회학을 계몽의 일환으로 간주했음을 암시하는 대목이다. 그뿐만이 아니다. 1967년 뮌스터 대학의 사회학과 부교수로 초빙되면서 한 교수취임 강연의 주제도 바로 "사회학적 계몽"이었다. 그런데 여기에서 한 가지 매우 흥미롭고 주목할 만한 점이 있으니, 그것은 루만이 인간 이성에 기반하는 전통

적 측면에서 보면 그의 사회학이 준비되는 단계에서부터 완결되는 단계에 까지 걸쳐 있으며, 또한 다루는 주제의 측면에서 보면 체계이론과 사회이론 의 핵심 문제들을 담고 있는 셈이다. 여기까지의 논의를 바탕으로 루만의 지적 세계를 구성하는 네 단계를 그의 저작을 통해서 다음과 같이 도표로 나타내볼 수 있다.[9]

**도표 32  루만의 지적 세계를 구성하는 네 단계**

| | | | | |
|---|---|---|---|---|
| | | 사회의 사회 1997 | | III |
| 사회의 종교 2000 | 사회의 정치 2000 | 사회의 교육체계 2002 | 사회학적 계몽 6 / 사회학적 계몽 5 | |
| 사회의 법 1993 | 대중매체의 현실 1996 | 사회의 예술 1995 | 사회학적 계몽 4 / 사회학적 계몽 3 | II |
| 사회의 경제 1988 | 사회의 과학 1990 | 위험사회학 1991 | 사회학적 계몽 2 / 사회학적 계몽 1 | |
| | | 사회적 체계들 1984 | | I |
| 신뢰: 복잡성 감소 기제 1968 | 하버마스/루만: 사회이론이냐 사회공학이냐 1971 | 권력 1975 / 열정으로서의 사랑 1982 | | 0 |

적인 계몽과 결별했다는 사실이다. 루만은 전통적인 의미의 계몽을 이성 계몽 또는 "전(前) 사회학적 계몽"이라고 비판한다. 그것은 두 가지 측면에서 아직 사회학적 발전 단계에 못 미치고 있다는 것이다. 첫째, 전통적인 계몽은 사회에 대한 체계이론적 관찰과 분석에 전혀 도움을 주지 못하고 방해만 될 뿐이다. 둘째, 전통적인 계몽은 복잡성을 감소시키기는커녕 오히려 증가시키는 결과를 가져올 따름이다. 이 모든 것은 한편으로 전통적인 계몽이 준거하는 이성이 체계에 대한 환경으로서 체계에 기능적으로 통합될 수 없다는 사실과, 다른 한편으로 전통적인 계몽이 기존의 사회적 관계와 질서를 폭로하고 비판하며 진보를 요청한다는 사실에서 기인한다. 루만에 따르면 계몽이란 다양한 사회적 체계들이 수행하는 것이지, 이른바 성숙하고 이성적이며 자유로운 주체들과 그들 사이의 의사소통행위가 수행하는 것이 결코 아니다. 그리고 사회학적 계몽이 궁극적으로 지향하는 바는 사회의 복잡성을 관찰하고 분석하며 감소시키는 것이다. 루만은 이러한 계몽을 "해명(解明)을 통한 계몽" 또는 "해명된 계몽"이라고 부른다. 해명, 다시 말해 분석이 곧 계몽인 것이다. 이렇게 해서 계몽에 대한 실

루만의 저서들을 보면 금방 눈에 띄는 점이 한 가지 있으니, 그것은 거의 모든 저서의 제목에 '사회'라는 단어가 들어가 있다는 사실이다. 그리고 『사회적 체계들』은 사회와 체계가 밀접한 관계에 있다는, 또는 달리 말해 사회가 곧 체계임을 암시하는 대목이다. 실제로 루만의 사회이론은 하버마스의 행위론적 사회이론과 달리 체계론적 사회이론이다. 루만은 『사회적 체계들』에서 체계이론과 사회적 체계들의 이론, 또는 달리 표현해 사회적 체계이론을 구축한 후 '사회의 …'라는 식의 제목을 달고 있는 일련의 저서에서 사회체계의 다양한 부분체계들을 분석하며, 『사회의 사회』에서는 사회이론 또는 사회체계이론을 제시하고 있다. 요컨대, 루만의 지적 세계는 체계이론, 사회(적) 체계이론, 사회(체계)이론으로 나누어볼 수 있다. 체계는 사회적 체계를 그 하위 개념으로 포괄하고 사회적 체계는 다시금 ── 상호작용 및 조직과 더불어 ── 사회를 그 하위 개념으로 포괄한다. 이러한 관계는 루만이 『사회적 체계들』에서 제시한 도표를 보면 훨씬 더 명백해질 것이다.[10]

루만에 따르면 체계이론의 핵심은 "체계"가 아니라 "체계와 환경"이며, 따라서 체계가 수행하는 기능의 개념 정의와 분석은 "체계" 그 자체가 아니라 "체계와 환경의 관계"에 주목한다.[11] 이러한 체계와 환경의 관계, 또는 체계와 환경의 차이는 모든 체계, 즉 기계, 유기체, 심리적 체계 그리고 사회적 체계에 적용된다. 그런데 루만에 따르면 심리적 체계와 사회적 체계는 기계나 유기체와 결정적으로 구분되는 특성을 갖고 있으니, 그것은 의미체계라는 점이다.

---

천지향성이 순수하게 분석적인 입장으로 대체된다. 계몽은 이성 계몽에서 폭로하는 계몽을 거쳐서 바로 이러한 사회학적 계몽으로 발전해왔다고 루만은 주장한다. 이는 다음을 약간 수정한 것이다. 김덕영, 앞의 책(2003), 367쪽. 이렇게 보면 루만이 이해하는 계몽은 하버마스가 이해하는 계몽과 근본적으로 다르다는 것을 알 수 있다. 다음은 이 두 사회학자가 이해하는 바의 계몽과 그것을 둘러싼 이들의 논쟁을 검토하고 있다. 같은 책, 363쪽 이하.

9  Margot Berghaus, *Luhmann leicht gemacht. Eine Einführung in die Systemtheorie*, Köln/Weimar/Wien: Böhlau 2003, 19쪽.

10  Niklas Luhmann, *Soziale Systeme. Grundriss einer allgemeinen Theorie*, Frankfurt am Main: Suhrkamp 1984a, 16쪽.

11  같은 책, 242쪽.

**도표 33 체계의 개념적 도식**

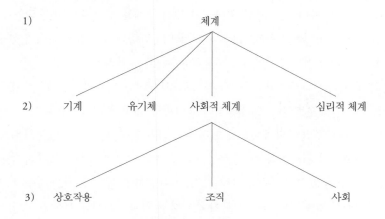

루만은 이미 1971년 하버마스와의 논쟁에서 의미를 사회학의 기본 개념으로 설정하고 있다.[12] 이처럼 심리적 체계와 사회적 체계를 의미체계로 본다는 사실은 루만이 근대 서구 철학의 근간을 이루는 주체와 이성 위에다가, 아니면 베버로 대변되는 독일 사회학의 전통 위에다가 자신의 사회학 이론을 구축하려고 한다는 추측을 낳을 것이다. 그러나 루만의 의미 개념은 서구의 이 지적 유산들과 완전히 상반된 모습을 보여주고 있다. 그는 그 유산들과의 결별을 선언한 것이다. 왜냐하면 루만의 의미 개념은 철저하게 탈주체화되고 탈인간화되면서 철저하게 기능(주의)화된 개념이기 때문이다.

루만은 의미 개념을 주체 개념에 우선하는 범주로, 다시 말하자면 주체 개념과는 상관없이 정의할 수 있는 범주로 간주한다. 의미란 행위하는 주체의 문제가 아니라 체계의 문제이며, 따라서 동시에 체계와 세계 또는 환경의 관계이기도 하다. 이 두 가지가 의미의 경계와 한계를 구성한다. 의미는 행위하는 주체에 의해서가 아니라 체계에 의해서 구성된다. 의미란 복잡성과 직면한 체계에 주어진 다양한 체험의 가능성과 이것의 독특한 처리 방식을 가리키는 개념이다. 의미는 체계가 우발적인 세계와 환경의 복잡성을 감소시

---

12 Jürgen Habermas & Niklas Luhmann, 앞의 책(1971), 25쪽 이하.

키는 기능을 가리킨다. 이러한 논의에 입각해 루만은 "주체를 통해서 의미를 정의할 것이 아니라, 역으로 의미를 통해서 주체를 정의해야 한다"라는 과감한 주장을 하기에 이른다. 그런데 여기에서 말하는 주체란 유의미하게 행위하는 인간이 아니라, "의미를 사용하는 체계"를 가리키는 말이다.[13] 의미는 체계에 의해서 생성되고 재생된다. 그리고 체계는 바로 이 의미를 통해 작동하며 기능을 수행한다. 요컨대 의미는 체계의 "고유 형태"인 것이다.[14]

1980년대 초 루만의 체계이론에는 일대 전회가 일어나는바, 그것은 다름 아닌 자기생산적 전회이다. 이는 무엇보다도 1982년에 발표한 논문 「자기생산, 행위 그리고 의사소통적 이해」를 보면 확연히 드러난다. 거기에서 루만은 자기생산적 체계를 다음과 같이 정의하고 있다. "체계는 자신을 구성하는 요소들[의 배열]에 의해 자신을 구성하는 요소들을 생산한다." 체계의 요소들은 "체계 내에서 구성되고 체계를 위해 더 이상 분해될 수 없는 최종 단위들"이다. 그러므로 체계의 자기생산은 폐쇄적인 체계 내에서 이루어지는 "자기준거적 재생산", 즉 자기준거적으로 이루어지는 "생산으로부터의 생산"이다.[15] 이러한 자기생산적 체계의 관점에서 보면 행위나 의사소통을 재생산하는 것은 인간이 아니다. 왜냐하면 인간은 체계의 환경에 속하기 때문이다. 행위를 재생산하는 것은 행위 자체이며 의사소통적 체계는 의사소통 자체에 의해 재생산된다. 그것도 자기준거적으로 그리고 일시적인 사건으로 재생산된다.[16]

이 논문에서 루만은 자기준거적이고 자기생산적인 체계에 대한 광범위한 저작의 출판을 준비 중이라고 말하고 있다.[17] 그것이 바로 1984년에 출간한

---

13  김덕영, 앞의 책(2003), 358쪽. 여기에 나오는 직접 인용문은 다음에서 온 것이다. Jürgen Habermas & Niklas Luhmann, 앞의 책(1971), 12쪽.

14  Niklas Luhmann, 앞의 책(1997a), 52쪽.

15  Niklas Luhmann, "Autopoiesis, Handlung und kommunikative Verständigung", in: *Zeitschrift für Soziologie 11*/1982, 366~79쪽, 여기서는 369, 374, 376쪽.

16  같은 글, 374, 376쪽.

17  같은 글, 376쪽(각주 43번).

그의 첫 번째 주저인 『사회적 체계들』이다. 그런데 중요한 것은 자기생산적 전회가 있었다고 해서 체계와 환경의 관계라는 개념이 루만 체계이론의 지평에서 사라진 것은 아니라는 사실이다. 여전히 체계이론의 핵심적 개념 축은 체계와 환경의 차이이다. 다만 체계와 환경의 관계에서 체계의 내부로 논의의 초점이 옮아갔을 뿐이다.[18] 아무튼 루만은 『사회적 체계들』에서 자기준거적이고 자기조직적이며 자기생산적인 폐쇄적(환경으로부터 폐쇄된) 사회체계의 이론을 제시한다.

이처럼 루만의 체계이론이 자기생산적 전회를 이루는 데에는 생물학이 결정적인 영향을 끼쳤다. 구체적으로 말하자면, 칠레의 생물학자 움베르토 마투라나(1928~ )와 프란시스코 바렐라(1946~2001)가 그들이다. 이들은 1973년 생물학에 '자기생산'이라는 개념을 도입했는데, 이것은 역사적 전례가 없는 개념으로서 이 두 생물학자가 고대 그리스어를 조합해서 만든 것이었다. Autopoiesis (αὐτό=self; ποίησις=to produce).[19] Autopoiesis는 달리 Autopoiese라고도 한다. 마투라나와 바렐라가 말하는 자기생산적 체계란 그 체계를 구성하는 요소들이 "① 상호작용을 통해 재귀적으로 자신들을 생산했던 생산의 네트워크를 재생산하며", 또한 "② 자신들이 그 안에서 존재하는 체계의 공간적 영역을 구성하고 구체화함으로써 이 생산의 네트워크에 통일성을 부여하는" 체계이다.[20]

마투라나에 따르면 자기생산적 체계의 두드러진 특징은 자율성이다. 다시 말해 자기생산적 체계의 실현은 자신의 기능을 생산하는 것이다. "자기생산적 체계가 존재하는 한, 그것의 조직은 불변적이다. 그러나 조직을 규정

---

18  Hans Ulrich, Gumbrecht, "'Alteuropa' und 'Der Soziologe'. Wie verhält sich Niklas Luhmanns Theorie zur philosophischen Tradition?", in: Dirk Baecker, Norbert Bolz, Peter Fuchs, Hans Ulrich Gumbrecht & Peter Sloterdijk, *Luhmann Lektüren*, Berlin: Kulturverlag Kadmos 2010, 70~90쪽, 여기서는 80쪽.

19  Humberto R. Maturana, "Autopoiesis: Reproduction, Heredity and Evolution", in: Milan Zeleny (Ed.), *Autopoiesis, Dissipative Structures, and Spontaneous Social Orders*, Boulder, Colo.: Westview Press 1980, 45~79쪽, 여기서는 52쪽.

20  같은 글, 53쪽.

하는 구성요소들의 생산 네트워크가 파괴되면 그 조직의 통일성이 붕괴된다. 그러므로 자기생산적 체계에는 이 네트워크의 자기생산을 실현함으로써 방해요소들을 상쇄할 수 있는 영역이 존재하며, 이 영역에서 체계를 구성하는 요소들의 생산 네트워크는 통일성을 보인다."[21] 이러한 자기생산에 상반되는 개념이 타자생산이다. Allopoiesis (αλλ(ο)=otherwise; ποίησις=to produce). Allopoiesis는 달리 Allopoiese라고도 한다. 타자생산이란 체계가 자신을 구성하는 요소들을 스스로 생산하지 못하는 것을 의미한다. 타자생산적 체계의 구성요소들은 오히려 이 체계의 부분이 아닌 과정들에 의해 생산된다.[22]

루만은 이 자기생산적 체계이론에서 고전적인 의식이론뿐 아니라 기존의 체계이론적 '자기조직' 개념도 넘어설 수 있는 가능성을 발견한다. 이와 관련해 루만은 「자기생산, 행위 그리고 의사소통적 이해」에서 주장하기를, "자기생산의 개념에서는 요소들 사이의 (다소간 안정된) 관계들뿐만 아니라 요소들 자체를 체계의 지속적인 재생산의 결과로 파악한다. 그리하여 자기생산적 체계는 자기준거적 재생산의 '폐쇄적 조직'에 근거하는 '자율적인' 체계로 나타낼 수 있다."[23] 루만이 제시한 체계들에서 기계만이 타자생산적 체계에 속하고, 그 나머지인 유기체, 심리적 체계 및 사회적 체계(상호작용, 조직, 사회)는 자기생산적 체계에 속한다.

이미 이 장의 도입글에서 언급한 바와 같이, 루만은 보편이론 중의 보편이론을 추구한 사회학자이다. 그의 체계이론은 마르크스주의와 같은 거대이론을 한참 위에서 내려다볼 정도로 고도의 추상성을 띠고 있다. 이와 관련해 루만은『사회적 체계들』에서 다음과 같이 말하고 있다.

---

21  Humberto R. Maturana, *Erkennen. Die Organisation und Verkörperung von Wirklichkeit*, Braunschweig/Wiesbaden: Friedr. Vieweg & Sohn 1982, 159쪽.
22  같은 곳.
23  Niklas Luhmann, 앞의 글(1982), 367~68쪽.

우리의 비행은 구름 위에서 이루어져야 하며, 하늘을 거의 뒤덮은 구름층을 염두에 두어야 한다. 그러므로 우리는 우리 자신의 장비를 믿을 수밖에 없다. 간간이 구름 틈새로 아래를 내려다볼 수 있다 — 도로, 주택가, 강 또는 해변이 있는 지대를 내려다보면 낯익은 것이 생각날 것이다. 아니면 마르크스주의라는 사화산으로 뒤덮인 보다 장엄한 풍경을 내려다볼 수 있다. 그러나 이런 몇몇 실마리만으로 우리의 비행을 조종하기에 충분하다는 환상에 빠져서는 결코 안 될 것이다.[24]

루만의 이러한 입장을 염두에 두면 다음과 같은 주장에 전적으로 동의할 수 있을 것이다. "그의〔루만의〕 이론적 작업은 경험적 연구를 선도하고 경험적 연구에 의해 입증되거나 반증되는 가설 구성이 아니다. 루만의 기획을 반증할 수 있는 연구 결과를 생각하기란 결코 쉬운 일이 아니다. 그것은 오히려 일종의 패러다임, 진화론과 유사한 패러다임의 문제이다. 이 패러다임은 아주 다양한 종류의 연구 작업을 위한 사유적 및 개념적 틀을 준비하고 연구의 결과들을 통합하는 것을 가능케 한다. 이처럼 루만을 진화론과 비교하는 것은 우연이 아니다. 실제로 루만은 생물학자들과의 공동작업을 통해 고도의 추상적인 이론적 디자인을 발전시키고자 시도하는바, 이 디자인은 생물학적 진화와 사회적 진화를 동일한 범주와 도식이 적용된 경우로 생각할 수 있게 한다."[25] 이렇게 보면 다음과 같은 결론이 나올 수 있다. "루만의 체계이론을 철학적 이론과 비교해야 한다면, 비교할 수 있는 것은 오직 헤겔의 철학뿐이다. 루만 역시 이것을 알고 있다." 실제로 루만의 저작에는 헤겔의 이름이 등장하는데, 이는 "루만 자신의 이론을 시험해보는 역사적 대상으로서뿐만이 아니라 그의 업적에 필적할 만한 경쟁자로서도 그렇다."[26] 또한 다

24  Niklas Luhmann, 앞의 책(1984a), 12~13쪽.
25  Robert Spaemann, "Niklas Luhmanns Herausforderung der Philosophie", in: Niklas Luhmann & Robert Spaemann, *Paradigm lost: Über die ethische Reflexion der Moral*, Frankfurt am Main: Suhrkamp 1990, 49~73쪽, 여기서는 57~58쪽.
26  같은 글, 62쪽.

음과 같은 주장도 상당한 설득력을 갖는다. "이러한 [이론적 차원과 같은] 것은 오직 한 번밖에 없었으니, 그것은 19세기의 프리드리히 헤겔이었다. 헤겔은 모든 것을 [⋯] 스스로 이해하는 정신의 통일성으로 접합한 후 다시금 그 통일성으로부터 모든 것을 끄집어내었다."[27] 철학자 헤겔에게 모든 것을 포괄하는 통일적이고 스스로 이해하는 정신이 있었다면 사회학자 루만에게는 모든 것을 포괄하는 자기준거적이고 자기조직적이며 자기생산적인 체계가 있었다. 요컨대 루만은 '사회학의 헤겔'이었던 것이다.

그런데 이 맥락에서 한 가지 매우 중요한 점이 있으니, 그것은 루만이 헤겔처럼, 아니 '사회학의 헤겔'로서 고도의 추상성을 갖는 보편적 체계이론을 구축했다고 해서 마치 그가 하나의 보편적인 체계에 대한 이론을 추구했다는 식으로 오해해서는 안 된다는 사실이다. 루만에 따르면 하나의 보편적인 체계란 존재하지 않는바, 이는 "모든 체계가 환경과의 관계에 의해 정의된다는 사실만 봐도 그렇다. 이 환경 자체는 다시금 다양한 체계들로 구성되며, 이 체계들에 대해 전자의 체계는 환경이 된다."[28] 말하자면 루만은 콩트, 스펜서, 마르크스와 같이 보편이론을 추구했지만 하나의 사회를 지향한 이 거장들과 달리 하나의 사회적 체계가 아니라 다양한 사회적 체계를 지향했던 것이다.


### (2) 방법론적 반인본주의: 주체 없는 사회학을 위하여

루만은 현대 사회의 복잡성 증대와 분화에 대한 문제의식에서 출발한다. 현대 사회가 어떻게 기능하고 작동하는가 하는 문제가 루만 사회학의 인식 관심이며, 이는 다시금 다양하게 분화된 하부 체계가 얼마만큼 사회적 복잡성을 감소시킬 수 있느냐 하는 문제로 귀결된다. 이러한 관점에서 보면, 주

---

27  Franz Schuh, "Schöpfung ohne Zentrum", *Die Zeit* vom 01. März 1996.
28  Robert Spaemann, 앞의 글(1990), 70쪽.

체성이니 그것과 결부된 의미성이니 이성이니 자율이니 행위니 또는 의사소통행위니 하는 것들은 모두 사회체계의 복잡성만 증가시킬 뿐이다. 주체와 그의 의식 및 행위는 단지 체계의 환경일 따름이며, 그가 체계에 속하는 경우는 어디까지나 그가 수행하는 기능을 통해서일 뿐이다. 결국 루만은 일찌감치 주체를 사회학의 이론 구성으로부터 추방해버렸다. 그리고 그 자리를 체계로 메웠다. 이는 무엇보다도『사회적 체계들』에 나오는 다음과 같은 구절을 보면 극명하게 드러난다.

> 체계이론은 〔…〕 주체 개념을 사용하지 않는다. 이것은 주체 개념을 자기준거적 체계 개념으로 대체한다.[29]

루만의 체계이론은 주체로부터 해방된 사회이론이다. 루만처럼 시종일관 그리고 철저하게 주체 없는 사회이론을 추구한 사회학자는 일찍이 없었다. 그리고 앞으로도 없을 것이다. 그가 보기에 주체는, 그리고 그것과 연관된 모든 개념은 이미 오래전에 용도폐기된 개념이다. 이것들은 더 이상 유효한 사회학적 범주가 아니다.[30]

이에 상응해 루만은 인간을 체계로 파악한다. 루만에게 인간은 심리적 체계, 다시 말해 지각하고 인지하고 사고하며 의도하는 의식체계이다. 그런데 이 심리적 체계로서의 인간은 "주체가 아니라 사회의 첨가물이다. 인간이 생각하는 것이 커뮤니케이션으로서 사회로 들어오지 않는 한 우리는 그

---

29  Niklas Luhmann, 앞의 책(1984a), 51쪽.
30  루만이 가장 많이 비판을 받는 측면들 가운데 하나가 바로 이 주체 없는 사회학일 것이다. "주체 없음: 체계이론의 비판을 위하여"라는 제목을 달고 있는 다음의 책이 이러한 비판의 좋은 실례가 된다. Andreas Weber, *Subjektlos. Zur Kritik der Systemtheorie*, Konstanz: Universitätsverlag 2005. 그리고 다음과 같이 루만의 사회학을 "체계론적으로 반분된 사회학"이라고 비판하는 경우도 있다. Thomas Schwinn, "Differenzierung und soziale Integration. Wider eine systemtheoretisch halbierte soziologische Theorie", in: Hans-Joachim Giegel & Uwe Schimank (Hrsg.), *Beobachter der Moderne. Beiträge zu Niklas Luhmanns "Die Gesellschaft der Gesellschaft"*, Frankfurt am Main: Suhrkamp 2001b, 231~60 쪽.

것을 무시할 수 있다."[31] 말하자면 인간은 사회적 체계를 구성하는 부분이나 요소가 아니라 어디까지나 사회적 체계의 밖에(공간적 의미에서가 아니라 논리적 의미에서) 존재하는 사회적 체계의 환경일 뿐이다. 그러니까 심리적 체계로서의 인간은 사회의 전제조건이 되는 셈이다. 왜냐하면 인간의 심리적 의식과정이 없으면 사회적 커뮤니케이션은 불가능하기 때문이다. 심리적 체계가 없으면 사회적 체계도 없다. 바로 이런 연유로 루만은 사회적 체계와 그 환경으로서의 인간의 관계를 상호침투의 관점에서 파악한다.[32] 루만은 이 둘의 상호적 관계를 다음과 같이 서술하고 있다.

다수 인간들 사이에서 진행되는 행위들이 유의미하게 상호관계를 맺고 이를 통해 통일적인 단위를 이룸으로써 그 행위들에 속하지 않는 환경으로부터 구분된다면, 우리는 언제나 사회적 체계에 대해 말할 수 있다. 어떻게든 인간들 사이에 커뮤니케이션이 일어나면 사회적 체계들이 형성된다. 왜냐하면 각각의 커뮤니케이션과 더불어 하나의 역사가 시작되기 때문인데, 이 역사는 상호 관련되는 선택들을 통해서 분화되어 독립적인 것이 된다. 다시 말해 수많은 가능성들 가운데 몇몇 가능성만을 실현함으로써 분화된다.[33]

이런 식으로 사회적 체계와 심리적 체계의 관계를 파악한다면 이 두 범주를 분리해서 생각해야 한다는 논리는 자명해진다. 그런데 이 맥락에서 중요한 것은 사회적 체계와 심리적 체계의 분리는 "즉물적이고 구상적인 방식으로" 이루어질 수 없다는 사실이다. 다시 말해 이 둘은 "이번에는 사회적 체

---

31  Niklas Luhmann, "Die Selbstbeschreibung der Gesellschaft und die Soziologie", in: *Universität als Milieu. Kleine Schriften* (Herausgegeben von André Kieserling), Bielefeld: Haux 1992c, 137~46쪽, 여기서는 139~40쪽.

32  Niklas Luhmann, 앞의 책(1984a), 51쪽.

33  Niklas Luhmann, "Interaktion, Organisation, Gesellschaft. Anwendungen der Systemtheorie", in: *Soziologische Aufklärung, Bd. 2: Aufsätze zur Theorie der Gesellschaft*, Opladen: Westdeutscher Verlag 1975a, 9~24쪽, 여기서는 10쪽.

계가 행위하고 다음번에는 심리적 체계가 행위한다는 의미에서" 분리될 수 있는 것이 아니다. 또한 사회적 체계와 심리적 체계의 분리는 "상호적인 영향을 부정한다는 의미에서 이 두 체계가 고립된 것을 가리키는 것도 아니다." 이는 다만 "유의미한 행위는 사회적 체계에 속하거나 심리적 체계에 귀속되지만 양자에 동시에 귀속되지는 않는 측면들이 있다는 것을, 그리고 이 양자에 동시에 귀속되는 측면들이 있는 경우에는 거기에 상응해 인간들의 반응이 분화되어야 한다는 것을 뜻할 뿐이다."[34]

예컨대 어떤 부인이 푸줏간에서 소시지를 사는 경우, 그녀의 행위의 의미 요소들은 그녀가 돌보는 그녀의 가족이라는 사회적 체계에 속하며, 상점이라는 사회적 체계에 속하는데, 이것은 사회의 경제적 체계라는 보다 광범위한 틀에 포괄된다. 이 경우 사회는 예컨대 값을 깎지 못하도록 제도화했다. 이에 반해 그녀의 행동방식, 상품에 대한 그녀의 비판의 정도, 어쩌면 그녀가 구사하는 언어와 구입하는 상품의 양, 그리고 무엇보다도 일탈적이고 방해가 되는 모든 행동은 그녀의 개인적 인격에 귀속된다. 이와 같은 장면에 참여하는 사람들에게는 체험된 의미를 올바르게 체계들에 지향하는 것이 중요하다. 왜냐하면 그렇지 않은 경우, 예컨대 사회적으로 확정된 행동을 개인적으로 재규정하려고 한다는 식의 잘못된 기대와 이해할 수 없는 반응을 불러오기 때문이다. 또는 개인적인 비난을 무릅써야 한다.[35]

어떤 사회적 체계의 구성원들은 그 사회적 체계가 요구하는 기능을 수행함으로써만, 즉 사회적 기능의 수행자로서만 그 사회적 체계를 구성하는 부분과 요소가 될 수 있다. 그러나 그들이 갖고 있는 그 밖의 모든 체계 외적 역할, 동기, 이해관계, 목적 등은 그 사회적 체계의 환경에 속한다. "심지어

---

34  Niklas Luhmann, *Legitimation durch Verfahren*, Frankfurt am Main: Suhrkamp 1983, 249~50쪽.
35  같은 책, 250쪽.

경비가 고도로 삼엄한 교도소도"—이와 관련해 극단적이기는 하지만 우리의 논의를 아주 가시적으로 예증할 수 있는 경우를 하나 들자면—"그 '구성원들'이 일련의 다양한 역할, 동기, 이해관계를 지향하는 것을 저지할 수 없다. 예컨대 그들이 지속적으로 가족 구성원, 소비자, 소유권자 또는 교회 구성원으로서 일정한 역할을 수행하는 것을 저지할 수 없다."[36] 아무튼 사회적 체계와 심리적 체계는 서로 완전히 분리되어 각각 자기준거적이고 자기생산적인 폐쇄적 체계로 작동하면서 다른 한편으로는 상호 간에 구조적으로 결합되어 있다. 서로는 서로에게 환경으로 작동한다. 사회적 체계와 심리적 체계는 융합되지 않으며, 따라서 양자를 포괄하는 초(超)체계를 구성하지 않는다.[37]

이처럼 사회적 체계와 심리적 체계를 분리해야 하는 필요성을 루만은 점증하는 사회의 복잡성에서 찾는다. 사회가 분화되면서

개인들은 자신의 행위가 지속적으로 바뀌는 수많은 사회적 체계들의 요구에 응해야 하는 것을 체험하기 때문에 오직 인격적 차원에서만 어느 정도 일관되고 실제적으로 연속적인 행위를 할 수 있다. 그들은 사회적 체계들을 넘어서는 통합의 원칙을 필요로 한다. 역으로 사회적 체계들은 이제 매우 다양한 개인들의 구조 정합적이고 예측 가능한 행위를 확보하는 것에, 그러니까 개인적인 동기들로부터 근본적으로 독립하는 것에 그 존속이 달려 있다. 그러므로 사회적 체계들과 심리적 체계들 사이에는 서로가 서로에게 무관심할 수 있도록 하는 변환장치들과 메커니즘들이 끼어들어서 한편으로는 개인적인 동기들을 중립화하며 다른 한편으로는 개인들이 사회적으로 결정되는 것을 광범위하게 저지함으로써 개인들이 인격적 관계를 발전시킬 수 있는 여지를 갖도록 해야 한다.[38]

---

36  Helmut Willke, *Systemtheorie I: Grundlagen. Eine Einführung in die Grundprobleme der Theorie sozialer Systeme*, Stuttgart: Lucius & Lucius 2006 (7., überarbeitete Auflage), 57쪽.

37  Georg Kneer & Armin Nassehi, *Niklas Luhmanns Theorie sozialer Systeme. Eine Einführung*, München: Wilhelm Fink 1993, 71쪽.

38  Niklas Luhmann, 앞의 책(1983), 250쪽.

루만처럼 주체 개념을 체계-환경 개념으로 대체하고 인간을 사회 그 자체나 사회의 중심이 아니라 사회의 환경으로 규정하는 방식은 반인본주의적 사고임이 분명하다. 그러나 한 가지 중요한 점은 결코 다음과 같은 엄연한 사실을 간과해서는 안 된다는 것이다. 루만은 결코 인간을 경시하거나 무시하지 않는다. 그는 인간의 다양한 목적, 이해관계, 동기, 욕구, 의지 그리고 이에 기반하는 다양한 행위와 상호작용을 부인하지 않는다. 루만은 인간이 과학적으로 논의할 가치가 없다고 생각하지 않는다. 인간보다 사회를 우위에 두거나 인간을 사회에 예속시키지 않는다. 인간이 사회적 과정을 구성하지 않는다고 생각하지 않는다. 요컨대 루만은 반인본주의자 또는 반인간주의자가 아니다. 그가 다루는 주제들은 사실 인간들의 삶, 보다 정확히 말하자면 사회 속의 인간들의 삶에 관한 것이다. 그리고 루만이 획득한 사회학적 인식과 지식은 인간과 주체에 기반하는 그 어떤 철학적 또는 사회학적 사고 못지않게 인간 삶에 도움을 줄 수 있다.

그것은 방법론적인 것이다. 다시 말해 루만의 사회학이 추구한 것은 실천적 반인본주의가 아니라 방법론적 반인본주의이다. 그리고 그것은 실천적 인본주의에 이르는 길이다. 그렇다면 왜 루만은 인간과 주체에서 출발하지 않고 굳이 체계와 환경에서 출발하는 반인본주의적 사회학의 길을 선택한 것일까? 그것은 사회의 자기기술(記述) 때문이다. 루만이 보기에 "사회가 구체적인 인간들과 인간들 사이의 관계들로 구성된다"고 전제하는 것은 인식을 봉쇄하는 것이다.[39] 그러므로 사회학은 인간과 그 주체에서 출발하는 패러다임을 체계와 환경을 인식단위로 하는, 그렇다고 해서 인간을 덜 중요하게 생각하지는 않는 패러다임으로 전환해야 한다. 이와 관련해 루만은 『사회적 체계들』에서 다음과 같이 주장하고 있다.

우리가 인간을(사회 자체의 부분이 아니라) 사회의 환경의 일부분으로 간주한다면, 이는 모든 전통적인 문제 제기의 전제조건들을, 그리하여 고전적 인본주

---

39  Niklas Luhmann, 앞의 책(1997a), 24쪽.

의의 전제조건들까지도 변형할 것이다. 그렇다고 해서 전통에 비해 인간의 가치를 덜 평가한다는 뜻은 아니다. 그렇게 추측하는 사람은(사실 이러한 제안에 대한 모든 논박에는 그와 같은 비방이 공공연하게 또는 은밀하게 깔려 있다), 체계이론에서의 패러다임 전환을 이해하지 못한 것이다.[40]

사실 루만 이론의 지성사적 그리고 사회학사적 독창성은 역설적이게도 바로 그것이 만들어놓은 "빈자리"에서 찾을 수 있다. 다시 말해 사회학 이론에서 "인간의 자기준거 가운데 하나인 주체를 일관되게 비워버린 데에서, 그러니까 주체 또는 주체성의 개념을 비워버리거나 이 개념의 대용물을 비워버린 데에서" 찾을 수 있다.[41] 이 빈자리의 근거는 ─ 앞에서 인용한 구절을 보면 명백하게 드러나듯이 ─ 사회적 분화와 복잡성 증가로 인해 인간과 사회가 서로에게 무관심해져야만 사회적 기능과 인격적 관계의 가능성을 확보할 수 있다는 사실에 있다. 그리고 루만 이론의 인본주의는 역설적이게도 바로 그것이 보여주는 반인본주의에서 찾을 수 있다. 왜냐하면 "오직 급진적인 반인본주의적 이론만이 구체적인 개인들을 진지하게 생각할 수 있기 때문이다. 달리 말하자면, 사회학에서 인간을 추방해버리면 수많은 구체적인 개인들을 위한 자리가 생겨난다."[42] 요컨대 루만의 체계이론은 반인본

---

40　Niklas Luhmann, 앞의 책(1984a), 288~89쪽.

41　Hans Ulrich, Gumbrecht, 앞의 글(2010), 85쪽.

42　Norbert Bolz, 앞의 글(2010), 44쪽. 루만은 인간을 인식대상으로 하는 인간(과)학에 작별을 고해야 한다고 주장하는데, 이는 그가 인간을 자기준거적이고 자기생산적인 폐쇄적 체계나 단위로 보지 않기 때문이다. 루만에 따르면 개인이 바로 자기준거적이고 자기생산적인 폐쇄적 체계 또는 단위이다. 그리하여 루만은 개인과 사회(적 분화)를 사회학적 논의의 대상으로 본다. 개인은 심리적 체계로서 사회적 체계와 상호의존 관계에 있는바, 이는 한 체계가 다른 체계의 환경이 되기 때문이다. 루만에 따르면 우리는 개인이고자 하는 요구만으로 이미 개인이 되며, 이 개인의 존재형식인 요구는 사회적 분화와 배치되는 것이 아니다. 오히려 이 둘은 서로 맞물리고 서로 정초되고 서로 상승됨으로써 공생관계를 이룬다. 개인들은 이 요구의 원리에 따라 정보를 획득하고 세계를 검사하고 자기결정을 할 수 있다. Niklas Luhmann, "Individuum und Gesellschaft", in: *Universitas 39/1984b*, 1~11쪽; Niklas Luhmann, "Die gesellschaftliche Differenzierung und das Individuum", in: *Soziologische Aufklärung, Bd. 6: Die Soziologie und der Mensch*, Opladen: Westdeutscher Verlag 1995b,

주의적 인본주의라고 그 성격을 규정할 수 있을 것이다. 그리고 이것은 어쩌면 프로이트 정신분석학의 반계몽주의적 계몽주의에 비견될 수 있을 것이다.[43]

## (3) 루만은 기존의 사회학 이론 및 철학적 전통에 작별을 고했다(?)

루만이 결별한 것은 인간과 주체만이 아니다. 그는 인간이나 주체와 관련된 기존의 모든 사고와도 단절했다. 먼저 루만은 기존의 사회학 이론에 작별을 고했다. 루만이 자신의 체계이론을 구축하는 과정에서 준거하며 수용한 이론은 사실 사회학 이론과는 거리가 먼 것이었다. 그 이론은 생물학, 의학 또는 사이버네틱스와 같은 자연과학으로서, 이들은 사실 모두 주체와는 거리가 먼 인식체계이다. 루만 사회학의 기본 개념을 구성하고 있는 체계와 환경의 분화 또는 자기생산과 같은 것들은 모두 생물학에서 빌려 온 것들이다. 보편적 사회이론을 구축하기 위해서 사회학 이론에 눈을 돌리는 경우에 기대할 수 있는 것은 행위이론, 체계이론, 상호작용론, 커뮤니케이션 이론, 구조주의 이론 또는 변증법적 유물론과 같이 다양한 이론들을 ── 루만은 이들

---

121~36쪽; Niklas Luhmann, "Die Tücke des Subjekts und die Frage nach dem Menschen", 같은 책, 149~61쪽; Niklas Luhmann, "Die Soziologie und der Mensch", 같은 책, 252~61쪽.

43  프로이트는 누구보다도 계몽주의를 철저하게 파괴한 사상가이다. 잘 알려져 있듯이, 계몽주의는 이성과 인간의 자유의지에 대한 확고한 신념에서 출발한다. 이에 반해 프로이트는 인간이 무의식에 의해 지배되는 존재임을 강조한다. 그가 창시한 정신분석학은 반계몽주의의 전형이다. 그러나 역설적이게도 이런 프로이트야말로 계몽주의의 진정하고도 위대한 후계자이다. 프로이트가 궁극적으로 추구한 것은 인간의 자연적인 본능과 욕망을 합리적으로 충족시키는 문화, 쾌락과 노동이 조화를 이루는 문화, 인간과 사회가 조화를 이루는 문화이다. 그는 이러한 문화의 가능성을 다름 아닌 인간의 이성에서 찾는다. 요컨대 프로이트는 반계몽주의적 계몽주의자였던 것이다. 이에 대한 자세한 논의는 다음을 참고할 것. 김덕영, 『프로이트, 영혼의 해방을 위하여: 사회학자의 눈을 통해 본 프로이트의 삶과 사상 그리고 정신분석학』, 인물과사상사 2009, 270쪽 이하.

을 가리켜서 이론 신드롬들이라고 냉소적으로 표현하고 있다 — 결합하거나, 어느 이론에 다른 이론을 첨가하거나, 어느 특정한 이론을 다른 이론을 통해서 정교화하고 체계화하거나, 어느 특정한 이론을 재구성하거나, 또는 사회학 이론의 거장들에 대한 세세한 논의를 전개하는 것이 고작이다. 그러나 이 모든 시도는 결국 사회학과 이것의 이론 구성이라고 하는 과학적 부분체계의 복잡성만 급격하게 증가시킬 따름이다.[44] 왜냐하면 이런 식으로 하면 그 어떠한 경우에도 모든 사회적인 것을 다룰 수 있는 자기준거적인 보편적 사회이론을 얻을 수 없기 때문이다.

루만이 결별한 것은 기존의 사회학 이론만이 아니다. 그는 한 걸음 더 나아가 서구의 철학적 전통에도 작별을 고했다. 그는 이 전통에 "구(舊)유럽"이라는 부정적인 딱지를 붙여 자신의 체계이론과 구별하고 있다. 루만은 "끊임없이 구유럽을 자신의 이론과 다른 것으로, **완전히** 다른 것으로 보고 멀리하려고 한다." 또한 "구유럽의 전통을 바라보는 루만의 시선은 언제나 그것을 소외시키고 그것으로부터 반(反)직관을 생산하려고" 한다. 그리고 루만은 "구유럽만 빼고는 모든 것이 되고자 한다."[45] 루만이 유일하게 사회학적으로 젖줄을 대는 파슨스는 미국 사회학자이다. 또한 방금 논한 마투라나와 바렐라는 칠레의 생물학자이다. 그리고 루만이 인용하는 영국 출신의 미국 수학자 조지 스펜서브라운(1923~), 오스트리아 출신의 미국 물리학자 하인츠 폰 푀르스터(1911~2002), 오스트리아 출신의 미국 심리학자 프리츠 하이더(1896~1988)도 구유럽과는 완전히 거리가 먼 학자들이다. 더구나 루만을 통해서 처음으로 이들의 이름을 들어보았을 정도로 이들은 우리에게 낯선 인물들이다. 이에 반해 위대한 서구 철학자들의 이름은 루만의 저작에서 찾아보기가 힘들다.

그러나 다른 한편 우리는 루만의 사회학과 그가 의식적으로 거리를 두려고 한 '구유럽' 사이에서 명백한 연속성을 확인할 수 있다. 적어도 헤겔, 해

---

44  Niklas Luhmann, 앞의 책(1984a), 7~8쪽.
45  Hans Ulrich Gumbrecht, 앞의 글(2010), 75, 82, 89쪽.

석학 및 후설의 세 가지 철학적 전통을 거론할 수 있다. 먼저 루만과 마찬가지로 헤겔은 의미의 개념을 철학적 사고의 중심에 설정한다. 헤겔은 의미를 정신이라고 파악하는데, 이 정신이 그의 철학에서는 모든 철학적 역할을 한다. 루만의 경우에도 정신이 결코 사라지지 않으며, 따라서 경제적 체계도 결국에는 정신적 체계가 된다. 또한 해석학에 따르면 모든 경험은 특수한 관점에 의존하며, 따라서 우연적이다. 이는 루만의 구성주의와 연속성을 이룬다고 볼 수 있다. 그리고 후설의 경우에도 루만의 경우와 마찬가지로 그리고 헤겔의 경우와 마찬가지로 의미의 개념이 사고의 기조를 이룬다.[46]

이 가운데 특히 후설은 좀 더 상세히 논할 만한 가치가 있다. 왜냐하면 루만이 직접적으로 후설을 수용하고 있기 때문이다. 루만은 후설과 파슨스의 결합, 보다 구체적으로 말하자면 "의미 분석과 기능 개념의 결합"을 언급하고 있다.[47] 이는 후설이 끼친 영향이 파슨스가 끼친 영향 못지않다는 것을 암시하는 대목이다. 왜냐하면 루만에게 의미는 "사회학의 기본 개념"이기 때문이다.[48] 의미는 모든 사회적 체계의 (그리고 모든 심리적 체계의) "보편매체"이다. 또한 의미의 형식은 "자기 자신의 절대적인 매체"이다. 그러므로 모든 사회적 체계가 (그리고 심리적 체계가) 초월할 수 없는 마지막 매체는

---

46  같은 글, 82쪽 이하.

47  Niklas Luhmann, 앞의 책(2000), 16~17쪽. Hans Ulrich Gumbrecht, 앞의 글(2010), 81~82쪽. 다음에는 비록 간략하지만 아주 일목요연하게 후설의 의미 개념이 루만의 의미 개념에 대해 갖는 의의가 정리되어 있다. Detlef Horster, *Niklas Luhmann*, Stuttgart: C. H. Beck (2., überarbeitete Auflage) 2005, 78쪽 이하. 그리고 다음에는 루만이 수용한 후설 저작의 목록이 수록되어 있다. Sven-Eric Knudsen, *Luhmann und Husserl. Systemtheorie im Verhältnis zur Phänomenologie*, Würzburg: Königshausen & Neumann 2006, 174~75쪽.

48  이에 대한 자세한 논의는 다음을 참고할 것. Jürgen Habermas & Niklas Luhmann, "Sinn als Grundbegriff der Soziologie", Jürgen Habermas & Niklas Luhmann, 앞의 책(1971), 25~100쪽. 그 밖에도 루만은 다음에서 의미에 대한 논의를 전개하고 있다. Niklas Luhmann, 앞의 책(1984), 92쪽 이하; Niklas Luhmann, *Essays on Self-Reference*, New York: Columbia University Press 1990, 제2장("Meaning as Sociology's Basic Concept", 21~79쪽); Niklas Luhmann, 앞의 책(1997a), 44쪽 이하. 다음은 루만 사회학에서 의미가 기본 개념이 된다는 점을 상세히 논하고 있다. Rainer Schützeichel, *Sinn als Grundbegriff bei Niklas Luhmann*, Frankfurt am Main/New York: Campus 2003.

의미이다."[49] 요컨대 사회적 체계는 (그리고 심리적 체계는) 곧 의미체계인 것이다.

이 책의 제3장 제1절에서 후설이 슈츠에 대해 갖는 의미를 논하는 과정에서 언급했다시피, 후설의 현상학은 인간 의식의 작용을 현상처럼 그 자체적 소여성에서 관찰하고 기술하는 철학적 방법이다. 그러니까 후설이 말하는 현상은 객관적으로 또는 외부적으로 주어진 사태가 아니라 인간의 의식이며, 따라서 그의 현상학은 존재론적 철학이 아니라 인간 의식에 대한 철학이다. 후설에 따르면 의식은 폐쇄적인 체계이다. 다시 말해 의식은 그 자체로서 "고유존재"이며 "절대적인 고유본질"을 갖는다.[50] 후설은 의식의 작용을 노에시스(noesis; νόησις)라고, 의식의 대상을 노에마(noema; νόημα)라고 부른다. 그리고 이 노에시스의 형식을 지향성이라고 부른다. 그러니까 지향성이란 의식이 작용하는 형식을 가리키며, 따라서 노에시스는 의식의 지향적 작용이라고 표현할 수 있다.[51]

이러한 지향성은 제한, 구별, 선택을 필요로 한다. 왜냐하면 의식의 외부에 주어지는 세계는 무한하기 때문이다. 후설에게 세계는 무한지평이다. 그러므로 노에시스와 노에마가 관계를 맺으려면 무언가 제한하고 구별하고 선택하는 과정이 전제되어야 한다. 그런데 이 일련의 과정은 노에마가 아니라 노에시스에 의해 수행될 수밖에 없다. 왜냐하면 현상의 세계에는 이를 위한 그 어떠한 존재론적 기준이나 척도도 없기 때문이다. 이를 가능케 하는 매체가 바로 의미이다. 의식이 무한지평으로서의 세계에서 어떤 현상이 그리고 그것의 어떤 측면이 자신에게 유의미하다고 판단하는 경우에야 비로

---

49  Niklas Luhmann, 앞의 책(1997a), 51, 57, 59쪽.

50  Edmund Husserl, *Ideen zu einer reinen Phänomenologie und phänomenologischen Philosophie*, *Erstes Buch*: Allgemeine Einführung in die reine Phänomenologie: Gesammelte Schriften 5, Hamburg: Felix Meiner 1992, 68쪽. 참고로 이 책 제3장 제1절에서는 이 책과 제목이 같지만 출판사와 출판년도가 다른 책을 인용했다. 여기에서 굳이 앞에서 인용한 책과 다른 책을 인용한 이유는, 후자에 나오는 구절이 전자에 나오지 않기 때문이다.

51  후설은 『순수현상학과 현상학적 철학의 이념들』 제3부 제3장에서 노에시스와 노에마에 대해 논하고 있다. Edmund Husserl, 앞의 책(1950), 216~41쪽.

소 현상을 지향하는 의식의 체험, 그러니까 의식의 지향적 작동이 시작될 수 있다. 요컨대 후설의 현상학에서 의미의 의미는 의식의 체험 또는 지향적 작동의 무한한 가능성들 중에서 특정한 가능성의 현전화(現前化)에서 찾을 수 있는 것이다.[52]

루만은 후설의 이러한 현상학을 체계론적으로 전유하고 있다.[53] 먼저 루만은 후설이 제시한 노에시스와 노에마의 이중구조를 자기준거와 타자준거의 이중구조로 수용하고 있다. 그리하여 의식은 체계에, 그리고 의식의 현상 또는 대상은 체계의 환경에 상응한다. 후설이 의미를 노에시스의 형식인 지향성의 지시로 파악하는 것과 마찬가지로, 루만은 "전(前)언어적 관점에서 '의미'를 체험과 행위의 지향성에 현전화의 가능성들을 지시하는 복합체로 정의한다."[54] 이와 관련해 루만은 『사회의 사회』에서 이렇게 말하고 있다——"현상학적으로 보면 의미는 현전적으로 주어진 의미로부터 접근할 수 있는 잉여지시라고 할 수 있다. 이에 따르면 의미는 [⋯] 무한한, 그러니까 특정할 수 없는 지시 복합체인바, 이 복합체는 특정한 방식으로 접근될 수 있고 재생산될 수 있는 것이다." 이렇게 보면 의미의 형식은 "현전성과 가능성의 차이로 나타낼 수 있으며, 그리하여 다른 구별이 아닌 바로 이 구별이 의미를 구성한다고도 주장할 수 있다."[55] 이는 루만이 후설의 의미이론을 전유했음을 암시하는 대목이다. 이 전유는 『사회적 체계들』에 나오는 다음의 구절로 눈을 돌려보면 더욱더 명백히 드러날 것이다.

의미라는 현상은 체험과 행위가 실제적으로 일어나는 것 이상으로 가능성

---

52  같은 책, 79쪽.
53  루만은 다음에서 후설을 인용하거나 논하고 있다. Niklas Luhmann, 앞의 책(1984a), 93쪽 이하; Niklas Luhmann, *Die neuzeitlichen Wissenschaften und die Phänomenologie*, Wien: Picus 1996; Niklas Luhmann, 앞의 책(1997a), 47, 57쪽.
54  Jürgen Habermas, 앞의 책(1985c), 427쪽.
55  Niklas Luhmann, 앞의 책(1997a), 49~50쪽. 의미의 형식은 달리 "현전성과 잠재성의 차이"로 표현할 수 있다. 같은 책, 58쪽.

을 갖는다는 점을 지시하는, 다시 말해 체험과 행위의 가능성들의 잉여를 지시하는 형식으로 나타난다. 어떤 것은 시야에 들어오거나 지향의 중심에 자리하며, 다른 것은 주변적으로 여타의 체험과 행위의 지평으로 간주된다. 지향되는 모든 것은 이런 형식으로 세계 전체에 자신을 열어두며, 따라서 언제나 접근 가능성의 형식으로 세계의 현전성도 보장한다. 지시 자체는 현실의 관점에서 현전화되지만, 그것은 현실적인 것(또는 현실적이라고 가정되는 것)뿐만 아니라 가능한 것(조건적으로 현실적인 것)과 부정적인 것(비현실적인 것과 불가능한 것)도 포함한다. 유의미하게 지향된 대상에서 출발하는 지시들의 전체는 사실상 다음 단계에서 현전화될 수 있는 지시들보다 확실하다. 말하자면 의미형식은 자신의 지시구조를 통해 다음 단계의 **선택을 강제한다**. 이러한 선택의 강제성은 의미의 의식에 그리고 사회체계의 경우 유의미한 것을 통한 커뮤니케이션에 산입되며, 그 결과 〔아무런 강제도 없이〕 순수하게 사실적으로 영위되는 현전적 삶은 의식과 커뮤니케이션 그 어디에서도 궁극적인 연계성을 확보할 수 없다.[56]

그리고 역시 같은 책에서 다음과 같이 말하고 있다.

　　의미의 과정화는 〔…〕 현전성과 가능성 사이에서 의미를 구성하는 차이를 항구적으로 새로이 창출하는 것이다. 의미는 가능성들의 지속적인 현전화인 것이다. 그러나 의미는 바로 지금 현전적인 것과 가능성 지평 사이의 차이로서만 의미가 될 수 있기 때문에, 의미의 모든 현전화는 언제나 그것에 후속되는 가능성들을 가상화하기도 한다.[57]

　　구체적으로 말해 루만은 주로 『순수현상학과 현상학적 철학의 이념들』(1913)에 준거하면서 후설의 의미이론을 전유하고 있다. 초기의 기술적(記述的) 현상학에서 선험적 현상학으로의 전회가 일어나는 이 저작에서 후설은

---

56　Niklas Luhmann, 앞의 책(1984a), 93~94쪽.
57　같은 책, 100쪽.

의미에 대한 논의를 전개하고 있다. 그 밖에도 루만은『경험과 판단』(1939),
『논리연구』제2권(1901),『데카르트적 성찰』(1931) 등 후설의 다른 저작들
에도 준거하고 있다.[58]

이 대목에서 반드시 언급해야 할 것이 또 하나 있으니, 그것은 다름 아닌
의미의 시간성이다. 루만은 1995년 빈에서 행한 강연「근대 과학과 현상학」
에서 주장하기를, 후설이 말하는바 지향성에 의해 작동하는 의식, 또는 달리
말해 의식의 지향적 작동은 "타자준거와 자기준거 사이에서 부단히 진동하
는 것"이라고 했다. 다시 말해 의식은 부단히 흐르는 것이며, 이 의식의 흐름
에는 자명한 일이지만 시간이 중요한 역할을 한다는 것이다. 후설은 이것을
"내적 시간의식"이라는 개념으로 파악한다.[59]

이처럼 후설이 현상학적으로 "의식의 독특한 시간성"을 제시한다면,[60] 루
만은 그것을 체계론적으로 전유하고 있다. 후설의 의식처럼 루만의 체계는
"긍정적으로 평가된 작동들과 부정적으로 평가된 작동들 사이에서 그리고
자기준거와 타자준거 사이에서 진동하는 상태에 처하게 된다."[61] 루만은 체
계의 유지를 위해서는 체계가 항구적으로 작동해야 한다는 전제에서 출발
하기 때문에 의식의 흐름에 대한 후설의 이론을 받아들일 수 있었다.[62] 요컨
대 후설에게 의식이 시간화된 의식이라면 루만에게 체계는 시간화된 체계
인 것이다. 이 시간화된 체계는 "안정성을 동적인 안정성으로써만, 그러니
까 소멸하는 요소들을 다른 새로운 요소들로 지속적으로 대체함으로써만
획득할 수 있다."[63] 이로부터 "의미는 철저하게 역사적인 작동 형식"이며,
"오직 이러한 형식의 사용을 통해서만 의미가 미래에 우연적이고 불확정적
으로 사용되는 것을 막을 수 있다"라는 논리가 도출된다. 말하자면 의미는

58  같은 책, 93쪽(각주 5번), 107쪽(28번), 120쪽(각주 49번), 122쪽(각주 52번).
59  Niklas Luhmann, 앞의 책(1996), 34~35쪽.
60  같은 책, 35~36쪽.
61  Niklas Luhmann, 앞의 책(1997a), 46쪽.
62  Detlef Horster, 앞의 책(2005), 82쪽.
63  Niklas Luhmann, 앞의 책(1997a), 52쪽.

"시간 속에서 나타나며 언제든지 시간적 구별들로 전환될 수 있다. 그러니까 의미는 복잡성을 줄이기 위해, 즉 과거의 것을 더 이상 현전적이지 않은 것으로 그리고 미래의 것을 아직 현전적이지 않은 것으로 취급하기 위해 시간을 사용할 수 있는 것이다."[64]

결론적으로 루만의 의미이론은 후설의 (선험적) 주체철학을 체계론적으로 전유한 것 또는 달리 말해 번역한 것이다. 그런데 중요한 것은 이러한 전유가 비단 후설의 현상학에만 한정되는 것이 아니라는 점이다. 더 나아가 루만은 광범위하게 칸트에서 후설에 이르는 주체철학의 유산, 예컨대 주체, 의미, 행위, 상호작용, 커뮤니케이션, 자아와 타자 등과 같은 주체이론적 개념들을 전유하면서 자신의 체계이론과 사회이론을 구축했다.[65] 더구나 루만 사회학에서 그토록 중요한 위치를 자치하는 의미의 개념도 그의 '전유물'이 결코 아니다. 그것은 베버 이래로 사회학 이론에서 줄곧 핵심적인 위치를 차지해왔다.[66]

아무튼 루만은 구유럽의 철학적-사회학적 유산을 물려받았다. 그러나 그는 단순히 그 유산의 후계자나 아류로 머물지 않고 그것을 물려받는 동시에 그것의 문제 해결 능력을 능가하고자 했다. 그리고 이 지적 유산을 생물학의 틀로서 재주조하고 재기술(再記述)하는 데에서 그 가능성을 찾았다. 그것은 형이상학이 "초생물학"으로 이행한 것이었다.[67] 바로 여기에 루만의 독창성이 있는 동시에 그의 사회학을 사회이론이 아니라고 비판할 수 있는 가능성이 있다.

---

64  같은 책, 47, 53쪽.

65  Jürgen Habermas, 앞의 책(1985c), 426쪽 이하; Wolfgang Schluchter, 앞의 책(2007), 229쪽 이하.

66  이에 대해서는 다음을 참고할 것. Johann Schülein, "Zur Konzeptualisierung des Sinnbegriffs", in: *Kölner Zeitschrift für Soziologie und Sozialpsychologie 34*/1982, 649~64쪽.

67  Jürgen Habermas, 앞의 책(1985c), 426, 430쪽.

## (4) 사회적 체계, 사회(체계) 그리고 세계사회

이미 도표를 통해 살펴본 바와 같이, 루만은 사회적 체계를 상호작용, 조직 및 사회의 세 차원으로 구분한다. 이에 대한 기준은 어떠한 전제조건하에서 사회적 체계의 자기선택과 경계 설정이 이루어지는가이다. 상호작용이라는 사회적 체계는 참여/불참의 형식을 통해, 그리고 조직이라는 사회적 체계는 가입/탈퇴의 형식을 통해 구성된다. 이에 반해 사회는 포괄적인 사회적 체계이다. 루만에 따르면 고전적으로 사회는 "포괄적인, 따라서 독립적이고 자족적인 사회적 체계"로 정의된다. 그러나 사회적 체계는 —루만은 고전적 사회 개념을 이렇게 비판한다— "모든 인간은 말할 것도 없고 객관적으로 존재하는 모든 행위를 필연적으로 포괄하지 않는다." 그러므로 사회는 —그리고 이에 입각해 새로운 사회 개념을 제시한다— 보다 정확하게 **"커뮤니케이션을 통해 상호 도달할 수 있는 모든 행위를 포괄하는 사회적 체계"**이다.[68]

루만은 이 단 세 가지 유형의 사회적 체계만 가지면, 아니 거기에 두 가지 개념적 제한을 가하면 사회적 현실에 대한 사회학적 전체상을 얻을 수 있다고 본다. "사회적 체계의 단 세 가지 유형, 즉 상호작용, 조직, 사회를 구성하면, 그리고 두 가지 상대화, 즉 이 서로 다른 유형들은 진화의 결과라는 것과 각각의 체계는 그때그때 환경의 전망을 갖는다는 것을 가정하면 더 이상 표상적으로 통제할 수 없을 만큼 이미 고도로 복잡해진 사회적 현실의 전체상이 형성된다."[69] 이는 상호작용, 조직, 사회가 "체계의 유형학"을 구성하는 바, 이 유형학은 한편으로 단순히 개념적인 차원만이 아니라 역사적인 차원까지 아우르며, 다른 한편으로 보편적으로 적용 가능한 체계이론에, 즉 체계-환경 관계, 자기선택, 경계 설정에 기반함으로써 사회적인 것에 대한 보편이론을 제공할 수 있다는 루만의 확신을 암시하는 대목이다. 루만은 후일

---

68  Niklas Luhmann, 앞의 글(1975a), 9~24쪽, 여기서는 10쪽 이하(직접 인용은 12쪽).
69  같은 글, 24쪽.

『사회의 사회』에서 저항운동을 사회적 체계의 네 번째 유형으로 추가한다.

이처럼 사회를 포괄적인 사회적 체계로 간주하는 체계론적 사회 개념에 입각하여 루만은 기존의 '인본주의적-지역주의적' 사회 개념을 비판하는 바, 그 기존의 개념이란 구체적으로 다음과 같다 "① 사회는 구체적인 인간들로, 그리고 인간들 사이의 관계들로 이루어진다. ② 그러므로 사회는 인간들 사이의 합의를 통해, 즉 의견들의 일치와 설정된 목적들의 상보성을 통해 구성되거나 통합된다. ③ 사회는 지역적, 영토적으로 제한된 단위들이다. 그리하여 브라질은 태국과 다른 사회이고 미국은 러시아와 다른 사회이며, 그렇다면 우루과이 역시 파라과이와 다른 사회가 될 것이다. ④ 그러므로 사회는 인간 집단이나 영토처럼 외부로부터 관찰될 수 있다."[70]

루만이 보기에 이러한 사회의 개념들은 사회이론의 가능성을 저해하는 "인식론적 장애물"에 지나지 않는다. 왜냐하면 그것들은 복잡한 사회적 현실을 사회학적으로 인식하기에는 "너무 적은 복잡성을 지니고 있고, 스스로를 과대평가하고, 대상영역을 획일화하며, 이로 인해 결국 설득력을 잃어버리기" 때문이다. 문제를 더욱 심각하게 만드는 것은, 이 네 가지 형태의 인식론적 장애물이 "서로 연결되어 있고 서로의 버팀목이 된다"는 사실이다. 이제 사회학에 주어진 유일한 대안은 ―― 루만은 이렇게 확신한다 ―― "언뜻 납득이 가지 않는 증거들을 통해 우회로를 거치는" 것뿐이다.[71]

그 우회로는 구체적으로 사회학과는 아무런 관련도 없어 보이는 생물학이나 사이버네틱스 등에 입각해 사회를 포괄적인 사회적 체계로 간주하는 것이다. 이 '생물학적 우회로'를 거쳐 얻게 되는 체계론적 사회 개념은 필연적으로 반인본주의적-반지역주의적 색채를 띠게 된다. 물론 그렇다고 해서 사회적 현실의 '인본주의적-지역주의적' 측면을 간과하지는 않는다. 다시 말해 "인간이 존재한다는 사실을 부정하는 것이 아니고 지구의 개별 지역들에서 영위되는 삶의 조건이 극단적으로 다르다는 사실을 무시하는 것도 아

---

70  같은 책, 24~25쪽.

71  같은 책, 23~24쪽.

니다."[72] 그것은 (사회)존재론적 문제가 아니라 어디까지나 방법론적 문제이다. 다시 말하지만 방법론적 반인본주의-반지역주의인 것이다. 이와 관련해 루만은 다음과 같이 주장한다.

다만 이러한 사실들로부터 사회 개념을 정의하기 위한 표지(標識)나 그에 상응하는 대상의 경계들을 규정하기 위한 표지를 도출하는 것을 단념한다는 것이다. 그리고 바로 이러한 단념을 통해서 인간들의 교류에서 규범적이고 평가적으로 작용하는 기준들, 가령 인권이나 또는 하버마스가 말하는 이해지향적 의사소통 규범들, 그리고 마지막으로 개별 지역들의 발전 격차에 대한 태도들을 규제적 이념으로 또는 커뮤니케이션 개념의 구성요소로 전제하는 대신에 사회의 고유한 성취로 인식할 수 있는 가능성을 얻게 된다. 요컨대 먼저 물어야 할 것은 다음과 같은 것이다. 어떻게 사회 자체가 그와 같은 주제들과 다른 주제들에 현전성을 부여하는가?[73]

루만에 따르면 사회는 "사회적인 것의 총합"이다. 사회는 "모든 사회적인 것을 내포하며 따라서 그 어떤 사회적 환경도 갖지 않는 포괄적인 사회적 체계"이다.[74] 사회는 "전형적인 사회적 체계" 또는 "탁월한 사회적 체계" 또는 "사회적 체계들의 사회적 체계" 또는 "다른 사회적 체계들의 가능성 조건으로 기능하는 사회적 체계"이다.[75]

사회의 체계적 포괄성은 그것이 수행하는 기능에서 찾아야 한다.

첫째, 사회는 일반화하는 기능을 한다. 고도로 복잡한 세계에서의 인간들의 체험과 인간들 사이의 상호작용은 **일반화**, 즉 "차이들에 대한 일정한 무차별성을 가능케 하고 그와 같은 무차별성의 리스크를 흡수함으로써 체

---

72  같은 책, 35쪽.

73  같은 곳.

74  Niklas Luhmann, 앞의 책(1984a), 555쪽.

75  Niklas Luhmann, "Gesellschaft", *Soziologische Aufklärung, Bd. 1: Aufsätze zur Theorie sozialer Systeme*, Opladen: Westdeutscher Verlag 1970, 137~53쪽, 여기서는 143쪽.

험과 상호작용의 지향성을 단순화하는"메커니즘에 의존할 수밖에 없다. 일반화는 "특정한 의미 표상들을 **시간적으로 지속적이고**(시점들의 차이를 고려하지 않음), **사안적으로 보편적이며**(여러 개별적인 의미들의 차이를 고려하지 않음) **사회적으로 포괄적으로**(그때그때 상호작용하는 파트너들의 구체적인 개인성을 고려하지 않음) 포착하는 것을 가능케 한다." 물론 이러한 일반화는 다양하고 복잡한 방식으로 체계의 구조들에 의해 조건지어진다. 그러나 그것을 궁극적으로 결정하는 것은 언제나 사회체계의 구조이다. 바로 이 구조 안에서 "무차별성에 대한 자유가 최종적으로 보장되어야 한다."[76]

둘째, 사회는 사회적 복잡성을 구성하고 감소시키는 기능을 수행한다. 사회는 돈, 언어, 진리, 법 등을 통해 "규정할 수 없는 복잡성을 배제하고 규정된 또는 여하간 규정될 수 있는, 그러니까 사회의 부분체계들과 궁극적으로는 행동이 담아낼 수 있는 복잡성을 조직한다." 말하자면 사회는 복잡성 감소의 궁극적이고도 근본적인 제도화이다. 이처럼 사회에 의해 수행되는 복잡성의 일차적 감소 기능의 토대 위에서 개별적인 사회적 체계들은 자신에게 주어진 고도의 복잡성을 감소시킴으로써 행위의 유의미한 지향을 가능케 한다. 사회는 "아주 일반적인 의미에서 모든 부분체계들의 기능과 구조의 공존을 가능케 한다." 사회는 "개별적인 사회적 체계들에게 이미 감소된 환경의 복잡성"으로서 이 체계들을 위해 "가능한 것과 기대할 수 있는 것의 지평을 정의하고 궁극적이며 근본적인 복잡성 감소를 조직한다." 그러므로 개별적인 사회적 체계들은 오직 사회를 통해서만 체계가 될 수 있으며, 이 체계들의 정체성과 고유한 기능은 바로 사회에 달려 있다.[77]

셋째, 사회는 사회적 진화를 조절하는 기능을 수행한다. 자명한 일이지만 사회적 진화는 다양한 사회적 체계에서 다양한 출발 상황, 원인, 조건 등에

76  같은 글, 145~46쪽.
77  Niklas Luhmann, "Gesellschaft", in: Claus D. Kernig (Hrsg.), *Sowjetsystem und demokratische Gesellschaft: Eine vergleichende Enzyklopädie*, Bd. 2: *Diplomatie bis Identität*, Freiburg/Basel/Wien: Herder 1968b, 959~72단, 여기서는 966단; Niklas Luhmann, 앞의 글(1970), 144~45, 149~50쪽; Niklas Luhmann, 앞의 글(1975a), 16쪽.

의해 일어난다. 그러나 동시에 각 영역에서 이루어진 진화적 성취들은 사회적으로, 보다 엄밀히 말하자면 전체 사회적 차원에서 안정될 수 있어야 한다. 그리고 이를 위해서는 사회의 다른 영역들에서 보충적인 조직들이 요구되는바, 이러한 조직들은 이미 존재하거나 그렇지 않은 경우에는 비교적 신속하게 추후적으로 발전해야 한다. 예컨대 관료조직이라는 정치체계의 진화를 위해서는 화폐제도라는 경제체계가 필요하며 실정법이라는 법체계의 진화를 위해서는 정치적 민주주의라는 정치체계가 필요하다. 이 모든 것은 사회적 체계들의 영역에서 일어나는 사회적 진화가 오직 사회 자체와의 관계 속에서만 가능하다는 것을 말해준다. 바로 이런 연유로 사회를 "사회적 진화를 조절하는 사회적 체계"라고 규정할 수 있다. 요컨대 사회적 진화는 "사회의 복잡성이 증가하는 과정, 그러니까 사회의 조절 기능으로 인해 개별적인 사회적 체계들이 담아낼 수 있는 복잡성이 증가하는 일련의 과정이다."[78]

이때 — 방금 살펴본 바와 같이 — 개별적인 사회적 체계들이 사회와의 관계를 통해서만 체계가 될 수 있으며 이 체계들의 정체성과 기능이 사회에 달려 있다는 것은, "개별적인 사회적 체계들이 사회의 목적에 기여하거나 사회의 본질에 관여한다거나 부분들로서 전체를 닮는다는 의미에서 그런 것이 아니다." 이는 어디까지나 "개별적인 사회적 체계들의 선택이 사회적으로 이미 선구조화된 환경을 전제로 하기 때문이다."[79] 이렇게 보면 루만의 사회 개념은 목적론적 개념도 아니고 본질주의적 또는 실체주의적 개념도 아니며 전체주의적 또는 유기체론적 개념도 아니라는 것을 알 수 있다. 그것은 어디까지나 기능주의적 개념이다.

사회는 포괄적인 전체이지만 자족적이지는 않다. 다시 말해 사회는 자기 자신만으로 구성되는 것으로 정의할 수 없다. 이와 더불어 사회는 자족적인 체계라는 표상, 즉 사회는 "존속과 합리성의 모든 전제조건을 스스로 채우고 이 점에서 다른 사회적 체계들보다 탁월한 체계"라는 표상도 설 자리를

---

78  Niklas Luhmann, 앞의 글(1970), 150~51쪽.
79  같은 글, 144쪽.

잃게 된다. 그 이유는 사회적 체계들이 기능적으로 상호관계를 맺고 사회적 체계들의 사회적 체계인 사회와 관계를 맺기 때문이다. 포괄적 전체로서의 사회는 바로 이 기능적 관계의 관점에서 파악해야 한다.[80] 그러므로 사회는 비록 포괄적인 전체이기는 하지만 이 전체를 전체적으로 연구하는 것은 불가능하다.[81] 이를 은유적으로 표현하자면,

사회에는 주소가 없다.[82]

이처럼 사회에는 주소가 없기 때문에 루만은 "어떤 사회도 자기 자신의 작동들로는 자기 자신에게 도달할 수 없다"는, 그러니까 "사회는 커뮤니케이션 상대가 될 수 없다"는 전제에서 출발한다.[83] 그 대신에 사회학은 사회의 통일성을 전제하고, 즉 사회적인 것의 통일성이 사회라는 것을 전제하고 바로 이 통일성에 대한 자기기술을 추구할 수 있다는 것이 루만의 입장이다. 이와 관련해 루만은『사회의 사회』에서 다음과 같이 말하고 있다.

커뮤니케이션에 의한 사회의 도달 불가능성, 그러니까 체계를 재생산하는 작동들로는 사회에 도달할 수 없다는 것은 경험적으로 명백한 사실이다. [그리고 여기서도] **그 대신에** 체계의 통일성에 대한 상상적 구성물들이 있는바, 사회 안에서 비록 사회**와는** 아니지만 사회에 **대해** 커뮤니케이션하는 것을 가능케 한다. 우리는 그와 같은 구성물들을 사회체계의 '자기기술들'이라고 부를 것이다.[84]

---

80  같은 글, 143쪽.
81  Niklas Luhmann, 앞의 글(1975a), 10쪽.
82  "사회에는 꼭대기도 가운데도 없다; 사회에는 어디에도 그것의 통일성이 표현될 수 있는 장소가 없다." Niklas Luhmann, 앞의 글(1995b), 131쪽. 그리고 다음도 같이 참고할 것. Niklas Luhmann, "Die gesellschaftliche Verantwortung der Soziologie", in: *Universität als Milieu. Kleine Schriften* (Herausgegeben von André Kieserling), Bielefeld: Haux 1992b, 126~36쪽, 여기서는 133쪽.
83  Niklas Luhmann, 앞의 책(1997a), 866쪽.

그렇다면 루만이 말하는 사회적인 것이란 무엇인가? 이는 사회적 체계를 유기체 및 심리적 체계와 대비해보면 명백하게 드러날 것이다. 이 체계들은 모두 각자의 고유한 방식으로 자기생산을 하고 이를 통해 자신과 환경의 경계를 설정한다. 이러한 과정을 루만은 작동이라고 정의한다. 그런데 유기체는 생명의 형식으로, 심리적 체계는 의식과정의 형식으로 작동한다. 그리고 사회적 체계가 작동하는 형식은 다름 아닌 커뮤니케이션이다. 요컨대 루만에게 사회적인 것은 바로 커뮤니케이션이다. 커뮤니케이션은 "사회적 체계의 가능한 한 가장 작은 단위"이다. 말하자면 커뮤니케이션은 "커뮤니케이션으로만 반응할 수 있는 단위"인 것이다. 사회적인 것은 커뮤니케이션이라는 기본적인 과정에 의해 하나의 실재로 구성된다. 다시 말해 발현적 실재성을 띠게 된다. 루만이 보기에 '사회적인 것=커뮤니케이션적인 것'이라는 등식이 성립한다.[85]

커뮤니케이션은 진정으로 사회적인 (그리고 유일하게 진정으로 사회적인) 작동이다. 커뮤니케이션이 진정으로 사회적인 것은, 그것이 비록 함께 작용하는 복수의 의식체계를 전제하긴 하지만 (바로 그 때문에) 단위로서 그 어떤 개별적인 의식에도 귀속될 수 없기 때문이다. 게다가 커뮤니케이션이 고유하게 기능하는 데 필요한 조건들은 의식체계들이 다른 하나의 의식 또는 다른 여러 의식들의 그때의 현전적인 내적 상태를 알 수 있는 가능성을 배제한다. 그것도 말로 하는 커뮤니케이션의 경우에는 거기에 참여하는 사람들이 전달/이해하면서 **동시에** 공동작용을 하기 때문이며, 문자로 하는 커뮤니케이션의 경우에는 거기에 참여하는 사람들이 **부재하면서** 공동작용을 하기 때문이다.[86]

84  같은 책, 867쪽. 요컨대 루만에게 사회학은 사회 안에서 수행되는 사회의 자기기술이다. 이에 대한 자세한 논의는 다음을 참고할 것. Niklas Luhmann, 앞의 글(1992b); Niklas Luhmann, 앞의 글(1992c).

85  Niklas Luhmann, 앞의 책(1984a), 192∼93쪽; Niklas Luhmann, 앞의 책(1997a), 82쪽.

86  Niklas Luhmann, 앞의 책(1997a), 81∼82쪽.

커뮤니케이션은 모든 사회적 체계, 즉 상호작용과 조직 그리고 사회에서 일어난다. 이렇게 보면 사회를 모든 사회적인 것을 내포하는 가장 포괄적인 사회적 체계로 정의하는 것은, 사회를 모든 커뮤니케이션을 내포하는 가장 포괄적인 사회적 체계로 재(再)정의하는 것이 된다. 말하자면 사회는 커뮤니케이션의 총합이다. 아무리 작고 순간적인 만남이라도 커뮤니케이션이 일어나면 사회가 실행되는 것이다.[87] 커뮤니케이션은 사회의 자기구성의 기본 단위이다. 결국 루만에게 커뮤니케이션은 사회학의 기본 개념이 된다. 이는 베버의 사회적 행위, 짐멜의 상호작용, 하버마스의 의사소통행위와 같은 것이다.[88] 이러한 커뮤니케이션은 정보, 전달, 이해의 종합으로 구성되는바, 이 구성요소들 각각은 그 자체로 우연적인 과정이며 그 각각에서 선택이 일어난다.[89]

루만의 사회학에서 또 한 가지 눈여겨볼 만한 것은 세계사회 개념이다.[90] 루만에 따르면 오늘날의 사회는 영토와 민족에 의해 규정되는 이른바 국민국가 사회가 아니라 지구 전체를 포괄하는 세계사회이다. 다시 말해 오늘날에는 단 하나의 사회체계, 즉 세계사회 체계만이 존재한다. 이는 커뮤니케이션에 의해 사회를 규정하는 루만 사회학의 논리적 귀결이다. 이와 관련해 루만은『사회적 체계들』에서 이렇게 주장한다.

사회는 자기폐쇄성에도 불구하고, 아니 바로 자기폐쇄성 때문에 환경 속의 체계로 존속한다. 사회는 경계를 가지는 체계이다. 이 경계는 사회 자체에

---

87  같은 책, 813쪽.

88  다음은 베버와 루만의 사회적인 것을 비교하고 있으니 참고할 것. Rainer Greshoff, *Die theoretischen Konzeptionen des Sozialen von Max Weber und Niklas Luhmann im Vergleich*, Opladen/Wiesbaden: Westdeutscher Verlag 1999.

89  Niklas Luhmann, 앞의 책(1997a), 190쪽.

90  루만은 예컨대 다음에서 세계사회의 문제를 다루고 있다. Niklas Luhmann, "Die Weltgesellschaft", in: *Soziologische Aufklärung, Bd. 2: Aufsätze zur Theorie der Gesellschaft*, Opladen: Westdeutscher Verlag 1975b, 63~88쪽; Niklas Luhmann, 앞의 책(1984a), 585쪽 이하; Niklas Luhmann, 앞의 책(1997a), 145쪽 이하.

의해 구성된다. 그 경계는 커뮤니케이션을 모든 비(非)커뮤니케이션적 사태들 및 사건들로부터 분리하며, 따라서 영토에 고정될 수도 없고 인간 집단에 고정될 수도 없다. 이처럼 스스로 경계를 구성한다는 원리가 명백해짐에 따라서 사회가 분화되어 독립적인 것이 된다. 사회의 경계는 혈통, 산, 바다 같은 자연적인 특징과는 무관해진다. 그러면 진화의 결과로서 결국 하나의 사회만 존재하게 되는바, 그것은 다름 아닌 세계사회이다. 이것은 모든 커뮤니케이션을 내포하고 다른 어떤 것도 내포하지 않으며 이를 통해 아주 명백한 경계를 갖는다.[91]

이 인용구절에서 명백히 드러나듯이, 루만은 세계사회가 진화의 결과라는, 즉 진화에 의해 세계사회가 구성되었다는 견해를 피력한다. 그러니까 장기간에 걸친 진화로 인해 20세기에는 지구 전체가 "의미에 기반하는 커뮤니케이션이라는 하나의 폐쇄된 영역"이 되었으며, 따라서 "모든 기능을 포괄하는 하나의 통일적인 사회는 오직 세계사회의 형식에서만 가능하게" 되었다는 것이다. 모든 커뮤니케이션에는 그것의 주제나 참여자들의 시간적 차이 및 공간적 거리와 무관하게 세계사회가 함축되어 있다. 말하자면 "세계사회는 커뮤니케이션 속에서 세계가 생기(生起)하는 것이다." 이러한 논의에 입각해 루만은 사회의 이론은 곧 세계사회의 이론이라고, 그리고 방법론적 이유를 내세워 이론은 이탈리아나 스페인 같은 국민국가의 이름을 사용해서는 안 된다고 주장하기에 이른다.[92] 세계사회에 대한 루만의 이론은 다음 도표를 보면 가시적이고 명백하게 와 닿을 것이다.[93]

91  Niklas Luhmann, 앞의 책(1984a), 557쪽.

92  Niklas Luhmann, 앞의 글(1975b), 75~76쪽; Niklas Luhmann, 앞의 책(1997a), 148, 150, 158쪽.

93  Hans-Jürgen Hohm, *Soziale Systeme, Kommunikation, Mensch. Eine Einführung in soziologische Systemtheorie*, Weinheim/München: Juventa 2006 (2., überarbeitete Auflage), 13쪽.

**도표 34 세계사회**

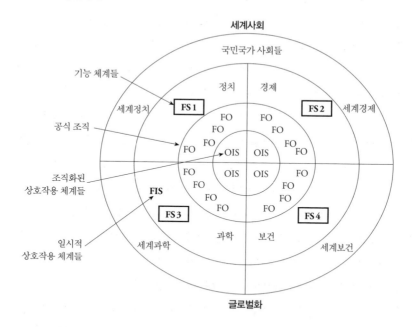

루만에 따르면 세계사회는 기능적 분화의 요구이자 결과이다. 다시 말해 전(全)세계적 차원에서의 기능적 분화로 인해 국민국가의 경계가 허물어지고 기능체계들이 세계경제, 보편적 과학, 세계선수권대회나 올림픽 같은 스포츠 체계, 전(全)세계적으로 실행되는 보건 프로그램, 전세계적으로 정당화된 국제적 정치 개입, 국제법의 제정, 세계종교들의 커뮤니케이션 통로, 세계뉴스, 전세계를 포괄하는 교통 체계 등의 형식으로 글로벌화된다.[94] 이렇게 보면 루만의 세계사회이론은 함의하는 바가 크다고 말할 수 있다. 다만 충분히 체계화되지 못하고 단편적인 논의의 차원에 머물고 말았다는 아쉬움이 남는다.

---

94  같은 책, 58쪽.

## 논의를 마치면서

이렇게 해서 우리는 한국적 사회학 이론을 위한 해석학적 오디세이의 첫 '항해'를 마쳤다. 이 항해의 수확물을 간략하게 정리하고 앞으로의 연구들, 그러니까 후속 항해들을 미리 스케치해보면서 결론을 대신하기로 한다.

### 어떤 사회학을 추구할 것인가?

솔직히 말해 이 첫 항해는 대단한 지적 수확물을 거두기 위한 모험이 아니라 앞으로 감행할 수많은 모험을 위한 '전위대'의 성격이 강하다. 다시 말해 이 책은 어떤 최종적인 연구 결과를 제시하는 데가 아니라 향후의 연구를 위한 터를 닦는 데에 그 목표를 두고 있는 것이다. 그러나 어찌 보면 첫 항해의 결과가 가장 중요하다고 말할 수 있다. 왜냐하면 그에 따라서 터가 어떻게 닦이는가가 결정되기 때문이다.

우리는 이 책에서 사회학의 큰 줄기를 형성하는 열두 명의 사회학자를 이론화의 대상과 범위에 따라서 사회의 보편이론, 사회적인 것의 중범위이론 1-2, 그리고 사회적인 것의 보편이론 1-2로 나누어 살펴보았으며, 그 초점을 사회학 이론에서 사회가 해체되거나 사회적인 것으로 대체되는 과정 그리고 이에 상응해 개인과 사회의 관계가 변해가는 과정에 맞추었다. 내가 보기에 이 책에서 거둔 가장 중요한 수확은 사회학에서 제시되는 다양한 사회의 개념에 대한 조망을 얻을 수 있었던 것이다. 이를 다음과 같이 도표로 나타낼 수 있다.

**도표 35 사회의 개념들**

| 사회학자 | 사회 개념 |
|---|---|
| 오귀스트 콩트 | 인간 사회 또는 인류 |
| 허버트 스펜서 | 인간 사회 또는 인류 |
| 카를 마르크스 | 인간 사회 또는 인류 |
| 에밀 뒤르케임 | 사회적(특히 도덕적) 사실의 복합체 |
| 게오르그 짐멜 | 사회적 상호작용의 총합 |
| 막스 베버 | 사회는 존재하지 않는 개념(공동사회화와 이익사회화) |
| 알프레트 슈츠 | 주관적-상호주관적 작용관계의 복합체 |
| 탤컷 파슨스 | 사회적 체계로서의 전체 사회(규범적으로 통합된 기능 복합체) |
| 노르베르트 엘리아스 | 결합태(개인들의 상호관계 및 의존) |
| 피에르 부르디외 | 사회적 및 상징적으로 구조화된 공간들 또는 장들 |
| 위르겐 하버마스 | 사회적으로 통합된 집단들의 행위 복합체가 체계로서<br>안정화된 것(생활세계와 체계) |
| 니클라스 루만 | 사회적 체계(커뮤니케이션) |

이 가운데에서 어떤 사회 개념을 선택할 것인가? 단도직입적으로 말하자면, 이에 대한 정답은 없다. 아니, 있을 수 없다. 왜냐하면 각자가 자신의 관점에 따라서, 자신이 추구하는 인식관심에 따라서 또는 자신이 구체적으로 수행하는 연구에 따라서 그에 적합한 사회의 개념을 선택할 수 있는 문제이기 때문이다. 아니면 경우에 따라서 이 모든 것들과 다른 새로운 사회의 개념을 모색해볼 수도 있을 것이다.

그렇다면 나 자신은 어떤 사회 개념을 선택할 것인가?

나는 개인과 사회 또는 행위와 구조 가운데에서 개인 또는 행위에서 출발한다. 개인은 자율적이고 주체적인 인격체이다. 그러므로 개인들의 존재와 사고 및 행위를 규정하는 이념과 원리는 사회법칙이나 국가법칙도 아니요 자연법칙이나 생물법칙도 아니다. 그것은 어디까지나 개인법칙(짐멜)이다.[1] 이 개인들의 사회적 행위, 사회적 관계 및 상호작용을 통해 사회가 구성된다. 또는 바꾸어 말하자면, 사회는 바로 이 자율적이고 주체적인 인격체로서의 개인들이 상호관계를 맺고 상호작용을 하는 공간이자 장(場)이다. 사회는 이 공간과 장의 총합, 또는 그 안에서 행위하고 상호작용하는 개인들을 가리키는 이름이다. 실체론적 존재로서의 사회가 사회적인 것으로 대체되는 것이다. 또는 해체되는 것이다. 그러므로 개인들이 사회에—예컨대 국가에—몸과 마음을 바쳐 충성을 다하는 것이 아니라, 그 정반대로 사회가 (국가가) 개인들에게 특정한 행위와 관계의 기회와 수단을 제공해야 한다. 물론 애향심이나 애국심 등을 삶의 가치로 추구할 수도 있다. 다만 중요한 것은 그 가치가 개인들이 자율적이고 주체적으로 선택한 것이어야지, 외부에서 타율적이고 강압적으로 주어진 것이어서는 안 된다는 점이다. 그러므로 사회와 국가의 본질과 의미 및 기능을 규정하는 이념과 원리는 집단주의가 아니라 개인주의이다. 이렇게 해서 사회학은 인간과학의 성격을 띠게 되며 사회는 인간 조건의 일부분이 된다.

이 모든 것은 사회학적 이론의 구성이 사회가 아니라 개인에서 출발해야 한다는 것을 의미한다. 이런 한에서 사회학은 개인주의적인 성격을 갖는다. 그러나 만약 여기에서 그치고 만다면 사회학은 철학과 조금도 다르지 않을 것이다. 사회학은 거기에서 한 걸음 더 나아가 구조의 문제를 반드시 짚어야 한다. 아니, 구조의 문제를 반드시 짚는 것이 사회학이다. 좀 과장하자면, 사회학이 개인을 논하는 이유는 궁극적으로 구조를 논하기 위함이다. 구조를 논하지 않으면 사회학이 아니다. 이는 무엇보다도 뒤르케임, 엘리아스, 부르디외가 철학에서 사회학으로 '개종'한 사건에서 분명하게 드러난다. 아무튼 사회학은 개인과 개인의 행위에서 출발하여 구조적인 것을 감싸고 나가면서 개념과 이론을 구성해야 한다. 우리는 베버에게서 그 전형을 볼 수 있었다. 결국 사회학은 개인주의적-구조주의적 성격을 띠게 된다.

---

1 개인법칙에 대한 자세한 논의는 다음을 참고할 것. 게오르그 짐멜, 김덕영 옮김, 『개인법칙: 새로운 윤리학 원리를 찾아서』(원제는 *Das individuelle Gesetz*), 도서출판 길 2014.

내가 이처럼 개인주의적-구조주의적 사회학을 선택하는 이유는 물론 이론적 측면에 그 일차적인 근거가 있다. 그동안 사회학 이론의 큰 흐름을 공부하면서 그리고 이 책에서 그 중간결산을 하면서 도달한 결론이 개인주의적-구조주의적 사회학이다. 그러나 이론적 측면과 더불어, 어쩌면 이론적 측면에 못지않게 실천적 측면도 중요한 계기가 되었다. 내가 보기에 오늘날 한국 사회는 선진국이 어떻고 저떻고 떠들 계제가 아니다. 일단 근대에 대한, 그 가운데에서도 특히 개인과 사회의 관계에 대한 근원적인 성찰이 시급히 요청된다. 이는 세월호 참사의 경우를 보면 단적으로 드러난다. 그 무엇과도 바꿀 수 없는 고귀한 생명보다 이른바 국가를 위에 놓으려는 관념과 태도를 곳곳에서 감지할 수 있다.

내가 사회학자로서 궁극적으로 추구하는 바는 '사회'를 해체하고 '국가'를 탈주술화하는 것이다.[2] 물론 그렇다고 해서 무정부주의자가 되려고 한다는 뜻은 아니다. 다만 개인과 사회 및 국가의 관계를 새롭게 정립하고자 한다는 것이다. 다시 말해 사회와 국가의 개인들에서 개인들의 사회와 국가로 관점을 이행시킨다는 것이다. 그리고 나는 이처럼 사회를 해체하고 국가를 탈주술화하는 것이야말로 사회학이 할 수 있는 가장 중요한 실천이라고 확신해 마지않는다. 나는 지금까지 한국에서 나온 가장 포괄적인 사회학 이론서인 이 책이 가장 포괄적인 사회학적 실천이라고 믿어 의심치 않는 바이다.

그렇다면, 개인주의적-구조주의적 사회학은 그 이론화의 범위를 어느 정도로 잡아야 할까? 사회적인 것의 중범위이론과 사회적인 것의 보편이론 가운데 어느 쪽을 선택해야 할까? 우리가 이 책에서 살펴본 바와 같이, 둘 다 가능하고 의미 있는 대안이다. 그러나 나는 사회적인 것의 중범위이론을 대안으로 보는데, 그 이유는 내가 한국적-토착적 사회학 이론을 모색하고 있기 때문이다.

이미 「논의를 시작하면서」에서 강조한 바와 같이, 한국적-토착적 사회학의 정립은 보편성과 특수성의 결합을 통해서만 가능하다. 사회학의 보편성

---

2 탈주술화가 무엇인가는 다음을 참고할 것. 김덕영, 앞의 책(2012), 667쪽 이하.

은 이 책에서 검토한 사회학 이론들에서 찾을 수 있다. 그리고 —이 책의 앞부분에서 언급한 것을 다시 한 번 인용하자면 —"그 특수성은 한국 사회에 대한 구체적인 이론적, 경험적, 역사적 연구 그리고 다른 사회들과의 비교연구에 있다. 이 구체적인 연구 과정에서 보편성과 특수성의 변증법적 결합이 가능해진다. 다시 말해 한국 사회의 인간, 문화, 역사, 자연 등을 분석하고 설명하는 과정에서 사회학 이론을 풍부하게 하거나 보충하거나 수정할 수 있고 상황에 따라서 사회학 이론에 새로운 방향을 제시할 수 있을 것이다." 요컨대 한국적-토착적 사회학의 정립을 위해서는 이론적, 경험적, 역사적 및 비교연구적 차원의 조화로운 결합이 요구된다. 그리고 이는 보편이론보다는 중범위이론을 통해서 더 효과적으로 실현할 수 있다. 한국 사회학자들이 보편이론 또는 일반이론 운운하는 경우를 볼 수 있는데, 이는 사회학 이론의 논리적 특성과 역사적 발전 과정에 대한 안목이 없기 때문이다. 사회학적 보편이론, 아니 더 나아가 보편이론 일반을 세우려 드는 것은 한국적 상황에서 시기상조이다.

여기까지의 논의를 요약하자면 개인주의적-구조주의적 중범위이론이 한국 사회학계에 주어진 유일한 대안이다. 그렇다면, 보편이론은 필요치 않은가? 그렇지 않다. 개인주의적-구조주의적 중범위이론을 추구하는 사회학자에게 보편이론은 보조수단으로서 중요한 기능을 수행하고 중요한 의미를 가질 수 있다. 물론 사회적인 것의 보편이론을 추구하면서 중범위이론을 보조수단으로 이용할 수도 있다. 그러나 내가 보기에는 한국 사회학의 상황과 수준을 고려할 때 사회적인 것의 중범위이론을 주축으로 하고 보편이론을 보조축으로 하는 것이 합리적인 듯싶다.

이런 식으로 한국적-토착적 사회학 발전의 전략을 짜는 경우, 파슨스, 슈츠, 하버마스의 보편이론을 개인주의적-구조주의적 중범위이론의 논의에 끌어들이는 데에는 별다른 문제가 따르지 않는다. 왜냐하면 이 모두가 행위이론에서 출발하기 때문이다. 그런데 루만의 경우에는 사정이 완전히 달라진다. 왜냐하면 루만은 철저하게 주체 없는 사회학을 추구하면서 개인을 주체로 보지 않고 사회의 첨가물로 보기 때문이다. 그에게 개인은 사회적 체계의 밖에 존재하는 사회적 체계의 환경일 뿐이다. 이는 반인본주의적 사고임이 분명하다.

그러나 여기에서 간과해서는 안 될 점이 한 가지 있으니, 그것은 루만이 사회적 체계와 심리적 체계(개인)를 분리하는 이유가 단순히 개인을 경시하거나 무시하기 때문이 아니라 점증하는 사회의 복잡성 때문이라는 사실이다. 고도의 기능적 분화를 특징으로 하는 현대 사회에서의 자기준거적이고 자기조직적이며 자기생산적인 사회적 체계들의 작동 원리 — 바로 이것이 루만의 사회학적 인식관심이다. 그의 사회학은 매우 탁월한 모더니티 이론을 제공한다. 그는 모더니티의 매우 훌륭한 관찰자이다.

그리고 루만은 방법론적 반인본주의자이면서 실천적 인본주의자인바, 그 근거는 다음과 같다. "루만은 인간보다 사회를 우위에 두거나 인간을 사회에 예속시키지 않는다. 루만은 인간이 사회적 과정을 구성하지 않는다고 생각하지 않는다. 요컨대 루만은 반인본주의자 또는 반인간주의자가 아니다. 그가 다루는 주제들은 사실 인간들의 삶, 보다 정확히 말하자면 사회 속의 인간들의 삶에 관한 것이다. 그리고 루만이 획득한 사회학적 인식과 지식은 인간과 주체에 기반하는 그 어떤 철학적 또는 사회학적 사고 못지않게 인간 삶에 도움을 줄 수 있다."

루만의 체계이론은 순수한 이론적 논의의 차원을 넘어서 한국 사회에 대한 분석과 설명에도 적용할 수 있다. 이는 예컨대 2014년에 출간된 나의 책 『환원근대: 한국 근대화와 근대성의 사회학적 보편사를 위하여』를 보면 분명하게 드러날 것이다. 거기에서 나는 루만의 체계이론에 입각하여 — 보다 정확히 말하자면 루만의 체계이론과 하버마스의 의사소통행위이론을 결합하여 — 환원근대의 구조현상학적 측면들 가운데 하나인 체계에 의한 체계의 부속화와 식민지화를 논하고 있다. 오늘날 한국 사회는 국가-재벌 동맹 자본주의에 의해 산업화와 경제 성장으로 환원된 근대화의 결과로 정치와 경제에 의한 전(全)사회의 부속화와 식민지화라는 병리적 현상에 시달리고 있다.[3]

마지막으로 루만의 인본주의적 함의는 내가 보기에 특히 한국에서 더욱

절실한 중요성을 가진다. 한국 사회에서는 개인을 가족, 학교, 기업, 교회, 국가 등의 사회와 동일시하는 집단주의가 강력하며, 그 정상에 국가주의가 자리하고 있다. 루만과 더불어 말하자면 심리적 체계와 사회적 체계가 분리되지 않은 것이다. 예컨대 기업은 또 하나의 가족이라고 하면서 심리적 체계인 개인들을 사회적 체계인 기업에 강하게 결속시킨다. 이 두 체계의 미분화는 기업을 인간적인 노동의 현장으로 만드는가? 다시 묻자면 노동의 인간화가 그 결과인가? 그렇지 않다. 그 결과는 정반대로 노동의 비인간화이다. 다시 말해 노동자들이 이른바 또 하나의 가족인 기업에 '인간적'으로 결속되면서 고도의 노동 통제를 받게 되며, 그로 인해 노동자들의 개인적이고 인간적인 삶이 불가능해지고 또 다른 사회적 체계인 가족의 삶이 심각한 타격을 입는다. 이에 대한 유일한 해결책은 체계의 합리성에 있다. 그러니까 노동자와 기업의 관계는 기능적 측면에서 이루어져야 하고 노동자의 개인적-인간적 측면은 그의 심리적 체계에 맡겨야 하며 그가 속한 또 다른 사회적 체계인 가족은 기업이라는 사회적 체계의 작동 원리에 예속되어서는 안 된다. 이두 사회적 체계는 서로에게 환경이기 때문이다.

### 이 책의 후속 연구는?

누누이 강조하지만, 이 책이 추구한 바는 사회학 이론이나 사회학사에 대한 정치하고 심층적인 연구가 아니다. 그보다는 사회학 이론의 발전 과정을 결정적으로 각인한 열두 명의 사회학자들을 중심으로 그들의 문제의식과 인식관심을 통시적으로 훑어보는 것이 이 책이 추구하는 바이다. 더불어 이는 향후 추진할 연구의 발판이자 예비작업이기도 하다. 이 책의 후속 연구를 다음과 같이 몇 가지 범주로 묶어서 한국 사회학의 문제와 함께 짚어보면서 제시하고자 한다.

---

3  김덕영, 앞의 책(2014), 226쪽 이하.

첫째, 이 책의 논의 대상이 된 열두 명의 사회학자와 이번에 다루지 못한 조지 허버트 미드에 대하여 각각의 단행본 연구서를 낼 것이다. 일단 "김덕영의 사회학 이론 시리즈"로 명명한 이 작업이, 향후 추진할 가장 중요한 프로젝트이다. 왜냐하면 나는 이론사회학자이기 때문이다. 다만 베버와 짐멜에 관해서는 이미 기본적인 연구서를 써냈기 때문에 1차 대상에서 빼려고 한다. 나의 주전공과 부전공에 속하는 베버와 짐멜의 경우에는 일단 번역 작업에 치중할 생각이다. 우선적인 대상은 뒤르케임인바, 그 이유는 2017년이 뒤르케임 서거 100주년이기 때문이다. 그다음으로 엘리아스, 루만, 마르크스를 염두에 두고 있으며, 이들에 대한 작업이 끝나면 부르디외, 하버마스, 슈츠, 파슨스, 미드로 넘어갈 생각이다. 그리고 마지막으로 콩트와 스펜서를 다룰 생각이다. 이러한 순서는 나의 관심사, 나의 연구 상황 및 한국 사회학에서 긴요한 정도를 종합적으로 판단하여 결정한 것이다.

이처럼 사회학 이론에 대한 연구를 중시하는 까닭은 내가 이론사회학자라는 사실 이외에도 이것이야말로 한국 사회학의 근본적인 문제를 해결할 수 있을 거라는 판단 때문이다. 그렇다면 미국의 식민지에 건립된 A4-10 논문공장인 한국 대학의 한 모퉁이를 차지하는 '사회학 공장'은 어떠한가? 그 공장에서 A4-10 사회학 논문을 생산하는 주 업종은 특정한 변수들의 관계를 따지는 통계적 방법과 진보냐 보수냐를 두고 옥신각신하는 이념사회학이다. 그 결과 한국의 사회학계에서는 멀리 내다보고 길게 호흡하며 다양한 삶의 영역을 아우르는, 그리고 인접 과학들과 긴밀한 관계를 맺는 논의와 연구를 찾아볼 수 없게 되었다. 이제 대학에서 제대로 사회학 이론을 강의할 수 있는 사람이 없다는, 그리고 사회학은 '사회통계학' 또는 '사회조사학'이 되어버렸다는 자조 어린 한탄이 공공연히 들린다.

사회학 이론은 추상적이면서 동시에 구체적이기 때문에 철학적 논의와 경험과학적 논의를 매개할 수 있다. 그럼에도 불구하고 한국 사회학계는 사회학 이론을 방기하고 자발적으로 사회통계학이나 사회조사학이 됨으로써, 다시 말해 천박한 경험주의로 전락함으로써 한국 사회에 대한 근원적인 성찰의 기회를 상실해버리고 말았다. 세월호 참사와 같이 중차대한 사건이 일어났음에도 대중매체의 논리에 휘둘려 '텔레페서' 수준의 발언밖에 하지 못하는, 그리고 이것을 현실 참여라는 명분으로 포장하는 사회학자들의 태도는 이른바 서구 이론에 함몰된 식민주의의 결과가 아니라 사회학 이론에 대한 진지하고도 심층적인 논의가 연구가 결여된 결과이다.

둘째, 사회학적 보편사의 관점에 입각한 한국 근대화 과정과 근대성 연구를 예정하고 있다. 구체적으로 말해 『환원근대』를 총론으로 하여 한국 사회의 다양한 영역에 대한 각론적 연구를 진행할 계획이다. 그중에서도 『한국의 국가: 구조적·역사적·비교적 연구』(가제)라는 연구서를 계획하고 있다. 이와 더불어 오늘날 한국 사회를 살아가는 인간들에 대한 경험적 사회조사 연구를 계획하고 있는바, 그 일차적인 대상인은 노숙인이다. 이 연구에서 국가의 사회복지 정책이 진정으로 인간중심적인지 아니면 국가주의적인지 꼭 따져보고 싶다.

이미 「논의를 시작하면서」에서 언급한 바와 같이, 나는 이 책 『사회의 사회학』을 『환원근대』의 후속작으로 본다. 후자는 한국의 근대화와 근대성에 대한 나의 장기적 연구의 총론에 해당하며, 전자는 한국의 문화적 근대화와 문화적 근대에 대한 연구서로서 각론에 해당한다.

나의 주전공은 한국 사회에 대한 역사적 또는 경험적 연구가 아니라 사회학 이론 및 사회학사 그리고 지성사 또는 사상사 연구이다. 그 중심에는 짐멜, 그리고 특히 베버가 자리하고 있다. 나는 치유할 수 없는 이론가요 치유할 수 없는 베버주의자이다. 이런 내가 『환원근대』를 낼 수 있었던 것은, 비록 그리 길지 않은 시간이었지만 나름대로 사회학 이론에 천착했던 덕분이다. 그리고 지성사 또는 사상사 공부를 통해 어깨너머로나마 철학을 비롯한 사회학의 인접 과학들을 배웠던 덕분이다. 이론은 경험을 담아내는 그릇이고 경험은 이론을 채우는 내용이다. 칸트식으로 말하자면, 이론 없는 경험은 맹목적이고 경험 없는 이론은 공허하다. 이는 이론적 틀이 크면 클수록 그리고 넓으면 넓을수록 그만큼 더 거시적이고 장기적이며 보편사적인 차원에서 경험적 사실을 담아낼 수 있음을 함의한다. 가장 크고 넓은 이론적 틀— 그것은 마르크스, 뒤르케임, 짐멜, 베버, 파슨스, 슈츠, 하버마스, 루만, 엘리아스, 부르디외 등 사회학의 거장들로부터 배울 수 있다.

셋째, 역사 연구를 생각 중이다. 현재 다산 정약용이 근대인이 아니라 마지막 중세인이라는 테제를 논증하는 역사 연구를 기획하고 있다. 다산의 실학은 마지막 중세인에 의한 중세의 치열한 자기성찰이자 자기반성이다. 이와 더불어 베버, 엘리아스, 푸코, 프로이트의 틀을 빌려 유교 지식인의 인격 구조, 행위 유형 및 생활양식에 대한 역사사회학적-문화사회학적 연구를 하려고 기획하고 있다.

넷째, 방금 언급한 유교 지식인에 대한 연구에 기반하여 각 문화권들의 지배계급들을 비교연구할 수 있는 가능성을 모색해보려 한다. 이 비교연구가 지향하는 목표는 우리 문화권과 타 문화권들의 공통점과 보편성을 드러내는 데 있는 것이 아니라 우리 문화권의 특성을 보다 명백하게 드러내는 데에 있다.

다섯째, "인문사회과학을 위한 철학"이라는 주제의 연구서를 쓰고자 한다. 이 책 『사회의 사회학』에서 다룬 열두 명의 사회학자는 모두 철학과 떼어놓고서는 이해할 수 없다. 비단 사회학뿐만 아니라 다양한 분야의 인문사회과학이 철학과의 밀접한 관련 속에서 발전해왔다. 이 책에서 ― 때로는 무리하면서까지 ― 모든 사회학자의 지적 배경을 다룬 중요한 이유들 가운데 하나는, 사회학자인 내가 사회학을 넘어서는 영역, 그중에서도 특히 철학을 어느 정도까지 소화하고 처리할 수 있는가를 알아보려고 했기 때문이다. 말하자면 이 책은 『인문사회과학을 위한 철학』(가제)이라는 연구서의 준비 작업도 겸하고 있다.

이 다섯 범주가 내가 앞으로 한 10년에 걸쳐 추진할 연구이다. 물론 여기에 제시한 과제가 그 시간 안에 모두 완수될 거라 기대할 수는 없다. 그렇지만 서구 이론을 통해 한국적 사회학의 가능성을 모색해온 내 작업의 제2단계는 이 범주들을 중심으로 진행될 것이며, 이 책이 전반적인 길잡이가 될 것이다. 그리고 제3단계에 들어서면 여러 사회학자를 비교하는 연구에 치중하게 될 것이다.

# 참고 문헌

http://agso.uni-graz.at/lexikon/klassiker/spencer/44bib.htm

http://www.spacetime-publishing.de/luhmann/baecker.htm

강정인. 2004, 『서구중심주의를 넘어서』, 아카넷.

기든스, 앤서니. 1991, 『포스트모더니티』, 민영사 (이윤희 옮김; 원제는 *The Consequences of Modernity*).

기든스, 앤서니·울리히 벡·스콧 래쉬. 1998, 『성찰적 근대화』, 한울아카데미 (임현진·정일준 옮김; 원제는 *Reflexive Modernization. Politics, Tradition and Aesthetics in the Modern Social Order*)

김경만. 2015, 『글로벌 지식장과 상징폭력: 한국 사회과학에 대한 비판적 성찰』, 문학동네.

김덕영. 1999, 『현대의 현상학: 게오르그 짐멜 연구』, 나남출판.

_____. 2001, 『주체·의미·문화: 문화의 철학과 사회학』, 나남출판.

_____. 2003, 『논쟁의 역사를 통해 본 사회학: 자연과학·정신과학 논쟁에서 하버마스·루만 논쟁까지』, 한울아카데미.

_____. 2004, 『짐멜이냐 베버냐? 사회학 발달 과정 연구』, 한울아카데미.

_____. 2006, 「문화와 권력」, 신승환 외, 『근대의 끝에서 다시 읽는 문화』, 지허, 175~215쪽.

_____. 2007, 『게오르그 짐멜의 모더니티 풍경 11가지』, 도서출판 길.

_____. 2009, 『프로이트, 영혼의 해방을 위하여: 사회학자의 눈을 통해 본 프로이트의 삶과 사상 그리고 정신분석학』, 인물과사상사.

_____. 2010, 「해제: 종교·경제·인간·근대 — 통합과학적 모더니티 담론을 위하여」, 막스 베버, 김덕영 옮김, 『프로테스탄티즘의 윤리와 자본주의 정신 — 보론: 프

로테스탄티즘의 분파들과 자본주의 정신』, 도서출판 길, 513~669쪽.

_____. 2012, 『막스 베버: 통합과학적 인식의 패러다임을 찾아서』, 도서출판 길.

_____. 2013a, 「해제: 돈과 영혼 — 인간 삶과 문화의 심층에 철학적 측연을 던지다」, 게오르그 짐멜, 김덕영 옮김, 『돈의 철학』, 도서출판 길, 921~1045쪽.

_____. 2013b, 「명저 새로 읽기: 가브리엘 타르드 '모방의 법칙'」, 『경향신문』(02월 16일).

_____. 2014, 『환원근대: 한국 근대화와 근대성의 사회학적 보편사를 위하여』, 도서출판 길.

_____. 2015, 『사상의 고향을 찾아서: 독일 지성 기행』, 도서출판 길.

김수용. 2004, 『괴테·파우스트·휴머니즘: 신이 떠난 자리에 인간이 서다』, 책세상.

김종영. 2015, 『지배받는 지배자: 미국 유학과 한국 엘리트의 탄생』, 돌베개.

뉴턴, 아이작. 1999, 『프린키피아』, 서해문집 (조경철 옮김; 원제는 *Philosophiae Naturalis Principia Mathematica*).

뒤르케임, 에밀. 2012, 『사회분업론』, 아카넷 (민문홍 옮김; 원제는 *De la Division du Travail Social*).

루만, 니클라스. 2007, 『사회체계이론』, 한길사 (박여성 옮김; 원제는 *Soziale Systeme. Grundriß einer allgemeinen Theorie*).

마르크스, 카를. 2008~10, 『자본: 경제학 비판 I~III』(전 5권), 도서출판 길 (강신준 옮김; 원제는 *Das Kapital. Kritik der Politischen Ökonomie*).

미드, 조지 허버트. 2010, 『정신·자아·사회. 사회적 행동주의자가 분석하는 개인과 사회』, 아카넷 (나은영 옮김; 원제는 *Mind, Self, and Society. From the Standpoint of a Social Behaviorist*).

민문홍. 1994a, 『사회학과 도덕과학』, 민영사.

_____. 1994b, 「콩트의 실증철학강의」, 김진균·임현진·전성우 외, 『사회학의 명저 20』, 새길, 11~26쪽.

_____. 2001, 『에밀 뒤르케임의 사회학: 현대성 위기극복을 위한 새로운 패러다임을 찾아서』, 아카넷.

_____. 2007, 「오귀스트 콩트와 사회학의 탄생」, 한국학술협의회 엮음, 『인문정신과 인문학: 지식의 지평 2』, 아카넷, 337~56쪽.

_____. 2012, 「해제: 에밀 뒤르케임의 생애와 사상」, 에밀 뒤르케임, 민문홍 옮김, 『사회분업론』, 아카넷, 607~735쪽.

박영은. 1995, 『사회학 고전연구: 실증주의의 형성과 비판』, 백의.

베버, 막스. 2010, 『프로테스탄티즘의 윤리와 자본주의 정신 — 보론: 프로테스탄티즘의 분파들과 자본주의 정신』, 도서출판 길 (김덕영 옮김; 원제는 *Die protestantische Ethik und der Geist des Kapitalismus*).

베커, K. 2012, 『헤겔과 마르크스』, 중원문화 (황태연 옮김; 원제는 *Marx' philosophische Entwicklung, sein Verhältnis zu Hegel*).

보네위츠, 파트리스. 2000, 『부르디외 사회학 입문』, 동문선 (문경자 옮김; 원제는 *Premières leçons sur la sociologie de Pierre Bourdieu*).

부동, 레이몽. 2011, 『사회 변동과 사회학』, 한길사 (민문홍 옮김; 원제는 *La Place du désorde*).

부르디외, 피에르. 1995, 『구별짓기: 문화와 취향의 사회학』, 새물결 (최종철 옮김; 원제는 *La Distinction. Critique sociale du jugement*).

스펜서, 허버트. 2014, 『개인 대 국가: 국가가 해야 할 일은 무엇인가?』, 이책 (이상률 옮김; 원제는 *The Man Versus The State*).

신용하. 2012, 『사회학의 성립과 역사사회학: 오귀스트 콩트의 사회학 창설』, 지식산업사.

아이젠슈타트, 슈무엘. 2009, 『다중적 근대성의 탐구: 비교문명적 관점』, 나남 (임현진·최종철·이정환·고성호 옮김; 원제는 *Collection of Essays on Multiple Modernities*)

양영진. 2001, 「허버트 스펜서의 사회학: 분업이론을 중심으로」, 『한국 사회학』 35 (5), 1~33쪽.

엘리아스, 노르베르트. 1996/99, 『문명화 과정 I·II』(전 2권), 한길사 (박미애 옮김; 원제는 *Über den Prozeß der Zivilisation*).

이길우. 2006, 『자아, 윤리, 그리고 철학: 한 현상학적 접근』, 고려대학교출판부.

이상률. 2014, 「해설: 저주받은 사상가를 다시 읽는다」, 허버트 스펜서, 이상률 옮김, 『개인 대 국가: 국가가 해야 할 일은 무엇인가?』, 이책, 4~43쪽.

임석진. 2005, 「절대적 자기인식과 근대 서양 합리주의의 완성」. 게오르그 빌헬름 프리드리히 헤겔 지음, 임석진 옮김, 『정신현상학』, 한길사, 15~31쪽.

조한혜정. 1992, 『탈식민지 시대 지식인의 글 읽기와 삶 읽기 1』, 또하나의문화.

_____. 1996, 『탈식민지 시대 지식인의 글 읽기와 삶 읽기 2』, 또하나의문화.

짐멜, 게오르그. 2005, 「감각의 사회학」, 『짐멜의 모더니티 읽기』 (김덕영·윤미애 옮김), 새물결, 153~74쪽.

_____. 2007, 「칸트와 괴테: 근대 세계관의 역사를 찾아서」, 『근대 세계관의 역사: 칸트·괴테·니체』(김덕영 옮김), 도서출판 길, 13~84쪽.

_____. 2013,『돈의 철학』, 도서출판 길 (김덕영 옮김; 원제는 *Philosophie des Geldes*).

_____. 2014,『개인법칙: 새로운 윤리학 원리를 찾아서』, 도서출판 길 (김덕영 옮김; 원제는 Georg Simmel, *Das individuelle Gesetz*).

캐논, 월터 B. 2003,『인체의 지혜』, 동명사 (정해영 옮김; 원제는 *The Wisdom of the Body*).

코저, 루이스. 1978,『사회사상사』, 일지사 (신용하 & 박명규 옮김; 원제는 *Masters of Sociological Thought. Ideas in Historical and Social Context*).

콩트, 오귀스트. 2001,『실증주의 서설』, 한길사 (김점석 옮김; 원제는 *Discours Préliminaire l'Ensemble du Positivisme*).

타르드, 가브리엘. 2012,『모방의 법칙』, 문예출판사 (이상률 옮김; 원제는 *Les Lois de L'imitation*).

터너, 조나단 & 레오나드 비글리, 찰스 파워스. 1997,『사회학 이론의 형성』, 일신사 (김문조 외 8인 옮김; 원제는 *The Emergence of Sociological Theory*).

테일러, 찰스. 2014,『헤겔』, 그린비 (정대성 옮김; 원제는 *Hegel*).

포이어바흐, 루트비히. 2006,『종교의 본질에 대하여』, 한길사 (강대석 옮김; 원제는 *Vorlesungen uber das Wesen der Religion*).

_____. 2008,『기독교의 본질』, 한길사 (강대석 옮김; 원제는 *Das Wesen des Christentums*).

하위징아, 요한. 2012,『중세의 가을』, 연암서가 (이종인 옮김; 원제는 *Herfsttij der Middeleeuwen*).

헤겔, 게오르그 빌헬름 프리드리히. 1989,『법철학』, 한길사 (임석진 옮김; 원제는 *Grundlinien der Philosophie des Rechts oder Naturrecht und Staatswissenschaft im Grundrisse*).

_____. 2005,『정신현상학 1·2』(전 2권), 한길사 (임석진 옮김; 원제는 *Phänomenologie des Geistes*).

홉스봄, 에릭. 1998,『혁명의 시대』, 한길사 (정도영·차명수 옮김; 원제는 *The Age of Revolution 1789~1848*).

홍훈. 2008,『인간을 위한 경제학: 고전으로 읽는 경제사상사』, 도서출판 길.

황현산. 2014,「밤이 선생이다: 인문학의 어제와 오늘」,『경향신문』(2014.11.08).

휴즈, H. 스튜어트. 2007,『의식과 사회: 서구 사회사상의 재해석 1890~1930』, 서울: 개마고원 (황문수 옮김; 원제는 H. Stuart Hughes, *Consciousness and Society. The Reorientation of European Social Thought, 1890~1930*).

Abramowski, Günter. 1966, *Das Geschichtsbild Max Webers*, Stuttgart: Ernst Klett.

Axtmann, Roland. 2000, "The Contribution of Elias to the Debate on State Formation

496

in Historical Sociology", in: Annette Treibel, Helmut Kuzmics & Reinhard

Blomert (Hrsg.), *Zivilisationstheorie in der Bilanz. Beiträge zum 100. Geburtstag von Norbert Elias*, Opladen: Leske + Budrich, S.105~18.

Bahrdt, Hans Paul. 1990, *Schlüsselbegriffe der Soziologie. Eine Einführung mit Lehrbeispielen*, München: C. H. Beck (4. Auflage).

Balog, Andreas. 2004, "Handlungen und Tatsachen: Weber und Durkheim über die 'Objektivität' des Sozialen", in: *Berliner Journal für Soziologie*, 2004 (Heft 4): *Zur Methodologie der Sozialwissenschaften. 100 Jahre Max Webers Objektivitätsaufsatz*, S.485~502.

Balog, Andreas & Johann August Schülein (Hrsg.). 2008, *Soziologie, eine multiparadigmatische Wissenschaft. Erkenntnisnotwendigkeit oder Übergangsstadium?*, Wiesbaden: Verlag für Sozialwissenschaften.

Barlösius, Eva. 2003, "Weitgehend ungeplant und doch erwünscht: Figurationen und Habitus. Über den Stellenwert von nicht-intendierten Handeln bei Norbert Elias und Pierre Bourdieu", in: Rainer Greshoff, Georg Kneer & Uwe Schimank (Hrsg.), *Die Transintentionalität des Sozialen. Eine vergleichende Betrachtung klassischer und moderner Sozialtheorien*, Wiesbaden: Westdeutscher Verlag, S.138~57.

— 2006, *Pierre Bourdieu*, Frankfurt am Main/ New York: Campus.

Barth, Paul. 1922, *Die Philosophie der Geschichte als Soziologie*, Leipzig: O. R. Reisland (4. Auflage; 1. Auflage 1897).

Beetz, Michael. 2010, *Gesellschaftstheorie zwischen Autologie und Ontologie: Reflexionen über Ort und Gegenstand der Soziologie*, Bielefeld: transcript.

Berghaus, Margot. 2003, *Luhmann leicht gemacht. Eine Einführung in die Systemtheorie*, Köln/Weimar/Wien: Böhlau.

Bergstraesser, Arnold. 1947, "Wilhelm Dilthey and Max Weber. An Empirical Approach to Historical Synthesis", in: *Ethics 57*, pp.92~110.

Blomert, Reinhard. 1999, *Intellektuelle im Aufbruch. Karl Mannheim, Alfred Weber, Norbert Elias und die Heidelberger Sozialwissenschaften der Zwischenkriegszeit*, München: Carl Hanser.

Bock, Michael. 2000, "Auguste Comte(1798~1857)", in: Dirk Kaesler (Hrsg.), *Klassiker der Soziologie, Bd. 1: Von Auguste Comte bis Norbert Elias*, München: C. H. Beck (Zweite, durchgesehene Auflage), S.39~57.

Böhlke, Ewald. 1988, *A System of Synthetic Philosophy. Grundzüge des philosophischen Denkens von Herbert Spencer*, Berlin (Dissertation).

Bogner, Artur. 1989, *Zivilisation und Rationalisierung. Die Zivilisationstheorien Max Webers, Norbert Elias' und der Frankfurter Schule im Vergleich*, Opladen: Westdeutscher Verlag.

_____. 1991. "Die Theorie des Zivilisationsprozesses als Modernisierungstheorie", in: Helmut Kuzmics & Ingo Mörth (Hrsg.), *Der unendliche Prozess der Zivilisation. Zur Kultursoziologie der Moderne nach Norbert Elias*, Frankfurt am Main/New York: Campus, S.33~58.

Bogusz, Tanja & Heike Delitz (Hrsg.). 2013, *Emlie Durkheim. Soziologie — Ethnologie — Philosophie*, Frankfurt am Main/New York: Campus.

Bolz, Norbert. 2010, "Niklas Luhmann und Jürgen Habermas. Eine Phantomdebatte", in: Dirk Baecker, Norbert Bolz, Peter Fuchs, Hans Ulrich Gumbrecht & Peter Sloterdijk, *Luhmann Lektüren*, Berlin: Kulturverlag Kadmos, S.34~52.

Boudon, Raymond. 2001, "Die Soziologie zwischen Szientismus und Ästhetizismus. Oder: Kann Soziologie heute noch positivistisch sein?", in: Peter-Ulrich Merz-Benz & Gerhard Wagner (Hrsg.), *Soziologie und Anti-Soziologie. Ein Diskurs und seine Rekonstruktion*, Konstanz: Universitätsverlag, S.157~81.

Bourdieu, Pierre. 1974, *Zur Soziologie der symbolischen Formen*, Frankfurt am Main: Suhrkamp.

_____. 1976, *Entwurf einer Theorie der Praxis auf der ethnologischen Grundlage der kabylischen Gesellschaft*, Frankfurt am Main: Suhrkamp.

_____. 1982, *Die feinen Unterschiede. Kritik der gesellschaftlichen Urteilskraft*, Frankfurt am Main: Suhrkamp.

_____. 1985, *Sozialer Raum und 'Klassen'. Leçon sur la leçon. Zwei Vorlesungen*, Frankfurt am Main: Suhrkamp.

_____. 1987, *Sozialer Sinn. Kritik der theoretischen Vernunft*, Frankfurt am Main: Suhrkamp.

_____. 1991, *Soziologie als Beruf. Wissenschaftstheoretische Voraussetzungen soziologischer Erkenntnisse*, Berlin/New York: Walter de Gruyter.

_____. 1992a, *Die verborgenen Mechanismen der Macht*, (Herausgegeben von Margareta Steinrücke), Hamburg: VSA.

_____. 1992b, *Rede und Antwort*, Frankfurt am Main: Suhrkamp.

_____. 1993a, *Satz und Gegensatz. Über die Verantwortung des Intellektuellen*, Frankfurt am Main: Fischer.

_____. 1993b, *Soziologische Fragen*, Frankfurt am Main: Suhrkamp.

_____. 1998, *Praktische Vernunft. Zur Theorie des Handelns*, Frankfurt am Main: Suhrkamp.

_____. 1999, *Die Regeln der Kunst. Genese und Struktur des literarischen Feldes*, Frankfurt am Main: Suhrkamp.

_____. 2000a, *Die zwei Gesichter der Arbeit. Interdependenzen von Zeit- und Wirtschaftsstrukturen am Beispiel einer Ethnologie der algerischen Übergangsgesellschaft*, Konstanz: UVK Universitätsverlag.

_____. 2000b, *Das religiöse Feld. Texte zur Ökonomie des Heilsgeschehens*, Konstanz: UVK Universitätsverlag.

_____. 2001, *Meditationen. Zur Kritik der scholastischen Vernunft*, Frankfurt am Main: Suhrkamp.

Bourdieu, Pierre & Loïc J. D. Wacquant. 1996, "Die Ziele der reflexiven Soziologie. Chicago-Seminar, Winter 1987", in: Bourdieu, Pierre & Loïc J. D. Wacquant, *Reflexive Anthropologie*, Frankfurt am Main: Suhrkamp, S.95~249.

Bourricaud, François. 1981, *The Sociology of Talcott Parsons*, Chicago/London: The University of Chicago Press.

Bowler, Peter J. 1995, "Herbert Spencers Idee der Evolution und ihre Rezeption", in: Eve-Marie Engels (Hrsg.), *Die Rezeption von Evolutionstheorien im 19. Jahrhundert*, Frankfurt am Main: Suhrkamp, S.309~25.

Brandenburg, Alois G. 1972, *Systemzwang und Autonomie. Gesellschaft und Persönlichkeit in der soziologischen Theorie von Talcott Parsons. Darstellung und Kritik*, Wiesbaden: Verlag für Sozialwissenschaften.

Brock, Ditmar & Matthias Junge, Uwe Krähnke. 2012, *Soziologische Theorien von Auguste Comte bis Talcott Parsons. Einführung*, München/Wien: Oldenbourg (2., aktualisierte Auflage).

Bruckmeier, Karl. 1988, *Kritik der Organisationsgesellschaft. Wege der systemtheroretischen Auflösung der Gesellschaft von M. Weber, Parsons, Luhmann und Habermas*, Münster: Westfälisches Dampfboot.

Bude, Heinz. 1988, "Auflösung des Sozialen? Die Verflüssigung des soziologischen 'Gegenstandes' im Fortgang der soziologischen Theorie", in: *Soziale Welt 39*, S.4~17.

Burkhardt, Karl August Hugo (Hrsg.). 1905, *Goethes Unterhaltungen mit Friedrich Soret*, Weimar: Böhlau Nachf.

Colletti, Lucio. 1973, *Marxismus als Soziologie*, Berlin: Merve.

Collins, Randall & Michael Makowsky. 2010, *The Discovery of Society*, McGraw-Hill (8th Edition).

Comte, Auguste. 1956, *Rede über den Geist des Positivismus. Französisch-Deutsch* (Übersetzt, eingeleitet und herausgegeben von Iring Fetscher), Hamburg: Felix Meiner.

_____. 1973, *Plan der wissenschaftlichen Arbeiten, die für eine Reform der Gesellschaft notwendig sind*, München: Carl Hanser.

_____. 1974a, *Die Soziologie. Die positive Philosophie im Auszug* (Herausgegeben von Friedrich Blaschke), Stuttgart: Alfred Kröner (2. Auflage).

_____. 1974b, *The Positive Philosophy* (With a New Introduction by Abraham S. Blumberg), New York: AMS Press.

Corning, Peter A. 1982, "Durkheim and Spencer", in: *British Journal of Sociology 33*, pp. 359~82.

Coser, Lewis A. 1971, *Masters of Sociological Thought. Ideas in Historical and Social Context*, New York et al.: Harcourt Brace Joanovich.

Dahlmanns, Claus. 2008, *Die Geschichte des modernen Subjekts. Michel Foucault und Norbert Elias im Vergleich*, Münster et al.: Waxmann.

Dahrendorf, Ralf. 1997, "Struktur und Funktion. Talcott Parsons und die Entwicklung der soziologischen Theorie", in: Jürgen Friedrichs, Karl Ulrich Mayer & Wolfgang Schluchter (Hrsg.), *Soziologische Theorie und Empirie*, Opladen: Westdeutscher Verlag, S.51~79.

Daser, Eckard. 1980, *Ostwalds energetischer Monismus*, Konstanz (Dissertation).

Degele, Nina & Christian Dries. 2005, *Modernisierungstheorie. Eine Einführung*, München: Wilhelm Fink.

Delitz, Heike. 2013, *Emile Durkheim zur Einführung*, Hamburg: Junius.

Dilthey, Wilhelm. 1999, *Ideen über eine beschreibende und zergliedernde Psychologie*, in: *Gesammelte Schriften, Bd. 5: Die geistige Welt. Einleitung in die Philosophie des Lebens. Hälfte 1: Abhandlungen zur Grundlegung der Geisteswissenschaften*, Leipzig & Berlin:

Teubner (8., unveränderte Auflage).

Durkheim, Emile. 1958, *Socialism and Saint-Simon*, London: Routeledge & Kegan.

_____. 1960, *Montesquieu and Rousseau. Forerunners of Sociology*, Ann Arbor: The University of Michigan Press.

_____. 1973, *On Morality and Society* (Edited and with an Introduction by Robert N. Bellah), Chicago/London: University of Chicago Press.

_____. 1976, *Soziologie und Philosophie*, Frankfurt am Main: Suhrkamp.

_____. 1981a, *Frühe Schriften zur Begründung der Sozialwissenschaften*, Darmstadt-Neuwied: Luchterhand.

_____. 1981b, "The Realm of Sociology as a Science", in: *Social Forces 59*, pp.1054~70.

_____. 1983, *Der Selbstmord*, Frankfurt am Main: Suhrkamp.

_____. 1984a, *Die Regeln der soziologischen Methode*, Frankfurt am Main: Suhrkamp.

_____. 1984b, *Erziehung, Moral und Gesellschaft. Vorlesung an der Sorbonne 1902/1903*, Frankfurt am Main: Suhrkamp.

_____. 1986, "Der Individualismus und die Intellektuellen"(1898), in: Hans Bertram (Hrsg.), *Gesellschaftlicher Zwang und moralische Autonomie*, Frankfurt am Main: Suhrkamp, S.54~70.

_____. 1987, *Schriften zur Soziologie der Erkenntnis* (Herausgegeben von Hans Joas), Frankfurt am Main: Suhrkamp.

_____. 1988, *Über soziale Arbeitsteilung. Studie über die Organisation höherer Gesellschaften*, Frankfurt am Main: Suhrkamp.

_____. 1991, *Physik der Sitten und des Rechts. Vorlesungen zur Soziologie der Moral* (Herausgegebgen von Hans-Peter Müller), Frankfurt am Main: Suhrkamp.

_____. 1995, *Über Deutschland. Texte aus den Jahren 1887 bis 1915* (Herausgegeben von Franz Schultheis und Andreas Gipper), Konstanz: Universitätsverlag.

_____. 2007, *Die elementaren Formen des religiösen Lebens*, Frankfurt am Main: Verlag der Weltreligionen.

Eberle, Thomas S. 2000, *Lebensweltanalyse und Handlungstheorie. Beiträge zur Verstehenden Soziologie*, Konstanz: UVK Universitätsverlag.

_____. 2009, "In Search for Aprioris: Schutz's Life-World Analysis and Mises' Praxeology", in: Hisashi Nasu, Lester Embree, George Psathas & Ilja Srubar (Ed.),

*Alfred Schutz and His Intellectual Partners*, Konstanz: UVK Verlagsgesellschaft, pp.493~518.

Ebers, Nicola. 1995, *'Individualisierung'. Georg Simmel - Norbert Elias - Ulrich Beck*, Würzburg: Königshausen & Neumann.

Ebrecht, Jörg & Frank Hillebrandt (Hrsg.). 2004, *Bourdieus Theorie der Praxis. Erklärungskraft — Anwendung — Perspektiven*, Wiesbaden: Verlag für Sozialwissenschaften (2., durchgesehene Aauflage; 1. Auflage 2002).

Eder, Klaus (Hrsg.). 1989, *Klassenlage, Lebensstil und kulturelle Praxis. Beiträge zur Auseinandersetzung mit Pierre Bourdieus Klassentheorie*, Frankfurt am Main: Suhrkamp.

Eichener, Volker & Ralf Baumgart. 2013, *Norbert Elias zur Einführung*, Hamburg: Junius (3., vollständig überarbeitete. Auflage).

Eickelpasch, Rolf & Burkhard Lehmann. 1983, *Soziologie ohne Gesellschaft? Probleme einer phänomenologischen Grundlegung der Soziologie*, München: Wilhelm Fink.

Elias, Norbert. 1972, "Soziologie und Psychiatrie", in: Hans-Ulrich Wehler (Hrsg.), *Soziologie und Psychoanalyse*, Stuttgart: Kohlhammer, S.11~41.

_____. 1981, *Über den Prozess der Zivilisation. Soziogenetische und psychogenetische Untersuchungen, Bd. 1: Wandlungen des Verhaltens in den weltlichen Oberschichten des Abendlandes*, Frankfurt am Main: Suhrkamp.

_____. 1982, *Über den Prozess der Zivilisation. Soziogenetische und psychogenetische Untersuchungen, Bd. 2: Wandlungen der Gesellschaft. Entwurf zu einer Theorie der Zivilisation*, Frankfurt am Main: Suhrkamp.

_____. 1983, *Die höfische Gesellschaft. Untersuchungen zur Soziologie des Königtums und der höfischen Aristokratie*, Frankfurt am Main: Suhrkamp.

_____. 1984, "Notizen zum Lebenslauf", in: Peter Gleichmann, Johan Goudsblom & Hermann Korte (Hrsg.), *Macht und Zivilisation. Materialien zu Norbert Elias' Zivilisationstheorie 2*, Frankfurt am Main: Suhrkamp, S.9~82.

_____. 1987, *Die Gesellschaft der Individuen* (Herausgegeben von Michael Schröter), Frankfurt am Main: Suhrkamp.

_____. 1990, *Norbert Elias über sich selbst*, Frankfurt am Main: Suhrkamp.

_____. 1991, *Was ist Soziologie?*, München: Juventa (6. Auflage; 1. Auflage 1970).

_____. 2001, *Symboltheorie: Norbert Elias Gesammelte Schriften, Bd. 13*, Frankfurt am

Main: Suhrkamp.

_____. 2006a, "Die Entdeckung des Gegenstandes der Soziologie", in: *Norbert Elias Gesammelte Schriften, Bd. 5: Was ist Soziologie?*, Frankfurt am Main: Suhrkamp, S.251~69.

_____. 2006b, "Karl Marx als Soziologe und als politischer Ideologe", in: *Norbert Elias Gesammelte Schriften, Bd. 5: Was ist Soziologie?*, Frankfurt am Main: Suhrkamp, S.270~309.

_____. 2006c, "Zur Soziogenese der Soziologie", in: *Norbert Elias Gesammelte Schriften, Bd. 15: Aufsätze und andere Schriften II*, Frankfurt am Main: Suhrkamp, S.451~500.

_____. 2006d, "Figuration, sozialer Prozess und Zivilisation: Grundbegriffe der Soziologie"(1986), in: *Norbert Elias Gesammelte Schriften, Bd. 16: Aufsätze und andere Schriften III*, Frankfurt am Main: Suhrkamp, S.100~17.

Elster, John. 1985, *Making Sense of Marx*, Cambridge: Cambridge University Press.

Embree, Lester. 2009, "Some Philosophical Differences within a Friendship: Gurwitsch and Schutz", in: Hisashi Nasu, Lester Embree, George Psathas & Ilja Srubar (Ed.), *Alfred Schutz and His Intellectual Partners*, Konstanz: UVK Verlagsgesellschaft, pp.231~53.

Emge, R. Martinus. 1987, *Saint-Simon. Einführung in ein Leben und Werk, eine Schule, Sekte und Wirkungsgeschichte*, München/Wien: R. Oldenbourg.

Endress, Martin. 2004, "Phänomenologisch angeleitete Vermittlung von 'verstehender Soziologie' und 'begreifender Ökonomik': Alfred Schütz' handlungsanalytische Perspektive", in: Manfred Gabriel (Hrsg.), *Paradigmen der akteurszentrierten Soziologie*, Wiesbaden: Verlag für Sozialwissenschaften, S.223~60.

_____. 2006a, *Alfred Schütz*, Konstanz: UVK Verlagsgesellschaft.

_____. 2006b, "Varianten verstehender Soziologie", in: Klaus Lichtblau (Hrsg.), *Max Webers 'Grundbegriffe'. Kategorien der kultur- und sozialwissenschaftlichen Forschung*, Wiesbaden: Verlag für Sozialwissenschaften, S.21~46.

_____. 2009, "Two Directions of Continuing the Weberian Project: Alfred Schutz and Talcott Parsons", in: Hisashi Nasu, Lester Embree, George Psathas & Ilja Srubar (Ed.), *Alfred Schutz and His Intellectual Partners*, Konstanz: UVK Verlagsgesellschaft, pp.377~400.

_____. 2012, *Soziologische Theorien kompakt*, München: Oldenbourg.

Endress, Martin & Ilja Srubar. 2003, "Einleitung der Herausgeber", in: Alfred Schütz, *Theorie der Lebenswelt 1. Die pragmatische Schichtung der Lebenswelt: Alfred Schütz Werkausgabe V.1*, Konstanz: UVK Verlagsgesellschaft, S.7~29.

Endress, Martin & Joachim Renn 2004, "Einleitung der Herausgeber", in: Alfred Schütz, *Der sinnhafte Aufbau der sozialen Welt. Eine Einleitung in die verstehende Soziologie: Alfred Schütz Werkausgabe II*, Konstanz: UVK Universitätsverlag, S.7~66.

Engels, Eve-Marie. 1993, "Herbert Spencers Moralwissenschaft: Ethik oder Sozialtechnologie. Zur Frage des naturalistischen Fehlschlusses bei Herbert Spencer", in: Kurt Bayertz (Hrsg.), *Evolution und Ethik*, Stuttgart: Reclam, S.243~87.

_____ (Hrsg.). 1995, *Die Rezeption von Evolutionstheorien im 19. Jahrhundert*, Frankfurt am Main: Suhrkamp.

Engels, Friedrich. 1956, "Umrisse zu einer Kritik der Nationalökonomie", in: *Karl Marx-Friedrich Engels-Werke (MEW) 1*, Berlin: Dietz, S.499~524.

_____. 1962, *Ludwig Feuerbach und der Ausgang der klassischen deutschen Philosophie*, in: *Karl Marx-Friedrich Engels-Werke (MEW) 21*, Berlin: Dietz, S.259~307.

Esser, Hartmut. 1984, "Figurationssoziologie und methodologischer Individualismus. Zur Methodologie des Ansatzes von Norbert Elias", in: *Kölner Zeitschrift für Soziologie und Sozialpsychologie 36*, S.667~702.

Fechner, Gustav Theodor. 1995, Über die physikalische und philosophische Atomenlehre, Wien/New York: Springer.

Fischer, Joachim. 2014, "Multiparadigmatizität der Soziologie Übersichten, Unterscheidungen, Ursachen und Umgangsformen", in: Stephan Kornmesser & Gerhard Schurz (Hrsg.), *Die multiparadigmatische Struktur der Wissenschaften*, Wiesbaden: Springer VS, S.337~70.

Fournier, Marcel. 2013, *Emile Durkheim. A Biography*, Cambridge: Polit Press (Translated by David Macey; 원제는 *Emile Durkheim*).

Frisby, David. 1988, "Die Ambiguität der Moderne: Max Weber und Georg Simmel", in: Wolfgang J. Mommsen & Wolfgang Schwentker (Hrsg.), *Max Weber und seine Zeitgenossen*, Göttingen/Zürich: Vandenhoeck & Ruprecht, S.580~94.

Fuchs, Peter. 2010, "Die Metapher des Systems —Gesellschaftstheorie im dritten Jahrhundert", in: Dirk Baecker, Norbert Bolz, Peter Fuchs, Hans Ulrich Gumbrecht

& Peter Sloterdijk, *Luhmann Lektüren*, Berlin: Kulturverlag Kadmos, S.53~69.

Fuchs-Heinritz, Werner. 1998, *Auguste Comte. Einführung in Leben und Werk*, Opladen: Westdeutscher Verlag.

Fuchs-Heinritz, Werner & Alexandra König. 2011, *Pierre Bourdieu. Eine Einführung*, Konstanz: UVK Verlagsgesellschaft (2., überarbeitete Auflage).

Füllsack, Manfred. 2010, "Die Habermas-Luhmann-Debatte", in: Georg Kneer & Stephan Moebius (Hrsg.), *Soziologische Kontroversen. Beiträge zu einer anderen Geschichte der Wissenschaft vom Sozialen*, Frankfurt am Main: Suhrkamp, S.154~81.

Fetscher, Iring. 1956, "Einleitung", in: Auguste Comte, *Rede über den Geist des Positivismus. Französisch-Deutsch* (Übersetzt, eingeleitet und herausgegeben von Iring Fetscher), Hamburg: Felix Meiner, S.XV~XLV.

Gabriel, Manfred. 2004, "Die Soziologie und ihre Paradigmen. Einleitende Vorbemerkungen", in: Manfred Gabriel (Hrsg.), *Paradigmen der akteurszentrierten Soziologie*, Wiesbaden: Verlag für Sozialwissenschaften, S.9~20.

Gabriel, Manfred & Norbert Gratzl, Dominik Gruber. 2014, "Zwischen akteurszentrierter und systemtheoretischer Soziologie. Eine Klassifikation der soziologischen Paradigmenstruktur", in: Stephan Kornmesser & Gerhard Schurz (Hrsg.), *Die multiparadigmatische Struktur der Wissenschaften*, Wiesbaden: Springer VS, S.305~35.

Gerhards, Jürgen. 1989, "Affektuelles Handeln —Der Stellenwert von Emotionen in der Soziologie Max Webers", in: Johannes Weiss (Hrsg.), *Max Weber heute. Erträge und Probleme der Forschung*, Frankfurt am Main: Suhrkamp, S.335~57.

Gerhardt, Uta. 2002, *Talcott Parsons. An Intellectual Biography*, Cambridge: Cambridge University Press.

Gert, Albert. 2005, "Moderater methodologischer Holismus. Eine weberianische Interpretation Makro-Mikro-Modells", in: *Kölner Zeitschrift für Soziologie und Sozialpsychologie 57*, S.387~413.

Gerth, Hans H. & C. Wright Mills. 1946, *From Max Weber. Essays in Sociology*, New York: Oxford University Press.

Giddens, Anthony. 1987, *Social Theory and Modern Sociology*, Cambridge: Polity Press.

Giegel, Hans-Joachim & Uwe Schimank (Hrsg.) 2001, *Beobachter der Moderne. Beiträge zu Niklas Luhmanns "Die Gesellschaft der Gesellschaft"*, Frankfurt am Main:

Suhrkamp.

Giesen, Bernhard. 1991, *Die Entdinglichung des Sozialen. Eine evolutionstheoretische Perspektive auf die Postmoderne*, Frankfurt am Main: Suhrkamp.

Gleichmann, Peter & Johan Goudsblom, Hermann Korte (Hrsg.). 1977, *Materialien zu Norbert Elias' Zivilisationstheorie*, Frankfurt am Main: Suhrkamp.

_____ (Hrsg.). 1984, *Macht und Zivilisation. Materialien zu Norbert Elias' Zivilisationstheorie 2*, Frankfurt am Main: Suhrkamp.

Goudsblom, Johan. 1977, "Aufnahme und Kritik der Arbeiten von Norbert Elias in England, Deutschland, den Niederlanden und Frankreich", in: Peter Gleichmann, Johan Goudsblom & Hermann Korte (Hrsg.), *Materialien zu Norbert Elias' Zivilisationstheorie*, Frankfurt am Main: Suhrkamp, 17~100쪽.

_____. 1984, "Zum Hintergrund der Zivilisationstheorie von Norbert Elias: Ihr Verhältnis zu Huizinga, Weber und Freud", in: Peter Gleichmann, Johan Goudsblom & Hermann Korte (Hrsg.), *Macht und Zivilisation. Materialien zu Norbert Elias' Zivilisationstheorie 2*, Frankfurt am Main: Suhrkamp, S.129~47.

Gray, Tim S. 1996, *The Political Philosophy of Herbert Spencer. Individualism and Organicism*, Aldershot: Avebury.

Greshoff, Rainer. 1999, *Die theoretischen Konzeptionen des Sozialen von Max Weber und Niklas Luhmann im Vergleich*, Opladen/Wiesbaden: Westdeutscher Verlag.

_____. 2003, "Die Konzeptualisierung 'nicht-intendierter Handlungsfolgen' in den Sozialtheorien von Norbert Elias und Friedrich A. v. Hayek im Vergleich", in: Rainer Greshoff, Georg Kneer & Uwe Schimank (Hrsg.), *Die Transintentionalität des Sozialen. Eine vergleichende Betrachtung klassischer und moderner Sozialtheorien*, Wiesbaden: Westdeutscher Verlag, S.108~37.

Greshoff, Rainer & Georg Kneer (Hrsg.). 1999, *Struktur und Ereignis in theorievergleichender Perspektive*, Opladen/Wiesbaden: Westdeutscher Verlag.

Greshoff, Rainer & Uwe Schimank (Hrsg.). 2006, *Integrative Sozialtheorie? Esser — Luhmann — Weber*, Wiesbaden: Verlag für Sozialwissenschaften.

Greve, Jens. 2008, "Gesellschaft: Handlungs- und systemtheoretische Perspektiven", in: Andreas Balog & Johann August Schülein (Hrsg.), *Soziologie, eine multiparadigmatische Wissenschaft. Erkenntnisnotwendigkeit oder Übergangsstadium?*, Wiesbaden: Verlag für Sozialwissenschaften, S.149~85.

_____. 2009, *Jürgen Habermas. Eine Einführung*, Konstanz: UVK Verlagsgesellschaft.

Greve, Jens & Annette Schnabel (Hrsg.). 2011, *Emergenz. Zur Analyse und Erklärung komplexer Strukturen*, Frankfurt am Main: Suhrkamp.

Greve, Jens & Bettina Heintz 2005, "Die 'Entdeckung' der Weltgesellschaft. Entstehung und Grenzen der Weltgesellschaftstheorie", in: Bettina Heintz, Richard Münch & Hartmann Tyrell (Hrsg.), *Weltgesellschaft. Theoretische Zugänge und empirische Problemlagen* (*Sonderheft "Weltgesellschaft" der Zeitschrift für Soziologie*), Stuttgart: Lucius & Lucius, S.89~119.

Gröbl-Steinbach, Evelyn. 2004, "Handlungsrationalität und Rationalisierung des Handelns bei Weber und Habermas", in: Manfred Gabriel (Hrsg.), *Paradigmen der akteurszentrierten Soziologie*, Wiesbaden: Verlag für Sozialwissenschaften, S.91~102.

Günther, Friederike Felicitas & Angela Holzer, Enrico Müller (Hrsg.). 2010, *Zur Genealogie des Zivilisationsprozesses. Friedrich Nietzsche und Norbert Elias*, Berlin/New York: Walter de Gruyter.

Gumbrecht, Hans Ulrich. 2010, "'Alteuropa' und 'Der Soziologe'. Wie verhält sich Niklas Luhmanns Theorie zur philosophischen Tradition?", in: Dirk Baecker, Norbert Bolz, Peter Fuchs, Hans Ulrich Gumbrecht & Peter Sloterdijk, *Luhmann Lektüren*, Berlin: Kulturverlag Kadmos, S.70~90.

Habermas, Jüregn. 1954, "Die Dialektik der Rationalisierung. Vom Pauperismus in Produktion und Konsum", in: *Merkur 8*, S.701~24.

_____. 1962, *Strukturwandel der Öffentlichkeit. Untersuchungen zu einer Kategorie der bürgerlichen Gesellschaft*, Darmstadt/Newwied: Hermann Luchterhand.

_____. 1969, *Technik und Wissenschaft als 'Ideologie'*, Frankfurt am Main: Suhrkamp.

_____. 1973, *Legitimationsprobleme im Spätkapitalismus*, Frankfurt am Main: Suhrkamp.

_____. 1976, *Zur Rekonstruktion des Historischen Materialismus*, Frankfurt am Main: Suhrkamp.

_____. 1979, "Handlung und System: Bemerkungen zu Parsons' Medientheorie", in: Wolfgang Schluchter (Hrsg.), *Verhalten, Handeln und System. Talcott Parsons' Beiträge zur Entwicklung der Sozialwissenschaften*, Frankfurt am Main: Suhrkamp, S.68~105.

_____. 1981, "Die Moderne: ein unvollendetes Projekt", in: ders., *Kleine Politische Schriften (I-IV)*, Frankfurt am Main: Suhrkamp, S.444~64.

_____. 1982, *Zur Logik der Sozialwissenschaften*, Frankfurt am Main: Suhrkamp (5, erweiterte Auflage; 1. Auflage 1970).

_____. 1983, *Moralbewußtsein und kommunikatives Handeln*, Frankfurt am Main: Suhrkamp.

_____. 1985a, *Theorie des kommunikativen Handelns, Bd. 1: Handlungsrationalität und gesellschaftliche Rationalisierung*, Frankfurt am Main: Suhrkamp (3., durchgesehene Auflage; 1. Auflage, 1981).

_____. 1985b, *Theorie des kommunikativen Handelns, Bd. 2: Zur Kritik der funktionalistischen Vernunft*, Frankfurt am Main: Suhrkamp (3., durchgesehene Auflage; 1. Auflage, 1981).

_____. 1985c, *Der philosophische Diskurs der Moderne. Zwölf Vorlesungen*, Frankfurt am Main: Suhrkamp.

_____. 1985d, *Die Neue Unübersichtlichkeit: Kleine Politische Schriften V*, Frankfurt am Main: Suhrkamp.

_____. 1986, "Entgegnung", in: Axel Honneth & Hans Joas (Hrsg.), *Kommunikatives Handeln. Beiträge zu Jürgen Habermas' "Theorie des kommunikativen Handelns"*, Frankfurt am Main: Suhrkamp, S.327~405.

_____. 1987, *Philosophisch-politische Profile. Erweiterte Ausgabe*, Frankfurt am Main: Suhrkamp.

_____. 1989, *Vorstudien und Ergänzungen zur Theorie des kommunikativen Handelns*, Frankfurt am Main: Suhrkamp (3. Auflage; 1. Auflage, 1984).

_____. 1990, "Metaphysik nach Kant", in: Konrad Cramer, Hans Friedrich Fulda, Rolf-Peter Horstmann & Ulrich Pothast (Hrsg.), *Theorie der Subjektivität*, Frankfurt am Main: Suhrkamp, S.425~43.

_____. 2009, *Sprachtheoretische Grundlegung der Soziologie: Philosophische Texte, Bd. 1*, Frankfurt am Main: Suhrkamp.

Habermas, Jürgen & Niklas Luhmann, *Theorie der Gesellschaft oder Sozialtechnologie: Was leistet die Systemforschung?*, Frankfurt am Main: Suhrkamp.

Haferkamp, Hans. 1976, *Soziologie als Handlungstheorie. P. L. Berger, T. Luckmann, G. C. Homans, N. Luhmann, G. H. Mead, T. Parsons, A. Schütz, M. Weber in vergleichender Analyse und Kritik*, Opladen: Westdeutscher Verlag (3. Auflage).

Haferkamp, Hans & Michael Schmid (Hrsg.) 1987, *Sinn, Kommunikation und soziale*

*Differenzierung. Beiträge zu Luhmanns Theorie sozialer Systeme*, Frankfurt am Main: Suhrkamp.

Hahn, Erich. 1974, *Theoretische Probleme der marxistischen Soziologie*, Köln: Pahl-Rugenstein.

Hama, Hideo. 2009, "The Primal Scene of Ethnomethodology: Garfinkel's Short Story 'Color Trouble' and the Schutz-Parsons Controversy", in: Hisashi Nasu, Lester Embree, George Psathas & Ilja Srubar (Ed.), *Alfred Schutz and His Intellectual Partners*, Konstanz: UVK Verlagsgesellschaft, pp.435~49.

Hanke, Michael. 2002, *Alfred Schütz. Einführung*, Wien: Passagen.

Hegel, Georg Wilhelm Friedrich. 1970a, *Phänomenologie des Geistes: Werke in zwanzig Bänden, Bd. 3*, Frankfurt am Main: Suhrkamp.

_____. 1970b, *Grundlinien der Philosophie des Rechts oder Naturrecht und Staatswissenschaft im Grundrisse: Werke in zwanzig Bänden, Bd. 7,* Frankfurt am Main: Suhrkamp.

Hecht, Martin. 1998, *Modernität und Bürgerlichkeit. Max Webers Freiheitslehre im Vergleich mit den politischen Ideen von Alexis de Tocqueville und Jean-Jacques Rousseau,* Berlin: Duncker & Humblot.

Heidegger, Martin. 1963, *Sein und Zeit*, Tübingen: Niemeyer (10., unveränderte Auflage).

Heidelberger, Michael. 1993, *Die innere Seite der Natur. Gustav Theodor Fechners wissenschaftlich-philosophische Weltauffassung*, Frankfurt am Main: Vittorio Klostermann.

Hillebrandt, Frank. 2010, "Sozialität als Praxis. Konturen eines Theorieprogramms", in: Gert Albert, Rainer Greshoff & Rainer Schützeichel (Hrsg.), *Dimensionen und Konzeptionen von Sozialität*, Wiesbaden: Verlag für Sozialwissenschaften, S.293~307.

Hirschhorn, Monique & Jacques Coenen-Huther (Hrsg.). 2000, *Durkheim et Weber. Vers la fin des malentendus?*, Paris: L'Harmattan.

Hohm, Hans-Jürgen. 2006, *Soziale Systeme, Kommunikation, Mensch. Eine Einführung in soziologische Systemtheorie*, Weinheim/München: Juventa (2., überarbeitete Auflage).

Honneth, Axel & Hans Joas (Hrsg.). 1986, *Kommunikatives Handeln. Beiträge zu Jürgen Habermas' "Theorie des kommunikativen Handelns"*, Frankfurt am Main: Suhrkamp.

Horster, Detlef. 2005, *Niklas Luhmann*, Stuttgart: C. H. Beck (2., überarbeitete Auflage).

Hufer, Klaus-Peter. 2012, *Jahrhundertbücher auf dem Höhepunkt der Moderne. Klassiker der Kultur- und Sozialwissenschaften wieder gelesen*, Schwalbach/Ts.: b|d edition.

Hughes, John A. & Wes W. Sharrock, Peter J. Martin. 2003, *Understanding Classical Sociology. Marx, Weber, Durkheim*, London: Sage.

Husserl, Edmund. 1950, *Ideen zu einer reinen Phänomenologie und phänomenologischen Philosophie, Erstes Buch: Allgemeine Einführung in die reine Phänomenologie: Husserliana III*, Den Haag: Martinus Nijhoff.

_____. 1969, *Zur Phänomenologie des inneren Zeitbewusstseins(1893~1917): Husserliana X*, Den Haag: Martinus Nijhoff.

_____. 1974, *Formale and transzendentale Logik. Versuch einer Kritik der logischen Vernunft: Husserliana XVII*, Den Haag: Martinus Nijhoff.

_____. 1976, *Die Krisis der europäischen Wissenschaften und die transzendentale Phänomenologie. Eine Einleitung in die phänomenologische Philosophie: Husserliana VI*, Den Haag: Martinus Nijhoff.

_____. 1984, *Logische Untersuchungen, Zweiter Teil: Untersuchungen zur Phänomenologie und Theorie der Erkenntnis: Husserliana XIX*, Den Haag: Martinus Nijhoff.

_____. 1992, *Ideen zu einer reinen Phänomenologie und phänomenologischen Philosophie, Erstes Buch: Allgemeine Einführung in die reine Phänomenologie: Gesammelte Schriften 5*, Hamburg: Felix Meiner.

Iorio, Marco. 2003, *Karl Marx: Geschichte, Gesellschaft, Politik. Eine Ein- und Weiterführung*, Berlin/New York: Walter de Gruyter.

Iser, Mattias & David Strecker. 2010, *Jürgen Habermas zur Einführung*, Hamburg: Junius.

James, William. 2001, *Pragmatismus. Ein neuer Name für einige alte Denkweisen*, Darmstadt: Wissenschaftliche Buchgesellschaft.

Janning, Frank. 1991, *Pierre Bourdieus Theorie der Praxis. Analyse und Kritik der konzeptionellen Grundlegung einer praxeologischen Soziologie*, Opladen: Westdeutscher Verlag.

Jensen, Stefan. 1976, "Einleitung", in: Talcott Parsons, *Zur Theorie sozialer Systeme* (Herausgegeben und eingeleitet von Stefan Jensen), Opladen: Westdeutscher Verlag, S.9~67.

_____. 1980, *Talcott Parsons. Eine Einführung*, Stuttgart: Teubner.

Joas, Hans. 1980, *Praktische Intersubjektivität. Die Entwicklung des Werkes von George Herbert Mead*, Frankfurt am Main: Suhrkamp.

_____. (Hrsg.). 1985, *Das Problem der Intersubjektivität. Neue Beiträge zum Werk George Herbert Meads*, Frankfurt am Main: Suhrkamp.

_____. 1986, "Die unglückliche Ehe von Hermeneutik und Funktionalismus", in: Axel Honneth & Hans Joas (Hrsg.), *Kommunikatives Handeln. Beiträge zu Jürgen Habermas' "Theorie des kommunikativen Handelns"*, Frankfurt am Main: Suhrkamp, S.144~76.

_____. 1992, *Pragmatismus und Gesellschaftstheorie*, Frankfurt am Main: Suhrkamp.

Joas, Hans & Wolfgang Knöbl. 2011, *Sozialtheorie. Zwanzig einführende Vorlesungen. Aktualisierte, mit einem neuen Vorwort versehene Ausgabe*, Frankfurt am Main: Suhrkamp.

Kaesler, Dirk (Hrsg.). 1976, "Einleitung", in: ders., *Klassiker des soziologischen Denkens*, München: C. H. Beck, S.7~18.

Kaesler, Dirk. 1979, Einführung in das Studium Max Webers, München: C. H. Beck.

_____. 1984, *Die frühe deutsche Soziologie 1909 bis 1934 und ihre Entstehungs-Milieus. Eine wissenschaftssoziologische Untersuchung*, Opladen: Westdeutscher Verlag.

_____. 2000, "Was sind und zu welchem Ende studiert man die Klassiker der Soziologie?", in: ders. (Hrsg.), *Klassiker der Soziologie, Bd. 1: Von Auguste Comte bis Alfred Schütz*, München: C. H. Beck (Zweite, durchgesehene Auflage), S.11~38.

Kant, Immanuel. 1983a, *Kritik der reinen Vernunft: Werke in zehn Bänden, Bd. 3-4* (Herausgegeben von Wilhelm Weischedel), Darmstadt: Wissenschaftliche Buchgesellschaft

_____. 1983b, *Grundlegung der Metaphysik der Sitten*, in: *Werke in zehn Bänden, Bd. 6* (Herausgegeben von Wilhelm Weischedel), Darmstadt: Wissenschaftliche Buchgesellschaft 1983, S.7~102.

_____. 1983c, *Kritik der praktischen Vernunft*, in: *Werke in zehn Bänden, Bd. 6,* (Herausgegeben von Wilhelm Weischedel), Darmstadt: Wissenschaftliche Buchgesellschaft, S.107~302.

_____. 1983d, *Kritik der Urteilskraft*, in: *Werke in zehn Bänden, Bd. 8* (Herausgegeben von Wilhelm Weischedel), Darmstadt: Wissenschaftliche Buchgesellschaft,

S.233~620.

Kaven, Carsten. 2006, *Sozialer Wandel und Macht. Die theoretischen Ansätze von Max Weber, Norbert Elias und Michel Foucault im Vergleich*, Marburg: Metropolis.

Kalberg, Stephen. 1994, *Max Weber's Comparative-Historical Sociology*, Cambridge: Polity Press.

Karsenti, Bruno. 2006, *La Société en Personnes. Etudes Durkheimiennes*, Paris: Economica.

Kardiner, Abram & Edward Preble. 1974, *Wegbereiter der modernen Anthropologie*, Frankfurt am Main: Suhrkamp.

Kawano, Ken'ichi. 2009, "On Methodology of the Social Science: Schutz and Kaufmann", in: Hisashi Nasu, Lester Embree, George Psathas & Ilja Srubar (Ed.), Alfred Schutz and His Intellectual Partners, Konstanz: UVK Verlagsgesellschaft, pp.115~47.

Kellermann, Paul. 1967, *Kritik einer Soziologie der Ordnung. Organismus und System bei Comte, Spencer und Parsons*, Freiburg: Rombach.

_____. 1976, "Herbert Spencer", in: Dirk Kaesler (Hrsg.), *Klassiker des soziologischen Denkens, Bd. 1: Von Comte bis Durkheim*, München: C. H. Beck, S.159~200.

Kempski, Jürgen von. 1974, "Einleitung", in: Auguste Comte, *Die Soziologie. Die positive Philosophie im Auszug* (Herausgegeben von Friedrich Blaschke), Stuttgart: Alfred Kröner (2. Auflage), S.IX~XXXVII.

Kern, Horst. 1982, *Empirische Sozialforschung. Ursprünge, Ansätze, Entwicklungslinien*, München: C. H. Beck.

Kersting, Wolfgang. 1994, *Die politische Philosophie des Gesellschaftsvertrags*, Darmstadt: Wissenschaftliche Buchgesellschaft.

Kiss, Gábor. 1990, *Grundzüge und Entwicklung der Luhmannschen Systemtheorie*, Stuttgart: Ferdinand Enke (2., neu bearbeitete Auflage).

Klages, Helmut. 1964, *Technischer Humanismus. Philosophie und Soziologie der Arbeit bei Karl Marx*, Stuttgart: Ferdinand Enke.

Klimpel, Andreas & Georg de Carneé. 1983, *Systemtheoretische Weltbilder zur Gesellschaftstheorie bei Parsons und Luhmann*, Berlin: Univ.-Bibliothek der Technischen Universität Berlin.

Kneer, Georg & Armin Nassehi. 1993, *Niklas Luhmanns Theorie sozialer Systeme. Eine*

*Einführung*, München: Wilhelm Fink.

Kneer, Georg & Markus Schreor (Hrsg.). 2009, *Handbuch Soziologische Theorien*, Wiesbaden: Verlag für Sozialwissenschaften.

Knoblauch, Hubert & Ronald Kurt, Hans-Georg Soeffner. 2003, "Einleitung der Herausgeber: Zur kommunikativen Ordnung der Lebenswelt. Alfred Schütz' Theorie der Zeichen, Sprache und Kommunikation", in: Alfred Schütz, *Theorie der Lebenswelt 2. Die kommunikative Ordnung der Lebenswelt: Alfred Schütz Werkausgabe V.2*, Konstanz: Universitätsverlag, S.7~33.

Knudsen, Sven-Eric. 2006, *Luhmann und Husserl. Systemtheorie im Verhältnis zur Phänomenologie*, Würzburg: Königshausen & Neumann.

Köhnke, Klaus Christian. 1989, "Die Wechselwirkung zwischen Diltheys Soziologiekritik und Simmels soziologischer Methodik", in: *Dilthey-Jahrbuch für Philosophie und Geschichte der Geisteswissenschaften 6*, S.303~26.

_____. 1996, *Der junge Simmel in Theoriebeziehungen und sozialen Bewegungen*, Frankfurt am Main: Suhrkamp.

König, Matthias. 2002, *Menschenrechte bei Durkheim und Weber. Normative Dimensionen des soziologischen Diskurses der Moderne*, Frankfurt am Main: Campus.

König, René. 1976, "Emile Durkkeim. Der Soziologe als Moralist", in: Dirk Kaesler (Hrsg.), *Klassiker des soziologischen Denkens, Bd. 1: Von Comte bis Durkheim*, München: C. H. Beck, S.312~64.

_____. 1978, *Emile Durkheim zur Diskussion. Jenseits von Dogmatismus und Skepsis*, München/Wien: Carl Hanser.

Kon, I. S. 1973, *Der Positivismus in der Soziologie. Geschichtlicher Abriss*, Berlin: das europäische buch.

Kornmesser, Stephan & Gerhard Schurz (Hrsg.). 2014a, *Die multiparadigmatische Struktur der Wissenschaften*, Wiesbaden: Springer VS.

_____. 2014b, "Die multiparadigmatische Struktur der Wissenschaften: Einleitung und Übersicht", in: Stephan Kornmesser & Gerhard Schurz (Hrsg.), *Die multiparadigmatische Struktur der Wissenschaften*, Wiesbaden: Springer VS, S.11~46.

Korte, Hermann. 1997, *Über Norbert Elias. Das Werden eines Menschenwissenschaftlers*, Opladen: Leske + Budrich.

_____. 2006, Einführung in die Geschichte der Soziologie, Wiesbaden: Verlag für

Sozialwissenschaften (8., überarbeitete Auflage).

_____. 2013, *Biographische Skizzen zu Norbert Elias*, Wiesbaden: Springer VS.

Krais, Beate. 2004, "Soziologie als teilnehmende Objektivierung der sozialen Welt", in: Stephan Möbius & Lothar Peter (Hrsg.), *Französische Soziologie der Gegenwart*, Konstanz: Universitätsverlag, S.171~210.

Krais, Beate & Gunter Gebauer. 2002, *Habitus*, Bielefeld: transcript.

Krasnodebski, Zdzislaw. 2003, "Alfred Schütz und die 'soziologische' Aneignung der Phänomenologie", in: Ilja Srubar & Steven Vaitkus (Hrsg.), *Phänomenologie und Soziale Wirklichkeit. Entwicklungen und Arbeitsweisen*, Opladen: Leske + Budrich, S.111~22.

Krieken, Robert van. 2000, "Beyond the 'Parsonian Problem of Order': Elias, Habitus and the Two Sociologies", in: Annette Treibel, Helmut Kuzmics & Reinhard Blomert (Hrsg.), *Zivilisationstheorie in der Bilanz. Beiträge zum 100. Geburtstag von Norbert Elias*, Opladen: Leske + Budrich, S.119~42.

Kroneberg, Clemens. 2011, *Die Erklärung sozialen Handelns: Grundlagen und Anwendung einer integrativen Theorie*, Wiesbaden: Verlag für Sozialwissenschaften.

Kruse, Volker. 2001, "Max Weber, der Anti-Soziologe", in: Peter-Ulrich Merz-Benz & Gerhard Wagner (Hrsg.), *Soziologie und Anti-Soziologie. Ein Diskurs und seine Rekonstruktion*, Konstanz: Universitätsverlag Konstanz, S.37~60.

_____. 2008, *Geschichte der Soziologie*, Konstanz: Universitätsverlag Konstanz.

Künne, Wolfgang. 1986, "Edmund Husserl: Intentionalität", in: Josef Speck (Hrsg.), *Grundprobleme der grossen Philosophen. Philosophie der Neuzeit IV*, Göttingen: Vandenhoeck & Ruprecht, S.165~215.

Kuzmics, Helmut & Ingo Mörth (Hrsg.). 1991, *Der unendliche Prozess der Zivilisation. Zur Kultursoziologie der Moderne nach Norbert Elias*, Frankfurt am Main/New York: Campus.

Kunczik, Michael. 2000, "Herbert Spencer (1820~1903)", in: Dirk Kaesler (Hrsg.), *Klassiker der Soziologie, Bd. 1: Von Auguste Comte bis Alfred Schütz*, München: C. H. Beck (Zweite, durchgesehene Auflage), S.74~93.

Lahusen, Christian & Carsten Stark. 2000, *Modernisierung. Einführung in die Lektüre klassisch-soziologischer Texte*, München/Wien: R. Oldenbourg.

Langenohl, Andreas. 2007, Tradition und Gesellschaftskritik. Eine Rekonstruktion der

Modernisierungstheorie, Frankfurt am Main/New York: Campus.

Nassehi, Armin. 2006, *Der soziologische Diskurs der Moderne*, Frankfurt am Main: Suhrkamp.

Lazarus, Moritz & Heymann Steinthal. 1860, "Einleitende Gedanken über Völkerpsychologie als Einladung zu einer Zeitschrift für Völkerpsychologie und Sprachwissenschaft", in: *Zeitschrift für Völkerpsychologie und Sprachwissenschaft 1*, S.1~73.

Lenz, Arnher E. & Volker Mueller (Hrsg.). 2012, *Wilhelm Ostwald: Monismus und Energie*, Neu-Isenburg: Angelika Lenz Verlag.

Lepenies, Wolf. 1988, *Die drei Kulturen. Soziologie zwischen Literatur und Wissenschaft*, Reinbek bei Hamburg: Rowohlt.

_____. 2010, *Auguste Comte. Die Macht der Zeichen*, München: Carl Hanser.

Lichtblau, Klaus. 1994, "Kausalität oder Wechselwirkung? Max Weber und Georg Simmel im Vergleich", in: Gerhard Wagner & Heinz Zipprian (Hrsg.), *Max Webers Wiseenschaftslehre. Interpretation und Kritik*, Frankfurt am Main: Suhrkamp, S.527~62.

_____. 2000, " 'Vergemeinschaftung' und 'Vergesellschaftung' bei Max Weber. Eine Rekonstruktion seines Sprachgebrauchs", in: *Zeitschrift für Soziologie 29*, S.423~43.

_____. 2001, "Soziologie und Anti-Soziologie um 1900. Wilhelm Dilthey, Georg Simmel und Max Weber", in: Peter-Ulrich Merz-Benz & Gerhard Wagner (Hrsg.), *Soziologie und Anti-Soziologie. Ein Diskurs und seine Rekonstruktion*, Konstanz: Universitätsverlag, S.17~35.

_____. 2005, "Von der 'Gesellschaft' zur 'Vergesellschaftung'. Zur deutschen Tradition des Gesellschaftsbegriffs", in: Bettina Heintz, Richard Münch & Hartmann Tyrell (Hrsg.), *Weltgesellschaft. Theoretische Zugänge und empirische Problemlagen* (*Sonderheft "Weltgesellschaft" der Zeitschrift für Soziologie*), Stuttgart: Lucius & Lucius, S.68~88.

_____. 2006, "Zum Status von 'Grundbegriffen' in Max Webers Werk", in: ders. (Hrsg.), *Max Webers 'Grundbegriffe'. Kategorien der kultur- und sozialwissenschaftlichen Forschung*, Wiesbaden: Verlag für Sozialwissenschaften, S.243~56.

Lidz, Victor M & Harold J. Bershady. 2000, "Convergence as Method in Theory Construction", in: Helmut Staubmann & Harald Wenzel (Hrsg.), *Talcott Parsons. Zur*

*Aktualität eines Theorieprogramms* (Österreichische Zeitschrift für Soziologie, Sonderband 6), Wiesbaden: Westdeutscher Verlag, S.45~106.

Loo, Hans van der & Willem van Reijen. 1992, *Modernisierung. Projekt und Paradox*, München: Deutscher Taschenbuch Verlag.

Luhmann, Niklas. 1968a, *Zweckbegriff und Systemrationalität. Über die Funktion von Zwecken in sozialen Systemen*, Frankfurt am Main: Suhrkamp.

_____. 1968b, "Gesellschaft", in: Claus D. Kernig (Hrsg.), *Sowjetsystem und demokratische Gesellschaft: Eine vergleichende Enzyklopädie, Bd. 2: Diplomatie bis Identität*, Freiburg/Basel/Wien: Herder, Sp.959~72.

_____. 1970, "Gesellschaft", *Soziologische Aufklärung, Bd. 1: Aufsätze zur Theorie sozialer Systeme*, Opladen: Westdeutscher Verlag, S.137~53.

_____. 1975a, "Interaktion, Organisation, Gesellschaft. Anwendungen der Systemtheorie", in: *Soziologische Aufklärung, Bd. 2: Aufsätze zur Theorie der Gesellschaft*, Opladen: Westdeutscher Verlag, S.9~24.

_____. 1975b, "Die Weltgesellschaft", in: *Soziologische Aufklärung, Bd. 2: Aufsätze zur Theorie der Gesellschaft*, Opladen: Westdeutscher Verlag, S.63~88.

_____. 1975c, "Systemtheorie, Evolutionstheorie, Kommunikationstheorie", in: *Soziologische Aufklärung, Bd. 2: Aufsätze zur Theorie der Gesellschaft*, Opladen: Westdeutscher Verlag, S.241~54.

_____. 1979, "Temporalstrukturen des Handlungssystems —Zum Zusammenhang von Handlungs- und Systemtheorie", in: Wolfgang Schluchter (Hrsg.), *Verhalten, Handeln und System. Talcott Parsons' Beiträge zur Entwicklung der Sozialwissenschaften*, Frankfurt am Main: Suhrkamp, S.32~67.

_____. 1980, "Talcott Parsons —Zur Zukunft eines Theorieprogramms", in: *Zeitschrift für Soziologie 9*, S.5~17.

_____. 1981a, "Handlungstheorie und Systemtheorie", in: *Soziologische Aufklärung, Bd. 3: Soziales System, Gesellschaft, Organisation*, Opladen: Westdeutscher Verlag, S.50~66.

_____. 1981b, "Erleben und Handeln", in: *Soziologische Aufklärung, Bd. 3: Soziales System, Gesellschaft, Organisation*, Opladen: Westdeutscher Verlag, S.67~80.

_____. 1982, "Autopoiesis, Handlung und kommunikative Verständigung", in: *Zeitschrift für Soziologie 11*, S.366~79.

_____. 1983, *Legitimation durch Verfahren*, Frankfurt am Main: Suhrkamp.

_____. 1984a, *Soziale Systeme. Grundriss einer allgemeinen Theorie*, Frankfurt am Main: Suhrkamp.

_____. 1984b, "Individuum und Gesellschaft", in: *Universitas 39*, S.1～11.

_____. 1986, "Die Lebenswelt —— nach Rücksprache mit Phänomenologen", in: *Archiv für Rechts- und Sozialphilosophie 72*, S.176～94.

_____. 1988, "Warum AGIL?", in: *Kölner Zeitschrift für Soziologie und Sozialpsychologie 40*, S.127～39.

_____. 1990, *Essays on Self-Reference*, New York: Columbia University Press.

_____. 1992a, *Beobachtungen der Moderne*, Opladen: Westdeutscher Verlag.

_____. 1992b, "Die gesellschaftliche Verantwortung der Soziologie", in: *Universität als Milieu. Kleine Schriften* (Herausgegeben von André Kieserling), Bielefeld: Haux, S.126～36.

_____. 1992c, "Die Selbstbeschreibung der Gesellschaft und die Soziologie", in: *Universität als Milieu. Kleine Schriften* (Herausgegeben von André Kieserling), Bielefeld: Haux, S.137～46.

_____. 1993, *Gesellschaftsstruktur und Semantik. Studien zur Wissenssoziologie der modernen Gesellschaft, Bd. 3*, Frankfurt am Main: Suhrkamp.

_____. 1995a, *Gesellschaftsstruktur und Semantik. Studien zur Wissenssoziologie der modernen Gesellschaft, Bd. 4*, Frankfurt am Main: Suhrkamp.

_____. 1995b, "Die gesellschaftliche Differenzierung und das Individuum", in: *Soziologische Aufklärung, Bd. 6: Die Soziologie und der Mensch*, Opladen: Westdeutscher Verlag, S.121～36.

_____. 1995c, "Die Tücke des Subjekts und die Frage nach dem Menschen", in: *Soziologische Aufklärung, Bd. 6: Die Soziologie und der Mensch*, Opladen: Westdeutscher Verlag, S.149～61.

_____. 1995d, "Die Soziologie und der Mensch", in: *Soziologische Aufklärung, Bd. 6: Die Soziologie und der Mensch*, Opladen: Westdeutscher Verlag, S.252～61.

_____. 1996, *Die neuzeitlichen Wissenschaften und die Phänomenologie*, Wien: Picus.

_____. 1997a, *Die Gesellschaft der Gesellschaft*, Frankfurt am Main: Suhrkamp.

_____. 1997b, "Selbstorganisation und Mikrodiversität. Zur Wissenssoziologie des neuzeitlichen Individualismus", in: *Soziale Systeme 3*, S.23～32.

_____. 1997c, "Funktion und Kausalität", in: Jürgen Friedrichs, Karl Ulrich Mayer & Wolfgang Schluchter (Hrsg.), *Soziologische Theorie und Empirie*, Opladen: Westdeutscher Verlag, S.23~50.

_____. 2000, *Short Cuts 1* (Herausgegeben von Peter Gente, Heidi Paris & Martin Weinmann), Frankfurt am Main: Zweitausendeins.

_____. 2004, *Einführung in die Systemtheorie* (Herausgegeben von Dirk Baecker), Heidelberg: Carl-Auer (2. Auflage).

_____. 2005, *Einführung in die Theorie der Gesellschaft* (Herausgegeben von Dirk Baecker), Heidelberg: Carl-Auer.

Lukes, Steven. 1972, *Emile Durkheim. His Life and Work. A Historical and Critical Study*, New York: Haper & Row.

Mahlmann, Regina. 1983, *Homo Duplex. Die Zweiheit des Menschen bei Georg Simmel*, Würzburg: Königshausen & Neumann.

Marjolin, Robert. 1937, "French Sociology—Comte and Durkheim", in: *American Journal of Sociology 54*, pp.693~704.

Martens, Wil. 2010, "Handlung und Kommunikation als Grundbegriffe der Soziologie", in: Gert Albert, Rainer Greshoff & Rainer Schützeichel (Hrsg.), *Dimensionen und Konzeptionen von Sozialität*, Wiesbaden: Verlag für Sozialwissenschaften, S.173~206.

Marx, Karl. 1956a, "Zur Kritik der Hegelschen Rechtsphilosophie. Kritik des Hegelschen Staatsrechts (§§ 261-313)", in: *Karl Marx-Friedrich Engels-Werke (MEW) 1*, Berlin: Dietz, S.201~333.

_____. 1956b, "Zur Kritik der Hegelschen Rechtsphilosophie. Einleitung", in: *Karl Marx-Friedrich Engels-Werke (MEW) 1*, Berlin: Dietz, S.378~91.

_____. 1958, "Thesen über Feuerbach", in: *Karl Marx-Friedrich Engels-Werke (MEW) 3*, Berlin: Dietz, S.533~35.

_____. 1961, *Zur Kritik der Politischen Ökonomie*, in: *Karl Marx-Friedrich Engels-Werke (MEW) 13*, Berlin: Dietz, S.3~160.

_____. 1962, *Das Kapital. Kritik der Politischen Ökonomie, Bd. 1: Karl Marx-Friedrich Engels-Werke (MEW) 23*, Berlin: Dietz.

_____. 1963a, *Das Kapital. Kritik der Politischen Ökonomie, Bd. 2: Karl Marx-Friedrich Engels-Werke (MEW) 24*, Berlin: Dietz.

_____. 1963b, "Marx an Pawel Wassiljewitsch Annenkow", in: *Karl Marx-Friedrich Engels-Werke (MEW) 27*, Berlin: Dietz, S.451~63.

_____. 1964, *Das Kapital. Kritik der Politischen Ökonomie, Bd. 3: Karl Marx-Friedrich Engels-Werke (MEW) 25*, Berlin: Dietz.

_____. 1968, *Ökonomisch-philosophische Manuskripte*, in: *Karl Marx-Friedrich Engels-Werke (MEW) 40*, Berlin: Dietz, S.465~588.

_____. 1983, *Grundrisse der Kritik der politischen Ökonomie: Karl Marx-Friedrich Engels-Werke (MEW) 42*, Berlin: Dietz.

Marx, Karl & Friedrich Engels. 1957, *Die heilige Familie, oder Kritik der kritischen Kritik. Gegen Bruno Bauer und Konsorten*, in: *Karl Marx-Friedrich Engels-Werke (MEW) 2*, Berlin: Dietz, S.3~223.

_____. 1958, *Die deutsche Ideologie. Kritik der neuesten deutschen Philosophie in ihren Repräsentanten Feuerbach, B. Bauer und Stirner und des deutschen Sozialismus in seinen verschiedenen Propheten*, in: *Karl Marx-Friedrich Engels-Werke (MEW) 3*, Berlin: Dietz, S.9~530.

_____. 1959, *Manifest der Kommunistischen Partei*, in: *Karl Marx-Friedrich Engels-Werke (MEW) 4*, Berlin: Dietz, S.459~93.

Massing, Otwin. 1966, *Fortschritt und Gegenrevolution. Die Gesellschaftslehre Comtes ih ihrer sozialen Funktion*, Stuttgart: Ernst Klett.

_____. 1976, "Auguste Comte", in: Dirk Kaesler (Hrsg.), *Klassiker des soziologischen Denkens, Bd. 1: Von Comte bis Durkheim*, München: C. H. Beck, S.19~61.

McCarthy, Thomas. 1986, "Komplexität und Demokratie — die Versuchungen der Systemtheorie", in: Axel Honneth & Hans Joas (Hrsg.), *Kommunikatives Handeln. Beiträge zu Jürgen Habermas' "Theorie des kommunikativen Handelns"*, Frankfurt am Main: Suhrkamp, S.177~215.

Maturana, Humberto R. 1980, "Autopoiesis: Reproduction, Heredity and Evolution", in: Milan Zeleny (Ed.), *Autopoiesis, Dissipative Structures, and Spontaneous Social Orders*, Boulder, Colo.: Westview Press, pp.45~79.

Maturana, Humberto R. 1982, *Erkennen. Die Organisation und Verkörperung von Wirklichkeit*, Braunschweig/Wiesbaden: Friedr. Vieweg & Sohn.

Maturana, Humberto R. & Francisco J. Varela. 1980, *Autopoiesis and Cognition. The realization of the Living*, Dordrecht et al.: D. Reidel.

Mead, George Herbert. 1932, *The Philosophy of the Present*, Chicago/London: The University of Chicago Press.

_____. 1934, *Mind, Self, and Society. From the Standpoint of a Social Behaviorist* (Edited and With an Introduction by Charles W. Morris), Chicago: The University of Chicago Press.

_____. 1936, *Movements of Thought in the Nineteenth Century* (Edited and With an Introduction by Merritt H. Moore), Chicago/London: The University of Chicago Press.

_____. 1938, *The Philosophy of the Act*, Chicago/London: The University of Chicago Press.

Meier, Kurt. 1987, *Emile Durkheims Konzeption der Berufsgruppen. Eine Rekonstruktion und Diskussion ihrer Bedeutung für die Neokorporatismus-Debatte*, Berlin: Duncker & Humblot.

Melle, Ullrich. 1988, "Die Phänomenologie Edmund Husserls als Philosophie der Letztbegründung und radikalen Selbstverantwortung", in: Hans Rainer Sepp (Hrsg.), *Edmund Husserl und die phänomenologische Bewegung. Zeugnisse in Text und Bild*, Freiburg/München: Karl Alber, S.45-59.

Menger, Carl. 1968, *Grundsätze der Volkswirtschaftslehre: Gesammelte Werke, Bd. I*, Tübingen: J. C. B. Mohr (2. Auflage).

_____. 1969, *Untersuchungen über die Methode der Sozialwissenschaften, und der politischen Ökonomie insbesondere: Gesammelte Werke, Bd. II*, Tübingen: J. C. B. Mohr (Paul Siebeck) (2. Auflage).

Merton, Robert K. 1968, *Social Theory and Social Structure*, New York: The Free Press (Enlarged Edition).

Merz-Benz, Peter-Ulrich & Gerhard Wagner (Hrsg.). 2000, *Die Logik der Systeme. Zur Kritik der systemtheoretischen Soziologie Niklas Luhmanns*, Konstanz: Universitätsverlag.

Miebach, Bernhard. 1984, *Strukturalistische Handlungstheorie. Zum Verhältnis Von Soziologischer Theorie und Empirischer Forschung Im Werk Talcott Parsons'*, Opladen: Westdeutscher Verlag.

_____. 2010, *Soziologische Handlungstheorie. Eine Einführung*, Wiesbaden: Verlag für Sozialwissenschaften (3., aktualisierte Auflage).

Mill, John Stuart. 1968, *Auguste Comte und der Positivismus*, Aalen: Scientia Verlag (Neudruck der Ausgabe Leipzig 1874).

Mingardi, Alberto. 2013, *Herbert Spencer*, New York et al.: Bloomsbury.

Moebius, Stephan. 2004, *Praxis der Soziologiegeschichte. Methodologien, Konzeptionalisierung und Beispiele soziologiegeschichtlicher Forschung*, Hamburg: Dr. Kovač.

Mörth, Ingo & Gerhard Fröhlich (Hrsg.). 1994, *Das symbolische Kapital der Lebensstile. Zur Kultursoziologie der Moderne nach Pierre Bourdieu*, Frankfurt am Main/New York: Campus.

Mommsen, Wolfgang. 1974, *Max Weber. Gesellschaft, Politik und Geschichte*, Frankfurt am Main: Suhrkamp.

Mongardini, Carlo. 1992, "Wie ist Gesellschaft möglich in der Soziologie von Norbert Elias", in: *Jahrbuch für Soziologiegeschichte 1992*, S.161~69.

Morrison, Ken. 2006, *Marx, Durkheim, Weber. Formations of Modern Social Thought*, London: Sage.

Müller, Hans-Peter. 1983, *Wertkrise und Gesellschaftsrefom. Emile Durkheims Schriften zur Politik*, Stuttgart: Ferdinand Enke.

_____. 1986, "Gesellschaft, Moral und Individualismus", in: Hans Bertram (Hrsg.), *Gesellschaftlicher Zwang und moralische Autonomie*, Frankfurt am Main: Suhrkamp, S.71~105.

_____. 1991, "Die Moralökonomie moderner Gesellschaften. Durkheims 'Physik der Sitten und des Rechts'", in: Emile Durkheim, *Physik der Sitten und des Rechts. Vorlesungen zur Soziologie der Moral*, Frankfurt am Main: Suhrkamp (Herausgegegben von Hans-Peter Müller), S.307~41.

_____. 2000, "Emile Durkheim (1858~1918)", in: Dirk Kaesler (Hrsg.), *Klassiker der Soziologie, Bd. 1: Von Auguste Comte bis Alfred Schütz*, München: C. H. Beck (Zweite, durchgesehene Auflage), S.150~70.

_____. 2004, "Die Einbettung des Handelns. Pierre Bourdieus Praxeologie", in: Manfred Gabriel (Hrsg.), *Paradigmen der akteurszentrierten Soziologie*, Wiesbaden: Verlag für Sozialwissenschaften, S.169~86.

_____. 2007, *Max Weber. Eine Einführung in sein Werk*, Köln et al.: Böhlau.

_____. 2014, *Pierre Bourdieu. Eine systematische Einführung*, Frankfurt am Main:

Suhrkamp.

Münch, Richard. 1976, *Theorie sozialer Systeme. Eine Einführung in Grundbegriffe, Grundannahmen und logische Struktur*, Opladen: Westdeutscher Verlag.

_____. 1978, "Max Webers 'Anatomie des okzidentalen Rationalismus'. Eine systemtheoretische Lektüre", in: *Soziale Welt 29*, S.217~46.

_____. 1982, *Theorie des Handelns. Zur Rekonstruktion der Beiträge von Talcott Parsons, Emile Durkheim und Max Weber*, Frankfurt am Main: Suhrkamp.

_____. 1991, *Dialektik der Kommunikationsgesellschaft*, Frankfurt am Main: Suhrkamp.

_____. 1999, "Talcott Parsons (1902~1979)", in: Dirk Kaesler (Hrsg.), *Klassiker der Soziologie, Bd. 2: Von Talcott Parsons bis Anthony Giddens*, München: C. H. Beck, S.24~50.

Nassehi, Armin & Gerd Nollmann (Hrsg.). 2004, *Bourdieu und Luhmann. Ein Theorievergleich*, Frankfurt am Main: Suhrkamp.

Nasu, Hisashi & Lester Embree, George Psathas, Ilja Srubar (Ed.). 2009, *Alfred Schutz and His Intellectual Partners*, Konstanz: UVK Verlagsgesellschaft.

Negt, Oskar. 1974, *Die Konstituierung der Soziologie zur Ordnungswissenschaft. Strukturbeziehungen zwischen den Gesellschaftslehren Comtes und Hegels*, Frankfurt am Main/Köln: Europäische Verlagsanstalt.

Neumann, Michael. 1975, *Zur Methode der Klassenanalyse. Insbesondere bei Friedrich Engels. Untersuchungen zu einem Problem der marxistischen Soziologie*, Göttingen *(Dissertation)*.

Niedermaier, Hubertus. 2009, "Marxistische Theorie", in: Georg Kneer & Markus Schreor (Hrsg.), *Handbuch Soziologische Theorien*, Wiesbaden: Verlag für Sozialwissenschaften, S.221~36.

Nikles, Bruno W. & Johannes Weiss. 1975, "Einleitung", in: dies. (Hrsg.), *Gesellschaft. Organismus — Totalität — System*, Hamburg: Hoffmann und Campe, S.9~40.

Opitz, Claudia (Hrsg.). 2005, *Höfische Gesellschaft und Zivilisationsprozess. Norbert Elias' Werk in kulturwissenschaftlicher Perspektive*, Köln et al.: Böhlau.

Ostwald, Wilhelm. 1909, *Energetische Grundlagen der Kulturwissenschaft*, Leipzig: Dr. Werner Klinkhardt.

_____. 1914, *Auguste Comte. Der Mann und sein Werk*, Leipzig: Unesma.

Parsons, Talcott. 1951, *The Social System*, Glencoe, Ill.: The Free Press.

_____. 1964, *Social Structure and Personality*, London: The Free Press.

_____. 1966, *Societies. Evolutionary and Comparative Perspectives*, Englewood Cliffs: Prentice-Hall.

_____. 1968a, *The Structure of Social Action. A Study in Social Theory with Special Reference to a Group of Recent European Writers, Vol. 1: Marshall, Pareto, Durkheim* (1937), New York: The Free Press.

_____. 1968b, *The Structure of Social Action. A Study in Social Theory with Special Reference to a Group of Recent European Writers, Vol. 2: Weber*(1937), New York: The Free Press.

_____. 1971, *The System of Modern Societies*, Englewood Cliffs: Prentice-Hall.

_____. 1977, *Social Systems and the Evolution of Action Theory*, New York: The Free Press.

_____. 1978, *Action Theory and the Human Condition*, New York: The Free Press.

_____. 1979, "On the Relation of the Theory of Action to Max Weber's 'Verstehende Soziologie'", in: Wolfgang Schluchter (Hrsg.), *Verhalten, Handeln und System. Talcott Parsons' Beiträge zur Entwicklung der Sozialwissenschaften*, Frankfurt am Main: Suhrkamp, S.150~63.

_____. 2011, *Actor, Situation and Normative Pattern. An Essay in the Theory of Social Action* (Edited by Victor Lidz & Helmut Staubmann), London/Berlin: Lit.

Parsons, Talcott & Edward Shils (Ed.). 1951, *Toward a General Theory of Action*, Cambridge, Mass.: The Harvard University Press.

Parsons, Talcott & Robert F. Bales. 1956, *Family, Socialization and Interaction Process*, London: Routledge & Kegan Paul.

Parsons, Talcott & Robert F. Bales, Edward A. Shils. 1953, *Working Papers in the Theory of Action*, Glencoe, Ill.: The Free Press.

Parsons, Talcott & Neil J. Smelser. 1956, *Economy and Society. A Study in the Integration of Economic and Social Theory*, New York: The Free Press.

Parsons, Talcott & Winston White. 1964, "The Link Between Character and Society", in: Talcott Parsons, *Social Structure and Personality*, London: The Free Press, pp.183~235.

Petermann, Thomas. 1979, *Claude-Henri de Saint-Simon. Die Gesellschaft als Werkstatt*, Berlin: Duncker & Humblot.

Pies, Ingo & Walter Reese-Schäfer (Hrsg.). 2010, *Diagnosen der Moderne. Weber, Habermas, Hayek, Luhmann*, Berlin: Wissenschaftlicher Verlag Berlin.

Popitz, Heinrich. 2011, *Allgemeine Soziologische Theorie*, Konstanz: Konstanz University Press.

Prewo, Rainer. 1987, "Max Webers handlungsbegriffliche Soziologie. Kann sie Marx' Methodologie verständlicher machen?", in: Stefan Böckler & Johannes Weiss (Hrsg.), *Marx oder Weber? Zur Aktualisierung einer Kontroverse*, Opladen: Westdeutscher Verlag, S.29~47.

Prokop, Dieter. 1973, "Einleitung: Auguste Comte, Massenbewusstsein und praktischer Positivismus", in: Auguste Comte, *Plan der wissenschaftlichen Arbeiten, die für eine Reform der Gesellschaft notwendig sind*, München: Carl Hanser, S.9~32.

Psathas, George. 2009, "The Correspondence of Alfred Schutz and Harold Garfinkel: What was the 'Terra Incognita' and the 'Treasure Island'?", in: Hisashi Nasu, Lester Embree, George Psathas & Ilja Srubar (Ed.), *Alfred Schutz and His Intellectual Partners*, Konstanz: UVK Verlagsgesellschaft, pp.401~33.

Quetelet, Adolphe. 1973, *A Treatise on Man and the Development of his Faculties*, in: Hawkins, Francis Bisset & Adolphe Quetelet, *Comparative Statistics in the 19th Century*, Farnborough: Gregg.

Raab, Jürgen & Michael Pfadenhauer, Peter Stegmaier, Jochen Dreher, Bernt Schnettler (Hrsg.). 2008, *Phänomenologie und Soziologie. Theoretische Positionen, aktuelle Problemfelder und empirische Umsetzungen*, Wiesbaden: Verlag für Sozialwissenschaften.

Ranke, Leopold von. 1888, *Ueber die Epochen der neueren Geschichte. Vorträge, dem König Maximilian II. von Bayern gehalten* (Herausgegeben von Alfred Dove), Leipzig: Duncker & Humblot.

Reeder, Harry P. 2009, "Alfred Schutz and Felix Kaufmann: The Methodologist's Brackets", in: Hisashi Nasu, Lester Embree, George Psathas & Ilja Srubar (Ed.), *Alfred Schutz and His Intellectual Partners*, Konstanz: UVK Verlagsgesellschaft, pp.91~114.

Reese-Schäfer, Walter. 2001, *Jürgen Habermas*, Frankfurt am Main: Campus (3., vollständig überarbeitete Auflage).

Rehbein, Boike. 2006, *Die Soziologie Pierre Bourdieus*, Konstanz: UVK Verlagsgesellschaft.

Rehbein, Boike & Gernot Saalmann, Hermann Schwengel (Hrsg.). 2003,

*Pierre Bourdieus Theorie des Sozialen. Probleme und Perspektiven*, Konstanz: Universitätsverlag Konstanz.

Rehberg, Karl-Siegbert. 1977, "Form und Prozess. Zu den katalysatorischen Wirkungschancen einer Soziologie aus dem Exil: Norbert Elias", in: Peter Gleichmann & Johan Goudsblom, Hermann Korte (Hrsg.). 1977, *Materialien zu Norbert Elias' Zivilisationstheorie*, Frankfurt am Main: Suhrkamp, S.101~69.

_____. 1985, "Anti-sociology —A conservative view on social sciences", in: *History of Sociology 5*, pp.45~60.

— (Hrsg.). 1996, *Norbert Elias und die Menschenwissenschaften. Studien zur Entstehung und Wirkungsgeschichte seines Werkes*, Frankfurt am Main: Suhrkamp.

Repplinger, Roger. 1999, *Auguste Comte und die Entstehung der Soziologie aus dem Geist der Krise*, Frankfurt am Main/New York: Campus.

Ringer, Fritz K. 1983, *Die Gelehrten. Der Niedergang der deutschen Mandarine 1890~1933*, Stuttgart: Klett-Cotta.

Ritsert, Jürgen. 1966, "Organismusanalogie und politische Ökonomie. Zum Gesellschaftsbegriff bei Herbert Spencer", in: *Soziale Welt 17*, S.55~65.

_____. 1988, *Gesellschaft. Einführung in den Grundbegriff der Soziologie*, Frankfurt am Main/New York: Campus.

_____. 2000, *Gesellschaft. Ein unergründlicher Grundbegriff der Soziologie*, Frankfurt am Main/New York: Campus.

_____. 2001, *Soziologie des Individuums. Eine Einführung*, Darmstadt: Wissenschaftliche Buchgesellschaft.

_____. 2009, *Schlüsselprobleme der Gesellschaftstheorie. Individuum und Gesellschaft — Soziale Ungleichheit — Modernisierung*, Wiesbaden: Verlag für Sozialwissenschaften.

_____. 2010, "Der Positivismusstreit", in: Georg Kneer & Stephan Moebius (Hrsg.), Soziologische Kontroversen. Beiträge zu einer anderen Geschichte der Wissenschaft vom Sozialen, Frankfurt am Main: Suhrkamp, S.102~30.

Rosa, Hartmut & David Strecker, Andrea Kottmann. 2007, *Soziologische Theorien*, Konstanz: UVK Verlagsgesellschaft.

Roth, Tina. 2009, *Darwin und Spencer — Begründer des Sozialdarwinismus? Untersuchung zu den Ursprüngen des Sozialdarwinismus anhand der Werke der viktorianischen Theoretiker Charles Darwin und Herbert Spencer*, Tönning: Der

Andere Verlag.

Rüschemeyer, Dietrich. 1985, "Spencer und Durkheim über Arbeitsteilung und Differenzierung: Kontinuität oder Bruch", in: Niklas Luhmann (Hrsg.), *Soziale Differenzierung. Zur Geschichte einer Idee*, Opladen: Westdeutscher Verlag, S.163~80.

Runkel, Gunter. 2012, *Allgemeine Soziologie. Die Klassiker, ihre Gesellschaftstheorien und eine neue soziologische Synthese*, München: Oldenbourg Wissenschaftsverlag (3. Auflage).

Schiermeyer, Sylke & Johannes F. K. Schmidt. 1998, "Niklas Luhmann — Schriftenverzeichnis", in: *Soziale Systeme. Zeitschrift für Soziologische Theorie 4*, S.233~63.

Schiller, Friedrich von. 2005, "Resignation. Eine Phantasie"(1786), in: Friedrich von Schiller, *Sämtliche Werke, Bd. 1: Gedichte*, Berlin: Aufbau-Verlag, S.156~59.

Schimank, Uwe. 2005, "Weltgesellschaft und Nationalgesellschaften: Funktionen von Staatsgrenzen", in: Bettina Heintz, Richard Münch & Hartmann Tyrell (Hrsg.), *Weltgesellschaft. Theoretische Zugänge und empirische Problemlagen* (*Sonderheft "Weltgesellschaft" der Zeitschrift für Soziologie*), Stuttgart: Lucius & Lucius, S.394~414.

_____. 2007, *Theorien gesellschaftlicher Differenzierung. Lehrbuch*, Wiesbaden: Verlag für Sozialwissenschaften (3. Auflage).

Schluchter, Wolfgang (Hrsg.). 1979a, *Verhalten, Handeln und System. Talcott Parsons' Beiträge zur Entwicklung der Sozialwissenschaften*, Frankfurt am Main: Suhrkamp.

_____. 1979b, "Gesellschaft und Kultur —Überlegungen zu einer Theorie institutioneller Differenzierung", in: Wolfgang Schluchter (Hrsg.), *Verhalten, Handeln und System. Talcott Parsons' Beiträge zur Entwicklung der Sozialwissenschaften*, Frankfurt am Main: Suhrkamp, S.106~49.

_____. 2006, *Grundlegungen der Soziologie. Eine Theoriegeschichte in systematischer Absicht, Bd. 1*, Tübingen: Mohr Siebeck.

_____. 2007, *Grundlegungen der Soziologie. Eine Theoriegeschichte in systematischer Absicht, Bd. 2*, Tübingen: Mohr Siebeck.

Schmid, Michael. 2004, *Rationales Handeln und soziale Prozesse. Beiträge zur soziologischen Theoriebildung*, Wiesbaden: Verlag für Sozialwissenschaften.

Schmidt, Alfred. 1988, "Anthropologischer Materialismus", in: Josef Speck (Hrsg.), *Grundprobleme der grossen Philosophen. Philosophie der Neuzeit II*, Göttingen:

Vandenhoeck & Ruprecht (3., durchgesehene Auflage), S.184~219.

Schneider, Wolfgang Ludwig. 2002a, *Grundlagen der soziologischen Theorie, Bd. 1: Weber — Parsons — Mead — Schütz*, Wiesbaden: Verlag für Sozialwissenschaften.

Schneider, Wolfgang Ludwig. 2002b, *Grundlagen der soziologischen Theorie, Bd. 2: Garfinkel — RC — Habermas — Luhmann*, Wiesbaden: Verlag für Sozialwissenschaften.

Schrader-Klebert, Karin. 1968, "Der Begriff der Gesellschaft als regulative Idee. Zur transzendentalen Begründung der Soziologie bei Georg Simmel", in: *Soziale Welt 19*, S.97~118.

Schroer, Markus. 2000, *Das Individuum der Gesellschaft. Synchronische und diachronische Theorieperspektiven*, Frankfurt am Main: Suhrkamp.

Schubert, Hans-Joachim & Hans Joas Harald Wenzel, Wolfgang Knöbl. 2010, *Pragmatismus zur Einführung*, Hamburg: Junius.

Schülein, Johann. 1982, "Zur Konzeptualisierung des Sinnbegriffs", in: *Kölner Zeitschrift für Soziologie und Sozialpsychologie 34*, S.649~64.

Schütz, Alfred. 1984, "Die Notizbücher", in: Alfred Schütz & Thomas Luckmann, *Strukturen der Lebenswelt, Bd. 2*, Frankfurt am Main: Suhrkamp, S.213~406.

_____. 2003a, *Theorie der Lebenswelt 1. Die pragmatische Schichtung der Lebenswelt: Alfred Schütz Werkausgabe V.1*, Konstanz: UVK Universitätsverlag.

_____. 2003b, *Theorie der Lebenswelt 2. Die kommunikative Ordnung der Lebenswelt: Alfred Schütz Werkausgabe V.2*, Konstanz: UVK Universitätsverlag.

_____. 2004, *Der sinnhafte Aufbau der sozialen Welt. Eine Einleitung in die verstehende Soziologie: Alfred Schütz Werkausgabe II*, Konstanz: UVK Universitätsverlag.

_____. 2009, *Philosophisch-phänomenologische Schriften 1. Zur Kritik der Phänomenologie Edmund Husserls: Alfred Schütz Werkausgabe III.1*, Konstanz: UVK Universitätsverlag.

_____. 2010, "Rezension zu Ludwig Mises, *Grundprobleme der Nationalökonomie*", in: *Alfred Schütz Werkausgabe IV: Zur Methodologie der Sozialwissenschaften*, Konstanz: UVK Universitätsverlag, S.47~57.

Schütz, Alfred & Aron Gurwitsch. 1985, *Briefwechsel 1939~1959* (Herausgegeben von Grathoff), München: Wilhelm Fink.

Schütz, Alfred & Talcott Parsons. 1977, *Zur Theorie sozialen Handelns. Ein Briefwechsel*

(Herausgegeben und eingeleitet von Walter M. Sprondel), Frankfurt am Main: Suhrkamp.

Schütz, Alfred & Thomas Luckmann. 1979, *Strukturen der Lebenswelt. Bd 1*, Frankfurt am Main: Suhrkamp.

_____. 1984, *Strukturen der Lebenswelt, Bd. 2*, Frankfurt am Main: Suhrkamp.

Schützeichel, Rainer. 2003, *Sinn als Grundbegriff bei Niklas Luhmann*, Frankfurt am Main/New York: Campus.

Schuh, Franz. 1996, "Schöpfung ohne Zentrum", *Die Zeit*(vom 01. März).

Schultheis, Franz. 2003, "Algerien 1960 — ein soziologisches Laboratorium", in: Boike Rehbein, Gernot Saalmann & Hermann Schwengel (Hrsg.), *Pierre Bourdieus Theorie des Sozialen. Probleme und Perspektiven*, Konstanz: UVK Verlagsgesellschaft, S.25~39.

_____. 2007, *Bourdieus Wege in die Soziologie. Genese und Dynamik einer reflexiven Sozialwissenschaft*, Konstanz: UVK Verlagsgesellschaft.

_____. 2011, "Ambivalente Wahlverwandtschaften: Pierre Bourdieu und Claude Lévi-Strauss", in: Daniel Šuber, Hilmar Schäfer & Sophia Prinz (Hrsg.), *Pierre Bourdieu und die Kulturwissenschaften. Zur Aktualität eines undisziplinierten Denkens*, Konstanz: UVK Universitätsverlag, S.27~40.

Schwaabe, Christian. 2002. *Freiheit und Vernunft in der unversöhnten Moderne. Max Webers kritischer Dezisionismus als Herausforderung des politischen Liberalismus*, München: Wilhelm Fink.

Schwietring, Thomas. 2011, *Was ist Gesellschaft? Einführung in soziologische Grundbegriffe*, Stuttgart: UTB.

Schwingel, Markus. 1993, *Analytik der Kämpfe. Macht und Herrschaft in der Soziologie Bourdieus*, Hamburg: Argument.

_____. 2000, *Pierre Bourdieu zur Einführung*, Hamburg: Junius (3., verbesserte Auflage).

Schwinn, Thomas. 1993a, *Jenseits von Subjektivismus und Objektivismus. Max Weber, Alfred Schütz und Talcott Parsons*, Berlin: Duncker & Humblot.

_____. 1993b, "Max Webers Konzeption des Mikro-Makro-Problems", in: *Kölner Zeitschrift für Soziologie und Sozialpsychologie 45*, S.220~37.

_____. 2001a, *Differenzierung ohne Gesellschaft. Umstellung eines soziologischen Konzepts*, Weilerswist: Velbrück.

_____. 2001b, "Differenzierung und soziale Integration. Wider eine systemtheoretisch halbierte soziologische Theorie", in: Hans-Joachim Giegel & Uwe Schimank (Hrsg.), *Beobachter der Moderne. Beiträge zu Niklas Luhmanns "Die Gesellschaft der Gesellschaft"*, Frankfurt am Main: Suhrkamp, S.231~60.

_____. 2004, "Unterscheidungskriterien für akteur- und systemtheoretische Paradigmen in der Soziologie. Überlegungen im Anschluss an Max Weber und Talcott Parsons", in: Manfred Gabriel (Hrsg.), *Paradigmen der akteurszentrierten Soziologie*, Wiesbaden: Verlag für Sozialwissenschaften, S.69~89.

_____. 2006, "Lassen sich Handlungs- und Systemtheorie verknüpfen? Max Weber, Talcott Parsons und Niklas Luhmann", in: Klaus Lichtblau (Hrsg.), *Max Webers 'Grundbegriffe'. Kategorien der kultur- und sozialwissenschaftlichen Forschung*, Wiesbaden: Verlag für Sozialwissenschaften, S.91~111.

Sebald, Gred. 2009, "Einleitung des Herausgebers", in: Alfred Schütz, *Philosophisch-phänomenologische Schriften 1. Zur Kritik der Phänomenologie Edmund Husserls: Alfred Schütz Werkausgabe III.1*, Konstanz: UVK Universitätsverlag, S.9~45.

Seel, Martin. 1986, "Die zwei Bedeutungen 'kommunikativer' Rationalität. Bemerkungen zu Habermas' Kritik der pluralen Vernunft", in: Axel Honneth & Hans Joas (Hrsg.), *Kommunikatives Handeln. Beiträge zu Jürgen Habermas' "Theorie des kommunikativen Handelns"*, Frankfurt am Main: Suhrkamp, S.53~72.

Sierra, Rosa. 2013, *Kulturelle Lebenswelt. Eine Studie des Lebensweltbegriffs in Anschluss an Jürgen Habermas, Alfred Schütz und Edmund Husserl*, Würzburg: Königshausen & Neumann.

Simmel, Georg. 1989a, *Über sociale Differenzierung. Sociologische und psychologische Untersuchungen*, in: *Georg Simmel Gesamtausgabe 2*, Frankfurt am Main: Suhrkamp, S.109~295.

_____. 1989b, *Einleitung in die Moralwissenschaft. Eine Kritik der ethischen Grundbegriffe, Bd. 1: Georg Simmel Gesamtausgabe 3*, Frankfurt am Main: Suhrkamp.

_____. 1991, *Einleitung in die Moralwissenschaft. Eine Kritik der ethischen Grundbegriffe, Bd. 2: Georg Simmel Gesamtausgabe 4*, Frankfurt am Main: Suhrkamp.

_____. 1992a, *Soziologie. Untersuchungen über die Formen der Vergesellschaftung: Georg Simmel Gesamtausgabe 11*, Frankfurt am Main: Suhrkamp.

_____. 1992b, "Das Problem der Sociologie", in: *Georg Simmel Gesamtausgabe 5.*

*Aufsätze und Abhandlungen 1894~1900*, Frankfurt am Main: Suhrkamp, S.52~62.

_____. 1997, *Die Probleme der Geschichtsphilosophie*(Zweite Fassung 1905/1907), in: *Georg Simmel Gesamtausgabe 9*, Frankfurt am Main: Suhrkamp, S.227~419.

_____. 1999a, *Grundfragen der Soziologie. Individuum und Gesellschaf*, in: *Georg Simmel Gesamtausgabe 16*, Frankfurt am Main: Suhrkamp, S.59~149.

_____. 1999b, "Vom Wesen des historischen Verstehens", in: *Georg Simmel Gesamtausgabe 16*, Frankfurt am Main: Suhrkamp, S.151~179.

_____. 2004, "Fragment einer Einleitung", in: *Georg Simmel Gesamtausgabe 20. Postume Veröffentlichungen, Ungedrucktes, Schulpädagogik*, Frankfurt am Main: Suhrkamp, S.304~5.

_____. 2005, *Briefe 1880~1911: Georg Simmel Gesamtausgabe 22*, Frankfurt am Main: Suhrkamp.

_____. 2008, *Englischsprachige Veröffentlichungen 1893~1910: Georg Simmel Gesamtausgabe 18*, Frankfurt am Main: Suhrkamp.

_____. 2009, *Französisch- und italienischsprachige Veröffentlichungen. Mélanges de philosophie relativiste: Contribution à la culture philosophique: Georg Simmel Gesamtausgabe 19*, Frankfurt am Main: Suhrkamp.

Simmel, Hans. 1976, "Auszüge aus den Lebenserinnerungen", in: Hannes Böhringer & Karlfried Gründer (Hrsg.), Ästhetik und Soziologie um die Jahrhundertwende: Georg Simmel, Frankfurt am Main: Klostermann, S.247~68.

Simon, Walter M. 1960, "Herbert Spencer and the Social Organism", in: *Journal of the History of Ideas 21*, pp.294~99.

Smelser, Neil J. 1976, *Comparative Methods in the Social Sciences*, Englewood Cliffs, New Jersey: Prentice-Hall.

Smith, Philip. 2004, "Marcel Proust as Successor and Precursor to Pierre Bourdieu: A Fragment", in: *Thesis Eleven 79*, pp.105~11.

Spaemann, Robert. 1990, "Niklas Luhmanns Herausforderung der Philosophie", in: Niklas Luhmann & Robert Spaemann, *Paradigm lost: Über die ethische Reflexion der Moral*, Frankfurt am Main: Suhrkamp, S.49~73.

Spann, Othmar. 1907, *Wirtschaft Und Gesellschaft: Eine dogmenkritische Untersuchung*, Dresden: O. V. Böhmen.

Spencer, Herbert. 1843, *The Proper Sphere of Government: A Reprint of a Series of Letters*,

*Originally Published in "The Nonconformist"*, London: W. Brittain.

_____. 1874, *Descriptive Sociology; or, Groups of Sociological Facts, Division I, Part I-A: Types of Lowest Races, Negritto Races, and Melayo-Polynesian Races*, London/ Edinburgh: Williams and Norgate.

_____. 1880, *First Principles*, New York: A. L. Burt Publishers (1. Edition 1862).

_____. 1961, *The Study of Sociology* (Introduction by Talcott Parsons), Michigan: The University of Michigan Press (1. Edition 1873).

_____. 1966a, *The Principles of Sociology, Vol. 1*, Osnabrück: Otto Zeller (Reprint of the edition 1904).

_____. 1966b, *The Principles of Sociology, Vol. 2*, Osnabrück: Otto Zeller (Reprint of the edition 1904).

_____. 1966c, *The Principles of Sociology, Vol. 3*, Osnabrück: Otto Zeller (Reprint of the edition 1904).

_____. 1966d, *An Autobiography, Vol. 1*, Osnabrück: Otto Zeller (Reprint of the edition 1904).

_____. 1966e, *An Autobiography, Vol. 2*, Osnabrück: Otto Zeller (Reprint of the edition 1904).

Spranger, Philipp. 2011, *Handlungstheorie jenseits des Rationalismus. Plädoyer für die Überwindung des intellektualistischen 'bias'*, Berlin: Edition Sigma.

Srubar, Ilja. 1988, *Kosmion. Die Genese der pragmatischen Lebenswelttheorie von Alfred Schütz und ihr anthropologischer Hintergrund*, Frankfurt am Main: Suhrkamp.

_____. 2007, *Phänomenologie und soziologische Theorie. Aufsätze zur pragmatischen Lebenswelttheorie*, Wiesbaden: Verlag für Sozialwissenschaften.

Stichweh, Rudolf. 2005, "Zum Gesellschaftsbegriff der Systemtheorie: Parsons und Luhmann und die Hypothese der Weltgesellschaft", in: Bettina Heintz, Richard Münch & Hartmann Tyrell (Hrsg.), *Weltgesellschaft. Theoretische Zugänge und empirische Problemlagen* (*Sonderheft "Weltgesellschaft" der Zeitschrift für Soziologie*), Stuttgart: Lucius & Lucius, S.174~85.

Šuber, Daniel. 2007, *Die soziologische Kritik der philosophischen Vernunft. Zum Verhältnis von Soziologie und Philosophie um 1900*, Bielefeld: Transcript.

_____. 2011a, *Emile Durkheim*, Konstanz: UVK Universitätsverlag.

_____. 2011b, "Pierre Bourdieu und die Relativierung der Vernunft", in: Daniel Šuber,

Hilmar Schäfer & Sophia Prinz (Hrsg.), *Pierre Bourdieu und die Kulturwissenschaften. Zur Aktualität eines undisziplinierten Denkens*, Konstanz: UVK Universitätsverlag, S.339～60.

Šuber, Daniel & Hilmar Schäfer, Sophia Prinz (Hrsg.). 2011, *Pierre Bourdieu und die Kulturwissenschaften. Zur Aktualität eines undisziplinierten Denkens*, Konstanz: UVK Universitätsverlag.

Taylor, Charles. 1986, "Sprache und Gesellschaft", in: Axel Honneth & Hans Joas (Hrsg.), *Kommunikatives Handeln. Beiträge zu Jürgen Habermas' "Theorie des kommunikativen Handelns"*, Frankfurt am Main: Suhrkamp, S.35～52.

Taylor, Michael W. 1992, *Men versus the State. Herbert Spencer and Late Victorian Individualism*, Oxford: Clarendon Press.

Tenbruck, Friedrich H. 1958, "Georg Simmel", in: *Kölner Zeitschrift für Soziologie und Sozialpsychologie 10*, S.587～614.

_____. 1992, "Was war der Kulturvergleich, ehe es den Kulturvergleich gab?", in: Joachim Matthes (Hrsg.), *Zwischen den Kulturen? Die Sozialwissenschaften vor dem Problem des Kulturvergleichs* (*Soziale Welt, Sonderband 8*), Göttingen: Schwarz, S.13～35.

_____. 1996, *Perspektiven der Kultursoziologie. Gesammelte Aufsätze* (Herausgegeben von Clemens Albrecht, Wilfried Dreyer und Harald Homann), Opladen: Westdeutscher Verlag.

Thompson, Ken. 2002, *Emile Durkheim*, London/New York: Routledge.

Tomberg, Friedrich. 2003, *Habermas und der Marxismus. Zur Aktualität einer Rekonstruktion des historischen Materialismus*, Würzburg: Königshausen & Neumann.

Treibel, Annette. 2008, *Die Soziologie von Norbert Elias. Eine Einführung in ihre Geschichte, Systematik und Perspektiven*, Wiesbaden: Verlag für Sozialwissenschaften.

_____. 2009, "Figurations- und Prozesstheorie", in: Georg Kneer & Markus Schroer (Hrsg.), *Handbuch Soziologische Theorien*, Wiesbaden: Verlag für Sozialwissenschaften, S.133～60.

Treibel, Annette & Helmut Kuzmics, Reinhard Blomert (Hrsg.). 2000, *Zivilisationstheorie in der Bilanz. Beiträge zum 100. Geburtstag von Norbert Elias*, Opladen: Leske + Budrich.

Turner, Jonathan H. 1984, "Durkheim's and Spencer's Principles of Social

Organization. A Theoretical Note", in: *Sociological Perspectives 24*, pp.21~32.

_____. 1985, *Herbert Spencer: Toward a Renewed Appreciation*, Beverly Hills, California: Sage.

_____. 1991, *The Structure of Sociological Theory*, Belmont, California: Wadsworth (5. Edition).

Turner, Jonathan H. & Leonard Beeghley, Charles H. Powers. 1995, *The Emergence of Sociological Theory*, Belmont: Wadsworth Publishing Company (3. Edition).

Turner, Stephen P. 2010, *The Search for a Methodology of Social Science. Durkheim, Weber, and the Nineteenth-Century Problem of Cause, Probability, and Action*, Dordrecht: Kluwer.

Tyrell, Hartmann. 1994, "Max Webers Soziologie: Soziologie ohne 'Gesellschaft'", in: Gerhard Wagner & Heinz Zipprian (Hrsg.), *Max Webers Wiseenschaftslehre. Interpretation und Kritik*, Frankfurt am Main: Suhrkamp, S.390~414.

Wacquant, Loïc J. D. 1996, "Auf dem Weg zu einer Sozialpraxeologie. Struktur und Logik der Soziologie Pierre Bourdieus", in: Pierre Bourdieu & Loïc J. D. Wacquant, *Reflexive Anthropologie*, Frankfurt am Main: Suhrkamp, S.17~93.

Wacquant, Loïc J. D. 2003, "Der 'totale' Anthropologe'. Über die Werke und das Vermächtnis Pierre Bourdieus", in: Boike Rehbein, Gernot Saalmann & Hermann Schwengel (Hrsg.), *Pierre Bourdieus Theorie des Sozialen. Probleme und Perspektiven*, Konstanz: UVK Verlagsgesellschaft, S.17~23.

Wagner, Gerhard. 2001, *Auguste Comte zur Einführung*, Hamburg: Junius.

_____. 2007, *Eine Geschichte der Soziologie*, Konstanz: Universitätsverlag.

_____. 2011, *Die Wissenschaftstheorie der Soziologie. Ein Grundriss*, München/Wien: Oldenbourg.

Wagner, Helmut R. 1983, Alfred Schutz. An Intellectual Biography, Chicago/London: The University of Chicago Press.

Weber, Andreas. 2005, *Subjektlos. Zur Kritik der Systemtheorie*, Konstanz: Universitätsverlag.

Weber, Max. 1930, *The Protestant Ethic and the Spirit of Capitalism* (Translated by Talcott Parsons), London et al.: Allen & Unwin.

_____. *Economy and Society. An Outline of Interpretative Sociology* (Translated by Talcott Parsons et al.), New York: Bedmintser Press.

_____. 1972, *Wirtschaft und Gesellschaft. Grundriss der verstehenden Soziologie*, Tübingen: J. C. B. Mohr (Paul Siebeck) (5. Auflage; 1. Auflage 1922).

_____. 1973, *Gesammelte Aufsätze zur Wissenschaftslehre*, Tübingen: J. C. B. Mohr (Paul Siebeck) (4. Auflage; 1. Auflage 1922).

_____. 1988, *Gesammelte Aufsätze zur Soziologie und Sozialpolitik*, Tübingen: J. C. B. Mohr (Paul Siebeck) (2. Auflage; 1. Auflage 1924).

_____. 1990, *Grundriss zu den Vorlesungen über Allgemeine ("theoretische") Nationalökonomie*, Tübingen: J. C. B. Mohr (Paul Siebeck).

_____. 1991, "Georg Simmel als Soziologe und Theoretiker der Geldwirtschaft" (1908), in: *Simmel Newsletter 1*, S.9~13.

_____. 2009a, *Allgemeine ("theoretische") Nationalökonomie. Vorlesungen 1894-1898: Max Weber Gesamtausgabe III/1*, Tübingen: J. C. B. Mohr (Paul Siebeck).

_____. 2009b, Max Weber, *Allgemeine Staatslehre und Politik (Staatssoziologie). Unvollendet. Mit- und Nachschrift 1920: Max Weber Gesamtausgabe III/7*, Tübingen: J. C. B. Mohr (Paul Siebeck).

_____. 2012, *Briefe 1918~1920, 2. Halbband: Max Weber Gesamtausgabe II/10*, Tübingen: J. C. B. Mohr (Paul Siebeck).

Weiss, Gilbert. 2009, "Alfred Schutz and Eric Voegelin", in: Hisashi Nasu, Lester Embree, George Psathas & Ilja Srubar (Ed.), *Alfred Schutz and His Intellectual Partners*, Konstanz: UVK Verlagsgesellschaft, pp.453~70.

Weiss, Johannes. 1981a, *Das Werk Max Webers in der marxistischen Rezeption und Kritik*, Opladen: Westdeutscher Verlag.

_____. 1981b, "Rationalität als Kommunikabilität. Überlegungen zur Rolle von Rationalitätsunterstellungen in der Soziologie", in: Walter M. Sprondel & Constans Seyfarth (Hrsg.), *Max Weber und die Rationalisierung sozialen Handelns*, Stuttgart: Ferdinand Enke, S.39~58.

_____. 1988, "Georg Simmel, Max Weber und die 'Soziologie'", in: Otthein Rammstedt (Hrsg.), *Simmel und die frühen Soziologen. Nähe und Distanz zu Durkheim, Tönnies und Max Weber*, Frankfurt am Main: Suhrkamp, S.36~63.

— (Hrsg.). 1989a, *Max Weber heute. Erträge und Probleme der Forschung*, Frankfurt am Main: Suhrkamp.

_____. 1989b, "Zur Einleitung", in: ders. (Hrsg.), *Max Weber heute. Erträge und*

*Probleme der Forschung*, Frankfurt am Main: Suhrkamp, S.7~28.

_____. 1990, "Die Soziologie und die Krise der westlichen Kultur", in: Hans Haferkamp (Hrsg.), *Sozialstruktur und Kultur*, Frankfurt am Main: Suhrkamp, S.124~39.

_____. 1992, *Max Webers Grundlegung der Soziologie*, München et al.: K. G. Saur (2., überarbeitete und erweiterte Auflage).

_____. 2001a, "Die Reflexivität der Moderne und die Selbstaufklärung der Soziologie", in: Peter-Ulrich Merz-Benz & Gerhard Wagner (Hrsg.), *Soziologie und Anti-Soziologie. Ein Diskurs und seine Rekonstruktion*, Konstanz: Universitätsverlag, S.145~56.

— (Hrsg.). 2001b, *Die Jemeinigkeit des Mitseins. Die Daseinsanalytik Martin Heideggers und die Kritik der soziologischen Vernunft*, Konstanz: Universitätsverlag.

_____. 2006, "Max Weber und die Kritik der Kritischen Theorie", in: Karl-Ludwig Ay & Knut Borchardt (Hrsg.), *Das Faszinosum Max Weber. Die Geschichte seiner Geltung*, Konstanz: Universitätsverlag, S.301~11.

Welsch, Wolfgang. 1991, *Unsere postmoderne Moderne*, Weinheim: Acta Humaniora (3., durchgesehene Auflage).

Welz, Frank. 1996, *Kritik der Lebenswelt*, Wiesbaden: Verlag für Sozialwissenschaften.

Welz, Frank & Uwe Weisenbacher (Hrsg.). 1998, *Soziologische Theorie und Geschichte*, Opladen/Wiesbaden: Westdeutscher Verlag.

Wenzel, Harald. 1986, "Einleitung des Herausgebers", in: Talcott Parsons, *Aktor, Situation und normative Muster. Ein Essay zur Theorie sozialen Handelns* (Herausgegeben und übersetzt von Harald Wenzel), Frankfurt am Main: Suhrkamp, S.7~58.

_____. 1991, *Die Ordnung des Handelns. Talcott Parsons' Theorie des allgemeinen Handlungssystems*, Frankfurt am Main: Suhrkamp.

Wiedenmann, Rainer E. 2010, *Historisch-komparative Soziologie. Themen, Theorien, Entwicklungstendenzen*, Wiesbaden: Verlag für Sozialwissenschaften.

Wiese, Leopold von. 1960, *Herbert Spencers Einführung in die Soziologie*, Köln: Westdeutscher Verlag.

Wiggershaus, Rolf. 1988, *Die Frankfurter Schule. Geschichte · Theoretische Entwicklung · Politische Bedeutung*, München: Deutscher Taschenbuch Verlag.

_____. 2004, *Jürgen Habermas*, Reinbek bei Hamburg: Rowohlt.

Willke, Helmut. 2006, *Systemtheorie I: Grundlagen. Eine Einführung in die Grundprobleme der Theorie sozialer Systeme*, Stuttgart: Lucius & Lucius (7., überarbeitete Auflage).

Wirkus, Bernd. 1996, *Deutsche Sozialphilosophie in der ersten Hälfte des 20. Jahrhunderts*, Darmstadt: Wissenschaftliche Buchgesellschaft.

Wortmann, Hendrik. 2010, *Zum Desiderat einer Evolutionstheorie des Sozialen. Darwinistische Konzepte in den Sozialwissenschaften*, Konstanz: UVK Verlagsgesellschaft.

Zenklusen, Stefan. 2010, *Philosophische Bezüge bei Pierre Bourdieu*, Konstanz: UVK Verlagsgesellschaft.

Ziemann, Andreas. 2000, *Die Brücke zur Gesellschaft. Erkenntniskritische und topographische Implikationen der Soziologie Georg Simmels*, Konstanz: UVK Universitätsverlag.

# 인용 문헌

「가치, 동기 그리고 행위체계」Values, Motives, and Systems of Action(『보편적 행위이론을 위하여』 제2장)

「감각의 사회학」Soziologie der Sinne(게오르그 짐멜)

『감정교육』*L'Éducation Sentimentale*(귀스타브 플로베르)

「개인주의와 지성인」L'individualisme et les Intellectuels(에밀 뒤르케임)

『격주 리뷰』*The Fortnightly Review*

「결합태, 사회적 과정 그리고 문명화: 사회학의 기본 개념」Figuration, sozialer Prozess und Zivilisation: Grundfragen der Soziologie(노르베르트 엘리아스)

「경쟁의 사회학」Soziologie der Konkurrenz(게오르그 짐멜)

『경제와 사회』*Wirtschaft und Gesellschaft*(막스 베버)

『경제와 사회: 경제학 이론과 사회학 이론의 통합 연구』*Economy and Society. A Study in the Integration of Economic and Social Theory*(탤컷 파슨스 & 닐 J. 스멜서)

『경제학 원리』*Grundsätze der Volkswirtschaftslehre*(카를 멩거)

『경제학의 근본 문제들』*Grundprobleme der Nationalökonomie*(루트비히 폰 미제스)

『경제학–철학 수고』*Ökonomisch-philosophische Manuskripte*(카를 마르크스)

『경험과 판단』*Erfahrung und Urteil*(에드문트 후설)

『게오르그 짐멜 전집』*Georg Simmel Gesamtausgabe*(게오르그 짐멜)

『계몽의 변증법』*Dialektik der Aufklärung*(막스 호르크하이머 & 테오도르 아도르노)

『고딕 건축과 스콜라철학』*Gothic Architecture and Scholasticism*(어빈 파노프스키)

「공간의 사회학」Soziologie des Raumes(게오르그 짐멜)

「공격욕의 변화에 대하여」Über Wandlungen der Angriffslust(노르베르트 엘리아스의 『문명화 과정』 제1권 제2부 제10장의 제목)

「공공행정에서의 법과 자동화: 행정학적 연구」Recht und Automation in der öffentlichen Verwaltung. Eine verwaltungswissenschaftliche Untersuchung(니클라스 루만)

『공동사회와 이익사회』Gemeinschaft und Gesellschaft(페르디난트 퇴니스)

「공론장의 구조변동: 부르주아 사회의 한 범주에 관한 연구」Strukturwandel der Öffentlichkeit. Untersuchungen zu einer Kategorie der bürgerlichen Gesellschaft(위르겐 하버마스)

「공식 조직의 기능과 결과」Funktionen und Folgen formaler Organisation(니클라스 루만)

『과학과 근대세계』Science and the Modern World(알프레드 화이트헤드)

『과학론 논총』Gesammelte Aufsätze zur Wissenschaftslehre(막스 베버)

『교육론』Education(허버트 스펜서)

『괴테』Goethe(게오르그 짐멜)

『구별짓기: 판단력의 사회적 비판』La Distinction. Critique Sociale du Jugement(피에르 부르디외)

『구성주의적 관점들』Konstruktivistische Perspektiven(니클라스 루만)

『궁정사회』Die höfische Gesellschaft(노르베르트 엘리아스)

「궁정인간」Der höfische Mensch(노르베르트 엘리아스)

「근대과학과 현상학」Die neuzeitlichen Wissenschaften und die Phänomenologie(니클라스 루만)

"근세사의 여러 시기들에 관하여"Ueber die Epochen der neueren Geschichte(레오폴트 폰 랑케)

『기독교의 본질』Das Wesen des Christentums(루트비히 포이어바흐)

『기술사회학』Descriptive Sociology(허버트 스펜서)

「내 생애의 비망록」Notizen zum Lebenslauf(노르베르트 엘리아스)

『내적 시간의식의 현상학에 대한 강의』Vorlesungen zur Phänomenologie des inneren Zeitbewusstseins(에드문트 후설)

『네이처』Nature

「노동과 상호작용」Arbeit und Interaktion(위르겐 하버마스)

『논리연구』Logische Untersuchungen(에드문트 후설)

『논리학』Wissenschaft der Logik(게오르그 빌헬름 프리드리히 헤겔)

『대중매체의 현실』Die Realität der Massenmedien(니클라스 루만)

「데모크리토스와 에피쿠로스 자연철학의 차이」*Differenz der demokritischen und epikureischen Naturphilosophie*(카를 마르크스)

『데카르트적 성찰』*Cartesianische Meditationen*(에드문트 후설)

『도덕과학 서설: 윤리학 기본 개념 비판』*Einleitung in die Moralwissenschaft. Eine Kritik der ethischen Grundbegriffe*(게오르그 짐멜)

『도덕형이상학 정초』*Grundlegung der Metaphysik der Sitten*(임마누엘 칸트)

『독일-프랑스 연보』*Deutsch-Französische Jahrbücher*

「독일대학의 철학」La Philosophie dans les Universités Allemandes(에밀 뒤르케임)

「독일의 실증적 도덕과학」La science positive de la morale en Allemagne(에밀 뒤르케임)

『독일 이데올로기』*Die deutsche Ideologie*(카를 마르크스 & 프리드리히 엥겔스)

"또는 사회학적 사실 총서" Or, Groups of Sociological Facts(허버트 스펜서가 펴낸 『기술사회학』의 부제)

"또는 인간행복을 위한 필수적 조건들을 제시하며 그 첫 번째 조건을 상론함" Or, the Conditions Essential to Human Happiness Specified and the First of them Developed(허버트 스펜서의 저서 『사회정학』의 부제)

『돈의 철학』*Philosophie des Geldes*(게오르그 짐멜)

『동물철학』*Philosophie Zoologique*(장-밥티스트 라마르크)

『라인 신문』*Rheinische Zeitung*

『렘브란트: 예술철학적 시론』*Rembrandt Ein kunstphilosophischer Versuch*(게오르그 짐멜)

"로셔와 크니스 그리고 독일 역사학파 경제학의 논리적 문제들"Roscher und Knies und die logischen Probleme der historischen Nationalökonomie(막스 베버)

「로셔의 "역사적 방법"」Roschers "historische Methode"(막스 베버)

『루트비히 포이어바흐와 독일 고전철학의 종말』*Ludwig Feuerbach und der Ausgang der klassischen deutschen Philosophie*(프리드리히 엥겔스)

『마르크스-엥겔스-전집』*Marx-Engels-Gesamtausgabe*

『막스 베버로부터: 사회학적 에세이』*From Max Weber. Essays in Sociology*(한스 거트 & C, 라이트 밀스)

『메르쿠어』*Merkur*

『문명화 과정: 사회발생적 및 심리발생적 연구』*Über den Prozess der Zivilisation. Soziogenetische und Psychogenetische Untersuchung*en(노르베르트 엘리아스)

『문화과학의 에너지론적 토대』*Energetische Grundlagen der Kulturwissenschaft*(빌헬름 오스트발트)

『문화사 연구』*Cultuurhistorische verkenningen*(요한 하위징아)

『물리학적 및 철학적 원자론에 대하여』*Über die physikalische und philosophische Atomenlehre*(구스타프 테오도르 페히너)

「미의 분석학」Analytik des Schönen(칸트의 저서 『판단력 비판』의 제1부 제1편 제1장)

「미학적 판단력의 분석학」Analytik der ästhetischen Urteilskraft(칸트의 저서 『판단력 비판』의 제1부 제1편)

「미학적 판단력의 비판」Kritik der ästhetischen Urteilskraft(칸트의 저서 『판단력 비판』의 제1부)

「발전가설」The Development Hypothesis(허버트 스펜서)

『법철학』*Grundlinien der Philosophie des Rechts oder Naturrecht und Staatswissenschaft im Grundrisse*(게오르그 빌헬름 프리드리히 헤겔)

『보편적 행위이론을 위하여』*Toward a General Theory of Action*(탤컷 파슨스 & 에드워드 쉴스)

「분업의 원인들과 조건들」Les causes et les conditions du travail(에밀 뒤르케임의 저작 『사회분업론』의 제2권)

『비국교도』*The Nonconformist*

『빈곤의 철학』*Système des contradictions économiques ou Philosophie de la misère*(피에르-조세프 프루동)

『사적 유물론의 재구성을 위하여』*Zur Rekonstruktion des Historischen Materialismus*(위르겐 하버마스)

『사회과학의 논리에 대하여』*Zur Logik der Sozialwissenschaften*(위르겐 하버마스)

『사회과학, 특히 정치경제학 방법 연구』: *Untersuchungen über die Methode der Sozialwissenschaften, und der politischen Ökonomie insbesondere*(카를 멩거)

『사회구조와 인성』*Social Structure and Personality*(탤컷 파슨스)

『사회들: 진화론적 및 비교론적 관점』*Societies. Evolutionary and Comparative Perspectives*(탤컷 파슨스)

"사회 변동: 문명이론 초안" Wandlungen der Gesellschaft: Entwurf zu einer Theorie der Zivilisation(노르베르트 엘리아스의 저서 『문명화 과정: 사회발생적 및 심리발생적 연구』의 제2권의 부제)

『사회분업론』*De la division du travail social*(에밀 뒤르케임)

『사회분화론: 사회학적 및 심리학적 연구』*Über sociale Differenzierung. Sociologische und psychologische Untersuchungen*(게오르그 짐멜)

『사회사상사』*Masters of Sociological Thought. Ideas in Historical and Social Context*(루이스 코저)

「사회세계에서의 인격성의 문제」Das Problem der Personalität in der Sozialwelt(알프레트 슈츠)

『사회세계의 의미 구조: 이해사회학 서설』*Der sinnhafte Aufbau der sozialen Welt. Eine Einleitung in die verstehende Soziologie*(알프레트 슈츠)

『사회유기체』*The Social Organism*(허버트 스펜서)

『사회의 경제』*Die Wirtschaft der Gesellschaft*(니클라스 루만)

『사회의 교육체계』*Das Erziehungssystem der Gesellschaft*(니클라스 루만)

『사회의 과학』*Die Wissenschaft der Gesellschaft*(니클라스 루만)

『사회의 기능적 분화에 대한 논문들』*Beiträge zur funktionalen Differenzierung der Gesellschaft*(니클라스 루만)

『사회의 법』*Das Recht der Gesellschaft*(니클라스 루만)

『사회의 사회』*Die Gesellschaft der Gesellschaft*(니클라스 루만)

『사회의 예술』*Die Kunst der Gesellschaft*(니클라스 루만)

『사회의 재조직화를 위하여 필요한 과학적 작업 계획』*Plan des travaux scientifiques nécessaires pour réorganiser la société*(오귀스트 콩트)

『사회의 정치』*Die Politik der Gesellschaft*(니클라스 루만)

『사회의 종교』*Die Religion der Gesellschaft*(니클라스 루만)

『사회이론에 대한 논문들』*Aufsätze zur Theorie der Gesellschaft*(니클라스 루만)

『사회이론이냐 사회공학이냐: 체계연구는 무엇을 수행하는가?』*Theorie der Gesellschaft oder Sozialtechnologie — Was leistet die Systemforschung?*(위르겐 하버마스 & 니클라스 루만)

"사회적 공간과 '계급'의 형성" Espace social et genèse des "classes"(피에르 부르디외)

『사회적 체계』*The Social System*(텔컷 파슨스)

『사회적 체계, 사회, 조직』*Soziales System, Gesellschaft, Organisation*(니클라스 루만)

『사회적 체계들: 보편이론 개요』*Soziale Systeme. Grundriss einer allgemeinen Theorie*(니클라스 루만)

『사회적 체계들의 이론에 대한 논문들』*Aufsätze zur Theorie sozialer Systeme*(니클라스 루만)

「사회적 통제에서 자기통제로」Der gesellschaftliche Zwang zum Selbstzwang(노르베르트 엘리아스의 『문명화 과정』 제2권 제3부 제3장 제1절의 제목)

"사회적 판단력 비판"(피에르 부르디외의 저서 『구별짓기』의 독일어판 부제)

『사회적 행위의 구조: 특별히 최근 유럽 사상가들에 준거하는 사회이론 연구』*The Structure of Social Action. A Study in Social Theory with Special Reference to a Group of Recent European Writers*(탤컷 파슨스)

『사회정학』*Social Statics*(허버트 스펜서)

『사회학: 사회화 형식 연구』*Soziologie. Untersuchungen über die Formen der Vergesellschaftung*(게오르그 짐멜)

「사회학 ─ 콩트의 문제제기」*Soziologie ─ die Fragestellung Comtes*(노르베르트 엘리아스의 저서 『사회학이란 무엇인가?』의 제1장의 제목)

"사회학 강의: 도덕과 법의 물리학" Leçons de sociologie. Physique des moeurs et du droit(에밀 뒤르케임)

『사회학 강의: 도덕과 법의 물리학』*Leçons de sociologie. Physique des moeurs et du droit*(에밀 뒤르케임)

『사회학과 인간』*Die Soziologie und der Mensch*(니클라스 루만)

「사회학과 정신의학」*Soziologie und Psychiatrie*(노르베르트 엘리아스)

『사회학 연구』*The Study of Sociology*(허버트 스펜서)

『사회학 원리』*Principles of Sociology*(허버트 스펜서)

"사회학의 귀납" The Inductions of Sociology(허버트 스펜서의 저서 『사회학 원리』의 제1권 제2부의 제목)

『사회학의 근본 문제들: 개인과 사회』*Grundfragen der Soziologie. Individuum und Gesellschaft*(게오르그 짐멜)

「사회학의 기본 개념」*Soziologische Grundbegriffe*(막스 베버)

「사회학의 문제」*Das Problem der Sociologie*(게오르그 짐멜)

"사회학의 사실들" The Data of Sociology(허버트 스펜서의 저서 『사회학 원리』의 제1권 제1부의 제목)

「사회학의 사회발생에 대하여」*On the sociogenesis of sociology*(노르베르트 엘리아스)

『사회학이란 무엇인가?』*Was ist Soziologie?*(노르베르트 엘리아스)

「사회학자와 화폐경제 이론가로서의 게오르그 짐멜」*Georg Simmel als Soziologe und Theoretiker der Geldwirtschaft*(막스 베버)

『사회학적 계몽』*Soziologische Aufklärung*(니클라스 루만의 논문 시리즈)

『사회학적 방법의 규칙들』*Les Règles de la Méthode Sociologique*(게오르그 짐멜)

『산업』*L'Industrie*(앙리 드 생시몽)

『산업가들의 교리문답』*Catéchisme des industriels*(앙리 드 생시몽)

『산업체계에 관하여』*Du système industriel*(앙리 드 생시몽)

「삶의 형식들과 의미 구조」Lebensformen und Sinnstruktur(알프레트 슈츠)

『생물학 원리』*Principles of Biology*(허버트 스펜서)

『생활세계의 구조』*Strukturen der Lebenswelt*(알프레트 슈츠 & 토마스 루크만)

"서구의 세속적 상층집단들의 행위의 변동" Wandlungen des Verhaltens in den
  weltlichen Oberschichten des Abendlandes(노르베르트 엘리아스의 저서 『문명화 과
  정: 사회발생적 및 심리발생적 연구』의 제1권의 부제)

『순수이성 비판』*Kritik der reinen Vernunft*(임마누엘 칸트)

『순수현상학과 현상학적 철학의 이념들』*Ideen zu einer reinen Phänomenologie und
  phänomenologischen Philosophie*(에드문트 후설)

『신(新)라인 신문』*Neue Rheinische Zeitung*

『신성가족, 또는 비판적 비판에 대한 비판: 브루노 바우어와 그 일파에 반대하여』*Die
  heilige Familie, oder Kritik der kritischen Kritik. Gegen Bruno Bauer & Konsorten*(카를
  마르크스 & 프리드리히 엥겔스)

『실증정신론』*Discours sur l'esprit positif*(오귀스트 콩트)

『실증철학 교리문답』*Catéchisme positiviste*(오귀스트 콩트)

『실증주의 달력』*Calendrier positiviste*(오귀스트 콩트)

『실증주의 서설』*Discours préliminaire l'ensemble du positivisme*(오귀스트 콩트)

『실증주의론』*Discours sur l'ensemble du positivisme*(오귀스트 콩트)

『실증철학강의』*Cours de philosophie positive*(오귀스트 콩트)

『실증철학체계』*Système de philosophie positive*(오귀스트 콩트)

『실천이성: 행위이론에 대하여』*Raisons pratiques. Sur la théorie de l'action*(피에르 부르
  디외)

『심리학 원리』*Principles of Psychology*(허버트 스펜서)

『19세기: 월간 리뷰』*The Nineteenth Century. A Monthly Review*

『알프레트 슈츠 저작집』*Alfred Schütz Werkausgabe*

"어떻게 사회가 가능한가?" Wie ist Gesellschaft möglich?(게오르그 짐멜)

「"에너지론적" 문화이론」"Energetische" Kulturtheorien(빌헬름 오스트발트)

『에라스무스』*Erasmus*(요한 하위징아)

「역사에서의 절대적인 것: 셸링 사유에서의 이중성에 대하여」Das Absolute in der
  Geschichte. Von der Zwiespältigkeit in Schellings Denken(위르겐 하버마스)

『예술의 규칙들: 문학 장의 기원과 구조』*Les règles de l'art. Genèse et structure du champ littéraire*(피에르 부르디외)

「예술형식 (음악)의 의미」Sinn einer Kunstform (Musik)(알프레트 슈츠)

『오귀스트 콩트: 인간과 저작』*Auguste Comte. Der Mann und sein Werk*(빌헬름 오스트발트)

『오귀스트 콩트와 실증주의』*Auguste Comte and Positivism*(존 스튜어트 밀)

『유럽 과학의 위기와 선험적 현상학: 현상학적 철학 서설』*Die Krisis der Europäischen Wissenschaften und die Transzendentale Phänomenologie. Ein Einleitung in die Phänomenologische Philosophie*(에드문트 후설)

『유럽 사회의 재조직에 대하여』*De la réorganisation de la société européenne*(앙리 드 생시몽)

"유럽 인류의 위기" Die Krisis der europäischen Menschheit(에드문트 후설)

"유럽 인류의 위기와 철학" Die Philosophie in der Krisis der europäischen Menschheit(에드문트 후설)

「유행의 심리학에 대하여: 사회학적 연구」Zur Psychologie der Mode. Sociologische Studie(게오르그 짐멜)

『유행의 철학』*Philosophie der Mode*(게오르그 짐멜)

"윤리적 이상이 논리적 이상 및 미학적 이상과 갖는 관계에 대하여"Über das Verhältnis des ethischen Ideals zu dem logischen und dem ästhetischen(게오르그 짐멜)

『윤리학 원리』*Principles of Ethics*(허버트 스펜서)

『월간대중과학』*The Popular Science Monthly*

『의사소통행위이론』*Theorie des kommunikativen Handelns*(위르겐 하버마스)

「음악의 기원에 관한 심리학적-인류학적 연구」Psychologisch-ethnographische Studien über die Anfänge der Musik(게오르그 짐멜)

「이념과 개인」Idee und Individuum(노르베르트 엘리아스)

「'이데올로기로서'의 기술과 과학」Technik und Wissenschaft als 'Ideologie'(위르겐 하버마스)

「이성관계에 대한 태도의 변화」Wandlungen in der Einstellung zu den Beziehungen von Mann und Frau(노르베르트 엘리아스의『문명화 과정』제1권 제2부 제9장의 제목)

『이코노미스트』*The Economist*

「이해사회학의 몇 가지 범주에 대하여」Über einige Kategorien der verstehenden Soziologie(막스 베버)

『인간과 인간능력의 발전에 대하여, 또는 사회물리학 에세이』*Sur l'homme et le développement de ses facultés, ou essai de physique sociale*(아돌프 케틀레)

『인간 대 국가』*The Man versus the State*(허버트 스펜서)

"인식과 관심" Erkenntnis und Interesse(위르겐 하버마스)

"인식의 형이상학적 기초" Die metaphysischen Grundlagen des Erkennens(게오르그 짐멜)

『인체의 지혜』*The Wisdom of the Body*(월터 B. 캐논)

『일반("이론")경제학 강의 개요』*Grundriss zu den Vorlesungen über Allgemeine ("theoretische") Nationalökonomie*(막스 베버)

「자기생산, 행위 그리고 의사소통적 이해」Autopoiesis, Handlung und kommunikative Verständigung(니클라스 루만)

『자살론』*Le Suicide*(에밀 뒤르케임)

『자연과학적 개념 구성의 한계』*Die Grenzen der naturwissenschaftlichen Begriffsbildung*(하인리히 리케르트)

『자연철학의 수학적 원리』*Philosophiae Naturalis Principia Mathematica*(아이작 뉴턴)

『자본: 정치경제학 비판』*Das Kapital. Kritik der politischen Ökonomie*(카를 마르크스)

'전서구 민중의 실증주의 교육을 위한 자유협회' L'Association libre pour l'instruction positive du peuple, dans tout l'occident européen

『정부의 적정 영역에 대하여』*On the Proper Sphere of Government*(허버트 스펜서)

『정신·자아·사회: 사회적 행동주의자의 관점에서』*Mind, Self, and Society: From the Standpoint of a Social Behaviorist*(조지 허버트 미드)

『정신현상학』*Phänomenologie des Geistes*(게오르그 빌헬름 프리드리히 헤겔)

『정치경제학 비판을 위하여』*Zur Kritik der politischen Ökonomie*(카를 마르크스)

『정치경제학 비판 개요』*Grundrisse der Kritik der politischen Ökonomie*(카를 마르크스)

『정치과학의 창시에 대한 몽테스키외의 기여』*Quid Secundatus Politicae Scientiae Instituendae Contulerit*(에밀 뒤르케임)

『제도적 개인주의: 탤컷 파슨스 사회학에 대한 에세이』*L'individualisme institutionnel. Essai sur la sociologie de Talcott Parsons*(프랑스수아 브리코)

『제일원리』*First Principles*(허버트 스펜서)

『존재와 시간』*Sein und Zeit*(마르틴 하이데거)

『종교의 본질과 실재』*The Nature and Reality of Religion*(허버트 스펜서)

『종의 기원』*On the Origin of Species*(찰스 다윈)

『종합철학체계』*A System of Synthetic Philosophy*(허버트 스펜서)

『중세의 가을』*Herfsttij der Middeleeuwen*(요한 하위징아)

「지배와 복종의 사회학」Soziologie der Ueber- und Unterordnung(게오르그 짐멜)

『철학과 현상학 연구』*Philosophy and Phenomenological Research*

『철학의 빈곤』*Das Elend der Philosophie. Antwort auf Proudhons "Philosophie des Elends"*(카를 마르크스)

『철학적-현상학적 저작: 에드문트 후설 현상학 비판』*Philosophisch-phänomenologische Schriften. Zur Kritik der Phänomenologie Edmund Husserls*(알프레트 슈츠)

"체계이론 입문"Einführung in die Systemtheorie(니클라스 루만이 1991~92년 겨울학기 빌레펠트 대학에서 행한 강의)

「체념」Resignation(프리드리히 폰 실러)

"최근 독일 사회과학에서의 자본주의 정신"Der Geist des Kapitalismus in der neueren deutschen Sozialwissenschaft(탤컷 파슨스)

"취향판단의 사회적 비판"A Social Critique of the Judgement of Taste(피에르 부르디외의 저서『구별짓기』의 독일어판 부제)

『타임스』*The Times*

「타자의 지각: 사회질서에 대한 한 연구」The Perception of the Other. A Study in Social Order(해럴드 가핑켈)

『파우스트』*Faust*(요한 볼프강 폰 괴테)

『파일럿』*Pilot*

『판단력 비판』*Kritik der Urteilskraft*(임마누엘 칸트)

「포이어바흐에 관한 테제」Thesen über Feuerbach(카를 마르크스)

"표상연합 이론에 대하여"Über die Lehre von den Assoziationen der Vorstellung(게오르그 짐멜)

『프로테스탄티즘의 윤리와 자본주의 정신』*Die protestantische Ethik und der Geist des Kapitalismus*(막스 베버)

『프린키피아』*Principia* →『자연철학의 수학적 원리』*Philosophiae Naturalis Principia Mathematica*

『칸트』*Kant*(게오르그 짐멜)

「칸트 연구」Kantische Studien(게오르그 짐멜)

「칸트의 물리적 단자론에서 본 물질의 본성」Das Wesen der Materie nach Kant's Physischer Monadologie(게오르그 짐멜)

「크니스와 비합리성의 문제」Knies und das Irrationalitätsproblem(막스 베버)

「크니스와 비합리성의 문제 (속편)」Knies und das Irrationalitätsproblem(Fortsetzung)
   (막스 베버)

"학생과 정치" Student und Politik(위르겐 하버마스 외)

「합리화의 변증법」Dialektik der Rationalisierung(위르겐 하버마스)

『행위이론과 인간 조건』*Action Theory and the Human Condition*(탤컷 파슨스)

『행위이론 논문집』*Working Papers in the Theory of Action*(탤컷 파슨스, 로버트 베일스 &
   에드워드 쉴스)

「행위이론의 몇 가지 기본범주: 일반적 진술」Some Fundamental Categories of the
   Theory of Action: A General Statement(『보편적 행위이론을 위하여』 제1부 제1장)

「행위자, 상황 그리고 규범적 유형: 사회적 행위의 이론에 대한 에세이」Actor, Situation
   and Normative Pattern. An Essay in the Theory of Social Action(탤컷 파슨스)

『현대평론』*The Contemporary Review*

『형식논리학과 선험논리학: 논리적 이성비판 시론』*Formale und transzendentale Logik.
   Versuch einer Kritik der logischen Vernunft*(에드문트 후설)

「헤겔 국법론 비판」Kritik des Hegelschen Staatsrechts(카를 마르크스)

「헤겔 법철학 비판」Zur Kritik der Hegelschen Rechtsphilosophie(카를 마르크스)

「헤겔 법철학 비판 서문」Zur Kritik der Hegelschen Rechtsphilosophie. Einleitung(카
   를 마르크스)

『호모 루덴스』*Homo Ludens*(요한 하위징아)

『후기 자본주의의 정당성 문제』*Legitimationsprobleme im Spätkapitalismus*(위르겐 하버
   마스)

『후설 총서』*Husserliana*

# 인명 찾아보기

# 개념 찾아보기